# Porquê Este Mundo

Relógio D'Água Editores
Rua Sylvio Rebelo, n.º 15
1000-282 Lisboa
tel.: 218 474 450
relogiodagua@relogiodagua.pt
***www.relogiodagua.pt***



Título: Porquê Este Mundo: Uma Biografia de Clarice Lispector
Título original: *Why This World: A Biography of Clarice Lispector* (2009)
Autor: Benjamin Moser
Tradução: Maria Beatriz Sequeira
Revisão de texto: Vanessa Domingos e Anabela Prates Carvalho
Capa: Carlos César Vasconcelos (www.cvasconcelos.com)
sobre fotografia da autora



Encomende os seus livros em:
**www.relogiodagua.pt**

ISBN 978-989-641-814-4

Composição e paginação: Relógio D'Água Editores
Impressão: Guide Artes Gráficas, Lda.
Depósito Legal n.º 435104/17

Benjamin Moser

# Porquê Este Mundo

## Uma Biografia de Clarice Lispector

Tradução de
Maria Beatriz Sequeira

Fora de Colecção

*Para Arthur Japin e Lex Jansen*

# ÍNDICE

Oeste da Ucrânia
cerca de 1920
N
POLÓNIA
VOLÍNIA
Kiev
UCRÂNIA
Lviv
GALÍCIA
Haysyn
PODÓLIA
Teplyk
Tchechelnik
Savran
Pervomays'k
BESSARÁBIA
KHERSON
R. Dniester
Kishinev
Odessa
0
100
200 km
ROMÉNIA
Mar Negro
Bucareste
R. Danúbio

N
R. Amazonas
Belém do Pará
R. Tocantins
PARAÍBA
Paraíba
PERNAMBUCO
Recife
Maceió
ALAGOAS
B A Í A
R. S. Francisco
Salvador
B R A S I L
M I N A S
G E R A I S
Belo Horizonte
OCEANO
R. Paraná
RIO DE JANEIRO
São Paulo
Rio de Janeiro
R. Paraguai
ATLÂNTICO
RIO GRANDE
DO SUL
Porto Alegre
R. Paraná
Brasil em 1922
0
500
1000 km

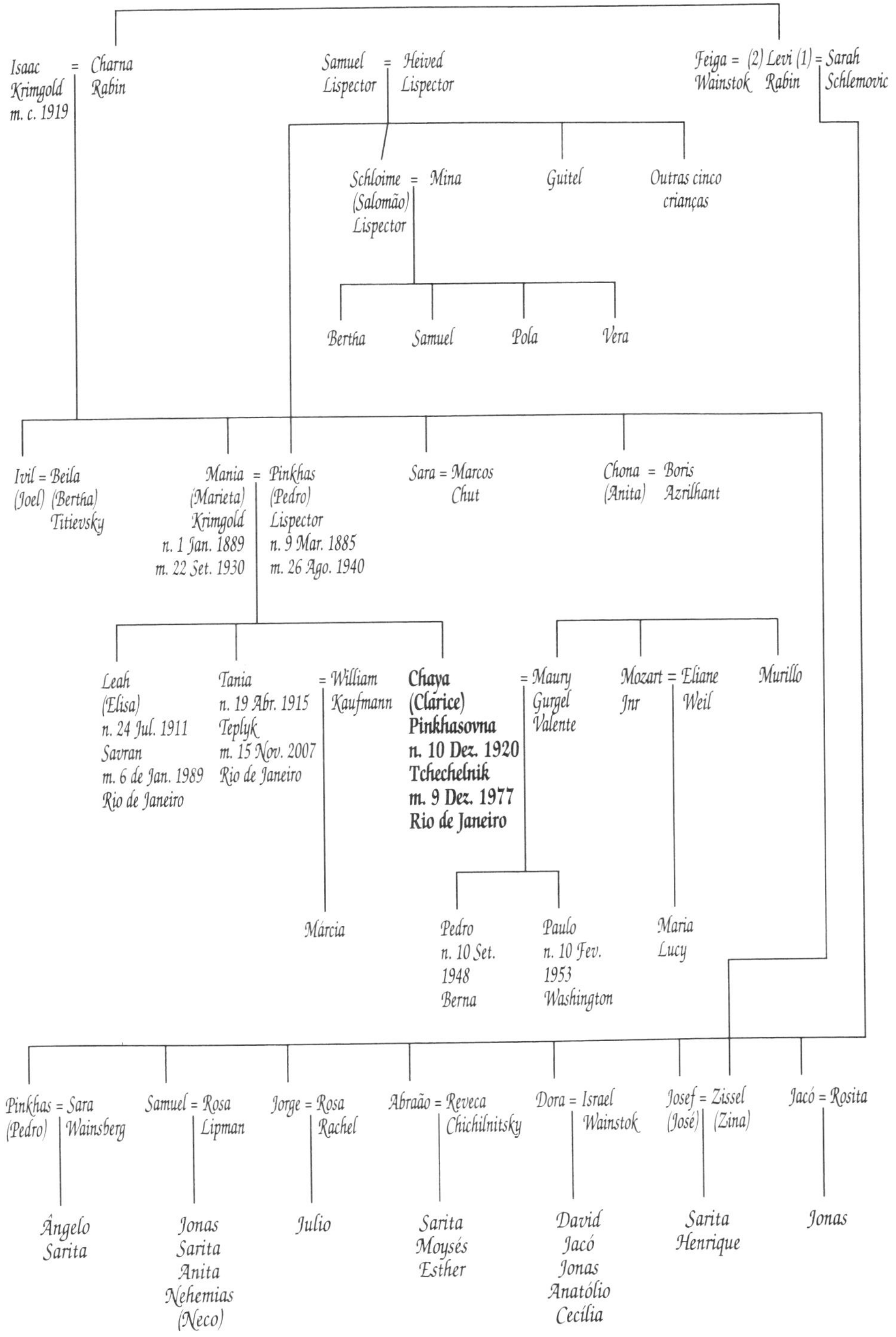

Isaac Krimgold m. c. 1919 = Charna Rabin
Samuel Lispector = Heived Lispector
Feiga Wainstok = (2) Levi Rabin (1) = Sarah Schlemovic
Schloime (Salomão) Lispector = Mina
Guitel
Outras cinco crianças
Bertha
Samuel
Pola
Vera
Ivil (Joel) = Beila (Bertha) Titievsky
Mania (Marieta) Krimgold n. 1 Jan. 1889 m. 22 Set. 1930 = Pinkhas (Pedro) Lispector n. 9 Mar. 1885 m. 26 Ago. 1940
Sara = Marcos Chut
Chona (Anita) = Boris Azrilhant
Leah (Elisa) n. 24 Jul. 1911 Savran m. 6 de Jan. 1989 Rio de Janeiro
Tania n. 19 Abr. 1915 Teplyk m. 15 Nov. 2007 Rio de Janeiro = William Kaufmann
**Chaya (Clarice) Pinkhasovna n. 10 Dez. 1920 Tchechelnik m. 9 Dez. 1977 Rio de Janeiro** = Maury Gurgel Valente
Mozart Jnr = Eliane Weil
Murillo
Márcia
Pedro n. 10 Set. 1948 Berna
Paulo n. 10 Fev. 1953 Washington
Maria Lucy
Pinkhas (Pedro) = Sara Wainsberg
Samuel = Rosa Lipman
Jorge = Rosa Rachel
Abraão = Reveca Chichilnitsky
Dora = Israel Wainstok
Josef (José) = Zissel (Zina)
Jacó = Rosita
Ângelo Sarita
Jonas Sarita Anita Nehemias (Neco)
Julio
Sarita Moysés Esther
David Jacó Jonas Anatólio Cecília
Sarita Henrique
Jonas

Purifica as tuas roupas e, se possível, que todas as tuas vestes sejam brancas, porque tudo isso é útil para levar o coração a temer Deus e a amar Deus. Se for de noite, acende muitas velas, até tudo ficar iluminado. Depois, pega em tinta, numa pena e numa mesa, e recorda-te de que estás prestes a servir Deus na alegria do contentamento do coração. Agora começa a combinar algumas ou muitas letras, a alterar a sua ordem e a combiná-las, até o teu coração se sentir reconfortado. Então, toma consciência dos seus movimentos e do que podes originar movendo-as. E quando sentires que o teu coração já se encontra reconfortado, e quando perceberes que através de combinações de letras consegues apreender novas coisas que através da tradição humana ou por ti próprio não poderias conhecer, e quando estiveres assim preparado para receber o influxo do poder divino que flui para o teu íntimo, então concentra todo o teu pensamento verdadeiro em imaginar o Nome e os Seus anjos exaltados no teu coração como se fossem seres humanos sentados, ou de pé, em teu redor.

Abraham Abulafia
(1240–depois de 1290)

# INTRODUÇÃO:
# A ESFINGE

Em 1946, a jovem escritora brasileira Clarice Lispector regressava do Rio de Janeiro a Itália, onde o seu marido era vice-cônsul em Nápoles. Viajara para casa como correio diplomático, levando despachos para o Ministério das Relações Exteriores brasileiro, mas, com as rotas habituais entre a Europa e a América do Sul interrompidas por causa da guerra, a sua viagem para se juntar ao marido seguiu um itinerário pouco convencional. Do Rio voou para Natal, no extremo nordeste do Brasil, daí seguiu para a base britânica na ilha de Ascensão, no Atlântico Sul, para a base aérea americana na Libéria, para as bases francesas em Rabat e Casablanca, e daí, via Cairo e Atenas, para Roma.

Antes de cada etapa da viagem, dispunha de algumas horas, ou dias, para conhecer o lugar. No Cairo, o cônsul brasileiro e a sua mulher convidaram-na a acompanhá-los a um cabaré, onde ficaram espantados por ver a exótica dança do ventre ser executada ao som dos acordes familiares de um sucesso do Carnaval carioca de 1937, «*Mamãe eu quero*» de Carmen Miranda.

O Egipto propriamente dito não a impressionou, tal como escreveu a um amigo do Rio de Janeiro.

> «*Vi as pirâmides, a esfinge — um maometano leu minha sorte nas "areias do deserto" e disse que eu tinha coração puro...* [...]. *Falar em esfinge, em pirâmides, em piastras, tudo isso é de um mau gosto horrível. É quase uma falta de pudor viver no Cairo. O problema é sentir alguma coisa que não esteja prevista num guia.*»[1]

Clarice Lispector nunca voltou ao Egipto. Mas, muitos anos depois, recordou o seu breve circuito turístico, quando, nas «*areias do deserto*» olhou fixamente para nem mais nem menos do que a própria Esfinge.

«*Não a decifrei*», escreveu a bela e imponente Clarice. «*Mas ela também não me decifrou.*»[2]

Quando morreu, em 1977, Clarice Lispector era uma das figuras míticas do Brasil, a Esfinge do Rio de Janeiro, uma mulher que fascinava os seus compatriotas, praticamente desde a adolescência. «*Ao vê-la, levei um choque*», recordou o poeta Ferreira Gullar, sobre o primeiro encontro. «*Seus olhos amendoados e verdes, as maçãs do rosto salientes, ela parecia uma loba — uma loba fascinante.* [...] *Imaginei que, se voltasse a vê-la, iria me apaixonar por ela.*»[3] «*Há homens que nem em dez anos me esqueceram*», admitiu ela. «*Há o poeta americano que ameaçou suicidar-se porque eu não correspondia...*»[4] O tradutor Gregory Rabassa relembrou ter ficado «estupefacto por conhecer aquela pessoa rara que se parecia com Marlene Dietrich e que escrevia como Virginia Woolf».[5]

Actualmente, no Brasil, o seu atraente rosto adorna selos de correio. O seu nome confere classe a condomínios de luxo. As suas obras, muitas vezes menosprezadas durante a sua vida por serem consideradas herméticas ou incompreensíveis, são vendidas em máquinas de venda automática nas estações de metropolitano. A Internet fervilha com centenas de milhares dos seus fãs, e raramente passa um mês sem que seja publicado um livro que analisa um aspecto ou outro da sua vida e da sua obra. O seu nome próprio é suficiente para a identificar perante os brasileiros instruídos, que, segundo comentou uma editora espanhola, «a conheciam todos, tinham estado em sua casa, e tinham alguma história engraçada para contar acerca dela, tal como os argentinos têm sobre Borges. Ou, no mínimo, foram ao funeral dela»[6].

A escritora francesa Hélène Cixous declarou que Clarice Lispector era o que Kafka teria sido se tivesse sido mulher, ou se «Rilke tivesse sido uma brasileira judia nascida na Ucrânia. Se Rimbaud tivesse sido mãe, se tivesse chegado aos cinquenta anos. Se Heidegger pudesse ter deixado de ser alemão»[7]. As tentativas de descrever esta mulher indescritível seguem com frequência esta linha, recorrendo a superlativos, ainda que aqueles que a conheceram, quer pessoalmente, quer através dos seus livros, insistam que o aspecto mais surpreendente da sua personalidade, a sua aura de mistério, ilude qualquer tipo de descrição. «*Clarice*», escreveu o poeta Carlos Drummond de Andrade por ocasião da sua morte, «*veio de um mistério, partiu para outro.*»[8]

O seu ar indecifrável fascinava e desassossegava todos os que se cruzavam com ela. Após a sua morte, um amigo escreveu que:

> «*Clarice era uma estrangeira. Não porque nasceu na Ucrânia. Criada desde menininha no Brasil, era tão brasileira quanto não importa quem. Clarice era estrangeira na terra. Dava a impressão de andar no mundo como quem desembarca de noitinha numa cidade desconhecida onde há greve geral de transportes.*»[9]

«*Talvez seus amigos mais íntimos e os amigos desses amigos saibam alguma coisa sobre a sua vida*», escreveu um entrevistador, em 1961. «*De onde veio, onde nasceu, quantos anos tem, como vive. Mas ela não fala nunca sobre isso, "pois é uma parte muito pessoal".*»[10] Clarice revelava muito pouco. Uma década mais tarde, outro jornalista frustrado resumia as respostas de Clarice a uma entrevista: «*Não sei, não conheço, não ouvi dizer, não entendo do assunto, não é do meu domínio, é difícil explicar, não sei, não me considero, não ouvi, desconheço, não há, não creio.*»[11] No ano que antecedeu a sua morte, uma repórter que viera da Argentina tentou fazê-la falar: «Dizem que é evasiva, difícil, que não fala. Não me parece.» Clarice retorquiu: «É óbvio que têm razão.» Depois de obter respostas monossilábicas, a repórter preencheu o silêncio com uma história sobre outro escritor.

«Mas ela não disse nada. Nem sequer sei se ela olhou para mim. Pôs-se de pé e disse:

"Talvez vá a Buenos Aires, este Inverno. Não se esqueça de levar o livro que eu lhe dei. Encontrará nele material para o seu artigo."

[Ela era] muito alta, de cabelo escuro e pele morena, [e] eu recordo-me de que trazia um vestido de seda castanho, comprido. Mas posso estar enganada. Quando íamos a sair, detive-me em frente de um retrato a óleo do seu rosto.

"De Chirico", disse ela antes de eu poder perguntar. E depois, no elevador: "Desculpe, não gosto de conversar."»[12]

Perante esta ausência de informação, nasceu uma mitologia. Ao ler relatos dela em diferentes momentos da sua vida, é difícil acreditar que dizem respeito à mesma pessoa. Os pontos de discórdia não eram triviais. Houve uma altura em que se pensou que «Clarice Lispector» fosse um pseudónimo, e o seu nome original só seria conhecido após o seu falecimento. Onde nasceu exactamente e que idade tinha eram questões pouco claras. A sua nacionalidade era posta em causa e a identidade da sua língua materna era obscura. Uma entidade testemunhará que ela era de direita e outra dirá que ela era comunista. Outra insistirá que ela era uma católica pia, ainda que, na realidade, fosse judia. Chegaram a correr boatos de que era lésbica, apesar de, a um determinado momento, haver outros que afirmavam que, na realidade, ela era um homem.

O que torna este emaranhado de contradições tão estranho é o facto de Clarice Lispector não ser uma figura vaga da qual apenas se tenha conhecimento através de fragmentos de papiro antigo. Ela morreu há praticamente trinta anos. Há muitas pessoas vivas que a conheceram. Ela foi uma figura proeminente quase desde a adolescência, a sua vida foi intensamente documentada na imprensa, e deixou ficar uma longa correspondência. No entanto, poucos grandes artistas modernos são tão desconhecidos. Como pode uma pessoa que viveu numa grande cidade ocidental, durante o século XX, que deu entrevistas, habitou em apartamentos de arranha-céus, e que realizou viagens aéreas permanecer tão enigmática?

Ela própria escreveu, uma vez: «*Sou tão misteriosa que não me entendo*.»[13]

«*Meu mistério*», insistia noutro texto, «*é não ter mistério*.»[14] Clarice Lispector conseguia ser conversadora e expansiva com a mesma frequência com que era silenciosa e incompreensível. Para perplexidade geral, Clarice insistia ser apenas uma dona de casa, e aqueles que chegavam à espera de encontrar uma esfinge, mais depressa encontravam uma mãe judia que lhes oferecia bolo e *Coca-Cola*. «*Preciso de dinheiro*», disse a um jornalista. «*A posição de um mito não é muito confortável*.»[15] Numa fase mais adiantada da sua vida, explicando porque desistira de dar entrevistas, afirmava: «*Eles não iam entender uma Clarice Lispector que pinta as unhas dos pés de vermelho*.»[16]

Acima de tudo, Clarice desejava ser respeitada como um ser humano. Ficou paralisada quando a famosa cantora Maria Bethânia se lançou aos pés dela exclamando: «*Minha deusa!*»[17] «*Ah!*», exclama uma das protagonistas de Clarice, «*era mais fácil ser um santo que uma pessoa!*»[18] Num melancólico extracto denominado «Perfil de um ser eleito», Clarice descreve a sua revolta contra a sua imagem: «*Então ele tentou um trabalho subterrâneo de destruição da fotografia: fazia ou dizia coisas tão opostas à fotografia que esta se eriçava na gaveta. Sua esperança era tornar-se mais vivo que a fotografia. Mas o que aconteceu? Aconteceu que tudo o que o ser fazia só ia mesmo era retocar o retrato, enfeitá-lo*.»[19]

A lenda era mais forte do que ela. No fim da sua vida, foi questionada acerca de um comentário desagradável que surgiu num jornal. «*Fiquei meio aborrecida, mas depois passou. Se eu me encontrasse com ele a única coisa que eu diria é: Olha, quando você escrever sobre mim, Clarice, não é com dois esses, é com c, viu?*»[20]

Contudo, nunca perdeu completamente a esperança de ser vista como uma pessoa real, e os seus protestos contra a sua própria superfície mitológica surgem em lugares inesperados. Num artigo de jornal que escreveu sobre — de entre todas as coisas — a nova capital, Brasília, aparece uma exclamação invulgar: «*O monstro sagrado morreu: em seu lugar nasceu uma menina que era órfã de mãe.*»[21]

«*Fatos e pormenores me aborrecem*», escreveu, presumivelmente incluindo aqueles que rodeavam o seu próprio *Curriculum Vitae*. Envidou todos os esforços, na sua vida e na sua escrita, para os eliminar. No entanto, por outro lado, poucos se expuseram de um modo tão completo como ela. Através das inúmeras facetas do seu trabalho — nos romances, contos, correspondência, e no jornalismo, na prosa esplêndida que fez dela a «princesa da língua portuguesa», uma personalidade singular é implacavelmente dissecada e revelada de uma forma fascinante, naquela que é talvez a melhor autobiografia espiritual do século XX.

«*Lado a lado com o desejo de defender a própria intimidade, há o desejo intenso de me confessar em público e não a um padre.*»[22] O seu tipo de confissão estava relacionado com as verdades íntimas que revelou meticulosamente ao longo de uma vida de meditação incessante. Este é o motivo pelo qual Clarice Lispector tem sido muito mais comparada com místicos e santos do que com outros escritores. «Os romances de Clarice Lispector fazem-nos pensar com frequência na autobiografia de Santa Teresa», escreveu o *Le Monde*.[23] Tal como o leitor de Santa Teresa ou de São João da Cruz, o leitor de Clarice Lispector vê uma alma virada do avesso.

Clarice Lispector emergiu do mundo dos judeus da Europa Oriental, um mundo de homens sagrados e de milagres que já haviam experimentado as primeiras intimações do destino. Clarice trouxe a ardente vocação religiosa dessa sociedade em vias de extinção para um novo mundo, um mundo em que Deus estava morto. Como Kafka, entrou em desespero; mas, ao contrário de Kafka, acabou por, através de muito sofrimento, se lançar na procura do Deus que a havia abandonado. Relatou a sua busca em termos que, à semelhança de Kafka, necessariamente remetiam para o mundo que abandonara, descrevendo a alma de uma mística judia que sabe que Deus está morto e, numa linha paradoxal, recorrente em todo o seu trabalho, mesmo assim, está determinado em encontrá-Lo.

A alma exposta no seu trabalho é a alma de uma mulher singular, mas no seu âmago encontramos a gama completa da experiência humana. É por isto que Clarice Lispector tem sido descrita de praticamente todas as formas: uma mulher e um homem, uma nativa e uma estrangeira, uma judia e uma cristã, uma criança e uma adulta, um animal e uma pessoa, uma lésbica e uma dona de casa, uma bruxa e uma santa. Visto ter contado tanto da sua experiência íntima, poderia ser credivelmente tudo para toda a gente, venerada por aqueles que encontravam no seu génio expressivo um espelho das suas próprias almas. Tal como ela afirmou: «*Eu sou vós mesmos*.»[24]

«*Muita coisa não posso te contar. Não vou ser autobiográfica. Quero ser "bio"*.»[25] Mas até um artista universal emerge de um contexto específico, e o contexto que produziu Clarice Lispector era inimaginável para a maioria dos brasileiros, e seguramente para os seus leitores da classe média. Não é de admirar que nunca falasse do assunto. Nascida a milhares de quilómetros do Brasil, no meio de uma terrível guerra civil, com a sua mãe a ser condenada à morte por um inqualificável acto de violência, os antecedentes de Clarice foram inimaginavelmente violentos e miseráveis.

Por volta da adolescência, Clarice parecia ter ultrapassado as suas origens, e durante o resto da vida evitaria inclusive a mínima referência a elas. Talvez temesse que ninguém a fosse compreender. E assim, mantinha o silêncio, um «monumento» um «monstro sagrado», presa a uma lenda que ela tinha consciência de que lhe sobreviveria e que, relutantemente, abraçava com ironia. Vinte e oito anos após o seu primeiro encontro com a Esfinge, escreveu que estava a pôr a hipótese de lhe fazer uma nova visita.

«*Vou ver quem devora quem*.»[26]

## 1

## *FUN VONEN IS A YID?*

«Clarice foi apelidada de alienada, cerebral, "intimista" e entediante por críticos comunistas de linha dura. Só reagiu quando se sentiu ofendida pela estúpida acusação de que era estrangeira.»[1] «*Sempre se indignou diante do fato de que havia quem relativizasse sua condição de brasileira*», escreveu a sua melhor amiga. «*Nascera na Rússia, é certo, mas aqui chegara aos dois meses de idade. Queria-se brasileira sob todos os aspectos.*»[2] «*Eu, enfim, sou brasileira*», declarou Clarice, «*pronto e pronto.*»[3]

> «*Nasci na Ucrânia, terra de meus pais. Nasci numa aldeia chamada Tchechelnik, que não figura no mapa de tão pequena e insignificante. Quando a minha mãe estava grávida de mim, meus pais já estavam se encaminhado para os Estados Unidos ou Brasil, ainda não haviam decidido: pararam em Tchechelnik para eu nascer, e prosseguiram viagem. Cheguei ao Brasil com* apenas dois meses de idade.»[4]

Ainda que tenha chegado na sua mais tenra infância, Clarice Lispector sempre foi considerada estrangeira por muitos brasileiros, não por causa de ter nascido na Europa nem dos muitos anos que passou no estrangeiro, mas devido à forma como falava. Ceceava, e os seus erres arranhados, guturais, conferiam-lhe uma pronúncia invulgar. «*Não sou francesa*», explicava ela, que era ao que a sua pronúncia soava. «*Esse meu* err *é defeito de dicção: simplesmente tenho língua presa. Uma vez esclarecida minha brasilidade* [...].»[5]

Afirmou que o seu amigo Pedro Bloch, um terapeuta da fala brasileiro, que era um pioneiro nesse campo, se oferecera para realizar uma intervenção cirúrgica que corrigiria esse problema. Mas o Dr. Bloch disse que a pronúncia dela era bastante natural para uma criança que imitava a pronúncia dos pais estrangeiros: os erres guturais, se não o cecear, eram, na verdade, comuns entre os filhos dos judeus imigrantes no Brasil.[6] Foi através de exercícios, e não de cirurgia, que o Dr. Bloch conseguiu corrigir o problema. Mas apenas temporariamente.

Apesar das suas constantes negações, Clarice recusava de modo obstinado desfazer-se deste sinal imediatamente perceptível de que era estrangeira. Durante toda a sua vida sentir-se-ia dividida entre uma necessidade de pertença e uma insistência tenaz em manter a sua individualidade.

Alguns meses após o seu tratamento bem-sucedido, o Dr. Bloch encontrou Clarice por acaso. Reparou que ela tinha voltado a utilizar os seus erres. A sua explicação foi simples. «*Devia-se a seu receio de perder suas características*.»[7]

Não havia característica que Clarice Lispector mais tivesse gostado de perder do que o seu local de nascimento. Por esta razão, apesar da língua que a prendia a ele, apesar da, por vezes aterrorizante, honestidade da sua escrita, tem fama de ser um pouco mentirosa. As mentiras insignificantes, como os poucos anos que tinha tendência a apagar da sua idade, são vistas como uma coqueteria de uma mulher bonita. Porém, quase todas as mentiras que contou têm que ver com as circunstâncias do seu nascimento.

Nos seus escritos que foram publicados, Clarice mostra-se mais preocupada com o significado metafísico do seu nascimento do que com as próprias circunstâncias topográficas reais. Contudo, essas circunstâncias assombravam-na. Em entrevistas, insistia que não sabia nada acerca do lugar de onde viera. Na década de 1960 a 1970, deu uma entrevista ao escritor Renard

Perez, a mais longa que alguma vez concedeu; o simpático e gentil Perez conseguiu realmente deixá-la à vontade. Antes de publicar o artigo, mostrou-lho para que ela o aprovasse. A única objecção que Clarice apontou foi à primeira frase: «*Quando, logo após a Revolução, os Lispector decidiram emigrar da Rússia para a América…*» «*Não foi logo após*», reclamou ela. «*Foi muitos, muitos anos depois!*» Perez corrigiu a sua versão, e o artigo publicado começava por «*Quando os Lispector resolveram emigrar da Rússia para a América (isso muitos anos depois da Revolução)…*»[8]

E mentia acerca da idade que tinha quando chegou ao Brasil. Na passagem anteriormente citada, Clarice sublinha a sua insistência no facto de ter *apenas dois meses* quando a família desembarcou. Não obstante, como sabia muito bem, tinha mais de um ano. É uma pequena diferença — de qualquer forma, era demasiado nova para se recordar de outra terra natal — mas a sua insistência em reduzi-la ao mínimo credível é estranha. Para que se dava ao trabalho de o fazer?

Clarice Lispector não pretendia mais do que reescrever a história do seu nascimento. Em apontamentos privados, escritos quando se encontrava na casa dos trinta anos e vivia no estrangeiro, escreveu: «*Eu estou voltando para o lugar de onde vim. O ideal seria ir até a cidadezinha na Rússia e nascer sob outras circunstâncias.*» A ideia ocorreu-lhe quando estava a adormecer. A seguir, sonhou que tinha sido expulsa da Rússia num julgamento público. Um homem diz: «*Só mulheres femininas eram permitidas na Rússia — e eu não era feminina.*» Dois gestos tinham-na traído inadvertidamente, explica o juiz: «*1.º: eu acendera meu próprio cigarro, mas uma mulher fica esperando com o cigarro até que o homem o acenda. 2.º: eu mesma tinha aproximado a cadeira da mesa, quando deveria esperar que ele fizesse isso para mim.*»[9]

E, assim, foi proibida de regressar. No seu segundo romance, talvez pensando na finalidade da sua partida, escreveu: «*O lugar onde ela nascera — surpreendia-se vagamente de que ele ainda existisse como se também ele pertencesse ao que se perde.*»[10]

Num romance baseado na emigração da sua família, Elisa Lispector, a irmã mais velha de Clarice, faz insistentemente uma pergunta: *Fun vonen is a yid?* À letra, significa: «De onde é um judeu?» e é a forma educada de um falante de iídiche perguntar a origem de outro. Ao longo da sua vida, Clarice esforçou-se por encontrar uma resposta. «A questão da origem», escreveu um crítico, «é tão obsessiva que em torno dela pode dizer-se que se enreda toda a prosa da autora.»[11]

Nas fotografias, Clarice dificilmente aparenta poder pertencer a qualquer outro lugar que não seja o Brasil. Perfeitamente à vontade em Copacabana, usava a maquilhagem acentuada e a bijutaria espampanante da *grande dame* do Rio da época. Não existia nenhuma criança abandonada e esfomeada de um gueto na mulher que esquiava pelas montanhas da Suíça ou que vogava pelo Grande Canal numa gôndola. Numa fotografia, posa ao lado de Carolina Maria de Jesus, uma mulher negra cujo pungente livro de memórias da pobreza no Brasil, *Quarto de Despejo,* constituiu uma das revelações literárias de 1960. Ao lado da famosamente bela Clarice, cujo fato confeccionado à medida e óculos tipo máscara a fazem parecer uma estrela de cinema, Carolina parece tensa e deslocada, como se alguém tivesse arrastado a criada de Clarice para a fotografia. Ninguém adivinharia que os antecedentes de Clarice eram ainda mais miseráveis do que os de Carolina.

Não obstante, na vida real Clarice dava a impressão de ser estrangeira. As memórias mencionam com frequência a sua estranheza. Havia aquela voz estranha, e aquele nome estranho, tão pouco comum no Brasil que, quando o seu primeiro livro foi publicado, um crítico referiu-se a este «*nome estranho e até desagradável, pseudônimo sem dúvida*»[12]. Havia a forma invulgar como se vestia: depois de se separar do marido, dispunha de pouco dinheiro para actualizar o guarda-vestidos, e usava as roupas antigas, adquiridas no estrangeiro, que durante vários anos, daí em diante, lhe deram um ar «*estrangeiro, de fora da estação*»[13].

A sua estranheza perturbava as pessoas. «*Acusam-na de alienada*», escreveu um crítico em 1969, «*que trata motivos e temas estranhos à sua pátria, numa língua que lembra muito os escritores ingleses. Lustre não existe no Brasil, nem aquela cidade sitiada, que ninguém sabe onde fica.*»[14]

(*O Lustre* é o título do seu segundo romance; *A Cidade Sitiada*, do terceiro.)

«*Minha cara deve estar com ar teimoso, com olho de estrangeira que não fala a língua do país*», escreveu Clarice.[15] No entanto, a sua ligação ao país que tinha salvado a sua família, onde passou a vida, e cuja língua era o meio da sua arte, era natural e genuína.

Mais extraordinária é a frequência com que *outros* insistiam na ligação dela ao Brasil. Nunca se vê, por exemplo, alguém que escreve sobre Machado de Assis asseverar que ele era verdadeiramente brasileiro. Quando se escreve sobre Clarice Lispector, tais asserções são quase inevitáveis. Os editores da popular colecção de livros de bolso «Nossos Clássicos» escolheram, como um de apenas dois excertos do livro de artigos de jornal com mais de quinhentas páginas de Clarice, alguns parágrafos breves que ela escreveu em resposta a uma pergunta sobre a sua nacionalidade. «*Eu pertenço ao Brasil*» foi a resposta dela.[16]

Um terço da badana de uma biografia é dedicada a insistir no facto de Clarice ser brasileira: «*Essa marca de sua origem, no entanto, é o contrário do que ela se esforçou por viver e que esta biografia destaca a partir de uma vasta correspondência e dezenas de entrevistas: o Brasil era mais do que o seu país de adoção, era sua casa verdadeira.*»[17] No Orkut, a popular rede social da Internet, o grupo de Clarice Lispector, com mais de 210 000 membros, anuncia que é uma «*comunidade dedicada à maior e mais intensa escritora* BRASILEIRA *de todos os tempos. Eu disse:* BRASILEIRA».

Mas, desde o princípio, os leitores perceberam que Clarice era uma forasteira. «Clarice Lispector», escreve Carlos Mendes de Sousa, «é a primeira, mais radical afirmação de um *não lugar* na literatura brasileira.»[18] Clarice é a mais importante escritora brasileira moderna e, em simultâneo, num sentido mais profundo, não é, de todo, uma escritora brasileira. O poeta Lêdo Ivo captou o paradoxo:

> *«Não haverá, decerto, uma explicação tangível e aceitável para o mistério da linguagem e do estilo de Clarice Lispector. A estrangeiri--dade de sua prosa é uma das evidências mais contundentes de nossa história literária e, ainda, da história de nossa língua. Essa prosa fronteiriça, emigratória e imigratória, não nos remete a nenhum dos nossos antecessores preclaros* [...] *Dir-se-ia que ela, brasileira naturalizada, naturalizou uma língua.*»[19]

«*A minha terra não me marcou em nada, a não ser pela herança sanguínea. Eu nunca pisei na Rússia*», afirmou Clarice Lispector.[20] Em público, raras vezes se referiu às origens da sua família. Quando o fazia, ou era de uma forma vaga — «*Eu perguntei a meu pai desde quando havia Lispector na Ucrânia. Ele disse que há gerações e gerações anteriores*»[21] — ou falsa. As referências à sua etnicidade nos trabalhos publicados são tão esparsas que muitos imaginaram que se envergonhava dela.[22]

*Fun vonen is a Yid?* Não é surpreendente que Clarice ansiasse por reescrever a história das suas origens, no Inverno de 1920, na *goubernia* [província] da Podólia, que até pouco antes havia sido parte do império russo e que hoje fica na zona sudeste da República da Ucrânia. «*Tenho certeza de que no berço a minha primeira vontade foi a de pertencer*», escreveu. «*Por motivos que aqui não importam, eu de algum modo devia estar sentindo que não pertencia a nada e a ninguém.*»[23]

O sublinhado foi acrescentado por mim: Clarice nunca explicou esses motivos. Mas o mínimo que alguém pode dizer acerca do momento e do local do seu nascimento é que foram mal escolhidos. Mesmo na panóplia de assassínios, epidemias e guerras que atravessa a história ucraniana, desde o saque mongol de Kiev, em 1240, até à explosão nuclear de Chernobyl, em 1986, 1920 destaca-se como um ano particularmente terrível.

Mas o pior estava ainda para vir: doze anos mais tarde, Estaline deu início ao flagelo da eliminação sistemática dos camponeses do país através da fome, provocando a morte a mais pessoas do que aquelas que perderam a vida, em todas as frentes, durante a Primeira Guerra Mundial.[24] Nove anos depois, a invasão de Hitler ceifou 5,3 milhões de pessoas, um habitante em cada seis.[25] «A Ucrânia ainda não está morta», maravilha-se o hino nacional.

Neste panorama sombrio, nem todas as catástrofes podem ser devidamente solenizadas. Mas ainda que estejam quase esquecidas nos nossos dias, o que sucedeu aos judeus da Ucrânia, por volta da altura em que Clarice Lispector nasceu, foi um desastre a uma escala nunca imaginada. Talvez duzentos e cinquenta mil tenham sido mortos: à excepção do Holocausto, o pior episódio anti-semita da história.

Em 1919, um escritor declarava que, durante a Primeira Guerra Mundial, «aquilo com que os judeus da Europa Oriental eram ameaçados não era o sofrimento temporário e a inevitável dizimação na guerra, mas o extermínio total através da tortura engenhosa e célere de toda uma raça»[26]. Quando essa frase foi publicada, o autor acreditava que o horror fazia parte do passado. O verdadeiro drama estava prestes a começar.

# 2

# AQUELA COISA IRRACIONAL

Um pequeno recanto do enorme império do czar, Tchechelnik, na província ocidental ucraniana da Podólia, era representativo dos lugares sujos onde, até à viragem do século XX, a maior parte dos judeus do mundo inteiro vivia. Antes da Primeira Guerra Mundial tinha cerca de oito mil habitantes, um terço dos quais era judeu. Nathan Hofferman, um imigrante de Tchechelnik em Nova Iorque, enfatizava que «a maioria dos judeus era pobre. E não se tratava daquela "pobreza" padronizada que é geralmente aceite nos Estados Unidos, mas uma pobreza literal. O que significava que não tinham sequer uma fatia de pão com que alimentar os filhos, que eram muitos»:

> «Alguns viviam em casebres com dois ou três quartos e com chão de terra batida, semidespidos, passando frio no Inverno e calor no Verão... A taxa de mortalidade infantil era elevada, mas a taxa de natalidade também era alta, uma vez que, segundo a lei judaica, o controlo da natalidade é um assunto tabu. Não havia saneamento, todas as doenças infantis assumiam proporções epidémicas, e a assistência médica era muito escassa... Quando digo que não existia saneamento, não estou a exagerar. A maior parte das casas nem sequer tinha uma casa de banho num anexo. As pessoas faziam as necessidades fisiológicas nas traseiras das casas, em pequenas ravinas, nas franjas da cidade. Os

únicos agentes de limpeza existentes eram os porcos que vagueavam pelas ruas e as chuvas que levavam tudo para o rio.»

Os cereais eram o sustentáculo económico. Uma vez que os judeus não podiam ser proprietários de terrenos nem trabalhar a terra, muitos dos pequenos comerciantes eram judeus, que também compravam e vendiam gado. «Na zona alta da cidade existia uma praça ampla e aberta onde os camponeses e os comerciantes de cavalos compravam e vendiam cavalos», recorda Hofferman. «No sopé da cidade existia outra praça onde comerciavam gado. O procedimento era o mesmo que utilizavam para os cavalos, com a diferença de que numa havia excrementos de vaca, e na outra, excrementos de cavalo.»[1]

A Tchechelnik de hoje não parece tão terrível. A sua decrépita arquitectura de aldeia, pintada em tons de verde e púrpura, é perturbada por algumas intervenções soviéticas de betão, em ruínas. Outros edifícios relembram populações desaparecidas: os católicos que prestavam culto nas igrejas polacas há muito desapareceram, e a sinagoga aonde Mania e Pinkhas Lispector teriam levado a sua filha recém-nascida para que fosse abençoada encontra-se num estado deplorável, vazia e exposta aos elementos, por detrás da sua ainda impressionante fachada de pedra.[2]

É o tipo de cidade onde um presidente da câmara dinâmico é dono da mercearia, da estação de serviço e do hotel; onde as galinhas correm pela rua principal abaixo, a Avenida Lenine; e onde as pessoas se recordam afectuosamente do embaixador brasileiro, que vestia calções curtos e sandálias, e que chegara alguns anos antes para procurar um lugar para instalar um monumento a Clarice Lispector. (Na inauguração apresentou-se de modo mais formal.) Tchechelnik não dispõe de muitos monumentos, e não costuma ter contacto com muitos embaixadores.

No topo de uma alta serrania, a cidade proporciona vistas elevadas sobre as colinas verdejantes das zonas rurais que a rodeiam, vistas que não foram concebidas para encantar os turistas, mas para permitir uma prevenção razoável de uma invasão iminente. O local esteve sempre em perigo, um posto fronteiriço vulnerável, no limiar do que, nos séculos XV e XVI, eram os impérios turco e polaco.

A família Lispector não seria a primeira de refugiados na cidade. Tchechelnik foi fundada por refugiados, retirando mesmo deles o seu nome. Conta a história que a raiz da palavra Tchechelnik, *kaçan lik,* é a palavra que em turco quer dizer «refugiado». Os primeiros colonos chegaram sob a liderança de um desertor tártaro, Chagan, que se casou com uma rapariga ortodoxa, foi baptizado, e se fixou na margem direita do rio Savranka.[3] Atrás de Chagan vieram mais refugiados, no início do século XVI, escravos fugidos, cujas vidas, sob o domínio dos amos polacos, eram suficientemente difíceis para que corressem o risco de se instalarem num território sujeito ao terror das constantes invasões tártaras. Um elaborado sistema de túneis que existia por baixo dos edifícios servia-lhes de abrigo. Havia três corredores principais interligados, alguns cinco metros sob o solo e com dois metros de altura. A maior parte das casas, e quase todas as casas judaicas, dispunha de entradas camufladas para as catacumbas, na cave. Em tempos de paz eram utilizadas para armazenamento; durante as invasões, a cidade inteira desaparecia nos subterrâneos, a população por completo, incluindo os animais. Os engenheiros do sistema haviam tido o cuidado de providenciar acesso a um rio subterrâneo, onde os animais podiam ir beber água.[4]

No século XVII, sob o domínio polaco, Tchechelnik era oficialmente elevada de aldeia a cidade; e por volta de 1780, os judeus erigiram a bela sinagoga cujas precárias ruínas ainda existem. Foi uma época de conflitos religiosos, com frequência entre cristãos. Os governantes da cidade, a família dos príncipes Lubomirski, tentaram «polonizar» os habitantes locais, construindo uma igreja católica e apoderando-se dos terrenos de fundações ortodoxas.

Os príncipes introduziram ainda a reivindicação da cidade à sua fama extremamente modesta, uma vasta quinta de criação de cavalos que produzia cavalos valiosos. Para lugar de nascimento de

Clarice Lispector, esta é uma actividade económica estranhamente apropriada. «*Tentando pôr em frases a minha mais oculta e sutil sensação*» escreveu, «*eu diria: se pudesse ter escolhido queria ter nascido cavalo.*»[5]

«Depois de entrarmos na cidade, vemos uma igreja católica romana com um telhado verde e um alto campanário», escreveu o viajante polaco Kraszewski, após uma visita, em 1843. «Apenas vasos decoram os topos das muralhas que circundam as ruínas do palácio do príncipe Lubomirski... A cidade e o mercado estão vazios, as casas são pobres, baixas, tortas, e feitas de argila. Os judeus locais falam mais russo do que polaco e têm uma aparência muito diferente da dos judeus da Polónia.»[6]

No princípio do século XX, um século depois de Tchechelnik ter passado para mãos russas, havia poucos russos na região. Os camponeses eram ortodoxos e falavam ucraniano. As classes mais importantes eram polacas e católicas; eram compostas por pessoas que prestavam culto na impressionante igreja católica, comenta Kraszewski, muito mais luxuosa do que a sua parente ortodoxa, do outro lado da cidade. Apesar da pobreza que o governo russo impunha, os judeus sobreviviam, muitas vezes no limiar da pobreza, do comércio, e como negociantes de gado. Todas as lojas de Tchechelnik pertenciam a judeus, excepto a drogaria, que pertencia a um polaco, e a loja de bebidas, que fazia parte do monopólio de venda de *vodka* do governo.

Pode um lugar deixar as suas marcas em alguém que o abandonou na infância? Aparentemente, não. Contudo, permanece o facto de uma grande mística ter nascido numa zona notável pelos seus grandes místicos. Talvez o mais extraordinário aspecto em relação à área de onde Clarice Lispector veio não seja a sua miséria ou opressão, mas a sua relação eléctrica com o divino. Isolados e pobres, os judeus de Podólia eram varridos com frequência por ondas milenares.

O movimento hassídico, com a ênfase colocada numa experiência directa e pessoal de Deus, fez a sua primeira aparição, e foi mais intenso, na Podólia, que vivia mergulhada nas trevas.

O fundador do movimento, Ba'al Shem Tov, morreu não muito longe de Tchechelnik, em Medzhybyzh, e o túmulo do apóstolo do hassidismo, Nachman de Bratizlav, fica ainda mais próximo, em Uman. No século XVIII, o maior estudioso do misticismo judaico escreveu: «numa área geográfica reduzida e também num período espantosamente breve, o gueto deu origem a uma galáxia completa de santos místicos, sendo cada um deles uma individualidade surpreendente.»[7]

A Ucrânia Ocidental não se limitou a produzir muitos dos grandes místicos judeus, a sua população cristã também ardia periodicamente com um fervor religioso. As igrejas oficiais da região incluíam a Igreja Ortodoxa Russa, a Católica Romana, a Luterana, a Autocéfala Ucraniana, e a Católica Grega Ucraniana. Era um lugar onde a Virgem Maria aparecia aos aldeões com alguma regularidade e onde as estátuas de Cristo eram famosas por sangrarem espontaneamente. Era um local onde, por volta da altura em que Clarice nasceu, os pregadores lideravam uma constelação inteira de seitas carismáticas, com nomes como os Flagelantes, os Pintores, os Israelitas, os Lavadores de Pés, os Tanzbrüder, os Studenbrüder, e os Bebedores de Leite do Santo Tio Kornei e da Tia Melanie.

«Como é difícil escrever a história das terras fronteiriças [ucranianas]», comentou uma académica, «sem acreditar, temporariamente, em aparições divinas. Fantasmas, milagres, ocorrências que hoje não podem ser explicadas, constituíam uma grande parte da vida quotidiana.»[8]

«*Os olhos*», escreveu uma amiga de Clarice Lispector, «*tinham o brilho baço dos místicos*.»[9] «*É que sou mística*», disse a autora numa entrevista. «*Não tenho religião, porque não gosto de liturgia, de ritual. O crítico do* Le Monde, *de Paris, disse que eu lembro Santa Teresa d'Ávila e San Juan de la Cruz, autores aliás que não li. Alceu Amoroso Lima... Uma vez telefonei para ele pedindo para vê--lo. Ele disse: eu sei, você quer conversar sobre Deus*.»[10]

Tal era o fascínio da figura misteriosa de Clarice Lispector, e tão pouco se sabia acerca das suas origens, que durante a sua vida uma enorme lenda foi criada à sua volta. Nesse aspecto, Clarice assemelhava-se aos santos judeus da sua terra natal, os *tzaddikim* hassídicos «detentores daquela coisa irracional», figuras míticas do seu tempo, a propósito das quais uma «extraordinária quantidade de histórias» mistura, de modo indissociável, «trivialidades e profundidade, ideias tradicionais ou emprestadas e originalidade autêntica».[11]

Não obstante, embora a própria Clarice não as fornecesse, ainda que tentasse reescrever a história dessas origens, subsistem registos que descrevem a vida da família na Ucrânia. Os mais importantes foram deixados por Elisa Lispector, a sua irmã mais velha: um original dactilografado e que não foi publicado intitulado *Retratos Antigos* e um romance, *No Exílio,* publicado em 1948, relatando em termos finamente velados a história da emigração da família.[12]

Elisa, nascida Leah, no dia 24 de Julho de 1911, tinha idade suficiente para guardar uma lembrança clara do país que a família foi obrigada a abandonar. Mal conheceu os avós paternos, ainda que fosse assombrada pela figura do avô, Shmuel Lispector, o protótipo do judeu da Europa Oriental, estudioso e pio. Obediente aos mandamentos que proibiam a reprodução da figura humana, Shmuel Lispector nunca permitiu que o fotografassem.

Shmuel Lispector vivia na minúscula *shtetl** de Teplyk, não muito distante de Tchechelnik. Calmo e afável, «*via-se desde cedo que não* [era] *fadado às coisas deste mundo*».[13] Quando lhe foi concedida a oportunidade de estudar as Sagradas Escrituras ou de trabalhar na «*mercearia atravancada de produtos de muitos odores diferentes, e os fregueses barulhentos e irascíveis*», Shmuel escolheu naturalmente a primeira hipótese. Uma prima de Elisa e de Clarice recordou a sua fama como um homem santo e inteligente, cujo conhecimento dos livros sagrados atraía estudiosos de toda a região. A sua concentração nos estudos era absoluta.[14] Tal era possível porque, segundo a tradição, ele tinha casado com uma mulher rica, Heived, ou Eva. Os homens eruditos eram maridos disputados para as filhas das famílias mais abastadas,

* Cidadezinha, em iídiche. (*N. T.*)

mas presumivelmente menos refinadas. «Os pais ricos sustentavam o casal, desfrutando da sua descendência, e deliciavam-se com a glória e o respeito do genro, que prosseguia os seus estudos», escreveu Nathan Hofferman. Estes casamentos entre homens pobres com estudos e mulheres ricas de famílias de comerciantes não eram desiguais nem pouco comuns.

O casamento, como também fazia parte da tradição, foi arranjado, e deu origem a cinco filhos, o mais novo dos quais, Pinkhas, pai de Clarice, nasceu em Teplyk, no dia três de Março de 1885.[15] Elisa nunca conheceu o avô, que morreu com cerca de quarenta anos, nem teve muito contacto com a avó, que viveu até aos noventa e três.

*«Só uma vez a avó Heived visitou-nos em Haysyn, onde morávamos. Não me recordo bem dela. Creio que se demorou pouco. Tinha escrúpulos em ocupar espaço alheio, receio de tornar-se incômoda. Pois a imagem que me ficou foi de uma criatura dócil e tímida, de poucas palavras — silêncio e jeito arredio facilmente interpretado pelas noras como susceptibilidade em mistura com prepotência.»*[16]

Quando chegou a altura de Pinkhas se casar, Shmuel contratou uma casamenteira. A potencial candidata encontrada foi Mania Krimgold, que nascera no dia de Ano Novo de 1889.[17] Tal como o pai, Pinkhas casou igualmente com uma mulher cujo pai podia sustentar os seus estudos. Pinkhas não estava destinado a ser um estudioso, mas foi uma união sensata noutro aspecto: as jóias de Mania iriam salvar a família da guerra que se avizinhava.

Segundo a opinião geral, o pai de Mania, Isaac Krimgold, não era um bom judeu, e assim, o que poderia ter sido um casamento honesto transformou-se numa complicada historia de amor. Enquanto jovem, conhecera a mãe de Mania, Charna Rabin, numa boda.

Elisa recordava-se dele como *«alto e forte como um carvalho, digno, ereto»*. Abastado, era proprietário de uma mercearia numa cidade perto de Pervomays'k, a alguma distância de Teplyk, e, para os seus negócios com madeira, arrendava terras a um nobre russo.[18] Isaac tinha modos de certa forma dissolutos e um contacto próximo com gentios. «*No grande depósito onde Isaac armazenava madeiras, até um trago de vodca se podia tomar, e não raro ele confraternizava com os madeireiros.*»[19]

Ao contrário dos estritamente pios Lispectors, Isaac Krimgold não era religioso. Dirigia-se à cidade para frequentar a sinagoga apenas nos feriados santos mais importantes. O pai de Charna considerava o seu laxismo inaceitável e recusou dar a sua autorização para o casamento. Tanto Charna como Isaac se casaram com outras pessoas. A mulher de Isaac deu-lhe três filhos, «*e, quando ela morreu, ele confessou o seu nenhum pesar. Era mulher de gênio irascível, foi o que ele disse*». Charna, por sua vez, também teve um filho antes de enviuvar. Alguns anos mais tarde, ela e Isaac voltaram a encontrar-se e, por fim, casaram-se. Elisa recordava calorosamente a sua avó «*piedosa e modesta*», «*suas roupas e jóias quase suntuosas*». Tiveram três filhas, incluindo Mania, ou Marian, a mais velha. Para a pequena Elisa, a casa dos avós, onde passava as férias de Verão, era um lugar muito bonito: a varanda com as suas janelas de vidros foscos onde tomavam chá todas as tardes, o rio onde brincava com as crianças vizinhas.

Mas Charna morreu prematuramente, e Isaac casou uma terceira vez. Também essa mulher ele iria ter de enterrar.

Mania cresceu nessa casa grande, rodeada de árvores. Como o pai, era independente e informal, «*de ter sempre vivido no campo, e não em alguma das vielas dos bairros judaicos*»[20]. No entanto, as suas origens rurais não implicavam uma falta de cultura e elegância; pelo contrário, tal como a sua notável filha Clarice, transmitia uma impressão de requinte. «*Sabia falar, sabia pisar. Só se vestia em modistas de Kiev e de Odessa. Tinha sempre uma palavra de compreensão para este, um óbolo para aquele*».[21]

Esta foi a mulher que a casamenteira encontrou para Pinkhas Lispector. A noiva e o noivo foram autorizados a verem-se antes do casamento, «*em presença dos mais velhos, bem entendido*»[22]. Depois do casamento, que ocorreu por volta de 1910, mudaram-se. Nunca mais voltariam a permanecer muito tempo no mesmo lugar. A 24 de Julho de 1911, estavam na cidade de Savran, onde a sua primeira filha, Elisa, baptizada como Leah, nasceu.

A família viveu períodos de paz e de prosperidade. Elisa relembrou o brilhantismo das suas noites de sexta-feira, a mãe, magnífica com as suas pérolas, acendendo as velas do Sabat; a mesa, na casa esplendidamente limpa, coberta com os acepipes dos judeus da Europa Oriental; as manhãs de sábado passadas em oração, na sinagoga; as tardes de leitura e de visitas à família e amigos; e depois, quando as primeiras estrelas apareciam no céu, a prece do pai sobre um cálice de vinho, «*com louvor a Deus por haver distinguido entre o sagrado e o profano, a luz e a obscuridade, o sábado e os dias de trabalho*»[23].

> «*Mas era nas noites de visitas de casais amigos que a mãe irradiava mais brilho. Ninguém tão fascinante no conversar, tão airosa ao movimentar-se no seu mundo que ela tornava tão encantador. Porque nas noites em que os pais recebiam os amigos, jovens como eles, a casa de janelas abertas para a noite, no verão, aconchegante no inverno, era uma verdadeira festa.*»[24]

O casamento deles tinha sido arranjado, mas «*o sentimento que os unia era amor, tenho agora certeza ao recordá-los juntos*», escreveu Elisa. «*Havia um halo que os envolvia. Havia um entendimento muito grande de mútua admiração. Não raro eu os surpreendia falando mais através dos olhos do que das palavras.*» Elisa contrasta a radiante Mania com o ligeiramente reservado Pinkhas: «*Rosto magro. Semblante triste. Foi sempre triste o semblante de meu pai, mas de uma gravidade que se impunha.*»

> «*Uma feição de seu caráter era não ser pródigo em elogios, e não porque não reconhecesse as qualidades de alguém, mas por ausência daquele traço de servilismo que se nota em certas pessoas que a lisonja faz dobrar. E bem pelo contrário, tanto mais reconhecesse as qualidades nobres de alguém, mais sóbrio se mostrava no trato. Uma expressão que usava com alguma frequência era* a fainer mensh *(uma pessoa distinta), mas se a pessoa lhe merecia a admiração total, designava-a tão somente com a expressão* mensh (mensh: pessoa, gente). *Assim, quando ele dizia: Fulano é um* mensh, *havia-lhe rendido a mais alta homenagem.*»[25]

Pinkhas herdara a seriedade do pai, assim como a sua dedicação aos estudos. Elisa recorda-o como ambicioso: «*Pressentia a marcha do mundo, e não queria ficar para trás.*»

Porém, o mundo estava determinado a deixar Pinkhas Lispector para trás. O seu destino era o de várias gerações de judeus talentosos. O seu pai rigorosamente tradicional, que lhe permitia vestir-se com um estilo moderno, deve ter percebido que a geração de Pinkhas não permaneceria tão intricadamente ligada às antigas ortodoxias. Mas o ambicioso judeu russo quebrou com as tradições para descobrir que não tinha futuro no seu próprio país. «*"Judeu" foi a injúria que lançaram à face do seu pai, quando tentou ingressar na faculdade*», escreveu Elisa, relembrando que, enquanto jovem, a Pinkhas «*a matemática e a física apaixonavam-no, mas, em todas as suas iniciativas, deparava sempre com a barreira inexpugnável — o estigma de ser judeu*».[26]

Em vez de se tornar cientista ou matemático, Pinkhas tinha de se contentar em vender artigos avulso num lugarejo decrépito.

> «*Um ofício manual também o meu pai jamais aprendeu, pois todos os homens da sua estirpe eram votados ao estudo da Torá, e isto, por experiência, ele sabia não valer em termos de ganhar a vida. E ele queria ganhar, queria viver. Desejava conhecer o mundo. Quando casou, até de cidade mudou. Tinha os olhos abertos para a vida, a par de uma incontida ânsia de saber.*»[27]

A vida de um lojista, vendendo sapatos, tecidos, chapéus e acessórios «*adquiridos em Kiev e em Odessa, razão por que era muito escolhida a sua clientela*», pode ter sido uma regressão amarga.[28] Mas, durante os primeiros anos de vida de Elisa, ele e a família prosperaram, ainda que, como Clarice relembrou, «*ele, na verdade, dava para as coisas do espírito*»[29].

Tal como tantos outros judeus russos, Pinkhas voltava-se para o seu interior. Quando o tempo estava tão mau que nenhum cliente aparecia, dirigia-se ao fundo da loja, acendia um candeeiro de querosene, e começava a ler.

> «*Lia de tudo quanto podia trazer das grandes livrarias nas suas frequentes viagens. Mas, além de Bialik e Dostoiévski, entre outros autores,*

*também lia, ou melhor: estudava a Guemurá (o Talmud). O piedoso sentimento religioso do pai, a quem sempre vira debruçado sobre os Livros Santos, nele havia se transformado num pensamento a um tempo espiritual e humanista.*»[30]

Apesar das humilhações que aguardavam os judeus na Rússia, Pinkhas, segundo Elisa, nunca pensara em emigrar, e ninguém da sua família alguma vez o fizera.[31] Esse não era o caso de Mania. Por volta de 1909, os seus primos direitos, os cinco filhos do seu tio materno, Levy Rabin, foram para a Argentina[32], dirigindo-se, como milhares de outros, para as colónias agrícolas do barão Maurice de Hirsch.

O maior filantropo judeu do seu tempo, Hirsch, um banqueiro e industrial bávaro, investiu a sua imensa fortuna em causas pelo mundo inteiro, fazendo doações principescas a instituições educacionais e médicas por toda a Europa, nos Estados Unidos, no Canadá e na Palestina. Quando o governo russo rejeitou a sua oferta de dois milhões de libras para criar um sistema de escolas seculares judaicas no Território de Assentamento*, Hirsch concentrou a sua atenção em ajudar os judeus russos a emigrar. Através da sua fundação, a Jewish Colonization Association (JCA), adquiriu terras nos Estados Unidos, no Canadá, no Brasil, e, sobretudo, na enorme, fértil e deserta República Argentina. Só nesse país, acabou por adquirir mais de *dezassete milhões de hectares*.[33]

Como os sionistas, cujo sonho de um Estado judaico ele não partilhava, Hirsch acreditava que o trabalho agrícola era a solução para regenerar o povo judaico. Mas apesar de a Jewish Colonization Association (JCA) fornecer muitas das infra-estruturas das colónias, o plano de Hirsch era tão socialista como ele próprio. Esperava-se que os imigrantes comprassem a terra na qual trabalhavam, e as colónias pretendiam tornar-se municípios com governo próprio. As condições pioraram na Rússia, depois da Revolução de 1905. Os judeus fugiram em massa para

* Área do império russo onde os judeus tinham autorização para residir, no âmbito da política segregacionista do czar. (*N. T.*)

a Argentina. Entre 1906 e 1912, cerca de treze mil chegavam anualmente. Entre eles contavam-se cinco primos de Mania Lispector, que encontraram trabalho na «La Jewish».

Desde o princípio, contudo, o projecto de Hirsch na Argentina sofreu perturbações. Impedidos de trabalhar na agricultura nas suas terras natais, os judeus russos eram um povo essencialmente comercial e urbano. Apesar da formação e assistência que a JCA providenciava, não conseguiam adaptar-se de imediato ao cultivo das terras nas pampas. Dois anos após a fundação das colónias, em 1891, quase um terço dos colonos originais tinha partido para os Estados Unidos. E, ainda que as condições viessem a melhorar, os restantes gravitaram perseverantemente em direcção às cidades.

Entre os que abandonaram o campo estavam os irmãos de Rabin. Dos cinco, apenas Abraham, que se instalou em Buenos Aires, permaneceu bastante tempo na Argentina.[34] Os outros quatro foram para o Brasil. Por um qualquer motivo, um deles, Joseph, agora abrasileirado como José, acabou em Maceió, no estado nordestino de Alagoas. Maceió era um destino improvável, situado na região mais pobre e subdesenvolvida do país. A maior e mais próspera cidade do Recife, não muito distante, era um destino mais promissor, e foi aí que os outros três irmãos se instalaram, usando os nomes brasileiros Pedro, Samuel e Jorge. Aí, dedicaram-se àquela que era normalmente a profissão inicial de um judeu imigrante: a venda ambulante.[35]

Deste modo, no início de 1914, cinco dos sete filhos de Rabin estavam em segurança na América do Sul. Sarah Rabin, a mãe deles, estava morta. Apenas Dora e Jacob, com o pai, Levy, continuavam na Ucrânia. Dora rapidamente conheceu um jovem de Tchechelnik, Israel Wainstok, de quem ficou noiva. Tinham planeado sair logo da Rússia, mas os seus planos foram adiados e fixaram-se em Tchechelnik. Aí, a mãe viúva de Israel, Feiga, casou com o viúvo Levy Rabin, pai de Dora e irmão de Charna Krimgold.[36]

O último membro da família a partir antes da guerra foi a irmã de Mania, Zicela Krimgold, que estava noiva do seu primo direito, José Rabin, o irmão que se instalara em Maceió. Não é claro se esta união já tinha sido planeada antes de José e os irmãos partirem para a Argentina, cinco anos antes. De qualquer forma, José e Zicela, agora respondendo pelo nome que soava mais a brasileiro, Zina, casaram-se no Recife, no dia 24 de Abril de 1914.

Abandonaram a Europa mesmo a tempo. Por algum motivo, Dora e Israel Wainstok, juntamente com os seus pais, agora casados, Levy e Feiga Rabin, ficaram para trás. Talvez tivessem esgotado as suas poupanças ao enviar os familiares à sua frente e planeassem ir ter com eles mais tarde. Fosse qual fosse o motivo, foi um erro de cálculo que lhes foi quase fatal.

Quando a Primeira Guerra Mundial rebentou, em Agosto, as rotas normais da emigração — por via terrestre, da Rússia, atravessando a Europa Central, e via Hamburgo, ou os portos da Holanda, para as Américas — estavam fechadas aos judeus de Leste. Centenas de milhares deles estavam a ser chacinados na frente de batalha. Ao longo desta, assim como no Ocidente, havia pouco movimento, depois de os exércitos escavarem as suas trincheiras. E, tal como no Ocidente, milhões de pessoas eram massacradas só para se conseguir avançar mais alguns quilómetros.

Pinkhas e Mania tiveram sorte, num aspecto. Comparados com muitos judeus russos, sobreviveram à guerra com um relativo bem-estar. Na remota Savran, longe da frente, muitos dos horrores da Primeira Guerra Mundial passar-lhes-iam ao lado. Mas, no meio do caos que consumia o país, a loja de Pinkhas não prosperava. Por volta do dia 19 de Abril de 1915, quando a segunda filha de ambos, Tania, nasceu, já tinham saído de Savran e voltado para a cidade natal de Pinkhas, Teplyk.

Mas, ao contrário da França e da Bélgica, a Frente Oriental foi o cenário de *pogroms* que ultrapassaram tudo que acontecera antes, e estes, a seu tempo, iriam acabar por alcançar os Lispectors. Nos territórios da Polónia e da Ucrânia — de cuja lealdade a coroa Russa tinha bons motivos para suspeitar — os ataques aos judeus começaram quase tão depressa como a guerra. Iniciaram-se com rumores: de que os Judeus estavam a traficar ouro para os alemães no interior de corpos de gansos mortos; de que haviam colocado os planos para uma revolta anticzarista dentro de uma garrafa que lançaram ao mar, onde esta poderia flutuar até Danzig; de que estavam a enviar mensagens codificadas através de sinais de luz, das janelas, para ajudar no avanço dos austríacos; de que estavam a destruir as linhas telefónicas e a interferir nos telégrafos.[37] O escritor judeu russo S. An-Ski regista um boato que ouviu da boca de uma criada de hotel na parte de Varsóvia sob domínio russo:

«Os telefones» disse ela vagamente. «Eles contam tudo aos alemães. No domingo, quando as máquinas voadoras nos sobrevoaram, os judeus enviaram-lhes todo o tipo de sinais — revelaram-lhes que os generais mais importantes se encontravam na igreja. E assim, eles começaram a bombardeá-la. Felizmente, falharam o alvo.»

A criada idosa prosseguiu, fazendo um relato que aparentemente reproduzia para todos os hóspedes que encontrava. As bombas tinham matado ou ferido uma dúzia de pessoas, disse ela, todas polacas, e tudo porque os «judeus têm um unguento, que espalham nos seus corpos para que as bombas não os atinjam»[38].

Muito rapidamente estes absurdos evoluíram para a chacina. Uma onda de *pogroms* varreu todo o Assentamento. Apesar de seiscentos e cinquenta mil judeus acabarem por prestar serviço no exército russo e de cem mil terem perdido a vida na guerra[39], as suas lealdades eram suspeitas, sobretudo nas terras que mudaram de mãos durante a guerra.

Em Galícia, a noroeste da Podólia, um total de quatrocentos e cinquenta mil judeus (mais de metade da população judaica) foi desenraizado pela guerra. Num período de quarenta e oito horas, em Maio de 1915, toda a população de quarenta mil judeus foi expulsa de Kaunas, na Lituânia.[40] Ao todo, cerca de seiscentos mil judeus foram deportados. Duzentos mil judeus civis foram assassinados.[41]

À medida que a guerra se aproximava do seu sangrento e protelado final, a lei e a ordem desapareciam do império russo em colapso. A deposição do desastrado czar, na revolução de Março de 1917, pareceu, a princípio, anunciar um novo amanhecer para a Rússia. Do dia para a noite, o país passou de um Estado policial repressivo para «o país mais livre do mundo». Mas os dois governos liberais que se sucederam ao czar não puseram fim à guerra. Em vez disso, ansioso por demonstrar que a democracia revolucionária estava tão patrioticamente empenhada na defesa da pátria como qualquer ditadura, o governo provisório lançou o exército andrajoso numa grande ofensiva, em Junho de 1917, cujo falhanço calamitoso drenou o governo do quase universal apoio popular que saudara a sua constituição, apenas alguns meses antes. E abriu o caminho para que o demagogo Vladimir Lenine assumisse o controlo da capital, em Novembro, em grande parte porque prometia terminar a guerra.

Isso Lenine fez, embora não tão depressa como prometera. Na cidade polaca de Brest-Litovsk, o seu representante Trotsky prolongou as conversações de paz por vários meses, na esperança de que o atraso inflamasse uma revolução na Alemanha e na Áustria. Tal não aconteceu. Em vez disso, no final de Fevereiro de 1918, os alemães, frustrados com a intransigência dos bolcheviques, reiniciaram as hostilidades. Lenine não dispunha de um exército para resistir ao avanço alemão. Num período de algumas semanas, os alemães tinham avançado ao longo de faixas enormes do território russo. Com os alemães a aproximarem-se da capital, Petrogrado, Lenine capitulou subitamente, no dia 3 de Março de 1918, assinando um tratado cujos termos eram ainda piores do que aqueles que poderia ter conseguido no final de 1917.

O tratado acabou por garantir a independência da Finlândia, da Estónia, da Letónia, da Lituânia e da Polónia. Na Ucrânia, a situação era complicada. A maioria dos russos não aceitava facilmente, nessa altura, como não aceita agora, a ideia de que os ucranianos eram um povo independente, ou de que a sua língua, relacionada com o russo, mas bastante distinta deste, era algo mais do que um dialecto camponês. Os próprios ucranianos eram cautelosos. Como muitos movimentos nacionalistas no antigo império russo, os ucranianos, no início de 1917, a princípio, não pretendiam mais do que a sua autonomia: a liberdade de usarem a sua própria língua, especialmente nas escolas e ao nível governamental.[42]

Depois do golpe de Estado de Lenine, em Novembro, o governo ucraniano distanciou-se ainda mais do governo de Petrogrado. Mas os ucranianos detiveram-se por não disporem de independência total. Isto tranquilizou os judeus, cujos dois principais objectivos, a autonomia judaica e a unidade continuada da Rússia, foram respeitados.[43] Mas a lua-de-mel estava prestes a terminar, com o governo a sofrer pressões dos bolcheviques, a norte, e os judeus alarmados com a onda de *pogroms* que estava a ser desencadeada na Podólia, Volínia, e em Kiev.[44] O governo respondia permitindo a formação de unidades militares judaicas para autodefesa.[45] As unidades de autodefesa nunca chegaram a concretizar-se, e os judeus da Ucrânia Ocidental foram deixados indefesos.

No dia 25 de Janeiro de 1918, a Rada ucraniana declarou a independência da República Popular da Ucrânia.[46] Pouco depois da declaração, Kiev era ocupada pelas forças bolcheviques. Mas não por muito tempo: em Abril, a Rada havia sido deposta num golpe patrocinado pelos alemães, estabelecendo o denominado Hetmanato, sob as ordens do general Pavlo Skoropads'kyi, que adoptou o título tradicional ucraniano de *hetman,* criando um protectorado militar alemão, em troca de abastecimentos de bens alimentícios e matérias-primas.[47] As confiscações de cereais, por parte dos alemães, provocaram a resistência dos camponeses, e os alemães foram rápidos a culpar os judeus.[48]

Entretanto, o país dividido enfrentava uma invasão bolchevique. A presença de judeus, sobretudo Trotsky (nascido Lev Bronstein), nos mais altos níveis da organização bolchevique, significava que, ainda que uma larga maioria e todos os partidos judaicos se opusessem aos bolcheviques, a ideia de que os judeus apoiavam os bolcheviques rapidamente ganhou raiz. «Os Trotskys fazem as revoluções» comentavam sarcasticamente as pessoas «e os Bronsteins pagam o preço».

Ao longo de 1918 houve *pogroms* esporádicos, provocados em certa medida pela anarquia geral desencadeada pela rendição geral alemã do dia 11 de Novembro de 1918, que acabou com o protectorado ucraniano e criou um vazio de poder. Privado do fundamental apoio alemão, o governo fantoche do *hetman* demonstrou ser demasiado fraco para repor a ordem. Durante os meses de Novembro e Dezembro, o Movimento Nacional Ucraniano, conhecido por Directorado, travou uma guerra civil para depor o *hetman*. Liderado pelo ex-jornalista Simon Petlura, o Directorado acabou por vencer o *hetman*.

Mas enquanto Petlura conquistava a Ucrânia, os bolcheviques estavam a invadi-la a partir do norte e do leste. Em muitos casos, Petlura tinha apenas o controlo nominal das suas tropas, que se dividiram em destacamentos sob as ordens de senhores da guerra locais. Muitas vezes, estes «generais» não passavam de assassinos e criminosos que usavam o caos da guerra civil para pilhar a população indefesa. Para os judeus, este era o pior cenário possível.

Nas suas memórias não publicadas, Elisa Lispector recorda com uma afeição especial a confecção de licores no Outono:

> «*Os vinhos, a sidra, os finos licores, especialmente o* vishniak *(rubro licor de cerejas). Não era brincadeira de crianças. Era mister de gente grande e com reais aptidões. Por isso o respeito que tais tarefas infundiam. Por isso também o horror que nos incutiu um dia, ao voltarmos de um esconderijo após um terrífico* pogrom, *e encontrarmos a casa toda revirada, as prateleiras e as gavetas secretas nas quais guardávamos as pratas de lei e os linhos bordados esvaziadas, os móveis quebrados a machadadas, e por toda a parte rios vermelhos pelo chão, parecendo rios de sangue, em que se haviam transformado os vinhos e os licores.*»[49]

Não tardou muito para que fossem recebidas notícias de outro desastre. A lei e a ordem tinham desaparecido e salteadores de estrada invadiram as cidades indefesas, fazendo reféns e exigindo depois extraordinários resgates para os libertar. Quando apareceram na cidade de Isaac Krimgold, num dos primeiros *pogroms* que se seguiram à Revolução de Outubro, tomaram como refém um grupo de jovens, prometendo libertá-los em troca de dinheiro. Isaac e alguns vizinhos ofereceram-se para trocar de lugar com os reféns, e com grande dificuldade o montante exigido foi arrecadado. Mesmo assim, os bandidos assassinaram os reféns.[50]

Acerca de si própria, Elisa escreve: «*Não devia ter falado no vovô. Mamãe também sabia o que "eles" lhe tinham feito.*» Na encantadora casa de Isaac, onde Elisa se recordava ternamente de tomar banhos de rio e de brincar nos bosques circundantes, «*quebraram a varanda de vidros de cor, derrubaram o muro do parque e cortaram todas as árvores. Agora todo mundo podia entrar na casa de vovô. A casa não era mais dele...*»[51].

As últimas frases curtas do seu romance levemente ficcionado podem reproduzir uma memória de infância de Elisa. Talvez tivesse sido por essas palavras que os pais explicaram à rapariguinha que o avô tinha sido assassinado.

# 3

# O *POGROM* TÍPICO

No final de Dezembro de 1918, teve início a grande vaga de *pogroms*. Tratou-se de uma série de ataques «sem paralelo na história, [cobrindo] os campos e as cidades da Ucrânia de rios de sangue judeu», uma epidemia «que excedia todos os outros períodos na sua crueldade refinada, na minúcia cruel dos actos de violência, e na desabrida sede de sangue dos bárbaros criminosos».[1]

Segundo um relatório contemporâneo, o «*pogrom* típico» ocorria da seguinte forma:

> «O bando entra na povoação, espalha-se por todas as ruas, grupos separados forçam a entrada em casas de judeus, matando, sem diferenciação de idade ou de sexo, todas as pessoas que encontram, excepto as mulheres, que são bestialmente violadas antes de serem mortas, e os homens são forçados a entregar tudo o que existe na casa, antes de serem assassinados.
>
> Tudo que pode ser removido é levado, o resto é destruído, as paredes, as portas e as janelas são partidas, na busca por dinheiro. Por cada grupo que parte, chega outro, e depois um terceiro, até não restar absolutamente nada que possa ser levado. Todas as peças de vestuário e roupas de casa são levadas, não só daqueles que escapam à morte, mas também dos cadáveres. É estabelecida uma nova administração no local, e uma

representação de judeus, milagrosamente sobreviventes, vai ter com ela ou com os cristãos, que se supõe que sejam amigos dos judeus, e solicita protecção. Por regra, as novas autoridades consentem dar protecção, desde que seja pago um determinado contributo pelos judeus. Com grande dificuldade, é paga uma taxa, e uma nova exigência emana das autoridades, para contribuições em géneros, e é dever dos judeus obter um certo número de botas e uma quantidade estipulada de carne para os soldados. Entretanto, pequenos grupos continuam a aterrorizar os judeus, extorquindo dinheiro, assassinando e violando. A seguir, a cidade é ocupada pelas tropas soviéticas, que, com frequência, prolongam o saque dos seus antecessores. Mas depressa todos os bandos regressam, enquanto a frente vacila e o lugar muda constantemente de mãos. Assim, por exemplo, Boguslav foi invadida cinco vezes numa semana. Todas as mudanças de governo, ou de administração, trazem consigo novos *pogroms*, e o objectivo dos mesmos era que a população apavorada, arruinada e exausta, nua e descalça, sem uma única moeda no bolso, fugisse, sem se preocupar com as condições meteorológicas e sujeitando-se ao risco dos perigos da viagem, para a cidade mais próxima, com a esperança vã de aí conseguir encontrar protecção.»

Houve pelo menos um milhar de *pogroms* como este, cometidos por todas as partes da guerra. A Cruz Vermelha russa estimou que, em 1920, no mínimo, quarenta mil judeus tenham sido mortos, mas admitiu que o total real nunca seria conhecido. As suas estatísticas, afinal, não incluíam «aqueles que morreram durante a sua deambulação de uma cidade para a outra, à procura de um asilo, aqueles que foram atirados de comboios e alvejados, aqueles que foram afogados nos rios, e aqueles que foram abatidos em florestas e noutros lugares ermos e isolados. Nos totais acima não se incluem aqueles que morreram em consequência dos ferimentos, de infecções, de fome e de hipotermia»[2].

Como milhares de outros, Mania, Pinkhas, Elisa e Tania Lispector ficaram encurralados neste horror. A um dado ponto, depois de 19 de Abril de 1915, quando Tania nasceu, na cidade natal de Pinkhas, Teplyk, a família mudou-se para Haysyn, a apenas alguns quilómetros.[3] Então, como agora, havia mais oportunidades em Haysyn, que era uma espécie de centro regional.

Pinkhas tentou desesperadamente escapar, trabalhando como vendedor ou como comerciante de pequenos artigos, e quando o Exército Branco chegou, ele estava ausente, impossibilitado de se juntar à família na zona de guerra. Entre os judeus, corriam rumores de que os Brancos iriam ser melhores do que os Vermelhos, de que iriam trazer a paz, mas não havia notícias fiáveis.

Numa noite, que Elisa recorda no seu romance, ouviram-se tiros; os disparos começaram. Algo terrível estava a acontecer, mas ninguém sabia o quê. Isso tornara-se uma ocorrência bastante comum. «*A cada despertar*», escreveu Elisa, «*uma surpresa. Nunca se sabia às mãos de quem o tiroteio da noite havia conferido o domínio da cidade.*»[4] Mania, responsável por um grupo de refugiados aterrorizados, não sabia o que fazer. Decidiu sair de casa e descobrir.

Neste ponto da narrativa de Elisa existe uma lacuna estranha. «*Era, pois, a ela que cabia agir*», escreve Elisa acerca da mãe, «*para salvar as filhas, e as mulheres e crianças que se haviam refugiado em sua casa.*» Ela sai para a rua.

> «*Estava na rua, de cabelos ao vento, a neve quase a atingir-lhe a cintura. Ao avistar dois milicianos vindo em sua direção, caiu-lhes aos pés, pedindo auxílio. Chorou, implorou, beijou-lhes as botas enlameadas. Depois as imagens embaralharam-se fantasticamente à luz baça do luar. Como num sonho, por entre espessa neblina, viu homens correndo e travando renhido tiroteio, e corpos tombando e sendo amortalhados pela neve. Em seguida, por um tempo que lhe pareceu interminável, o mundo ficou deserto. Então encaminhou-se para casa* [...]
>
> *Sem saber a quem dirigir-se, Marim* [Mania] *deixou-se escorregar numa cadeira, e ali ficou quieta e mansa.*»[5]

Nas suas memórias não publicadas, Elisa escreve simplesmente: *«Foi o trauma decorrente de um daqueles fatídicos* pogroms *que invalidou minha mãe.»*[6] Na passagem acima, do seu romance *No Exílio,* Elisa faz uma alusão indirecta ao trauma. Até Mania cair aos pés dos soldados, não há qualquer sugestão de doença. Porém, depois, Mania enfrentou um lento e horrível período de enfermidade, morrendo jovem, de uma qualquer doença intratável.

Não é surpreendente que as filhas de Mania tenham deixado alguns espaços em branco. No final da sua vida, Clarice confidenciou à sua melhor amiga que a mãe havia sido violada por um bando de soldados russos.[7] Com eles, contraiu sífilis, que, nas pavorosas condições da guerra civil, não foi tratada. Talvez se ela se tivesse dirigido a um hospital mais depressa pudesse ter tido mais hipóteses. Mas passariam mais vinte anos até a penicilina, o tratamento mais eficaz, entrar no uso comum. Nessa altura, após uma década de um sofrimento horrível, Mania, a elegante e inteligente rapariga de espírito livre da zona rural da Podólia, jazia num cemitério brasileiro.

*«Tem uma coisa que eu queria contar mas não posso. Vai ser muito difícil alguém escrever minha biografia, se escreverem»,* registou Clarice Lispector num manuscrito não publicado.[8] Esta «coisa» será uma referência à violação da mãe, um dos factos centrais da sua vida?

Todos os relatos dos *pogroms* registam a prevalência da violação. Em conjunto com o roubo da propriedade dos judeus, era uma das características indispensáveis dos *pogroms*. Isto não é invulgar; a violação é um elemento fundamental da limpeza étnica, concebida tanto para humilhar um povo, como para o eliminar e expulsar. Na Ucrânia da guerra civil não foi diferente.

No aspecto em que as duas filhas mais velhas de Mania não foram mortas nem violadas, em que a sua terceira filha sobreviveu a um parto de uma mãe portadora de sífilis, em que o marido sobreviveu, em que ela própria viveu o suficiente para ver a família instalada, em segurança, num país estrangeiro, Mania teve mais sorte do que muitas outras. Na panóplia de horrores que foi a Ucrânia da era da guerra civil, pode mesmo afirmar-se que Mania escapou com relativa facilidade.

Milhares de raparigas foram violadas por bandos; depois de um *pogrom* «muitas das vítimas foram encontradas, mais tarde, com ferimentos de facas e de sabres nas suas pequenas vaginas»[9]. A Cruz Vermelha russa registou o rescaldo de um «*pogrom* simples, comum», em Ladyshenka, uma cidade a leste de Teplyk, a cidade natal de Pinkhas e Tania. «No dia 9 de Julho, um camponês trouxe para o hospital judaico de Uman os dois últimos judeus de Ladyshenka (antes da guerra, Ladyshenka possuía uma população judaica de 1600 pessoas). Tratava-se de duas jovens judias, terrivelmente espancadas e feridas, uma a quem tinha sido cortado o nariz e a outra com os braços partidos. Ambas estão em Kiev, neste momento, e ambas sofrem de uma doença venérea.»[10]

É difícil saber ao certo quando Mania Lispector foi agredida: existem várias possibilidades que se confundem. Elisa situa a sua cena inapreensível no Inverno, com neve pesada a toda a volta; os principais ataques a Haysyn ocorreram no Verão. Os arredores de Haysyn, onde a família vivia, foram uma das áreas mais severamente atingidas em toda a Ucrânia. Os *pogroms* foram mais comuns aí do que em qualquer outra parte da Podólia, que, a seguir a Kiev, foi a província mais brutalizada da Ucrânia.

No pequeno distrito de Haysyn, verificaram-se não menos do que vinte e nove *pogroms* até ao dia 19 de Setembro de 1919. Muitos mais se seguiram. Em 1919, a Cruz Vermelha anotou: «Os *pogroms* em Trostianetz [a sul de Haysyn], no dia 10 de Maio, e em Gaisin [Haysyn], no dia 12 de Maio, podem ser classificados entre os mais cruéis jamais perpetrados.» Em Haysyn, entre os dias 12 e 13, foram mortas pelo menos trezentas e cinquenta pessoas.[11] Entre os dias 15 e 20 de Julho, Haysyn foi novamente atingida.[12] Terá sido durante um desses ataques que Mania Lispector foi violada? Em 1968, na sua única alusão directa a estes acontecimentos, Clarice dá um sinal da altura em que poderá ter ocorrido:

*«Fui preparada para ser dada à luz de um modo tão bonito. Minha mãe já estava doente, e, por uma superstição bastante espalhada, acreditava-se que ter um filho curava uma mulher de uma doença. Então fui deliberadamente criada: com amor e esperança. Só que não curei minha mãe. E sinto até hoje essa carga de culpa: fizeram-me para uma missão determinada e eu falhei. Como se contassem comigo nas trincheiras de uma guerra e eu tivesse desertado. Sei que meus pais me perdoaram eu ter nascido em vão e tê-los traído na grande esperança. Mas eu, eu não me perdoo. Quereria que simplesmente se tivesse feito um milagre: eu nascer e curar minha mãe.»*[13]

Isto significaria que Mania adoecera algum tempo antes de Março de 1920, quando Clarice foi concebida. Porém, até que ponto é que este relato é fiável? Os Lispectors provinham de uma cidade de floresta do interior, onde não dispunham de qualquer educação secular avançada que explicasse a causa da sífilis. Mesmo assim, esta era uma doença bastante receada, e é surpreendente que Mania e Pinkhas tivessem corrido o risco de manterem relações sexuais, já para não falar na gravidez, sabendo que ela estava infectada.

Mas um perigo largamente compreendido em lugares mais sofisticados poderia ter parecido misterioso na Podólia. A região dificilmente podia queixar-se de atenção médica em excesso. Tinha apenas um médico para cada vinte mil pessoas. O que, em comparação, é metade do número dos existentes actualmente no Afeganistão, um sexto do número no Camboja, e um quarto do número no Brasil. E isto, em tempo de paz.[14]

Nas desesperadas circunstâncias da guerra civil, quando até os cuidados médicos mais insignificantes eram inexistentes, Pinkhas e Mania, provavelmente, acabaram por confiar na superstição local, o que teria sido o procedimento normal para as pessoas pobres da região obscura da Ucrânia. Nessas áreas, as pessoas acreditavam que:

«Forças impuras ou divinas causavam as enfermidades, que se encaixavam na mesma categoria do infortúnio, da ruína económica, e da perda das colheitas... Os *tsadikim* [santos] hassídicos, as parteiras, as videntes e as feiticeiras, todos tinham poderes para curar. Curavam através de uma bênção, um encantamento, um amuleto, uma bebida forte à base de ervas, ou uma vigília de uma noite, na sinagoga. Lugares e objectos, assim como indivíduos, possuíam qualidades milagrosas. A água de um determinado poço, terra de um certo lugar, ervas de um local especial, os excrementos de uma galinha-brava, tudo servia para curar os enfermos.»[15]

Na rural Podólia, tais crenças eram específicas de determinadas localidades.[16] Até hoje, em Tchechelnik, ainda que não tão perto como Uman, a apenas alguns quilómetros, a população local acredita que as «bolhas» ou úlceras genitais, desaparecerão durante a gravidez. A sífilis primária surge como uma úlcera dura, indolor, numa média de vinte e um dias após a infecção inicial. Depois, em muitos casos, a lesão primária desaparece. Os sintomas reaparecem mais tarde, numa fase muito mais dolorosa e visível. Por isso, se Clarice foi concebida como resposta à sífilis primária da mãe, Pinkhas e Mania, ao verem a ulceração desaparecer, devem ter seguramente esperado que a velha sabedoria popular correspondesse à verdade. Mas as suas esperanças devem ter-se desvanecido quando a infecção ressurgiu de uma forma mais danosa. A fase secundária da doença deve ter começado quando a gravidez de Mania já estava avançada, o que significa que Clarice foi muito afortunada em ter nascido sem sífilis congénita: quarenta por cento dos bebés de mães portadoras de sífilis são nados-mortos. Quase setenta por cento dos sobreviventes nascem infectados, e doze por cento destes morrerão prematuramente. No meio de uma zona de guerra, sem uma nutrição adequada, as percentagens seriam ainda mais elevadas. Na medida em que se pode falar de sorte, numa situação como esta, Clarice teve muita sorte.

A progressão da doença varia. Mas, se Clarice foi concebida por volta de Março de 1920, tal sugere que, provavelmente, Mania foi atacada no, ou após o Verão de 1919, quando a vaga de *pogroms* atingiu a região natal da família com grande violência. É quase certo que, por essa altura, já se encontravam em fuga, ainda que a declaração de Clarice a respeito dessa matéria seja uma obra-prima de omissão. A fuga da família parece uma saída para férias. Mas ela deixa claro que nasceu a meio do caminho: «*quando minha mãe estava grávida de mim, meus pais já estavam se encaminhando para os Estados Unidos ou o Brasil, ainda não haviam decidido: pararam em Tchechelnik para eu nascer, e prosseguiram viagem.*»[17]

No seu romance *No Exílio*, Elisa relembra um *pogrom*, provavelmente um dos ataques em Haysyn, no Verão de 1919, que deixou a casa da família inabitável: «*As portas haviam sido arrancadas dos gonzos, as janelas, de vidros quebrados, olhavam sinistramente para a rua, como olhos vazados*».[18] A família fugiu para outra casa, onde se esconderam na cozinha, vendo a cidade em chamas e ouvindo disparos de metralhadora durante toda a noite. Aí, um adolescente ferido e a sangrar da cabeça entrou a cambalear e deu um último suspiro diante dos olhos de Elisa e da sua mãe. Mas existe um momento de esperança: Pinkhas, com fome e aterrorizado, finalmente consegue juntar-se à família.

A fome é geral. Abrem cozinhas para distribuir sopa aos pobres, bem como cooperativas, mas é muito pouco, e já é demasiado tarde. Uma cena do livro de Elisa funciona como um eco arrepiante de algo que Clarice escreveria posteriormente:

> «*Ethel* [Tania] *mexeu-se, estremunhada, e pediu pão.*
> — *Agora não tem, filhinha. É noite. Amanhã eu compro.*
> — *Mas eu quero. Papi trouxe, eu vi. Eu vi pão branco.*
> *Após tornou a adormecer, sugando o polegar num recurso intuitivo para enganar a fome.*»[19]

Alguns anos depois, Clarice escreveu um artigo breve que, à primeira vista, parece reflectir uma preocupação de uma brasileira de classe média pelos seus concidadãos menos afortunados. Mas talvez seja um fragmento autobiográfico:

> «*Não posso. Não posso pensar na cena que visualizei e que é real. O filho está de noite com dor de fome e diz para a mãe: estou com fome, mamãe. Ela responde com doçura: dorme. Ele diz: mas estou com fome.*

*Ela insiste: durma. Ele diz: Não consigo, tenho fome. Ela repete exasperada: durma. Ele insiste. Ela grita com dor: durma, seu chato! Os dois ficam em silêncio no escuro, imóveis. Será que ele está dormindo? — pensa ela toda acordada. E ele está amedrontado demais para se queixar. Na noite negra os dois estão despertos. Até que, de dor e cansaço, ambos cochilam, no ninho da resignação. E eu não aguento a resignação. Ah, como devoro com fome e prazer a revolta.*»[20]

Quando Haysyn é tomada pelo Exército Vermelho, os novos governantes proíbem imediatamente o comércio, eliminando qualquer meio de Pinkhas poder ganhar a vida. Mania e Pinkhas decidem correr o risco de tentar fugir. Tal como nos tempos czaristas (e soviéticos), precisam de um passaporte interno para sair da cidade e, quando se encontram do lado de fora, são interpelados por um judeu repugnante, «Barukh», que promete ajudá-los a atravessar a fronteira, em troca de um pagamento de quinhentos mil rublos. Barukh orgulha-se da sua falta de sentimentalismo e do seu realismo pragmático, que lhe permitem evoluir com os tempos. Tece comentários contundentes que indicam que provém de classes inferiores (*«Eu cá não sou filho de nenhum rabino.»*).[21] Como muitos judeus sem escrúpulos, Barukh ganha a vida a explorar os refugiados em situação de desespero.

«O que lhes interessava», escreveu Israel Wainstok, que se encontrava em fuga ao mesmo tempo, «não era salvar refugiados, mas certificar-se de que extorquiam todo o dinheiro que conseguissem a estas pessoas.»[22] Sem outra alternativa — os judeus, tão odiados na Rússia, também estavam, de modo geral, impedidos de partir legalmente — Pinkhas entrega todo o dinheiro que lhe resta.

Na sua primeira tentativa de atravessar a fronteira, Barukh envia uma mensagem aconselhando-os a não o fazerem; as passagens estavam muito bem vigiadas. Só lhes resta voltarem para a cidade mais próxima. Já não têm nada nem quaisquer meios de ganhar a vida. Tanto Elisa como Tania recordam que Mania os salvou com uma bolsa cheia de jóias que tinha escondida. Eram as jóias que ela, a filha remediada de um próspero comerciante, trouxera para o casamento: eram as jóias que iriam salvar a vida da sua família. Mas eram as mesmas jóias que, se fossem descobertas, poderiam ter implicado a morte dessa mesma família. A aposta de Mania — de que os bandidos que infestavam as estradas, espoliando a indefesa população refugiada, não a descobririam — foi uma atitude desesperada. Foi também o gesto de uma extraordinária mulher de coragem.

«*Que quer dizer isto?*», pergunta Pinkhas tomado por um terror compreensível, quando Mania lhe mostra tranquilamente a bolsa escondida. «*Como ousaste? E se "eles" te tivessem revistado, que teria sido de nós?*»[23] Mas o sucesso da sua jogada permite à família sobreviver numa cidade nova, Tchechelnik, a sul de Haysyn, na estrada mais directa para Kishinev. Tinham familiares aí, a prima de Mania, Dora; o marido de Dora, Israel Wainstok; e o pai viúvo de Dora, casado com a mãe de Israel, Faiga.[24]

No livro de Elisa, a família permanece na cidade cujo nome não menciona, durante várias estações do ano. Isto pode explicar a afirmação de Clarice de que nasceu durante a emigração da família, entre as suas primeira e segunda tentativas para escapar. Nesta aldeia, provavelmente Tchechelnik, celebraram a Páscoa, no dia 3 de Abril de 1920. Nesse ano, na «cidade fantasma», a família deve ter estremecido ao relembrar a salvação do cativeiro egípcio. Eles próprios ainda não eram livres.

Ao longo do Verão e do Outono esperaram que Barukh, o seu Moisés, voltasse a aparecer.[25] Não morreram de fome devido ao aparecimento fortuito de um idoso, doente, que abordou Pinkhas na rua e se ofereceu para lhe ensinar um ofício, a fazer sabão, em troca de Pinkhas o ajudar a chegar à cidade mais próxima, na direcção da sua própria aldeia natal. Pinkhas aprendeu rapidamente a fazer sabão, o que passou a representar uma débil fonte de rendimento para a família.

Mas Tchechelnik, fundada como um refúgio dos tártaros e dos senhores das terras, proporcionava um parco conforto. Duas semanas depois da Páscoa, um destacamento do exército galiciano ucraniano surgiu. Rapidamente foram expulsos pelos polacos locais. Em Junho, chegou o Exército Vermelho, e os seus soldados foram recebidos como libertadores. Todavia, como nos outros locais, os soldados soviéticos esgotaram o bom acolhimento que haviam recebido. Os camponeses revoltaram-se contra os impostos cobrados sobre os alimentos, que tinham o efeito de induzir a fome massificada.

O Sul da Podólia fervilhava com a contra-revolução; no Verão, não menos do que cinco divisões do Exército Vermelho tinham chegado para reprimir os distúrbios, e a região de Olgopol, onde Tchechelnik fica situada, era a área mais instável em toda a Podólia. A Cheka, predecessora do KGB, atribuía a maior parte dos problemas à complexa geografia da zona (é acidentada e coberta de florestas, tornando-se assim ideal para a guerra de guerrilhas) e à «mentalidade nacional pequeno-burguesa» dos residentes locais. Mas até eles mencionaram a «conduta pouco diplomática» das tropas soviéticas.[26]

Não existe qualquer menção aos ataques contra judeus, mas não há dúvida de que sofreram bastante durante o ano em que Mania engravidou de Clarice. Em 1920, só na pequena cidade de Tchechelnik, foram saqueadas quinhentas casas de camponeses. As lojas foram destruídas, as culturas arrancadas dos campos, as epidemias grassavam. A fome era a norma. Seis anos antes, 8867 pessoas tinham vivido em Tchechelnik. Em Janeiro de 1921, a população diminuíra para menos de metade.

Nestas circunstâncias, com temperaturas que desciam aos vinte graus negativos, Chaya Pinkhasovna Lispector nasceu, de uma mãe sifilítica, no dia 10 de Dezembro de 1920.

# 4

# O NOME PERDIDO

A criança frágil tornou-se uma artista famosa num país que, então, os pais dificilmente poderiam ter imaginado. Mas seria com outro nome. O nome que lhe deram em Tchechelnik, Chaya, que em hebraico significa «vida» — e que também tem a conotação apropriada de «animal» — desapareceria, reaparecendo apenas, em hebraico, na sua pedra tumular, só vindo a ser do conhecimento geral, no Brasil, várias décadas após a sua morte.

A sua escrita está cheia de nomes secretos. «Pode dizer-se que na obra de Clarice Lispector há um nome escondido ou que a sua obra é construída sobre o nome próprio disseminado e oculto»[1], escreveu um dos seus críticos mais perspicazes. O nome Clarice está escondido dentro do nome Lucrécia, a heroína do seu terceiro romance, *A Cidade Sitiada*. A protagonista de *Uma Aprendizagem* tem o nome pouco brasileiro de Lóri, que é composto pelas primeiras e últimas letras do apelido Lispector.[2] Pode tratar-se de coincidências, ainda que provavelmente não o sejam. O trabalho de Clarice é abundante em ocorrências explícitas deste tipo de jogo de palavras: «*Me dá vontade de falar errado. Assim: Sued. Isso quer dizer Deus.*»[3] — Ou «*Mas Brasília não flui. Ela é ao contrário. Assim: iulf (flui)*»[4].

A questão dos nomes e da atribuição dos mesmos, o processo através do qual as coisas são tornadas reais, domina o trabalho de

Clarice Lispector. Estas perguntas, que ela acaba por revestir de um grande significado místico, podem ter origem na sua própria infância, quando lhe foi subitamente atribuído outro nome. Em *Um Sopro de Vida (Pulsações)*, publicado a título póstumo, Clarice coloca as seguintes palavras na boca da sua personagem Ângela Pralini:

> «*Fiz uma breve avaliação de posses e cheguei à conclusão espantada da única coisa que temos que ainda não nos foi tirada: o próprio nome. Ângela Pralini, nome tão gratuito quanto o teu e que se tornou título de minha trêmula identidade. Essa identidade me leva a algum caminho? Que faço de mim?*»[5]

Como tantas outras criações ficcionais de Clarice, Ângela é um avatar da sua autora. Mas o nome de Clarice *tinha-lhe* sido retirado; Chaya transformara-se em Clarice, e tanto quanto se sabe, Clarice nunca referiu o seu nome secreto, a não ser enviesadamente:

> «*Há tantos anos me perdi de vista que hesito em procurar me encontrar. Estou com medo de começar. Existir me dá às vezes tal taquicardia. Eu tenho tanto medo de ser eu. Sou tão perigoso. Me deram um nome e me alienaram de mim.*»[6]

O receio de perder a sua identidade perseguiu-a ao longo de toda a vida, como numa carta que enviou a uma amiga, três anos antes da sua morte:

> «*Acordei com um pesadelo terrível: sonhei que ia para fora do Brasil (vou mesmo em Agosto) e quando voltava ficava sabendo que muita gente tinha escrito coisas e assinava em baixo meu nome. Eu reclamava, dizia que não era eu, e ninguém acreditava, e riam de mim. Aí não aguentei e acordei. Eu estava tão nervosa e elétrica e cansada que quebrei um copo.*»[7]

Clarice criou um mito em volta do seu nome, que aparece logo no seu primeiro romance, publicado quando tinha vinte e três anos. Foi entretecendo a lenda ao longo da sua vida, alegando, improvavelmente, que Lispector era um nome latino. Ao dividi-lo em partes — *lis,* lírio, como em *flor-de-lis,* e *pector,* arca ou peito — produziu uma combinação sem sentido «lírio no peito». No seu leito de morte, num pequeno fragmento escrevinhado, revestiu o nome fantástico de uma ressonância poética:

> *«Sou um objeto querido por Deus. E isso me faz nascerem flores no peito. Ele me criou igual ao que escrevi agora: "Sou um objeto querido por Deus" e ele gostou de me ter criado como eu gostei de ter criado a frase. E quanto mais espírito tiver o objeto humano mais Deus se satisfaz.*
>
> *Lírios brancos encostados à nudez do peito. Lírios que eu ofereço ao que está doendo em você.»*[8]

Mas a realidade está além de nomes e da linguagem. A experiência mística, que Clarice dramatizaria de forma mais memorável no seu romance *A Paixão segundo G. H., é* o processo de eliminar a linguagem para descobrir uma verdade definitiva e necessariamente inominável. Antes de a sua vida antiga ser destroçada por uma visão mística ofuscante, a protagonista, G. H. resume a sua história de vida:

> *«O resto era o modo como pouco a pouco eu havia me transformado na pessoa que tem o meu nome. E acabei sendo o meu nome. É suficiente ver no couro das minhas valises as iniciais G. H., e eis-me.»*[9]

Em Tchechelnik, o nome era praticamente tudo o que a bebé Chaya tinha. À medida que a doença de Mania progredia, as tarefas domésticas iam recaindo progressivamente em Elisa, a filha mais velha. A menina de nove anos já suportara a sua dose de horrores, e o fardo de administrar a casa aumentava o seu trauma psicológico.

Os efeitos sobre ela, que recorda na cena mais tocante do seu livro, eram visíveis. E levaram o pai a adoptar uma atitude diferente em relação à filha mais velha:

> *«Afagava-lhe silenciosamente a cabeça, às vezes apenas se detendo a fitar-lhe o rosto magro, os membros finos e longos, a boca sem expressão definida, os olhos selvagens. Ela era feia, desgraciosa, e aquilo lhe doía. Doía-lhe, sobretudo, o seu ar prematuramente grave, marcado pelos pesados encargos.»*[10]

Esta não era uma família que precisasse de mais problemas. Mas, de facto, e ao fim de pouco tempo, Pinkhas contraiu febre tifóide, que grassava pela região nessa altura. O tifo, uma doença ligada à falta de higiene, é exactamente aquela que seria de esperar encontrar num país devastado como a Ucrânia. É transmitida por ratazanas e piolhos e desenvolve-se no meio da miséria, em lugares onde a higiene pública é completamente inexistente. «Os piolhos que transmitem a febre tifóide são comuns em grandes aglomerados de pessoas que não tomam banho nem mudam de roupas e que são obrigadas, pelas circunstâncias, a viver em espaços reduzidos. Estas são também as situações que a própria infantaria, os refugiados e prisioneiros têm toda a probabilidade de encontrar.»[11] Entre vinte e trinta milhões de pessoas foram infectadas na epidemia de tifo de 1918-1922. Pelo menos três milhões morreram.

Durante o Inverno, enquanto o pai jazia imóvel na cama, Elisa escreve, a sua mãe *«esquecendo a própria doença»*, saía todos os dias para trocar um pedaço dos seus escassos bens por alimentos para a família. Na Ucrânia, em 1921, esta era uma tarefa penosa, mesmo para uma pessoa saudável. O país, conhecido como a grande região cerealífera, ou o celeiro da Europa, que antes da guerra produzira um *excedente* anual de trezentos milhões de toneladas de cereais, passava fome.

O próprio Vidkun Quisling, cuja participação activa na ocupação nazi da Noruega tornou o seu nome sinónimo de traição, visitou a Ucrânia com uma comissão da Liga das Nações. E descreveu o cenário:

> «A terra está queimada e despida de árvores e plantas. Vê-se o colmo dos telhados a ser usado como alimento para os homens e o gado, os péssimos e frequentemente venenosos sucedâneos são utilizados primeiro para os humanos; ouve-se as pessoas con-

> tarem como já comeram todos os cães, gatos e corvos que conseguiram encontrar, inclusive gado morto, couro dos arneses, madeira do mobiliário. Ouvem-se e obtêm-se provas de necrofagia e de canibalismo, fala-se com pessoas que comeram os seus filhos ou irmãs e irmãos, vêem-se pessoas deitadas por terra, como meros esqueletos, dentro das casas, morrendo ou aguardando a morte, sem qualquer perspectiva de lenitivo. Vêem-se hospitais, que na realidade são apenas espaços onde pessoas esfomeadas são reunidas para receberem certos cuidados, mas onde não há camas, nenhuma roupa de cama, nenhuns medicamentos, e muitas vezes, nenhum médico, as pessoas deitadas muito juntas, no chão, na mais absoluta miséria. Prova-se a comida que é servida nesses hospitais: uma sopa, água salgada. Vêem-se as pilhas de cadáveres, não raro de olhos abertos, não tendo havido ninguém que se desse ao trabalho de lhos fechar.»[12]

De 1921 a 1922, um milhão de pessoas na Ucrânia morreu de fome. Em 1922, Quisling calcula que, dos três milhões de judeus existentes no país, «o número de judeus que passavam fome e que sofriam de doenças não era inferior a dois milhões»[13].

Encurralada numa zona de guerra com milhões de pessoas famintas, o marido imobilizado pela doença, as três filhas pequenas a passar fome e indefesas, com a própria saúde seriamente abalada e sem dinheiro, ou algo de seu a que pudesse recorrer, Mania lutou para dar de comer à família. Por fim, quando já não havia mais nada para vender, Mania, nessa altura já parcialmente paralisada, e em pleno Inverno ucraniano, tirou os sapatos, vendeu-os, e enfaixou os pés em farrapos. Elisa recorda a sua compostura impecável.[14]

Não obstante, no infernal contexto da Ucrânia, a família teve, de novo, mais sorte do que muitas outras. Graças à determinação de Mania e às pequenas peças de joalharia que ainda possuía, não se contaram entre os milhões de pessoas que morreram de fome, e Pinkhas não foi um dos três milhões que morreram na epidemia de tifo. Depois de ele recuperar, a família tentou escapar outra vez. Com um grupo de outros emigrantes, saíram da cidade, chegando à floresta de noite. No livro de Elisa, não há qualquer sinal de Barukh, que presumivelmente desapareceu com o dinheiro deles. Pinkhas transportou a bagagem da família às costas. Com Clarice apertada contra o seu peito, apoiando Mania, que estava paralisada, com o seu braço. Após uma viagem esgotante durante a noite, tinham chegado a uma aldeia abandonada onde ficaram a dormir todo o dia seguinte. Finalmente, à noite, chegaram a Dniester, sob a luz do luar, onde canoas os aguardavam para os levar até à Roménia. Elisa relembra:

> *«E, para sua surpresa, a aldeia a que aportavam olhava para a noite de portas e janelas abertas, desassombradamente! Aqui ninguém temia a noite, nem os crimes que para os fugitivos ela sempre abrigara. E nas casas havia luz. Grandes lampiões de querosene iluminavam com chama límpida os lares simples e aprazíveis, e sobre as mesas postas pão, pão de verdade, chá, e arenques defumados. Depois eles dormiram em leitos também de verdade* [...] *— leitos como os de toda a gente.»*[15]

Este lugar era Soroca, uma cidade com uma grande população cigana, mesmo por cima do Dniester, naquela que é actualmente a República da Moldávia. Os Lispectors nunca regressariam à sua terra natal.

O mais próximo que Clarice alguma vez esteve do seu local de nascimento foi em Varsóvia, onde o marido foi embaixador do Brasil, na década de 1960-1970. Nessa altura, ela era uma escritora famosa e o governo soviético, ansioso, como sempre, por polir as suas credenciais «culturais», ofereceu-lhe a oportunidade de visitar a terra onde nascera. Ela recusou.

> *«Naquela terra eu literalmente nunca pisei: fui carregada de colo. Mas lembro-me de uma noite, na Polônia, na casa de um dos secretários da Embaixada, em que fui sozinha ao terraço: uma grande floresta negra apontava-me emocionalmente o caminho da Ucrânia. Senti o apelo. A Rússia me tinha também. Mas eu pertenço ao Brasil.»*[16]

## 5

## ESTÁTUA DA LIBERDADE

A família deixou a Ucrânia no Inverno de 1921.[1] De Soroca viajaram para sul até Kishinev, na Roménia, agora Chișinău, a capital da Moldávia. Comparada com a Ucrânia, a nova terra era próspera mas também estava a transbordar com alguns dos milhões de refugiados que haviam fugido à Primeira Guerra Mundial e à Guerra Civil Russa. A Europa estava coberta destas pessoas desesperadas, e não apenas a Europa: havia cem mil exilados russos na China.[2]

Os seus números e situação desesperada inspiraram o desdém a muitos membros da comunidade judaica instalada. «Alguns judeus romenos», escreveu Israel Wainstok no seu livro de memórias iídiche, «olhavam com desprezo para os milhares de refugiados como se estes fossem artigos estragados, que tivessem sido trazidos rio abaixo por uma cheia.» Kishinev era «como o jardim do Senhor na terra do Egipto», e, segundo Wainstok:

> «Os judeus que viviam aí fizeram bons negócios e ganharam bastante dinheiro. Mostravam-se indiferentes à terrível situação dos refugiados judeus da Rússia, que estavam aí exilados e noutras cidades romenas, vagueando das sinagogas para as ruas, aguardando uma qualquer ajuda dos seus amigos e parentes que se encontravam na América.»[3]

Pinkhas Lispector não conseguiu arranjar trabalho. A família viajou para sul, para onde é hoje a Roménia, detendo-se em Galatz (hoje Galați), um centro industrial no delta do Danúbio, e acabou por chegar a Bucareste. «*Bucareste foi particularmente inóspito*», escreveu Elisa. «*As suas ruas sinuosas a se entrelaçarem umas com as outras. Por Deus que mais parecia pesadelo que realidade.*» Encontram um alojamento provisório num hotel miserável, «*negro pela fumaça que escapava do fogareiro de ferro que não dava nem para cozinhar nem para aquecer, o quarto negro por quase total falta de luz, mesmo de dia (por ser um quarto de fundos, a claridade do dia não o atingia), e pelas tristezas e preocupações que se abatiam sobre todos nós*».[4]

Segundo *No Exílio*, a família mudou-se então para uma hospedaria para refugiados. Foram distribuídas às cinco pessoas duas camas estreitas, num longo corredor, com centenas de outras pessoas, muitas das quais estavam doentes. Um dia, quando Pinkhas voltou, ao fim de mais um dia infrutífero de procura de trabalho, descobriu que as filhas haviam sido vítimas de um surto de sarampo e que tinham sido levadas para um hospital numa parte distante da cidade. Alguma entidade responsável levara igualmente a sua mulher, cuja doença havia evoluído tanto que «*sua impossibilidade de cada vez maior de arrastar-se diariamente até a cozinha gratuita onde lhes serviam uma sopa gordurosa e suja tinha atingido um limite intransponível*»[5].

Tal como em tantos outros momentos, de igual modo desesperados, nesta viagem aparentemente impossível, uma espécie de sorte acompanhava-os. Na rua, Pinkhas cruzou-se com um *landsman**, um concidadão da sua cidade natal, a quem Elisa chama Herschel. Herschel tinha algum dinheiro e propôs um empréstimo a Pinkhas, graças ao qual a família conseguiu sair da hospedaria. A situação melhorou, mas não viviam propriamente bem. Elisa, que já não tinha sapatos, tinha de ir buscar a sopa à cozinha comunitária, como tivera de fazer em Haysyn, depois da Revolução. Foi humilhante e doloroso, mas havia esperança: Pinkhas, com o empréstimo de Herschel, começou a vender

* *Landsman*: em iídiche, judeu que vem da mesma região que outro, especialmente do Leste da Europa; conterrâneo. (*N. T.*)

sapatos no mercado. A mãe permanecia no hospital de caridade. Podiam visitá-la apenas uma vez por semana, levando-lhe pão, uvas e maçãs, e depois deixavam-na lá ficar até à semana seguinte, quando a «*desdenhosa, severa*» caridade pública lhes permitia vê--la outra vez.

> «*Do que mais havia era incertezas*», escreve Elisa. «*Incertezas sobre quanto tempo teríamos de estacionar ali* (afinal foram meses) *e sobre que rumo tomaríamos. Até quase o dia de embarcar, não divisámos nenhuma esperança, não premonizávamos nenhuma terra de promissão. As cartas que o pai e a mãe escreviam para a América e para o Brasil demoravam a chegar ao seu destino, e as respostas demoravam mais ainda. E o que mais inquietava era o tom amável e reticente em que tais respostas eram dadas.*»[6]

Os meios-irmãos de Mania, filhos de Isaac Krimgold e da sua primeira mulher, estavam nos Estados Unidos, de longe o destino mais popular para emigrantes judeus. Mas, no dia 19 de Maio de 1921, o Congresso americano aprovou o Emergency Quota Act, reduzindo em 75% o número de europeus do Leste a quem era permitida a entrada. O Brasil continuava aberto, e de qualquer forma talvez fosse a opção mais atractiva, dado o maior número de familiares que a família lá tinha. Mas ambos os países exigiam um convite de alguém que pudesse garantir que eles não iriam ficar sob a tutela do Estado.

Por fim, o convite, com o seu tom «*amável e reticente*», chegou do Brasil. Foi emitido um passaporte russo para a família, no dia 27 de Janeiro de 1922, que era válido para viajar para o Brasil.[7] É difícil imaginar um retrato de família mais abatido do que aquele que nos olha desse documento. Elisa pensava que Pinkhas era «*a figura mais patética* [...]. *Porém cheia de dignidade... Ele não era homem para apresentar-se onde quer que fosse sem colarinho e gravata!* [...] *O rosto é grave, de tez escura, bigodes grandes, e vestido à Chapliniana: paletó e colete escuros muito surrados e muito grandes para o seu corpo emagrecido, a camisa velha amarrotada, em torno do colarinho bem alto, amarrado, sim, amarrado, algo que é um simulacro de gravata»*. Elisa e Tania têm um ar magro e exausto, «*amedrontadas ante um mundo feito de países estranhos povoados por pessoas estranhas*».[8] A filha mais nova é uma mancha diminuta. O rosto mais impressionante é o de Mania; parece ter muito mais idade do que os seus trinta e dois anos. Olha fixamente para a frente, de dentes cerrados. É o mesmo olhar desafiador, «*intenso demais para que alguém consiga sustentá-lo por muito tempo*», que faria com que a sua famosa filha viesse a ser imediatamente reconhecida.

Pouco depois de o consulado russo de Bucareste lhes ter emitido um passaporte para o Brasil, os Lispectors viajaram, via Budapeste e Praga, para Hamburgo, onde embarcaram num navio brasileiro, o *Cuyabá*. Viajaram em terceira classe, com outros vinte e cinco imigrantes.[9] É difícil imaginar o suplício que a viagem deve ter sido para Mania. A travessia do Atlântico era uma provação, mesmo para os saudáveis, e a experiência de viajar em terceira classe serviu como matéria-prima para a literatura escrita por imigrantes.

A sujidade e o fedor, que era acentuado pela ventilação deficiente, criavam, na maioria destes navios, um ambiente que um relatório americano descreveria como «praticamente insuportável... Em muitas ocasiões, as pessoas, depois de recuperarem dos enjoos, permaneciam deitadas nas suas camas, numa espécie de letargia, por respirarem ar cujo oxigénio foi em grande parte substituído por gases nocivos». Uma investigadora americana, disfarçada de camponesa da Boémia, descreveu os minúsculos alojamentos onde os imigrantes eram empilhados, uns em cima dos outros, as caleiras abertas que serviam de sanitários, o cheiro a vomitado que emanava dos passageiros enjoados. «Tudo», concluiu ela, «estava sujo, peganhento e desagradável ao toque. Todas as sensações eram ofensivas.»[10] No seu próprio livro, Elisa refere o calor e o ar sufocante e tóxico no porão. Uma noite, em que estava deitada na cama sem conseguir dormir, uma ratazana enorme atravessou o seu travesseiro a correr, raspando-lhe no rosto, «*os pequeninos olhos fuzilando por entre o pelo cinzento e repelente*»[11].

Ao contrário das dificuldades que haviam enfrentado na Europa, esta, pelo menos, seria apenas temporária, e Mania e Pinkhas Lispector sentiam-se provavelmente reconfortados pela certeza de que a viagem estava prestes a terminar. As suas filhas iriam crescer num país livre, um país que não vivia sobrecarregado com o anti-semitismo. E isso não se devia ao facto de o Brasil, ao longo da sua história, sempre ter manifestado boa vontade em relação aos judeus. Tinha sido uma colónia portuguesa e sede da Inquisição na época colonial, altura em que os judeus professos tinham sido banidos. Mas não existia aí nada que se assemelhasse ao anti-semitismo endémico da Europa Oriental. Tal devia-se, em parte, ao facto de, no momento em que os Lispectors chegaram, a «Questão Judaica» ser essencialmente um assunto académico.

À parte algumas pequenas comunidades sefarditas nas cidades da Amazónia, poucos judeus lá viviam. Em 1920, provavelmente, não mais do que quinze mil judeus viviam em todo aquele país enorme. Nos trinta anos anteriores, havia-se assistido à chegada de 2,6 milhões de outros imigrantes, sobretudo do Sul da Europa, juntamente com um significativo contingente de japoneses. Mas só um punhado dos novos imigrantes era judeu.[12] Assim como os familiares dos Lispectors, muitos tinham chegado originalmente com a Jewish Colonization Association, quer através da Argentina, como os irmãos Rabin, quer através do remoto Sul do Brasil, onde a Associação era proprietária de duas colónias agrícolas. Mas, desde o princípio, os imigrantes judeus foram atraídos para as cidades.

Gravitavam sobretudo para as grandes cidades sulistas do Rio de Janeiro e São Paulo. A cidade nordestina onde os Lispectors desembarcaram, Maceió, a sul do Recife, no pequeno estado de Alagoas, albergava apenas uma meia dúzia de famílias judaicas. Neste número incluía-se a família da irmã de Mania, Zicela, e o seu marido, Joseph Rabin. Quando receberam os parentes no porto de Maceió, o abismo entre eles deve ter sido gigantesco. Os Rabins e os Lispectors não se viam há quase uma década. Abrasileirados como Zina e José, os Rabins já tinham tido tempo de se sentirem confortáveis na sua nova casa. Eram proprietários de um negócio bem-sucedido, falavam português, e tinham dois filhos nascidos com nacionalidade brasileira, Sara e Henrique. Acima de tudo, não tinham vivido os anos infernais que os Lispectors haviam passado encurralados na Ucrânia.

Apesar de as docas estarem adornadas com a sua própria réplica da Estátua da Liberdade, seria difícil confundir Maceió com Manhattan. Três anos depois da chegada dos Lispectors, em 1925, a capital de Alagoas não dispunha de mais do que sete cafés, seis hotéis, e três cinemas.[13] Não acontecia lá muita coisa, nem nunca acontecera. Entre 1695, quando Zumbi, o líder do Quilombo dos Palmares, no interior de Alagoas, foi morto, e 1990, quando o perdulário e corrupto local Fernando Collor de Mello foi eleito presidente do Brasil, era uma cidade estranha aos cabeçalhos dos jornais, um fim de mundo adormecido na região mais pobre do país. Os rios estavam repletos de piranhas, e é pouco provável que Pinkhas e Mania Lispector tivessem ficado muito animados com as atracções que Maceió oferece actualmente aos seus visitantes. O clima tropical deve ter parecido sufocante a pessoas que estavam habituadas às temperaturas da Ucrânia, e não é de crer que eles fossem passar muito tempo nas suas vastas praias. Ainda assim, depois de tudo o que a família tinha passado, Maceió, com as suas praças coloniais ladeadas por tamarindos e coqueiros, com o seu mar azul pontilhado pelas distintas velas triangulares das *jangadas,* deve seguramente ter-lhes parecido atraente.

Em Maceió, a família adoptou nomes brasileiros. Pinkhas passou a chamar-se Pedro, Mania tornou-se Marieta, Leah recebeu o nome de Elisa, e Chaya ficou Clarice. Apenas Tania, cujo nome era comum no novo país, manteve o seu. Clarice, que ainda nem tinha um ano e meio, não guardaria qualquer lembrança de Chaya, nenhuma recordação dos horrores da Ucrânia.

Embora sob a viva luz tropical a família pudesse não se ter apercebido de imediato, em alguns aspectos, Alagoas não deve ter sido muito exótica para eles. Tinha muito em comum com a terra natal da família. Tal como a Podólia, era uma zona rural e pré-industrial e, como na Podólia, existia um fosso enorme entre a maioria empobrecida e os grandes magnatas proprietários de terras. Alagoas era o estado mais densamente povoado do Brasil, com oitocentos mil habitantes, em 1912. Mas Maceió tinha uma população de apenas quarenta mil pessoas, e era nitidamente a maior cidade.[14] A população, quase totalmente rural, estava concentrada nas plantações onde eram cultivados os principais produtos da região, o açúcar e o algodão. Por motivos práticos, estes estados eram pequenos principados independentes, governados por uma oligarquia casada entre si e que protegia ferozmente as suas prerrogativas.

Talvez esta estrutura social fosse inevitável. Enquanto a má distribuição das férteis terras da Ucrânia era o resultado de uma perversa liderança política, os problemas sociais de Alagoas eram predeterminados pela sua geografia e pelas matérias-primas que a geografia podia suportar. Nem sequer, para não dizer pior, incentivava o desenvolvimento de uma sociedade igualitária. O açúcar exigia um grande investimento de dinheiro e de mão-de-obra. O Brasil é um país enorme, no mapa, mas os seus terrenos férteis, sobretudo os do Nordeste, esgotam-se rapidamente, à medida que nos afastamos da costa em direcção a oeste. Nunca houve terra suficiente para gerar uma classe independente de proprietários não vinculados medianos, e as frequentes e severas secas da região, que podem durar anos, afastam praticamente todos os fazendeiros mais fortes. No início da história do país, a propriedade das terras estava concentrada em algumas mãos. E depois de o preço do açúcar cair dos seus níveis mais altos da história, no século XVII, Alagoas, e os lugares como esse, tenderam a estagnar.

As dificuldades económicas agravaram-se com a incapacidade do Brasil para criar cidades. As que existiam estavam muito disseminadas e, com algumas excepções, como o Rio de Janeiro, raramente eram cidades, na verdadeira acepção da palavra. (Até mesmo o Rio, no início do século XX, era muito mais um porto e uma sede de governo do que uma cidade com uma economia dinâmica e auto-sustentável, como São Paulo veio a ser.) Maceió, e outros lugares como esse, eram simples desenvolvimentos de zonas rurais. Exportavam matérias-primas rurais e importavam produtos avançados para as plantações. Tratava-se, em segundo lugar, de centros sociais, religiosos e educacionais para a elite, que residia principalmente nas suas propriedades. Eram pessoas do campo, e o dinheiro que gastavam na cidade era dinheiro rural. Na prática, todas as actividades económicas urbanas estavam relacionadas com as plantações.

Isto aplicava-se inclusive à metrópole do Nordeste brasileiro, Recife. Num volume comemorativo publicado em 1925, os anúncios são quase exclusivamente dedicados a produtos rurais.[15] À parte alguns anúncios a hotéis, dentistas e vendedores de tabaco, os comerciantes do Recife anunciavam aos quatro ventos a sua perícia em sementes de algodão e de açúcar, a exportação de couro e peles, a moagem de café e de farinha. Até os produtos industriais são publicitados em termos da sua utilidade para o trabalho do campo: motores, pela sua conveniência nos engenhos de açúcar, máquinas para pentear o algodão.

A ordem rural tradicional estava, no entanto, a desmoronar-se. A abolição da escravatura, em 1888, provocou uma revolução na sociedade rural brasileira. Os efeitos não se tornaram imediatamente evidentes, mas por volta de 1900, o Sul brasileiro, impulsionado por um fornecimento, em rápida expansão, de mão-de-obra livre, estava a industrializar-se com celeridade. O resultado mais visível foi o crescimento explosivo da moderna cidade de São Paulo. Outras cidades importantes também emergiram nesta altura, como Belo Horizonte, Porto Alegre e Curitiba. Os estados do Nordeste foram deixados para trás economicamente, mas as suas cidades estavam a expandir-se, sobretudo à medida que os antigos escravos abandonavam as, cada vez mais desamparadas, zonas rurais.

Era uma grande oportunidade para os imigrantes. Milhões afluíram ao Brasil para tirar partido da economia em crescimento. Os portugueses gravitaram para o Rio de Janeiro, os japoneses e italianos para São Paulo. Mesmo lugares como Maceió estavam a crescer, mas não atraíam os imigrantes da futura classe média que chegavam ao Sul. Em vez disso, enchiam-se de trabalhadores rurais habituados à escravatura, pessoas que, em geral, não detinham uma instrução elementar nem as competências necessárias para trabalharem por conta própria. Chegando às cidades pré-industriais que ofereciam muito pouco no que toca ao trabalho e que, na generalidade, estavam pouco habituadas à economia em numerário, estas pessoas necessitavam de artigos e serviços básicos, e a preços acessíveis: as panelas, os tachos e as roupas que são indispensáveis até nas casas mais pobres. Maceió tinha muito pouco do que se pode chamar uma classe média nativa. Um imigrante inteligente, mesmo com pouco capital, poderia preencher esse nicho.

Pinkhas, que agora era Pedro, tinha grandes esperanças. «*Queria tentar vida nova, o pai*», escreveu Elisa. «*Queria viver em liberdade.*» Na fotografia do passaporte, ela via «*os olhos fixos na câmara fotográfica com um quê entre amargo e ainda assim desafiador. Pois não foi ele o primeiro de entre muitas gerações na família que teve a coragem de emigrar?*»[16]

Em Maceió, o exemplo do negócio bem-sucedido de José Rabin pode tê-lo inspirado. Rabin começou como um *klientelchik,* um vendedor ambulante. Era uma profissão que os judeus há muito exerciam na Europa. No Brasil, os primeiros vendedores de rua eram os cristãos levantinos que tinham chegado um pouco antes dos judeus, e que, nas cidades brasileiras emergentes, desempenhavam um serviço vital. A população urbana tinha crescido muito mais depressa do que as pequenas lojas retalhistas e os serviços bancários de que os novos residentes agora necessitavam. Tratava-se, muitas vezes, das peças de vestuário e produtos para a casa mais elementares, mas havia poucas lojas que os fornecessem. Nestas regiões com pouco dinheiro, os judeus forneciam a crédito até os bens mais acessíveis. Isto dava aos imigrantes mais humildes algo para venderem e permitia ao mais humilde consumidor adquirir a mercadoria de que precisava.

Os vendedores de rua judeus não só chegavam a clientes que os retalhistas tradicionais ignoravam, como viajavam para áreas nas quais os lojistas tradicionais nem sequer sonhariam obter lucros. Levavam produtos às cidades mais pequenas do Oeste americano; tinham postos avançados nas pampas, na estepe, e no *Outback,* lugares bastante mais remotos do que Maceió, que, mesmo não tendo grande importância, era pelo menos uma cidade estabelecida, uma capital de estado. De facto, as cidades do Nordeste brasileiro, cuja maioria anteriormente não passava de um porto para as plantações, eram um bom lugar para praticar a venda de rua. As populações urbanas estavam a crescer com o declínio da economia rural. As cidades estavam a encher-se precisamente com o tipo de pessoas a quem um empreendedor, no fundo da escada, podia vender.

Para a maior parte dos judeus, a venda ambulante era apenas um primeiro passo para entrar nas economias das suas novas terras. Ainda que o trabalho fosse árduo, eram instigados por sonhos de conseguir uma vida melhor para si e para os seus filhos. Os vendedores de rua imigrantes, que transportavam os seus artigos às costas, sonhavam com ser proprietários de um estabelecimento fixo. «Não era uma forma muito agradável nem respeitável de se ganhar a vida», escreveu Israel Wainstok da sua carreira inicial no Recife. «Mesmo assim, muitas pessoas boas tinham subido na vida a trabalhar como vendedores de rua, tornando-se importantes homens de negócios e industriais. Por isso, eu também me dediquei à venda ambulante, não é que tivesse grande escolha!»[17]

Quando se aproximava do fim da vida, Clarice descreveu a profissão do pai como sendo um «*representante comercial*». «*Não era bem isso*», disse uma amiga. «*Ela disse aquilo como uma forma carinhosa de abrandar a pobreza em que a família viveu no Recife.*»

> «*Era uma actividade comercial, mas bem diferente* [...] *Ele percorria as ruas dos bairros mais pobres do Recife com um carrinho de mão e anunciava gritando com seu sotaque de estrangeiro e sua voz cansada: "Compa rôpáaaaaa, compa rôpáaaa"* [...] *Ele adquiria roupas velhas, usadas, e as revendia para comerciantes da cidade* [...] *até hoje eu guardo no meu ouvido a voz de Clarice imitando o pai com um carinho imenso, "compaaa rôpáaaaaaa", eu não me esqueci nunca mais.*»[18]

A maioria dos vendedores ambulantes acabava por trabalhar em lojas pequenas; outros falhavam completamente. Ainda eram menos os que conseguiram fazer grandes fortunas. Nos Estados Unidos, nomes como Guggenheim, Annenberg e Levi Strauss devem a sua fama a vendedores de rua judeus. Na altura em que os Lispectors chegaram, José Rabin, que tinha, ele próprio, começado como vendedor ambulante, conseguira posicionar-se como chefe de uma pequena rede de outros vendedores ambulantes, que presumivelmente tinham chegado mais tarde. Estes pediam-lhe pequenos montantes emprestados e dedicavam-se ao negócio, vendendo de porta em porta diferentes artigos, em diversas áreas da cidade, e devolvendo-lhe uma percentagem do seu rendimento. Ele não era rico, mas estava a progredir.

José Rabin era também, pelo que sobressai do livro de Elisa, cruel. Depois de tudo o que os Lispectors tinham sofrido, a fria recepção que os aguardava em Maceió era a última coisa com que contavam, apesar de talvez terem tido um sinal da mesma no tom «*amável e reticente*» das cartas que haviam recebido na Roménia. Tendo sobrevivido à perseguição racial, à guerra civil, à violação, à enfermidade e ao exílio, enfrentavam agora a tirania de parentes mesquinhos. O livro de Elisa, escrito quase trinta anos depois destes acontecimentos, ainda fervilha de raiva pela humilhação que José e Zina fizeram passar aos seus pais.

Uma parte do atrito pode ser atribuída às experiências abissalmente diferentes que as duas famílias tinham conhecido na década anterior. «*Quão pouco eles se conheciam!*», admira-se Elisa. «*Onde os liames da compreensão, ou o mais tênue vislumbre da afinidade?*» Mas se decidirmos acreditar em Elisa, os seus pais também foram vítimas de uma campanha deliberada de mortificação. José provocava frequentemente Pedro, abanando a cabeça na sua direcção sempre que surgia uma dificuldade e dizendo, mais em tom de lamento do que de revolta, «*Ah, quer dizer que depois de todas as despesas e trabalhos que tivemos para trazê-los...*»[19] Procurava constantemente novas e mais refinadas formas de relembrar a Pedro a sua enorme dívida, por ele os ter trazido para o Brasil.

É difícil imaginar as dificuldades da posição de Pedro Lispector. Na verdade, toda a sua vida era uma implacável e desoladora luta. A sua mulher estropiada andava sempre a entrar e a sair do hospital de caridade. Tinha três filhas pequenas para criar. Estava constantemente a receber cartas de parentes desesperados que se encontravam na Rússia a suplicar-lhe a ele, o sortudo, que os salvasse. Após o combate épico que travou para levar a sua família para um lugar seguro, percorrendo meio mundo, encontrou apenas um cunhado arrogante e avarento.

Pedro ganhou algum dinheiro a ensinar hebraico a crianças ingratas, e vendia artigos de roupa de casa, com direito a receber uma comissão de José, que, para salientar a sua falta de confiança, «*contara meticulosamente e Zina recontara*». Para afastar a mulher e as filhas da fome, que era uma ameaça permanente, percorria, dia após dia, as fervilhantes ruas de Maceió, ganhando uma ninharia. Nunca era suficiente. Elisa recorda de forma comovedora a sua tristeza e desespero, as horas que passava em silêncio, a fumar, na varanda, procurando uma saída.

Acabou por se lembrar do ofício que o velhote lhe havia ensinado em Tchechelnik. Podia fabricar sabão. Em troca do investimento inicial de José, Pedro propunha-se fornecer a mão-de-obra. Sob o calor tórrido de Maceió, passava hora após hora, dia após dia, a mexer um caldeirão com uma substância a ferver, respirando o «*nauseante odor do sebo e o causticante veneno do breu*»[20]. Pensou que aquele projecto o iria colocar a um nível mais igualitário ao do seu cunhado. Mas foi em vão. «*Nos dias em que não havia cozimento de sabão, que ficava fazendo, vendo os outros trabalharem?*», implicava José com ele.[21] Pedro não estava em posição de oferecer resistência, e a sua auto-estima ia-se esgotando aos poucos. Continuava a não haver o suficiente para comer em casa. Até nos seus escassos tempos livres tinha de depender dos parentes da mulher para ter algum entretenimento. Mais tarde, Clarice afirmou que o pai tinha aprendido imediatamente português. Mas Elisa escreveu que em Maceió, Pedro não tivera tempo para aprender a nova língua. No que tocava à sua ligação ao mundo exterior, confiava no jornal *Der Tog* (O Dia), que pedia emprestado ao cunhado. Mas ao fim de algum tempo, José deixou de lho emprestar.

Elisa recorda a sua solidão cada vez maior e as suas fugas para o mundo da fantasia, que criava para escapar à triste realidade da sua vida. Aprendera algum português, mas não o suficiente. Na escola, troçavam dela por causa do seu sotaque.

*«— Diga cadeado, diga. As crianças cercavam-na e apoquentavam, com maldade.*

*— Ca-de-a-do, repetia, pondo acento em cada sílaba com medo de errar. A meninada ria, pulava em torno, uma puxando-lhe a saia, outra, o cabelo maltratado.»*[22]

À medida que as humilhações se iam acumulando, Pedro começou a transmitir as suas ambições, que já tinham sido cerceadas pelo governo czarista, a guerra civil e a emigração, às suas filhas. Uma noite, enquanto estava a ouvir o som do piano que vinha da janela de um vizinho, disse a Elisa: *«Mas eu posso mandar ensinar música a vocês. — Sim, reforçou, é claro que posso.»* As lições de piano podem ter parecido extravagantes para um homem que mal conseguia alimentar a família, mas eram um pequeno preço a pagar em troca de um pouco de dignidade, pela sensação de que as suas filhas teriam uma vida melhor. Elisa escreveu que ele estava determinado a que o mundo soubesse que tipo de filhas ele tinha.[23]

Os seus sacrifícios não foram em vão. Uma dessas filhas colocaria o nome do pobre vendedor ambulante entre os grandes nomes do Brasil. Mas Pedro Lispector não viveria para assistir a isso.

# 6

## *GRIENE* GRINGOS

Segundo Elisa, o golpe final nas suas vidas em Maceió veio quando Marieta regressou de uma das suas estadas prolongadas no hospital. Tinha sido submetida a um tratamento longo e infrutífero, e Zina, que, no relato de Elisa, era cúmplice da crueldade do marido, começou a murmurar palavras conspiradoras aos ouvidos doentes e desesperados da irmã. Incentivou Marieta a culpar Pedro pelas dificuldades da família e, quando ele chegou a casa de mais um árduo dia de trabalho, Marieta vomitou palavras cruéis e violentas ao marido, palavras que o levaram às lágrimas. Vários anos mais tarde, Elisa ainda recordava o incidente com horror.

No dia seguinte, de acordo com Elisa, Pedro informou José de que ia deixar a cidade. Apanhou o barco para o Recife, a capital de Pernambuco. Quatro meses mais tarde, tinha economizado o suficiente para ir buscar a mulher e as filhas. Tania Lispector Kaufmann relembra as circunstâncias da partida de outra forma:

> *«Elisa talvez não se sentisse muito bem em relação aos primos. Tinha entre 12 ou 13 anos. Talvez não guardasse boas lembranças; coisas de criança. Pequenas tensões existem em toda parte. Estes não foram, no entanto, a causa da mudança para o Recife. Maceió, naquele tempo, era quase uma aldeia; foi um ato natural procurar uma cidade maior como Recife que era, então, a capital do Nordeste. Todos dependiam do Recife para compras melhores e até para médicos mais competentes.»*[1]

Tinham passado três anos em Maceió, dos quais Clarice não guardaria qualquer recordação; tinha cinco anos quando se mudaram para o Recife, que ela consideraria sempre como a sua cidade natal. «*Pernambuco marca tanto a gente que basta dizer que nada, mas nada mesmo nas viagens que fiz por este mundo contribuiu para o que escrevo. Mas Recife continua firme.*»[2] «*Criei-me em Recife*», escreveu ela noutro lugar, «*e acho que viver no Nordeste ou Norte do Brasil é viver mais intensamente e de perto a verdadeira vida brasileira* [...] *Minhas crendices foram aprendidas em Pernambuco, as comidas que mais gosto são pernambucanas.*»[3]

No século XVII, Pernambuco tinha sido conquistada pelos holandeses, que transformaram o lugarejo adormecido do Recife na mais rica e diversificada cidade da América do Sul. Era habitada por africanos e índios, holandeses, portugueses, alemães, italianos, espanhóis, ingleses e polacos. Por «ser permitido um nível maior de liberdade religiosa no Brasil holandês do que em qualquer outra parte do mundo ocidental» incluindo a Holanda, os judeus afluíram para aí em massa, tantos que, no Recife, o seu número devia ultrapassar o dos gentios brancos.[4] A primeira sinagoga do Novo Mundo, Kahal zur Israel, foi fundada na Rua dos Judeus, no ano de 1637. Um padre murmurou que o Recife e a sua cidade gémea, Olinda, eram «como Sodoma & Gomorra»[5].

Já existiam judeus no Nordeste brasileiro antes de este ser conquistado pelos Holandeses, sobretudo judeus portugueses forçados a converterem-se e os seus descendentes, que procuravam um lugar seguro, longe da metrópole fortemente policiada. Mas, apesar de não existir Tribunal do Santo Ofício no Brasil, não estava por completo ao abrigo da Inquisição, e as perseguições periódicas sacrificaram muitos brasileiros proeminentes. Entre as vítimas, contava-se Bento Teixeira, autor da primeira obra literária escrita no Brasil, a *Prosopopéia* («*Um mau poema, uma imitação pobre de Camões, e seu principal intuito era louvar o governo da capitania de Pernambuco*», escreveu Érico Veríssimo, amigo de Clarice), e a família de Branca Dias, uma notável residente em Olinda, que foi a primeira pessoa a leccionar para mulheres no Brasil.[6] Mas sob o domínio dos Holandeses, que assumiram o controlo do Nordeste brasileiro em

1630, a comunidade floresceu. Muitos «cripto-judeus» que tinham sido obrigados a ocultar as suas origens reemergiram, e muitos judeus, essencialmente portugueses que se tinham refugiado em Amesterdão, apareceram no Recife.

A chegada à nova terra também trouxe novos problemas. Por volta de 1636, a comunidade enviou uma carta a um rabino em Salónica, Haim Shabetai, perguntando se poderiam adaptar as suas orações às condições do hemisfério sul, onde as estações do ano estão invertidas: «*E devemos orar pedindo chuva entre os meses de Tishrei e Nissan, como fazem os outros judeus pelo mundo afora, ou devemos adaptar nossas orações às estações do ano no Brasil?*»[7] Os portugueses locais e os seus aliados, tendo contraído dívidas enormes junto dos holandeses[8], montaram uma campanha feroz para retomar Pernambuco, e várias vezes quase conseguiram, cercando a faminta cidade do Recife. Num momento especialmente desesperado, dois navios, o *Falcon* e o *Elizabeth,* surgiram, como que por magia, inspirando o famoso rabino Isaac Aboab da Fonseca, que era membro do tribunal de Amesterdão que mais tarde excomungaria Espinosa, a compor um longo cântico de louvor, «*Zekher assiti lenifla'ot El*» («Gostava de recordar os milagres de Deus»). Este foi o primeiro poema hebraico escrito no Novo Mundo.

Mas Deus demonstrou ser avarento com os seus milagres. Não voltou a intervir para salvar o Brasil holandês. Os portugueses conseguiram tomar o Recife em 1654, pondo fim a uma breve época dourada. Com a reconquista, os judeus foram expulsos e a Inquisição restabelecida. Vinte e três judeus do Recife fugiram para outra colónia holandesa, Nova Amesterdão, onde, na ilha de Manhattan, lançaram as fundações da maior comunidade da diáspora judaica que o mundo alguma vez viu. O templo que os membros exilados de Kahal zur Israel fundaram aí, a Congregação Shearith Israel, continua a existir, num gigantesco edifício em Central Park West.

Para os judeus americanos, 1654 foi um começo. Para o Brasil, marcou um fim. Alguns dos judeus que lá ficaram converteram-se ao cristianismo e mantiveram as suas crenças religiosas em segredo, alguns ao longo de várias gerações. Contudo, ao fim de algum tempo, misturaram-se com a sociedade luso-brasileira e, por volta de 1925, quando a família Lispector chegou ao Recife, não havia qualquer ligação viva aos judeus do Brasil holandês. Os judeus do Recife, como todos os judeus do Brasil, eram recém-chegados.

Hoje, em Pernambuco, o curto período de domínio holandês desperta um interesse que se abeira do fetichista. Ao que parece, todos os motoristas de táxi são capazes de enumerar os feitos do governador holandês, Johan Maurits van Nassau-Siegen, e os cidadãos demonstram abertamente uma nostalgia por terem sido colonizados pelos desastrados portugueses, em vez de pelos tolerantes e competentes holandeses. Este fascínio faz de tal modo parte da mentalidade pernambucana, é de tal forma uma pedra angular da identidade do estado, que parece que sempre foi assim.

Mas, na verdade, é relativamente recente. Durante os três séculos que se seguiram à queda do Recife holandês, a conquista de Pernambuco foi apresentada como um triunfo de um estado unitário católico português, um evento tão importante que, em geral, se inferiu que marcava o nascimento da nação brasileira. O elevado número de judeus existentes no Recife holandês também significava que o tom destas críticas era, com frequência, anti-semita. Por volta de 1979, o famoso sociólogo Gilberto Freyre pôde citar, em tom de aprovação, um historiador antigo que viu a guerra contra os holandeses como uma luta entre «a cruz e a lojinha»[9].

Os historiadores sempre se sentiram atraídos pelo colorido interregno holandês. «*Nenhum período da história nacional possui uma literatura tão abundante quanto o conturbado domínio holandês no leste do Brasil*», escreveu Alfredo de Carvalho em 1898. Mas a visão pró-holandesa só começou a tornar-se popular em meados do século XX. Livros como o de José Antônio Gonsalves de Mello, intitulado *Tempo dos Flamengos*, publicado em 1947, salientavam aspectos do governo holandês que eram apelativos para um Brasil moderno e democrático: a tolerância religiosa da colónia, juntamente com os seus substanciais feitos artísticos e científicos. Dois anos mais tarde, outro escritor comparava os dois poderes coloniais: «[Com a instituição da Inquisição]: *enquanto os portugueses expulsaram as classes que os libertaram do feudalismo, os holandeses rejeitaram as antigas estruturas e abraçaram a iniciativa privada.*»[10]

O resultado deste revisionismo, e da holandofilia que desencadeou, é que ser judeu, hoje em dia, em Pernambuco é estar directamente ligado ao momento mais glorioso da história local. A recente descoberta, escavação e reconstrução da sinagoga de Kahal zur Israel constituiu uma grande bênção para a comunidade judaica, que, de uma forma bastante inesperada, encontrou para si mesma uma característica central de pernambucanidade.

Esta situação não podia ser mais diferente daquela que se vivia pouco antes da Primeira Guerra Mundial, quando os primeiros judeus chegaram ao Recife. Os imigrantes, que eram quase exclusivamente pessoas pobres da Europa Oriental, só detinham uma ideia vaga de que antes existira ali uma comunidade. Não sabiam nada acerca desse passado, e os habitantes locais, inclusive os mais cultos, não sabiam nada sobre os judeus.[11]

Veja-se esta troca de correspondência de 1922, o ano em que a família Lispector chegou ao Brasil. Os correspondentes são dois pernambucanos proeminentes, Gilberto Freyre e Manuel de Oliveira Lima. Freyre foi provavelmente o académico mais famoso do Brasil; Oliveira Lima foi um dos mais importantes historiadores brasileiros, um homem de uma imensa cultura que deixou uma biblioteca pessoal com quarenta mil volumes à Universidade Católica de Washington. Em 1922, ambos estavam a viver nos Estados Unidos. No dia 18 de Janeiro de 1922, Freyre escreve: «*Já voltou para Boston, o Sr. Goldberg. Gosto dele. Somos tão parecidos, nos gostos, nas simpatias, nas antipatias, nos interesses! Por intermédio dele vou conhecer David Prinsky, o grande intelectual judeu, cuja casa é* rendez-vous *de gente de letras ou aliteratada. A propósito: como diz "Yiddish" em português?*» Oliveira Lima respondeu: «*Não sei como se diz "Yiddish" em português, nem sei mesmo o que seja. Quero sabê-lo porque aprendo até morrer.*» Freyre respondeu: «*A propósito:*

*"Yiddish" é o nome dos judeus, de seu idioma e literatura* — *modernos*. *Diz-se: "fulano é 'Yiddish'", etc. Pensei que havia palavra para isto em português.»*[12] (Existe: *iídiche.)*

Se este era o nível de conhecimento sobre a cultura judaica dos intelectuais com uma educação internacional, podemos imaginar a situação entre as pessoas comuns, nesta parte recôndita do Brasil. Samuel Malamud, um advogado eminente e amigo dos Lispectors, escreveu:

> *«Para os menos cultos, principalmente no interior, o judeu era confundido com Judas, e eles o imaginavam não como um ser comum, mas semelhante ao diabo, com chifres e cauda. Os judeus com quem mantinham contato diário, seja como mascates que lhes vendiam a domicílio roupas, objetos de cama e mesa, jóias e móveis, seja mesmo os comerciantes já estabelecidos em diversos ramos, eram tratados como russos, polacos ou simplesmente "gringos", palavra com que se designava qualquer estrangeiro. Para os judeus, "gringo" era o mesmo que* «griener» *(verde), do iídiche, com que designavam os recém-chegados ao país.»*[13]

Para a maior parte dos brasileiros, os judeus não eram diferentes dos outros imigrantes estrangeiros — portugueses, libaneses, italianos, espanhóis. Como uma categoria à parte, os judeus eram desconhecidos, e o anti-semitismo praticamente não existia, nem sequer como um conceito.

A piada do judeu que vai parar a uma ilha deserta, e constrói duas sinagogas, uma que ele frequentaria e outra na qual não quereria ser apanhado nem morto, também se aplicava à jovem *kehilah* de Boa Vista, o bairro judaico do Recife. Os familiares de Mania Lispector tinham estado entre os primeiros judeus da cidade. Em Novembro de 1911, só havia oito homens judeus no Recife, incluindo o seu primo Pinkhas Rabin.[14] Pinkhas teve a honra de importar o primeiro rolo de pergaminho da Tora, em 1913, mas a honra parece ter-lhe subido à cabeça. Segundo o livro de memórias, em iídiche, de Avrum

Ishie, de 1956, a avareza de Rabin com o seu livro sagrado irritou uma grande parte da comunidade. Revoltados com a sua atitude, outros homens mandaram vir a sua própria Tora, da Palestina. Quando esta chegou, em 1914, já havia quatro *minyanim,* ou quarenta homens adultos na cidade. Dois anos depois, a comunidade em desenvolvimento adquiriu um edifício para fazer uma escola e outras instituições judaicas. «Mas nós éramos mesmo judeus», recordou Avrum Ishie. Um segundo grupo não gostou do edifício, por isso fundou o seu próprio edifício e uma escola concorrente. Mais tarde, o Clube Sionista e o Clube Socialista, situados lado a lado, em minúsculas casas na Rua da Glória, travariam um combate para conquistar os corações e as mentes da pequena comunidade.

Apesar destas contendas previsíveis, a comunidade, expulsa das estepes da Ucrânia, Bessarábia e da Bielorrússia e caída do outro lado do mundo, era extraordinariamente coesa. Podiam nem sempre ter gostado uns dos outros, mas, no fim de contas, simplesmente tinham mais em comum com os seus companheiros imigrantes judeus do que com os seus exóticos vizinhos. Os imigrantes eram, acima de tudo, pobres, pelo menos quando chegavam. Um dos atractivos do Nordeste era a sua localização no extremo nordeste da América do Sul; enquanto maior porto brasileiro que ficava mais próximo da Europa, era mais fácil chegar lá do que aos destinos mais famosos situados mais a Sul. Muitos ficavam no Recife porque não tinham dinheiro que lhes permitisse chegar às opções mais faustosas que eram o Rio de Janeiro e Buenos Aires.[15]

A conveniente localização do Recife não era o único motivo pelo qual escolhiam o Nordeste. Uma vez que os imigrantes judeus tinham ocupações similares, necessitavam do apoio uns dos outros. Com uma imigração em crescimento, cada vez se falava mais dos grandes centros — Rio de Janeiro, São Paulo, Montevideu, Buenos Aires. Os mercados para o tipo de artigos em que os judeus se tinham especializado estavam quase saturados.[16] Mas ainda havia oportunidades, e menos concorrência, nas cidades secundárias. No Recife, como na muito mais pequena Maceió, estes vendedores de rua começavam muitas vezes por vender mercadorias, como tecidos, à consignação, transportando-os pelos bairros pobres do Recife, pelas terreolas de Pernambuco, e até pelos estados vizinhos.

Uma década depois de os primeiros judeus terem chegado, a comunidade tinha-se fixado no bairro da Boa Vista. Essa zona recebera o nome de um palácio que tinha sido construído pelo mais famoso dos governadores holandeses e, apesar de o seu esplendor principesco ter ficado num passado bastante remoto, a Boa Vista continuava a estar situada no agitado centro comercial da cidade. Por esta altura, muitos dos pioneiros originais já tinham conseguido deixar de ser vendedores de rua e tinham-se instalado numa menos árdua vida de lojistas. No Brasil, exerciam profissões semelhantes àquelas que sempre tinham dado trabalho aos judeus na Europa. No antigo país, os Judeus, como o pai assassinado de Mania Lispector, eram comerciantes de madeira; no novo país, que possuía florestas tropicais em abundância, muito judeus dedicavam-se à comercialização da madeira. Outros vendiam produtos de madeira, sobretudo mobiliário, e outros artigos para a casa, como roupa de casa e louça. E, tal como na Europa, havia muitos alfaiates e joalheiros judeus. Como os seus parentes distantes, no século XVII, tiveram de adaptar as suas orações às estações do Sul, os imigrantes tiveram de adaptar as suas ofertas ao novo clima; ao contrário da fria Podólia, no abrasador Recife, os guarda-chuvas eram usados tanto para se protegerem do sol como da chuva.

O Recife pode ter sido uma cidade importante do Nordeste brasileiro, mas a sua economia dificilmente era mais diversificada ou desenvolvida do que a de Maceió. Havia pouca indústria na cidade. Cabia aos judeus da Boa Vista introduzir artigos como toalhas, lençóis e toalhas de mesa já feitas (antes desta inovação, as pessoas sempre tinham feito as suas a partir de peças de tecido), bem como ampliar o primitivo sistema de crédito. Assim como os vendedores ambulantes permitiam que os consumidores mais pobres comprassem tecidos, panelas e tachos com condições generosas, os lojistas da Boa Vista, mais tarde, introduziram o crédito e planos de pagamento em prestações para artigos maiores, como frigoríficos, uma prática que há muito tem sido completamente adoptada no Brasil.

O centro desta comunidade era a Praça Maciel Pinheiro, conhecida, em iídiche, por *pletzele,* ou pequena praça, e seria aí, no número 367, que Clarice Lispector passaria a sua infância. «*Era um casarão tão velho que, quando a gente andava, as tábuas balançavam*», recorda Tania Lispector. «*Tinha janelas coloniais, varanda, telhas coloniais, era mesmo muito antigo* [...] *Morávamos no segundo andar. Com medo que ela desabasse, mudamos para outra.*»[17] (No entanto, a casa continua lá.) A praça tinha o nome de um herói local da Guerra do Paraguai e estava ornamentada com uma grande e esplêndida fonte que tinha sido feita em Lisboa e decorada com representações de índios. Mas «*não houve muitas amizades com os pernambucanos*», recorda Tania, referindo-se aos gentios[18], na verdade a *pletzele* e as ruas circundantes eram quase tão judaicas como o *shtetlach* que os seus habitantes tinham abandonado recentemente.

No centro da praceta, ficava o salão de *sodevosser* (água gasosa) de Jacob e Lea Ledermann; as lojas de mobílias de Maurício Gandelsman, Adolfo Cornistean, Benjamim Berenstein, Moisés Rastolder, Isaac Schwarts, Israel Fainbaum, Leopoldo Edelman, e dos irmãos Iampolsky, uma loja de pronto-a-vestir que pertencia a Júlio e Ana Guendler e Moisés Rochman; a retrosaria do autor do livro de memórias Avrum Ishie Vainer; e a loja de tecidos de Natan e Freida Pincovsky.[19] A Rua Imperatriz, que ia da *pletzele* até ao rio Capibaribe, também era fortemente judaica. Havia a Casa Feld, uma loja de vestuário requintada dirigida por Luiz Feldmus e a sua mulher, uma figura glamorosa, conhecida no Recife por Madame Clara. Havia padarias e lojas de mercearia judaicas, uma escola judaica, e a Livraria Imperatriz de Jacob Berenstein, durante muito tempo, a melhor livraria do Recife e um lugar onde a *intelligentsia* da cidade se reunia.

Também havia as instituições, as escolas, as sinagogas. A alguns metros da casa dos Lispectors, na esquina da Rua do Aragão, existia a Cooperativa Banco Popular Israelita de Pernambuco, um «banco» voluntário que funcionava com donativos da comunidade e que estava aberto entre as sete e as dez horas da noite, às quartas-feiras. A Cooperativa, que não cobrava juros, aquilo que actualmente se designaria por microcrédito, foi um ingrediente essencial para a ascensão da comunidade, ajudando os recém-chegados a começarem a trabalhar como vendedores ambulantes, e os vendedores ambulantes a montarem as suas lojas.

Alguns meses antes da sua morte, Clarice Lispector fez a sua viagem final ao Recife para proferir um discurso na universidade. Insistiu em ficar alojada no Hotel São Domingos, na esquina da Praça Maciel Pinheiro, no lugar do antigo banco judaico. Passou várias horas a olhar fixamente pela janela para a praceta onde crescera. «*Aquele jardinzinho, onde os motoristas de táxi flertavam com as empregadas domésticas, parecia uma floresta, um mundo onde eu escondera coisas que nunca mais consegui recuperar.*»[20] Depois de todos aqueles anos, apenas a cor da casa tinha mudado.

> «*Minha lembrança é a de olhar pela varanda da praça Maciel Pinheiro, em Recife, e ter medo de cair: achei tudo alto demais* [...] *Era pintada de cor-de-rosa. Uma cor acaba? Se desvanece no ar, meu Deus.*»[21]

Um entrevistador perguntou-lhe: «*Sabemos que você passou toda a sua infância aqui no Recife, mas o Recife continua existindo em Clarice Lispector?*» A resposta dela foi: «*Está todo vivo em mim.*»[22]

A pobreza do pai e a doença da mãe conspiravam contra isso, mas, em entrevistas e em escritos ocasionais, Clarice sempre recordou uma infância feliz. «*Olha, eu não sabia que era pobre, você sabe?*», comentou ela numa entrevista mais tarde. «*Eu perguntei um dia desses à Elisa, que é a mais velha, se nós passamos fome e ela disse que quase. Havia em Recife, numa praça, um homem que vendia uma laranjada na qual a laranja tinha passado longe. Isso e um pedaço de pão era o nosso almoço.*»[23]

Clarice teve sorte em ser a filha mais nova. Ao contrário dos pais e das irmãs, não guardava qualquer recordação das provações que a família passara na Europa. Enquanto as irmãs tinham sido torturadas e passado fome, ela foi acarinhada e mimada. A sua irmã Tania recordou que Clarice era extraordinariamente bonita, mesmo quando bebé, e que a família e os vizinhos a rodeavam de atenções.[24] Travessa e enérgica, aos quatro anos, Clarice era uma imitadora dotada, comentou Tania:

> «*Aos quatro anos foi para o jardim de infância (um dos primeiros existentes naquela época e muito diferente dos atuais) que era um tanto rígido, e Clarice, já naquele tempo analítica e crítica, imitava em casa as atitudes da Professora, com muita graça. Nós pedíamos que ela repetisse e ela o fazia imitando a Professora que ordenava a cada movimento da turma, batendo palmas, intercalando cada atividade com "Batam palmas, agora descansem".*»[25]

Setenta anos mais tarde, Tania ainda recordava o seu espanto quando iam ao médico ou ao dentista e Clarice era capaz de imitar logo todos os gestos de todas as pessoas que se encontravam na sala de espera.

Enquanto Elisa e Tania eram um pouco tímidas, Clarice era uma líder natural. «*Fazia muitas amizades na escola*», relembrou Tania. «*Mas era seletiva, escolhia as amiguinhas.*» «*Eu era meio liderzinha*», admitiria Clarice. E era também «*muito imaginosa, era quem inventava as brincadeiras*», comentou Tania. «*Uma delas, por exemplo, com uma priminha da mesma idade* (Clarice liderando), *dizia: Vamos brincar de "duas mulheres". Então ficavam horas brincando, imitando as falas e atitudes de donas de casa, com irreverência e muito espírito crítico.*» «*Antes de aprender a ler e a escrever eu já fabulava*», relembrou Clarice.

> «*Inclusive, eu inventei com uma amiga minha, meio passiva, uma história que não acabava* [...] *eu começava, tudo estava muito difícil; os dois mortos... Então entrava ela e dizia que não estavam tão mortos assim. E aí recomeçava tudo outra vez...*»[26]

Bertha Lispector Cohen, a sua prima, lembra que Clarice tinha nomes para todos os azulejos do chuveiro e para todas as suas canetas e lápis. «*Quando comecei a ler e a escrever, comecei a escrever também, pequenas histórias*», disse.[27] Depois de assistir a uma peça de teatro, regressou a casa inspirada para escrever a sua *Pobre Menina Rica*, três actos em duas páginas, que escondeu e depois veio a perder. Escreveu para a página infantil do *Diário de Pernambuco*, que, às quintas-feiras, publicava histórias enviadas pelos jovens leitores. «*Eu cansava de mandar meus contos, mas nunca publicavam, e eu sabia por quê. Porque os outros diziam assim:*

*"Era uma vez, e isso e aquilo..." E os meus eram sensações.»*[28] *«Eram contos sem fadas, sem piratas. Então ninguém queria publicar.»*[29]

*«Clarice não estudava muito»*, revela Tânia[30], «mas teve sempre boas notas. *«Menos em comportamento»*, acrescentou Clarice.[31] Na sua primeira escola, a Escola João Barbalho, a algumas ruas de distância da Praça Maciel Pinheiro, tornou-se companheira inseparável de Leopoldo Nachbin, um rapazinho da sua idade que, também ele, tinha uma história familiar bastante invulgar. O pai, Jacob Nachbin, tinha imigrado para o Brasil a uma dada altura, depois da Primeira Guerra Mundial. Órfão e autodidacta, tornou-se, mesmo assim, uma celebridade na imprensa iídiche do país, viajando para a Argentina e o Uruguai e posteriormente de volta para a Europa, onde deveria recrutar mais imigrantes para o Brasil. Apesar da sua total falta de estudos, não deixou de se tornar o primeiro historiador judeu a analisar a história das comunidades judaicas no Brasil, e era ainda um poeta de relevo. Acabou por abandonar a sua família brasileira e foi para os Estados Unidos.[32]

Leopoldo, o filho que Jacob abandonou no Recife, cresceu e tornou-se o mais importante matemático do Brasil. Contudo, na Escola João Barbalho, no Recife, Leopoldo Nachbin e Clarice Lispector eram apenas *«os dois impossíveis da turma»*. A professora separava--os, mas não valia de nada: *«Leopoldo e eu falávamos lá o que falávamos em voz alta»*. Leopoldo tornou-se, a seguir ao seu pai, a principal figura protectora masculina de Clarice, *«e tão bem o fez que me deixou para o resto da vida aceitando e querendo a protecção masculina»*[33].

Com uma amiga, ela roubava rosas dos jardins dos residentes mais abastados do Recife: *«Era uma rua onde não passavam bondes e raro era o carro que aparecia. No meio do meu silêncio e do silêncio da rosa, havia o meu desejo de possuí-la como coisa só minha.»* Ela e uma amiga entraram a correr num jardim, arrancaram uma rosa, e fugiram. *«Foi tão bom que simplesmente passei a roubar rosas. O processo era sempre o mesmo: a menina vigiando, eu entrando, eu quebrando o talo e fugindo com a rosa na mão. Sempre com o coração batendo e sempre com aquela glória que ninguém me tirava.»*[34]

O retrato mais completo desta criança inteligente e endiabrada pode ser encontrado no seu primeiro romance, *Perto do Coração Selvagem*, publicado quando Clarice tinha vinte e três anos. Tal como em muitas das suas obras ficcionais, a personagem principal, Joana, assemelha-se surpreendentemente à sua criadora: as mesmas circunstâncias familiares, a mesma personalidade obstinada, a mesma resistência às convenções. («*Em que medida você é Joana?*», perguntou-lhe uma vez uma entrevistadora. A resposta dela foi: «*Madame Bovary c'est moi.*»[35]) E a mesma proximidade ao coração selvagem, a mesma existência animalesca. «*Não ter nascido bicho parece ser uma de minhas secretas nostalgias*», escreveu uma vez.[36] «*Talvez porque sou de Sagitário, metade bicho.*»[37] As pessoas que a conheceram comparavam-na frequentemente com um animal, muitas vezes um felino: elegante, incognoscível, potencialmente violenta. «*Ela se vestia perfeitamente, era delgada e linda, como um daqueles gatos egípcios*», recorda um amigo.[38] «*Impressionou-me o seu rosto eslavo, forte e belo, com alguma coisa de animal felino*», recordou o poeta Ferreira Gullar. «*Ela tinha para mim a aura do mito, tanto me haviam impressionado os seus livros estranhos, tecidos numa linguagem mágica, sem equivalente na literatura brasileira.*»[39] «*Os outros é que me achavam com ar de tigre, de pantera*», comentou Clarice numa entrevista. Ele respondeu: «*Por causa dos seus olhos, mas não é não. É porque você tem um comportamento interno e uma observação constante que é dos felinos*».[40] Joana, escreveu Clarice, «*parecia uma gata selvagem, os olhos ardendo acima das faces incendiadas*»[41].

Enquanto menina, Clarice viveu «*cercada de gatos*»: «*Eu tinha uma gata que de vez em quando paria uma ninhada de gatos. E eu não deixava se desfazerem de nenhum dos gatinhos. O resultado é que a casa ficou alegre para mim, mas infernal para as pessoas grandes.*»[42] Passava horas com as galinhas no quintal: «*Eu entendo uma galinha, perfeitamente. Quero dizer, a vida íntima de uma galinha, eu sei como é.*»[43] Quando, já adulta, os amigos lhe recomendaram um filme cujo protagonista era uma actriz francesa que, diziam, se assemelhava muito a Clarice Lispector, ela só tinha olhos para o cavalo da mulher. «*O fato é que me identifiquei mais com o cavalo preto do que com Barbara Laage*», escreveu ela.[44]

*«As pessoas daqui me olhavam como se eu tivesse vindo direto do Jardim Zoológico»,* escreveu ela a um amigo da cidade de Belo Horizonte. «*Concordo inteiramente.*»[45] Os olhos semelhantes aos de um gato e o seu olhar intenso, «*que ninguém consegue sustentar por muito tempo*», eram perturbadores, e foram-se tornando cada vez mais, à medida que ela foi envelhecendo.[46] «*Quem era ela? A víbora*», diz Joana para si mesma, utilizando a palavra que a sua tia odiosa usa para a descrever: «*É um bicho estranho, Alberto*», diz a tia, «*sem amigos e sem Deus — que me perdoe!*» E o próprio marido de Joana, chocado com o comportamento dela, explode: «*Infame... Vil... Víbora! Víbora! Víbora!*»[47]

Joana admitiu ter roubado rosas, mas não há provas de que a jovem Clarice, tal como Joana, se dedicasse a roubar em lojas, e seguramente não existe qualquer indício de que ela, como Joana, tivesse tendência para atirar objectos pesados à cabeça de homens idosos. Não obstante, tal como a maior parte do trabalho posterior de Clarice veio a provar, esta aliança com o reino animal é bastante mais perturbadora do que qualquer delinquência juvenil. A família de Joana tem razões para ficar chocada com ela, porque Joana é simplesmente a mais notória e primeira ocorrência do abraçar de uma natureza animal que, em Clarice Lispector, se aproxima de um ideal filosófico. Esta é a sua recusa absoluta de qualquer moralidade antropocêntrica.

Fernando Pessoa escreveu que a moralidade é «o esforço para elevar a vida humana, para lhe dar um valor humano»[48]. É esta tentativa de reduzir a vida à sua dimensão humana — qualquer sensação de que a vida é humana ou de que o universo está organizado para confortar os seres humanos — que constituirá a maior rejeição de Clarice em *A Paixão segundo G. H.*, o monumental romance de 1964 no qual a protagonista reconhece a sua identificação com uma barata. A amoralidade de Clarice, como ela própria virá a admitir, é tão aterrorizadora e absoluta que levá-la até ao seu fim lógico conduzirá à loucura: nesse livro ela horroriza-se a si própria quase tanto como Joana aos seus familiares.

Dadas as circunstâncias selvagens dos primeiros anos de vida de Clarice, dificilmente ela poderia ter chegado a outra conclusão que não fosse a de que a vida não é humana e de que não tem «*valor humano*». Não existiam mais razões para ela existir do que para a existência da barata. Pura sorte, era o único motivo pelo qual ela tinha sobrevivido aos horrores da Ucrânia, quando tantos milhões haviam perecido. A conclusão de que a natureza do mundo é aleatória e sem sentido era a única lógica a tirar, mas compreender a aleatória natureza animal do mundo implicava obrigatoriamente rejeitar a moralidade convencional que se traduzia em atribuir significado humano ao mundo desumano. Uma pessoa com a história dela nunca poderia satisfazer-se com uma ficção pouco convincente de um universo sujeito ao controlo humano.

A vida, pelo contrário, era neutra e universal, sem valor humano, estava além do conhecimento humano e, portanto — como o grande nome sagrado de Deus, que para os judeus é, ao mesmo tempo, incognoscível *e* o derradeiro objectivo místico —, além da linguagem humana, impossível de nomear ou de descrever. Tudo o que os seres humanos podem fazer é colocar-se em contacto com a vida universal. Esta é a importância da animalidade de Joana, porque este irá tornar-se o objectivo místico da escrita de Clarice Lispector.

Na infância, é evidente que Clarice não enunciava este conceito de uma forma tão clara como o faria na sua maturidade. Mas a beleza felina, a rebeldia intelectual e espiritual já a fascinavam e inquietavam. Acerca de Joana, Clarice escreveu: «*Nela havia uma qualidade cristalina e dura que o atraía e repugnava-lhe simultaneamente.*»[49] E sobre si mesma, disse: «*Alguns, bem sei, já até me disseram, me acham perigosa.*»[50]

Joana não é apenas animalesca; é também, como Clarice, um prodígio linguístico excêntrico. «*Em pequena podia brincar uma tarde inteira com uma palavra*», escreveu Clarice a respeito dela.[51] Num dos seus últimos fragmentos manuscritos, encontrados depois da sua morte, Clarice escrevinhara: «*Uma pergunta de quando eu era pequena e que só agora me respondo: as pedras são feitas ou nascem? Resposta: as pedras estão.*»[52]

Tal como Clarice, Joana é próxima do pai, um viúvo, que ela procura para exibir as suas criações mais recentes.

«— *Papai, inventei uma poesia.*

— *Como é o nome?*

— *Eu e o sol.* — Sem esperar muito, recitou: — *As galinhas que estão no quintal já comeram duas minhocas mas eu não vi.*

— *Sim? Que é que você e o sol têm a ver com a poesia?*

*Ela olhou-o um segundo. Ele não compreendera...*

— *O sol está em cima das minhocas, papai, e eu fiz a poesia e não vi as minhocas.*»[53]

Esta é a mesma criança que, nos textos enviados para a página infantil do *Diário de Pernambuco,* considerava impossível escrever as histórias começadas por «*Era uma vez*» que os editores esperavam. Em *Perto do Coração Selvagem,* Clarice dá um exemplo da tendência da criança para usar palavras que evoquem sensações, a palavra «Lalande», que ela inventa e depois define: «*É como lágrimas de anjo. Sabe o que é lágrimas de anjo? Uma espécie de narcisinho, qualquer brisa inclina ele de um lado para o outro. Lalande é também mar de madrugada, quando nenhum outro olhar ainda viu a praia, quando o sol não nasceu. Toda a vez que eu disser: Lalande, você deve sentir a viração fresca e salgada do mar, deve andar ao longo da praia ainda escurecida, devagar, nu. Em breve você sentirá Lalande* [...].»[54]

Num livro de contos posterior, *Onde Estivestes de Noite,* Clarice demonstra que nunca perdeu o hábito de inventar nomes, gastando várias páginas a brincar com o nome de um relógio despertador, Sveglia. «*Briga é Sveglia. Acabo de ter uma com a dona do relógio. Eu disse: já que você não quer me deixar ver Sveglia, descreva-me os seus discos. Então ela ficou furiosa — e isso é Sveglia — e disse que estava cheia de problemas — ter problemas não é Sveglia. Então tentei acalmá-la e ficou tudo bem.*»[55]

Estas frases sem sentido, sobretudo quando se prolongam por várias páginas, têm um efeito hipnótico e perturbador. A princípio incompreensíveis, como uma pintura pontilhista vista de demasiado perto, ganham velocidade e força, à medida que vão avançando. Joana, quando contava esse tipo de histórias, na escola, «*subia sobre si mesma, prendia as moças à sua vontade e à sua palavra, cheia de uma graça ardente e cortante como ligeiras chicotadas. Até que, finalmente envoltas, elas aspiravam o seu brilhante e sufocante ar*»[56].

## 7

# AS HISTÓRIAS MÁGICAS

Aquelas brincadeiras infantis, por muito encantadoras que fossem, não eram simples passatempos. O seu objectivo era muito sério. Porque sobre a infância feliz de Clarice Lispector pairava a terrível e permanente visão da sua mãe paralisada, Mania Krimgold Lispector, atirada para um confuso mundo estrangeiro, incapaz de se mover ou falar, presa a uma cadeira de baloiço, a morrer aos poucos e de uma forma dolorosa. Esta foi a sensação dominante da infância de Clarice, e talvez da sua vida. Tal como o nome perdido ou oculto, a mãe moribunda, e a sua compaixão de criança por ela, seriam recorrentes em praticamente tudo o que Clarice escreveu.

«*Era como se fosse uma estátua numa casa*», recordava Anita Rabin, a prima de Clarice.[1] Elisa escreveu:

> «*Todas as tardes Marim* [Mania] *vem sentar-se à varanda do velho sobrado da Rua da Imperatriz, vestido de linho engomado, os cabelos negros e lisos penteados, os braços inúteis cruzados sobre o busto. Depois que toma tento do que vai lá embaixo, reparando numa ou noutra pessoa que passa, inclina a cabeça de lado, os olhos como contas azuis ligeiramente amortecidos, e fica olhando com ar distante, entristecido.*»[2]

«*Eu era tão alegre que escondia de mim a dor de ver minha mãe assim...*», afirmou Clarice. «*Eu morria de sentimento de culpa, porque pensava que tinha provocado isso quando nasci. Mas me disseram que ela já era paralítica antes...»*[3] Mesmo os seus momentos mais felizes estavam ensombrados pela mulher que estava sentada, paralisada, na varanda. Numa anedota reveladora, Clarice recordou o Carnaval de 1929. Iria ser o seu primeiro, uma vez que *«no meio das preocupações com minha mãe doente, ninguém em casa tinha cabeça para carnaval de criança»*. Noutros anos, o máximo que conseguiu foi uma autorização para ficar no andar inferior, à entrada de casa, até às onze horas da noite, com um saco cheio de *confetti* e uma pequena ampola com perfume para esguichar para os foliões. Porém, esse Carnaval iria ser diferente, *«como se as ruas e as praças do Recife enfim explicassem para que tinham sido feitas»*. A mãe de uma amiga decidira vestir a filha com uma fantasia de papel crepe cor-de-rosa e ofereceu-se para fazer também um fato para Clarice, que tinha oito anos; iria mascarar-se de rosa.

> *«Quando eu estava vestida de papel crepom todo armado, ainda com os cabelos enrolados e ainda sem batom e ruge — minha mãe de súbito piorou muito de saúde, um alvoroço repentino se criou em casa e mandaram-me depressa comprar um remédio na farmácia. Fui correndo vestida de* rosa [...] *fui correndo, correndo perplexa, atónita, entre serpentinas, confetes e gritos de carnaval. A alegria dos outros me espantava. Quando horas depois a atmosfera em casa acalmou-se, minha irmã me penteou e pintou-me. Mas alguma coisa tinha morrido em mim.»*[4]

A mulher estropiada estava completamente dependente do marido e das filhas, sobretudo da mais velha, Elisa, cujo livro fala comovedoramente da tensão emocional e material da enfermidade da mãe, tanto para o pai, cuja *«revolta* [...] *havia resvalado para uma tristeza profunda»*[5] como para si própria. Uma grande parte da sua infância já lhe havia sido roubada pelo terror da Ucrânia; agora, no novo país, via-se forçada a passar a parte que lhe restava a ajudar constantemente a mãe impossibilitada.

Ansiava por sair de casa — *«triste e pouco convidativa para estranhos»* —, mas quando o fazia, para ir ao clube judaico, por exemplo, situado na mesma Praça Maciel Pinheiro, estava tão pouco habituada à interacção social que se sentia ainda mais deslocada e corria para casa.[6] Apesar das queixas angustiantes da mãe, tinha de sair de casa para ir à escola. «*Minha filha, não quero mais viver, não posso mais*», dizia a mãe à Elisa de *No Exílio*, numa cena especialmente patética. «*Mamãe*», responde a rapariga, tentando dar-lhe coragem, «*assim você piora, tenha pena de você e de nós. Não chore mais. Preciso ir para a escola.*» «*Não, não vá hoje, só hoje...*», suplica a mãe.[7]

Por muito horrível que fosse a situação, Elisa, Tania e Pedro encontravam-se, pelo menos, numa posição em que podiam ajudar. Pedro podia trabalhar e ganhar dinheiro para pagar os medicamentos dela; Tania e Elisa podiam dar-lhe de comer, despi-la, deitá-la na cama. Mas Clarice era muito pequena para poder dar algum tipo de ajuda. A única ajuda que podia prestar era mágica. Implorava a Deus que ajudasse a sua mãe, e, segundo Bertha Lispector Cohen, encenava pequenas representações para a entreter, por vezes conseguindo fazer rir a «*estátua*» condenada. Anita Rabin recordou que, quando Clarice estava a inventar histórias, utilizando adereços como lápis ou azulejos, inventava finais mágicos em que uma intervenção milagrosa curava a doença da mãe. «*A gente estava sempre preocupada com isso*», afirmou Anita. «*Fiquei imbuída daquele sonho de que alguma coisa a fizesse ficar boa.*»[8]

As histórias de uma menina pequena não foram suficientes para salvar uma mulher com uma doença terminal devastadora. E Mania já não queria ser salva. «*Quando eu morrer, não chore*», recordava Elisa ouvir da boca da sua mãe. «*Será um alívio tão grande para mim.*»[9] Mania sabia que o fim se aproximava. «*Conformada e temente a Deus, a mãe pedira ao pai que lhe comprasse um novo Sidur* (livro de orações), *e orou durante uma semana inteira, ao fim da qual ela morreu.*»[10]

Mania Krimgold Lispector tinha quarenta e dois anos quando, a 21 de Setembro de 1930, o seu longo sofrimento terminou, por fim. Foi sepultada no Cemitério Israelita de Barro, um subúrbio distante do Recife. Os castiçais de prata de Charna, a sua mãe, que ela salvara milagrosamente da sua terra natal, foram doados, tal como ela pedira, à pequena sinagoga local. A família evitava referir-se a ela, escreveu Elisa, «*por uma combinação tácita, contornavam o assunto, omitindo o seu nome, porque ela estava presente em todos os pensamentos e acções*»[11].

O truque de Clarice falhara. Os seus sonhos de intervenção divina foram frustrados. Mas o hábito que aprendera na tenra infância, de brincar com as palavras e de contar histórias para garantir um desenlace milagroso manteve-se. Meio século mais tarde, quando Clarice Lispector, ela própria consumida por uma doença terminal, deixou a sua casa pela última vez, recorreria à mesma táctica. «*Faz de conta que a gente não está indo para o hospital, que eu não estou doente e que nós estamos indo para Paris*», recordou a sua amiga Olga Borelli tê-la ouvido dizer no táxi, a caminho do hospital. «*Lembro-me perfeitamente de suas palavras, para tornar menos penosa a ida*», acrescentou Olga.

> «*Então, começamos a fazer planos e a falar dos passeios que faríamos em Paris. O motorista do táxi, coitado, já cansado de trabalhar por toda uma noite, perguntou timidamente: "Eu também posso ir nesta viagem?" E Clarice falou: "Lógico que pode, e ainda pode levar a namorada." E ele: "Minha namorada é uma velhinha de setenta anos, e não tenho dinheiro." E Clarice respondeu: "Ela vai também. Faz de conta que você ganhou na Loteria Esportiva." Na hora de descer, em frente ao hospital, conta Olga, Clarice perguntou o preço da corrida. Apenas vinte cruzeiros, e ela deu duzentos.*»[12]

Escusado será dizer que a viagem a Paris nunca aconteceu. Clarice Lispector morreu seis semanas depois.

Um amigo perguntou uma vez a Clarice o que pensava de uma pintura num museu italiano. «*Ah*», respondeu ele, quando ela não se conseguiu lembrar «*é verdade que você é dos que só lembram do que aconteceu antes de ter dez anos de idade.*»[13]

A sua tenra infância, a sua felicidade perdida e as suas tragédias, que não podiam ser mitigadas, nunca estavam afastadas da sua mente. Um ensaio posterior sobre a nova capital, Brasília, contém um lamento inesperado: «*Ai, coitadinha de mim. Tão sem mãe. É dever ter mãe. É coisa da natureza.*»[14] Uma entrevistadora descobriu o que lhe ia realmente na cabeça.

> «— *Você tem paz, Clarice?*
> — *Nem pai nem mãe.*
> — *Eu disse "paz".*
> — *Que estranho, pensei que tivesse dito "pais". Estava pensando em minha mãe alguns segundos antes. Pensei — mamãe — e então não ouvi mais nada. Paz? Quem é que tem?*»[15]

Ainda que, no mundo real, as histórias e os mitos tenham demonstrado não serem capazes de derrotar um vírus mortal, ela agarrava-se a eles. «*Ela ficou muito impressionada com a morte da mãe*», afirmou Anita Levy. «*E falaram para ela* [no colégio] *que não se podia deixar na mesa uma tesoura aberta. E ela viu uma tesoura aberta na mesa, na casa dela. Então ela disse que foi por isso. Foi por isso que a mãe morreu. Porque alguém deixou uma tesoura aberta.*»[15]

Para uma criança, as histórias milagrosas podiam ter sido um meio razoável de desencadear a intervenção divina, e uma tesoura aberta podia ser uma explicação, tão válida como qualquer outra, para um desastre incompreensível. Mas a mulher que se sentava no táxi, meio século depois, sonhando com Paris, quando ia a caminho do hospital, não era uma criança. As histórias tinham-se revelado incapazes de salvar a sua mãe, e Clarice não podia, de uma forma razoável, acreditar na eficácia delas. Para um adulto, a aceitação silenciosa poderia ter parecido mais adequada.

Aquela mulher, no entanto, tinha dedicado a sua vida à escrita. Escrevinhou apontamentos até às suas últimas horas. Porque é que, tendo visto a impotência dessa actividade ser demonstrada de um modo tão forçado, continuava a dar-se ao trabalho de o fazer? Por um lado, seguramente, tratava-se de um reflexo, o recurso, numa situação desesperada, a uma velha táctica. Por outro, tratava-se de confortar as outras pessoas que se encontravam no táxi, perturbadas com o estado de saúde da amiga. Contudo, em 1977, a ilusão não era para ela mesma. A decepção que sentira quando era uma menina de nove anos ensinou-lhe o quanto esses esforços poéticos eram inúteis. Escrever era a última coisa que poderia conduzir uma realidade inflexível a um final feliz.

Mas o hábito persistiu. Ao longo de toda a sua vida, Clarice procuraria justificações para as suas actividades. Agarrava-se à esperança de que havia algo que podia fazer para salvar o mundo. Sempre, por vezes amargamente, lamentou a sua impotência —

> *«Em Recife, onde morei até doze anos de idade, havia muitas vezes nas ruas um aglomerado de pessoas diante das quais alguém discursava ardorosamente sobre a tragédia social. E lembro-me de como eu vibrava e de como eu me prometia que um dia esta seria a minha tarefa: a de defender o direito dos outros.*
>
> *No entanto, o que terminei sendo, e tão cedo? Terminei sendo uma pessoa que procura o que profundamente se sente e usa a palavra que o exprima.*
>
> *É pouco, é muito pouco.»*[17]

— mas nunca procurou negá-lo nem disfarçá-lo. O problema não era só dela: muitos artistas se sentiam inquietos pela sua impotência perante os horrores do século XX. As bombas atómicas explodiam; as câmaras de gás assobiavam; uma mãe violada olhava fixamente e sem expressão da sua cadeira de baloiço.

Podia optar-se por se abraçar a irrelevância, fazer a arte pela arte. Ou poderia abordar-se a inconsequência palpável, assumindo um compromisso: utilizando a ficção, o drama ou a arquitectura para reparar as injustiças sociais. Esta abordagem era particularmente atractiva no Brasil, onde tantas injustiças exigiam uma reparação. Mas os problemas persistiam, apesar do (ou, tal como em muitas outras partes da América Latina, devido ao) activismo político. Os artistas que procuravam um significado maior para o seu trabalho sentiam-se frustrados. «Se só escrevermos um romance, sentamo-nos e tecemos uma pequena narrativa», afirmou V. S. Naipaul. «E está muito bem, mas não tem importância nenhuma. Se somos um escritor romântico, escrevemos romances sobre homens e mulheres que se apaixonam, etc., construímos uma pequena narrativa, aqui e ali. Mas, mais uma vez, não tem importância nenhuma.»[18]

Apesar do seu passeio imaginário a Paris, quando ia a caminho do hospital, Clarice Lispector não alimentava grandes ilusões acerca de um significado mais profundo da sua obra. Ela era um animal e estava destinada a morrer como tal, e nunca esqueceu as lições que aprendeu antes dos dez anos. «*Não muda nada*», enfatizou numa das suas últimas entrevistas. «*Não muda nada. Escrevo sem esperança de que alguma coisa que eu escreva possa mudar o que quer que seja. Não muda nada.*»[19]

Qual era, então, o objectivo? Clarice nunca deixaria de o tentar descobrir. Mas o instinto básico nunca mudou. Entre as suas últimas notas, encontra-se esta: «*Eu escrevo como se fosse para salvar a vida de alguém. Provavelmente a minha própria vida.*»[20]

«*Toda a história de uma pessoa é a história de seu fracasso*», escreveu Clarice, talvez com o seu próprio fracasso em mente.[21] «*Eu era culpada nata, aquela que nascera com o pecado mortal.*»[22] Enquanto a mãe era viva, Clarice ainda podia agarrar-se à esperança de que o seu nascimento não tivesse sido em vão. Com a morte de Mania, essa possibilidade deixou de existir e um tom de tristeza surgiu na personalidade da criança feliz. «*Muitas vezes a encontrei chorando silenciosamente, sozinha*», recordou Tania.[23]

A sua tristeza e incredulidade rapidamente se transformaram numa espécie de revolta, uma palavra que aparece com frequência nos seus escritos: a mesma palavra, talvez não por coincidência, que Elisa liga ao pai na sua juventude. No ano em que a mãe morreu, Clarice compôs uma peça para piano com duas partes: «*A primeira é suave, a segunda meio militar, meio violenta, uma revolta suponho.*» Isto, em vez de praticar com a enorme Dona Pupu, que «*mais gorda não podia ser*» e que dava as lições de piano que Pedro Lispector, com bastantes dificuldades, ofereceu às suas filhas. Tania e Elisa gostavam das lições; Elisa era uma música talentosa e prosseguiu os seus estudos no Conservatório do Recife. Clarice, no entanto, passava as aulas a perguntar-se como é que uma mulher tão gorda como a Dona Pupu alguma vez conseguira casar-se; estava muito mais interessada nas suas próprias invenções do que nos trabalhos que a mandavam fazer.[24]

Tania, comovida com o sofrimento silencioso de Clarice, ajudava-a com uma ou outra dificuldade. Quando Clarice não queria praticar piano, Tania ajudava-a, tocando nas teclas negras enquanto Clarice tocava as brancas, «*até que, com grande alívio para Clarice, o estudo do piano foi suspenso*». Depois de a ver chorar, Tania escreveu: «*Eu em mais velha, por amor e pena, a perfilhei, de certa forma*», desempenhando o papel da sua malograda mãe. «*Esse sentimento maternal-filial nos uniu para sempre, éramos mais do que irmãs.*»[25]

Num fragmento escrito em inglês durante os anos em que viveu nos Estados Unidos, Clarice relembra a infância e as origens da sua estreita ligação com Tania.

> «"*Até seus dez anos,* [Tania disse a Clarice] *eu não me dava muito conta da sua existência, de repente me dei conta de quanto você era interessante.*" *Suponho o que ela realmente queria dizer: me dei conta de quanto você precisava de mim. Não sei o que fazer quando a pessoa vem até mim; eu sou dessas que vão até a pessoa. Ser escolhido é perturbador. Tenho que pedir, tenho que escolher.*»[26]

Através do improvável auxílio de uma pastilha elástica, Tania apresentou à sua irmã mais nova o «*penoso e dramático*» conceito de eternidade. Tania comprou-lhe a pastilha elástica, uma novidade no Recife, e disse-lhe: «*Tome cuidado para não perder, porque esta bala nunca se acaba. Dura a vida inteira.*» A perplexa Clarice aceitou-a, e «*quase não podia acreditar no milagre*», e Tania disse-lhe que era para «*mascar para sempre*». Clarice estava aterrorizada, não querendo confessar que não estava à altura da eternidade, que a ideia a atormentava, mas não se atreveu a fazê-lo. Por fim, quando se dirigiam para a escola, conseguiu deixar cair a pastilha elástica na areia, fingindo-se incomodada e envergonhada por estar a mentir à irmã. «*Mas aliviada. Sem o peso da eternidade sobre mim.*»[27]

Na escola, Clarice não estudava muito, ainda que tivesse boas notas. Na terceira classe, antes de a mãe morrer, mudou para uma escola nova, o Colégio Hebraico-Iídiche-Brasileiro, na Rua da Glória, a um ou dois quarteirões de distância da Praça Maciel Pinheiro. Como o nome indica, a escola ensinava hebraico e iídiche, além das disciplinas comuns. Mas, apesar dos seus talentos óbvios, não passou directamente para a quarta classe, recorda o primo Samuel Lispector. «*Ela era bem pequena e nem conseguia segurar direito os livros grandes, como um atlas geográfico, que era enorme. E o meu tio, então, decidiu: "O livro é grande demais para você. Você não vai para o quarto ano não." E assim ela repetiu um ano.*»[28]

Talvez o tamanho dela não tenha sido o único motivo pelo qual ela ficou retida no mesmo ano. Na escola pública Clarice não teria aulas de hebraico, que os outros alunos já tinham iniciado. No entanto, ela parecia ter talento para essa língua. Não há referências ao hebraico na sua obra, mas a criança, que tinha um dom para as palavras, aparentemente transpôs sem dificuldade esse obstáculo inicial, porque foi escolhida para proferir um dos três discursos de final de ano que os alunos apresentavam à faculdade e aos pais, em hebraico, iídiche e português. A pequena Clarice pronunciou o discurso em hebraico, o que significa que era a melhor da sua turma.[29]

O professor de hebraico do Recife, Moysés Lazar, era um homem de ideias tão progressistas que, recorda Anita Rabin: «*A gente ficava horrorizada com certas coisas e ele não era como essas pessoas que dizem: "Não, vocês têm de acreditar."*»[30] Clarice importunava-o com as suas perguntas: «*Como é que foi?*», perguntou, quando ele lhe contou como Deus entregara a Tora a Moisés. «*Deus entregou a Torá na mão dele?*» Lazar respondeu à menina: «*Olha, ninguém viu.*»[31]

Estas perguntas nunca abandonaram Clarice. Num manuscrito do final da sua vida, escreveu: «*Mas há perguntas que ninguém me responderá: quem fez o mundo? E o mundo se fez? Mas se fez aonde? Qual era o lugar? E se foi Deus — quem fez Deus?*»[32]

Outra amiga relembra uma discussão acalorada. «*Ela era alta, magra. Estava falando com o professor dela de hebraico, Lazar, que era uma sumidade. Não era um simples professor de abc. Eu ia passando. E a Clarice insistia com ele porque queria saber qual era a diferença entre homem e mulher. Insistia tanto para que ele lhe explicasse! Insistia mesmo. Porque ela já tinha uma cabeça diferente.*»[33] Lazar pode ter sido o modelo para uma figura recorrente na obra de Clarice: o professor idoso, alternando entre o desesperado e o fascinado com uma rapariga precoce. «*Eu sabia da existência desse professor*», revelou Tania Kaufmann a uma entrevistadora, «*mas nunca soube que Clarice em menina sentira aquilo por ele. Ela era sempre uma surpresa para mim.*»[34]

O professor aparece em *Perto do Coração Selvagem,* e também em «Os Desastres de Sofia», a história de uma brilhante e rebelde menina de nove anos que atormenta um professor que ama e despreza. A rapariga, cuja mãe morrera recentemente, tenta incessantemente provocá-lo, mas nunca consegue levar a melhor sobre ele, até ao dia em que ele manda a turma fazer uma composição escrita. Dá-lhes o plano geral do enredo, que os alunos deverão recriar, com as suas próprias palavras:

> «*Um homem muito pobre sonhara que descobrira um tesouro e ficara muito rico; acordando, arrumara sua trouxa, saíra em busca do tesouro; andara o mundo inteiro e continuava sem achar o tesouro; cansado, voltara para a sua pobre, pobre casinha; e como não tinha o que comer, começara a plantar no seu pobre quintal; tanto plantara, tanto colhera, tanto começara a vender que terminara ficando muito rico.*»[35]

«*Como eu só sabia "usar minhas próprias palavras", escrever era simples*», recorda a rapariga. É a primeira a sair, entregando o seu caderno de apontamentos, com insolência, ao professor e saindo para o recreio. Volta à sala de aulas, onde o professor já leu a história dela e onde ela sente que corre um grande perigo. «*Para a minha súbita tortura, sem me desfitar, foi tirando lentamente os óculos. E olhou-me com olhos nus que tinham muitos cílios. Eu nunca tinha visto seus olhos que, com as inúmeras pestanas, pareciam duas baratas doces*», escreveu. O professor alterou-se com a história dela acerca do «*tesouro escondido*», «*o tesouro que está escondido onde menos se espera*»[36].

O temor que ela sente do professor despe-o das suas camadas humanas — os óculos dele são um exemplo — e, para seu horror, ela vê o que são ambos, «*anônimos como uma barriga aberta para uma operação de intestinos»*, o que ela apelidou de «*coração selvagem*» da vida. «*Eu vi dentro de um olho. O que era tão incompreensível como um olho. Um olho aberto com sua gelatina móvel. Com suas lágrimas orgânicas*». Por fim, quebrando o silêncio, o professor diz a Sofia:

> «*Sua composição do tesouro está tão bonita. O tesouro que é só descobrir. Você... — ele nada acrescentou por um momento. Perscrutou-me suave, indiscreto, tão meu íntimo como se ele fosse o meu coração. — Você é uma menina muito engraçada, disse afinal.*»[37]

# 8

# MELODRAMA NACIONAL

No dia 26 de Julho de 1930, várias semanas antes da morte de Mania Lispector, o humilde bairro da Boa Vista tornou-se involuntariamente o centro das atenções nacionais quando o governador da Paraíba, que faz fronteira com o estado de Pernambuco, a norte, foi abatido com um tiro, na Confeitaria Glória, na Rua Nova. Samuel Lispector, o primo de Clarice, assistiu aos tumultos da varanda da casa delas com Elisa e Tania.[1] Tendo corrido para o local do crime, um outro primo, David Wainstok, chegou a tempo de ver João Pessoa estendido num banco, na farmácia vizinha, «*a camisa encharcada de sangue*»[2].

O macabro acontecimento teve consequências revolucionárias, mas o melodrama nacional que se seguiu tinha decididamente origens domésticas. João Pessoa Cavalcanti de Albuquerque, a sua primeira vítima, tinha um nome que incluía três dinastias nordestinas. O seu tio, Epitácio Pessoa, foi presidente do Brasil entre 1919 e 1922; os Cavalcantis e os Albuquerques, com as suas inúmeras ramificações, encontravam-se entre as primeiras famílias de Pernambuco. João Pessoa era o líder do partido antioligárquico.

Após a sua ascensão a governador da Paraíba, João Pessoa apresentou-se como candidato à vice-presidência nacional, nas eleições de Março de 1930. Ele e o candidato à presidência,

Getúlio Vargas, perderam no meio de uma fraude eleitoral generalizada. No seu protesto contra os resultados, tiveram o cuidado de reforçar a ideia de que se manteriam «dentro da ordem estabelecida» e em conformidade com os «hábitos e costumes políticos» do Brasil.[3]

Desde que o Brasil conquistou a independência — pacificamente —, em 1822, o país só conhecera uma revolução, a revolta sem derramamento de sangue de 1889, que substituiu o idoso e afável imperador D. Pedro II por uma República. A sua política relativamente ordeira era um motivo de orgulho para os brasileiros, que assistiam, escarnecendo e chocados, enquanto a América espanhola era sangrada por golpes e contendas intermináveis: a referência aos seus «hábitos e costumes políticos» pode ser um ataque velado aos caóticos vizinhos do Brasil.

Mas as mudanças pacíficas de poder, ao nível nacional, mascaravam um nível de violência, corrupção e fraude que os políticos nacionais tinham dificuldade em conter. O Nordeste, com as suas massas de trabalhadores rurais iletrados e que viviam em condições de quase escravatura, estava nas mãos de um punhado de famílias poderosas, como aquelas das quais João Pessoa descendia. Era muito fácil comprar ou manipular votos. No mais moderno Sul, existia uma rivalidade de longa data entre o maior e mais poderoso estado, São Paulo, e os estados de Minas Gerais e do Rio Grande do Sul. Desde a fundação da República, em 1889, a presidência passava normalmente de um candidato de São Paulo para um candidato apoiado por Minas Gerais e pelo Rio Grande do Sul.

Em 1930, este delicado acordo ficou em perigo quando o presidente cessante, um homem de São Paulo, tentou instalar outro paulista como seu sucessor. Para Getúlio Vargas, o líder gaúcho da oposição, e o seu candidato a vice-presidente, João Pessoa, que representava os interesses dos proprietários de terras nordestinos, isto era uma atitude inadmissível, ainda que Vargas, em princípio, não se opusesse à fraude; no Rio Grande do Sul, ele angariou duzentos e noventa e oito mil votos, contra os novecentos e oitenta e dois da oposição. Mas era a vez deles. Mesmo assim, a revolta armada, tão rara no Brasil, não lhe parecia uma opção real, e as aparências indicavam que as partes derrotadas iriam ter de engolir a sua derrota.

Isto é, até João Pessoa ser morto com um tiro na Confeitaria Glória. Dada a tensa situação política do país, as pessoas partiram imediatamente do princípio de que os motivos eram políticos. Na verdade, a culpada involuntária foi uma poetisa chamada Anaíde Beiriz, uma jovem ultramoderna de Paraíba, cujo vanguardismo escandalizara de tal forma a sociedade paraibana que as crianças estavam alegadamente proibidas de pronunciar o nome dela. Um catálogo dos pecados de Anaíde fornece uma boa ideia do quão arcaica era a sociedade nordestina: ela usava maquilhagem, tinha o cabelo curto e fumava. Afirmava que não se queria casar nem ter filhos. E andava na rua sem uma acompanhante.

Anaíde era também amante de João Dantas, um implacável adversário político de João Pessoa. Dantas, um advogado de Paraíba, era aliado de um clã rural que se opunha à tentativa de João Pessoa de regularizar a cobrança de impostos estatais sobre o algodão. A polícia de Pessoa fez uma rusga ao escritório do advogado Dantas, onde encontrou cartas de Anaíde; essas cartas, insinuavam os jornais de Pessoa, narravam todo o tipo de actos indecentes. Embora nem Anaíde nem Dantas fossem casados, aquilo era demasiado forte para Paraíba. A família de Anaíde deserdou-a, obrigando-a a fugir para o Recife. Foi nessa cidade que João Dantas, sedento de vingança, entrou na Confeitaria Glória, disse: «*Sou João Dantas, que você tanto humilhou e maltratou*» e disparou dois tiros no peito do seu rival.

Este drama terminou mal para todos os envolvidos: Dantas foi morto na prisão, na sequência do que a desolada Anaíde se suicidou. Mas numa situação política menos tensa provavelmente tudo teria sido esquecido como a telenovela da cidade pequena que era. Mas, em vez disso, o homicídio de João Pessoa incendiou paixões que os partidários de Getúlio Vargas alimentaram cuidadosamente. O nome da capital de Paraíba foi mudada para João Pessoa, e o cadáver governamental foi levado em cortejo pelo Brasil inteiro, desde Paraíba até ao Rio de Janeiro, provocando histeria em massa, a cada uma das suas muitas paragens.

Por fim, no funeral, na capital, uma multidão acorreu para ouvir discursos inflamados: «*Nós não vamos enterrá-lo*», proclamou um orador fervoroso. «*Vamos deixá-lo de pé, de pé e forte como ele sempre viveu, elevado, ao contrário de seus assassinos, elevado: com o coração acima do estômago e a cabeça acima do coração.*»[4]

Quatro dias depois da morte de Mania Lispector, Getúlio Vargas deu início a uma revolução armada no Rio Grande do Sul. Vinte e oito dias mais tarde, numa atitude de machismo desafiador, os gaúchos de Vargas amarraram os seus cavalos ao obelisco que existe ao fundo da maior avenida do Rio de Janeiro, a Avenida Rio Branco, assumindo o domínio simbólico da capital.

Durante o quarto de século que se seguiu, sob nomes diferentes, e com um significativo hiato, o «governo interino» de Vargas liderou o Brasil. Quando o homem determinado e melancólico, que cavalgara para o seu cargo numa onda de melodrama nacional, finalmente partiu, fê-lo de um modo que estava à altura da sua entrada. Em 1954, no palácio presidencial, com o pijama vestido, matou-se, com um tiro no coração.

Foi um fim sensacional para a carreira mais sensacional da política brasileira do século XX. O país que Getúlio Vargas deixou era muito diferente daquele que o aclamara no Rio de Janeiro, no final de 1930. Getúlio Vargas reunia todas as contradições do Brasil. Era de baixa estatura e careca, e tinha uma barriga enorme, mas as mulheres dificilmente lhe conseguiam resistir. À reivindicação dos seus apoiantes de que ele era o «*pai dos pobres*», os seus adversários respondiam em tom sarcástico que ele era a «*mãe dos ricos*»[5]. Governou o Brasil como um ditador fascista, no entanto, foi o único dos líderes latino-americanos a enviar tropas para combater o fascismo.

A sua capacidade para ser tudo, para toda a gente, foi fundamental para o seu extraordinário poder de se manter no governo. Desde a queda do imperador, quarenta e um anos antes, o Brasil revelara-se extremamente difícil de governar. Ainda que não tivesse existido uma guerra civil generalizada, não deixava de haver razões para que se receasse que tal acontecesse, uma vez que os conflitos de vários partidos regionais, baseados em classes, ameaçavam, a cada quatro anos, dividir a nação de uma vez por todas. Os estados do Sul prosperavam enquanto os do Nordeste se iam atrofiando; as novas classes médias urbanas, com as suas aspirações democráticas, opunham-se às antigas e ainda poderosas oligarquias rurais.

A guerra civil continuava a ser uma ameaça. Quase chegara em 1925, com a famosa Coluna Prestes, um movimento militar da classe média sob a liderança de um engenheiro do exército, Luís Carlos Prestes, conhecido por «*Cavaleiro da Esperança*». Durante dois anos e cinco meses, Prestes liderou mil e quinhentos homens por quase todos os cantos do Brasil, vinte e cinco mil quilómetros ao todo, sempre um passo à frente do exército. Pregando a igualdade, morreram a um ritmo alarmante devido a um surto de cólera, de exaustão, e aos ataques do exército, até acabarem por fugir do país. Prestes revelou ser um aliado involuntário de Getúlio Vargas, que viria a tornar-se seu arqui-inimigo; a Coluna Prestes contribuiu, mais do que qualquer outro movimento, para a convicção de que a antiga república estava falida, e à espera de ser derrubada.

Quando a Revolução de Vargas, de 1930, realmente a derrubou, a inquietação política do país não terminou. Pouco mais de um ano depois, a guerra civil quase chegou, mais uma vez, depois do dia 9 de Julho de 1932. O estado de São Paulo, o mais rico e mais dinâmico, sublevou-se contra a Constituição fortemente centralizadora de Getúlio Vargas, que teria eliminado uma grande parte da autonomia do Estado. São Paulo entrou em pé de guerra: as senhoras ofereciam as suas jóias de ouro, e os homens escavaram trincheiras em volta da cidade. Durante dois meses, o exército federal cercou São Paulo, até os esgotados rebeldes acabarem por sucumbir.

Apesar de Getúlio ter pacificado o estado, suspendendo algumas das disposições mais polémicas na nova Constituição, e de ter dado instruções ao Banco do Brasil para assumir a dívida de guerra dos bancos de São Paulo, a revolta deu-lhe precisamente aquilo de que ele necessitava: um mandato para prosseguir com a centralização do estado brasileiro. A rebelião foi o último fôlego do antigo sistema político, baseado em personalidades e divisões regionais e de classe. Os novos partidos políticos eram radicais e ideológicos, à direita e à esquerda, tal como acontecia na Europa. E, como na Europa, a política brasileira rapidamente começou a gravitar em volta de dois pólos: os comunistas, à esquerda, e os integralistas, os nazis nacionais, à direita. Ambos ameaçavam Getúlio Vargas e a existência de ambos ameaçava os judeus.

Assim como os secessionistas de São Paulo, os comunistas assinaram as suas próprias ordens de execução com uma revolta prematura. No final de 1935, os soldados comunistas rebelaram-se — começou no Recife e em Natal —, assassinando oficiais superiores enquanto dormiam.[6] Mas sobrestimaram o apoio das forças armadas, e a rebelião depressa se dissipou. Luís Carlos Prestes, o líder dos comunistas, escapou à captura até Março de 1936. Num episódio horroroso que se tornou o símbolo da crueldade de Vargas, a mulher de Prestes, Olga Benário Prestes, que nascera judia, em Munique, foi deportada grávida para a Alemanha. Aí, em Bernburg, aos trinta e três anos, foi executada numa câmara de gás.

Segundo Gustavo Barroso, o comunismo era sinónimo de capitalismo, que era sinónimo de judaísmo.[7] A fórmula não o sugeriria, mas Gustavo Barroso era bastante considerado como intelectual, e chegou mesmo a ser eleito, três vezes, presidente da Academia Brasileira, a mais prestigiada sociedade académica e intelectual do país. A sua vasta obra de escritos anti-semitas trai uma verdadeira obsessão. Ele foi o primeiro tradutor brasileiro, em 1936, dos *Protocolos dos Sábios de Sião,* cujos editores, a Agência Minerva de São Paulo, salientaram que, ao publicarem esse livro, não pretendiam «*ofender ou injuriar, e menos ainda promover uma campanha racista, mas* apenas *ampliar o conhecimento de uma questão — a Questão Judaica — da mais alta relevância para a humanidade*»[8]. Barroso era a figura de destaque do integralismo, o movimento brasileiro derivativo do nazismo; o jornal argentino pró-nazi *Deutsche La Plata Zeitung* descreveu Barroso como o «*Führer do Integralismo*»[9].

O seu rival pelo título era o aspirante a Hitler tropical, Plínio Salgado, que, como Barroso, era um romancista medíocre com grandes ideias. Tal como muitos dos integralistas, Salgado era fortemente influenciado pelos escritores católicos que surgiram na década de 1920 a 1930, com as suas sugestões de um nacionalismo místico. Clarice Lispector viria a ser próxima de algumas dessas figuras, como Augusto Frederico Schmidt e Octavio de Faria. Barroso, o rival de Salgado, atacava-o pelas suas associações aos judeus, nomeadamente a Horácio Lafer, um político de São Paulo ligado ao clã Segall-Klabin, a mais abastada e proeminente família judaica brasileira. E, em Outubro de 1934, Salgado conheceu o famoso rabino Isaías Raffalovich, a quem foi cordialmente garantido que os integralistas «*deixariam a questão judaica fora de seu programa*»[10]. Mas essa garantia não foi cumprida.

Mesmo assim, embora haja dúvidas relativamente às intenções de genocídio dos integralistas, não há qualquer dúvida acerca do que lhes servia de inspiração. Salgado deixou crescer um bigode semelhante ao de Hitler, obrigava os seus apoiantes a vestirem-se com camisas verdes, e ornamentava-as com braçadeiras ao estilo nazi. Em vez da suástica, adoptaram a letra sigma do alfabeto grego, que representava «*a soma de todos os valores*». E, em substituição do «*Heil Hitler*» saudavam-se com a palavra «*Anauê*», que era supostamente um termo tupi, a língua dos indígenas brasileiros, e que significava «*Você é meu irmão*», mas veio a descobrir-se que tinha sido inventado.

Tal como na Europa, esse aspecto *kitsch* teria sido apenas embaraçoso, se não tivesse tido consequências devastadoras. Os integralistas, como os nazis, decidiram espancar os seus adversários políticos, especialmente os comunistas, nas ruas, e granjearam uma fama terrível. Getúlio Vargas, com o seu dom para ser tudo para todos, confiou nos integralistas durante os primeiros anos do seu governo. Dificilmente os podia ignorar: o partido tinha quatrocentos mil membros *remunerados*, um número nunca visto para um partido político brasileiro, e muitos milhares de simpatizantes. A sua combinação de nacionalismo com catolicismo, o seu apelo a um sistema autoritário e hierárquico, por um retorno aos «*valores*», por um «*renascimento espiritual*», era bastante evocativo para as pessoas marcadas pelo declínio económico generalizado e que estavam descontentes com a corrupção permanente dos políticos. E os seus ataques aos comunistas, o seu apelo para colocar os interesses nacionais acima dos pequenos feudos locais, foram indubitavelmente úteis a Getúlio Vargas.

Nem todos os integralistas eram anti-semitas, relembra a prima de Clarice, Bertha Lispector Cohen. A ideologia tinha sido importada da Europa, mas não conquistou necessariamente muitos convertidos tão entusiastas como Gustavo Barroso. Bertha chegou a ter amigos que eram membros do partido. «*Eles achavam que a ideologia iria mudar o mundo, iria mudar o Brasil*», afirmou. «*Evidentemente*», acrescentou ela com um gesto de desdém, «*não mudou coisa nenhuma*».[11]

Mas muitos integralistas eram, de facto, anti-semitas. O irmão de Bertha, Samuel Lispector, recorda o clima de medo que se alastrou entre os judeus da Boa Vista: «*Estávamos apavorados. Sabíamos o que* podia *acontecer. Tínhamos visto na Europa. Havia medo, muito medo.*» Na escola, onde Samuel se lembra de que alguns alunos, e até mesmo professores, vestiam a camisa verde e usavam a braçadeira com o sigma, os alunos judeus eram provocados com frequência. «*Você é judeu, não deveria estar aqui*», diziam eles. Samuel faz uma pausa. «*A gente não esquece nunca.*»[12]

Outro primo, David Wainstok, mudou para uma escola nova, no final de 1933, quando o movimento integralista atingia o seu auge, e também ficou perturbado ao ver alunos e professores vestirem as camisas verdes.

> «*Nós os judeus, no ginásio, éramos provocados pelos componentes das "brigadas de choque" dos Integralistas, que nos assediavam na saída das aulas. Não tínhamos outra alternativa, senão enfrentá-los, ora apanhando, ora batendo. Algumas vezes chegávamos em casa com as marcas da batalha.*»[13]

«*A Rua da Imperatriz era toda de judeus*» recordou um imigrante. Esta era a rua onde, pouco tempo antes do falecimento de

Mania, Clarice, Tania, Elisa e Pedro Lispector viviam, uma movimentada rua comercial que liga a Praça Maciel Pinheiro, a *pletzele*, ao rio Capibaribe. Ainda relembrava os integralistas com camisas verdes a gritar *slogans* na rua, incendiados pelos artigos de Plínio Salgado atacando os judeus. «*Eles melavam, sacudiam pedras e os rapazes, filhos deles, que hoje são até procuradores do Estado e eu não posso dar os nomes, diziam: — você é judeu, quando a gente dominar, botamos vocês todos para fora.*» Havia também a equiparação de judeus a comunistas, que foi crescendo ao longo da década de 30. «*Os policiais, que tinham um nível muito baixo, na época, chegavam na biblioteca dos judeus e tiravam todos os livros que lhes pareciam comunistas. Um amigo meu, por exemplo, tinha* O Corsário Vermelho, *que era um livro de aventuras e foi apreendido.*»[14]

Felizmente, nas suas raras visitas ao Recife, que afinal não era um reduto integralista, o líder não conseguiu imprimir a mística do seu partido. «*Plínio Salgado veio poucas vezes ao Recife, onde não encontrou clima muito favorável. Sua figura grotesca, magrinho, de bigodinho à imitação de Hitler, de voz forçada e rouquenha, metido em uniforme que contrastava com a sua figura, dava-lhe aspecto um tanto cómico*», observou David Wainstok.

> «*Certa vez Plínio veio ao Recife para proferir uma conferência na tradicional Faculdade de Direito. Os seus adeptos prepararam um ato pomposo no estilo fascista. Anunciada a fala do «chefe nacional», não conseguiu ir longe em sua arenga. Um estudante de direito, em certa altura, retrucou suas palavras em voz vibrante, o que perturbou o conferencista e seus adeptos. As luzes se apagaram em seguida e as folhas da mesa do orador esvoaçaram. Simultaneamente ampolas de ácido sulfídrico caíam das galerias. O mau cheiro impregnou o ambiente. Seguiu-se uma debandada geral, com correrias em busca das portas de saída.*»[15]

Noutra ocasião, um desfile militar, dessa vez *sans* «chefe nacional», terminou com um tumulto semelhante. «*Estavam uniformizados, ostentando suas bandeiras, seus símbolos e, ao rufar dos tambores, marchavam com todo o garbo pela Rua Nova*» — onde João Pessoa foi assassinado, mesmo do outro lado do rio, em frente à casa dos Lispectors —, «*centro muito movimentado da cidade. Subitamente, dos edifícios começaram a despencar sobre os desfilantes galinhas pintadas de verde com o sigma nas asas, em barulhento cacarejar. Estabeleceu-se em seguida grande confusão, e os participantes do desfile dispersaram-se, atónitos pelo inesperado acontecimento. Foi um espetáculo grotesco, que divertiu o povo presente ao ato.*»[16]

# 9

# SÓ PARA LOUCOS

A conturbada vida política do Brasil, mesmo quando ocorria precisamente por baixo das suas janelas, não distraía os Lispectors dos seus próprios dramas familiares. As raparigas estavam a ficar mais velhas. Elisa, que tinha dezanove anos quando a mãe morreu, estava agora em idade de se casar e tinha um pretendente que, como ela, era um imigrante judeu. Contudo, ao contrário da intelectual Elisa — que concluíra o *curso comercial* avançado, abaixo do nível universitário, mas ainda assim superior ao do que a maior parte das raparigas alcançava, e que era, por então, uma talentosa pianista com formação no Conservatório —, o potencial noivo era um «*comerciante sem instrução*».[1]

Mas esse não era o único problema, segundo Tania. Elisa tomara conta da casa desde que ela podia recordar, desde que a mãe adoecera. Agora, por fim, era independente. Tinha um emprego, as irmãs já tinham idade suficiente para tomarem conta de si mesmas, e ela simplesmente não estava preparada para começar tudo de novo, como esposa e como mãe. Mesmo assim, ficou noiva, aceitando um anel do jovem. Depressa começou a sentir dúvidas, acabando por mandar a irmã mais nova, Clarice, a casa do homem, com o anel e um pedido de desculpas. «*O que podia eu fazer?*», perguntou o pai dela a Dora Wainstok, prima da sua mulher. «*Z'hot gepisht met tranen [Ela tinha se banhado em lágrimas]!»*[2] (Devastado, o pretendente acabou por ir viver para Israel.)

Era uma reacção típica de Pedro Lispector. Ele era um homem extraordinariamente tolerante e de bom coração, recorda Tania: «*Tinha o caráter mais perfeito de todos os homens que conheci*», disse.[3] «*Meu pai tinha muita cultura bíblica.* [...] *E recebia o jornal de Nova York,* The Day, *em iídiche. Tinha idéias muito avançadas. Era um homem avançado. Nunca deu um tapa em filha sua. Era excepcional. Se não fossem as circunstâncias, poderia ter tido melhor situação na vida.*»[4]

Aos noventa e um anos, Tania ainda se lembrava do seu maravilhamento diante da reacção do pai quando, na adolescência, ela se manifestou a favor do «amor livre» e proclamou que não se ia casar. Vindo de uma rapariga de uma pequena e conservadora comunidade judaica do Recife, dos anos 30, aquilo era uma provocação, e Tania preparou-se para a reacção. «*Outros pais teriam batido numa filha que dissesse uma coisa assim. Tenho a certeza de que ele* ficou *chocado, mas em vez de agredir perguntou por que eu pensava daquele jeito. Conversamos a respeito. E então, como tenho certeza que ele sabia que eu faria aquilo, acabei esquecendo a coisa toda.*»[5]

A própria Clarice começava a desabrochar. Em 1932, entrou no Ginásio Pernambucano, a mais prestigiada escola secundária do estado, que ficava num elegante edifício junto do rio Capibaribe, não muito distante do bairro da Boa Vista. Só os melhores alunos eram admitidos e, dos quarenta e três que passaram nos exames desse ano, três eram Lispectors: Tania, Clarice, e a prima delas, Bertha.[6] A escola não era apenas prestigiada, era também gratuita, o que não acontecia com a escola judaica, algo que foi seguramente levado em consideração por Pedro Lispector, já que a família estava sempre a oscilar no limiar da pobreza. Clarice já era namoradeira, recorda Bertha, sem receio dos rapazes, e a beleza que a tornaria lendária já era bastante notória. No seu primeiro ano na escola nova, ela e uma colega, numa votação, foram consideradas as raparigas mais bonitas da turma.[7]

Clarice teve o seu primeiro namorado, cujas origens sefarditas fizeram erguer alguns sobrolhos em casa. «*Papai achava que ele deveria ser asquenaze*», comentou Tania. «*Acabou aceitando, como sempre fazia. Mas àquela altura eles já tinham desmanchado, porque ele disse a Clarice que queria oito ou nove filhos. Ele se tornou médico, casou — e acabou não tendo filho nenhum.»*[8]

As três filhas recordam que Pedro Lispector era um excelente matemático.[9] É difícil saber precisamente o que isto quer dizer, mas Clarice deve ter herdado dele algum do seu interesse pelos números. O seu amigo de infância, Leopoldo Nachbin, que recebeu uma instrução a que Pedro não teve acesso e que era reconhecido ao nível internacional como um grande matemático, concordou de bom grado, quando Clarice afirmou que *«a matemática e a física não são resultado apenas de um alto raciocínio: são uma arte tão arte que a comparo a Bach»*[10].

Durante a infância, o interesse de Clarice pelos números era convencional. Tinha uma inclinação pedagógica e ensinava Matemática e Português às crianças vizinhas. *«Matemática me fascinava, me lembro que eu era muito menina quando botei anúncio no jornal como explicadora. Aí, uma senhora me telefonou, disse que tinha dois filhos, me deu o endereço e eu fui lá. Ela olhou para mim e disse: "Ah, meu bem, não serve, você é muito criança." E eu disse: "Olha, vamos fazer o seguinte, se seus filhos não melhorarem de nota, então a senhora não me paga nada." Ela achou curiosa a coisa e me pegou. E eles melhoraram sensivelmente.»*[11] O primo pequeno de Clarice, Anatólio (Tutú) Wainstok, a quem ela ensinou a ler, veio a revelar-se um aluno decepcionante. *«Tutú»*, perguntava-lhe ela, *«como é que você vai aprender se não faz a lição de casa?» «Clarice»*, respondeu ele, *«estou fazendo o favor de te deixar me dar aula. Você queria tanto fazer isso!»*[12] A sua envergonhada professora ficou sem resposta.

Como adulta, no entanto, o interesse de Clarice pela Matemática reflectiu-se na sua preocupação alargada com a abstracção e a sua relação com o divino. Os números místicos, como os nomes ocultos, assumiram um papel importante no seu trabalho. Parte deste interesse era caprichoso, como Olga Borelli, que a acompanhou nos seus últimos anos de vida, atestou:

*«Quando ela me mandava bater à máquina, ela dizia: "Conta sete, dá sete espaços para teu parágrafo, sete. Depois, tente não passar da página 13." Olha a superstição! Quando era um conto, dizia: "Aperta. Dê pouco espaço para não passar da página 13." Ela gostava muito do número 9, do 7, do 5. É uma coisa muito estranha essa em Clarice, mas ela pedia ao editor que não ultrapassasse o número X de páginas, que terminasse o livro naquele ponto. É meio cabalístico, não é? Ela tinha muito disso.»*[13]

Clarice escreveu que o número sete era *«meu número secreto e cabalístico»;* ele é recorrente em toda a sua obra. No seu conto posterior, «Onde Estivestes de Noite», ela descreve uma *«escritora falida»* que pega no seu diário, encadernado com pele vermelha e escreve *«7 de Julho de 1974. Eu, eu, eu, eu, eu, eu, eu!»* — sete vezes.[14] Existem as sete notas a partir das quais podem ser compostas *«todas as músicas que existem e que existiam e que existirão»*[15]*;* e também se verifica a recorrência de *«adições teosóficas»,* números que podem ser adicionados para revelar uma soma mágica. O ano 1978, por exemplo, tem um total final de sete: 1 + 9 + 7 + 8 = 25, e 2 + 5 = 7. *«Eu vos afianço que 1978 é o verdadeiro ano cabalístico, / pois a soma final de suas unidades é sete. / Portanto mandei lustrar os Instantes do tempo, / rebrilhar as estrelas, lavar a lua com leite e o sol com ouro líquido. / Cada ano que se inicia, começo eu a viver.»*[16] Morreria algumas semanas antes do ano cabalístico.

Mas havia muito mais no seu interesse pela numerologia do que jogos supersticiosos. *«Minha paixão pelo âmago dos números, nos quais adivinho o cerne de seu próprio destino rígido e fatal»* era, como as suas meditações sobre o pronome neutro *«it»,* um desejo pela verdade pura, neutra, inclassificável, e que estava além da linguagem, que era a derradeira realidade mística.[17] Nas suas últimas obras, os próprios números simples são fundidos com Deus, agora sem a Matemática que os liga uns aos outros, para lhes conferir um significado sintáctico. Em si mesmos, os números, tal como as pinturas que ela criou no final da vida, eram puras abstracções e, como tal, estavam ligados ao mistério aleatório da própria vida. Na sua obra-prima abstracta e tardia, *Água Viva,* Clarice rejeita o significado que a Matemática de seu pai oferece e elege em vez disso o mero número sem adornos. «*Continuo sem capacidade de raciocínio — já estudei matemática que é a loucura do raciocínio — mas agora quero o plasma — quero me alimentar directo da placenta.*»[18]

Como sempre, a presença silenciosa da mãe é sugerida.

A promissora matemática era precoce em muitos aspectos «*em sentir um ambiente, por exemplo, em apreender a atmosfera íntima de uma pessoa*». Mas, talvez por não ter uma mãe que lhe pudesse ensinar essas coisas, foi também bastante lenta a aprender o «*que os americanos chamam de fatos da vida*». Aos treze anos, escreveu: «*como se só então eu me sentisse madura para receber alguma realidade que me chocasse*», e confidenciou em segredo a uma das suas melhores amigas: «*que eu era ignorante* [sobre os fatos da vida] *e fingira de sabida. Ela mal acreditou, tão bem eu havia antes fingido* [...] *Fiquei paralisada olhando para ela, misturando perplexidade, terror, indignação, inocência mortalmente ferida. Mentalmente eu gaguejava: mas por quê? Mas para quê? O choque foi tão grande — e por uns meses traumatizante — que ali mesmo na esquina jurei alto que nunca iria me casar.*»[19]

Esse choque passou depressa; o que não passou, o grande acontecimento da adolescência de Clarice, foi a sua descoberta da literatura. Na infância, o seu instinto criativo estava sempre presente, desde dar nomes aos lápis e aos azulejos do chuveiro, até compor a peça com três páginas intitulada *Pobre Menina Rica,* a contar as suas histórias milagrosas acerca da mãe. Mas as fantasias de uma menina são uma coisa, e a literatura outra; tal como os números requerem regras para adquirirem um significado humano, também as palavras exigem uma forma de as transformar em literatura. «*Quando eu aprendi a ler e a escrever, eu devorava os livros! Eu pensava que livro é como árvore, é como bicho: coisa que nasce! Não descobria que era um autor! Lá pelas tantas, eu descobri que era um autor! Aí disse: "Eu também quero."*»[20]

No ano a seguir à morte da mãe, a família mudou-se para uma casa um pouco mais abaixo, na Rua Imperatriz. Na porta ao lado, no lugar onde a rua se cruzava com o rio Capibaribe, um imigrante da Bessarábia, Jacob Bernstein, tinha aberto uma livraria que se tornaria uma instituição no Recife, a Livraria Imperatriz, que ainda hoje existe. A livraria, durante muito tempo a melhor da cidade, era um ponto de encontro para a *intelligentsia* local, da qual alguns membros vieram a ser figuras proeminentes em Pernambuco, e no Brasil. O sociólogo Gilberto Freyre foi um deles, o seu famoso estudo *Casa Grande & Senzala* foi posto à venda pela primeira vez na livraria de Bernstein (ainda que Bernstein, apropriadamente, o considerasse de algum modo anti-semita). Através da sua livraria, Jacob Bernstein tornou-se um dos primeiros judeus do Recife a fazer parte da burguesia local.[21]

A filha de Bernstein, Reveca, era da mesma idade que Clarice. Segundo Suzana, a irmã de Reveca, Clarice teve durante muito tempo acesso à livraria e à enorme biblioteca privada dos Bernsteins. Aí, leu autores brasileiros como Machado de Assis e o escritor de histórias infantis Monteiro Lobato, livros que o pai dela não podia comprar. Suzana relembrou que as duas eram muito amigas.

Clarice, contudo, recorda Reveca com menos ternura. «*Ela toda era pura vingança*», escreveu. «*Que talento tinha para a crueldade.*» Um dia, Reveca anunciou casualmente que tinha *As Reinações de Narizinho,* de Monteiro Lobato, «*um livro grosso, meu Deus, era um livro para se ficar vivendo com ele, comendo-o, dormindo-o*». Como Reveca sabia muito bem, Clarice nunca poderia comprar um livro daqueles, por isso disse-lhe que fosse lá a casa no dia seguinte, e que lho emprestaria. Eufórica, Clarice voltou como combinado, «*literalmente correndo*» por ruas do Recife que cheiravam a mofo. Quando lá chegou, Reveca pôs em acção o seu «*plano tranquilo e diabólico*». Com um pesar simulado, disse a Clarice que ainda não tinha o livro, e pediu-lhe que lá voltasse no dia seguinte. No dia a seguir, inventava outra desculpa e dizia-lhe que voltasse um dia depois. «*Quanto tempo? Eu ia diariamente à sua casa, sem faltar um dia sequer. Às vezes ela dizia: Pois o livro esteve comigo ontem de tarde, mas você só veio de manhã, de modo que o emprestei a outra menina.*»

Ao fim de algum tempo, a senhora Bernstein começou a desconfiar e perguntou porque é que a «*menina loura em pé à porta, exausta, ao vento das ruas do Recife*» estava sempre a ir a sua casa. Quando descobriu, ficou horrorizada por perceber o tipo de filha que tinha. «*Mas este livro nunca saiu daqui de casa e você nem quis ler!*», disse ela, perplexa, à filha, ordenando-lhe que o emprestasse imediatamente a Clarice. A senhora Bernstein acrescentou que Clarice podia ficar com o livro o tempo que quisesse.

*«Chegando em casa, não comecei a ler. Fingia que não o tinha, só para depois ter o susto de o ter. Horas depois abri-o, li algumas linhas maravilhosas, fechei-o de novo, fui passear pela casa, adiei ainda mais indo comer pão com manteiga, fingi que não sabia onde guardara o livro, achava-o, abria-o por alguns instantes. Criava as mais falsas dificuldades para aquela coisa clandestina que era a felicidade. A felicidade sempre iria ser clandestina para mim.»*[22]

Em 1933, Clarice Lispector decidiu ser escritora.

*«Quando conscientemente, aos treze anos de idade, tomei posse da vontade de escrever — eu escrevia quando era criança, mas não tomara posse de um destino — quando tomei posse da vontade de escrever, vi-me de repente num vácuo. E nesse vácuo não havia quem pudesse me ajudar.*

*Eu tinha que eu mesma me erguer de um nada, tinha eu mesma que me entender, eu mesma inventar por assim dizer a minha verdade. Comecei, e nem sequer era pelo começo. Os papéis se juntavam um ao outro — o sentido se contradizia, o desespero de não poder era um obstáculo a mais para realmente não poder. A história interminável que então comecei a escrever (com muita influência de* O Lobo das Estepes *de Hermann Hesse), que pena eu não ter conservado: rasguei, desprezando todo um esforço quase sobre-humano de aprendizagem, de autoconhecimento. E tudo era feito em tal segredo. Eu não contava a ninguém, vivia aquela dor sozinha. Uma coisa eu já adivinhava: era preciso tentar escrever sempre, não esperar um momento melhor porque este simplesmente não vinha. Escrever sempre me foi difícil, embora tivesse partido do que se chama vocação. Vocação é diferente de talento. Pode-se ter vocação e não ter talento, isto é, pode-se ser chamado e não saber como ir.»*[23]

Estes primeiros esforços, confidenciou ela, foram uma experiência «*caótica. Intensa. Inteiramente fora da realidade da vida*», e alimentada por uma leitura que ela recordava como sendo a de «*quem tem fome, com avidez; eu lia atabalhoadamente, às vezes, até dois livros por dia*»[24]. Clarice lia os clássicos brasileiros, como Machado de Assis, e tudo o que pudesse encontrar nas prateleiras da biblioteca, onde escolhia os livros pelos títulos. Sempre se recordou de dois livros que lhe deixaram a impressão mais profunda. O primeiro foi *Crime e Castigo,* uma dramatização da falha humana e da salvação mística, que deve ter sido bastante apelativo para alguém que se sentia abandonada por Deus: Dostoiévski também tinha sido um dos autores preferidos do seu pai. O segundo, e talvez mais interessante, foi *O Lobo das Estepes,* de Hermann Hesse, um romance experimental publicado na Alemanha, em 1927. É fácil perceber o motivo pelo qual o livro foi tão atractivo para Clarice, a quem deixou com uma «*verdadeira febre*». Tantos dos seus conceitos ecoam a sua própria experiência que quase parece ter sido escrito propositadamente para influenciar Clarice Lispector. Os livros de Hesse sempre tiveram uma ressonância especial nos adolescentes, para quem a ânsia do amor e a procura do tipo de vida que se deve levar são da maior relevância. *Narciso e Goldmund* (1930), uma alegoria de dois amigos, um é um monge estudioso, o outro, um sensualista apaixonado, descreve dois caminhos que o amor pode empreender; *Siddharta* (1922), a biografia ficcional de Buda, popularizou os conceitos espirituais orientais num mundo que, após a Primeira Guerra Mundial, ficara desiludido com as instituições, incluindo as religiosas.

*O Lobo das Estepes* é um livro sobre a glória da arte e o preço que o artista paga por ela. Tal como muitos dos futuros livros de Clarice, *O Lobo das Estepes* é uma meditação filosófica sustentada por uma história fantástica e de construção livre, a do «lobo das estepes», Harry Haller, um estudioso e artista cujo apelido provém da sua natureza semi-humana, semianimal. Haller é «um animal que vagueava por um mundo que para ele era estranho e incompreensível, que já não conseguia encontrar a sua casa, a sua paixão ou o seu alimento»[25]. O seu «Tratado do Lobo das Estepes», prefaciado com o aviso de que é «Só para Loucos», expõe um projecto de vida para o futuro artista. Haller parece estar a avisar a jovem Clarice de que o caminho da arte, e a independência que este exige, é um caminho terrível. Mas Haller também comenta: «Aqueles que não têm nenhum lobo dentro de si não são, por isso, felizes»[26].

«Existe um número bastante significativo de pessoas do mesmo género de Harry», escreveu Hesse. «Entre os artistas, sobretudo, há muitos que pertencem a essa casta. São pessoas que têm sem si duas almas, duas essências, neles o divino e o diabólico, o sangue materno e o sangue paterno, o dom da felicidade e o dom do sofrimento coexistem e interpenetram-se tão hostil e desordenadamente como o lobo e o homem em Harry.» Essas pessoas estão *«perto do coração selvagem»,* mas também sabem que «o homem talvez não seja apenas um animal medianamente racional, mas antes um filho dos deuses, e destinado à imortalidade»[27].

Assim como as outras produções — literárias, poéticas e cinematográficas — da Alemanha de Weimar, o romance de Hesse assemelha-se mais a uma paisagem de um país de sonhos do que a um romance tradicional. Conta uma história, mas essa história é apenas uma estrutura para a exploração de possibilidades sensoriais e filosóficas. O verdadeiro atractivo de *O Lobo das Estepes,* para uma escritora adolescente como Clarice Lispector, era a liberdade que lhe oferecia de seguir a sua vocação, de descrever a sua vida íntima.

*«A viagem interior me fascinava»,* escreveu Clarice acerca da sua *«germinação»* por Hesse. A possibilidade que Hesse demonstrava, de escrever acerca dessa viagem, foi uma revelação para a rapariga cujas histórias nunca haviam sido simples e que sempre se interessara muito mais pelo processo através do qual a escrita pode alcançar a verdade interior do que pelo mecanismo novelístico do enredo e das personagens. Em *Água Viva,* publicado três anos antes da sua morte, Clarice procurou escrever um livro que fosse como a música ou a escultura; no fragmento póstumo *Um Sopro de Vida, «puro movimento»,* concedeu apenas três frases à narrativa tradicional: *«Rapidamente porque dados e fatos me chateiam. Vejamos, pois: nasceu no Rio de Janeiro, tem 34 anos, um metro e setenta de altura e é bem-nascida, embora filha de pais pobres. Uniu-se a um industrial, etc.»*[28]

Como relembrou mais tarde, não é que não quisesse escrever histórias do tipo *«Era uma vez»,* que os editores da secção infantil do *Diário de Pernambuco* esperavam. A questão era que ela não era capaz. Já adulta, ao recordar essa rejeição, decidiu tentar mais uma vez. «*Desde então, porém, eu havia mudado tanto*» concluiu, «*quem sabe agora já estava pronta para o verdadeiro "era uma vez". Perguntei-me em seguida; e por que não começo? Agora mesmo? Será simples, senti eu. E comecei. No entanto, ao ter escrito a primeira frase, vi imediatamente que ainda me era impossível. Eu havia escrito: "Era uma vez um pássaro, meu Deus."*»[29]

# 10

# VOANDO PARA O RIO

Quando Clarice Lispector tinha quinze anos, um ano depois de descobrir a possibilidade de escrever, o pai fez a sua última mudança. Dessa vez, o destino foi o Rio de Janeiro. Então, como agora, a cidade gozava de uma paisagem natural espectacular, com gigantescas montanhas de granito e quartzo mergulhadas no mar, florestas virgens que começavam mesmo por trás dos modernos edifícios de apartamentos, e vários quilómetros de esplêndidas praias.

Hoje em dia, a cidade está associada a violência e drogas, mas, nessa altura, a cidade encontrava-se no auge da sua fama internacional. Enquanto antes os navios que viajavam para Buenos Aires avisavam que não faziam paragens no Brasil — a mente estrangeira, quando pensava no Brasil, imaginava um lugar cheio de macacos, febre-amarela e cólera —, o Rio transformara-se num dos destinos mais elegantes do globo. Os navios de cruzeiro entravam na baía de Guanabara, descarregando os seus abastados passageiros nos novos hotéis projectados com base nos originais da Riviera francesa, ao estilo de bolos de noiva brancos: o Hotel Glória, perto da baixa, abriu em 1922; o lendário Copacabana Palace abriu um ano mais tarde, numa praia que, na época, ainda ficava fora da cidade.

Os visitantes passavam as noites em lugares elegantes como o Casino da Urca, por baixo do Pão de Açúcar, onde estrelas em ascensão, como Carmen Miranda, cantavam e dançavam até altas horas da madrugada. Os turistas inteligentes programavam as suas visitas de forma a coincidirem com o Carnaval, em Fevereiro, um acontecimento totalmente novo, apesar das suas origens antigas. Como qualquer outra cidade do mundo católico, o Rio sempre tivera um Carnaval quaresmal. Mas sob o controlo atento do governo de Getúlio Vargas, com o seu talento infalível para as relações públicas, o velho festival foi reorganizado, aumentado e largamente promovido no estrangeiro.

Passou a ser uma produção hollywoodesca, e Hollywood estava atenta. Dolores del Rio representou um papel no filme musical de 1933 *Voando para o Rio de Janeiro,* que lançou as carreiras de Fred Astaire e Ginger Rogers, e apresentava danças sobre as asas de aviões. Nesses anos, Orson Welles apanhou um avião para o Rio de Janeiro e Carmen Miranda outro para Hollywood, a partir de uma cidade que ela, mais do que qualquer outra pessoa, tornou sinónimo da dança, das praias e das «garotas» bonitas. São Paulo, com a sua força industrial crescente, rivalizava com o Rio de Janeiro pelo domínio económico, mas dentro do Brasil só existia uma capital inquestionável e, lá fora, aos olhos do mundo, o Brasil era o Rio de Janeiro, e o Rio era o Carnaval.

Ginger e Fred não foram as únicas pessoas a chegar ao Rio. Pedro Lispector fez parte de uma onda de recém-chegados menos glamorosos, os migrantes que se dirigiam para a capital, num fluxo incessante. Vinham de todas as partes do mundo, mas as duas principais correntes tinham origem no Nordeste, a mais pobre e menos desenvolvida parte do Brasil, e de Portugal, um dos mais pobres e menos desenvolvidos países da Europa.

Por volta de 1909, a população do Rio de Janeiro, de cerca de um milhão de pessoas, incluía duzentos mil cidadãos nascidos em Portugal, e esse número não incluía os filhos nascidos no Brasil de pais portugueses, que, se fossem incluídos, teriam, pelo menos, feito duplicar esse número.[1] Entre 1901 e 1950, quase um milhão de cidadãos portugueses chegou ao Brasil[2], uma percentagem enorme de uma população que mal chegava aos seis milhões em 1920 e que representa quase o dobro da população actual de Lisboa. Muitos, se não a maioria, destes imigrantes escolheram o Rio de Janeiro, onde se juntaram à classe média baixa: lojistas, artesãos e pequenos homens de negócios. Dominavam determinadas profissões: os padeiros eram quase sempre portugueses; o pai de Carmen Miranda era barbeiro.

A maioria dos portugueses sabia um ofício com o qual podia ganhar dinheiro. Os nordestinos, pelo contrário, sem instrução e sem qualquer tipo de competências, muitos dos quais tinham sido escravos ou eram filhos de escravos, chegavam a uma cidade que não tinha capacidade para os assimilar. Juntavam-se em bairros degradados, as *favelas*, que começaram a surgir na viragem do século. À medida que o Nordeste ia avançando no seu declínio imparável, ao longo do século XX, cada vez mais recém-chegados se juntavam aos primeiros desafortunados. Mas o Rio não estava a criar novas indústrias, e os recém-chegados não podiam ser absorvidos numa economia que já estava a ser orientada sobretudo para a exportação de produtos agrícolas. Os nordestinos chegavam muitas vezes à conclusão de que tinham trocado a miséria de um lugar pela de outro.

Pedro Lispector tinha mais em comum com os imigrantes portugueses do que com aqueles que eram agora os seus concidadãos nordestinos. Após vários anos de trabalho, a sua actividade no Recife continuava sem prosperar, e ele tinha esperanças de que a capital lhe oferecesse um campo mais vasto para as suas ambições. Alimentava igualmente a esperança de que o Rio de Janeiro, com a sua numerosa comunidade judaica, pudesse permitir-lhe encontrar maridos adequados para as filhas. Elisa tinha agora vinte e quatro anos, Tania vinte, e Clarice quinze. No Recife, com as suas duzentas famílias judaicas, elas tinham presumivelmente analisado a oferta e consideraram-na insatisfatória. No Rio, teriam uma escolha maior.

Clarice nunca descreveu a sua partida do Recife, onde passara toda a sua infância. Recordou o navio inglês que as levou para o Rio, em terceira classe: «*Foi terrivelmente* exciting. *Eu não sabia inglês e escolhia no cardápio o que o meu dedo de criança apontasse. Lembro-me de que uma vez caiu-me feijão-branco cozido, e só. Desapontada, tive que comê-lo, ai de mim. Escolha casual infeliz. Isso acontece.*»[3]

Apesar de poucas vezes lá ter voltado, Clarice falava de Pernambuco com frequência: («*Recife continua firme*»[4]), e juntamente com os seus erres guturais, manteve a pronúncia característica de lá, uma combinação que fez dela uma estranha aparição no Rio. Num breve ensaio elegíaco, Clarice imaginou que estava a espreitar novamente para fora da janela da casa onde passou a infância: «*Este é o rio. Eis a Penitenciária. Eis o relógio. É Recife* [...] *Estou vendo cada vez mais claro: esta é a casa, a minha, a ponte, o rio, a Penitenciária, os blocos quadrados de edifícios, a escadaria deserta de mim.*»[5]

Apenas duas das filhas acompanharam Pedro até ao Rio de Janeiro. Elisa ficou a trabalhar no Recife, reunindo-se à família algumas semanas depois. Pouco tempo após ter chegado, submeteu-se a um exame de um concurso para trabalhar como funcionária pública no Ministério do Trabalho, obtendo a classificação mais alta do país inteiro.

Mas, na altura, não havia vagas no Ministério. Não obstante, pela primeira vez na vida, os Lispectors tinham conhecimentos. Estes surgiram sob a forma do extravagantemente denominado Agamemnon Sérgio de Godoy Magalhães, um político do Recife que estava sentado ao lado do seu amigo João Pessoa quando ele foi abatido a tiro, na Confeitaria Glória. Na sequência da revolução que se seguiu, Magalhães conseguira tornar-se ministro do Trabalho. Antes de chegar a esse alto cargo, tinha sido professor de Geografia no Ginásio Pernambucano, onde Clarice e Tania Lispector se contavam entre as suas alunas.

Tania decidiu ajudar a família, e demonstrou ser uma embaixadora bem escolhida. Com a sua figura cheia e o seu cabelo preto, Tania, de vinte e dois anos, era «*sensual*», recorda um vizinho, «*voluptuosa, como uma cigana*»[6]. Com o seu melhor vestido, dirigiu-se ao ministério, na baixa do Rio. «*Eu expliquei a*

*Agamemnon que Elisa tinha vindo antes, e que ela precisava trabalhar, que precisávamos ajudar nosso pai porque nossa mãe tinha morrido*», recordou Tania. «*Ele se lembrava de mim e de Clarice no Recife e prometeu nos ajudar.*»[7] Com um acenar de cabeça do ministro, Elisa foi contratada pelo ministério, onde passaria o resto da sua vida de trabalho.

Pedro teve alguma dificuldade em acompanhar este início promissor. Ele viera para o Rio para melhorar a sorte da família, mas não tinha muito mais sucesso do que aquele que lhe coubera no Recife. Na nova cidade procurou trabalho no comércio, como representante de vendas, mas teve dificuldade em encontrar um bom emprego. Durante algum tempo, parecia que lhe estava destinado um outro tipo de infelicidade, quando, pela primeira vez desde o desaparecimento de Mania, conheceu uma mulher. Falou-se em casamento, mas a mulher, aparentemente, pensou que ele tivesse dinheiro, e deixou-o quando descobriu que isso não era verdade: mais uma humilhação numa vida que já lhe trouxera tantas.

O salário de Elisa aliviou alguma pressão financeira e, no início de 1938, também Tania conseguiu um emprego na função pública. Em Janeiro desse ano, a esperança de Pedro em encontrar maridos judeus para as filhas deu o seu primeiro e único fruto, quando Tania casou com William Kaufmann, um vendedor de mobílias e decorador da Bessarábia (actual Moldávia), que ficava do lado oposto do rio Dniester em relação à terra natal da família Lispector. Clarice ficou impressionada com a escolha da irmã, que ela considerava parecer uma estrela de cinema.[8] Tania mudou-se da Tijuca, onde Pedro instalara a família, para Catete, do outro lado do centro, onde ela e William encontraram um apartamento, numa rua que confinava com os jardins do Palácio Presidencial.

No interior desse palácio, Getúlio Vargas era agora o governante absoluto do Brasil. Esse desenvolvimento não deve ter feito aumentar o optimismo de Pedro Lispector. No dia 29 de Setembro de 1937, alguns meses antes do casamento de Tania, o

Chefe do Estado-Maior das Forças Armadas convocou uma conferência de imprensa para revelar um «*documento de grande importância*». Os serviços secretos, revelou o general, tinham conseguido interceptar um plano de implementação de um regime comunista no país, com a ajuda do «*ouro de Moscou*». De imediato se ergueu um grito dos sectores habituais — os grandes proprietários de terras, os integralistas e os militares, em conjunto com a atemorizada classe média —, exigindo a defesa da «*Nação e suas tradições*»[9].

Quem estava por trás deste terrível esquema foi tornado claro pelo próprio nome do golpe: Plano Cohen. Na altura em que se tornou evidente que o Plano Cohen, como o nome também sugeria, tinha sido uma grande simulação integralista, já este atingira o seu objectivo. No dia 10 de Novembro, Vargas reagiu ao tumulto cuidadosamente orquestrado, impedindo que a nação caísse em mãos moscovitas. Em nome da «*segurança nacional*», suspendeu todos os direitos políticos, individuais e colectivos; desconvocou as eleições presidenciais; retirou os poderes aos tribunais e à magistratura independente; e ordenou que a polícia militar rodeasse o Congresso.

O nome do novo regime, o Estado Novo, foi tomado de empréstimo a Portugal. Aí, em 1933, com o mesmo nome, António de Oliveira Salazar, que incentivava o povo a tratá-lo por «O escolhido de Deus», instaurara um regime que se tornaria uma das ditaduras mais duradouras do século XX. Havia outras inspirações para o golpe de Vargas, sobretudo a Itália de Mussolini, e a Constituição que santificava a sua tomada do poder passou a ser conhecida por a *polaca*, porque se dizia ter sido elaborada com base na da Polónia.

Porém, a palavra *polaca* tinha conotações diversas. No Rio de Janeiro, «polaca» queria dizer prostituta, e muitas das prostitutas do Rio — tal como as de São Paulo, Montevideu e Buenos Aires — eram, de facto, originárias da Polónia, e judias.[10] Muitas eram órfãs da Grande Guerra, mulheres que não tinham conseguido, como os Lispectors, fugir em segurança para o estrangeiro. Essas raparigas, ou aquelas cujas famílias haviam sido reduzidas à pobreza absoluta, não possuíam qualquer instrução e eram facilmente atraídas para a América do Sul com a promessa de um casamento e de uma vida nova no estrangeiro. «O Homem de Buenos Aires», na história de Scholem Aleichem com o mesmo nome, era um proxeneta, um membro de uma temível máfia judaica conhecida por Zwi Migdal, inicialmente baseada em Buenos Aires e que, quando as coisas começaram a aquecer nessa cidade, se mudou para o Rio de Janeiro. Durante algum tempo, controlavam o negócio da escravatura branca na América do Sul.

A presença judaica neste negócio não tinha, como é evidente, passado despercebida, e a existência de prostitutas judias e de proxenetas judeus era um tema de relevo na lista de queixas dos integralistas contra os judeus. De facto, no dia 7 de Junho de 1937, antes do Plano Cohen e do Estado Novo, foi emitida uma circular secreta que impedia todos os judeus, incluindo os turistas e os homens de negócios, de entrarem no Brasil. Esta medida não era apenas um produto dos integralistas. Reflectia o alargado anti-semitismo que grassava nos escalões mais altos do Ministério das Relações Exteriores, bem como no governo.[11]

Em geral, este anti-semitismo não se traduzia em ataques aos judeus que já viviam no Brasil, ao contrário do que acontecia na Argentina. Como Getúlio Vargas viria a demonstrar, a atitude oficial do Brasil era bastante mais dissimulada. Mesmo as pessoas que na vida pública se mostravam bastante determinadas em aplicar políticas anti-semitas podiam ajudar judeus, a título individual; em parte porque talvez nem sempre lhes ocorresse, num país com uma diminuta população judaica, perguntar-se se as pessoas com quem estavam a lidar eram judias. Um bom exemplo deste comportamento é Agamemnon Magalhães, ministro do Trabalho, que se disponibilizou a ajudar Tania e Elisa Lispector, mesmo quando estava em campanha, no seu ministério, para manter o Brasil encerrado ao número, cada vez maior, de refugiados em fuga da Alemanha nazi.[12]

De qualquer maneira, o Brasil estava longe de ser o único país a recusar refúgio a essas pessoas. Outros grandes países — os Estados Unidos, o Canadá, a Inglaterra, a Argentina, a África do Sul, a Austrália —, assim como um elevado número de países mais pequenos, do Equador à Libéria, fecharam as suas portas aos judeus da Europa. O Brasil autorizou, com alguma resistência, a entrada de alguns — entre 1933 e 1942, quase vinte e cinco mil judeus chegaram ao Brasil —, apesar de o regime de Vargas considerar a imigração judaica indesejável.[13]

Num país sob forte censura, esta má vontade não era publicitada. Não precisava de ser. «*Sobre as dificuldades para a entrada dos judeus no Brasil eu me lembro que se sabia que havia protocolos confidenciais e que havia obstáculos para a entrada de judeus no Brasil*», comentou um judeu do Recife.

> «*Mas, não se dizia que havia algum obstáculo, mas se sentia que havia. Era a época dos campos de concentração* [...] *uma hora alegavam que era porque eram intelectuais e não agricultores. Estava sobrando intelectual no Brasil. Outra hora alegavam que eles não trariam progresso ao país. Então nunca se dizia que judeu não entra. Isso era comentado na comunidade. Na minha casa se falava sobre isso.*»[14]

Os judeus pagaram um preço elevado pela conquista de Vargas do poder absoluto. Houve o preço pago pelos comunistas judeus, como Olga Benário Prestes, a esposa grávida, de vinte e oito anos, do líder comunista brasileiro, que foi deportada para a Alemanha e gaseada. No mesmo ano, 1936, David Wainstok, o primo de Clarice, estudante de Medicina no Recife, viria igualmente a pagar um preço, quando, por suspeita de simpatias comunistas, foi detido e brutalmente torturado no Recife. «Educado numa casa onde o sionismo era o ideal mais nobre, por pais que tinham o sonho de todas as gerações judaicas, o jovem estudante judeu deu um passo mais além dos seus pais, tentando antecipar as profecias judaicas do "final dos dias" e de que "a terra se cobriria de sabedoria"», escreveu o seu pai, Israel Wainstok, no seu livro de memórias, em iídiche, estabelecendo uma ligação explícita entre a educação sionista do seu filho e a sua sede de justiça social. Após a detenção, «uma noite negra desceu sobre a vida da nossa família. Prolongou-se interminavelmente, por tantas noites, semanas e meses»[15]. Cecília, a irmã de David, recorda um clima de terror. A mãe deles, Dora Rabin

Wainstok, enterrara todos os livros questionáveis de David nas traseiras da casa e cobrira-os com cimento, talvez evitando à família mais complicações; a apavorada Cecília, uma menininha, era seguida até à escola por polícias à paisana. Depois de um ano na mesma prisão que Clarice se lembrava de ver da sua janela, do outro lado da ponte que ficava em frente à sua casa, David Wainstok acabou por ser libertado.

No Ginásio Pernambucano, a escola que Tania e Clarice tinham frequentado no Recife, um certo padre Cabral começou a denunciar as raparigas judias por «*seduzir os rapazes cristãos*»[16], e passado pouco tempo, as raparigas judias foram expulsas, uma vez que a escola decidiu concentrar-se exclusivamente na educação de rapazes. Existem opiniões diferentes relativamente ao facto de tal ser uma reacção directa à agitação do padre Cabral. Mas os judeus sentiram que era dirigida a eles; porque a escola estava situada no bairro onde viviam, e porque era gratuita para os alunos que conseguissem passar nos seus rigorosos exames de admissão, era atractiva para uma comunidade pobre que incentivava a educação. As raparigas judias foram obrigadas a sair, apenas um ano depois de os Lispectors deixarem o Recife.

A equiparação de judaísmo ao comunismo era potencialmente tão perigosa para os judeus do Brasil como havia sido para os judeus da Rússia e da Alemanha, ainda que esta não tivesse, evidentemente, tido origem numa observação objectiva dos judeus que realmente faziam parte das fileiras do comunismo. Segundo a fórmula de Gustavo Barroso, o comunismo era sinónimo de capitalismo, que era sinónimo de judaísmo. O Estado Novo tomou medidas fortes no sentido de reprimir os três. Com os comunistas já haviam lidado depois de 1935, e, tal como na Itália de Mussolini e na Argentina de Perón, as indústrias emergentes foram colocadas sob um proteccionismo corporativista que fazia muito pouco para estimular o crescimento da economia.

Num momento de crise judaica mundial, para as pessoas que já tinham sobrevivido aos terríveis massacres que se seguiram à

Primeira Guerra Mundial e à Revolução Russa, qualquer indício de repressão teria sido, no mínimo, desmoralizador. Até Pedro Lispector, por mais baixo que se encontrasse na pirâmide social brasileira, era um alvo nas novas medidas de segurança do Estado Novo. «*Ele era um sionista*», afirmou Tania, «*e arrecadava dinheiro para o Fundo Nacional Judaico. Tínhamos a caixinha em nossa casa, onde sempre que podia ele punha uma moeda para os judeus na Palestina.*»[17]

Este activismo não distinguia, de forma alguma, Pedro Lispector de quaisquer outros judeus, no Brasil ou em qualquer outro lugar; as casas de Pedro Lispector e de Israel Wainstok não eram as únicas em que o «sionismo era o ideal mais nobre». Pouco depois da sua chegada ao Rio, em Março de 1935, Pedro trabalhara na comissão executiva da Federação Sionista, quando esta estava a preparar a sua terceira conferência nacional[18], sem ter noção de que esta ideologia, que não pareceria constituir uma grande ameaça para a segurança nacional do Brasil, não tardaria a ser banida por ser indicativa de lealdade para com um movimento estrangeiro. (É claro que, em 1937, quando a proibição foi implementada, não existia nada que se assemelhasse a um governo sionista.) O *pushke*, a caixa de metal com dez centímetros de altura que Tania recordava, foi declarado «*ilegal e perigoso*»[19]. Até a palavra «*sionismo*» foi banida; um conferencista foi obrigado a referir-se a «uma determinada ideia, bem conhecida de todos, que Herzl ajudou a conceber»[20].

Felizmente para os judeus brasileiros, os integralistas foram longe de mais, desperdiçando a vantagem que tinham obtido, quando Vargas, adoptando uma grande parte da retórica deles, tomou medidas enérgicas contra o Partido Comunista, em 1935, e depois, em 1937, instituiu o Estado Novo. Eles ressentiram-se com a interdição aos partidos políticos por parte de Vargas, que incluía o seu. Plínio Salgado, o seu líder, que sempre considerara Vargas um idiota útil, decidiu que estava na altura de colocar um ditador integralista, ele próprio, no lugar dele.

Na noite de 11 de Maio de 1938, enquanto Salgado aguardava, com toda a elegância e acima dos tumultos, em São Paulo, um batalhão integralista atacou o Palácio de Guanabara, no Rio de Janeiro, enquanto Vargas e a sua família estavam a dormir no seu interior. Por sorte, a sua filha Alzira, futura amiga de Clarice Lispector, e que tinha uma arma consigo, conseguiu fazer alguns telefonemas, reunindo as tropas, que, após longas horas de incerteza para os habitantes do Palácio, controlaram o levantamento, por volta do meio-dia do dia seguinte. Os conspiradores sofreram bastante menos do que os seus rivais comunistas. Salgado foi extraditado para Portugal, para refrear os seus instintos, onde pouco depois Gustavo Barroso se lhe juntou, e a maior parte dos oficiais militares que participou no golpe recebeu uma punição simbólica, ou nenhuma.

Getúlio Vargas não considerou haver motivos para retaliar. Os integralistas, o partido da direita, falharam exactamente da mesma forma que os comunistas, o partido da esquerda, desperdiçaram a sua oportunidade, três anos antes. Foi uma oportunidade de ouro para o ditador se livrar de qualquer oposição significativa, sem ter de manchar as próprias mãos. Ainda que os integralistas, e muitas das suas ideias, voltassem a assombrar o Brasil, a sua ameaça para os judeus fazia, então, parte do passado.

A sede de justiça, o «sonho de todas as gerações judaicas» que conduziu a idealista comunista Olga Benário Prestes à câmara de gás e David Wainstok aos calabouços do Recife, levou Clarice Lispector a seguir um caminho diferente.

Depois de chegar ao Rio de Janeiro, em 1935, passou uma breve temporada numa pequena escola do bairro da Tijuca, antes de, no dia 2 de Março de 1937, ser admitida no curso de preparação para a Faculdade Nacional de Direito do Brasil. Era uma decisão extremamente invulgar para uma mulher — não havia mais do que um punhado de advogadas no país —, assim como para uma aluna com os seus antecedentes. A carreira jurídica era, em todo o Brasil, uma prerrogativa da elite, e nenhuma escola do país era tão prestigiada como a Faculdade de Direito da capital. A rapariga da *shtetl* na Podólia estava prestes a aceder aos escalões mais altos da sociedade brasileira.

A carreira, porém, nunca foi o que motivou Clarice a querer entrar na Faculdade de Direito. O desejo de justiça estava-lhe no sangue. Assistira à horrível morte da sua mãe, e o seu brilhante pai, impossibilitado de estudar, havia sido reduzido a vender retalhos de tecidos de porta em porta. Fora criada no meio da pobreza no Recife, mas também tinha noção de que a sua família, apesar das dificuldades, se encontrava em melhor situação do que muitas outras. «*Em pequena*», escreveu mais tarde, «*minha família por brincadeira chamava-me de "a protetora dos animais". Porque bastava acusarem uma pessoa para eu imediatamente defendê-la. E eu sentia o drama social com tanta intensidade que vivia de coração perplexo diante das grandes injustiças a que são submetidas as chamadas classes menos privilegiadas. Em Recife eu ia aos domingos visitar a casa de nossa empregada nos mocambos. E o que eu via me fazia como me prometer que não deixaria aquilo continuar.*»[21]

A sua defesa dos indefesos era tão fervorosa que as pessoas começaram a dizer que ela iria ser advogada. «*Isso me ficou na cabeça*», escreveu, e «*como não tinha orientação de nenhuma espécie sobre o que estudar, fui estudar advocacia.*»[22] No entanto, o pai opunha-se a essa ideia. Disse a uma das irmãs dela que receava que ela acabasse por pensar demasiado e que perdesse o controlo. «*Evidentemente*», comentou ela numa carta alguns anos mais tarde, «*não foi a faculdade que me deixou assim. Mas agora compreendo tanto o que ele queria dizer.*»[23]

Clarice tinha, porém, um objectivo concreto. «*Minha idéia — veja o absurdo da adolescência! — era estudar advocacia para reformar as penitenciárias*»[24], afirmou. Esta não era uma ideia caída do céu, porque, nessa altura, existia um movimento no Brasil que pretendia reformar as prisões do país. O famoso fruto deste movimento foi a Casa de Detenção de São Paulo, uma instituição-modelo, aberta a visitantes do mundo inteiro.

O antropólogo Claude Lévi-Strauss, que se tornou conhecido no Brasil, visitou-a, bem como o escritor judeu austríaco Stefan Zweig, que lá esteve, em 1936, descobrindo que «a limpeza e higiene exemplares transformavam a prisão numa fábrica de trabalho. Os detidos faziam o pão, preparavam os medicamentos, trabalhavam na clínica e no hospital, plantavam legumes, lavavam as roupas, faziam pinturas e desenhos, e frequentavam aulas»[25].

As autoridades enviavam cada vez mais detidos para o edifício, que rapidamente se transformou na maior prisão da América Latina, famosa, não pelos desenhos dos presos e por estes plantarem produtos hortícolas, mas por uma taxa de violência tão assustadora que a alcunha que lhe deram, *Carandirú,* se tornou um sinónimo de horror. Em 1992, os presos revoltaram-se, num massacre que terminou com duzentos e cinquenta mortos, após o que a prisão-modelo foi finalmente encerrada.

A rapariga loira «*alta, pensativa, rebelde*», com a sua pronúncia estranha e um extraordinário percurso académico, causava uma forte impressão.[26] Na escola onde frequentava aulas extracurriculares de Inglês, uma professora concebeu um exercício especial para saber mais acerca dela, mandando os alunos redigirem um ensaio sobre o tema «*O que você faz durante o dia?*». Quando Clarice entregou um relato banal das suas actividades diárias, a professora, desiludida, comentou: «*Imaginei que você fosse pintora, ou que tocasse piano…*» Alguns anos mais tarde, Clarice voltou a encontrar a professora e mencionou-lhe que o seu primeiro livro tinha sido publicado. «*Mas você fazia literatura?*» exclamou a professora. Isso era o que ela tinha esperanças de descobrir, quando lhes mandou fazer a composição.[27]

Mas Clarice Lispector nunca foi óbvia. Dava hesitantemente os seus primeiros passos como escritora, em segredo, «*criando sua máscara*», como ela dizia, «*e com muita dor. Porque saber que de então em diante se vai passar a representar um papel é uma surpresa amedrontadora. É a liberdade horrível de não ser. E a hora da escolha.*»[28] A escolha já tinha sido feita, apesar de, tanto quanto o mundo exterior sabia, as suas energias estarem direccionadas para a Faculdade de Direito. Submeteu-se ao exame de admissão, em Fevereiro de 1939, obtendo a classificação mais elevada da sua turma de preparação e a quarta entre trezentos candidatos ao nível nacional[29], e preparou-se para entrar na Universidade do Brasil.

*«É que fui uma adolescente confusa e perplexa que tinha uma pergunta muda e intensa: "como é o mundo? e por que esse mundo?" Fui depois aprendendo muita coisa. Mas a pergunta da adolescente continuou muda e insistente.»*[30] Praticamente desde que começou a faculdade soube que não iria encontrar respostas no Direito. A sua máscara já tinha sido escolhida quando lera *O Lobo das Estepes* e decidira tornar-se escritora; um breve período a trabalhar num escritório de advogados veio confirmar que ela não tinha vocação para lidar com papéis.

Nesses dias, porém, nem todos os alunos entravam na Faculdade de Direito para serem advogados; na verdade, eram relativamente poucos os que acabavam por exercer Direito. Era uma formação para jornalistas, políticos, diplomatas e executivos influentes, quase toda a gente que aspirava a desempenhar uma profissão não científica. Isto devia-se, em parte, ao facto de, até ao final do ano em que Clarice nascera, 1920, o gigantesco Brasil não ter uma única universidade. Tinha escolas de Medicina, Direito, Engenharia, etc., mas não dispunha de uma única instituição que oferecesse um conjunto completo de disciplinas. (Pelo contrário, na América espanhola, em Lima, na Cidade do México e em Santo Domingo, havia universidades por volta de meados do século XVI.) A Faculdade de Direito Nacional — instalada no antigo Senado Imperial, do lado oposto a um extenso parque, o Campo de Santana, onde enormes roedores com dentes salientes, denominados cutias, passeavam pelo relvado — era a mais notável instituição de ensino superior do Brasil.

Como tal, estava aberta à influência estrangeira, inclusive ao «*racismo científico*». Muitos dos funcionários do Ministério de Relações Exteriores que impediram os refugiados judeus de entrarem no Brasil tinham saído desta escola, com mentes formadas por escritores como Arthur de Gobineau, que chegou ao Rio numa missão diplomática, em 1870, e que detestou praticamente todos os aspectos do país, com a única excepção do seu loiro imperador de Habsburgo, D. Pedro II. As afirmações de Gobineau, de que apenas grandes doses de sangue europeu poderiam fortificar a lamentavelmente escura população do Brasil, encontraram uma audiência aprovadora no seio da escola. Outras afirmações relacionadas com essa, de outros autores, incluindo as do protonazi Houston Stewart Chamberlain, também aí foram acolhidas com simpatia, juntamente com a noção de um estado centralizado e forte que era tão cara, tanto aos integralistas como a Getúlio Vargas. «As raízes intelectuais do integralismo não eram populares», escreve um académico. «Pelo contrário, tiveram origem nas prestigiadas faculdades de Direito do Brasil, onde os integralistas, como muitos diplomatas encarregados de elaborar e de aplicar a política de imigração, frequentemente ligavam o comunismo às "finanças judaicas internacionais" nos seus manifestos.»[31]

Na escola, um dos principais defensores da fortificação racial, Francisco José Oliveira Vianna, era, ele próprio, um mulato.[32] No entanto, o facto de a ideologia ser absurda não significa que não tivesse tido consequências, dentro ou fora do país. Mas, por outro lado, cada vez mais pessoas condenavam as afinidades da ditadura com a das Potências do Eixo — cada vez mais condenavam a própria ditadura.

A política não foi o motivo pelo qual Clarice Lispector nunca se interessou muito pela Faculdade de Direito. As suas notas, que na escola secundária sempre tinham sido fantásticas, eram mais respeitáveis do que excepcionais e, no dia 17 de Dezembro de 1943, ela nem se deu ao trabalho de ir assistir à cerimónia de formatura.

Clarice seguiu em frente, praticamente antes de começar. Durante o seu primeiro ano na universidade, descobrira uma saída para a sua verdadeira vocação e, no dia 25 de Maio de 1940, publicou o seu primeiro conto, «O Triunfo», na revista *Pan*. Tratava-se de uma revista de um género que, na época, era popular no Brasil, uma publicação periódica de interesse geral que traduzia e publicava todo o tipo de notícias, ensaios, histórias, e reportagens de publicações estrangeiras, juntamente com contribuições de escritores brasileiros. Desde a sua primeira edição, no final de 1935, a sua orientação política mudara com a do país. Nessa edição, a *Pan* era abertamente pró-fascista. Benito Mussolini era *«o homem da edição»*, *«a personalidade universal mais vigorosa deste século»* e, no meio da carnificina em que se transformara a Guerra da Etiópia, a contracapa apresentava uma banda desenhada que mostrava *«o heróico cruzado, tão civilizado pelo fascismo, atacando a barbárie africana, para libertar, desinteressadamente, a linda escrava negra»*[33].

Na altura em que Clarice viu a sua história publicada, essa orientação já era uma coisa do passado, como de facto acontecera com a maior parte da imprensa brasileira, fortemente censurada desde o início do Estado Novo. As preocupações de Clarice estavam mais próximas de casa. Suficientemente apropriado para um primeiro conto, «O Triunfo» fala de um escritor principiante e das suas frustrações, do ponto de vista da mulher que amava: *«Disse que precisava de condições próprias para produzir, para continuar seu romance, ceifado logo de início por uma incapacidade absoluta de se concentrar. Fora embora para onde encontrasse o "ambiente".»* Sacrificou a namorada no altar da literatura, ainda que ela se recorde de o ouvir dizer: *«os largos ombros amados estremecendo num riso, que tudo não passava de uma brincadeira, de uma experiência para inserir na página do livro»*.

O breve conto inclui floreados verbais inesperados *(«os largos ombros amados estremecendo num riso»)* que se tornariam característicos de Clarice Lispector. E já incluía uma dúvida acerca do papel da literatura na vida. Clarice troça do drama sentimental em que o escritor transforma os seus pequenos problemas. Ao mesmo tempo, simpatiza com o tormento dele, como quando Luísa, a namorada, encontra um bilhete que o escritor deixou ficar: *«"Não consigo escrever. Com estas palavras arranho uma chaga. Minha mediocridade está tão..." Luísa interrompe a leitura. O que ela sempre sentira, vagamente apenas: mediocridade.»*[34] Nestas linhas, o receio que a jovem escritora tem da sua própria mediocridade torna-se evidente, um medo de falhar que desmente o triunfo do título. Isso acontece quando Luísa entra nua no banho, experimenta a sensação da água a escorrer-lhe pelo corpo sob o sol quente da manhã, e se apercebe subitamente de que ele voltará para ela. Ela — o animal, o corpo, a mulher — era mais forte do que as dúvidas dele. A vida triunfa sobre a literatura.

É um bom desempenho para uma rapariga de dezanove anos, como Pedro Lispector deve ter pressentido, orgulhoso por a sua filha mais nova ter tido um conto publicado numa proeminente revista nacional. Mesmo que ele, como a maioria dos pais, atribuísse um valor exagerado aos trabalhos das suas filhas, não pode ter sabido que estava a testemunhar o começo de uma das mais extraordinárias carreiras da literatura do século XX. Talvez esse orgulho fosse uma pequena compensação pelo medo e depressão que sentia pelo avanço de Adolf Hitler no seu continente natal, um avanço que, em meados do ano de 1940, parecia imparável. Quando a Rússia foi invadida, Pedro procurou obter notícias dos seus familiares através da Cruz Vermelha. Mas nada conseguiu saber.

Apesar de uma vida cheia de contrariedades, *«como inúmeras vezes cerrou-se o seu coração no decorrer dos anos de mágoas, de lutas improfícuas e inglórias»*, Pedro Lispector não tinha desistido. Adorava a leitura e a música. *«Muitas vezes entrava em casa radiante: comprei entradas para assistirmos o concerto de Yehudi Menuhin. Ou era Brailowski, ou Arthur Rubinstein. Era sempre dele que partia a iniciativa para irmos ao teatro ouvir boa música* [...] *Tornou-se o pai ativista convicto: trabalhava para o Keren Kayemet, o Keren Haissod, contribuía para auxiliar os refugiados de guerra.»*[35]

Estas eram pequenas compensações, numa vida que era uma batalha constante.

> «[...] *jamais sabendo o que era passar um dia despreocupado, sem ter de trabalhar, sem ter de poupar. Simplesmente não tendo que pensar no dia de vencimento de uma promissória. Porque a verdade é que o papai jamais teve tino comercial, e se nos atribuíam foros de riqueza, era isso devido tão somente à firmeza de caráter do pai. Acontecesse o que acontecesse, papai resgatava as duplicatas sempre em dia. E se possível, na véspera de seu vencimento, o que representava para ele uma vitória.»*[36]

Tal como Clarice, também Elisa estava a começar a publicar o seu trabalho. Mostrou um conto ao pai, que, depois de o ler, se sentou a reflectir.

*«"Vou lhe sugerir um tema. Escreva sobre um homem que se perdeu, um homem que perdeu o caminho."*

*Permaneceu um bocado de tempo calado, depois retirou-se para o seu quarto. Nada mais acrescentou. E eu fiquei a imaginar o que o teria feito sentir-se como um náufrago. Em que ponto de suas dúvidas ele se havia extraviado, ao oscilar entre dois mundos, perdido entre várias culturas?*

*Pois tinha o pai àquele tempo seus cinquenta anos, e nada havia construído: Todas as aspirações mais fundas haviam permanecido irrealizadas.*»[37]

Em segredo, Elisa começou a reunir notas para escrever um livro com base na sugestão do pai.

Em Agosto, Pedro sofreu um ligeiro problema de saúde que o obrigou a consultar um médico. Ficou a saber que a sua vesícula teria de ser extraída, uma cirurgia simples, que foi marcada para o dia 23 de Agosto de 1940. No Brasil dos anos 40, qualquer cirurgia era arriscada, mas as filhas não consideraram que houvesse motivos para alarme. No entanto, Pedro voltou da clínica com bastantes dores, morrendo três dias depois. Após uma vida que incluíra a pobreza e o exílio, o martírio da sua adorada mulher, e a luta incessante para criar e fixar as suas filhas num país totalmente estranho, morreu aos cinquenta e cinco anos.

«*Vou usar uma palavra muito forte*» afirmou a sua filha Tania. Uma pessoa de grande refinamento e discrição, Tania não usava palavras impróprias, por isso foi ainda mais surpreendente ouvi-la dizer que o pai tinha sido assassinado. «*Era uma operação de rotina*», disse, o seu sofrimento e perplexidade ainda audíveis passados sessenta anos. «*E então, depois que ele morreu, fomos à clínica tentar falar com os médicos. Eles não nos receberam, não nos deram nenhuma resposta.*»[38]

Foi uma derrota final numa vida que conhecera pouco de diferente, a derradeira humilhação para o brilhante rapaz judeu das florestas do interior da Ucrânia, que sonhava estudar Matemática e Religião e que, em vez disso, foi forçado a um exílio distante, viu a mulher ser condenada a uma extinção lenta, e a sua própria luta incessante por uma vida melhor nunca ser gratificada. Se tivesse vivido um pouco mais, teria assistido à súbita e inesperada fama da sua bonita filha mais nova e ao nascimento do Estado judaico com que sonhara. Ao invés, a sua morte não foi considerada suficientemente importante para merecer uma explicação por parte dos médicos que a provocaram.

Alguns anos mais tarde, Clarice escreveu a uma amiga: «*Uma vez ele disse: se eu escrevesse, escreveria um livro sobre um homem que viu que se tinha perdido. Não posso pensar nisso sem que sinta uma dor física insuportável.*»[39]

Mais uma vez, Tania assumiu as funções parentais. Insistiu que as recém-órfãs Elisa e Clarice fossem viver com ela e com William, apesar de o apartamento deles, do lado da rua oposto aos jardins do Palácio do Catete, ser tão pequeno que Elisa tinha de dormir na sala de estar e Clarice no minúsculo quarto da empregada. Aí, ela passava a maior parte do tempo a estudar e a escrever, e além dos seus estudos de Direito, começou também a trabalhar como jornalista.

Nesses dias, poucas mulheres brasileiras, à excepção da ocasional dama de sociedade, trabalhavam para os jornais. No entanto, as poucas que o faziam tinham bastante qualidade, incluindo a poetisa Cecília Meireles, que tinha trabalhado para o *Diário de Notícias*, nos anos 1930, e a romancista Rachel de Queiroz, que na década seguinte viria a trabalhar para o *Cruzeiro*.[40] Uma mulher na sala de redacção era um fenómeno invulgar e requeria uma certa adaptação; os seus colegas, com vergonha de usar linguagem obscena diante de uma mulher, como alternativa, tiveram de recorrer aos murros na mesa.[41]

A integração de Clarice nesse mundo aconteceu devido a uma das únicas três pessoas de fora de Itália que verdadeiramente compreendiam o fascismo: isto, segundo uma autoridade que não era nada mais nada menos que Benito Mussolini.[42] O todo-poderoso Lourival Fontes era a eminência parda de Getúlio Vargas, responsável pelo Departamento de Imprensa e Propaganda, o órgão que, através da «*sedução, suborno e coerção*», controlava a imprensa brasileira. Ajudou alguns refugiados judeus, incluindo Stefan Zweig, o filólogo húngaro Paulo Rónai, e o editor francês Max Fischer, ao mesmo tempo que mandava encerrar jornais judaicos.

A partir do Palácio Tiradentes, um grande edifício neoclássico no centro do Rio de Janeiro, que, até 1937, albergara o então extinto Congresso, Lourival Fontes reinava sobre a imprensa brasileira. Com o seu gabinete ornamentado por um gigantesco retrato de Vargas — a sua função era provar que Getúlio «*não cagava nem mijava*»[43] —, o bem-falante Fontes conseguiu tornar a censura oficial quase redundante; com a eliminação dos comunistas e dos integralistas, a maior parte da imprensa, de qualquer forma, concordava com o governo, e quando não concordava, era muito fácil dificultar o acesso ao papel de impressão ou impedir que obtivesse financiamento público. «*Viver do talento literário ou jornalístico era quase impossível, a não ser que você trabalhasse para Lourival Fontes.*»[44]

O Departamento de Imprensa e Propaganda era a única voz autorizada do país. A ditadura tinha-se apoderado da Rádio Nacional (a mais poderosa do Brasil), do jornal vespertino *A Noite,* da agência noticiosa Agência Nacional, e de uma série de revistas, incluindo a *Vamos Lêr!*, «*uma revista para a sua época, uma publicação para o homem da era dinâmica e trepidante dos zepelins, dos "recordes" fantásticos de velocidade, dos "arranha-céus" e da televisão*»[45]. Provavelmente, foi na *Vamos Lêr!* que Clarice captou a atenção de Lourival Fontes. Tal como acontecera com Tania, quando convenceu Agamemnon Magalhães a contratar Elisa, Clarice entrou a passos largos no gabinete do secretário de Fontes, Raymundo Magalhães Júnior.

> «*Eu ia com uma timidez enorme, mas uma timidez de ousada*», admitiu. «*Eu sou tímida e ousada ao mesmo tempo. Chegava lá nas revistas e dizia: "Eu tenho um conto, você não quer publicar?" Aí me lembro que uma vez foi o Raymundo de Magalhães Jr. que olhou, leu um pedaço, olhou para mim e disse: "Você copiou isto de quem?" Eu disse: "De ninguém, é meu." Ele disse: "Então vou publicar."*»[46]

Esse conto era, com toda a probabilidade, «Eu e Jimmy», que foi publicado na *Vamos Lêr!* do dia 10 de Outubro de 1940. Clarice Lispector é, por vezes, considerada uma escritora feminista, mas escreveu poucos contos tão abertos como esse. «*Que podia eu fazer, afinal?*» pergunta a protagonista. «*Desde pequena tinha visto e sentido a predominância das idéias dos homens sobre as das mulheres. Mamãe antes de casar, segundo tia Emília, era um foguete, uma ruiva tempestuosa, com pensamentos próprios sobre liberdade e igualdade das mulheres. Mas veio papai, muito sério e alto, com pensamentos próprios também, sobre... liberdade e igualdade das mulheres*», escreveu, com uma estridência política invulgar e alguma inépcia verbal. Outros temas voltam a surgir: quando a narradora abandona o namorado, Jimmy, pensa: «*Ora, arranje-se! Nós somos simples animais* [...] *Não achei que esse fosse um argumento mas consolei-me um pouco. Dormi meio triste. Mas acordei feliz, puramente animal.*»[47]

Talvez tenha sido a publicação desse conto que incentivou Clarice a abordar o chefe de Magalhães. Lourival Fontes pode ter sido um propagandista fascista, mas era igualmente um homem culto, com um fraco por belas mulheres que se dedicavam à literatura. No mesmo ano em que contratou Clarice Lispector, casou-se com a poetisa Adalgisa Nery. Mesmo assim, era necessária alguma coragem para bater à sua porta. «*Naqueles dias*», comentou Tania, «*você não fazia* nada *se não tivesse relações. Ninguém simplesmente aparecia e pedia um emprego. Era tudo por intermédio de um primo ou de um cunhado. Mas Clarice foi. Ele gostou dela e a contratou.*»[48]

Fontes pô-la a trabalhar na Agência Nacional, o serviço noticioso nacional, que distribuía notícias laudatórias aos jornais e estações de rádio do Brasil inteiro. Inicialmente, deveria ir trabalhar como tradutora, mas já havia tradutores suficientes, por isso foi-lhe atribuído um trabalho como editora e repórter, a única mulher com um emprego nessa área, naquela época. E talvez fosse a única pessoa que verdadeiramente trabalhava: o entusiasmo dela contrastava com a atmosfera indolente da sala de redacção. Afinal, a função deles não era descobrir notícias, mas embelezar artigos de outros jornais, fazendo-os parecer oficiais, antes de voltarem a ser distribuídos a outros pontos de venda.[49]

Era um grupo jovem, e o seu amigo Francisco de Assis Barbosa, na altura com vinte e oito anos, recorda a impressão que ela causou: «*Um ser maravilhoso. Bonita, atraente, mas sem nenhuma sofisticação. Vestia-se sempre de branco. Uma blusa e uma saia. Um cinto de couro. Nada mais. Sapato baixo, talvez uma sandália. Cabelos castanhos. Ah, sim, longos cabelos sobre os ombros. Falava com suavidade. Um leve sotaque estrangeiro, denunciando a origem judia. Ria muito. Gostava da vida. Estava de bem com a vida. Estava pronta para viver.*»[50]

11

# DEUS AGITA AS ÁGUAS

Entre os entediados colaboradores da Agência Nacional encontrava-se Lúcio Cardoso, um jovem de vinte e seis anos, de uma pequena cidade, que já era aclamado como um dos mais talentosos escritores da sua geração. O seu pai, Joaquim Lúcio Cardoso, tinha estudado Engenharia, mas abandonara a universidade sem concluir o curso, devido à morte do seu próprio pai. Em seguida, dirigiu-se para o interior, para o estado de Minas Gerais, onde viveu um período de grande prosperidade, chegando a acumular oito mil cabeças de gado, para acabar coberto de dívidas e ter de entregar toda a sua fortuna a um proprietário de uma fábrica têxtil. Depois da morte da mulher, criou, tal como Pedro Lispector em Maceió, uma fábrica de sabão. Mas a sua personalidade volátil trouxe-lhe complicações com os comerciantes locais, que boicotaram os seus produtos. Os seus empreendimentos falharam, Joaquim e a sua segunda mulher, Dona Nhanhá, criaram seis filhos numa pobreza relativa.[1]

A cidade de Curvelo, onde viviam, era típica do interior de Minas Gerais, um estado que se dizia imprimir uma determinada maneira de ser nos seus habitantes, cuja personalidade ocupa um lugar de destaque na mitologia brasileira. Os *mineiros*, segundo o estereótipo, são avarentos, desconfiados e religiosos; conta-se que as mesas de Minas têm gavetas embutidas, para eles poderem esconder mais depressa a sua comida, assim que chega um visitante. É um lugar onde uma dicção rebuscada desempenha um papel importante para a linguagem local. Ninguém em Minas é louco, o eufemismo preferido é «*sistemático*». Existe um tabu contra descrições explícitas de procedimentos médicos. «*Abriram ele, e fecharam de novo*» é o máximo que se pode admitir em relação a uma cirurgia. Um *mineiro*, acima de tudo, não chama as atenções para si próprio. Um nativo, de regresso a casa vindo de São Paulo, recorda a sua perplexidade por ser alvo de olhares de espanto. Por fim, percebeu que trazia uma camisa vermelha vestida.[2]

Isso aconteceu na capital, Belo Horizonte, uma das maiores e mais modernas cidades do Brasil, em 1960. Supostamente, quatro décadas antes, na desconhecida povoação de Curvelo, era ainda mais fácil causar um escândalo. E ninguém o fazia tão bem como o filho mais novo de Joaquim e Nhanhá Cardoso, Lúcio, que se recusava a ir à escola, vivia obcecado com estrelas de cinema, e brincava com bonecas. Este último aspecto, em particular, exasperava o pai, que discutia com a mulher por causa disso. «*Você é culpada*», dizia ele, «*você e a comadre criam esse menino na barra da saia, como se fosse mulher, e o resultado é o maricas que se vê. Onde já se viu um menino brincar de boneca? Por que não gosta dos brinquedos dos outros rapazes? É um menino medroso e vai acabar não dando cousa que preste.*»[3]

Era impossível obrigá-lo a ir à escola, mas Lúcio era curioso em relação a tudo, e a irmã mais velha, Maria Helena, que se tornou a melhor cronista da vida dele, orientava-o nas leituras. Leu muitos dos mesmos autores que Clarice lera enquanto menina, uma mistura que ia de Dostoiévski às novelas românticas publicadas por capítulos nos jornais, que Lúcio e Maria Helena seguiam avidamente.[4] A família mudou-se para o Rio de Janeiro, e Lúcio foi mandado para um colégio interno, onde, como seria de prever, era muito infeliz, acabando por ir trabalhar numa companhia de seguros, A Equitativa, gerida pelo tio. «*Fui sempre um péssimo funcionário*», disse ele. «*Vivia fazendo versos.*»[5]

Mas finalmente era livre e encontrava-se na capital, tinha vinte e dois anos, quando, em 1934, com a ajuda de um industrial e poeta católico, Augusto Frederico Schmidt, publicou o seu primeiro romance, *Maleita*. Na altura em que publicou o seu terceiro romance, *A Luz no Subsolo,* dois anos depois, tinha captado a atenção do mais importante árbitro cultural do Brasil, Mário de Andrade, que lhe enviou uma carta calorosa de São Paulo. «*Artisticamente me pareceu ruim*», disparou Andrade. «*Socialmente me pareceu detestável. Mas compreendi perfeitamente a sua finalidade (no livro) de repor o espiritual dentro da materialística literatura de romance que estamos fazendo agora no Brasil. Deus voltou a se mover sobre a face das águas. Enfim.*»[6]

Desde 1826, quando a primeira História da Literatura Brasileira foi publicada, a maior parte dos escritores brasileiros seguira os conselhos do historiador pioneiro que insistira que o país tinha de «permanecer independente, e de procurar seu único guia na observação [...] livre tanto na sua poesia como no seu governo».[7] O facto de o historiador ser francês e de o livro ter sido publicado em Paris conferia uma autoridade ainda maior aos seus conselhos no sentido de que a Europa fosse ignorada. «*Quem examina a atual literatura brasileira reconhece-lhe logo, como primeiro traço, certo instinto de nacionalidade*», escreveu Machado de Assis em 1873. «*Poesia, romance, todas as formas literárias do pensamento buscam vestir-se com as cores do país.*»[8]

O resultado foi que a literatura brasileira era sobretudo uma literatura sobre o Brasil e, apenas a um nível mais reduzido, uma literatura escrita por brasileiros. Era local, regional e patriótica, composta por brasileiros tímidos que se dedicavam a criar, ou a criticar uma determinada imagem do Brasil. Celebravam as especificidades do país — a sua beleza natural, a sua história, a sua cultura popular, a herança dos índios e dos africanos, e denunciavam os problemas sociais do país, a sua pobreza, a sua injustiça, a sua incapacidade de estar à altura do seu potencial aparentemente ilimitado. A maior parte das vezes faziam as duas coisas.

Neste aspecto, a literatura brasileira assemelha-se à russa. Ambos são países colossais que fazem parte do mundo ocidental e que, de uma forma significativa, se encontram fora dele. Usaram a literatura para transpor os fossos, aparentemente intransponíveis, impostos pela sua história e geografia. As suas regiões estendem-se por distâncias enormes; a vida das suas cidades modernas é, muitas vezes, inimaginável nas respectivas zonas rurais do interior; as suas classes mais altas não conseguem imaginar, a não ser através da literatura, as vidas das suas gigantescas classes inferiores. E as suas elites, apesar da sua preocupação com a «autenticidade» nacional, permaneceram longos períodos sob a influência da França, que conferia a uma grande parte da sua literatura, mesmo à mais nacionalista, um toque derivado do colonialismo.

No século XX, a tendência continuou com força, mesmo apesar da revolução conhecida por «22», a Semana de Arte Moderna de São Paulo, em 1922. Ainda que só publicado em 1928, o romance paradigmático da «22» foi *Macunaíma* de Mário de Andrade, uma reciclagem irónica de muitos dos velhos clichés nacionais: o próprio Macunaíma é um índio que visita a grande cidade de São Paulo, e a preocupação de Mário de Andrade em emancipar a língua nacional em relação à sua bagagem colonial portuguesa também é característica. Embora o subtítulo do romance *O herói sem nenhum caráter* também pretenda ser satírico, não deixa de inserir a obra na tradição ideológica da literatura brasileira, na qual as pessoas não são apresentadas como sendo totalmente humanas, mas com o objectivo de expor, ou de criticar, uma ou outra posição ideológica. Noutros textos, Mário de Andrade definiu o seu objectivo como *«fazer o brasileiro cem por cento brasileiro, nacionalizar uma nação que ainda tanto carece de características nacionais»*[9]. É uma afirmação surpreendente de um homem que conhecia melhor do que ninguém o número de características nacionais que o Brasil tinha; foi um dos primeiros coleccionadores de arte brasileira e dedicou vários anos a catalogar as tradições musicais do país.

A ânsia de *«nacionalizar a nação»* encontrou ouvintes simpatizantes, tanto no comunismo como no fascismo, que incentivavam os artistas a olhar para a *«realidade nacional»*. Os escritores que eram influenciados pelos comunistas tinham tendência a usar a sua ficção para denunciar a opressão de classe, e a apresentar as queixas dos trabalhadores brasileiros oprimidos na cidade e, sobretudo, nas zonas rurais. Os escritores influenciados pelo fascismo também descobriram, mais uma vez, sobretudo nas zonas rurais, os valores *völkische* das gentes comuns do campo. Isto contrastava, é evidente, com o «comercialismo» das cidades estrangeiras.

O Nordeste, onde Clarice Lispector cresceu e onde os contrastes sociais do Brasil eram mais flagrantes, foi um dos palcos preferidos. Nos anos que se seguiram a 1922, assistiu-se a um florescimento dos romances cujos temas estavam relacionados com essa região, a «*usar uma linguagem brasileira numa realidade brasileira*», como Clarice escreveu, numa das suas raras incursões na crítica literária. «*Isso tudo era ainda o resultado de 1922* [...] *Temos fome de saber de nós, e grande urgência, porque estamos precisando de nós mesmos, mais do que dos outros.*»[10]

No entanto, a procura deste conhecimento dava normalmente origem a livros áridos. Ao usar a ficção como veículo para a descoberta de algumas verdades gerais sobre alguns aspectos do Brasil, os escritores sacrificavam o detalhe em prol da ideia geral, da *grande ligne*. Era um resultado inevitável dessa tarefa. Tal como na Alemanha, onde os intelectuais urbanos percorriam colinas e vales, à procura de um qualquer lugar imaginário mais «*real*» do que Munique ou Hamburgo; tal como na Argentina e no Uruguai, onde a poesia nacional gaúcha afinal era escrita não por gaúchos, mas, segundo as palavras de Borges, por «pessoas instruídas, cavalheiros de Buenos Aires ou de Montevideu», a tentativa de «libertar» o Brasil era liderada por pessoas instruídas e urbanas que decidiam o que queriam encontrar antes de saírem para procurar. Era o Brasil visto do avesso, e o resultado previsível do foco na realidade foi um país tão imaginário como as produções românticas que o precederam.

Acima de tudo, esta literatura era mais materialista do que espiritual, motivo pelo qual, apesar das suas reservas acerca das qualidades artísticas e sociais da obra, Mário de Andrade acolheu *A Luz no Subsolo* de Lúcio Cardoso.

Deus tinha, realmente, voltado para agitar as águas. Mas Lúcio Cardoso não foi o primeiro escritor devoto a aparecer nos anos que se seguiram a 1922. Um outro foi Augusto Frederico Schmidt, o primeiro editor de Lúcio Cardoso, que, em 1928, aos vinte e dois anos, publicou a sua própria colectânea de poemas intitulada *Canto do Brasileiro Augusto Frederico Schmidt*. Na primeira página, o poeta punha de parte a afirmação da nacionalidade contida no título:

> *«Não quero mais amor.*
> *nem mais quero cantar a minha terra.*
> *Me perco neste mundo.*
> *Não quero mais o Brasil*
> *Não quero mais geografia*
> *nem pitoresco.»*

Nesses tempos, Schmidt geria uma revista católica denominada *A Ordem*, que atraía escritores que se tornariam associados, como o próprio Schmidt, da *«escola introspectiva»*. Tratava-se de um grupo livre de escritores cujas preocupações eram menos sociais e nacionais do que interiores e espirituais. Entre eles incluía-se Vinicius de Moraes, que mais tarde se tornaria famoso como o poeta boémio que se casou nove vezes e que se tornou um dos primeiros defensores da bossa-nova; a respeitada poetisa Cecília Meireles; o romancista aristocrata Octavio de Faria, cuja enorme colecção de treze volumes *Tragédia Burguesa* é uma das mais famosas obras não lidas da literatura brasileira; e o meio cego Cornélio Penna, cujo romance *Fronteira* foi publicado em 1936, o mesmo ano em que saiu *A Luz no Subsolo*. A propósito deste livro, Tristão de Athayde, um crítico notável, escreveu: *«Tudo se passa na fronteira entre o sonho e a realidade, entre o passado e o presente, entre o natural e o pré-natural, entre a lucidez e a loucura.»*[11] A descrição também podia ser adequada para os livros de Lúcio Cardoso, cuja primeira obra foi publicada por Schmidt — ou, nesse âmbito, aos de Hermann Hesse.[12] A fé católica de muitos destes escritores levou alguns a associarem-se, normalmente de forma temporária, ao integralismo e a defenderem determinadas propostas reaccionárias, como a militância de Vinicius de Moraes a favor do cinema mudo.

Mas o catolicismo desempenhou um papel diferente nas obras dos homossexuais existentes entre eles, inclusive nas de Mário de Andrade, Octavio de Faria, Cornélio Penna e Lúcio Cardoso. Para essas pessoas, a Igreja era um refúgio natural. Não só porque, no Brasil, como em todos os outros lugares, a Igreja estava a abarrotar de homossexuais, mas por causa da redenção que ela prometia àqueles que se sentiam atormentados pela consciência do pecado. Essas pessoas não encaravam a arte como uma forma de abordarem as questões sociais, de purificarem a língua nacional, nem de afirmarem a proeminência de um partido político em relação a outro. A sua missão era muito mais urgente; procuravam ser salvas por intermédio da arte. Escrever, para elas, era um exercício espiritual, e não intelectual.

Era o que Clarice Lispector, «*culpada nata, aquela que nascera com o pecado mortal*»[13], tinha em comum com Lúcio Cardoso. «A beleza era uma qualidade, não uma forma; um conteúdo, não uma disposição», afirmou um escritor, a propósito da visão do mundo dos judeus pobres da Europa Oriental. Quando escreveu que os «judeus teriam ficado profundamente perplexos perante a ideia de que a estética e a moral são reinos distintos»[14], poderia estar a referir-se igualmente às obras de Lúcio Cardoso e de outros homossexuais católicos, cujo trabalho delirante era, em grande parte, uma missão urgente para salvar as almas que acreditavam estarem irrevogavelmente condenadas.

Este era também o objectivo de Clarice Lispector e de muitos outros escritores judeus, postos perante o silêncio de um Deus que, apesar das suas orações fervorosas, se afastava incessantemente deles. Ambos eram rejeitados, e ambos estavam sequiosos pela redenção que desesperavam por encontrar. Não é de admirar que Clarice Lispector se tenha apaixonado perdidamente por Lúcio Cardoso.

Não foi a única. Muitas pessoas se apaixonavam por Lúcio, relembra uma amiga.[15]

Lúcio Cardoso era extraordinariamente bonito, de uma inteligência brilhante, e uma criatividade sem fim. «*O Lúcio jorrava!*», comenta outra. Sentava-se em cafés, a escrever uma página atrás da outra, arrancando uma folha da máquina de escrever e começando outra de imediato.[16] Concluiu o seu romance *Inácio* em apenas quatro dias.[17] «*Que talento verbal, meu Deus, Lúcio Cardoso*», recordou um outro amigo. «*E que capacidade de trabalho. Apesar da vida noturna e boémia. Levantava-se cedo e escrevia, escrevia, escrevia. O que dele está publicado não é nem a metade do que produziu.*»[18]

Lúcio Cardoso era um escritor natural, um conversador natural e um sedutor natural. No seu primeiro encontro com Luiz Carlos Lacerda, um adolescente que, mais tarde, veio a ser um célebre realizador de cinema, escrevinhou um poema para ele e depois levou-o para o seu apartamento. Lacerda, jovem e ingénuo, presumiu que viveriam felizes para sempre. Alguns dias depois, ficou devastado quando passou pelo apartamento de Lúcio, em Ipanema, viu a luz acesa, tocou à campainha, e ninguém atendeu. Depois de esperar algum tempo, viu outro rapaz sair e percebeu que tinha sido apenas mais uma conquista para o escritor.[19]

Lúcio nunca teve um relacionamento duradouro. Tão angustiado e atormentado como as personagens dos seus livros, ao que parece, também nunca desejou tê-lo, ainda que estivesse constantemente a apaixonar-se por homens diferentes. Quando morreu, Clarice escreveu: «*Em tantas coisas éramos tão fantásticos que, se não houvesse a impossibilidade, quem sabe teríamos nos casado.*»[20] Rosa Cass, a amiga de Clarice, discorda, vendo uma impossibilidade diferente. «*Não era só fato de ele ser homossexual*», realça ela. «*Eles eram parecidos demais. Ele precisava da sua solidão, ele era uma "estrela", era celestial. Eles dois teriam formado um casal impossível.*»[21]

Mas isso não impediu Clarice de tentar. «*Ele nunca vai casar com você, é homossexual*», disse-lhe o colega de ambos, Francisco de Assis Barbosa. «*Mas eu vou salvá-lo*», retorquiu Clarice. «*Ele vai gostar de mim.*»[22] Escusado será dizer que a relação nunca teve início. Talvez isso também se tenha devido ao facto de que, segundo consta, Lúcio teria sido um marido difícil.

«*Lúcio ficou maluco, Helena*», comentou um colega de trabalho com a irmã dele quando ela chegou ao escritório onde trabalhavam no centro do Rio de Janeiro. «*Me vendeu um terno dele porque precisava de dinheiro e agora se diverte atirando pela janela notas e pratas, metade do que acabo de lhe pagar.* [...] *Corri à janela ao lado, debruçando-me também. Embaixo, na Rua Álvaro Alvim, estava cheio de gente e de minuto a minuto acorriam pessoas vindas das ruas vizinhas, atraídas pelo burburinho dos que disputavam o dinheiro que caía sem cessar daquela janela milagrosa.*»[23]

Mas esse espírito travesso também tinha um lado negro. Uma vez, Lúcio Cardoso disse às pessoas que tinha contratado uma pessoa para o matar, para compreender melhor a sensação de estar a ser perseguido.[24] Mas não precisava de recorrer a esse tipo de encenações. O condomínio do prédio em que vivia tentou expulsá-lo, numa carta que fazia referências a Oscar Wilde.[25] Ele próprio tentou repetidamente curar a sua homossexualidade, por vezes chegando a ponto de se autoflagelar como um penitente medieval. «*Esta perpétua tendência à autodestruição...*» escreveu. «*Sim, de há muito ela existe em mim, e eu a conheço como um doente acaba conhecendo o próprio mal.*»[26] E começou a beber.

O encontro com Lúcio causou a Clarice uma febre tão intensa como a que a descoberta de Hermann Hesse lhe provocara alguns anos antes. Sob a influência dele, e com o novo mundo que lhe fora aberto pela universidade e pelo seu trabalho como jornalista, começou a escrever e a publicar prolificamente.

O artigo mais longo e mais ambicioso dos primeiros que escreveu é uma novela enigmática, de Outubro de 1941, altura em que já tinha compreendido a sua realidade temporal, em que perdera a sua anterior esperança de «*salvar*» Lúcio.[27] «Obsessão» apresenta uma personagem cruel, Daniel, que reaparecerá mais tarde, no seu segundo romance, *O Lustre,* e que é, quase de certeza, Lúcio Cardoso, o guia através de reinos ocultos.

Clarice conta a história de uma forma tão convencional como a sua protagonista, Cristina, vive. Observamos a jovem escritora a tentar delinear um plano ficcional, ainda sem certezas quanto à base narrativa. Ao contrário de grande parte da sua escrita, «Obsessão» também possui um enredo claramente tradicional. «*É necessário contar um pouco sobre mim, antes do meu contato com Daniel*», escreve ela com uma transparência pouco comum. «*Sem-*

*pre fui sossegada e nunca dei provas de possuir os elementos que Daniel desenvolveu em mim.»*[28]

Cristina só quisera «*casar, ter filhos e, finalmente, ser feliz*». Casa com o apagado Jaime e vive num mundo onde «*as pessoas que me cercavam moviam-se tranquilas, a testa lisa sem preocupações, num círculo onde o hábito há muito largara caminhos certos, onde os fatos explicavam-se razoavelmente por causas visíveis e os mais extraordinários se ligavam, não por misticismo mas por comodismo, a Deus*»[29].

Talvez o seu amor não correspondido por Lúcio tenha levado Clarice ao cepticismo em relação ao casamento, que é recorrente na sua obra. De qualquer forma, Clarice troça do mundo presunçoso e seguro de Cristina, que é abalado por um quase fatal surto de febre tifóide, a mesma doença que quase roubou a vida a Pedro Lispector, na Bessarábia. Após a sua recuperação, a família envia-a para Belo Horizonte, capital de Minas Gerais e província natal de Lúcio Cardoso, para respirar um ar mais puro, e hospeda-a numa pensão. Livre das certezas confortáveis da sua casa, dá por si «*subitamente lançada numa liberdade que eu não pedira e da qual não sabia me utilizar*»[30].

Nesse ponto da história, Cristina, como a sua autora, volta desajeitadamente à convenção narrativa. «*Mas é necessário começar pelo princípio, pôr um pouco de ordem nesta minha narrativa...*», gagueja ela, com um desequilíbrio provocado por uma figura misteriosa que também se encontra alojada na pensão. Ouve-o dizer coisas pouco convencionais, perturbadoras. «*Daniel era o perigo*», apercebe-se ela. «*O que me interessava sobretudo*», diz Daniel, «*é sentir acumular desejos, encher-me de mim mesmo. A realização abre-me, deixa-me vazio e saciado.*» Ela reconhece nele «*o destino dos soltos na terra, dos que não medem suas ações pelo Bem e pelo Mal*»[31].

Esta amoralidade marcará muitas das personagens de Clarice. O seu reconhecimento da natureza aleatória do universo, a sua noção de que o seu não era um mundo em que os «*fatos explicavam-se razoavelmente por causas visíveis*» sempre estivera presente para ela. Quais eram, por exemplo, as «*explicações razoáveis*» para a tragédia que acontecera à sua mãe? Mas para a Cristina é uma revelação: Daniel «desperta-a», não só para a sua natureza animal («*meus olhos tolos, atestando minha ingenuidade de animal*»), mas também para as suas possibilidades humanas. «*Realizar-se, repetia, eis o mais alto e nobre objetivo humano*» e o estado da criação artística era a maior alegria disponível.[32]

Cristina, como seria de prever, apaixona-se perdidamente por Daniel, que considera um génio, e que desperta nela um feroz desejo latente. Contudo, ele avisa-a de que esse desejo pode conduzi-la à loucura, uma loucura «*privilegiada*». «*Cristina, você sabe que vive?*», provoca-a ele. «*Cristina, é bom ser inconsciente?*» «*Cristina, você nada quer, não é mesmo?*» Ele desejava «*soprar no meu corpo um pouco de veneno, do bom e terrível veneno*»[33].

A mãe de Cristina adoece, e ela volta para Jaime. Não tem notícias de Daniel. Começa a temer a loucura que ele soprou para dentro de si e recorda-se de ele dizer: «*É preciso saber sentir, mas também saber como deixar de sentir, porque se a experiência é sublime pode tornar-se igualmente perigosa.*» A loucura começa a desenhar-se quando ela tenta voltar a instalar-se na rotina burguesa que abandonara. «*"Está calor, hein, Cristina" — dizia Jaime. "Há duas semanas que estou tentando esse ponto e nada consigo" — dizia mamãe. Jaime atalhava, espreguiçando-se: "Imagine, fazer croché com um tempo desses."*»[34]

Atormentada pela culpa — «*Mas — meu deus (letra minúscula, como ele me ensinara), eu não sou culpada, eu não sou culpada...*» —não deixa, no entanto, de ansiar reencontrar a profundidade da vida real que havia experimentado com Daniel, aquela «*sensação de que palpitava em meu corpo e em meu espírito uma vida mais profunda e mais intensa do que a que eu vivia*»[35]. Deixa um bilhete cruel a Jaime e volta para Daniel. Um dia, regressa a casa e encontra Daniel mal-humorado e cheio de fome, descobre que o homem que exerceu um tão grande fascínio sobre ela nem sequer é capaz de preparar as suas próprias refeições. O seu amor transforma-se em desprezo, e volta para o seu marido passivo.

As quarenta páginas de «Obsessão» apresentam muitos dos temas que a escrita posterior de Clarice Lispector viria a desenvolver. Existe uma epifania que abala uma vida enfadonha, despertando a protagonista para a possibilidade do conhecimento místico. Existe uma visão condescendente dessa vida «*humana*» convencional («*Casar, ter filhos e, finalmente, ser feliz*») que coexiste lado a lado com uma consciência assustada de que um abraço completo da vida «animal», irracional, envolve, e chega mesmo a convocar, um declínio para a loucura. *«Duas almas, ai de mim!, habitam meu peito»,* cita *O Lobo das Estepes,* o lamento de *Fausto,* as duas almas que o artista, inspirando o *«bom e terrível veneno»,* luta para unir, sempre receando abandonar o fardo melancólico da sanidade.

Um outro tema aparece no final da história. Quando Cristina volta para Jaime, descobre que a sua ausência matou a sua mãe.

Enquanto escrevia as suas primeiras histórias, Clarice conheceu muitos dos membros do grupo *«introspectivo»,* que, juntamente com Lúcio Cardoso, se reuniam no Bar Recreio, no centro do Rio de Janeiro. Tinha muito que fazer como jornalista e como estudante, e, de qualquer forma, era pouco dada a tertúlias literárias, mas, ainda assim, encontrava-se com os escritores um pouco mais velhos — Octavio de Faria, Vinicius de Moraes, e Cornélio Penna — que, como ela, se interessavam pela metafísica, e através da Agência Nacional conheceu Augusto Frederico Schmidt, a quem foi entrevistar, a propósito de fibras industriais. A admiração que manifestou pela poesia dele fez com que se desviassem do assunto, e aí teve início uma longa amizade.[36]

A Agência Nacional era um órgão do governo, e a jovem repórter foi enviada para entrevistar um grande número de generais e de almirantes, bem como para visitar dignitários. Não obstante, uma personalidade céptica e irreverente sobressai, mesmo naqueles artigos cuidadosamente direccionados para elogiar o regime de Getúlio Vargas. Um desses casos é o que tem o irónico título «Escola de Felicidade», um artigo excessivamente elogioso acerca da nova escola para cinco mil raparigas da senhora Darcy Vargas, uma ilha de indústria e de aprendizagem inspirada na Boys Town do padre Edward Flanagan, no Nebrasca. *«Mal sabem, as meninas de Darcy Vargas, que iniciam a vida diante do sentimento mais raro neste mundo: o da bondade pura, que não pede para si e apenas dá»,* escreveu Clarice, imperturbável. *«As jovens mulheres saberão, então, que delas se espera o cumprimento do grave dever de ser feliz.*»[37]

Escrevendo apenas alguns meses após a morte prematura do pai, durante um frustrado caso amoroso com um homem que não a podia amar como ela desejava, Clarice Lispector mostrava-se compreensivelmente céptica em relação à capacidade de uma instituição para ensinar a felicidade — e na verdade em relação à própria possibilidade da felicidade. Apesar dos seus êxitos recentes e do prazer com que se dedicava à escrita e ao jornalismo, era igualmente céptica relativamente a outras ideias.

Em *A Época,* a revista dos estudantes de Direito, em Agosto de 1941, publicou um conto intitulado «Observações sobre o Fundamento do Direito de Punir». O seu interesse pelo crime e o castigo, relacionado, evidentemente, com as noções de culpa e de pecado que sempre a tinham preocupado, fora um dos principais motivos pelos quais decidira estudar Direito. «*Não há direito de punir. Há apenas poder de punir*», escreveu. «*O homem é punido pelo seu crime porque o Estado é mais forte do que ele, a Guerra, grande crime, não é punida porque se acima de um homem há os homens, acima dos homens nada mais há.*»[38]

Esta é uma afirmação extravagante. A um nível prático, político, é uma asserção, numa ditadura, da ilegitimidade fundamental de qualquer estado. E, o que é mais fascinante, é uma declaração de ateísmo de alguém que se tornaria famosa como uma mística. Na altura em que escreveu essa frase, Clarice Lispector já mostrara interesse pela vida íntima que a atraíra para Lúcio Cardoso, Augusto Frederico Schmidt, e outros escritores católicos. Tinha sido criada por um homem cujo maior talento, dizia ela, eram as «*coisas espirituais*». Tal como os seus primeiros textos sugerem, e toda a sua vida viria a demonstrar, os seus interesses eram muito mais espirituais do que materiais. Fossem quais fossem as tensões materiais ou ideológicas que os seus primeiros escritos denunciassem — o feminismo bastante estridente, por exemplo — não tardariam a desaparecer.

Uma vez que a história da sua vida, enquanto escritora e enquanto mística, é, em grande parte, a história do seu movimento *em direcção a* Deus, esta rejeição inicial tem de ser vista como um ponto de partida. Na verdade, não era mais do que ela sentira quando a mãe falecera: «*Vejo a mim mesma pequena, fraca e desamparada na enorme casa da minha infância, onde ninguém podia me ajudar e onde eu me sentia abandonada por Deus.*»[39] É também esse ponto que a separa dos seus colegas católicos. A sua rejeição de Deus é bastante diferente da perda da fé que os escritores cristãos registam. A fé vacilante deles pode ser atribuída a circunstâncias pessoais, circunstâncias íntimas; a homossexualidade de Lúcio Cardoso, por exemplo, era uma característica íntima que o deixava à parte dos ensinamentos da Igreja. Os impulsos que forçam um místico judeu a mergulhar em si mesmo vêm do exterior: a perseguição, o exílio, e a segregação, que assombraram tantas gerações de judeus. «A experiência espiritual dos místicos estava quase inextrincavelmente entretecida com a experiência histórica do povo judeu», observou Gershom Scholem. Seguramente, regra geral, as revoluções místicas surgem na sequência de revoltas: «O misticismo como fenómeno histórico é um produto de crises.»[40]

Tendo assistido ao sofrimento, ao exílio e ao trabalho infrutífero dos seus pais, era bastante fácil para Clarice rejeitar Deus, ou, no mínimo, sentir-se rejeitada pelo Deus que abandonara a sua família e o seu povo. «*Eu sou judia, você sabe*», disse ela, numa rara declaração. «*Mas não acredito nessa besteira de judeu ser o povo eleito de Deus. Não é coisa nenhuma. Os alemães é que devem ser, porque fizeram o que fizeram. Que grande eleição foi essa, para os judeus?*»[41]

É a sua única referência ao Holocausto, e é caracteristicamente indirecta *(«fizeram o que fizeram»)*. As referências ao trauma que a sua família sofreu na Ucrânia são igualmente pouco frequentes e elípticas. Todavia, as pungentes circunstâncias históricas dos seus primeiros anos de vida são um ponto fundamental que a liga aos místicos judeus que a precederam. Tal como ela, eles transformariam os seus traumas reais em alegorias complexas que apenas raramente aludiam às circunstâncias históricas que os haviam originado.

Na história judaica, com os seus ciclos de catástrofes seguidos por renascimentos místicos, Deus tem de se retirar várias vezes para que os judeus lhe alumiem caminhos diferentes.[42] A retirada é terrível. Muitos não sobreviverão a ela, incluindo aqueles que ela não destrói fisicamente. Esse é o caso de Elisa Lispector, que viu a infância ser-lhe roubada e a vida adulta transformada em sofrimento e solidão.

Mas alguns génios artísticos e religiosos transfiguram o horror da história do seu povo na sua própria criação individual. E, quando o fazem, devido à consistência trágica da experiência histórica dos judeus, dão por si a recriar toda a estrutura ética e espiritual do judaísmo. Deus teve de se retirar da vida de Clarice Lispector para lhe permitir começar o seu próprio trabalho de criação.

Em Agosto de 1941, um ano após a morte do pai, quando declarou que «*acima dos homens nada mais há*», Deus tinha, mais uma vez, virado o rosto ao seu povo escolhido. Hitler estava a avançar sem qualquer impedimento por toda a Europa. A rapariga que tinha sobrevivido a um genocídio assistia, impotente, enquanto um outro se desenrolava.

«No grande cataclismo que agora abala o povo judeu de uma forma mais profunda do que em toda a história do Exílio [...] a história [do misticismo judeu] não chegou ao fim, ainda não se tornou História, e a vida secreta que ela contém pode irromper amanhã, em você ou em mim», escreveu Geshom Scholem, em Maio de 1941. «Sob que aspectos este fluxo invisível do misticismo judeu virá novamente à superfície, não podemos adivinhar.»[43]

Dois meses mais tarde, Clarice Lispector confessou a Lúcio Cardoso o seu «*grande desejo*»: «*De provar a mim e aos outros que eu sou mais do que uma mulher. Eu sei que você não o crê. Mas eu também não o acreditava, julgando o que tenho feito até hoje. É que eu não sou senão um estado potencial, sentindo que há em mim água fresca, mas sem descobrir onde é a sua fonte.*»[44]

Quando, depois do falecimento do pai, Clarice Lispector se afastou do judaísmo institucional, estava apenas a reflectir a lenta mas inevitável dissolução da religião praticada em lugares como Tchechelnik. Esse mundo da Europa Oriental, onde a maior parte dos judeus do mundo vivera no início do século XX, estava a desintegrar-se, e nos dois anos seguintes ficaria irremediavelmente destruído.

Mesmo sem o Holocausto, a sociedade tradicional não teria sobrevivido. Já havia sido sangrada pela emigração em massa; no Brasil, como em todos os países nos quais os emigrantes se fixaram, as barreiras económicas e sociais à progressão não foram nada que se assemelhasse ao que haviam sido no império russo. Na segunda geração, os judeus imigrantes tinham acedido à classe média, em toda a parte. Nesses países, como no próprio continente natal, a Europa, as pessoas modernas já não consideravam as antigas crenças adequadas. O maior movimento em massa da história judaica recente foi o sionismo, que, ainda que anunciasse o regresso dos filhos de Israel à sua terra ancestral, consistiu num movimento nacionalista secular surpreendentemente desligado da antiga tradição do milenarismo judaico.

A perda do antigo universo não aconteceu sem lamentos, nem foi acolhida por unanimidade como uma emancipação. Talvez seja em Kafka que se sente com maior intensidade o desespero judeu pela perda de Deus. A renúncia a Deus de Clarice Lispector, neste contexto, não foi mais do que um reflexo de uma perda que o mundo judeu, como um todo, experimentara. E o facto de eles terem sido escolhidos para serem perseguidos, no preciso momento em que tinham perdido a sua fé, torna-se ainda mais cruelmente irónico. «Já não conseguiam encontrar qualquer significado no seu sofrimento, nem sentir culpa alguma», escreveu Stefan Zweig. «Aqueles que tinham sido exilados na Idade Média, os seus antepassados, pelo menos sabiam que estavam a sofrer pela sua fé, pela sua lei. Ainda possuíam uma fé inquebrantável no seu Deus... Viviam e sofriam na ilusão orgulhosa de que eram um povo escolhido pelo Criador do mundo e da humanidade, para um destino e uma missão especiais.»[45]

Mas em 1941 esse Deus estava morto. A Tora e o Talmude já não eram eixos consoladores da vida, e o imenso edifício da cabala, as complexidades da sua metafísica, apuradas e elaboradas por séculos de génios místicos, estavam em ruínas. Apenas os factos do exílio e da perseguição, e a sede de redenção que engendraram, permaneciam inalterados. Pode ter parecido um beco sem saída, o mesmo com que Kafka deparou. Mas a combinação podia constituir um desafio para uma pessoa com uma vocação espiritual extraordinária e a capacidade linguística para a exprimir. Afinal, a ânsia de redenção, que nascera da dura perseguição, modelara a forma de pensar dos judeus durante séculos. Quando Clarice Lispector começou a enunciar as suas próprias especulações acerca do divino, iria ecoar os escritos de gerações anteriores que tinham procurado o eterno no meio da crise e do exílio.

## 12

## DIRECTAMENTE DO JARDIM ZOOLÓGICO

A escrita de Clarice Lispector contém ecos de um outro grande pensador judeu, mais um produto do exílio, que se confrontou com a morte de Deus e que procurou recriar um universo moral na Sua ausência. Graças à descoberta recente de uma antologia francesa de Espinosa na biblioteca de Clarice, esta ligação não é uma mera especulação, ou um possível resultado das circunstâncias históricas. O livro está repleto de anotações feitas por ela e contém a data manuscrita de 14 de Fevereiro de 1941.[1] Mesmo sem estarmos na posse desta informação relevante, o romance que ela começou a escrever em Março de 1942, *Perto do Coração Selvagem*, torna óbvio que lera Espinosa atentamente.

«*Que exigissem dele artigos sobre Spinoza, mas que não fosse obrigado a advogar, a olhar e a lidar com aquelas pessoas afrontosamente humanas, desfilando e expondo-se sem vergonha*», começa uma longa passagem. (Ele é o estudante de Direito, Otávio, o futuro marido da protagonista, Joana.) Ele faz anotações:

> «*O cientista puro deixa de crer no que gosta, mas não pode impedir-se de gostar do que crê. A necessidade de gostar: marca do homem. — Não esquecer: "O amor intelectual de Deus" é o verdadeiro conhecimento e exclui qualquer misticismo ou adoração. — Muitas respostas*

> *encontram-se em afirmações de Spinoza. Na idéia por exemplo de que não pode haver pensamento sem extensão (modalidade de Deus) e vice-versa, não está afirmada a mortalidade da alma? É claro: mortalidade como alma distinta e raciocinante, impossibilidade clara da forma pura dos anjos de São Tomás. Mortalidade em relação ao humano. Imortalidade pela transformação da natureza. — Dentro do mundo não há lugar para outras criações. Há apenas oportunidade de reintegração e continuação. Tudo o que poderia existir, já existe. Nada mais pode ser criado senão revelado.*»[2]

Esta passagem é digna de atenção em muitos aspectos. Primeiro, não está muito bem digerida: existem partes que são retiradas quase literalmente das notas que ela tem na contracapa do seu exemplar de Espinosa («*Dentro do mundo não há lugar para outras criações. Há apenas a oportunidade de reintegração e continuação. Tudo o que podia existir, já existe*», por exemplo.) Apesar de, de alguma forma, ter escapado à atenção dos seus muitos comentadores, é de longe a maior citação que podemos encontrar na sua extensa obra, onde, além desta, se encontram apenas algumas citações, que normalmente contêm uma ou duas frases. Esta citação bastante seca é invulgar, uma apresentação ao estilo de um *staccato* que é interessante porque também apresenta, em algumas linhas, uma lista de muitas das preocupações filosóficas que Clarice, ao longo de toda a sua vida, animaria e ilustraria de uma forma tão viva.

A lista continua:

> «*Se, quanto mais evoluído o homem, mais procura sintetizar, abstrair e estabelecer princípios e leis para a sua vida, como poderia Deus —em qualquer acepção, mesmo na do Deus consciente das religiões — não ter leis absolutas pela sua própria perfeição?*»[3]

Clarice troça com frequência deste «*Deus consciente das religiões*», mas só porque ansiava desesperadamente pela mesma perfeição e segurança que também Espinosa rejeitara como sendo impossível.

> «*Um Deus dotado de livre-arbítrio é menos que um Deus de uma só lei. Do mesmo modo por que tanto mais verdadeiro é um conceito quan-*

*to ele é um só e não precisa transformar-se diante de cada caso particular. A perfeição de Deus prova-se mais na impossibilidade do milagre do que na sua possibilidade. Fazer milagres, para um Deus humanizado das religiões, é ser injusto — milhares de pessoas precisam igualmente e ao mesmo tempo desse milagre — ou reconhecer um erro, corrigindo--o — o que, mais do que uma bondade ou «prova de caráter», significa ter errado. — Nem o entendimento nem a vontade pertencem à natureza de Deus, diz Spinoza. Isso me faz mais feliz e me deixa mais livre. Porque a idéia da existência de um Deus consciente nos torna horrivelmente insatisfeitos.»*[4]

Talvez Clarice estivesse a pensar na mãe, quando escreveu estas linhas, relembrando a sua própria incapacidade para gerar um milagre: a ideia de que um «*Deus consciente*» tivesse salvado alguém, em vez da mãe, poderia ter sido insuportável. Um Deus inconsciente teria sido um pouco menos satisfatório, pelo menos no plano intelectual: Deus não tinha, por exemplo, matado *activamente* a sua mãe. Ela concluiu com uma das mais famosas afirmações de Espinosa, uma frase pela qual *Perto do Coração Selvagem,* com a sua ênfase na energia selvagem que pulsa pelo universo, poderia ser entendido como uma metáfora poética alargada: «*No topo do estudo colocaria* in litteris *Spinoza traduzido: "Os corpos se distinguem uns dos outros em relação ao movimento e ao repouso, à velocidade e a lentidão e não em relação à substância."*»[5]

O envolvimento filosófico de Clarice com Espinosa não era uma questão de copiar as frases e depois esquecê-las. As ideias dele seriam incorporadas nas suas, e ainda que ela nunca o citasse com grande profundidade, as frases ao estilo de Espinosa são recorrentes em toda a sua obra. *O Lustre,* o seu segundo romance, também contém uma quase-citação de Espinosa: «*Para nascer as coisas precisam ter vida, pois nascer é um movimento — se disserem que o movimento é necessário apenas à coisa que faz nascer e não à nascida não é certo porque a coisa que faz nascer não pode fazer nascer algo fora de sua natureza e assim sempre dá nascimento a uma coisa de sua própria espécie e assim com movimentos também.*»[6] No terceiro romance que escreveu, *A Cidade Sitiada,* encontramos a afirmação: «*Não havia erro possível — tudo o que existia era perfei-*

*to — as coisas só começavam a existir quando perfeitas.»*[7] Repetiu-a, duas décadas mais tarde, em *Uma Aprendizagem ou o Livro dos Prazeres: «Tudo o que existia era de uma grande perfeição.»*[8]

Estes conceitos podem parecer obscuros, mas Clarice voltaria ao seu livro de bolso de Espinosa, muitas vezes, nos anos que se seguiram. Seria simplesmente por causa destas ideias, ou seria em busca de um modelo moral e filosófico? Tal como descrito por Arnold Zweig, Espinosa era um santo secular. As suas exortações a que sejamos leais à nossa própria natureza devem ter surtido efeito em Clarice; o seu «panteísmo grandioso exercera particular influência em poetas e naturezas poéticas, e naqueles que possuíam temperamentos faustianos»[9].

Os seus pais estavam mortos e, no Rio de Janeiro, não havia ninguém preocupado, assim como na Amesterdão de Espinosa, em impor a ortodoxia. Clarice não tinha de quebrar nenhumas restrições tradicionais, como Espinosa tivera. Contudo, ambos partilhavam certas semelhanças biográficas que eram significativas. Os pais de Espinosa eram exilados judeus de Portugal que tinham chegado a Amesterdão dez anos antes de ele nascer. Perdeu a mãe aos seis anos e passaria a vida inteira a fazer o luto dela. (Arnold Zweig atribuiu a famosa fórmula de Espinosa *Deus sive natura* — Deus: isto é, natureza — à sua perda prematura. A ideia eleva «de um modo mágico e místico a um princípio do mundo essa aliança e esse casamento, cuja destruição tinha sido a estrela negra da sua infância.»[10]) Os dois perderam os pais quando tinham vinte anos, e ambos abandonaram o judaísmo organizado, após a morte do pai. Ambos tinham visto o seu primeiro amor não ser correspondido, o de Clarice por Lúcio, e o de Espinosa pela filha do seu professor. E os dois impressionavam as outras pessoas por serem «aristocráticos» e, notavelmente, «estrangeiros».

Talvez estas semelhanças tenham atraído Clarice para o grande filósofo, em quem encontrou a confirmação da sua própria rejeição do «*Deus humanizado das religiões*», aquele Deus consciente que intervém activamente na vida dos humanos. Deve ter surgido como um alívio para ela, cuja vida a fez ganhar perfeita consciência do absurdo de confiar em milagres, ou em qualquer outro tipo de intervenção. «*A idéia de um Deus consciente é terrivelmente insatisfatória*», escreveu.[11]

O que era real era a eminência divina que se manifestava na amoral natureza animal, no «*coração selvagem*» que animava o universo. Para Espinosa, como para Clarice, a fidelidade a esta natureza íntima divina constituía o mais nobre objectivo.

«*Eu pretendia chorar na viagem, porque fico sempre com saudade de mim. Mas felizmente sou um bom animal sadio e dormi muito bem, obrigada. "Deus" me chama a si, quando eu dele preciso*», escreveu Clarice a Lúcio Cardoso, em Julho de 1941. Ela estava em Belo Horizonte, onde Lúcio passara uma parte da sua infância, e as suas impressões desse lugar não foram muito favorecedoras. «*As mulheres daqui são quase todas morenas, baixinhas, de cabelo liso e ar morno. Aliás, quase que só há homens nas ruas. Elas, parece, se recolhem em casa e cumprem seu dever, dando ao mundo uma dúzia de filhos por ano. As pessoas daqui me olham como se eu tivesse vindo direto do Jardim Zoológico. Concordo inteiramente.*»[12]

Em 1941, o seu trabalho como repórter levou-a lá, bem como a vários outros destinos, incluindo a velha estância na colina, Petrópolis, nas montanhas por cima do Rio de Janeiro, onde Stefan Zweig tinha chegado em Setembro e se suicidaria em Fevereiro. A cidade era a estância de férias do imperador do século XIX D. Pedro II. Ele refugiava-se do terrível calor da capital à beira-mar, num grande palácio cor-de-rosa que Getúlio Vargas andava a restaurar atarefadamente, para o transformar em Museu Imperial, sendo a recuperação dos templos de dinastias anteriores um passatempo de ditadores, pelo menos desde os tempos dos egípcios. Clarice foi uma das primeiras visitantes do museu — só seria aberto ao público em 1943 —, e no dia 1 de Maio de 1941, cobrindo as celebrações do Primeiro de Maio para a Agência Nacional, conheceu pessoalmente Getúlio Vargas.

Durante o ano, Clarice publicou os seus artigos, não só nos órgãos da província que divulgavam os artigos da Agência Nacional, mas também nas revistas literárias da capital, onde os seus contos, e pelo menos um poema, foram dados à imprensa.[13] «*Depois havia um jornal,* Dom Casmurro», recordou ela. «*Eu também levei umas... umas coisas pra lá. Também assim sem nenhum conhecimento* [...] *Ficaram encantados, me acharam linda! Me acharam com a voz mais bonita do mundo! E publicaram. E não pagavam. Claro! Claro!*»[14]

As páginas de *Dom Casmurro* dão uma ideia dos interesses das classes letradas do Rio de Janeiro da altura. O jornal era sério, mas jocoso — as páginas femininas continham artigos que explicavam como branquear os dentes —, e reflecte a própria posição séria que a literatura ainda tinha na sociedade do Brasil. Há artigos sobre as origens de Nietzsche, a morte de Cristo, o animal na pintura, a poesia popular peruana, «Nossa mãe, a Grécia» e «Vamos falar sobre Freud». Há artigos de interesse local, acerca dos sermões do padre António Vieira, os romances de Eça de Queirós, as igrejas barrocas de Minas Gerais, e a «Academia e a Língua Brasileira».

É um vasto leque de assuntos, mas, apesar dos seus interesses católicos, não há qualquer menção à política, e a única causa que o jornal abraçou, durante uma guerra mundial, foi uma campanha, semana após semana, para angariar dinheiro para dar ao poeta Castro Alves um túmulo adequadamente glorioso. Numa atmosfera de censura e de neutralidade brasileira, o jornal expressava a sua orientação política de modo enviesado, dando grande ênfase à cultura francesa («*Vigée Le Brun*», «Lembrando Pierre Loti»), incluindo artigos publicados em francês. Essa era uma cultura que os brasileiros sempre haviam admirado e, como tal, deve ter feito erguer alguns sobrolhos entre os censores. Com Getúlio Vargas ainda a jogar com os dois lados, era o melhor que os editores de *Dom Casmurro* podiam fazer.

Em Julho de 1941, quando escreveu a Lúcio Cardoso, de Belo Horizonte, Clarice já tinha desistido da sua tentativa de o «*sal-*

*var*» da sua homossexualidade. «*RS.*» escreveu no fim, sugerindo uma comunicação anterior mais comprometedora, «*esta carta você não precisa "rasgar"*». Os desastres simultâneos do amor não correspondido e da perda do pai, combinados com as pressões dos estudos e do seu exigente trabalho, cobraram o seu preço. Pela primeira vez na sua vida foi hospitalizada com uma depressão, foi-lhe receitada uma «*sono-terapia*», na qual uma droga a fazia dormir quase uma semana inteira.[15] Considerava-se que esse tratamento ajudaria o corpo a recuperar de tensões físicas e psicológicas. No final do ano, já tinha recuperado o suficiente para começar um novo romance com um colega da Faculdade de Direito, Maury Gurgel Valente.

O passado de Maury era tão atribulado, ainda que não tão terrível, quanto o dela. A mãe dele, Maria José Ferreira de Souza, conhecida como Zuza, era filha de um barão da borracha do estado do Pará, na Amazónia. Como muito outros e, de facto, como toda a economia da Amazónia, ficou arruinado, quando o Brasil perdeu o monopólio da borracha, sem capacidade para competir com a mão-de-obra escrava do Congo Belga e as plantações que os ingleses começaram a criar, com sementes contrabandeadas do Brasil. Depois do dramático roubo das sementes, e das ainda mais dramáticas tentativas dos botânicos dos Kew Gardens, em Londres, para descobrirem como poderiam ser transplantadas, as colónias tropicais britânicas, sobretudo a Malásia, começaram a cultivar borracha em grandes quantidades. Na altura da Primeira Guerra Mundial, a economia do Norte brasileiro estava transformada num caos, deixando apenas monumentos tão famosos como o sumptuoso teatro de ópera, o Teatro Amazonas, na cidade de Manaus, que prosperara subitamente, mas de modo efémero.

Quando as sementes começaram a dar rebentos na Malásia, Zuza teve de procurar um modo de subsistência. Filha de um abastado homem de negócios, vivera em França durante cinco anos, e em Inglaterra outros cinco anos, e pôde recorrer às competências que adquirira nesses lugares para trabalhar como professora de línguas, quando regressou ao Brasil. Essas viagens iniciais parecem ter instigado uma vocação diplomática na família: o irmão, Glauco Ferreira de Souza, morreu como embaixador brasileiro, em La Paz, e os seus três filhos — Mozart Jr., nascido em 1917; Maury, nascido em 1921; e Murillo, nascido em 1925 — tornaram-se embaixadores.

O marido de Zuza, Mozart Gurgel Valente, era um dentista de uma família de aristocratas provincianos em Aracati, no estado nordestino do Ceará. Os seus filhos nasceram no Rio de Janeiro, mas os rapazes cresceram num lugar remoto e exótico, mesmo para os padrões da Amazónia: o território (actualmente estado) do Acre, na fronteira com a Bolívia. O doutor Mozart foi para lá para salvar uma das últimas plantações de borracha que restavam, do pai de Zuza, passando vários anos a trabalhar em vão. Acabaram por regressar à cidade natal de Zuza, Belém do Pará, uma cidade importante na foz do Amazonas.

Maury entrou na Faculdade de Direito em 1938, e, no fim de 1941, ele e Clarice formavam um casal. Ela partiu para uma estada de duas semanas numa estância isolada no Rio de Janeiro, em Janeiro de 1942, e escreviam um ao outro quase todos os dias. As cartas dele para ela denotam um misto de timidez e de admiração, num jovem delicado, fascinado pela literatura, mesmo enquanto se preparava para uma vida no seio da burocracia. «*Vou acabar esta carta assim*», escreveu ele a Clarice, «*"Tenho a honra de renovar a Vossa Excelência os protestos da minha alta estima e da mais distinta consideração." Veja que barbaridade*», lamentava. «*Somente uma coisa me faria bem agora. Seria adormecer com a cabeça no seu colo, você me dizendo bobagenzinhas gostosas pra eu esquecer a ruindade do mundo.*»[16]

O amor dele pela sua colega estudante de Direito é moderado pela insegurança que a inteligência superior dela lhe provoca. Ele sente-se inseguro em relação à forma como escreve: «*Aviso aos leitores: Perigo de vida — esta carta está cheia de má literatura*», escreve numa carta.[17] Alguns dias depois, acrescenta: «*Peço à "Fessora" assinalar todas as expressões infantis das minhas cartas para que eu me possa corrigir.*»[18]

Clarice, por seu lado, escreve, com ternura: «*Como vai benzinho? Como vão tuas mãos?*»[19] E mais uma vez: «*Ratinho curioso, afinal tuas mãos nas minhas não deixam de ser uma boa dose de humanidade.*»[20] Ao mesmo tempo, envolve-se inevitavelmente numa especulação filosófica do género que intimida o jovem namorado que a adora: «*Porque não se entregar ao mundo, mesmo sem compreendê-lo? Individualmente é absurdo procurar a solução. Ela se encontra misturada aos séculos, a todos os homens, a toda a natureza. E até o teu maior ídolo em literatura ou em ciência nada mais fez do que acrescentar cegamente mais um dado ao problema. Outra coisa: o que você,* você individualmente, *faria de especial se não houvesse a ruindade no mundo? A ausência dela seria o ideal para todos os homens, em conjunto. Para um só, não bastaria*».[21]

Ele tenta trazê-la de volta à Terra, de volta ao seu nível humilde. «*Confesso*», escreve ele depois de ter lido a última carta dela, «*que à medida que eu ia lendo, fui ficando pequenino, pequenino* [...] *Aquela carta não foi para mim, foi um panfleto dirigido a toda a* HUMANIDADE. [...] *eu sou muito mais simples do que isso. Minha angustiazinha mofina não está ligada aos grandes problemas. Oh! Deusa Clarice!* [...] *Não me aterrorize com os holofotes antiaéreos que dirigiste contra mim — eu voo muito baixo — é só estender a mão pra me apanhar.*»[22]

«*Ri muito quando li sua carta*», respondeu ela. «*Era mesmo de se esperar uma resposta desse gênero. Mas a verdade é a seguinte: não procurarei fazer-me nem enorme nem inteligente.*» Estava a aludir a uma descrição particularmente negativa de si mesma: «*Quando lhe disse que era egoísta, não foi simplesmente por dizer. Eu o sou. E muitas outras coisas, piores ainda* [...] *Nunca me vi confiante nem boazinha. Não sei se foram certas circunstâncias de vida que me deixaram assim, sem jeito para me confessar. E orgulhosa (porquê, meu Deus?... estou rindo, não se assuste — nada trágico).*»[23]

Relembrou a origem da sua irritação a Tania: «*Houve uma briga entre nós porque ele interpretou como literária uma carta que eu mandei. Você bem sabe que isso é a coisa que mais me pode ofender. Eu quero uma vida-vida e é por isso que desejo fazer um bloco separado da literatura.*» A carta que escrevera parecia-lhe espontânea e natural, e quando Maury ficou perplexo, ela chegou a ponto de lhe escrever a terminar o relacionamento entre ambos.[24]

Mas, depois da desilusão que sofrera com Lúcio, que era mais velho, sexualmente inatingível, e um escritor afirmado, devem ter-lhe agradado as atenções desesperadas de Maury, mais novo, menos intelectual, e loucamente apaixonado por ela. No entanto, ao mesmo tempo, ela parece tê-lo mantido a uma certa distância: «*Será que você tem outras objeções contra mim, além das que me vieram datilografadas?*» Perguntou-lhe o confuso rapaz alguns dias mais tarde. «*Não acredito, porque se você tivesse as diria, não é?* [...] *Posso chamar-te ainda minha namorada?*»[25]

Clarice deve ter-lhe dado luz verde, porque o romance continuou. Surgiu um outro obstáculo, que não dependia de um nem do outro. Em Agosto de 1940, Maury passou no exame do concurso para o serviço estrangeiro e entrou no corpo diplomático, ficando a sua admissão pendente da sua formatura na universidade. Na altura, os diplomatas brasileiros não podiam casar com estrangeiras, e Clarice Lispector continuava a sê-lo. Não pôde solicitar a nacionalidade brasileira até ao seu vigésimo primeiro aniversário, no dia 10 de Dezembro de 1941.

Pouco depois, com a ajuda do velho amigo da família Samuel Malamud, um originário da Podólia que, por então, era advogado, Clarice começou a preparar os documentos. Devido à guerra e ao seu desejo de casar, havia alguma urgência no seu pedido, tal como demonstram as cartas sobreviventes que enviou a Getúlio Vargas. Escreveu ao presidente, e depois, esperou quase meio ano até lhe voltar a enviar uma nova carta. Esse passo era necessário porque Vargas — num estilo que fazia lembrar Nicolau II, que, quando o seu enorme império se desmoronou, dedicava atarefadamente a sua atenção a cada indivíduo que lhe enviava um pedido de mudança de nome — lhe perguntou por escrito porque havia demorado tanto tempo a apresentar um pedido de naturalização. «*Assim que adquiri a maioridade e, com ela, o direito de requerer* [a nacionalidade brasileira], *apressei-me imediatamente em fazê-lo, a ponto de não demorar senão três meses para ultimar um processo que quase sempre exige pelo menos um ano de esforço*», escreveu ao «*Chefe da Nação*», de cuja «*proverbial magnanimidade*» se declarava uma «*sincera admiradora*»[26].

Na primeira carta que lhe remeteu descrevia-se como:

*«Uma russa de 21 anos de idade e que está no Brasil há 21 anos menos alguns meses. Que não conhece uma só palavra de russo mas que pensa, fala, escreve e age em português, fazendo disso sua profissão e nisso pousando todos os projetos de seu futuro, próximo ou longínquo. Que não tem pai nem mãe — o primeiro, assim como as irmãs da signatária, brasileiro naturalizado — e que por isso não se sente de modo algum presa ao país de onde veio, nem sequer por ouvir relatos sobre ele. Que deseja casar-se com brasileiro e ter filhos brasileiros. Que, se fosse obrigada a voltar à Rússia, lá se sentiria irremediavelmente estrangeira, sem amigos, sem profissão, sem esperanças.»*[27]

Não se alarga acerca dos «*relatos sobre ele*», que presumivelmente não teriam fortalecido o seu desejo de lá voltar; e quando Malamud sugeriu que não lhe seria concedida a naturalização, a cliente desfez-se em lágrimas, até ele lhe assegurar que estava a brincar.[28] Na carta que enviou ao presidente, lamentava que a juventude a tivesse impedido de ter prestado qualquer serviço de relevo à nação, mas salientou que através do seu trabalho na imprensa oficial tinha ajudado «*na divulgação e propaganda do governo de V. Ex.ª*»[29].

O pedido dela foi apoiado pelo homem que era então o seu chefe, André Carrazzoni, director do jornal *A Noite*. «*Clarice Lispector é uma rapariga inteligente, ótima repórter e que, ao contrário da quase generalidade das mulheres, sabe escrever*», assegurou ele a um amigo do Ministério da Justiça.[30]

Estes apelos produziram os efeitos desejados e, no dia 12 de Janeiro de 1943, Clarice Lispector foi naturalizada. Onze dias depois, casou-se com Maury Gurgel Valente.

Num caderno de notas onde registou as suas conversas com o seu filho pequeno, Pedro, Clarice recorda-se de ele lhe perguntar: «*A primeira vez que você viu o meu pai (corrigiu-se e disse) a primeira vez que você viu Maury ele era um desconhecido para você?*» Clarice respondeu: «*Era.*» Pedro insistiu: «*Mas você quis casar com esse desconhecido?*» Ela respondeu que sim. O filho replicou: «*Você casou com quem você queria?*»[31]

Clarice deixou a pergunta sem resposta, pelo menos na versão que registou, que insiste na pergunta de como ela se sentiu em relação ao casamento. Havia o amor dela por Lúcio Cardoso, que duraria o resto da vida de ambos, mas ela sabia que um relacionamento sexual com ele seria impossível. As cartas dela, dos primeiros meses do ano de 1941, deixam claro que ela sentia muito afecto por Maury, e que ele estava, sem dúvida, apaixonado por ela.

Mas nem todos pensaram que o casamento fora uma boa ideia. «*Elisa fechou questão contra, porque ele era gói*», afirmou Tania, que recorreu a argumentos jurídicos para persuadir a irmã. «*Eu disse que papai era o único que poderia proibir, e ele não estava mais entre nós. Além disso, Clarice agora era maior de idade e podia decidir por conta própria.*» O pai delas, pensou Tania, ter-se-ia oposto ao casamento, pelo menos a princípio. Mas se tivesse sido convencido de que casar com Maury era o que Clarice desejava verdadeiramente, ter-se-ia deixado convencer. Mesmo assim, outros membros da família sentiram-se de igual modo desconfortáveis com a união. Bertha Lispector Cohen perguntou como é que a prima se sentia ao casar-se com um católico. «*Não vejo uma solução para a questão judaica*», respondeu Clarice, com ambiguidade, como sempre. Samuel, o irmão de Bertha, afirmou que a resistência ao facto de ela se casar com um não-judeu tinha mais origem no medo do que num orgulho étnico ou religioso.[32] Os judeus não confiavam nos góis, e em 1943, tinham bons motivos para isso.

Na época, era extremamente raro, na verdade, quase inaudito, uma judia, no Brasil, casar-se fora da sua religião. Muito mais do que as prolongadas citações de Espinosa, o casamento foi uma declaração de independência relativamente à comunidade que a criara. Talvez as irmãs receassem a desaprovação da família, motivo pelo qual poucos membros da família estiveram presentes na cerimónia civil. Os pais de Maury compareceram, mas a família Wainstok, então a viver em Niterói, do outro lado da baía do Rio de Janeiro, só tomou conhecimento do matrimónio quando Elisa e Tania atravessaram a baía para lhes contar. As testemunhas não foram parentes, mas os chefes da noiva e do noivo: André Carrazzoni, o director de *A Noite*, que ajudara Clarice no seu processo de naturalização, e Dora Alencar de Vasconcellos, umas das primeiras mulheres a ser admitida no serviço estrangeiro, que Clarice reencontrou, muitos anos depois, nos Estados Unidos.

Mas o maior cepticismo em relação ao casamento era o da própria Clarice. As dúvidas que a assolavam pouco ou nada tinham que ver com as perguntas sobre Maury ou sobre o casar fora da sua própria comunidade. Diziam respeito ao casamento propriamente dito. De facto, é extraordinário quantos dos seus primeiros contos, muitos escritos antes de ela conhecer Maury, expressam este cepticismo. Em «Obsessão» existe a descrição depreciativa dos prosaicos planos para o futuro de Cristina («*Casar, ter filhos e, finalmente, ser feliz*»), em «Eu e Jimmy», o receio da forma como o casamento limitava as mulheres. («*Mamãe* [tinha] [...] *pensamentos próprios sobre liberdade e igualdade das mulheres. Mas veio papai, muito sério e alto, com pensamentos próprios também sobre... liberdade e igualdade das mulheres.*»[33]) Em «A Fuga», uma história de 1940, uma dona de casa foge de casa: «*Há doze anos era casada e três horas de liberdade restituíam-na quase inteira a si mesma.*»[34] Mas é impossível libertar-se da armadilha do casamento. Como Cristina em «Obsessão», que depois das suas experiências arrebatadoras com Daniel acaba por voltar para o seu apático marido, Jaime, a mulher de «A fuga», sem dinheiro para sustentar uma vida independente, volta a casa, também derrotada.

Em «Gertrudes Pede Um Conselho», uma adolescente procura a ajuda de um médico para as suas gritantes dúvidas existenciais: «*Vim perguntar o que faço de mim*», como ela apresenta a questão. Mais do que qualquer outra coisa — também a sua autora, já com a noção de que possui uma vocação e um destino geniais — quer que o mundo veja «*afinal que ela era alguém, uma extraordinária, uma incompreendida!*» Perante aquela explosão de vitalidade, o médico limita-se a dizer: «*Isto vai passar. Você não precisa trabalhar, nem fazer nada de extraordinário. Se quiser — ia usar o seu velho "truc" e sorriu —, se quiser arranje um namorado.*»[35]

## 13

## FURACÃO CLARICE

*Perto do Coração Selvagem,* o romance que Clarice escreveu entre Março e Novembro de 1942, o ano que antecedeu o seu casamento, é em grande medida uma meditação sobre a sua impossibilidade. «O Casamento», o primeiro capítulo da segunda parte do livro, começa com Joana, a rebelde heroína, a fantasiar. Tem noção de que a sua fantasia, acerca de estar no cimo de uma escadaria, não tem sentido — «*Absurdo. Era pois mentira*» —, mas, mesmo assim, deseja continuar a fantasiar e, quando é interrompida pelo marido, esforça-se por voltar a capturá-la. «*Parou um instante os movimentos e só os olhos batiam rápidos, à procura da sensação. Ah, sim*», fantasia Joana, antes de o sonho desaparecer e ela regressar à sua vida com Otávio, um intelectual medíocre que está a escrever um livro sobre Direito Comum.[1]

«*Que animal*», pensa ela, olhando para Otávio — a palavra é, como sempre em Clarice, ambígua — e a força do pensamento dela fá-lo estremecer. «*Ele interrompeu o que escrevia e olhou-a aterrorizado, como se ela lhe tivesse jogado alguma coisa.*» Joana, no entanto, está satisfeita por o ter feito sentir alguma coisa, e apercebe-se de que o odeia. «*A culpa era dele, pensou friamente, à espreita de nova onda de raiva. A culpa era dele, a culpa era dele. Sua presença, e mais que sua presença: saber que ele existia, deixavam-na sem liberdade*», pensa Joana. A raiva dela atinge o auge e depois passa, mas «*pensou: mas mesmo assim, apesar da morte, vou deixá-lo um dia*»[2].

Joana, simples, apaixonada e cruel *(«como o diabo», «a víbora»)*, exerce um fascínio sobre Otávio do qual ele próprio desconfia. A primeira vez que ele a vê, ela está a acariciar o ventre de uma cadela prenhe. «*Nela havia uma qualidade cristalina e dura que o atraía e repugnava-lhe simultaneamente.* [...] *Aquelas linhas de Joana, frágeis, um esboço, eram inconfortáveis. Cheias de sentido, de olhos abertos, incandescentes. Não era bonita, fina demais. Mesmo sua sensualidade deveria ser diferente da dele, excessivamente luminosa*», pensa ele. Deixa o seu amor de infância, Lídia, por Joana, que é assombrada por um «*medo de não amar, pior do que o medo de não ser amado...*»[3]

O casamento de Joana com Otávio desaba, e ele volta para Lídia, que engravida. Joana convida Lídia para sua casa para o que a mulher grávida prevê que irá ser uma discussão acesa, para descobrir que Joana não oferece qualquer resistência.

«*— Você gostaria de estar casada — casada de verdade — com ele? — indagou Joana.*

*Lídia olhara-a rapidamente, procurava saber se havia sarcasmo na pergunta:*

*— Gostaria.*

*— Por quê? — surpreendeu-se Joana. — Não vê que nada se ganha com isso? Tudo o que há no casamento você já tem. — Lídia corou, mas eu não tenho malícia, mulher feia e limpa. — Aposto como você passou toda a vida querendo casar.*

*Lídia teve um movimento de revolta: era tocada bem na ferida, friamente.*

*— Sim. Toda a mulher... — assentiu.*

*— Isso vem contra mim. Pois eu não pensava em me casar. O mais engraçado é que ainda tenho a certeza de que não casei... Julgava mais ou menos isso: o casamento é o fim, depois de me casar nada mais poderá me acontecer. Imagine: ter sempre uma pessoa ao lado, não conhecer a solidão. — Meu Deus! — não estar consigo mesma nunca, nunca. E ser uma mulher casada, quer dizer, uma pessoa com destino traçado. Daí em diante é só esperar pela morte. Eu pensava: nem a liberdade de ser infeliz se conserva porque se arrasta consigo outra pessoa. Há alguém que sempre a observa, que a perscruta, que acompanha todos os seus movimentos. E mesmo o cansaço da vida tem certa beleza quando*

*é suportado sozinha e desesperada — eu pensava. Mas a dois, comendo diariamente o mesmo pão sem sal, assistindo à própria derrota na derrota do outro... Isso sem contar com o peso dos hábitos refletidos nos hábitos do outro, o peso do leito comum, da mesa comum, da vida comum, preparando e ameaçando a morte comum. Eu sempre dizia: nunca.*

*— Por que casou? — indagava Lídia.*

*— Não sei. Só sei que esse "não sei" não é uma ignorância particular, em relação ao caso, mas o fundo da coisas. — Estou fugindo da questão, daqui a pouco ela me olhará daquele jeito que eu já conheço. — Casei certamente porque quis casar. Porque Otávio quis casar comigo. É isso, é isso: descobri: em lugar de pedir para viver comigo sem casamento, sugeriu-me outra coisa. Aliás daria no mesmo. E eu estava tonta, Otávio é bonito, não é? não me lembrei de mais nada. — Pausa. — Como é que você o quer: com o corpo?»*[4]

Joana diz a Lídia: «*Fique com Otávio. Tenha seu filho, seja feliz e me deixe em paz.*»[5] Numa sequência delirante, que relembra Andrei Béli ou Kafka — ou — até, mais surpreendentemente, as cenas de *O Lobo das Estepes* que descrevem Harry Haller a deambular pelas ruas, entrando em portas sombrias e mantendo conversas nebulosas com pessoas vagas e indistintas — um homem incaracterístico segue Joana pelas ruas. Ela vai com ele à casa onde ele vive com outra mulher. Ela volta lá algumas vezes e, supostamente, eles mantêm um relacionamento sexual, ainda que Joana nunca se dê ao trabalho de lhe perguntar o nome.

Ao fim de algum tempo, Joana regressa apressadamente para junto de Otávio, e quando chega, escandaliza-o, como sempre. Dessa vez, não é tanto a sua rebeldia, que o atraiu e o fez deixar a plácida Lídia, da primeira vez. É a sua total indiferença para com as regras do comportamento convencional, a sua incapacidade de se comportar segundo um padrão que, não é que menospreze, mas cuja existência ela ignora completamente. Ela sabia do seu caso com Lídia e não se preocupou muito com o assunto.

*«O que... debatia-se nele a raiva trôpega e arquejante, então ela sabia sobre Lídia, sobre o filho... sabia e silenciava. Ela me enganava...*

*— a carga asfixiante cada vez pesava mais fundo dentro dele. — Admitia minha infâmia serenamente... continuava a dormir junto de mim, a me suportar... desde quando? Por quê? Mas, santo Deus, por quê?!...*

*— Infame.*

*Joana sobressaltou-se, levantou a cabeça rapidamente.*

*— Vil.*

*Sua voz mal se continha na garganta intumescida, as veias do pescoço e da testa latejavam grossas, nodosas, em triunfo.*

*— Foi tua tia quem te chamou de víbora. Víbora, sim. Víbora! Víbora! Víbora!*»[6]

O que choca Otávio, e tantas outras personagens do livro — a tia, por exemplo — é a amoralidade da rapariga, a sua proximidade ao «*coração selvagem*». Joana é um animal, mais «*natural*» do que humana. Ao longo do livro, Clarice compara-a com uma víbora, um cão, um gato selvagem, um cavalo, e uma ave. A incapacidade de Joana para aceitar ou compreender os códigos do comportamento humano abala as pessoas. Ela nunca é abertamente maliciosa; simplesmente habita um outro mundo, além do bem e do mal, como um animal de estimação que faz as suas necessidades fisiológicas em cima da alcatifa, sem noção de que está a proceder mal.

«*Mau é não viver, só isso. Morrer já é outra coisa*», diz Joana. «*Morrer é diferente do bom e do mau.*»[7] É evidente que a jovem criadora de Joana tinha razões para rejeitar a moral convencional que se revelara tão fútil na sua própria experiência. As vidas dos seus pais põem em causa quaisquer noções de uma ordem benevolente, quaisquer ilusões de um deus pessoal e compassivo que recompensaria os bons e puniria os maus.

Não obstante, ela conhecia intimamente a realidade do mal desde a infância. Consciente do que acontecera à mãe, que havia sido violada, ao avô, que tinha sido assassinado, e ao pai, que tinha ficado arruinado, no meio do maior desastre na História, da longa história do seu povo, como poderia ela proclamar que o mal não era mais do que «*não viver*»? É fácil perceber por que razão Clarice, e Joana, seriam indiferentes, ou rebeldes. Mas essa pura rejeição da moralidade, que inclui uma rejeição da noção do próprio mal, levanta outras questões.

Aqui vemos a inconfundível marca de Espinosa, que equipara a Natureza a Deus e ambos à inexistência do bem e do mal. «Todas as coisas que se encontram na Natureza são ou coisas ou acções. Agora, o bem e mal não são coisas nem acções. Portanto, o bem e o mal não existem na Natureza», escreveu.[8] Como filha da Natureza, Joana não é o bem nem o mal, e nem sequer parece ter consciência destas categorias. Tal como Joana, a Natureza possui atributos «positivos», a liberdade, por exemplo, ao lado dos «negativos»: Joana é violenta, ladra, agressiva.

Uma concepção espinosiana da Natureza implica que as regras que se aplicam ao homem também se aplicam a Deus, que já não é um ser moral, vinculado pelas noções do bem e do mal, intervindo nas vidas dos humanos, recompensando e punindo, mas uma categoria filosófica equivalente à Natureza. Este já não é o «Deus humanizado das religiões», que Espinosa também denomina de «superstição» e de «ideias inadequadas», e que teria triunfado, se não fosse «a Matemática que se preocupa não com os fins, mas apenas com as essências e as propriedades das figuras, [mostrando aos] homens um outro padrão de verdade.»[9]

Em *Perto do Coração Selvagem,* Otávio anseia por um deus absurdamente humanizado:

> *«Ajoelhar-se diante de Deus e pedir. O quê? A absolvição. Uma palavra tão larga, tão cheia de sentidos. Não era culpado — ou era? de quê? Sabia que sim, porém continuou com o pensamento — não era culpado, mas como gostaria de receber a absolvição. Sobre a testa os dedos largos e gordos de Deus, abençoando-o como um bom pai, um pai feito de terra e de mundo, contendo tudo, tudo, sem deixar de possuir uma partícula sequer que mais tarde pudesse lhe dizer: sim, mas eu não lhe perdoei!»*[10]

Numa longa meditação semelhante a uma prece que é o clímax do romance, já não se põe a questão de suplicar favores ao deus dos dedos gordos e compridos. Ao invés, Joana leva mais longe a sua concepção espinosiana. Tal como não existe uma separação significativa entre o homem e o animal, entre Joana e o gato ou a víbora, nem o homem nem o animal estão separados de Deus, a única, infinita e eterna «*uma só substância*» que é sinónimo da Natureza: uma substância em transição constante, ligada a uma corrente infinita de causa e efeito.

A ideia é a base do raciocínio de Espinosa, e na passagem extática que encerra o livro de Clarice Lispector volta a ocorrer, quando a narrativa passa, quase imperceptivelmente, da terceira pessoa de Joana para a primeira pessoa da autora.

> «*O que nela se elevava não era a coragem, ela era substância apenas, menos do que humana, como poderia ser herói e desejar vencer as coisas? Não era mulher, ela existia e o que havia dentro dela eram movimentos erguendo-a sempre em transição. Talvez tivesse alguma vez modificado com sua força selvagem o ar ao seu redor e ninguém nunca o perceberia, talvez tivesse inventado com sua respiração uma nova matéria e não o sabia, apenas sentia o que jamais sua pequena cabeça de mulher poderia compreender. Tropas de quentes pensamentos brotavam e alastravam-se pelo seu corpo assustado e o que neles valia é que encobriam um impulso vital, o que neles valia é que no instante mesmo de seu nascimento havia a substância cega e verdadeira criando-se, erguendo-se, salientando como uma bolha de ar a superfície da água, quase rompendo-a... Ela notou que ainda não adormecera, pensou que ainda haveria de estalar em fogo aberto. Que terminaria de uma vez a longa gestação da infância e de sua dolorosa imaturidade rebentaria seu próprio ser, enfim, enfim livre! Não, não, nenhum Deus, quero estar só. E um dia virá, sim, um dia virá em mim a capacidade tão vermelha e afirmativa quanto clara e suave, um dia o que eu fizer será cegamente seguramente inconscientemente pisando em mim, na minha verdade, tão integralmente lançada no que fizer que serei incapaz de falar, sobretudo um dia virá em que todo o meu movimento será criação, nascimento, eu romperei todos os nãos que existem dentro de mim, provarei a mim mesma que nada há a temer, que tudo o que eu for será sempre onde haja uma mulher com meu princípio, erguerei dentro de mim o que sou um dia, a um gesto meu minhas vagas se levantarão poderosas, água pura submergindo a dúvida, a consciência, eu serei forte como a alma de um animal e quando eu falar serão palavras não pensadas e lentas, não levemente sentidas, não cheias de vontade de humanidade, não o passado corroendo o futuro!, o que eu disse soará fatal e inteiro!*

*Não haverá nenhum espaço dentro de mim para eu saber que existe o tempo, os homens, as dimensões, não haverá nenhum espaço dentro de mim para notar sequer que estarei criando instante por instante, não instante por instante: sempre fundido, porque então viverei, só então viverei maior do que na infância, serei brutal e malfeita como uma pedra, serei leve e vaga como o que se sente e não se entende, me ultrapassarei em ondas, ah, Deus, e que tudo venha e caia sobre mim, até a incompreensão de mim mesma em certos momentos brancos porque basta me cumprir e então nada impedirá meu caminho até a morte-sem-medo, de qualquer luta ou descanso me levantarei forte e bela como um cavalo novo.*»[11]

Se, como Joana, a autora de *Perto do Coração Selvagem* receava que «*depois de casar nada mais poderia me acontecer*» estava enganada. O livro, publicado em meados de Dezembro de 1943, causou furor.

Quando Clarice começou a escrever, em Março de 1942, ainda estava na Faculdade de Direito e continuava a trabalhar como jornalista. Em Fevereiro, tinha-se mudado para o jornal *A Noite,* em tempos uma das glórias do jornalismo brasileiro. A sua sala de redacção ficava no mesmo andar que a *Vamos Lêr!* O seu trabalho não constituía tanto uma novidade, era mais um prolongamento do anterior, porque, tal como a Agência Nacional (e, nesse aspecto, também a *Vamos Lêr!), A Noite* era agora um órgão mediano do governo, ajudando, tal como Clarice afirmou no seu pedido de naturalização, «*na difusão e propaganda do governo de Sua Excelência*»[12].

Alguns dos colegas acompanharam-na na mudança de emprego. Francisco de Assis Barbosa foi um deles, e ela recorreu a ele para lhe pedir ajuda com o romance que tinha começado a escrever. «*Tateando no escuro*», Clarice compôs o livro a partir de apontamentos soltos, de ideias que registara num caderno de notas, sempre que estas lhe ocorriam.[13] Para se concentrar, desistiu do minúsculo quarto da empregada no apartamento que dividia com as irmãs e o cunhado, e passou um mês numa pensão próxima, onde trabalhou intensivamente. O livro acabou por ganhar forma, mas ela temia que fosse mais um amontoado de notas do que um romance autónomo.[14] Lúcio Cardoso assegurou-lhe que os fragmentos, só por si, constituíam um livro, Barbosa leu os originais, capítulo por capítulo, mas Clarice rejeitou as suas sugestões ocasionais com uma vivacidade característica: «*Quando releio o que eu escrevo*», disse-lhe, «*tenho a impressão que estou engolindo meu próprio vómito.*»[15]

Lúcio sugeriu-lhe um título, emprestado de *Retrato do Artista quando Jovem,* de James Joyce: «*Ele estava só. Estava abandonado, feliz, perto do coração selvagem da vida.*» Esta tornou-se a epígrafe do livro, que, em conjunto com o recurso ocasional ao método do fluxo de consciência, levou alguns críticos a descreverem o livro como joyceano. A comparação irritava Clarice. «*Descobri essa legenda, o título do livro e o próprio Joyce quando o livro estava bem pronto. Escrevi-o em oito ou nove meses, enquanto estudava, trabalhava, e noivava — mas ele não tem influência direta do estudo, do noivado, de Joyce, do trabalho.*»[16]

Barbosa, que, com Lúcio, foi um dos primeiros leitores do livro, recorda o seu assombro. «*À proporção que ia devorando os capítulos que estavam sendo datilografados pela autora, fui me compenetrando que estava diante de uma extraordinária revelação literária*», disse. «*O ímpeto de Clarice, o furacão Clarice.*»[17] Enviou-o para o departamento de edição de livros do chefe de ambos, *A Noite,* sob cuja chancela foi publicado, com uma capa rosa-viva, típica dos livros escritos por mulheres, em Dezembro de 1943. Não foi um contrato lucrativo para a nova autora. «*Eu não pagava nada, mas também não ganhava nada. Se houvesse lucro, era deles*», revelou Clarice.[18] Foram impressos mil exemplares; em vez do pagamento, pôde ficar com cem livros. Assim que o livro ficou pronto, ela começou a enviá-lo para os críticos.

«*Todo mundo queria saber quem era aquela moça*», lembra o jornalista Joel Silveira. «*Ninguém tinha idéia. De repente todo mundo estava falando sobre o assunto.*»[19] As críticas ainda testemunham o entusiasmo com o «*furacão Clarice*» libertado no meio da *intelligentsia* brasileira. Durante cerca de um ano após a publicação, saíam constantemente artigos sobre o livro em todas as principais cidades do Brasil. Dezasseis anos depois, um jornalista escreveu: «*Não temos registro de uma estréia mais sensacional, que tenha elevado a tão grande destaque um nome que, até pouco antes, era completamente desconhecido.*»[20]

Clarice Lispector, escreveram os críticos, era «*a mais rara personalidade literária no nosso mundo de letras*», «*algo de excepcional*», dotada de uma «*estonteante riqueza verbal*». «*O livro em seu conjunto é um milagre de equilíbrio, perfeitamente construído*», combinando a «*lucidez intelectual dos personagens de Dostoiévski com a pureza de uma criança.*»[21] Em Outubro de 1944, o livro foi galardoado com o prestigiado Prémio Graça Aranha como Melhor Primeiro Romance de 1943. O prémio foi uma confirmação do que a *Folha Carioca* descobrira, no início desse ano, quando pediu aos leitores que elegessem o melhor romance de 1943. *Perto do Coração Selvagem* venceu com quatrocentos e cinquenta e sete votos. Tendo em conta que apenas tinham sido postos à venda novecentos exemplares, foi um número espectacular. Mas era apropriado para um livro que *A Manhã* declarou ser «*a maior estréia feminina de todos os tempos na literatura brasileira*»[22]. Um outro crítico foi mais longe: «Perto do Coração Selvagem *é o maior romance que uma mulher jamais escreveu em língua portuguesa.*»[23]

O autor da última afirmação, o jovem poeta Lêdo Ivo, procurou-a, depois de ler o livro. «*Conheci Clarice Lispector em 1944, o momento exato em que ela publicou* Perto do Coração Selvagem», recordou.

> «*O encontro foi num restaurante na Cinelândia. Almoçamos juntos e a nossa conversa não se limitou a matérias literárias.* [...] *O mínimo que posso dizer é que ela era deslumbrante. Como era Outono, e as folhas da praça caíam, o dia cinzento contribuía para realçar a beleza e luminosidade de Clarice Lispector; e a esse clima estrangeiro se acrescia a sua própria voz, a dicção gutural que ainda hoje ressoa em meus ouvidos. Eu não tinha vinte anos — e, sob o império das leituras, sentia-me como se estivesse diante de Virginia Woolf ou Rosamund Lehmann.*»[24]

A «*estranha voz*» do livro, a «*atmosfera estrangeira*» da sua linguagem pouco comum, provocou uma impressão muito profunda nos seus primeiros leitores. Tinha alguns pontos de semelhança com textos brasileiros anteriores. «*A obra de Clarice Lispector surge em nosso mundo literário como a mais séria tentativa de romance introspectivo*», escreveu Sérgio Milliet, o decano dos críticos paulistas. «*Pela primeira vez, um autor brasileiro vai além da simples aproximação neste campo quase virgem de nossa literatura; pela primeira vez, um autor penetra nas profundezas da complexidade psicológica da alma moderna.*» Mas a afinidade com outros escritores «*introspectivos*», mesmo com aqueles que lhe eram tão próximos como Lúcio Cardoso, era superficial, como um outro crítico famoso percebeu quando afirmou que Clarice Lispector tinha de «*deslocar o centro de gravitação em que* [...] *estava girando por uns vinte anos o romance brasileiro*»[25].

É extraordinário o facto de só muito raramente os críticos compararem o livro com outros escritores brasileiros. Em vez disso, mencionavam Joyce, Virginia Woolf, Katherine Mansfield, Dostoiévski, Proust, Gide e Charles Morgan. Isto não se devia apenas ao facto de toda a questão do Brasil, aquele «*instinto de nacionalidade*» que Machado de Assis considerava ser o coração da literatura brasileira, estar ausente de *Perto do Coração Selvagem*. Era porque a linguagem não soava a brasileiro. Lêdo Ivo, recordando a «*estranha voz*» e a «*dicção gutural*» de Clarice, escreve: «*Clarice Lispector era uma estrangeira* [...] *A estrangeiridade de sua prosa é uma das evidências mais contundentes de nossa história literária e ainda da história de nossa língua.*»[26]

Mais tarde, essa língua seria naturalizada como a de uma das mais importantes escritoras brasileiras. Mas, entretanto, parecia exótica. «*No Brasil notamos um certo conformismo estilístico*», escreveu Antonio Candido, criticando os escritores que, independentemente do seu mérito, pensam «*que o impulso generoso que os anima supre a rudeza do material*»[27]. E Sérgio Milliet comentou que o prodígio do livro era a escritora ter conseguido alcançar uma «*harmonia preciosa e precisa entre a expressão e o fundo*»[28].

Esta é a essência do fascínio de *Perto do Coração Selvagem*, e de Clarice Lispector. Não era uma questão de estilo contra substância, nem uma simples questão de ênfase, que a separava daqueles escritores para quem «*o impulso generoso que os anima supre a rudeza do material*». Era uma concepção da arte fundamentalmente diferente. Nesse primeiro livro, Clarice resumia o impulso que Candido e Milliet pressentiram quando escreveu: «*A visão consistia em surpreender o símbolo das coisas nas próprias coisas.*» Essa observação era suficientemente importante para a levar a repeti-la, cem páginas mais à frente — «*o símbolo da coisa na própria coisa* —, e representava o âmago de todo o seu projecto artístico.[29]

Mas, tal como a frase sugere, esse projecto era menos artístico do que espiritual. A possibilidade de unir uma coisa e o seu símbolo, de voltar a ligar a linguagem à realidade, e vice-versa, não constitui um esforço intelectual nem artístico. Está, pelo contrário, intimamente ligado aos reinos sagrados da sexualidade e da criação. Uma palavra que não descreve uma coisa preexistente mas que, na realidade, *é* essa coisa, ou uma palavra que *cria* a coisa que descreve: a procura dessa palavra mística, da «*palavra que tem luz própria*», é a procura de toda uma vida. Essa procura foi uma preocupação urgente de séculos de místicos judeus. Tal como Deus, na escrita de Clarice, está completamente despido de qualquer significado moral, assim a linguagem não significa nada além do que exprime: «*o símbolo da coisa na própria coisa*».

A ovação sem precedentes que acolheu a estreia de Clarice Lispector foi também o início da lenda de Clarice Lispector, uma teia de rumores, mistérios, conjecturas, e mentiras que, na mente do público, se tornaram indissociáveis da própria mulher. Em 1961, um repórter de uma revista escreveu:

> «*Há uma grande curiosidade em torno de Clarice-gente. Ela circula muito pouco na área literária, foge aos programas de televisão e às tardes de autógrafo, e são pouquíssimas as pessoas que tiveram oportunidade de conversar com ela. Clarice não existe — dizem. É pseudônimo de alguém que mora na Europa. É uma mulher linda — afirmam outros. Não conheço, não — diz um terceiro. Mas acho que é homem. Ouvi falar que era um diplomata.*»[30]

O nascimento desta lenda pode ser datado do influente artigo que Sérgio Milliet escreveu em Janeiro de 1944, quando reparou na excentricidade do «*estranho e até desagradável*» nome da autora, «*pseudônimo sem dúvida*»[31]. Quando leu o artigo, Clarice escreveu a Milliet para lhe agradecer pela sua crítica calorosa, e para esclarecer a questão do seu nome. «*Eu tinha me preparado, não sei por que especialmente, para um começo ácido e um fim solitário. Suas palavras me desarmaram. De repente me senti até mal em ser tão bem recebida. Eu que não esperava ser recebida* at all. *Além do mais, a repulsa dos outros — eu pensava — haverá de me tornar mais dura, mais presa no caminho do trabalho que eu escolhera. PS. O nome é meu mesmo.*»[32]

A partir daí, a lenda de Clarice Lispector pôde ser livremente romanceada, em parte, porque ela não estava lá para dizer que se tratava de uma mentira. Menos de um mês depois da publicação de *Perto do Coração Selvagem,* Clarice deixou o Rio de Janeiro. Não voltaria lá durante quase duas décadas. A carta que enviou a Milliet chegou de Belém do Pará, na foz do Amazonas. Era um destino invulgar para um diplomata, mas Maury foi colocado lá porque a adormecida Belém, como uma grande parte do Norte do Brasil, se tornara subitamente um teatro essencial na guerra que estava a devastar o mundo.

# 14

# TRAMPOLIM PARA A VITÓRIA

Em 1942, enquanto Clarice Lispector solicitava a cidadania brasileira, namorava com Maury e escrevia o seu primeiro romance, a política externa brasileira sofria uma revolução. Em alguns aspectos, o Brasil poderia ter sido um parceiro lógico das Potências do Eixo. Tinha uma ditadura inspirada no e simpatizante do fascismo continental. Albergava enormes concentrações de imigrantes alemães, italianos e japoneses. O seu líder, Getúlio Vargas, dera todas as indicações de que desejava manter relações amigáveis com as Potências do Eixo, chegando a ponto de enviar saudações calorosas de parabéns a Adolf Hitler. No final de Agosto de 1940, proferiu um discurso a bordo do navio da marinha *Minas Gerais* que continha a sinistra afirmação: «*Novas forças se erguem no mundo ocidental*.»[1]

Como sempre, é claro, o «*pai dos pobres*» e a «*mãe dos ricos*» jogava dos dois lados. Um homem que resistira tanto tempo à frente da bizantina política brasileira não era, afinal, louco o suficiente para apostar nas Potências do Eixo, principalmente quando percebeu os inúmeros benefícios que uma aliança mais próxima com os EUA poderia trazer. Vargas viu que o país poderia utilizar o apoio dos EUA para ajudar a solidificar a sua base industrial e a consolidar a sua proeminência política na América do Sul; com a Argentina colocando-se mais ou menos abertamente do lado de Hitler, uma vitória dos Aliados colocaria o Brasil numa posição de domínio inquestionável. Ele poderia recorrer à guerra para renovar as suas forças armadas, melhorar as infra-estruturas nacionais, e estender a sua influência diplomática.

O Brasil sempre precisara dos Estados Unidos, mas agora os Estados Unidos precisavam do Brasil. Os americanos recompensariam generosamente a cooperação do Brasil; os extensos recursos naturais brasileiros eram fundamentais para o esforço de guerra. Mas o seu trunfo era a localização, a «*protuberância brasileira*» da sua costa nordestina, a parte mais a leste das Américas. Aquela zona saliente era uma ligação vital na cadeia de comunicações que ia de Miami, passando pelas Caraíbas e pelas Guianas, até à África Ocidental Francesa. Era a única rota segura para atravessar o Atlântico, conhecida, no discurso piroso da época, como o «trampolim para a vitória». Sem a cooperação brasileira, teria sido inútil.

As rotas aéreas foram tão essenciais que, enquanto Vargas namoriscava com as Potências do Eixo, em Washington chegou-se a falar de ocupar o Nordeste brasileiro pela força, que um relatório americano descrevia como um dos quatro lugares estratégicos mais valiosos do mundo, juntamente com o Canal do Suez, Gibraltar e o Bósforo.[2] Esse assunto foi debatido em meados de 1941. Quando o Brasil e os Estados Unidos ainda se mantinham oficialmente neutros, Vargas autorizou a Companhia Aérea Pan-American a começar a construir uma base aérea gigantesca em Natal, um pouco a norte do Recife, que se tornou a maior base aérea fora de território americano. «*Sem Natal a servir como "trampolim para a vitória"*», comentou um historiador, «*os problemas de abastecimento dos Aliados, em 1942 e 1943, poderiam ter sido inultrapassáveis.*»[3]

Em Janeiro de 1942, pouco tempo depois de Pearl Harbor, as nações americanas reuniram-se numa conferência decisiva no Rio de Janeiro. O palco do encontro foi o Palácio Tiradentes, lugar a partir do qual, até pouco antes, Lourival Fontes, um dos três não-italianos que «compreendiam realmente» o fascismo, dominara a imprensa brasileira. A conferência foi concluída com uma vitória diplomática de Sumner Welles, o chefe da delegação dos Estados Unidos, quando todas as nações do hemisfério, à excepção da Argentina e do Chile, cortaram relações com as Potências do Eixo. O anúncio foi recebido com júbilo nas ruas do Rio de Janeiro.

Não era, porém, uma declaração de guerra por parte do Brasil, ainda que o Eixo a encarasse como tal. Foi um equívoco, porque havia muitos elementos no exército, sobretudo os pupilos dos integralistas, que eram simpatizantes dos fascistas. Entre estes contavam-se indivíduos tão influentes como o ministro da Guerra, Pedro Aurélio de Gois Monteiro, e o violentamente anti-semita chefe da polícia do Rio de Janeiro, Filinto Müller, que só respondia perante o próprio Vargas. Havia também um grande número de nacionais das Potências do Eixo no país, assim como políticos e jornalistas com inclinações fascistas.

Todos foram silenciados quando Hitler e Mussolini começaram a lançar torpedos contra os navios brasileiros, matando centenas de pessoas. O *Baependi* naufragou com duzentos e cinquenta soldados e sete oficiais a bordo, juntamente com duas baterias de artilharia e outro equipamento. Um outro navio, a abarrotar de peregrinos, a caminho do Congresso Eucarístico em São Paulo, também foi afundado.[4] Em resposta à previsível e alargada revolta popular, o governo publicou um decreto, no dia 11 de Março de 1942, autorizando o governo a compensar os prejuízos através do confisco de propriedades dos nacionais das Potências do Eixo.

Não tardou muito para começar a haver cenas semelhantes às de um *pogrom,* dirigidas especialmente aos mais visíveis cidadãos das Potências do Eixo, os japoneses. Enquanto os italianos e os alemães, muitas vezes, conseguiam passar por brasileiros, os japoneses não tinham essa possibilidade; e tal como nos Estados Unidos, onde os americanos de origem japonesa foram levados para campos de prisioneiros, ainda que essa punição colectiva não fosse aplicada aos americanos de origem alemã ou italiana, os japoneses foram discriminados, apesar de o Japão, ao contrário da Itália e da Alemanha, não ter atacado o Brasil. E havia muitos japoneses: a colónia brasileira, com centenas de milhares deles, era a maior comunidade japonesa fora do Japão. Os seus negócios foram encerrados e eles foram empurrados para longe das zonas costeiras, onde se suspeitava que mantinham comunicações secretas com os submarinos das Potências do Eixo.[5]

As acusações fazem lembrar, com um pormenor sinistro, aquelas que foram levantadas contra os judeus durante a Primeira Guerra Mundial: envio de mensagens em código através de luzes e espelhos, sinais de rádio misteriosos, batidas sem justificação durante a noite. As línguas dos países que faziam parte das Potências do Eixo foram banidas, um obstáculo particularmente devastador para os japoneses. Tinham chegado havia relativamente pouco tempo ao Brasil e a maior parte deles não falava português, ficando assim isolada num ambiente em que todos os estrangeiros eram suspeitos.

O antigo bairro de Clarice Lispector no Recife testemunhou uma estranha inversão da situação que se vivera na Alemanha alguns anos antes. Enquanto assistiam à ascensão de Vargas e dos seus velhos aliados integralistas, e enquanto viam o desastre estender-se na Europa, os judeus brasileiros temiam pela sua segurança. Contudo, de repente, ser judeu passou a ser uma vantagem; grandes cartazes anunciando FIRMA JUDAICA começaram a surgir nas montras das lojas ao longo da Rua Nova, onde João Pessoa tinha sido alvejado.

«*Quem era Eixo, quem não era Eixo*», contou uma mulher judia, recordando esses tempos. «*Todo mundo era estrangeiro. Precisava saber quem era judeu, quem era alemão, quem não era nazista.*» Um amigável japonês que era proprietário de uma geladaria próxima viu o seu estabelecimento ser pilhado. «*Destruíram tudo, apesar de tudo que gostavam dele, dos sorvetes deliciosos. Era uma sorveteria linda, com orquestra até.*»[6]

«Os judeus estavam aterrorizados porque se recordavam dos *pogroms* da Europa», relembra uma testemunha. «Punham-se no lugar daquelas pessoas. Era uma espécie de empatia. Aquilo não lhes agradava, porque sabiam que as suas famílias estavam na Europa.»[7] As empresas judaicas que suscitavam alguma dúvida em relação à sua lealdade não estavam em segurança. Os senhores Stillman e Dimenstein, proprietários de uma fábrica de vestuário no Recife, denominada Fábrica de Capas Argentina, souberam-no no momento certo. Quando os desordeiros locais se aproximaram, eliminaram muito depressa com fita adesiva a suspeita menção a Argentina do nome da fábrica.

Depois de um único submarino alemão ter atingido seis navios brasileiros com torpedos, entre 15 e 19 de Agosto, a pressão para entrar na guerra tornou-se irresistível. Getúlio Vargas fez a declaração de guerra no dia 22 de Agosto de 1942, indo mais longe do que qualquer outra nação latino-america (ou seja: a Argentina) e oferecendo voluntariamente tropas, a Força Expedicionária Brasileira, ou FEB, composta por vinte e cinco mil homens, que iria ser colocada totalmente sob as ordens dos EUA.

Havia algumas dúvidas de que o Brasil pudesse ser bem-sucedido numa operação de tão grandes dimensões. A nação não se envolvia num conflito internacional desde o fim da Guerra do Paraguai, setenta e dois anos antes. Começou a correr um dito espirituoso que dizia: «*A cobra vai fumar antes de o Brasil entrar na guerra.*» Quando a FEB desembarcou em Itália, em 1944, o seu símbolo era uma cobra com um cachimbo na boca.

Clarice e Maury Gurgel Valente chegaram a Belém do Pará no dia 20 de Janeiro de 1944. A húmida e lânguida cidade na foz do grande rio é um lugar sensual, a capital do estado do Pará, tão grande como a Europa Ocidental. Todas as tardes, com a mesma regularidade de um relógio, e nunca por mais de uma hora, uma chuva torrencial inunda a cidade, lavando o ar do fedor a peixe podre que emana do seu enorme mercado à beira-rio. Belém está geográfica e culturalmente isolada do resto do Brasil, tendo a sua população uma influência mais marcadamente índia do que africana.

«*Não se pode imaginar a cidade de Belém no resto do Brasil*», escreveu o conhecido jornalista Euclides da Cunha no início do século.[8] Na altura, Belém estava a viver a sua fabulosa explosão de prosperidade por causa da borracha, que lhe trouxe uma fabulosa colecção de edifícios de fim de século, e que também, por algum tempo, fez enriquecer o avô de Maury, um importante cultivador de borracha que era proprietário do seu próprio banco. A mãe de Maury cresceu na cidade, e ele e os irmãos tinham lá passado parte da sua infância.

Foi um período feliz para Clarice e Maury. Em nome do Ministério das Relações Exteriores, Maury era responsável pelos encontros e por receber os inúmeros dignitários estrangeiros que por ali passavam a caminho da Europa, de África e da Ásia. Em Janeiro de 1944, o «*trampolim para a vitória*» já não era tão essencial como tinha sido antes de os Aliados recuperarem o Norte de África, mas ainda era suficientemente importante para receber uma visita do calibre de Eleanor Roosevelt, que lá chegou no dia 14 de Março. Clarice estava disponível para a receber. «*Fui com meu vestido preto*», contou ela às irmãs.

> «*Ela é simpaticíssima. Muito simples, vestida com bastante modéstia, bem mais bonita pessoalmente do que nas fotografias e no cinema. No dia seguinte ela deu entrevista coletiva à imprensa, eu fui, mandei noticiário telefónico para* A Noite, *mesmo estando de licença, porque não queria perder a chance.*»[9]

E ficou embriagada, pela primeira vez, em casa do cônsul dos EUA. «*Puxa! Que enjoo!*», escreveu ela a Tania. «*Uma dessas ressacas de filme de cinema. Foi bom que eu tivesse bebido pra tirar o que existe de tentador na idéia, tão divulgada e cantada pelos poetas... Foi a primeira vez e a última, não há dúvida.*»[10]

Apesar desses momentos fugazes de excitação, Clarice tinha pouco que fazer, pela primeira vez na vida. Já não estava na faculdade e não tinha emprego. «*Estou aqui meio perdida*», escreveu a Lúcio Cardoso, algumas semanas depois de lá ter chegado.

> «*Faço quase nada. Comecei a procurar trabalho e começo de novo a me torturar, até que resolvo não fazer programas; então a liberdade resulta em nada e eu faço de novo programas e me revolto contra eles. Tenho lido o que me cai nas mãos. Caiu-me plenamente nas mãos* Madame Bovary, *que eu reli. Aproveitei a cena da morte para chorar as dores que eu tive e as que eu não tive. — Eu nunca tive propriamente o que se chama "ambiente" mas sempre tive alguns amigos.*»[11]

A liberdade pouco usual era semelhante à de muitas mulheres de funcionários do Ministério das Relações Exteriores, a cujas fileiras Clarice agora se juntava. O Ministério das Relações Exteriores, conhecido por Itamaraty, por causa do Palácio do Itamaraty, um edifício neoclássico que o albergava, era, e continua a ser, o clube mais exclusivo do Brasil. Num país onde os conhecimentos eram bastante mais importantes do que o talento, a fama de meritocracia rigorosa do Itamaraty atraía muitos dos melhores cérebros brasileiros. E o seu talento diplomático para garantir a segurança da nação, sem ter de recorrer à guerra, conferiu-lhes uma aura de competência quase mítica num país que, em geral, depositava pouca confiança nos seus governantes.

Escusado será dizer que o cargo diplomático tendia a ser mais ocupado por pessoas com origens mais semelhantes às de Maury do que às de Clarice. As mulheres dos diplomatas eram, na sua maioria, mulheres bonitas, de boas famílias e de classe elevada, cujas função, num mundo de embaixadas e de criados, era largamente decorativa.[12] Poucas mulheres tinham os estudos superiores de Clarice, e ainda era menor o número das que provinham de origens humildes como as suas. Não havia judeus no serviço de relações exteriores — quando Clarice se casou com Maury, só havia uma outra esposa judia no Itamaraty[13] — e os brasileiros de pele escura, a grande maioria da população do país, estavam de igual modo ausentes. O serviço de relações exteriores baseava-se na meritocracia, mas os critérios de admissão, entre os quais se contava uma excelente educação que incluísse o domínio das línguas francesa e inglesa, asseguravam que os seus funcionários seriam sobretudo oriundos das antigas famílias de elite que, como em qualquer outra parte, tendiam a ser conservadoras, religiosas e nacionalistas.

De facto, quando Hitler marchou pela Europa, o Itamaraty desempenhou um papel de relevo em manter os judeus fora do Brasil. A ideologia racista que muitos diplomatas tinham absorvido na Escola Nacional de Direito no Rio de Janeiro fez do Ministério de Relações Exteriores um bastião do anti-semitismo; durante a guerra, os diplomatas brasileiros encarregados de moldar a política de imigração manifestavam-se, com frequência e ferocidade, contra a admissão de judeus. Nos memorandos enviados para o Rio de Janeiro, era comum, por exemplo, estabelecerem a ligação, que à superfície teria parecido absurda, entre o comunismo e «as finanças judaicas internacionais».[14]

Havia algumas excepções. O mais bem posicionado era Luiz Martins de Souza Dantas, embaixador em França até 1942, ano em que foi destituído do seu posto por emitir um grande número de vistos falsos a judeus desesperados, várias centenas dos quais, pelo menos, conseguiram escapar para o Brasil.[15] Paulo Carneiro, mais tarde embaixador do Brasil na UNESCO, trabalhou para o gabinete comercial brasileiro, em Paris, durante a guerra, onde levava passaportes para casa e os falsificava na mesa da cozinha.[16]

O mais famoso destes heróis foi João Guimarães Rosa, cujo *Sagarana,* publicado dois anos depois de *Perto do Coração Selvagem,* anunciou a chegada do outro grande mestre da prosa brasileira do século XX. Com Aracy Moebius de Carvalho, a sua mulher brasileira de origem alemã, a tomar a iniciativa, o casal emitia vistos ilegais a partir do consulado em Hamburgo; Aracy chegou mesmo a utilizar o seu passaporte diplomático para acompanhar judeus até aos navios que aguardavam para os conduzir para um lugar seguro. Após a declaração de guerra do Brasil, o casal passou quatro meses detido em Baden-Baden, até acabar por ser trocado por diplomatas alemães no Brasil.[17]

Clarice era agora uma esposa do serviço diplomático, mas durante algum tempo, embora estivesse longe de casa, ainda não se encontrava no estrangeiro, no casulo da diplomacia. Apesar do tédio ocasional, adorava Belém, onde passava uma grande parte do tempo a ler livros — Sartre, Rilke, Proust, Rosamund Lehmann e Virginia Woolf, além de Flaubert — que comprava na Livraria Nossa Senhora das Dores.[18] Muitas das suas escolhas pareciam ter sido influenciadas pelas comparações que os críticos de *Perto do Coração Selvagem* tinham feito com as obras de outros escritores. À medida que as críticas surgiam de todos os pontos do Brasil, enviadas por Tania do Rio de Janeiro, alguns dos críticos recebiam respostas pessoais da autora, incluindo o autor da mais famosa crítica negativa, o jovem crítico Álvaro Lins.

As objecções de Lins ao livro proporcionam actualmente uma leitura divertida.

> *«É certo que, de modo geral, toda obra literária deve ser a expressão, a revelação de uma personalidade. Há, porém, nos temperamentos masculinos, uma maior tendência para fazer do autor uma figura escondida por detrás das suas criações, operando-se um desligamento quando a obra já esteja feita e acabada. Isto significa que um escritor pode colocar toda a sua personalidade na obra, contudo nela se diluindo de tal modo que o espectador só vê o objeto e não o homem.»*

Lins sugere que os «*temperamentos femininos*» são incapazes desse tipo de distância, a não ser no invulgar caso da «*inteligência andrógina*». No entanto, e de modo bastante interessante, ele utiliza o termo «*realismo mágico*» para descrever o livro: «*O realismo definido não apenas como observação dos aspectos exteriores dos fenômenos humanos, e sim como intuição para o conhecimento da realidade íntima e misteriosa desses fenômenos.*» Esta deve ser a primeira vez que este termo foi utilizado para descrever o trabalho de um escritor latino-americano.[19]

«*As críticas, de um modo geral, não me fazem bem*», escreveu Clarice a Tania. «*A do Álvaro Lins* [...] *me abateu e isso foi bom de certo modo. Escrevi para ele dizendo que não conhecia Joyce nem Virginia Woolf nem Proust quando fiz o livro, porque o diabo do homem só faltou me chamar "representante comercial" deles.*»[20] Alguns anos mais tarde, ainda irritada com a comparação, ela escreveu: «*Não gosto quando dizem que tenho afinidade com Virginia Woolf (só li, aliás, depois de escrever o meu primeiro livro): é que não quero perdoar o fato de ela se ter suicidado. O horrível dever é ir até ao fim.*»[21] Rejeitava de igual forma qualquer comparação com Sartre:

> *«Minha náusea inclusive é diferente da náusea de Sartre, porque quando eu era pequena não suportava leite, e quase vomitava o que tinha que beber. Pingavam limão na minha boca. Quer dizer, eu sei o que é a náusea no corpo todo, na alma toda. Não é sartriana.»*[22]

Depois de a crítica de Lúcio Cardoso ter sido publicada, no dia 12 de Março, Clarice escreveu-lhe: «*Gostei tanto. Fiquei assustada com o que você diz — que é possível que meu livro seja o meu mais importante. Tenho vontade de rasgá-lo e ficar livre de novo: é horrível a gente já estar completa.*» Desta carta sobressai um tom de fragilidade e de insegurança. Clarice dirige-se-lhe como se ele fosse inalcançável, superior, quase da mesma forma que Maury se dirigia a *ela* antes de se casarem. «*Estava num impulso de sinceridade e confissão que muitas vezes eu tenho em relação a você*», disse ela a Lúcio. «*Mas não sei, talvez porque você nunca tenha sentido em relação a mim esse mesmo impulso, eu fico de repente apenas com as palavras que eu queria dizer mas sem gostar delas.*»[23] Num tom semelhante, alguns meses mais tarde, escreveu: «*Hoje tirei um retrato que deve ter saído horrível porque eu estava horrível. Mas se sair mais ou menos eu mandarei um a você. Quer? Coitado você não quer nem retrato nem carta. Inventei que você me tem como amiga somente porque eu sou sua amiga; que pequena tragédia.*»[24] Ele respondeu, com uma autoridade calma: «*Não há nenhuma pequena tragédia: sou realmente muito seu amigo e sentiria muito se você não acreditasse nisto.*»[25]

A colaboração de ambos, tão importante para a escrita de *Perto do Coração Selvagem,* prolongou-se para *O Lustre,* o livro que Clarice começara em Março de 1943, algumas semanas depois do casamento, quando ainda vivia no Rio de Janeiro. *Perto do Coração Selvagem* só seria publicado em Dezembro, mas Clarice já estava a partir numa direcção diferente. Em Belém, comeu açaí, um dos petiscos de predilecção das regiões da Amazónia, para se concentrar no livro.[26] Mas os resultados foram decepcionantes, como escreveu a Tania, em Fevereiro: «*Ando horrivelmente desfibrada: tudo o que tenho escrito é bagaço; sem gosto, me imitando, ou toando um tom fácil que não me interessa nem agrada.*»[27]

Mesmo assim, estava satisfeita por voltar a trabalhar. Como revelou a um entrevistador (talvez o seu primeiro): «*Escrevo porque encontro nisso um prazer que não sei traduzir. Não sou pretensiosa. Escrevo para mim, para que eu sinta minha alma falando e cantando, às vezes chorando...*» Na mesma entrevista, concordou que a sua escrita era, de algum modo, autobiográfica, referindo-se ao livro que estava a ler na altura: «*No fundo, Flaubert tinha razão, quando disse:* "Madame Bovary c'est moi". *A gente está sempre em primeiro lugar.*»[28]

Em Maio, estava pronta para mostrar partes do seu novo trabalho a Lúcio. «*O fato é que eu queria escrever agora um livro limpo e calmo, sem nenhuma palavra forte, mas alguma coisa real-real como o que se sonha, e que se pensa uma coisa real e bem fina.*»[29] Mas o livro não ficaria concluído em Belém. No dia 5 de Julho de 1944, um mês após o Dia D e a libertação de Roma, chegou o aviso de que Maury Gurgel Valente iria ser transferido para o consulado de Nápoles.

# 15

## *PRINCIPESSA DI NAPOLI*

Depois de passarem alguns dias no Rio de Janeiro[1], Clarice e Maury iniciaram a sua viagem para a Europa, no dia 19 de Julho. O tortuoso itinerário que tiveram de realizar demonstra como era difícil atravessar o Atlântico naquela altura. A primeira paragem a que se viram obrigados foi no «*trampolim para a vitória*», a enorme base dos EUA em Panamirim, Natal, onde passaram cinco dias à espera de transporte. A base era luxuosa: o cinema apresentava filmes que ainda não estavam em exibição no Rio de Janeiro, a messe servia comida deliciosa, e os apartamentos estavam equipados com frigoríficos eléctricos gigantes.[2] Maury partiu primeiro, viajando com outros diplomatas, que iriam reabrir o consulado, antes de levarem os familiares. A viagem foi penosa: do Rio de Janeiro para Natal, daí para a ilha de Ascensão, para Accra e para Robertsfield (na Libéria), para Dakar, para Tindouf, para Marraquexe, Casablanca, Orão e para Argel, onde Maury e os colegas puderam finalmente descansar.

Entretanto, Clarice, estava presa em Natal. Deslocava-se entre a base dos EUA e o «*horrivelzinho Grande Hotel*» de onde escreveu a Lúcio. «*Maury embarcou ontem e eu estou esperando condução talvez para esse fim de semana.*» Passou, ao todo, doze dias em Natal, «*cidadezinha sem caráter, nem mesmo o da velhice*», com saudades das irmãs, de Maury, e dos amigos do Rio de Janeiro e de Belém.[3]

Pela primeira vez, desde que chegara a Maceió como uma bebé imigrante, ia sair do Brasil. As circunstâncias teriam sido difíceis de imaginar quando chegara, vinte e dois anos antes, em terceira classe, uma criança pobre e faminta de uma família de refugiados miseráveis. Não havia sinal da luta épica que a sua família travara na bela jovem, uma escritora admirada e uma jornalista respeitada, que aguardava o seu avião, sentada, no Grande Hotel, com um distinto apelido católico no seu passaporte diplomático.

Era uma espécie de triunfo, mas não deixava de ser ambíguo. Nos anos desde que a família desembarcara, sob a sombra da falsa Estátua da Liberdade, nas docas de Maceió, Clarice criara raízes profundas no único país que conhecera. «*Clarice nunca deveria ter deixado o Brasil*», comentou Eliane Weil, que a conheceu algumas semanas mais tarde, em Argel. «*Ela não era como aquelas outras mulheres. Só muito poucas delas tinham alguma formação. Eram treinadas para ajudar o marido, cuidar dos filhos e da criadagem. Clarice era instruída, tinha uma profissão, tinha uma vida no Brasil.*»[4]

A experiência de viver no estrangeiro seria tão difícil quanto recompensadora, mas primeiro, Clarice tinha de lá chegar. No dia 30 de Julho, embarcou em Natal. «*Viajei com muitos missionários e olhando para uma mulherzinha santa que dormia em frente a mim, eu mesma me sentia fraca e horrivelmente espiritual, sem nenhuma fome, disposta a convencer todos os negros da África que não há necessidade de nada, senão de civilização*», escreveu ela a Lúcio.[5]

No dia seguinte, chegou à base da Força Aérea americana em Fisherman's Lake, na Libéria, onde passou um dia e uma noite. Apesar de estar rodeada de aldeões liberianos que ficaram intrigados com o seu macio cabelo louro, não ficou sensibilizada com o exotismo do lugar. «*Eu precisava me repetir: isso é África — para sentir alguma coisa. Nunca vi ninguém menos turista.*» No dia 1 de Agosto, chegou a Bolama, na Guiné portuguesa, onde almoçou e viu a natureza do regime colonial. Continuaria a escrever sobre essa experiência até 1974. [Ao ver guineenses serem chicoteados] «*Perguntei-me: mas é necessário tratá-los como se não fossem seres humanos? Respondeu-me: de outro modo eles não trabalham. Fiquei meditativa. A África misteriosa.*»[6] Deixou a África misteriosa por Dakar, num voo que durou a noite inteira até Lisboa.[7]

Graças aos sacrifícios dos pais, Clarice Lispector pôde regressar, bem alimentada e bem vestida, casada com um diplomata com um ordenado pago em dólares, ao seu continente de origem. É improvável que tivesse algum conhecimento da dimensão dos horrores que o seu povo sofria. Desde 1930 que era do conhecimento geral que os judeus europeus estavam a ser perseguidos, mas a natureza exacta dessa perseguição ainda não se imaginava. O Brasil passara vários anos debaixo da censura do Estado Novo. Os jornais iídiches, os que mais se teriam interessado pelo assunto, continuavam fechados; os jornais em língua portuguesa ou não estavam interessados, ou eram impedidos de o relatar. «*Nós não sabíamos*», afirmou Tania Lispector Kaufmann. «*Estávamos ocupados trabalhando, e na verdade as pessoas não falavam sobre isso.*»[8] Os judeus brasileiros ignoravam totalmente grande parte do que se passou. «*Quando terminou a guerra, muitos jornalistas e escritores que se libertaram na Europa, dos países que foram atingidos, vinham para a América Latina e Central para darem depoimentos*», recordou um outro brasileiro. «*Porque aqui a gente não sabia nada. Os jornais não escreviam porque era ditadura. Então, convidaram jornalistas, escritores que estiveram na Europa.*»[9]

A neutral Lisboa, onde Clarice chegou, no dia 2 de Agosto de 1944, estava melhor do que a maior parte do continente, mas não deixava de ser degradada e pobre. «*Lisboa deve ser horrível para se viver e trabalhar*», escreveu ela a Lúcio, algumas semanas depois. «*Como disse Maria Archer, o mal dos portugueses é a dignidade.*»[10] Archer, uma romancista que cresceu na África portuguesa, era uma das muitas figuras culturais que ficou impressionada com a jovem brasileira. Clarice escreveu a Tania e a Elisa que Ribeiro Couto, um escritor e diplomata brasileiro, «*deu um jantar para o qual foi convidado, entre outros, João Gaspar Simões, grande crítico português*». (Actualmente, João Gaspar Simões é mais recordado como o primeiro biógrafo de Fernando Pessoa.) «*Conversamos bastante. Ele gostou muito de mim e quer o livro (vocês não imaginam como eu fui um sucesso nessa noite. Todos me imitaram, todos ficaram "encantados").*»[11]

Clarice travou uma amizade duradoura com a poetisa portuguesa Natércia Freire. «*As quatro horas que passamos juntas foram pouco para mim, por tudo o que tínhamos a dizer uma à outra. Mas um dia nos encontraremos de novo, vou ouvir muito e falar muito.*»[12] Nunca voltaram a encontrar-se, mas aquelas poucas horas deixaram uma marca tão profunda em Natércia que em 1972 continuavam a corresponder-se. (*«Meu Deus, quanto nós temos vivido!»*, escreveria Clarice.)[13]

A viagem não foi sempre divertida, escreveu Clarice a Lúcio. «*Eu, pelo menos, não sei se pela situação especial de espera e ansiedade, experimentei um desassossego como há muito não sentia. Mas de algum modo a gente se sente mesmo como se estivesse em casa — talvez por isso, quem sabe?*»[14] E escreveu a Tania: «*Não estou tendo prazer em viajar. Gostaria de estar aí com vocês ou com Maury. O mundo todo é ligeiramente chato, parece. O que importa na vida é estar junto de quem se gosta. Isso é a maior verdade do mundo.*»[15]

Ao fim de uma semana e meia em Lisboa, «*Mme.* Clarice Gurgel Valente, *courrier diplomatique*»[16], partiu para Marrocos, transportando correspondência para o Dr. Vasco Tristão Leitão da Cunha, o representante do Brasil no Governo Interino da República Francesa, localizado em Argel. Clarice passou por Casablanca, que era «*bonitinho, mas bem diferente do filme* Casablanca...», como escreveu às irmãs. «*As mulheres mais do povo não carregam véu. É engraçado vê-las com manto, véu, e vestido às vezes curto, aparecendo sapatos (e soquete) tipo Carmen Miranda*», a inevitável embaixatriz da moda brasileira.[17] De Casablanca, Clarice seguiu para Argel.

«*As coisas são iguais em toda a parte — eis o suspiro de uma mulherzinha viajada*», escreveu a Lúcio. «*Os cinemas do mundo inteiro se chamam Odeon, Capitólio, Império, Rex, Olímpia; as mulheres usam sapato Carmen Miranda, mesmo quando usam véu no rosto. A verdade continua igual: o principal é a gente mesmo e só a gente não usa sapatos Carmen Miranda.*»[18] De Argel, escreveu a Tania e a Elisa: «*Na verdade eu não sei escrever cartas sobre viagens; na verdade nem mesmo sei viajar. É engraçado como, ficando pouco em lugares, eu mal vejo. Acho a natureza toda mais ou menos parecida, as coisas quase iguais. Eu conhecia melhor uma árabe com um véu no rosto quando estava no Rio. Enfim, eu espero nunca exigir de mim nenhuma atitude. Isso me cansaria* [...] *Todo esse mês de viagem nada tenho feito, nem lido, nem nada — sou inteiramente Clarice Gurgel Valente. Eu estou bem-disposta.*»[19]

Em Argel, ficou na legação brasileira, no quarto do cunhado, Mozart Gurgel Valente, que foi relegado para o sofá. Era a sua primeira experiência alargada na sociedade diplomática, e ela não estava impressionada, como escreveu a Elisa e a Tania, que se encontravam no Rio de Janeiro.

> «*Muitas esnobíssimas, de feitio duro e impiedoso embora sem jamais fazer maldade. Eu acho graça em ouvi-las falar de nobrezas e aristocracias e de me ver sentada no meio delas, com o ar mais gentil e delicado que eu posso achar. Nunca ouvi tanta bobagem séria e irremediável como nesse mês de viagem. Gente cheia de certezas e de julgamentos, de vida vazia e entupida de prazeres sociais e delicadezas. É evidente que é preciso conhecer a verdadeira pessoa em baixo disso. Mas por mais protetora dos animais que eu seja, a tarefa é difícil.*»[20]

O quadro não era completamente sombrio, contudo, e, ao longo dos doze dias agitados que passou em Argel, Clarice fez amizades duradouras. Uma era uma jovem francesa judia que se chamava Eliane Weil, que escapara aos nazis em Paris e partira para Argel, no último navio que saiu de Marselha. Aí, onde trabalhava nas operações psicológicas para os americanos, conheceu Mozart, quatro anos mais velho do que Maury, que estava em Argel desde Abril de 1943. Apaixonaram-se, mas, como Clarice e Maury tinham descoberto, os diplomatas brasileiros não se podiam casar com estrangeiras.

Felizmente, um capricho da genealogia estava do lado deles: a mãe de Eliane, Lucy Israel, nascera, por casualidade, no Rio de Janeiro, em 1899. A família fazia parte dos primeiros judeus que se tinham instalado no Brasil, mas regressaram à Europa quando Lucy tinha sete anos. Em Paris, Lucy casou-se com um judeu da Alsácia, Léon Weil, em 1920, fazendo com que a filha de ambos fosse legalmente uma «*brasileira nascida em Paris*», tal como Lucy havia sido uma «*francesa, nascida no Rio de Janeiro*». Os seus documentos foram providenciados, e então, renascida como cidadã brasileira, Lucy casou com Mozart, em Roma, em Dezembro de 1944, passando a ser a terceira esposa judia no Itamaraty.

Mais uma surpresa estava guardada para Mozart e Maury, quando, algumas semanas antes, Elza Cansanção Medeiros apareceu na legação em Argel. O pai deles era o dentista da família Medeiros em Copacabana; as famílias eram vizinhas e conheciam-se havia muitos anos, e o último lugar onde esperavam encontrar Elza, de dezanove anos, era na legação, em Argel. «*O que você está fazendo aqui?*», perguntaram os dois irmãos, perplexos. «*Como é que o seu pai deixou?*» Não tinha deixado, respondeu Elza. O pai deserdara-a quando Elza se tornou a primeira mulher voluntária da FEB.[21]

O Dr. Medeiros não foi o único a encarar as enfermeiras brasileiras com cepticismo. Santinha Dutra, conhecida pelo seu catolicismo reaccionário e por ser casada com o ministro da Guerra, via as enfermeiras voluntárias como «*prostitutas que iam para a guerra fazer suas carreiras*». Convenceu o marido, Eurico Gaspar Dutra, a colocar as enfermeiras numa posição em que não eram nem soldados nem oficiais. Isso, recorda Elza, implicava que não podiam comer: havia messes para soldados e messes para oficiais, mas nenhuma para as enfermeiras. Felizmente, o presidente da Cruz Vermelha no Recife, que era dono de uma fábrica de bolachas, tinha-lhe dado algumas caixas da sua fábrica, que era a única coisa que tinham para comer na viagem do Brasil para a Argélia.

Depois de chegada em segurança, Elza foi recebida por mais um amigo da família, que ficou espantado, o Dr. Vasco Leitão da Cunha, que ajudou as jovens a arranjar alojamento na ala dos empregados de um hotel próximo. O Dr. Vasco, o representante do Brasil perante o Governo Interino da República Francesa, estava prestes a ocupar o seu cargo como cônsul-geral na embaixada de Roma, que acabara de ser reaberta. Clarice gostou bastante do talentoso e encantador Dr. Vasco, tal como toda a gente que o conheceu; durante toda a sua carreira no Itamaraty, ocupou as embaixadas mais importantes de Washington e Moscovo e ascendeu a ministro das Relações Exteriores. Ele e Mozart acompanharam Clarice até Itália, de barco, «*até Taranto, sem largar um instante o salva-vidas obrigatório, comboiada nos dois destróieres.*» «*Em*

*Taranto tomamos o avião particular do comandante em chefe das forças aliadas no Mediterrâneo e chegamos a essa cidade.*»[22]

Chegaram no dia 24 de Agosto, no dia antes da libertação de Paris. Como tantas outras pessoas no mundo inteiro, Elisa Lispector, que ficara no Rio, passou uma noite sem dormir, com a alegria e o entusiasmo.[23]

Muito antes da Segunda Guerra Mundial, o consulado de Nápoles desempenhara um papel vital na história do Brasil. Com a abolição da escravatura, em 1888, o Brasil começou a procurar no estrangeiro fontes de mão-de-obra livre para trabalhar nas suas florescentes plantações de café. A empobrecida Itália, com o seu grande excedente de trabalhadores agrícolas, era uma solução ideal. Os italianos, ao contrário dos judeus ou japoneses, também preenchiam os requisitos dos teóricos raciais brasileiros: eram brancos, católicos latinos que poderiam ser pacificamente absorvidos. Centenas de milhares chegaram, sobretudo ao Sul, tantos, que representam os antepassados de praticamente quinze por cento da população brasileira actual.[24] Assim como os italianos que chegaram aos Estados Unidos e à Argentina, a maioria dos que se dirigiram para o Brasil partiram de Nápoles, com os documentos carimbados no consulado brasileiro.

Nesta altura, o consulado que Maury Gurgel Valente estava a ajudar a reabrir era a base para uma outra operação crucial, prestar assistência aos vinte e cinco mil soldados da Força Expedicionária Brasileira. Em 1944, Nápoles dificilmente poderia ser descrita como uma estação que fizesse parte do «*circuito Elizabeth Arden*», o circuito dos postos mais cobiçados pelos diplomatas. Maury foi informado em Argel de que entre os confortos dos quais iria ter de prescindir se contavam os travesseiros e os almoços.[25]

A cidade tinha sido liberta há menos de um ano, no dia 1 de Outubro de 1943. A sua população estava reduzida à miséria. «Nada, absolutamente nada que possa ser processado pelo sistema digestivo é desperdiçado em Nápoles», escreveu Norman Lewis, o conhecido escritor de literatura de viagens.

«Os talhos que abriram, aqui e ali, não vendem nada que considerássemos aceitável como carne, mas as suas exposições de miúdos são feitas com arte, e manuseadas com reverência: cabeças de frangos — nas quais os bicos foram cuidadosamente aparados — custam cinco liras; uma pequena pilha de intestinos de frango num pires bem polido, cinco liras; uma moela, três liras; mão de vaca, duas liras cada; um grande pedaço de traqueia, sete liras.»[26]

Além disso, uma grande parte da cidade tinha sido armadilhada pelos alemães, antes de partirem. A explosão de edifícios era algo que ocorria com regularidade, e a cidade não protegida tinha sido saqueada:

«Nada foi demasiado grande ou demasiado pequeno — desde os postes telegráficos aos frascos de penicilina — para escapar à cleptomania napolitana. Uma ou duas semanas atrás, uma orquestra tocava no San Carlo para uma audiência predominantemente abrigada com os cobertores do hospital dos Aliados, e voltou de um intervalo de cinco minutos para descobrir que os seus instrumentos tinham desaparecido.»[27]

O céu fervilhava com presságios. O Vesúvio entrara em erupção no dia 19 de Março, e a população foi tomada por uma febre religiosa cujas manifestações não devem ter parecido invulgares a alguém que vinha do Nordeste brasileiro:

«As igrejas encheram-se subitamente de imagens que falam, sangram, transpiram, acenam com as cabeças e exsudam licores curativos que são limpos com lenços, ou até recolhidos em garrafas, e multidões ansiosas, extáticas, aglomeram-se, esperando que esses prodígios aconteçam. Todos os dias os jornais relatam novos milagres. Na igreja de Santo Agnello, um crucifixo que fala mantém conversações regulares com a imagem de Santa Maria d'Intercessione — um facto que foi confirmado por repórteres no local. A imagem de Santa Maria del Carmine, anteriormente famosa por ter baixado a cabeça para escapar a um disparo de canhão durante o cerco de Nápoles por Afonso de Aragão, agora fá-lo como rotina diária.»[28]

O pão, a carne, o azeite e a massa são todos muito caros, mesmo após a libertação, escreveu Rubem Braga, o correspondente do *Diário Carioca*.[29]

> *«O povo de Nápoles mora mal, veste-se mal, come pouco — e sua liberdade está cheia de restrições»*, escreveu Braga. *«O mercado negro funciona por toda a parte: tem-se às vezes a impressão cómica e trágica de que cada pessoa procura comprar escondido uma coisa por 20 liras para revender por 40 liras a outra pessoa que a revenderá a outro revendedor — e assim por diante, até aparecer, não sei em que altura da escala, um cidadão que resolve consumir o artigo, graças ao dinheiro que arranjou ninguém sabe onde.»* Mas acrescentou, *«entretanto, não se vê fome, a fome absoluta como dizem há na Grécia e em outros lugares. Os alimentos são caros e poucos; mas há»*.[30]

Foi neste «mar de rosas» que Clarice e Maury deram início às suas carreiras no estrangeiro. Na sua correspondência, Clarice não se lamentava, nem sequer mencionava as dificuldades. *«Isso aqui é lindo»*, escreveu a Lúcio. *«É uma cidade suja e desordenada, como se o principal fosse o mar, as pessoas, as coisas. As pessoas parecem morar provisoriamente. E tudo aqui tem uma cor esmaecida, mas não como se tivesse um véu por cima: são as verdadeiras cores.»*[31]

Descreveu um pouco a situação a Elisa, a quem normalmente escrevia cartas mais descritivas do que a Tania ou a Lúcio. *«O povo vive claramente em contrabando, mercado negro, prostituição, assaltos e roubos. A classe média é que sofre.»*[32] Algumas semanas mais tarde, explicou melhor: *«É verdade que se culpa a guerra de muita coisa que sempre existiu aqui. A prostituição, por exemplo, sempre foi aqui um grande meio de vida. Conta-nos que agora os meninos na rua oferecem as irmãs, o marido que diz que tem uma moça muito bonita e no fim sabe-se que é a mulher dele, etc.; mas todos dizem que é isso sempre.»*[33]

Clarice lia bastante, principalmente em italiano. Nessa língua, actualizou o que conhecia de Katherine Mansfield. *Bliss* de Katherine Mansfield exercera um grande impacto nela, alguns anos antes; foi o primeiro livro que comprou com o seu ordenado de jornalista. «*Este livro sou eu!*», lembrava-se de ter exclamado, quando o abriu a primeira vez. Agora, em Nápoles, enquanto lia as cartas de Mansfield, escreveu a Lúcio: «*Não pode haver uma vida maior que a dela, e eu não sei o que fazer simplesmente. Que coisa absolutamente extraordinária que ela é.*»[34]

A admiração que Clarice tinha por Mansfield e a sua identificação com ela é interessante. Existe a admiração que um escritor sente naturalmente por um grande predecessor. Mas a afirmação: «*Não pode haver uma vida maior que a dela*» obriga-nos a perguntar o que Clarice quis dizer, quando a referência era uma vida que incluía amantes dos dois sexos, doenças venéreas, depressão, tuberculose e a morte aos trinta e quatro anos. Talvez fosse a dedicação total de Mansfield à sua arte. Mas outra hipótese seria a forma como Mansfield desafiou as convenções, a sua luta, incessante e condenada, pela liberdade. Para a jovem autora de *Perto do Coração Selvagem*, como para a sua rebelde criação, Joana, a liberdade, pessoal e artística, era o bem maior. A mensagem da vida de Katherine Mansfield deve ter sido particularmente apelativa para Clarice, uma vez que ela estava a ser tragada pelo corpo diplomático, cuidadoso, fechado e extremamente rebuscado, mesmo em tempo de guerra.

> «*De um modo geral eu tenho feito "sucesso social"*», escreveu ela a Lúcio. «*Só que depois deles eu e Maury ficamos pálidos, exaustos, olhando um para o outro, detestando as populações e com programas de ódio e pureza* [...]. *Todo o mundo é inteligente, é bonito, é educado, dá esmolas e lê livros; mas por que não vão para um inferno qualquer? Eu mesma irei de bom grado se souber que o lugar da "humanidade sofredora" é no céu. Meu Deus, eu afinal não sou missionária.*»[35]

Apesar deste virtuosismo, Clarice não se opunha à «*humanidade sofredora*», nem sequer ao trabalho missionário. Pouco depois da sua chegada, investiu as suas energias em ajudar a cuidar dos «*cobras fumantes*», as tropas da FEB que tinham desembarcado em Nápoles, para perplexidade dos italianos. No dia 15 de Novembro, o aniversário da proclamação da República Brasileira, Vasco Leitão da Cunha proferiu um discurso descrevendo os motivos para a entrada do Brasil na guerra, referindo-se aos submarinos italianos que tinham atacado a marinha brasileira. Esta ideia tinha de ser realçada, porque a maioria dos italianos não tinha ideia do que os brasileiros estavam a fazer ali. «*Centenas de italianos com quem tenho conversado — homens de todas as classes sociais e níveis de cultura, inclusive jornalistas políticos — ignoravam completamente a covarde ação de submarinos italianos que afundaram nossos navios, matando assim homens, mulheres e crianças de um país neutro*», escreveu Rubem Braga.

> «*A censura fascista escondeu completamente esse fato. Segundo a propaganda fascista, o Brasil entrou na guerra obrigado pelos Estados Unidos. As grandes manifestações de protesto do povo brasileiro em seguida ao torpedeamento de nossos navios por submarinos alemães e italianos não foram, como é fácil imaginar, noticiadas aqui.*
>
> *Uma vez que o Brasil declarou guerra, a maquinaria de propaganda de Mussolini passou a se interessar mais positivamente pelo nosso país. Ao mesmo tempo que a entrada de nosso país no conflito era ridicularizada da maneira mais baixa — com ataques que se dirigiam não somente à atitude do governo, mas também ao nosso próprio povo — foram inventadas histórias de milhares de imigrantes italianos sofrendo horrores nas prisões e campos de concentração do Brasil.*»[36]

Era a propaganda fascista habitual, mas os brasileiros não estavam a combater contra os italianos, que se tinham rendido em 1943. Estavam a lutar contra os alemães. Já era suficientemente negativo estarem mal equipados e mal treinados e também o facto de o seu estado de saúde, em geral, reflectir as lamentáveis condições de saúde pública do Brasil.[37] Mas o que era pior é que eram racialmente «*misturados*», um aspecto no qual os brasileiros pró-nazis tinham insistido, quando chamaram a atenção para a loucura que era o Brasil entrar na guerra. Rubem Braga enfatizou a dureza deles: «*É capaz de lutar tão bem quanto qualquer outro — e não acredita na legenda dos "super-homens" que — dá vergonha dizer — tem sido defendida no Brasil, por "sociólogos" nacionais, alguns (que eu conheço) de composição racial "inferior"*.»[38]

Neste ponto, os nazis mostraram-se mais delicados. Nos panfletos que lançavam sobre os soldados brasileiros, os alemães usavam os mesmos argumentos a que a quinta coluna nacional recorria, com a diferença de o português utilizado pelos alemães ser muito mau. «*O principal argumento é perguntar por que os brasileiros estão lutando na Itália — embora seu autor não explique, afinal de contas, por que é que os alemães estão lutando no mesmo país.*» Os folhetos também prometiam alimentos de qualidade para os prisioneiros e desertores «*sem distinção de nação e raça, e não apenas boa comida como consideração, pois lá "não se desconsidera ninguém". Nada, portanto de racismo. A frase mais forte, que mereceu um tipo especial, é esta verdade filosófica: "O essencial numa guerra é voltar com vida ao seu lar". Eis um belo pensamento posto na boca dos soldados alemães — que são os supostos autores do recado. Eis aí o Sr. Hitler pacifista e antirracista... em português.*»[39]

Os exércitos «*pacifistas e antirracistas*» de Hitler provocaram um elevado número de baixas nas tropas brasileiras, que afluíam em massa aos hospitais que Elza Cansanção Medeiros e as suas colegas enfermeiras estavam a prover de pessoal. Os hospitais de campanha, logo a seguir à linha da frente, eram o primeiro ponto de apoio. Para aqueles feridos que podiam viajar, e que se esperava que recuperassem em poucos dias, havia um hospital de evacuação, a cerca de vinte quilómetros da linha da frente. Os piores casos eram levados para o hospital principal americano, em Nápoles.[40]

De uma forma bastante simbólica, o hospital ficava situado na Mostra d'Oltremare, a Exposição do Ultramar, um complexo ultramoderno para a realização de feiras que Mussolini tinha inaugurado em Maio de 1940.[41] Celebrava precisamente o mesmo «*heróico cruzado, tão civilizado pelo fascismo, atacando a barbárie africana para libertar, desinteressadamente, a linda escrava negra*» que *Pan*, onde Clarice publicou o seu primeiro conto, honrara uma década antes.[42] Apenas quatro anos após a pomposa inauguração do complexo, os pavilhões que celebravam as colónias italianas como a Eritreia, a Etiópia, a Albânia e a Líbia já estavam a albergar as vítimas mais recentes desses «*heróicos cruzados*», os soldados aliados feridos na campanha de Itália.

Aí, Elza Cansanção Medeiros, com dezanove anos, oriunda de uma abastada família do Rio de Janeiro, cujo inglês havia sido aprendido com uma governanta que estudara em Oxford, recordou o seu desespero quando percebeu que o hospital estava a ser gerido por *«TEXANOS! O que eles falam é quase um dialeto, sempre com a boca semifechada. Foi um horror! Em poucos dias eu chorava desesperadamente, pois tinha que traduzir para os pacientes, e vice-versa»*[43].

As enfermeiras precisavam de toda a ajuda que conseguissem obter e ficaram satisfeitas pelo reforço da senhora Clarice Gurgel Valente, que, apesar das suas observações depreciativas acerca da *«humanidade sofredora»*, demonstrou ser uma filantropa incansável. Uma vez que não existiam assistentes sociais no exército brasileiro, Clarice *«solicitou das autoridades militares, quer brasileiros, quer americanos, autorização para diariamente visitar o hospital e conversar um pouco com os doentes»*, recordou Elza.

> *«Difícil foi obter essa autorização, pois se tratava de uma civil, que embora pertencendo a nossa representação diplomática, não estava enquadrada dentro dos regulamentos militares. Depois de muito batalhar, foi conseguida a autorização. Passou então d. Clarissa a vir diariamente para o hospital, fazendo o verdadeiro trabalho de Samaritana. De leito em leito ia aquela figura graciosa, sempre com um sorriso alegre bailando nos lábios, conversando com um e com outro pracinha, lendo-lhes as cartas de casa, dando conselhos, escrevendo para aqueles que não sabiam ou não podiam fazer, promovendo jogos e brincadeiras entre os baixados, distribuindo as pobres coisas que podíamos oferecer aos nossos doentes.»*[44]

A grande mística, recorda Elza, tinha um jeito especial para cortar as unhas dos pés.[45] Rubem Braga dá uma ideia das cartas que Clarice pode ter lido, ou até escrito. Feridos e desamparados, do outro lado do mundo, os pensamentos dos soldados nunca se distanciavam muito de casa.

> *«Um deles — me conta o censor, sem violar o seu segredo profissional — fez um enorme lero-lero sentimental de começo a fim, disse que está morrendo de saudades, viver sem ti é uma desgraça, eu não sei*

> *como aguento essa separação, é uma agonia medonha, choro pensando em ti, e no fim de tudo isso meteu esse PS: — «manda me contar o resultado do jogo do Bangu». Um outro, escrevendo à mulher, fala também de saudades, faz uma frase sobre a Pátria e no meio diz esta coisa tocante: «Mulher, não deixe de mandar capinar o quintal, ele estava muito feio a última vez que estive aí».*[46]

«*Visito diariamente todos os doentes*», contou Clarice a Lúcio, em Março. «*Dou o que eles precisam, converso, discuto com a administração, pedindo coisas, enfim sou formidável. Vou lá todas as manhãs e quando sou obrigada a faltar fico aborrecida, tanto os doentes já me esperam, tanto eu mesma tenho saudades deles.*»[47]

Mas Clarice não se limitava a fazer visitas aos doentes acamados. Elza recorda que «*chegando a uma enfermaria onde se encontravam baixados alguns de nossos oficiais mutilados, surpreendi uma palestra de d. Clarissa com os pacientes, os quais estavam para ser evacuados para os E.U. da América do Norte, onde deveriam permanecer por longos meses, a fim de se reeducarem com membros mecânicos.*» Um desses oficiais disse:

> *«— Ah! D. Clarissa, como eu gostaria de comer uma comidinha brasileira antes de embarcar para os Estados Unidos, estou com tantas saudades do Brasil, das comidinhas de lá, e ainda vou passar tanto tempo sem ver um feijãozinho à brasileira, um arroz com molho doce!*
>
> *D. Clarissa ficou parada, pensou, pensou, e tomando uma decisão respondeu:*
>
> *— Pois bem, se o médico assistente de vocês consentir, vão amanhã almoçar no consulado, que eu vou ver se consigo, com as rações que temos, improvisar uma comida à brasileira.»*

Elza comenta:

> *«Lendo-se isto agora, parece uma coisa muito vulgar, porém só quem esteve em um país assolado pela Guerra, pode avaliar o sacrifício que este convite representava, pois nem mesmo para o corpo diplomático, as dificuldades alimentares eram menores. Ainda mais em se tratando de um acréscimo de mais cinco pessoas e de alimentos diferentes dos fornecidos pelas rações.*

> *Não mediu sacrifícios a nossa boa fadinha, e no dia seguinte os nossos mutilados encontraram uma recepção calorosa na sede do consulado, com boas comidas abrasileiradas, carinhosamente preparadas por d. Clarissa.*»[48]

A rapariga que partira da Europa como uma refugiada perseguida voltara para ajudar as vítimas de outra guerra, uma «*boa fadinha*», para Elza, a «*Principessa di Napoli*», para Rubem Braga e Joel Silveira, outro repórter que, em Fevereiro de 1945, percorreu dois mil quilómetros por zonas de guerra, para a visitar.[49] As fotografias mostram-na no auge da sua beleza, que se destacava com maior intensidade naquele ambiente devastado. O maior elogio que alguma vez recebeu, escreveu ela, surgiu quando ela e Maury desciam uma rua de Nápoles. «*E um homem disse bem alto para outro, ele queria que eu ouvisse: "É com mulheres como esta que contamos para reconstruir a Itália"*.»[50]

## 16

## A SOCIEDADE DAS SOMBRAS

Em Outubro de 1944, de volta ao Rio de Janeiro, foi-lhe atribuído o prémio Graça Aranha pelo melhor romance do ano, granjeando uma nova vaga de publicidade para *Perto do Coração Selvagem*. No enorme apartamento na Via Giambattista Pergolesi, que ela e Maury dividiam com o consulado, o cônsul, a noiva de Mozart Gurgel Valente, Eliane Weil, e o segundo secretário da embaixada, Clarice estava a dar os últimos retoques a *O Lustre*, o romance que começara a escrever no Rio de Janeiro, em Março do ano anterior. Tal como fizera quando estava a tentar concluir *Perto do Coração Selvagem*, no apinhado apartamento de Tania e William Kaufmann, Clarice isolou-se para trabalhar.[1]

> «*Minhas atividades de dona de casa são nulas, felizmente*», escreveu a Elisa, em Novembro. «*Eu não decido nada e só às vezes me meto; porque senão tudo cairia em cima de mim e mesmo o que fosse ruim por ser naturalmente ruim seria explicado como sendo erro meu. Tenho mais o que fazer do que cuidar de uma espécie de pensão: por exemplo, ficar sentada olhando para a parede.*»[2]

É óbvio que não era a única coisa que fazia. Em Novembro, o novo livro estava pronto, conforme escreveu a Lúcio Cardoso. «*Só que falta nele o que eu não posso dizer. Tenho também a impressão de que ele já estava terminado quando eu saí do Brasil; e que eu não o considerava completo como uma mãe que olha para a filha enorme e diz: vê-se que ainda não pode casar.*» Pediu-lhe para «*achar* [para a filha] *um marido na Editora José Olympio*», na altura, a editora mais prestigiada do Rio de Janeiro.[3] Estava convencida de que, depois do sucesso estrondoso de *Perto do Coração Selvagem,* iria poder escolher os editores.

Estava enganada. Apesar dos elogios a *Perto do Coração Selvagem,* o seu livro seguinte não seria publicado pela José Olympio. Rubem Braga ajudou-a a apresentá-lo à Editora Agir, uma editora católica. A Clarice pareceu uma escolha invulgar, tendo escrito a Elisa: «*lhe confesso que não entendo por que a editora Agir, dirigida por essencialmente católicos, aceita um livro que não é católico nem escrito por católico. Estranho muito.*»[4] E quando Elisa lhe enviou mais informações acerca da editora, Clarice respondeu: «*Vejo que se eu quiser posso virar freira: tanto meu pobre livro está no meio de uma orgia de livros católicos.*»[5]

A Lúcio contou: «*Tania fez sérias restrições ao* Lustre. *Inclusive quanto ao título*».[6] Também ele manifestou as suas reservas, numa carta anterior: «*Gosto do título* O Lustre *mas não muito. Acho meio mansfieldiano e um tanto pobre para pessoa tão rica como você.*»[7] Clarice respondeu: «*Vai assim mesmo embora ela tenha razão. Nada ali presta realmente. Minha dificuldade é que eu só tenho defeitos, de modo que tirando os defeitos quase que resta* Jornal das Moças.»[8]

Um dos motivos pelos quais foi tão difícil encontrar um editor para *O Lustre* prende-se com o facto de este livro se destacar, no conjunto de uma obra estranha e difícil, como sendo provavelmente o seu livro mais estranho e mais difícil. De entre as suas obras de maior relevo, é a menos traduzida, e ainda que Clarice Lispector deva ser a escritora brasileira mais estudada do século em que viveu, existem muito poucas críticas a *O Lustre*. Não obstante, a dificuldade do livro é, de certa forma, o que o faz permanecer na nossa mente. Clarice afirmou frequentemente que os seus livros ganhavam com uma segunda leitura, e sem dúvida que isso se aplica a *O Lustre*.

Ao contrário do seu primeiro romance, escrito em fragmentos, saltando constantemente de uma cena para a outra, *O Lustre é* um conjunto coerente. Apesar de os seus extensos segmentos descreverem propositadamente acontecimentos, consistem sobretudo em longos monólogos interiores, interrompidos apenas por um singular e perturbador fragmento contendo diálogo ou acção. O livro progride em ondas lentas que se elevam, alterosas, nos momentos de revelação. As páginas entre estas epifanias são precisamente os momentos em que o livro se torna mais intolerável para o leitor, que é forçado a seguir o movimento interior de outra pessoa com um detalhe microscópico. Acostumado às epifanias, esperando estímulos e surpresas permanentes, o leitor que aborde o livro pela primeira vez depressa se sente desconcertado.

Porém, a intensidade glacial do livro exerce um fascínio particular. Nele Clarice aproxima-se, o máximo que alguma vez conseguiria, de espelhar na sua prosa a verdadeira experiência de escrever, que é constituída por momentos de quietude, de tédio e de aborrecimento, apenas ocasionalmente pontuados por clímaces e alegrias. O que é verdade em relação à literatura é também, e de modo mais enfático, verdade para a própria vida — «*A literatura é a vida, vivendo*», como ela afirmou —, tédio aliviado pela experiência intensa. O livro é demasiado denso para ser lido com uma atenção dividida, e a concentração que exige é esgotante. Ao ler o livro, vem-nos à mente a descrição que a amiga de Clarice Olga Borelli fez dela no fim da vida: «[Seus olhos] *pareciam perscrutar todos os mistérios da vida: profundos, serenos, fixavam-se nas pessoas como se fossem os olhos da consciência, e ninguém os aguentava por muito tempo.*»[9] Só quando lido devagar, reflectidamente, e sem distracções, três ou cinco páginas de cada vez, é que *O Lustre* revela o seu carácter penetrante.

*O Lustre* presta-se ainda menos do que a maioria das obras de Clarice a uma descrição do seu enredo ou das suas personagens. Os nomes são gerais e vagos: a protagonista, Virgínia, cresce num lugar rural denominado Granja Quieta, perto da pequena cidade de Brejo Alto, de onde, ao fim de algum tempo, parte para «*a cidade*». As personagens não têm praticamente características exteriores. Nenhuma tem um apelido, e só algumas têm uma profissão, uma família, ou uma casa. O drama da vida de

Virgínia, que constitui a história do livro, é na sua quase totalidade interior, ainda que ela seja com frequência abalada pelo exterior; estes choques são os excertos de diálogos, as pessoas e os acontecimentos estranhos, que infringem a sua existência espectral. Como em tantos dos livros de Clarice, a verdadeira tensão surge da tentativa, por parte do indivíduo, de proteger o seu mundo interior dos ataques que vêm de fora.

As tentativas de Virgínia para estabelecer contacto com esse mundo exterior acabam, sem excepção, frustradas; na última página do livro, ela é atropelada por um automóvel. O simbolismo, nada subtil, é recorrente na obra de Clarice Lispector. Em *Perto do Coração Selvagem* surge no fim: «*Já vestira a boneca, já a despira, imaginara-a indo a uma festa onde brilhava entre todas as outras filhas. Um carro azul atravessava o corpo de Arlete. Depois vinha a fada e a filha vivia de novo.*»[10] As reverberações desta história, contada para fazer a mãe ressuscitar são bastante claras. O tema atravessou toda a sua vida. No seu último romance, *A Hora da Estrela,* a protagonista é atropelada por um Mercedes.

A consciência do fim cru e inevitável não dá, contudo, origem a uma visão fatalista do mundo. Pelo contrário, torna a luta individual ainda mais viva. Virgínia não resiste aos ataques das outras pessoas, mas também não se liga a elas. As pessoas à sua volta são fantasmas. A pontuação da passagem a seguir, na qual uma potencial amiga tenta trazer Virgínia para o mundo quotidiano, confere a uma conversa banal um ritmo etéreo, semelhante ao de um cântico: «*Virgínia venha um dia a minha casa... Não estou convidando por convidar, repetiu... Venha... moro sozinha... Vamos ter uma boa conversa entre mulheres, vamos falar sobre* soutiens, *dores menstruais... o que você quiser... combinado?*»[11] O convite é ridículo, mas, nestas passagens, Clarice não está a depreciar a mulher que o profere. Virgínia é incapaz de participar na vida comum, incapaz de procurar a realização na amizade. Nada consegue reparar o seu isolamento: nem a sua mudança do campo para a cidade, nem a família, nem o sexo, nem a amizade.

Tal deve-se, em parte, ao facto de, para Virgínia, o mundo exterior não existir. Nada se pode esperar desse mundo. A propósito, esta é outra das razões pela qual as comparações de Clarice com Sartre são tão inadequadas: o mundo da política, do «novo homem», da revolução e da ideologia é-lhe totalmente alheio. Para alguém com a sua formação, tendo visto aonde a revolução e a ideologia conduzem, provavelmente não poderia ser de outra maneira. A liberdade de Virgínia vem de dentro de si. Esta perfeição não é permanente nem definitiva. Só pode ser entrevista de forma fugaz, mas com deslumbramento. O anseio por estes estados de graça é a fonte de energia das personagens de Clarice Lispector, que se dedicam à meditação, à oração, e à criação, com uma intensidade que seria impossível, se não existisse a fatalidade. Numa longa metáfora da criação da própria Clarice Lispector, a jovem Virgínia molda figuras de barro:

> *«Mas o que ela amava acima de tudo era fazer bonecos de barro, o que ninguém lhe ensinara.* [...] *Quando queria com muita força ia pela estrada até ao rio. Numa de suas margens, escalável embora escorregadia, achava-se o melhor barro que alguém poderia desejar: branco, maleável, pastoso, frio.* [...] *Conseguia uma matéria clara e tenra de onde se poderia modelar um mundo. Como, como explicar o milagre... Amedrontava-se, pensativa. Nada dizia, não se movia mas interiormente sem nenhuma palavra repetia: eu não sou nada, não tenho orgulho, tudo pode me acontecer se — quiser me impedirá de fazer a massa de barro, — se quiser pode me pisar, me estragar tudo, eu sei que não sou nada. — era menos que uma visão, era uma sensação no corpo, um pensamento assustado sobre o que lhe permitia conseguir tanto no barro e na água e diante de quem ela devia humilhar-se com seriedade.»*

A sua consciência silenciosa de que poderia ser esmagada, de que não é nada, e a sua obstinação determinada em continuar a criar rodeiam a sua criação de uma aura espiritual, e o seu próprio papel torna-se divino.

> *«Mas às vezes lembrava-se do barro molhado, corria assustada para o pátio — mergulhava os dedos naquela mistura fria, muda e constante como uma espera, amassava, amassava, aos poucos ia extraindo formas. Fazia crianças, cavalos, uma mãe com um filho, uma mãe sozinha, uma menina fazendo coisas de barro, um menino descansando, uma menina contente, uma menina vendo se ia chover, uma flor, um cometa de cauda salpicada de areia lavada e faiscante, uma flor murcha com sol por ci-*

> *ma, o cemitério de Brejo Alto, uma moça olhando... Muito mais, muito mais. Pequenas formas que nada significavam mas que eram na realidade misteriosas e calmas. Às vezes altas como uma árvore alta, mas não eram árvores, não eram nada... Às vezes como um riozinho correndo, mas não eram rio, não eram nada... Às vezes um pequeno objeto de forma quase estrelada mas cansado como uma pessoa. Um trabalho que nunca acabaria, isso era o que de mais bonito e cuidadoso já soubera: pois se ela podia fazer o que existia e o que não existia!»*[12]

A estranha sintaxe e os adjectivos inesperados, que faziam a linguagem de Clarice soar tão estrangeira quando apareceu pela primeira vez, continuam a ser surpreendentes hoje, sobretudo quando lhes é conferido um novo nível de «estrangeiridade» pela tradução. Juntamente com as suas imagens poéticas impossíveis — como se pode esculpir «*uma menina vendo se ia chover!*» — a passagem provoca no leitor a mesma experiência vertiginosa que se pode imaginar que Virgínia viveu enquanto criava o seu mundo de barro e areia. Tal como Clarice — «*Escrevo para mim mesma, para ouvir minha alma falando e cantando, às vezes chorando*» — o êxtase da contemplação e da criação é a maior liberdade que Virgínia encontra.

Enquanto menina, e depois como jovem, Virgínia, à semelhança de Joana, é transgressiva, e por vezes violenta. Todavia, Joana parece menos desafiadora do que indiferente, ou até ignorante, das expectativas do mundo exterior, das formas habituais como as crianças lidam com os adultos, de como as mulheres lidam com os homens, ou de como os humanos lidam com os animais. Neste sentido, Joana já é livre. Virgínia, pelo contrário, tem de procurar a sua liberdade. Não possui uma tendência natural para oferecer resistência. Enquanto criança, sente-se satisfeita por se submeter à vontade do seu cruel e sentimental irmão, Daniel, e permite resignadamente que a rebaixem nos seus relacionamentos adultos. Nem a sua violência é inteiramente sua. O seu instrutor é Daniel, que se assemelha à figura com o mesmo nome, talvez inspirada em Lúcio Cardoso, de um dos primeiros contos de Clarice, «Obsessão».

Quando são crianças, Daniel conduz Virgínia para os mistérios ocultos da Sociedade das Sombras, cujos lemas são «*Solidão*» e «*Verdade*». A coacção e crueldade dele não encontram resistência em Virgínia, que vê «*doçura*» em submeter-se a ele. A Sociedade das Sombras — ou seja, Daniel — ordena-lhe que passe longos períodos em oração ou em meditação, algumas vezes na cave, outras vezes na floresta que rodeia a grande casa de campo, parcialmente em ruínas. E a Sociedade ordena a Virgínia que diga ao pai que a irmã deles se encontra em segredo com um homem. Mais tarde, percebe-se que este acto acabou com a sorte da irmã no amor.[13]

O pecado de Virgínia é empolgante: «*Ela cometera um ato corrupto e vil. Nunca no entanto lhe parecera ter agido tão livremente e com tanta frescura de desejo.*» Ela fantasia com pontapear um cão indefeso de modo a fazê-lo cair de uma ponte, e depois, com entregar-se sexualmente a um homem que vai a passa.[14] Desnecessário será dizer que estes actos não são objecto de qualquer censura por parte da autora. Virgínia, tal como Joana, existe fora do mundo convencional da beleza e da fealdade, da virtude e do pecado. Mas no que os actos de Joana são espontâneos e naturais, Virgínia, sob a influência de Daniel e da Sociedade das Sombras, precisa de ser instruída, porque este tipo de actos é contrário à sua natureza.

Sejam quais forem as suas origens ou resultados, todas as interacções de Virgínia com o mundo exterior requerem um grande esforço, e ela emprega toda a sua força para alcançar a independência que, a Joana, chega naturalmente. Já adulta, num jantar na cidade, procura a libertação através de uma pequena revolta:

> «*Como livrar-se? não se livrar de alguma coisa mas apenas livrar-se porque ela não saberia dizer de quê. Não — pensou um instante, a cabeça inclinada. Tomou um guardanapo, um pãozinho redondo… com um esforço extraordinário, quebrando em si mesma uma resistência estupefacta, desviando o destino, jogou-os pela janela — e assim conservava o poder.*»[15]

Na longa e delirante sequência que se segue, Virgínia procura escapar ao «*riso e esplendor das outras pessoas*» através da bebida, não pelo álcool, mas pela meditação que a bebida provoca nela sobre a natureza da sensação, e a linguagem, que não a descreve, mas que a cria. Ao fazê-lo, redescobre a liberdade que tinha enquanto criança, quando esculpia figuras de barro:

> *«Bebeu o licor com prazer e melancolia — procurando de novo pensar na infância e simplesmente não sabendo como se aproximar, de tal modo a esquecera e de tal modo ela lhe parecia vaga e comum — querendo fixar o anis como se olha um objeto parado, mas quase não possuindo o seu gosto porque ele fluía, desaparecia — e ela só conseguia a lembrança como o vaga-lume que apenas desaparece — gostou da noção que lhe surgiu: como o vaga-lume que apenas desaparece... e notou que pela primeira vez pensava em vaga-lume na sua vida e no entanto vivera tanto tempo junto deles... refletiu confusamente sobre o prazer de pensar em alguma coisa pela primeira vez. Era isso, anis roxo como lembrança. Disfarçada parava um gole na boca sem engoli-lo para possuir o anis presente com seu perfume: inexplicavelmente então ele se recusava a cheirar e a dar o seu gosto enquanto parado, o álcool amortecendo e amornando sua boca. Vencida, engolia o líquido já velho, ele descia pela garganta e numa surpresa ela notava que ele fora "anis" durante um segundo enquanto escorregava pela garganta ou depois? Ou antes? Não "durante", não "enquanto" porém mais resumido: fora anis um segundo como o encostar da ponta de uma agulha na pele, só que a ponta da agulha dava uma sensação aguda e o gosto fugaz do anis era largo, calmo, parado como um campo, isso, um campo de anis, como olhar para um campo de anis. Parecia-lhe que jamais se estava sentindo o gosto do anis mas já se sentira, nunca no presente porém no passado: depois que acontecia ficava-se pensando a respeito e esse pensamento a respeito... era o gosto do anis. Moveu-se numa vaga vitória. Cada vez compreendia mais o anis tanto que não podia quase relacioná-lo com o líquido da garrafa de cristal — o anis não existia naquela massa equilibrada senão quando esta se dividia em partículas e se espalhava como gosto nas pessoas.* [...] *Sob uma atitude de calma e dura claridade não se dirigia a ninguém e abandonava-se atenta como a um sonho que se vai esquecer. Atrás de movimentos seguros tentava com perigo e delicadeza tocar no mesmo leve e esquivo, buscar o núcleo*

*feito de um só instante, enquanto a qualidade não posa em coisas, enquanto o que é sim não se desequilibra em amanhã — e há um sentimento para a frente e outro que decai, o triunfo tênue e a derrota, talvez apenas a respiração. A vida se fazendo e a evolução do ser sem o destino — a progressão da manhã não se dirigindo à noite mas atingindo-a.*»[16]

O excerto acima ilustra a impossibilidade de descrever *O Lustre* nos termos convencionais de enredo e personagens. É a mesma frustração que aguarda um leitor que espera encontrar um enredo e personagens, porque, se a um nível o livro é a história da vida de uma mulher, o verdadeiro drama de *O Lustre* reside na tentativa de Clarice Lispector de desmantelar, e elaborar com base nela, a poética linguagem íntima que descobrira em *Perto do Coração Selvagem*.

Algumas sequências de *O Lustre* aproximam-se dos devaneios poéticos de Joana. Mas enquanto esses devaneios estavam limitados a breves trechos, em *O Lustre* podem estender-se, tal como neste apresentado acima, por várias páginas. «*Gostaria de contar ou de ouvir uma longa história só de palavras*», afirma Virgínia[17], e neste sentimento Clarice parece responder a escritores modernistas como Gertrude Stein, por exemplo, ou até mesmo aos dadaístas. No entanto, ao contrário destes, que se dedicavam a compor poemas desenhando palavras ao acaso, a partir de um saco de papel, Clarice Lispector, ao arrastar as palavras de um lado para o outro, não está a tentar eliminar o significado. Está a tentar encontrá-lo. «*Falam*», escreveu alguns anos mais tarde, «*ou melhor, antigamente falavam, tanto em minhas "palavras", em minhas "frases". Como se elas fossem verbais. No entanto nenhuma, mas nenhuma mesmo, das palavras do livro foi — jogo.*»[18]

Como Sérgio Milliet admitiu, quando escreveu sobre «*essa harmonia preciosa e precisa entre a expressão e o fundo*», a união de *forme* e *fond* constitui o maior feito do primeiro livro de Clarice.[19] *O Lustre* leva a sua procura ainda mais longe. Consegue-se perceber o objectivo de atingir «*essa harmonia preciosa e precisa*» no excerto que descreve as tentativas de Virgínia para capturar o gosto do licor de anis. O gosto do anis, por si só, não é importante. O gosto de uma bebida na língua é uma parte da experiência humana tão infinitesimal que dificilmente parece justificar que despendamos um grande esforço para o capturar. «*Sua impressão então era a de que só poderia chegar às coisas por meio de palavras*», escreve ela em *O Lustre*.[20] Mas se a linguagem humana, sobrecarregada com a sintaxe reflexiva e os significados prosaicos, não consegue igualar sequer essa experiência trivial, que utilidade pode ter para descrever algo maior?

Ao escrever que: «*o pensamento* [...] *era o gosto do anis*», que o facto de Virgínia pensar no gosto *origina* o gosto, Clarice identifica o ponto em que uma coisa é nomeada como o ponto em que essa coisa passa a existir. O nome da coisa *é* a coisa, e, ao descobrir o seu nome, estamos a criá-la. O nome oculto é «*o símbolo da coisa na própria coisa*», que já aparecera em *Perto do Coração Selvagem:* a linguagem mais pura possível, o que poderia ser definido como o objectivo espiritual concreto destes exercícios linguísticos. O ponto em que o nome de uma coisa se torna idêntico à própria coisa, a «*palavra que tem luz própria*» é a realidade derradeira.

A descoberta do nome sagrado, sinónimo de Deus, era o maior objectivo dos místicos judeus, e os métodos que Virgínia usa para descrever o licor de anis assemelham-se aos que eram por eles utilizados. «*A Sociedade das Sombras deve aperfeiçoar seus membros*», diz Daniel a Virgínia, «*e manda que você vire tudo ao contrário*». A repetição de palavras sem sentido, a combinação de letras, a análise lógica de versos, a procura de uma lógica, diferente da estritamente literal eram ferramentas comuns, e podiam dar resultados, paradoxais ou até mesmo absurdos. Ao deslocar a sua linguagem (o licor é púrpura, é um campo, é uma agulha na pele), ao separar e reordenar as palavras, Clarice está a tentar retirar dela tonalidades de significado, encontrando a palavra que possa criar o gosto do licor que Virgínia tem na língua.

A procura de um significado oculto na linguagem é uma actividade muito séria, como o esculpir de figurinhas de barro por Virgínia, ligada à própria criação. «*Nenhuma, mas nenhuma mesmo, das palavras do livro foi — jogo*», insistia Clarice, porque se algo tão fugaz e insignificante como o gosto do licor de anis pode ser capturado, então, o mesmo poderá acontecer com uma verdade maior.

Para Clarice Lispector, como para Virgínia, a procura da palavra oculta é íntima e solitária — «*Verdade*» e «*Solidão*» são os lemas da Sociedade das Sombras —, e não promete um resultado final, nenhum êxtase duradouro, nenhuma salvação definitiva. Neste livro, Clarice continua a tentar dominar esta linguagem, o que ainda não conseguira de uma forma absoluta, mas o êxtase da procura é o estado mais elevado que Virgínia atinge. «*Havia dias assim, em que ela compreendia tão bem e via tanto que terminava numa embriaguez suave e tonta, quase ansiosa, como se suas percepções sem pensamentos arrastassem-na em brilhante e doce turbilhão para onde, para onde...*»[21]

## 17

## VOLUME NO CÉREBRO

A conclusão de *O Lustre* aconteceu num período de actividade intensa no Consulado de Nápoles. No dia 18 de Dezembro, Mozart Gurgel Valente e Eliane Weil, agora naturalizada brasileira, casaram aí, com Maury e o Dr. Vasco como testemunhas. E o hospital, onde as baixas da Força Expedicionária Brasileira começavam a afluir em grande número, fervilhava de trabalho. Em quatro assaltos sangrentos e prolongados, que começaram no dia 24 de Novembro, os brasileiros atacaram uma posição alemã em Monte Castello, perto de Bolonha, acabando por conseguir conquistá-la, no dia 21 de Fevereiro de 1945.

Estas vitórias levaram a guerra para ainda mais longe de Nápoles. Era então possível realizar algumas viagens, e Roma, onde Mozart estava colocado na embaixada junto do Vaticano, era um destino óbvio. Clarice e Maury foram lá passar o Ano Novo de 1945, a convite de Vasco Leitão da Cunha[1], e voltaram em Maio. A cidade empobrecida gostou de os receber, recordou Eliane. Em condições de guerra, Maury e Mozart já não eram apenas simples funcionários públicos, e, na Itália em ruínas, as suas mulheres eram procuradas por elegantes casas de alta-costura, como a Gucci, a Fendi e a Leonardo, que ansiavam pela visita daquele número reduzido de mulheres que traziam dólares na carteira, para reconstituírem a sua clientela. Eliane ficou encantada ao recordar os preços aí cobrados, que eram elevados, mas praticáveis.[2]

No mundo da arte de Roma, onde o colapso da economia italiana afectara os pintores, tanto como o resto da população, era aplicado um princípio semelhante. Por acaso, Landulpho Borges da Fonseca, um colega de Mozart, era um admirador da pintura contemporânea e procurou os artistas da cidade. Talvez o mais famoso de todos fosse Giorgio de Chirico, um pintor de cinquenta e seis anos que se instalara em Roma, em 1944, e que assumira um papel liderante no movimento surrealista, no início da sua carreira.

«*Eu estava em Roma*», escreveu Clarice, «*e um amigo meu me disse que o De Chirico gostaria de me pintar. Aí perguntou a ele. Aí, ele disse que só me vendo. Aí, me viu e disse: eu vou pintar o seu… o seu retrato.*»[3] Ela foi ao estúdio dele, na Piazza di Spagna, a uma curta distância da casa onde Keats morreu, para posar para o pequeno retrato. «*Tem quadros em quase todos os museus*», disse ela a Elisa e a Tania. «*Certamente vocês já viram reproduções dos quadros dele. O meu é pequeno; está ótimo, uma beleza, com expressão e tudo. Ele cobra muito caro, como é natural, mas cobrou menos. E enquanto ele estava pintando apareceu um comprador. Ele naturalmente não vendeu* […]. *O meu retrato é só da cabeça, pescoço e um pouquinho de ombros. Tudo diminuído. Posei com aquele vestido de veludo azul da Mayflower, lembra-se Tania?*»[4]

O retrato mostra a cabeça de Clarice ligeiramente inclinada para a direita, os seus olhos, desconfiados ou desafiadores, olhando para a esquerda. Os seus lábios vermelhos, mesmo no centro do quadro, são a mais notória centelha de cor na reprodução, que no conjunto é bastante escura, o que captura extraordinariamente bem o intenso foco interior, o «*ar brilhante e sufocante*» que sobressai de um modo tão intenso dos seus livros.

Ainda que se tenha tornado uma das imagens mais famosas de Clarice, a modelo, que nunca se deixou impressionar facilmente por nomes famosos, tinha as suas dúvidas: não apenas em relação à sua própria aparência, que mais tarde descreveu como «*um tanto afetada*», mas relativamente ao artista propriamente dito. De Chirico, comentou Clarice numa entrevista, alguns anos depois, era «*um pintor decadente, perdeu o senso artístico*»[5].

Não obstante, o retrato é um pequeno testemunho de um grande momento. Enquanto Clarice posava, no dia 8 de Maio de 1945, ela e o pintor ouviram o ardina gritar da praça lá em baixo: «*È finita la guerra!*» Ao ouvir a novidade, Clarice escreveu às irmãs: «*Eu também dei um grito, o pintor parou, comentou-se a falta estranha de alegria da gente e continuou-se.*»[6]

Com o fim da guerra, os acontecimentos dramáticos deixaram de ocupar Clarice. O seu livro estava terminado, os soldados brasileiros regressaram a casa, e o consulado de Nápoles, que nos últimos tempos testemunhara acontecimentos decisivos, voltou à sua rotina de gabinete pacato, num empobrecido lugar no fim do mundo. Clarice viajou um pouco e leu bastante, incluindo Proust, Kafka, e a tradução de Lúcio Cardoso da poesia de Emily Brontë.

> «*Como ela me compreende, Lúcio, tenho vontade de dizer assim. Há tanto tempo que eu não lia poesia, tinha a impressão de ter entrado no céu, no ar livre. Fiquei até com vontade de chorar mas felizmente não chorei porque quando choro fico tão consolada, e eu não quero me consolar dela, nem de mim.*»[7]

Conheceu outro grande poeta, Giuseppe Ungaretti, com quem tinha muita coisa em comum. Se Clarice foi considerada «*hermética*», Ungaretti foi o orgulhoso fundador da apelidada escola hermética. Clarice era uma brasileira judia, nascida na Ucrânia; Ungaretti era um italiano judeu, nascido no Egipto. Ao contrário de Clarice, Ungaretti tinha sido fascista — os fascistas judeus não eram invulgares na Itália, pelo menos nos primeiros anos —, ainda que, em 1936, desiludido com a política, tenha partido para o Brasil, onde leccionou na Universidade de São Paulo. Antes de voltar a Itália, em 1942, explorou uma grande parte do país e chegou a conhecer muitos dos seus escritores mais importantes. Foi Clarice Lispector, no entanto, quem fez aumentar nele o «*respeito pela língua portuguesa, graças à sua* [de Clarice] *intensidade poética, à sua invenção*»[8]. Quando a conheceu em

Itália, ele e a filha traduziram *Perto do Coração Selvagem*, que publicaram numa revista literária.[9]

Mas o melhor amigo de Clarice era o seu cão, *Dilermando*, que encontrou numa rua de Nápoles. «*Quanto a mim, foi só olhar que logo me apaixonei pela cara dele*», contou ela no livro para crianças *A Mulher Que Matou os Peixes*.

> «*Apesar de ser italiano, tinha cara de brasileiro e cara de quem se chama Dilermando. Paguei um dinheiro para a dona dele e levei Dilermando para casa. Logo dei comida a ele. Ele parecia tão feliz por eu ser dona dele que passou o dia inteiro olhando para mim e abanando o rabo. Vai ver que a outra dona batia nele.* [...] *Dilermando gostava tanto de mim que quase endoidecia quando sentia pelo faro o meu cheiro de mulher-mãe e o cheiro do perfume que uso sempre.* [...] *Ele detestava tomar banho, pensava que a gente era ruim quando obrigava ele a esse sacrifício. Como dava muito trabalho dar banho todos os dias e como ele fugia da banheira todo ensaboado, terminei dando banho só duas vezes por semana. O resultado, é claro, é que ele tinha um cheiro muito forte de cachorro e eu logo sentia com o meu faro, porque gente também tem faro.*»[10]

O amor dela por *Dilermando*, «*a pessoa mais pura de Nápoles*», inspirou-lhe a única manifestação de ressentimento com Maury que existe na sua correspondência.

> «*O cachorro pegou uma doença. Fui com ele ao veterinário e um burro me disse que era incurável*», escreveu a Tania. «*E lá estava eu chorando, passei um dia nervosa e triste com a idéia de que se teria que matá-lo, eu que gosto tanto dele. Maury, como sempre, reage normalmente e não sentiria muito. Mas estamos nos interessando em fazer raio x no cachorro e ele se curará, me garantiram.*»[11]
>
> «*Quando eu estava escrevendo à máquina, ele ficava meio deitado ao meu lado exatamente como a figura da esfinge, dormitando. Se eu parava de bater por ter encontrado um obstáculo e ficava muito desanimada, ele imediatamente abria os olhos, levantava alto a cabeça, olhava-me, com uma das orelhas em pé, esperando. Quando eu resolvia o problema e continuava a escrever, ele se acomodava de novo na sua sonolência povoada de sonhos — porque cachorro sonha, eu vi. Nenhum*

*ser humano me deu jamais a sensação de ser tão totalmente amado como fui amada sem restrições por esse cão.»*[12]

Apesar destas amizades, Clarice tinha de encontrar um papel para si, à medida que a poeira da guerra ia assentando e a novidade de viver no estrangeiro passava. Não era fácil, e as referências à solidão, e a depressão, começaram a aparecer nas suas cartas, cada vez com mais frequência. Mesmo antes de a guerra terminar, tinha expressado a sua frustração por estar longe dos amigos e da família: «*Enquanto vocês vivem no Brasil*», escreveu a Lúcio, em Novembro de 1944, «*eu aqui tomo chá com leite num colégio de moças.*»[13]

Em Maio, escreveu às irmãs: «*Sinto verdadeira sede de estar aí com vocês. A água que eu tenho encontrado por este mundo fora é muito suja, mesmo que seja champagne.*»[14] Em Agosto, disse a Natércia Freire:

> *«Eu aqui morro de saudade de casa e do Brasil. Essa vida de "casada com diplomata" é o primeiro destino que eu tenho. Isso não se chama viajar: viajar é ir e voltar quando se quer, é poder andar. Mas viajar como eu viajarei é ruim: é cumprir pena em vários lugares. As impressões depois de um ano num lugar terminam matando as primeiras impressões. No fim a pessoa fica "culta". Mas não é o meu gênero. A ignorância nunca me fez mal.»*[15]

Num tom semelhante, a propósito de uma viagem a Florença que estava a planear, disse a Elisa que a sua vida lhe estava a proporcionar «*uma culturinha rápida e suburbana que serve depois para os "salões"*», e contou:

> *«Os embaixadores me respeitam... As pessoas me acham "interessante"... Eu concordo com tudo, também, nunca discordo do que se diz, tenho muito tato e conquisto as pessoas necessárias. Como você vê, sou uma boa senhora de diplomata. Como as pessoas sabem vagamente que sou "uma escritora", meu Deus, com certeza permitiriam que eu comesse com os pés e enxugasse a boca com os cabelos.»*[16]

Entre os livros, trabalhando erraticamente, Clarice debatia-se com dúvidas artísticas: «*Tudo o que eu tenho é a nostalgia que vem de uma vida errada, de um temperamento excessivamente sensível, de talvez uma vocação errada ou forçada*», escreveu a Tania, em Setembro.[17] A Lúcio disse:

> «*Não tenho gostado verdadeiramente da Itália, como não poderia gostar verdadeiramente de nenhum lugar; sinto que há entre mim e tudo uma coisa, como se eu fosse daquelas pessoas que têm os olhos cobertos por uma camada branca. Sinto horrivelmente ter que dizer que esse véu é exatamente minha vontade de trabalhar e de ver demais.*»[18]

Uma pessoa que vê demasiado, «*um temperamento excessivamente sensível*»: é assim que a cunhada Eliane a recorda nessa época. «*Ela sentia tudo o que os outros sentiam*», afirmou Eliane. «*Sentia o que eles estavam sentindo antes mesmo que eles sentissem.*»[19] Esta sensibilidade extremamente apurada era o seu grande trunfo como escritora: «*Você pega mil ondas que eu não capto*», disse-lhe Rubem Braga. «*Eu me sinto como rádio vagabundo, de galena, só pegando a estação da esquina e você de radar, televisão, ondas curtas.*»[20] Mas também era muito doloroso, como Clarice escreveu posteriormente: «*Pois não posso mais carregar as dores do mundo. Que fazer, se sinto totalmente o que as outras pessoas são e sentem?*»[21]

Uma perspicaz crítica de *O Lustre* captou o dilema de Clarice: «*Possuidora de enorme talento e de rara personalidade, terá de sofrer, fatalmente, as desvantagens de ambos, já que lhes usufrui largamente os benefícios.*»[22] De Florença, que visitou no final de 1945, escreveu a Elisa e a Tania: «*Eu procuro fazer o que se* deve *fazer, e ser como* se deve ser, *e me adaptar ao ambiente em que vivo — tudo isso eu consigo, mas com o prejuízo do meu equilíbrio íntimo, eu o sinto.* [...] *Passo épocas irritada, deprimida. Minha memória é uma coisa que nem existe: de uma sala para outra eu esqueço com naturalidade as coisas.*»[23]

Muitos anos mais tarde, Clarice sublinhou as frases seguintes num artigo de jornal intitulado «Volume no cérebro»:

> «*A pesquisa mostrou que os mesmos eventos físicos são percebidos por algumas pessoas como se fossem mais ruidosos, brilhantes, rápidos, odoríferos ou coloridos do que para os outros* [...] *Em algumas pessoas,*

*o volume é elevado ao máximo, amplificando a intensidade de todas as experiências sensoriais. Essas pessoas são chamadas de "amplificadores". [...] Um nível que provoca leve desconforto em "amortecedores" pode significar intenso sofrimento para "amplificadores". [...] No outro extremo, o "amplificador" é um introvertido que evita a existência agitada do "amortecedor". Ele é do tipo que se queixa do volume do rádio, do tempero da comida, do caráter berrante do papel de parede. Se puder escolher, ele prefere ficar sozinho, quieto, em ambientes desertos.»*

No cimo da página, Clarice rabiscou: «*Tudo me atinge — vejo demais, ouço demais, tudo exige demais de mim.*»[24]

As palavras «*corpo diplomático*» são frequentemente lidas como sinónimo de sufocação e exclusividade, descrevendo uma instituição constitucionalmente incompatível com uma artista cujos heróis — Espinosa, Katherine Mansfield, Lúcio Cardoso — eram a personificação da rebeldia. É assim que Clarice recordará, alguns anos mais tarde, os seus tempos como esposa no serviço de relações exteriores: «*Então me lembrei de um tempo em que eu cheguei ao refinamento (!?) de fazer o garçom em casa passar as lavandas a cada convidado do seguinte modo: cada lavanda com uma pétala de rosa boiando no líquido.*»[25]

Mesmo antes de se casar com Maury, Clarice já começara a rebelar-se contra o mundo diplomático. «*Desde que estou namorando o Itamarati*», confessou a Tania e a William, «*tenho ficado com gosto especial pelas palavras de gíria, bem vulgares*».[26] Contudo, dentro do Itamaraty, tinha bastante liberdade. Os seus deveres como mulher de um vice-cônsul, na base da hierarquia, não eram pesados. Tinha um rendimento elevado e garantido, que, vitalmente, lhe concedia espaço e tempo para escrever. Tinha bons amigos, entre os quais se incluíam Maury, Eliane e Mozart Gurgel Valente, e Vasco Leitão da Cunha, para não falar de *Dilermando*, o cão. A vida no serviço diplomático não era perfeita, mas, de muitas formas, era menos exigente do que trabalhar como jornalista no Rio de Janeiro.

Não há dúvida de que Clarice detestava estar longe do Brasil e que temia o exílio:

«Tenho a certeza de que, já no berço, o meu primeiro desejo era pertencer», dizia Clarice, e pertencer ao Brasil era muito importante. «Eu vivia mentalmente no Brasil, vivia "um tempo emprestado".» «*Simplesmente porque gosto de viver no Brasil. O Brasil é o único lugar do mundo onde não me pergunto, aterrorizada: afinal o que estou fazendo aqui, por que estar aqui, meu Deus? Porque é aqui mesmo que tenho que estar, que estou enraizada.*»[27] Com certeza sentia saudades das irmãs e dos amigos. Mas uma explicação mais simples para a sua infelicidade, nessa altura, era que o entusiasmo da sua nova vida — o casamento, o sucesso, as viagens, bem como a utilidade que sentira no hospital — tinha esmorecido. Havia agora espaço para o reaparecimento da depressão que já a havia atormentado antes de se casar. «*Meus problemas são os de uma pessoa de alma doente*», escreveu ela a Tania, «*e não podem ser compreendidos por pessoas, graças a Deus, sãs.*»[28]

Ainda assim, havia esperança no horizonte. Em Dezembro, Maury foi promovido, de vice-cônsul a cônsul. Ela escreveu a Tania e a Elisa: «*Me sinto muito bem* [...] *estou me divertindo em Roma e* [...] *só de olhar para mim se vê que estou mais repousada.*»[29] Um motivo para o seu recém-encontrado repouso era o facto de saber que faltavam apenas seis semanas para realizar uma viagem ao Brasil.

O país ao qual Clarice voltou, em Janeiro de 1946, era muito diferente daquele que deixara, dezoito meses antes. O fim da guerra trouxe o fim do reinado de quinze anos de Getúlio Vargas. Muitos brasileiros tinham vergonha de estar a combater o fascismo em Itália, em nome de uma ditadura quase fascista que tinham no seu país; para Elza Cansanção Medeiros, Rubem Braga, e muitas das tropas brasileiras, a luta para libertar a Europa era, em simultâneo, uma luta para libertar o Brasil.[30] Entretanto, a longa carreira de Getúlio Vargas tinha sido interrompida. Foi destituído no dia 29 de Outubro de 1945.

O novo presidente era o brando Eurico Gaspar Dutra, o antigo ministro da Guerra de Vargas. Tendo sido um colaborador próximo de Vargas, foi uma escolha conservadora. Foi o que provou, quando, sob a influência da sua mulher católica e reaccionária, comparou as enfermeiras de guerra a prostitutas aventureiras, proibiu o jogo, num país viciado em jogos de azar. A eleição de Dutra não significou uma quebra com o antigo regime, nem era o que se pretendia. Mesmo assim, o fim da guerra e o regresso da democracia trouxeram ao Brasil um ar fresco muito necessário, e o Brasil deu a Clarice Lispector uma muito necessária lufada de ar fresco.

Foi uma visita curta, menos de dois meses. Assistiu à publicação de *O Lustre,* e conheceu muitas pessoas que viria a incluir entre os seus melhores amigos. A primeira delas foi Bluma Chafir Wainer, uma judia da Baía que Clarice conheceu por intermédio de Rubem Braga. Ao contrário de Clarice, Bluma não era fotogénica, e com o seu grande nariz e dentes enormes, dificilmente se poderia dizer que era bonita. Porém, os que a conheceram recordam unanimemente o seu encanto e atractivo. «*Ela era ainda mais bonita que Clarice*», afirmou o jornalista Joel Silveira, «*porque Clarice estava frequentemente retraída, desanimada. Bluma era espirituosa, vibrante, divertida.*»[31]

Bluma atraía homens importantes e poderosos. O seu marido, Samuel Wainer, era um dos jornalistas mais influentes do Brasil. A sua revista mensal, *Diretrizes,* pró-comunista e anti-Vargas, fundada com grande risco pessoal, em 1938, desenvolvera inicialmente a sua actividade com o apoio significativo da classe média judaica do Rio de Janeiro, os lojistas, os dentistas e advogados que compravam anúncios para o ajudar, quando a revista estava a ser lançada. Mais tarde, num capítulo barroco, inclusive para os padrões do jornalismo político brasileiro, Samuel Wainer tornou-se o maior aliado de Getúlio Vargas nos *media*. Bluma, uma esquerdista comprometida de grande integridade moral, ficaria horrorizada com a proximidade do marido e Getúlio: «*Os fins não justificam os meios*», era um dos seus ditados preferidos.[32] Ainda que nunca se tenha filiado no Partido Comunista, a polícia mantinha-a debaixo de olho. Tal como Clarice, era uma pensadora livre que desafiava as convenções. Frequentava bares, não para beber, mas para participar em debates políticos e intelectuais, «*à maneira européia*»[33], uma frase que parece querer dizer «sem o marido», de quem ela não dependia, nem social, nem intelectualmente.

Ou, ao que parece, sexualmente. Ao contrário de Clarice, que tendia a reservar as transgressões para as páginas dos seus livros, Bluma exercia-as. Casada com Samuel Wainer desde 1933, em 1938, apaixonou-se por Rubem Braga, um jovem colega, casado, de Samuel. Bluma engravidou, deixou o marido, e avisou Braga de que estava pronta para viver ao lado dele. Em pânico, Rubem, fugiu para o Sul do Brasil; Bluma, no Rio de Janeiro, não teve outra hipótese senão abortar.

Bluma, contudo, era de tal modo encantadora que Samuel a aceitou de volta, certificando-se de que não haveria nenhum escândalo, e Rubem Braga, décadas mais tarde, confessou que ela era o amor da sua vida.[34] Em 1946, Bluma e Clarice tornaram-se amigas instantâneas, e o belo, sofisticado e inteligente par não passou despercebido aos círculos artísticos e jornalísticos do Rio de Janeiro. Provinham ambas de humildes meios imigrantes e trabalhavam na imprensa, numa época em que poucas mulheres o faziam. E o que era mais extraordinário, não eram nada *parecidas* com os judeus lendários. «*Antes, até mesmo os filossemitas tendiam a mitificar os judeus. Viam-nos como algo sábio, misterioso, algo saído do Velho Testamento, Bluma e Clarice eram jovens, belas, saudáveis, sensuais, cultas*», afirmou o jornalista Alberto Dines. «*Elas mudaram a idéia de mulher judia neste país.*»[35]

Quando *Perto do Coração Selvagem* foi publicado, Clarice, por sugestão de Lúcio Cardoso, enviou vários exemplares para conhecidos seus do meio literário, em Minas Gerais. Um deles chegou às mãos de Fernando Sabino, um jovem muito interessado em obter sucesso. Em 1941, aos dezassete anos, Sabino publicou o seu primeiro livro. Enviou-o a Mário de Andrade, o papa da literatura brasileira, em São Paulo; Andrade, com algum exagero, encontrou no livro semelhanças com Machado de Assis. Pouco depois, Fernando — bem-parecido, excelente nadador, mas oriundo de uma pouco impressionante classe média — conseguiu casar com Helena Valladares, filha do poderoso governador de Minas Gerais. Como presente de casamento, o próprio Getúlio Vargas atribuiu a Fernando Sabino uma generosa pensão vitalícia, salvando-o, de uma penada, da penúria em que a maioria dos escritores brasileiros vivia.[36]

*«Eu não sabia quem era Clarice Lispector»*, escreveu Sabino acerca de ter recebido o livro de Clarice, sobre o qual escreveu uma crítica entusiasta. *«Também não sabia por recomendação de quem — talvez de Lúcio Cardoso. Fiquei deslumbrado com o livro.* [...] *Quando ela veio ao Brasil, Rubem* [Braga] *nos apresentou um ao outro. Fiquei deslumbrado com ela.»*[37] Os seus encontros no Rio de Janeiro, para onde ele se mudara em 1944, causaram uma profunda impressão a ambos; ele passou a ser, a seguir às irmãs e a Bluma Wainer, o correspondente com quem Clarice trocava cartas com mais frequência. *«Passávamos horas de conversa em nossos encontros marcados numa confeitaria da cidade. Ou mesmo em minha casa, onde ela teve ocasião de conhecer, além de Helena, meus companheiros de Minas, Otto Lara Resende, Paulo Mendes Campos (mais tarde Hélio Pellegrino).»*[38]

Esse grupo, onde se incluía Rubem Braga, viria a ser da maior relevância para a vida de Clarice. Paulo Mendes Campos, um velho amigo de Fernando, viera ao Rio para se encontrar com o poeta chileno Pablo Neruda, que estava de visita à cidade. Nunca mais se foi embora. Apesar de ser muito baixo, era refinado, encantador e atraente; Clarice veio a contar-se entre as suas amantes. Tal como ela, e como Fernando Sabino, Paulo dava mostras de um futuro promissor. *«Na carreira literária, a glória está no começo»*, concluiu ele posteriormente. *«O resto da vida é aprendizado intensivo para o anonimato, o olvido.»*[39] Na verdade, apesar de Paulo Mendes Campos ser um poeta lírico de rara qualidade, nunca conquistou verdadeiramente a fama. Mas quando Clarice o conheceu, ele era, nas palavras de um outro amigo, *«Byron, aos 23 anos»*[40].

Toda a excitação que estas novas amizades proporcionaram não facilitou o regresso à Europa, em meados de Março. «*Aquela carinha alegre da despedida resolveu-se em lágrimas no avião*», escreveu Clarice aos seus novos amigos. «*Os americanos felizes ficam olhando enquanto a gente não sabe onde botar tanta lágrima e nem tem lenço suficiente.*»[41] Regressou através das «*areias desertas*» do Egipto, onde se encontrou, cara a cara, com a Esfinge, e chegou novamente a Itália, para ficar a saber que Maury quase terminara de embalar os pertences, para se dirigirem para o seu novo posto: a capital suíça, Berna. Mais uma partida, ainda mais dolorosa, a aguardava.

Um boato, que acabou por se revelar falso, de que os hotéis suíços não aceitavam cães, obrigou-a a deixar *Dilermando* para trás. Encontrou uma rapariga gentil para tomar conta dele, mas estava destroçada.

> «*Não posso ver um cão na rua, nem gosto de olhar*», escreveu às irmãs. «*Você não sabe que revelação foi para mim ter um cão, ver e sentir a matéria de que é feito um cão. É a coisa mais doce que eu já vi, e cão é de uma paciência para com a natureza impotente dele e para com a natureza incompreensível dos outros... E com os pequenos meios que ele tem, com uma burrice cheia de doçura, ele arranja um modo de compreender a gente de um modo direto. Sobretudo Dilermando era uma coisa minha que eu não tinha que repartir com ninguém.*»[42]

Para expiar a culpa de ter abandonado *Dilermando*, escreveu um conto, «O crime», publicado num jornal do Rio de Janeiro, no dia 25 de Agosto de 1945.[43] Desenvolvido e rebaptizado como «O Crime do Professor de Matemática», esse é o mais antigo dos famosos treze contos que deram origem a *Laços de Família*. Um homem sobe uma colina muito alta, acima da cidade, transportando um cão morto dentro de um saco.

> «*Enquanto eu te fazia à minha imagem, tu me fazias à tua. Dei-te o nome de José para te dar um nome que te servisse ao mesmo tempo de alma. E tu — como saber jamais que nome me deste? Quanto me amaste mais do que te amei, refletiu. Nós nos compreendíamos demais, tu com o nome humano que te dei, eu com o nome que me deste e que nunca*

> *pronunciaste senão com o olhar insistente, pensou o homem com carinho. Lembro-me de ti quando eras pequeno, tão pequeno, bonitinho e fraco, abanando o rabo, me olhando, e eu surpreendendo em ti uma nova forma de ter minha alma. Eras todos os dias um cachorro que se podia abandonar.*»

Quando surge o inevitável abandono, não há sequer uma única pessoa que culpe o professor de Matemática pelo seu crime, aparentemente sem vítimas: «*Com uma desculpa que todos aprovaram: porque como poderia eu fazer uma viagem de mudança com bagagem e família e ainda mais um cão, disse Marta.*» O abandono de *Dilermando* parece ter feito Clarice lembrar-se do seu pecado original, a sua incapacidade para ajudar a mãe; o abandono do cão é um substituto de um crime maior e inominável: «*Há tantas formas de ser culpado e de perder-se para sempre; eu escolhi a de ferir um cão. Porque eu sabia que não era muito e que esse crime não era punível. Só agora compreendo que é realmente impune e para sempre. Este crime ninguém me condena. Nem a igreja. Nem tu*», diz o professor, dirigindo-se ao cão morto.

Na sua versão original, o conto é apenas um esboço do, ainda mais aterrorizador, «O Crime do Professor de Matemática» que Clarice publicou em 1960. No entanto, até a história preliminar mostra que, tal como em *Perto do Coração Selvagem,* Clarice era muito mais convincente, quando, em vez de tentar criar alegorias complicadas, procurava o sentido universal nas suas experiências particulares.

# 18

# CEMITÉRIO DE SENSAÇÕES

Ainda mais do que Veneza, o novo lar de Clarice, a Suíça, era definitivamente o lugar da morte artística. Ali foram morrer Thomas Mann e Nabokov; ali, Nietzsche e Nijinsky enlouqueceram. As cidades em miniatura, os relógios de cuco, os chocolates e a neutralidade não poderiam apresentar um maior contraste com o caos, a juventude e a energia do Rio de Janeiro. A Suíça era, de certa forma, menos do que Clarice podia suportar: «*Esta Suíça*», escreveu ela a Tania, «*é um cemitério de sensações*.»[1]

Afortunadamente, alguns dos seus novos amigos tinham-na acompanhado até à Europa: Samuel e Bluma Wainer estavam agora a viver em Paris. O fundador da revista *Diretrizes* estava agora a ganhar nome como correspondente estrangeiro, primeiro como o único brasileiro a cobrir os Julgamentos de Nuremberga, onde conseguiu entrevistar o sucessor de Hitler, Karl Dönitz, e agora como correspondente de um outro jornal.[2] Samuel e Bluma foram a Berna, algumas semanas depois de Clarice e Maury terem chegado, e Samuel, pelo menos, não ficou impressionado.

«*Wainer disse que em Berna é diariamente domingo*», escreveu Clarice às irmãs. «*Que não suportaria Berna se nós não estivéssemos aqui. Ele achou caretíssima a cidade e sem caráter.*»[3] «*O jeito é olhar Berna da janela e fechar a boca com força*», escreveu ela a Fernando

Sabino e aos seus amigos. «*Berna é linda e calma, vida cara e gente feia; com a falta de carne, com peixe, queijo, leite, gente neutra, termino mesmo dando um grito* [...]; *falta demónio na cidade.*»[4] A Elisa e a Tania acrescentou: «*Berna é de um silêncio terrível: as pessoas também são silenciosas e riem pouco. Eu é que tenho tido acessos de riso.*»[5]

Mas acabou por admirar alguns aspectos do país. «*O povo suíço nada recebeu gratuitamente. Tudo nessa terra tem marca de nobre esforço, de conquista paciente. E não foi pouco o que eles conseguiram — tornar-se um símbolo de paz*», escreveu mais tarde. Mas temperava esta admiração, acrescentando: «*O que não impede que tanta gente, em silêncio, se jogue da ponte de Kirchenfeld.*»[6]

A sua simpatia não pronunciada por aqueles suicídios silenciosos transparece no desespero que atravessa as suas cartas. O desespero inclui o terror judaico do exílio e uma alusão ao que acontecera aos pais:

> «*É uma pena eu não ter paciência de gostar de uma vida tão tranquila como a de Berna*», escreveu às irmãs. «*É uma fazenda.* [...] *E o silêncio que faz em Berna — parece que todas as casas estão vazias, sem contar que as ruas são calmas.* [...] *Será que a gente não tem mais força de suportar a paz? Em Berna ninguém parece precisar um do outro, isso é evidente. Todos são laboriosos. É engraçado que pensando bem não há um verdadeiro lugar para se viver. Tudo é terra dos outros, onde os outros estão contentes.*»[7]

Clarice, apesar de tudo, ainda se conseguia divertir um pouco, e as suas cartas tanto podem ser entusiásticas e vibrantes, como deprimidas. Uma coisa não mudou: as terríveis saudades que sentia das suas irmãs e do seu país. Quase insistia com Elisa e Tania para que lhe escrevessem mais vezes, e quando recebia as cartas, como no dia a seguir ao seu vigésimo sexto aniversário, mal conseguia conter-se.

> «*Fiquei tão emocionada, chorei de alegria, de gratidão, de amor, de saudade, de felicidade. Resolvi agora mesmo ir ao cinema porque preciso voltar ao estado normal e então responder a vocês, se é possível responder em palavras ao amor que se recebe.*»[8]

> *«É ruim estar fora da terra onde a gente se criou»*, escreveu ela a Lúcio Cardoso. *«É horrível ouvir ao redor da gente línguas estrangeiras, tudo parece sem raiz; o motivo maior das coisas nunca se mostra a um estrangeiro, e os moradores de um lugar também nos encaram como pessoas gratuitas. Para mim, se foi bom, como um remédio é bom para viver, ver outros lugares e outras pessoas, já há muito está passando do bom, está no ruim nunca pensei ser tão inadatável* [sic], *nunca pensei que precisava tanto das coisas que possuo. (Embora agora mesmo esteja envergonhada de ser assim, porque enquanto escrevo a catedral está batendo os sinos.) Fico envergonhada de não viver bem em qualquer lugar onde uma catedral bata sinos, onde haja um rio, onde as pessoas trabalhem e façam compras, mas é assim mesmo.»*[9]

Nos anos 60, depois de ter regressado ao Brasil, Clarice disse a um entrevistador:

> *«É preciso ser muito feliz para viver numa cidade pequena, pois ela alarga a felicidade como alarga também a infelicidade. De modo que vou morando mesmo aqui no Rio. Você sabe, nas cidades grandes todos sabem que em cada apartamento existe uma espécie de solidariedade, pois em cada apartamento mora uma pessoa infeliz.»*[10]

Uma das razões para a infelicidade que sentia em Berna era a indiferença com que *O Lustre* foi recebido. *«Estão exagerando no silêncio em torno do seu livro»*, escreveu-lhe Fernando Sabino, em Maio de 1946.[11] Sabino tinha escrito sobre o livro, assim como alguns outros críticos de relevo. Sérgio Milliet, que aplaudira o primeiro livro dela, publicou uma crítica positiva; Oswald de Andrade, um dos mais importantes escritores do país, classificou-o como *«aterrorizante»*, um outro crítico de São Paulo afirmou que era *«ainda mais significativo que o primeiro»* e que *«a coloca na primeira linha de nossos escritores»*.[12] Mas o contraste com o entusiasmo com que *Perto do Coração Selvagem* foi acolhido era drástico. *«Eu tinha me preparado, não sei por que especialmente, para um começo ácido e um fim solitário»*, escrevera Clarice a Milliet, depois de o seu primeiro livro ser publicado. Agora estava surpreendida por até esses críticos que tinham elogiado o primeiro livro estarem a ignorar o segundo. Não deveriam eles «*quase por obrigação anotar pelos menos o segundo, destruindo-o ou aceitando-o?*», perguntou ela a Tania.[13]

Em geral, *O Lustre* é de facto bastante difícil e parece ter desconcertado os admiradores de Clarice e deixado sem palavras a maioria dos críticos.[14] Os sinais positivos vieram de lugares previsíveis. «*O lustre, continuo achando-o uma autêntica obra-prima*», escreveu-lhe Lúcio Cardoso. «*Que grande livro, que personalidade, que escritora!*»[15] O único ataque verdadeiro surgiu da parte de um suspeito comum, Álvaro Lins, que fora praticamente o único a rejeitar *Perto do Coração Selvagem*. «*Tudo o que ele diz é verdade*», escreveu Clarice a Lúcio, "*causada ou não por uma inimizade que ele tem por mim, seja ou não uma crítica escrita em cima da perna* [...] *De um modo geral, é preciso fazer como o homem que dava todo o dia uma surra na mulher porque algum motivo teria de haver. (Mesmo que Álvaro Lins não saiba por que "dá a surra", eu aceito porque um motivo e vários devem existir e eu mereço.)*»[16] Um mês depois, continuava a pensar em Lins, dizendo a Fernando Sabino: «*Tudo o que ele diz é verdade. Não se pode fazer arte só porque se tem um temperamento infeliz e doidinho. Um desânimo profundo.*»[17]

Este estado de espírito progrediu no seu novo livro, *A Cidade Sitiada*, irregular e vago, sendo a sua criação rodeada dos tipos de dúvidas que Clarice não registou durante a composição dos dois primeiros. «*Eu lutando com o livro, que é horrível. Como tive coragem de publicar os outros dois? Não sei nem como me perdoar a inconsciência de escrever. Mas já me baseei toda em escrever e se cortar esse desejo, não ficará nada. Enfim é isso mesmo*», escreveu a Tania. «*Cheguei mesmo à conclusão de que escrever é a coisa que mais desejo no mundo, mesmo mais que amor.*»[18]

«Duas almas, ai de mim!, habitam o meu peito»: o grito de Fausto, o *leitmotiv* de *O Lobo das Estepes* de Hesse, poderia servir igualmente de mote a *Perto do Coração Selvagem*. A luta que o livro dramatiza — entre a carismática e animalesca Joana e a plácida e burguesa Lídia — reflecte a luta entre duas metades fundamentalmente opostas da sua criadora. Se, como Clarice afirmou relativamente a Joana, *Madame Bovary c'est moi,* Clarice também é Lídia, uma mulher convencional, uma esposa e mãe, uma pessoa que desejava viver em paz com o mundo.

> «*Gostaria de passar pelo menos um dia vendo Lídia andar da cozinha para a sala, depois almoçando ao seu lado numa sala quieta — algumas moscas, talheres tilintando*», diz Joana. «*Depois, de tarde, sentada e olhando-a coser, dando-lhe aqui e ali uma pequena ajuda, a tesoura, a linha, à espera da hora do banho e do lanche, seria bom, seria largo e fresco. Será um pouco disso o que sempre me faltou? Por que é que ela é tão poderosa? O fato de eu não ter tido tardes de costura não me põe abaixo dela, suponho. Ou põe?*»[19]

Nem Clarice nem Joana desprezam Lídia. Em entrevistas com aqueles que conheciam Clarice Lispector, a palavra «*careta*» ocorre com a mesma frequência que as palavras que descrevem a sua excentricidade e o seu génio. Clarice envaidecia-se da sua aparência, e dizia que o seu contributo como mãe ultrapassava, em muito, o seu valor como artista, e publicava, paralelamente aos seus vivificadores romances místicos, dicas sobre como fazer maionese e aplicar sombra de olhos. «*Intuitivamente jamais deixei de acreditar que coexistissem em você, Clarice, Joana e Lídia*», escreveu-lhe Maury. Joana e Lídia «*eram, e são, a mesma pessoa em Clarice*».[20]

Na Suíça, o equilíbrio instável entre Joana e Lídia no íntimo de Clarice ameaçou resvalar. «*Não concordo com você quando você diz que faz arte porque "tem um temperamento infeliz e doidinho"*», escreveu-lhe Fernando Sabino. «*Tenho uma grande, uma enorme esperança em você e já te disse que você avançou na frente de todos nós, passou pela janela, na frente de todos. Apenas desejo intensamente que você não avance demais para não cair do outro lado. Tem que ser equilibrista até o final.*»[21]

Mas em Berna não havia lugar para Joana, consignada a uma sequência de lanches em companhia polida. Clarice, cujos escritos tão raramente reflectem raiva ou amargura, nunca soou mais sardónica ou trocista do que nas suas descrições das pessoas que encontrou na Suíça. «*Então fomos visitar o Ministro e a família. Eles todos são ótimos*», comentou com Tania. «*Só que são de outra espécie absolutamente. A senhora é do tipo da boa senhora, de boa família, simples, boazinha. Mas eu vivo me contendo para não abrir a boca porque tudo o que eu digo soa "original" e espanta. Quero explicar o "original". Esta senhora tem pavor de original. Fomos ver uma exposição de modelos de Viena (sem grande graça) e ela dizia: esse modelo é original mas é bonito. Falando de uma senhora inglesa que fazia muito esporte: ela é original, não gosto.* [...] *Na verdade o que eles são mesmo é: best-sellers... As opiniões deles são best-sellers, as idéias deles são best-sellers.*»[22] Ela tinha de manter Joana literalmente guardada: «*Estou tentando negociar o empréstimo de meu livro, para não "feri-los". Porque eu estou classificada dentro da "pintura moderna".* [...] *de tanto eu mentir para ser da mesma opinião dos outros, porque não adianta contrariar, fiquei lesa.*»[23] A conotação não pode ser acidental.

Em Nápoles, Clarice teve bastantes oportunidades para se tornar útil, sobretudo quando prestava apoio aos soldados brasileiros feridos. Na Suíça, a sensação de inutilidade oprimia-a, e a possível referência à mãe que não conseguiu salvar faz eco da impotência que sentiu em relação às vítimas de uma tragédia mais recente. Confessou a Tania que se sentia «*intimamente perturbada*» pela sua incapacidade de enfrentar «*a situação da guerra, a situação das pessoas, essas tragédias*», acrescentando: «*Ao mesmo tempo que sinto necessidade de fazer alguma coisa, sinto que não tenho meios. Você diria que eu tenho, através do meu trabalho. Eu tenho pensado muito nisso e não vejo caminho, quer dizer, um caminho verdadeiro.*»[24] Tentou conseguir um emprego na Cruz Vermelha, mas a delegação local só aceitava cidadãos suíços.[25]

Com Joana banida do país dos mil anos de paz, Clarice sentia-se cada vez menos capaz de trabalhar. «*Não trabalho mais, Fernando. Passo os dias procurando enganar minha angústia e procurando não fazer horror a mim mesma. Tem dias que me deito às 3 da tarde e acordo às 6 para em seguida ir para o divã e fechar os olhos até às 7 que é hora de jantar*», escreveu, no fim de Julho.[26] «*Mas não queria repousar!*», tinha gritado Joana. «*O sangue corria-lhe mais vagarosamente, o ritmo domesticado, como um bicho que adestrou suas passadas para caber dentro da jaula.*»[27]

O animal enjaulado, *O Lobo das Estepes:* «São pessoas que têm em si duas almas, duas essências, neles o divino e o diabólico, o sangue materno e o sangue paterno, o dom da felicidade e o dom do sofrimento coexistem e interpenetram-se tão hostil e desordenadamente como o lobo e o homem em Harry», escreveu Hesse. Poderiam o lobo e o homem, Joana e Lídia, viver lado a lado? Entre as últimas notas de Clarice está a seguinte: «*Escrever pode tornar a pessoa louca. Ela tem que levar uma vida bem pacata, bem acomodada, bem burguesa. Senão a loucura vem. É perigoso. É preciso calar a boca e nada contar sobre o que se sabe e o que se sabe é tanto, e é tão glorioso. Eu sei, por exemplo, Deus.*»[28]

Ia ao cinema todas as tardes: «*Pouco importava o que estava passando.*»[29] Visitou algumas atracções turísticas; frequentou exposições de arte; e foi em Berna que adquiriu o hábito, que lhe ficou para toda a vida, de consultar cartomantes e astrólogos. Foi a Paris algumas vezes visitar Bluma Wainer e outros amigos; ela e Maury realizaram uma viagem feliz a Espanha e a Portugal. Em Agosto de 1947, estava presente quando o sumptuoso «Circuito do Arco-Íris» de Eva Perón desembarcou em Berna. (Contava-se que o seu desvio inesperado para a Suíça tinha algo que ver com os bancos do país.) Quando a primeira-dama da Argentina apareceu na estação ferroviária, foi lançada uma saraivada de tomates maduros pela multidão, que salpicou o ministro dos Negócios Estrangeiros suíço.[30] A Clarice, Evita pareceu «*ligeiramente desgostosa em ver que nem todo mundo gosta dela*»[31]. Mas o incidente com os tomates trouxe a Bluma esperanças para a Suíça: «*Nesta Berna tão bem arrumadinha, com sua gente tão bem-educada! É bom, assim a gente tem a certeza de que nem tudo está perdido.*» «Não foi em vão que esperámos que alguma coisa acontecesse.»[32]

A vida de Clarice incluía distracções, mas os seus prazeres eram sempre passageiros, e sempre que pensava que estava a recuperar, acabava por quebrar novamente. Nada ajudava. «*É diariamente que desço e subo*», escreveu a Tania. «*E pior: passo às vezes semanas inteiras sem conseguir subir um pouco sequer. Perdi de tal forma a coragem e o ânimo que já nem me queixo. Posso passar horas sentada numa poltrona, sem mesmo um livro na mão, sem mesmo o rádio aberto — só sentada, esperando que passem as horas e que venham outras iguais.*»[33]

Clarice procurava incluir na sua vida algumas distracções, exercícios privados, para se salvar, bem como a Joana. Seguindo os passos do seu pai, estudou cálculo: «*O abstrato cada vez mais me interessa.*»[34] Por sugestão de Fernando, leu uma tradução francesa de *Imitação de Cristo,* «*que me tem purificado às vezes*»[35]. Bluma foi à Suíça, mas o seu casamento chegara ao fim e ela própria sentia-se muitas vezes deprimida. «*Tudo aqui é quieto e limpo*», escreveu Bluma, em Julho, do seu hotel em Montparnasse. «*Qualquer coincidência com o cemitério é pura semelhança.*»[36]

No final do ano, Clarice frequentava um terapeuta, Ulysses Girsoler, que elaborou para ela um extenso teste de Rorschach.[37] Não se sabe bem se ele era um psicanalista nem como conheceu Clarice. «*Ele era um estudante, não sei se de pintura*», disse Olga Borelli, a amiga de Clarice. «*E esse Ulisses tinha uma paixão tão violenta, que ele precisou mudar de cidade, ele foi embora.*» (Para Basileia e depois Genebra.) «*Porque a Clarice era belíssima, apaixonava as pessoas.*» «Ele foi embora e ela nunca mais o esqueceu. Ele era louro, com olhos claros, chamava-se Ulisses. Assim, em honra dele, ela usou o mesmo nome, Ulisses, em *Uma Aprendizagem ou o Livro dos Prazeres*»[38].

Pouco se sabe sobre esse Ulisses. Não era suíço, e as poucas referências a ele na correspondência de Clarice sugerem outras que não foram publicadas nem disponibilizadas. A mais longa está contida numa carta a Tania, de Outubro de 1947, que provavelmente se refere a Ulisses:

> «*Enquanto isso, aquele rapaz que está em Genève, está completamente neurasténico. Parece mesmo que acorda de noite para chorar... Não diga a ninguém, naturalmente. Parece que ele vai mesmo para uma casa de saúde. Em parte, deve ser porque ele esteve doente, e isso o deprimiu. Mas acho que em grande parte, isso vem do desenraizamento dessa vida no estrangeiro. Nem todos são bastante fortes para suportar não ter ambiente propriamente, nem amigos. Cada vez mais, admiro papai e outros que, como ele, souberam ter "vida nova"; é preciso ter muita coragem para ter vida nova. Nessa carreira se está completamente fora da realidade, não se entra em nenhum meio propriamente — e o meio diplomático é composto de sombras e sombras. É considerado mesmo de mau gosto ter um gosto pessoal ou falar de si ou mesmo falar*

*de outros. Ninguém se dá propriamente com um diplomata; com um diplomata se almoça.»*[39]

Girsoler foi o primeiro de uma longa série de psicoterapeutas (se era isso que ele era) que se apaixonaram por Clarice ou que ficaram demasiado ligados a ela para poderem agir com a devida distância analítica. O profético teste de Rorschach que ele lhe fez descreve com uma inquietante precisão o mesmo drama que Clarice narrara em *Perto do Coração Selvagem:* a luta entre a impetuosa Joana e a plácida Lídia.

«Não é necessário, afinal, dizer que a inteligência de Cl. V. está muito acima da média. Ela própria sabe disso, embora tenha suas dúvidas momentâneas. Ela tem uma amplitude de capacidades intelectuais que é quase demasiado alargada para ser completamente utilizada», começa o diagnóstico. «Em Cl. V. a afectividade que afecta activamente o decurso das suas associações [isto é, à medida que lhe iam sendo mostrados os desenhos do teste de Rorschach] é de uma força inquietante... Uma grande fantasia e uma forte intuição estão interligadas... O impulso criativo irrompe com veemência.» No entanto, ele avisa-a do perigo:

> «[Ela tem] tendência para mergulhar num caos genial indisciplinado. A afectividade ocupa um espaço muito maior do que a média e possui um carácter claramente egocêntrico. — Esta afectividade requer directamente um grande esforço intelectual da maioria dos que são afectados por ela. — A afectividade impulsiva (que não requer qualquer adaptação) pode, em Cl. V, para choque dos que são por ela afectados, tornar-se inteiramente explosiva, e, nesses momentos, ela pode ser arrebatada e perder todo o controlo. Durante esse tipo de ataques, ela pode realizar acções completamente insensatas e comportar-se de modo imprudente. Por enquanto, este lado impulsivo encontra-se fortemente reprimido. Percebe-se que toda a sua vida sentimental se estende de um extremo (impulsividade), atravessando toda a gama, até ao outro extremo (subtileza, susceptibilidade, capacidade para sentir todas as emoções possíveis dos seres humanos). — Será extremamente difícil para uma personalidade deste tipo encontrar equilíbrio — uma domesticação consciente destes impulsos básicos, através da participação intelectual. — O resulta-

do é um carácter mais ou menos melancólico. Esse é o motivo da possibilidade de uma tendência para fugir do mundo, apesar da grande vitalidade. — Existe uma perseverança de um grande número de ideias, e sobretudo daquelas que estão afectivamente relacionadas com conflitos. Cl. V. começa a pensar em volta dos conflitos, e uma grande quantidade da sua originalidade e da sua força criativa é absorvida por esta forma de pensar em círculos. Os resultados deste modo de pensar [são] símbolos originais e ideias parciais que contêm desenhos num formato místico. — O estado depressivo resvala frequentemente para uma expressão melancólica, mas nunca por muito tempo, uma vez que a reacção depressa se volta a manifestar sob a forma de vitalidade.»

Clarice consegue realizar as tarefas normais, mas «emerge um grande cepticismo em relação ao mundo, uma dúvida acerca das pessoas que adquire a forma de uma oposição sem rodeios», incluindo, «com a mesma energia, a si própria»[40].

No seu romance *Uma Aprendizagem ou O Livro dos Prazeres,* Ulisses seria um professor e filósofo bastante pedante; e o seu último e adorado cão também se chamaria *Ulisses*. Numa carta que o verdadeiro «Ulisses» enviou a «Clarissa. Claríssima», diz-lhe: «É uma coisa ainda mais difícil de suportar, a verdadeira liberdade.»[41]

«*Meu drama: é que sou livre*», escreveu Clarice mais tarde[42]; essa era, de facto, uma grande parte do drama que viveu na Suíça. De uma perspectiva artística, Clarice tinha aquilo com que muitos artistas sonham: horas ilimitadas durante as quais poderia trabalhar sem ser incomodada. Mas os seus dias eram amorfos e ela ficava a olhar fixamente para fora da janela. «*A solidão de que sempre precisei é ao mesmo tempo inteiramente insuportável*», escreveu a Fernando.[43] A Tania, confidenciou: «*Eu gostaria de ter um aparelho matemático que pudesse ir marcando com absoluta justeza o momento em que eu progredi um milímetro ou regredi outro.*»[44]

Os meses foram passando; no início de Janeiro de 1947, Clarice escreveu uma extensa carta a Tania. Para a segunda mãe de Clarice, que se considerava «*mais que uma irmã*», deve ter sido ainda mais doloroso ler essa carta, do que foi para Clarice escrevê-la.[45] É difícil acreditar que a sua autora foi a mesma jovem mulher, bonita e sedutora, que, menos de um ano antes, partira do Rio de Janeiro, onde era aclamada por muitos dos mais importantes escritores do país, e que reservou algum tempo, na sua viagem de regresso à Europa, para ficar cara a cara com a Esfinge. No seu lugar, surge uma mulher tão desanimada e impotente que as suas cartas quase parecem um bilhete de despedida de um suicida.

> *«Não pense que a pessoa tem tanta força assim a ponto de levar qualquer espécie de vida e continuar a mesma.* [...] *Nem sei como lhe explicar minha alma. Mas o que eu queria dizer é que a gente é muito preciosa, e que é somente até um certo ponto que a gente pode desistir de si própria e se dar aos outros e às circunstâncias.* [...] *Pretendia apenas lhe contar o meu novo caráter, ou falta de caráter.* [...] *Querida, quase quatro anos me transformaram muito. Do momento em que me resignei, perdi toda a vivacidade e todo interesse pelas coisas. Você já viu como um touro castrado se transforma num boi? Assim fiquei eu... em que pese a dura comparação... Para me adaptar ao que era inadaptável, para vencer minhas repulsas e meus sonhos, tive que cortar meus grilhões — cortei em mim a forma que poderia fazer mal aos outros e a mim. E com isso cortei também minha força. Espero que você nunca me veja assim resignada, porque é quase repugnante.* [...] *Uma amiga, um dia desses, encheu-se de coragem, como ela disse, e me perguntou: você era muito diferente, não era? Ela disse que me achava ardente e vibrante, e que quando me encontrou agora se disse: ou essa calma excessiva é uma atitude ou então ela mudou tanto que parece quase irreconhecível. Uma outra pessoa disse que eu me movo com lassidão de mulher de cinquenta anos.* [...] *o que pode acontecer com uma pessoa que fez pacto com todos, e que se esqueceu de que o nó vital de uma pessoa deve ser respeitado. Ouça: respeite a você mais do que aos outros, respeite suas exigências, respeite mesmo o que é ruim em você — respeite sobretudo o que você imagina que é ruim em você — pelo amor de Deus, não queira fazer de você uma pessoa perfeita — não copie uma pessoa ideal, copie você mesma — é esse o único meio de viver.»*

## 19

## A ESTÁTUA PÚBLICA

*«Na Suíça, em Berna, eu morava na Gerechtigkeitsgasse, isto é, rua da Justiça. Diante de minha casa, na rua, estava a estátua em cores, segurando a balança. Em torno, reis esmagados pedindo talvez uma exceção. No inverno, o pequeno lago no centro do qual estava a estátua, no inverno a água gelada; às vezes quebradiça de fino gelo. Na primavera gerânios vermelhos.* [...] *e a rua ainda medieval: eu morava na parte antiga da cidade. O que me salvou da monotonia de Berna foi viver na Idade Média, foi esperar que a neve parasse e os gerânios vermelhos de novo se refletissem na água, foi ter um filho que lá nasceu, foi ter escrito um de meus livros menos gostados,* A Cidade Sitiada, *no entanto, relendo-o, pessoas passam a gostar dele; minha gratidão a este livro é enorme: o esforço de escrevê-lo me ocupava, salvava-me daquele silêncio aterrador das ruas de Berna, e quando terminei o último capítulo, fui para o hospital dar à luz o menino.»*[1]

Para Virgínia de *O Lustre,* a única realidade era a interior; o mundo exterior era impreciso e incompreensível, e acabou por a enganar. Lucrécia Neves, heroína de A *Cidade Sitiada*, é o oposto. A sua vida interior é «*pouco usável*» e, assim, «*nem era inteligente*», ela olha para fora, para a nova cidade que cresce em seu redor. «*O que era tão importante para uma pessoa de algum modo estúpida; ela que não possuía as futilidades da imaginação mas apenas a estreita existência do que via.*»[2] Enquanto livro sobre o mundo exterior, trata-se de uma ocorrência invulgar na obra de Clarice Lispector. Talvez o livro representasse uma tentativa final de Clarice para sair de si mesma, para escapar ao «naufrágio da introspecção»[3], para fugir à melancolia que ameaçava dominá-la. «*Respire fundo o ar da primavera*», escreveu Bluma Wainer a Clarice, após uma visita a Berna, em Março de 1947. «*Pense o mínimo possível e analise menos ainda.*»[4]

O nome Lucrécia esconde o nome da própria Clarice, e ao contrário de muitas das personagens de Clarice, que são extensões ou enunciados dela própria, Lucrécia é um autêntico *alter ego,* uma pessoa que pensa o mínimo possível e que reflecte ainda menos. Ao contrário da vital e dolorosamente viva Clarice, Lucrécia alcança o máximo do mutismo e da não-reflexão. Num capítulo intitulado «A Estátua Pública», Clarice escreve: «*Na posição que estava, Lucrécia Neves poderia mesmo ser transportada à praça pública. Faltavam-lhe apenas o sol e a chuva. Para que, coberta de limo, fosse enfim desapercebida pelos habitantes e enfim vista diariamente com inconsciência. Porque era assim que uma estátua pertencia a uma cidade.*» É difícil não pensar na imagem da Justiça, do lado de fora da janela dela, em Gerechtigkeitsgasse. Mais à frente, a metáfora volta a aparecer: «*Aos poucos, enquanto o homem declamava Lucrécia Neves engrandecia, enigmática, uma estátua aos pés da qual, em festa cívica, se depositassem flores*».[5]

Lucrécia existe para satisfazer as suas pequenas e facilmente identificáveis necessidades. A sua história tem uma simplicidade encantadora: ela cresce, casa-se, fica viúva, e volta a casar-se. É impossível fugir à conclusão de que Lucrécia é alguém que Clarice teria gostado de ser, ou pelo menos, cuja parte mais fácil da vida ela invejava: feliz e superficial, satisfeita com lanches e pessoas do tipo «*best-seller*». Tantos dos livros de Clarice terminam com acidentes de automóveis, submissões e derrota; não é por acaso que *A Cidade Sitiada* tem um final feliz.

Muito do que trouxera a infelicidade e a sensação de exílio a Clarice trazia a realização e a paz a Lucrécia. Depois de rejeitar o seu devaneador namorado adolescente, Perseu, cujo nome o associa a Pégaso, o cavalo voador da Antiguidade Grega, Lucrécia casa-se com Mateus, um homem abastado, de uma outra cidade. Mateus oferece a Lucrécia muito do que Maury podia oferecer a Clarice. Um forasteiro na sua comunidade, culto e mundano, Mateus prometia estabilidade financeira e a esperança de conhecer o mundo. «*Todo o homem parecia prometer uma cidade maior a uma mulher*», escreve Clarice. «*Ah, Mateus é de outro meio, mamãe! Vem de outra cidade, tem cultura, sabe o que se passa, lê o jornal, conhece outra gente*», comenta a tonta Lucrécia com a mãe, quando se quer casar. Este é um noivo perfeito. Lucrécia «*desejava ser rica, possuir coisas e subir de ambiente*».[6] Mas, tal como Clarice se queixava de que «*Berna é um túmulo, mesmo para os suíços. E um brasileiro não é nada na Europa*», Lucrécia descobre, depois de deixar a sua São Geraldo natal, que está deslocada: «*Uma vez fora do subúrbio, desaparecera sua espécie de beleza, e sua importância diminuíra.*»[7] No seu novo lugar, ela é «*o membro mais inexperiente da cidade*»[8], embora depressa encontre aí uma espécie de satisfação.

Na realidade, as observações maliciosas espalhadas pelo livro, tão pouco comuns na escrita de Clarice, parecem reflectir a sua infelicidade, não a de Lucrécia. Quando, por exemplo, escreve sobre Mateus, sobre o facto de ele ter «*ar de advogado ou engenheiro — tal era o seu ar de mistério*»[9], estava provavelmente a pensar nos advogados e diplomatas, os «*best-sellers*», que a rodeavam no exílio. Lucrécia, pelo contrário, normalmente, está de bom humor.

No novo lugar, a mulher vazia dedica-se a ascender socialmente: «*Lucrécia esperou ir mais duas ou três vezes ao teatro, aguardando o momento em que atingiria um número difícil de contar, como sete ou nove, e poderia acrescentar esta frase: "eu ia ao teatro quase sempre"*». Aprende os costumes da nova cidade, e adapta-se perfeitamente. A princípio, no teatro, fica surpreendida com a beleza do espectáculo, mas também isso passa, e a expressão «*best-seller*» torna-se a sua segunda natureza: «*Porque depois aprendeu a dizer: gostei muito, o teatro estava bom, me diverti tanto.* [...] *Esta é a praça mais bonita que já vi, dizia, e depois podia atravessar com segurança a praça mais bonita que já vira.*» Uma das suas frases preferidas é que algo «*na teoria é óptimo, mas na prática falha*».[10]

Lucrécia Neves, visitando locais de atracção na grande cidade, fazendo compras e indo ao teatro, assemelha-se bastante a Clarice, em Paris, onde passou um mês, no início de 1947. «*Não sei se estou louca por Paris*», escreveu às irmãs. «*É difícil dizer. Com a vida assim parece que sou "outra pessoa" em Paris. É uma embriaguez que não tem nada de agradável. Tenho visto pessoas demais, falado demais, dito mentiras, tenho sido muito gentil. Quem está se divertindo é uma mulher que eu não conheço, uma mulher que eu detesto, uma mulher que não é irmã de vocês. É qualquer uma.*»

Por outras palavras, é Lucrécia. Mas Clarice, infelizmente para a sua paz de espírito, não conseguia transformar-se simplesmente numa outra qualquer. «*Tive um verdadeiro cansaço em Paris de gente inteligente. Não se pode ir a um teatro sem precisar dizer se gostou ou não, e porque sim e porque não. Aprendi a dizer "não sei", o que é um orgulho, uma defesa e um mau hábito porque termina-se, mesmo não querendo pensar, além de não querendo dizer.*»[11]

Durante a vida de Lucrécia, a pequena povoação de São Geraldo transforma-se numa cidade desenvolvida. Durante a infância de Lucrécia, São Geraldo, como Tchechelnik, é um lugar pequeno, povoado por cavalos selvagens. A história do crescimento da cidade é a história da expulsão desses cavalos; à medida que vai adquirindo um ar mais civilizado, ganhando por fim um viaduto e uma represa, os cavalos vão emigrando progressivamente, «*entregando a metrópole à Glória de seu mecanismo*»[12].

Enquanto a cidade vai crescendo e os cavalos vão sendo expulsos, a linguagem da cidade evolui. Os primeiros habitantes de São Geraldo não precisavam de palavras. A antiga vizinha de Lucrécia, Efigênia, que, à custa de lá viver há muito tempo, se transformou numa espécie de totem municipal, é quase tão silenciosa como os cavalos. «*Embora a vida espiritual que vagamente atribuíam a Efigênia parecesse afinal se resumir no fato de ela não afirmar nem negar, em não participar nem de si própria, a tal ponto chegara sua austeridade. A ser calada e dura como sucedia a pessoas que nunca tinham precisado de pensar. Enquanto que em S. Geraldo começava-se a falar muito.*»[13]

O símbolo da adolescência linguística de São Geraldo é Perseu, o primeiro namorado de Lucrécia, que experimenta o mesmo êxtase linguístico que marcou Joana e Virgínia. Tal como a jovem Clarice Lispector, Perseu encanta-se com uma linguagem que ainda é tão sonora, e sem sentido, como a música.

> «*"Os seres marinhos, quando não tocam o fundo do mar, se adaptam a uma vida flutuante ou pelágica", estudou Perseu na tarde de 15 de Maio de 192...*
>
> *Heróico e vazio, o cidadão continuou de pé junto da janela aberta. Mas na verdade jamais poderia transmitir a alguém o modo pelo qual ele era harmonioso, e mesmo que falasse não diria uma palavra que cedesse a polidez de sua aparência: sua extrema harmonia era apenas evidente.*
>
> *— Os animais pelágicos se reproduzem com profusão, disse com oca luminosidade. Cego e glorioso — era isso apenas o que se podia saber dele* [...].
>
> *— Se alimentam de microvegetais fundamentais, de infusórios, etc.*
>
> *— Etc.! repetiu brilhante, indomável.* [...]
>
> *— Esse animal discoidal é formado de acordo com a simetria baseada no número 4.*
>
> *Assim estava escrito! E o sol batia em cheio sobre a página empoeirada: pela casa defronte subia mesmo uma barata... Então o rapaz disse aquilo que era lustroso como um escaravelho:*
>
> *— Os seres pelágicos se reproduzem com extraordinária profusão, exclamou afinal de cor.*»[14]

Ao escolher o estranho Mateus em vez do nativo Perseu, Lucrécia escolhe também uma linguagem sofisticada, uma que ainda é estrangeira à sua pequena cidade natal. Mas São Geraldo está a evoluir, e os pequenos, mas eficientes, desenvolvimentos linguísticos fazem tanto parte do progresso como o viaduto e a represa. «*Quanto mais S. Geraldo se alargava, maior era a sua* [de Lucrécia] *dificuldade de falar com clareza, tão dissimulada se tornara.*» Nada agora é selvagem; tudo, até mesmo os últimos momentos de Mateus, é abafado pelas palavras sentimentais de Lucrécia. «*Mesmo a sua morte, ela tentara destruir. Procurara consolá-lo, único modo de reduzir o acontecimento ao reconhecível: você ao menos não morre em casa estranha.* [...] *Tola, como se morrer não fosse sempre em casa estranha.*»[15]

A insatisfação de Clarice com a sua própria domesticação forçada transparece de um modo bastante ruidoso na sua descrição das pretensões cada vez maiores da cidade. É suficientemente óbvio que ela detestava que os cavalos tivessem abandonado São Geraldo. Mas *A Cidade Sitiada* não é uma denúncia das afectações burguesas. Está integrada na sua procura de toda a vida de uma linguagem autêntica.

Talvez o impulso inicial tenha surgido das horas que passou a olhar fixamente para fora da sua janela, na Suíça, contemplando a figura inflexível da Justiça. A linguagem de *A Cidade Sitiada* é a da visão, e as metáforas da visão estão espalhadas, com alguma insistência, por todo o livro. Em determinados momentos, a visão chega mesmo a substituir a linguagem, como quando as pessoas «*olham*» ou «*vêem*» palavras em vez de as pronunciarem ou de as pensarem: «*Esta cidade é minha, olhou a mulher.*»[16]

Os olhares dos seus habitantes, e não os tijolos nem o asfalto, constroem a nova cidade de São Geraldo: «*E a cidade ia tomando a forma que o seu olhar revelava.*» «*Oh, mas as coisas não eram jamais vistas: as pessoas é que viam.*» «*Entreabriu as pálpebras, fixou cega. Aos poucos as coisas do quarto retomaram a própria posição, recuperando o modo de serem vistas por ela.*» «*Na verdade função bem tosca — ela indicava o nome íntimo das coisas, ela, os cavalos e alguns outros; e mais tarde as coisas seriam olhadas por esse nome. A realidade precisava de mocinha para ter uma forma.*»[17]

No fim da vida de Lucrécia, «*o olhar continuava a ser sua reflexão máxima*». Mesmo quando criança, ela via «*as coisas como um cavalo*»[18], ou seja, Lucrécia não gosta de ver além da superfície das coisas, e este é o valor positivo da sua «*superficialidade*». Clarice, cuja introspecção implacável a tinha levado ao desespero, não podia seguir a sugestão de Bluma Wainer para que fosse um pouco mais superficial, para «*pensar o mínimo possível e analisar menos ainda*». «*Meu mal é fazer perguntas*», escreveu ela posteriormente, «*desde pequena eu era toda uma pergunta.*»[19]

Lucrécia tem de aprender a «*olhar em esforço delicado apenas a superfície — e de rapidamente não olhar mais*»[20]. O esforço exige uma certa determinação; ela não é, como Perseu ou Efigênia, organicamente uma parte da verdade.[21] «*Ela debruçava-se sem nenhuma individualidade, procurando apenas olhar diretamente as coisas.*»[22] Apenas — mas este modo de olhar as coisas conduz, paradoxal, mas inevitavelmente, às próprias preocupações metafísicas de Clarice. Ao que parece, *não* ser profundo é apenas uma outra forma de se ser profundo.

A frivolidade de Lucrécia une-a não só ao seu criador imediato, mas ao próprio acto divino da criação. Lucrécia cria a cidade; cria tudo para o que olha. «*Porque alguma coisa não existiria senão sob intensa atenção; olhando com uma severidade e uma dureza que faziam com que ela não buscasse a causa das coisas mas a coisa apenas.*»[23] Por outras palavras, a atenção que presta insistentemente às superfícies é ainda mais uma forma de abordar a «*própria coisa*» que Clarice procurara nos seus livros anteriores.

Mas que coisas podem ser apreendidas na sua totalidade quando se olha apenas para a respectiva superfície? O formato de um círculo, por exemplo, é indistinguível do círculo propriamente dito, que contém a totalidade de si mesmo no seu símbolo. Este, e não apenas o não domesticado «*coração selvagem*», é o significado dos cavalos de São Geraldo. Para Clarice, neste livro como em tantos outros, o cavalo é uma criatura perfeita, e tornar-se parecido com um cavalo é um objectivo místico, unindo alma e corpo, matéria e espírito. Um cavalo só age de acordo com a sua natureza, livre de artifícios, de pensamento e de análise, e esta é a liberdade que Clarice parece ansiar ter: a liberdade de fazer o que lhe aprouver, sim, mas, e o que é mais importante, a liberdade do «naufrágio da introspecção». Para uma pessoa atormentada pelo passado e incapaz de viver no presente, o cavalo era igualmente uma solução.

E afinal, também Lucrécia. «*Tudo o que ela via era* alguma coisa. *Nela e num cavalo a impressão era a expressão.*»[24] *A impressão era a expressão:* Lucrécia e os cavalos são «*o símbolo da coisa na própria coisa*». Numa carta, Clarice explica melhor a frase: «*Sem as armas da inteligência, que aspira, no entanto, a essa espécie de integridade espiritual de um cavalo, que não "reparte" o que vê, que não tem uma "visão vocabular" ou mental das coisas, que não sente a necessidade de completar a impressão com a expressão — cavalo em que há o milagre de a impressão ser total — tal* [sic] *real — que nele a impressão já é a expressão*».[25]

O que um cavalo sente, as suas «*impressões*», não pode ser corrompido pelas «*expressões*» linguísticas, verbais, que só podem diluir ou distorcer aqueles sentimentos originais e autênticos. Lucrécia apenas vê as superfícies e ela própria *não é* mais do que superfície, uma outra forma de Clarice se aproximar do mesmo objectivo: «*A palavra que tem luz própria*» na qual o significado e a expressão estão, por fim, unidos.

# 20

# A TERCEIRA EXPERIÊNCIA

*«A palavra "palavra" é ex-possível!*
*— Ex-possível?*
*— É! Gosto mais de dizer ex-possível do que impossível! A palavra "palavra" é ex-possível porque significa palavra.»*[1]

É fácil imaginar com que vibração de orgulho maternal Clarice Lispector escreveu este diálogo que manteve com o seu filho Pedro. Baptizado em memória do avô e nascido em Berna, no dia 10 de Setembro de 1948, Pedro parecia ter absorvido as preocupações filosóficas que ocupavam a mãe quando ainda se encontrava no útero. Ela tinha acabado de terminar *A Cidade Sitiada: «Quando terminei o último capítulo, fui para o hospital dar à luz o menino.»*[2]

O nascimento de Pedro marcou o início das suas *«três experiências»: «Nasci para amar os outros, nasci para escrever, e nasci para criar meus filhos.»* Porém, não necessariamente por essa ordem. Clarice insistia muitas vezes que a maternidade era muito mais importante para ela do que a literatura: *«Nem tem dúvida que como mãe sou mais importante do que como escritora.»*[3] A maternidade também lhe oferecia a possibilidade de reconstituir uma existência que fora despedaçada quando perdera a sua própria mãe: *«Se eu não fosse mãe, seria sozinha no mundo.»*[4]

A maternidade era a única coisa que tanto a rebelde Joana como a passiva Lídia desejavam, e Clarice também: *«Quanto a meus filhos, o nascimento deles não foi casual. Eu quis ser mãe.*»[5] Contudo, não foi fácil, e a forma como Pedro veio ao mundo foi um indício do que estava para vir. O parto foi induzido com injecções, mas, após cerca de quinze horas de trabalho de parto, o bebé ainda não tinha nascido, e os médicos decidiram realizar uma cesariana de emergência.[6]

Cheia de febre e de dores, Clarice teve de passar duas semanas no hospital.

> «*Quanto a Maury, poucas vezes na vida tenho visto pessoa igual. Ele é tão bom para mim, pensa em tudo, tem uma paciência enorme comigo e me cerca de tanto carinho e cuidados que eu nem mereço. Espero nunca na vida feri-lo em nada. Não é só porque ele tem sido assim que eu digo. Em relação a tudo, ele é das pessoas mais puras que conheço. Eu não poderia ter um pai melhor para meu filho.*»[7]

Os seus primeiros relatos aos familiares continham o entusiasmo de uma mãe recente: «*Pedrinho está muito engraçado, sempre aumentando de peso e fazendo caretas. Aí vai um exemplo, num retrato péssimo que serve apenas de amostra. Nessa fotografia ele está com uma semana de "idade". A careta que ele prefere é essa mesma: abrir bem as narinas e transformar a boca num bico.*»[8] Houve algumas reticências em relação à ama: «*Sua principal mania é a do silêncio (imagine querer mais silêncio do que o de Berna!); quer que a gente sussurre e anda na ponta dos pés — o que habituará mal a criança; em qualquer outro ponto do país a criança se assustará.*»[9] Mais tarde, a Tania, descreveu a ama como «*uma peste diplomada*»[10].

Mas a gravidade do novo projecto não se perdeu nela. «*Toda mulher, ao saber que está grávida, leva a mão à garganta: ela sabe que dará à luz um ser que seguirá forçosamente o caminho de Cristo, caindo na sua via muitas vezes sob o peso da cruz. Não há como escapar.*»[11] Pedro tombaria sob o peso da sua cruz, provocando-lhe um sofrimento tão grande como o que sentira pela perda da mãe. Mas, entretanto, nem sequer a sua presciência teria contaminado a felicidade de Clarice e de Maury. Talvez fosse nisso que estava a pensar, quando, no dia 24 de Dezembro de 1971, escreveu um artigo de Natal intitulado «Hoje nasce um menino». A cruz começava a desenhar-se no futuro, mas «*por enquanto a alegria suave pertencia apenas a uma pequena família judia*»[12].

Em 1948 havia alegria noutras famílias judaicas. No dia 29 de Novembro de 1947, por pressão do seu presidente brasileiro, Oswaldo Aranha, a Assembleia Geral das Nações Unidas aprovou a partição da Palestina. (O gesto fez Aranha granjear fama como amigo dos judeus, apesar da sua declaração de que a criação do Estado de Israel significava que Copacabana poderia, então, ser devolvida aos brasileiros.)[13] No princípio do mês de Março, quando Clarice estava a terminar *A Cidade Sitiada,* o marido de Bluma, o repórter e viajante incansável Samuel Wainer, estava em frente ao Café Brasil, em Tel Aviv, um ponto de encontro para o governo judaico clandestino, tentando contactar o Irgun. Os representantes da organização terrorista judaica apareceram no momento combinado para descrever, ao pormenor, o famoso ataque lançado contra o Hotel Rei David.[14] No dia 13 de Maio, quando se preparava para deixar o país, Wainer quase foi atingido pela explosão de uma mina, a caminho do aeroporto. No dia seguinte, o Estado de Israel foi proclamado.

E no Rio de Janeiro comemorou-se. O livro ficcionado de memórias de Elisa, *No Exílio,* começa com a chegada de Lizza, de manhã cedo, à estação ferroviária. Ouve um lânguido ardina dizer: «*Olha o* Diário!» (O jornal para o qual Samuel trabalhava.) «*Notícia de última hora: Proclamado o Estado Judeu! Quem vai ler? Olha o* Diário*!*»

> «*Lizza despertou do torpor com uma pancada no coração. Comprou um jornal, desdobrou-o febrilmente e, enquanto os olhos percorriam o noticiário, uma lassidão crescente se foi espraiando por todo o seu ser, como se uma fonte morna estivesse fluindo dentro dela e a fosse impregnando até ao último desvão. Agora dir-se-ia que estava serena — serenidade demasiada para quem passara os derradeiros dias de sanatório numa ansiedade sem tréguas, acompanhando, pelos jornais e o rádio, o desenrolar dos acontecimentos de Lake Success, relativos ao problema da Palestina.*

*— ... "Estado Judeu!" — ouviu alguém comentar, por baixo da janela do vagão. — "Esses judeus..."*

*Os passos afastaram-se e o resto da frase fragmentou-se na distância.*

*Lizza ouviu sem ressentimento. Tantas foram as vezes em que escutara comentários semelhantes, que já não tinham o poder de perturbá-la. E nesse momento estava mais tranquila do que nunca. Nascia-lhe uma doce esperança nos destinos do mundo. A humanidade estava-se redimindo. Começava, enfim, a resgatar sua dívida para com os judeus. Valera ter padecido e lutado. Quantas lágrimas, quanto sangue derramado. Eles não morreram em vão.*

*"... não morreram em vão...", começaram a cantar as rodas nos trilhos, enquanto o trem se punha em movimento e tornava a mergulhar na imensidão.»*[15]

A história que vem a seguir a esta é a história da luta da família Lispector para fugir da sua terra natal.[16] A criação do Estado judaico, e a felicidade que isso traz à heroína, confere ao terrível sofrimento das suas personagens, especialmente a Lizza, uma espécie de significado, uma esperança de que os sacrifícios da sua família e do seu povo tenham sido feitos com um objectivo positivo, de que os seus entes queridos, e em particular a sua mãe, «*não morreram em vão*».

Tanto nas suas referências históricas explícitas, como na sua insistente inclinação política, *No Exílio* é totalmente diferente de tudo o que Clarice viria a escrever. Elisa, que tinha nove anos, não se lembrava apenas de toda a história tremenda da fuga da família da Europa. De certa forma, nunca a pôde esquecer. Sendo uma sionista activa e secretária do Instituto Judaico de Investigação Histórica no Rio de Janeiro, viajou para Israel, alguns anos mais tarde. Com uma inclinação mais académica do que as irmãs mais novas, obteve diplomas em Sociologia e História da Arte, além dos seus estudos de piano no Conservatório do Recife, e seguia atentamente os debates literários e intelectuais.[17]

No entanto, como a frase «*quem passara os derradeiros dias de sanatório numa ansiedade sem tréguas*» revela, o que ela e Clarice tinham realmente em comum eram os seus terríveis combates contra a depressão. Depois de Elisa ter sido admitida na burocracia federal, foi dominada pela tristeza e passou por uma «*tremenda crise*» por ocasião da morte do pai.[18] Este desespero levou-a a escrever. O seu primeiro romance, *Além da Fronteira,* foi escrito num secretismo tal que nem sequer Tania tinha conhecimento de que a irmã estava a trabalhar nele. Publicado em 1945, pouco depois de *Perto do Coração Selvagem,* o livro de Elisa é, na verdade, bastante anterior à estreia de Clarice, foi concluído em Janeiro de 1942.[19]

O romance trai as suas origens, enquanto tentativa da autora de escrever para escapar ao seu desânimo. «*Num assomo de dor e de angústia, ele começa a escrever depressa, nervosamente, em letra miúda e desigual, como a querer libertar-se de uma opressão muito grande*», são as primeiras frases do livro.[20] *Além da Fronteira* é a história de um escritor imigrante, Sérgio, nascido Sergei, que tem algo em comum tanto com Pedro Lispector, como com as suas filhas. «*Quando digo psicose de guerra, digo da época tumultuada que atravessamos*», diz um colega a Sérgio. «*Sei que o senhor não escreve sobre assuntos de guerra. Eu li os seus escritos. Mas há uma influência danosa em tudo isto. Não sei, talvez o exílio, as migrações por terras estranhas, a sua extrema solidão.*»[21]

Um amigo de Elisa escreveu que o livro «*foi inspirado pela figura de seu pai, a quem é dedicado. É a homenagem da filha ao artista não realizado*»[22]. A figura de Sérgio anuncia o futuro tema de Elisa: «*extrema solidão*». «*A solidão passou a constituir o único meio de furtar-se à sensação opressiva de estar constantemente falhando, por não saber viver como os outros viviam.*»[23]

O livro evoca a confissão de Pedro Lispector a Clarice, e as palavras que inspiraram Elisa a começar a escrevê-lo: «*Se eu fosse escrever, escreveria um livro sobre um homem que viu que se tinha perdido.*» A incapacidade de viver no mundo do quotidiano era partilhada por Clarice, que nunca se conseguiu adaptar à vida pública, assim como por Elisa, que lidava com a sua perpétua ansiedade, isolando-se do mundo. Elisa era chegada aos seus amigos e familiares, que a recordam de uma forma calorosa. Teve namorados, incluindo o reputado romancista Orígenes Lessa[24], mas nunca se casou. A solidão foi o seu grande tema.

O legado dos *pogroms* foi uma depressão inexorável, uma incapacidade de se ligar às pessoas, que o seu amigo Renard Perez captou. «*Eu sentia sua inaptidão, sua falta de preparo para a vida cotidiana. Uma grande insegurança, que se tornou uma cautela diante de outras pessoas.»*[25] Tal como Sérgio, e como Clarice (*«Ela era alegrezinha dentro de sua neurose. Neurose de guerra»*[26]), Elisa tinha a sua própria neurose de guerra que lhe tolhia a qualidade de vida. No seu último romance, que, como *No Exílio*, é fortemente autobiográfico, Elisa escreveu: *«Mas sobreviver não é bom. Creia-me. Não se sobrevive por inteiro, e a parte de nós que sobra, estiola-se num não saber que fazer do tempo, que não flui, e da aridez da existência, que estanca. É um não saber o que fazer de si mesmo.»*[27]

Elisa escrevia por muitas das mesmas razões que Clarice criou Lucrécia. *«Se eu ao menos pudesse deixar de pensar, se eu pudesse esquecer»*, diz Sérgio. Tal como a irmã, Elisa procurava uma solução na escrita, mas remoer na infelicidade era perigoso. *«Escrevendo, revivendo, talvez extirpe o mal, digo comigo, mas a verdade é que quanto mais toco na ferida, mais ela sangra.»* O antídoto deu mostras de ser venenoso. *«Será que jamais me libertarei deste jugo? Sempre escrever, escrever. É idéia que não me deixa, e já agora pergunto para quê, e com que fim? Se eu pudesse parar, talvez encontrasse a paz.»*[28]

Em Maio de 1948, enquanto a guerra rebentava no Médio Oriente, uma Clarice grávida, na plácida Suíça, concluía, por fim, *A Cidade Sitiada*. A sua empregada italiana, Rosa, chocada com a quantidade de tempo que Clarice passara a revê-lo, chegou à conclusão de que mais valia ser cozinheira do que escritora, porque *«se pusesse sal demais na cozinha, não havia mais remédio»*[29].

O livro foi prontamente rejeitado pela Editora Agir, a editora católica que tinha publicado *O Lustre*. No princípio de Julho, Clarice escreveu a Tania:

> *«Não sei se você sabe que a Agir não quer ou não pode publicar meu livro — o fato é que a resposta foi negativa. De modo que estou sem editora. Estou com vontade de mandar por um rapaz o livro para o Brasil. Você dê ao Lúcio Cardoso para ler. Ele talvez arranje editora para mim. Se não arranjar, não tem importância. O que quero é que este livro*

*saia daqui. Melhorá-lo, é impossível para mim. E, além disso, preciso com urgência me ver livre dele. Quando você der o livro ao Lúcio, não fale para ele arranjar editora. Eu mesma escreverei talvez uma carta dizendo. Nem tenho coragem de pedir a você que o leia. Ele é tão cacete, sinceramente. E você talvez sofra em me dizer que não gosta e que tem pena de me ver literariamente perdida... Enfim, faça o que você quiser, o que lhe custar menos. Espero um dia poder sair deste círculo vicioso em que minha "alma caiu".*»[30]

Como sempre, Tania soube como animar a irmã mais nova, que lhe agradeceu exuberantemente pelos seus comentários incentivadores acerca do livro: «*Não posso lhe dizer como agradeço a Deus, se Deus existe, o fato de você ser minha irmã. Você é o prêmio de minha vida. Você é o sol da terra, o que lhe dá a graça. A existência de você dá um sentido à vida e justifica.*»[31] Todavia, as notícias eram desencorajadoras; à rejeição por parte da Agir seguiu-se rapidamente a rejeição da Jackson Editores.

Clarice estava em êxtase por ter sido mãe, mas nem sequer o nascimento de Pedro a conseguiu arrancar da sua depressão. Em Dezembro, mudaram de casa, deixando para trás a Gerechtigkeitsgasse com a sua escultura da Justiça. Frequentou um curso de escultura, no qual tentou em vão esculpir em barro a cabeça de um macaco, e até aprendeu a tricotar.[32] Ela e Maury recusaram-se a aprender a jogar às cartas, ainda que isso pudesse ter melhorado um pouco a vida social de ambos: «*Mas nós não queremos por uma questão quase de princípios: o jogo seria um meio fácil de sair do tédio e teria um sentido por assim dizer de morfina. Pode ser que um dia eu aprenda, mas hesitarei muito até lá.*»[33]

Não obstante, Clarice andava a tomar outro tipo de drogas. Recomendou a Tania que tomasse *Bellergal,* que é normalmente receitado para o nervosismo, fadiga, insónias e dores de cabeça, mas que também contém barbitúricos e está contra-indicado a mulheres grávidas.[34] Pedro já revelava indícios de que não era completamente normal. O primeiro choque surgiu quando Clarice e Maury, que tinham viajado para fora da cidade, o deixaram ficar com a ama. Ele ainda era muito pequeno e não falava português. Só se ausentaram por alguns dias, e quando regressaram, encontraram-no a falar fluentemente a língua da ama. Clarice disse a Elisa que estava aterrorizada com a sua precocidade invulgar.[35]

A única coisa que lhe dava algum ânimo era a perspectiva de voltar ao Brasil. «*Fiquei contente em Marcinha* [filha de Tania] *perguntar quando volto. Diga a ela que talvez no começo do ano que vem estejamos lá*», escreveu a Tania.

> «*Diga a ela que esses anos todos pingaram gota a gota e que eu por assim dizer contei uma por uma — mas que ao mesmo tempo passaram incrivelmente depressa porque um só e único pensamento ligou-os: esse tempo todo foi como o desenvolvimento de uma só idéia: a volta. Diga a ela que não espere, por isso, me ver voltar aos pulos de alegria e aos risos: nunca se viu ninguém sair da prisão aos risos: a alegria é muito mais profunda.*»[36]

Mas eles não regressariam em 1948. Apenas no dia 17 de Março de 1949 chegou, de facto, o aviso de que Maury iria ser transferido para o Rio de Janeiro. «*Estou escrevendo sob o secador do cabeleireiro*», escreveu Clarice às irmãs, uma semana depois, «*me preparando para ir hoje à noite a Roma para fazer alguma roupa. Nem sei dizer o que senti quando soube que iremos embora para o Brasil. A grande alegria é inexpressiva. Minha reacção imediata foi coração batendo, pés e mãos frios. Em seguida passei a dormir mal à noite e consegui emagrecer ainda mais. Sou tão chata que já estou pensando que irei embora do Brasil de novo. Estou me controlando para não ficar alegre demais. Estou tão contente. Quem sabe se no Rio conseguirei escrever de novo e me animar.*»[37]

No dia 3 de Junho de 1949, a jovem família saiu de Berna, embarcando para o Brasil em Génova. «*A comida era péssima, gordurosíssima*», enquanto atravessavam o Atlântico, recordou Clarice. «*Eu fazia o possível para alimentar sem perigo o meu menino de oito meses.*»[38] A comida só melhorou quando chegaram ao Recife. Um grande almoço aguardava-os, preparado pela tia Mina Lispector. Tal como Tania, Mina tinha sido uma segunda mãe da rapariga, e Clarice recordava-a com muita ternura. Na sua última visita ao Recife, alguns meses antes da sua morte, Clarice nomeou a pessoa que mais tinha marcado a sua vida: «*Foi tia Mina que me deu comida. Me deu carinho.*»[39]

Clarice não via a cidade da sua infância desde 1935, quando a família se mudou para o Rio de Janeiro. Não mudara tanto quanto ela. A caminho da casa da tia Mina, quis ver a avenida Conde de Boa Vista, a principal artéria que atravessava o bairro judaico da Boa Vista. Ela recordava-a como sendo enorme, e ficou desiludida quando esta acabou por se revelar como bastante banal. Tinha uma noção semelhante da famosa Escola de Direito do Recife. «As crianças normalmente têm uma ideia diferente da dimensão das coisas, sabe como é: eu costumava brincar nas escadas da Escola de Direito e lembrava-me delas como sendo enormes. Quando atravessei o Recife, vi-as outra vez, no seu tamanho normal.»[40]

Clarice, Maury e Pedro passaram apenas algumas horas no Recife antes de terem de embarcar novamente, prosseguindo para o Rio de Janeiro, onde ela não ia desde Março de 1946. As notícias que recebera da cidade, e do Brasil, chegavam sobretudo de Bluma Wainer, que estava cada vez mais deprimida e se separara de Samuel. As coisas já não corriam bem há vários anos. Samuel, que construía incansavelmente uma das mais brilhantes carreiras do jornalismo brasileiro, estava sempre a partir para lugares exóticos, deixando Bluma sozinha, em Paris ou no Rio de Janeiro. «*Falei com o Sam ao telefone, como já mandei dizer e como sempre acontece nessas ocasiões, ficamos no "v. vai bem? Etc."*», escreveu Bluma a Clarice, em 1947.[41] No ano a seguir, disse-lhe: «*Estou ficando de pedra, já nada me comove nem interessa.*» Samuel estava outra vez ausente, voando da Palestina para Bogotá. «*D. Bluma ficará mais uma vez sozinha — você sabe da força das palavras, veja uma e me mande.*»[42]

O casamento acabou de vez no início de 1949, quando Samuel se encontrou com Getúlio Vargas no Rio Grande do Sul. No seu estado natal, o antigo ditador, então senador, estava a planear meticulosamente o seu regresso ao palácio presidencial. Samuel fora falar com Getúlio, enquanto líder de um movimento genuinamente nacional, com um apoio alargado a muitos sectores da sociedade, bem como um dedicado à democracia implementada desde 1945. Ele e Bluma tinham sido esquerdistas — Samuel, por exemplo, foi o primeiro brasileiro a entrevistar Tito —, e Bluma continuava a ser. As cartas dela para Clarice registam o seu entusiasmo pelo movimento republicano espanhol, assim como a sua visita à Jugoslávia, e estão impregnadas de um ténue antiamericanismo. Em 1947, Bluma relatou, com um espanto compreensível, que o Brasil tinha concordado importar vinte e sete mil toneladas de bananas americanas![43] Para a mulher cujo lema era «*Os fins* não *justificam os meios*», a aliança de Samuel com o ditador foi a última gota.

Ao mesmo tempo que relatava o cenário político que se desenrolava no seu país — «*O Brasil continua cada vez mais Brasil*», suspirava[44] — Bluma também pedia insistentemente aos amigos para não se afligirem pelo lugar. «*O resto, os jornais andam cheios de notícias sobre mulheres que matam seus maridos, maridos que matam suas mulheres e respectivos amantes, e outros, menos espalhafatosos, que se matam simplesmente.*»[45]

21

# OS SEUS COLARES VAZIOS

Para Clarice, a chegada ao Rio de Janeiro significava o reencontro com outro velho amigo, Lúcio Cardoso. O rapaz que sonhara com estrelas de cinema, na sua diminuta cidade do interior, tinha agora o seu próprio Teatro de Câmara para apresentar as obras de autores clássicos, juntamente com o seu trabalho e o dos seus amigos.[1] Tinha começado a trabalhar no teatro em 1943, precisamente na altura em que conheceu Clarice. Era o sonho de uma vida inteira.

«*Lúcio Cardoso — lembro-me bem — atribuía grande importância a seu destino teatral*», afirmou o seu amigo, o romancista Octavio de Faria. «*Aliás não teria podido impedir-se de fazê-lo, pois ele próprio era essencialmente um "trágico", mais que um romancista.*»[2] A sua obra teatral era artisticamente de vanguarda e, no plano político, estava muito à frente do seu tempo, sobretudo no que dizia respeito às questões raciais. Apesar de a escravatura não ter sido interdita até 1888, na memória de muitos brasileiros, a elite do país considerava uma doutrina de fé o facto de o país não sofrer divisões raciais.[3] Com Tomás Santa Rosa, que tinha ilustrado as capas de *Perto do Coração Selvagem, O Lustre* e *A Cidade Sitiada,* Lúcio participou no Teatro Experimental do Negro, de Abdias do Nascimento, um dos primeiros activistas afro-brasileiros. Santa Rosa concebeu os cenários e foi director-adjunto de Lúcio em *O Filho Pródigo,* um drama bíblico apresentado com um elenco composto na totalidade por negros.

Apesar de todos os esforços do grupo, a peça foi um fracasso. A irmã dele recorda a sua «*aflição ao ver Pascola, o mais renomado crítico da época, dormindo na primeira fila*»[4]. Não se deixando intimidar, convencido de que o teatro era uma área fraca da cultura brasileira, Lúcio decidiu abrir o Teatro de Câmara, em 1947. Para obter financiamento, convidou os seus amigos escritores a contribuírem com artigos. De Berna, Clarice Lispector enviou um texto publicitário: «*Os autores, cenaristas e artistas que trabalham para o teatro de Câmara asseguram a realização de seu propósito — fazer o gesto recuperar o seu sentido, a palavra o seu tom insubstituível, permitir que o silêncio, como na boa música, seja também ouvido, e que o cenário não se limite ao decorativo e nem mesmo à moldura apenas — mas que todos esses elementos, aproximados de sua pureza teatral específica, formem a estrutura indivisível de um drama.*»[5] Com o seu próprio floreio teatral, assinou esta frase como «*Lili, rainha do deserto*».

Para inaugurar o seu ambicioso empreendimento, Lúcio produziu a sua própria peça *A Corda de Prata*. «*Não me lembro de espetáculo mais preparado, mais trabalhado, mais impressionante para o nosso pequeno clã "lucista"*», recordou Octavio de Faria. «*Ester Leão era a diretora e Lúcio Cardoso se submete (é verdade que quase aos berros... a todas as suas exigências cénicas. Vezes houve em que o vi quase chorando. Pouco importa. A peça subiu à cena, a atriz Alma Flora recebeu quase todos os aplausos...*»[6] Por acaso, Alma Flora, com um nome poético, tinha aparecido na mais grandiosa sala de espectáculos do Recife, o Teatro Santa Isabel, quando Clarice Lispector era uma criança. O espectáculo tinha-a inspirado, aos nove anos, a escrever a sua peça de três actos *Pobre Menina Rica*.[7]

O entusiasmo era grande, como sempre acontecia, com os projectos de Lúcio. «*Lembro-me como se ainda fosse hoje*», acrescentou Faria.

> «*Lúcio Cardoso, entusiasmado com a nova "diva" (jamais venceu a "paixão" pelas divas do cinema italiano), preparou, de supetão, um grande "banquete", no Lapa 49 para comemorar a consagração de Alma Flora. Siris e chopes aos montões — só o que não havia é dinhei-*

*ro para pagar a nota (compareci com alguns magros tostões, mas, das "dívidas", a família Cardoso é que pode falar!...) e lá estava, no centro da mesa, uma magnífica corbelha de rosas vermelhas (claro que vermelhas!...) dedicada à diva homenageada.*

*Foi uma grande festa. Das poucas felizes, bem-sucedidas, de que me lembro. Foi mesmo como que a consagração — não a de Alma Flora, nem a de Maria Sampaio (também atriz da peça, aliás, esplêndida), nem a de Ester Leão, diretora notável — mas a de Lúcio Cardoso, dramaturgo, um dos maiores dramaturgos que tivemos...»*

A inevitável ressaca chegou rapidamente. «*Por maior que tivesse sido o sucesso, mesmo "de estima" (em relação aos anteriores), não deixou de ser quase total o fracasso profissional da peça apresentada. Nenhum vestígio deixou.*»[8]

De qualquer forma, Lúcio conseguira, como sempre, contagiar um grupo dos mais talentosos artistas do Brasil com os seus sonhos extravagantes. Os participantes do seu pequeno teatro eram Marques Rebelo, cuja crónica do Rio de Janeiro, na década de 1940 a 1950, era um clássico da literatura brasileira; Nelson Rodrigues, que viria a ser o mais famoso e controverso dramaturgo; o arquitecto paisagista Burle Marx, famoso pelos seus jardins na nova capital, Brasília; e a grande poetisa Cecília Meireles; para não falar do próprio Lúcio, do pintor Santa Rosa, e modestamente e de longe, Clarice Lispector.

A irmã de Lúcio, Maria Helena Cardoso, capturou o poder do entusiasmo irreprimível dele:

«*Lembro Nonô tão alegre, a cabeça cheia de fantasias, principalmente quando se tratava de viagens, jovem ainda, com vários livros publicados, muitos ainda por escrever, a esperança de ser fazendeiro um dia. Contagiada pelo seu entusiasmo, pela força da sua fé e da sua imaginação, eu acreditava seriamente na realização de todos aqueles castelos, até mesmo nas coisas mais impossíveis. Para mim tudo poderia ser, nada era impossível para ele, a quem admirava mais que tudo: romances, poemas, belas fazendas saídas do nada. Os seus menores sonhos eram para mim realidades, tal a força de sua imaginação.*»[9]

Talvez tenham sido as notícias do novo projecto teatral de Lúcio que inspiraram Clarice, perto do final da sua temporada na Suíça, a escrever «O Coro de Anjos», posteriormente publicado como «A Pecadora Queimada e os Anjos Harmoniosos». Ou também pode ter sido inspirada por outro amigo, o poeta de Pernambuco João Cabral de Melo Neto, que montara uma pequena editora no seu posto diplomático, em Espanha, e estava ansioso por publicar algo de Clarice. «*Fico esperando o* Coro dos Anjos», escreveu ele, no início do ano de 1949. «*Você me fala dele tão fabulosamente que minha expectativa aumenta.*»[10]

Ele nunca o publicou, e talvez nunca o tenha chegado a ler, até o artigo aparecer em 1964, quase no final de *A Legião Estrangeira*, um volume que contém diversos tipos de textos. É a única incursão de Clarice em textos dramáticos. Apesar de a neta de Tania, Nicole Algranti, o ter produzido em 2006, «A Pecadora Queimada» não parece realmente estar destinado aos palcos, quanto mais não seja devido à sua extensão (treze páginas). Com um ritmo bíblico e uma linguagem que também é única na sua obra, a peça conta a história de uma mulher que foi condenada à morte.[11] O seu pecado é banal:

> «POVO: *Pois então escondia do esposo o seu amante, e do amante escondia o esposo? Eis o pecado do pecado.*
>
> AMANTE: *Mas eu não rio e por um momento não sofro. Abro os olhos até agora fechados pela jactância, e vos pergunto: quem? Quem é esta estrangeira, quem é esta solitária a quem não bastou um coração?*»

O drama termina quando a «*mulher estrangeira*» é queimada viva. Depois de ter partido, as várias personagens dão a sua opinião.

> «SACERDOTE: *A beleza de uma noite sem paixão. Que abundância, que consolação. "Ele faz grandes e incompreensíveis obras."*
>
> *1.º* E *2.º* GUARDAS: *Exatamente como na guerra, queimando o mal, não é o bem que fica...*
>
> OS ANJOS NASCIDOS: *... nós nascemos.*
>
> POVO: *Não compreendemos e não compreendemos.*
>
> ESPOSO: *Regressarei agora à casa da morta. Pois lá está minha antiga esposa, a esperar-me nos seus colares vazios.*

SACERDOTE: *O silêncio de uma noite sem pecado... Que claridade, que harmonia.*

CRIANÇA COM SONO: *Mãe, que foi que aconteceu?*

OS ANJOS NASCIDOS: *Mamãe, que foi que aconteceu?*

MULHERES DO POVO: *Meus filhos, foi assim: etc. etc. e etc.*

PERSONAGEM DO POVO: *Perdoai-os, eles acreditaram na fatalidade e por isso são fatais.*»

Esta estranha e curta peça de teatro reproduz, com uma proximidade inquietante, a impotência que perpassa as cartas de Clarice do exílio na Suíça, quando a sua vida estava completamente fora do seu controlo, onde as pessoas pronunciavam clichés bem-sonantes à sua volta, e onde ela se encontrava totalmente submetida à vontade dos outros. Em «A Pecadora Queimada», as pessoas têm oportunidade de manifestar a sua opinião; o amante tem oportunidade de manifestar a sua opinião; o marido tem oportunidade de manifestar a sua opinião; o sacerdote tem oportunidade de manifestar a sua opinião; os guardas têm oportunidade de manifestar a sua opinião; e os anjos têm oportunidade de manifestar a sua opinião. A própria «*mulher estrangeira*», condenada a morrer na fogueira, nunca pronuncia uma palavra.

Finalmente de volta ao Rio de Janeiro, Clarice começou a encontrar a sua voz. Dessa vez, não era apenas uma visita breve. Ficaria no Brasil mais de um ano, enquanto Maury era colocado no ministério, no Palácio do Itamaraty. Depois de arranjar um apartamento no Flamengo, perto de Tania, a sua primeira missão foi procurar um editor para *A Cidade Sitiada*. E foi rápida. Chegou ao Brasil no final de Junho, e o livro foi publicado no final de Agosto.[12] A editora foi, mais uma vez, *A Noite*, que já publicara *Perto do Coração Selvagem* cinco anos antes. Era o ramo de edição livreira do jornal onde ela trabalhara no princípio da sua carreira, e era uma escolha bastante respeitável, ainda que a rejeição de casas mais prestigiadas — incluindo a Agir, que editara *O Lustre* — devam tê-la magoado.

E o que era pior, o livro foi um fracasso. Foi publicado um número muito reduzido de críticas, que não eram positivas. Até Sérgio Milliet, o crítico de São Paulo, que tão activamente apoiara os seus livros anteriores, sentiu o mesmo desespero que tantos leitores sentiram, quando ficaram perante o que um amigo próximo apelidou de «*talvez o menos apreciado dos romances de Clarice Lispector*»[13]. Milliet considerou o livro como rococó, «*o enleamento da escritora na própria teia de imagens preciosistas*», a estrutura perdida numa selva de floreados retóricos. Uma pena, prosseguiu ele, porque o livro «*evidenciava outras ambições, visa a prospecção psicológica*». Ele admira a invenção linguística dela, mas conclui: «*a autora sucumbe ao peso de sua própria riqueza*»[14].

Milliet tem razão. Clarice afirmou que foi o livro que lhe custou mais a escrever[15], e é frustrantemente difícil de ler, difícil de acompanhar o traçado dos movimentos interiores das suas personagens fortemente alegóricas. «É um hermetismo que tem a consistência do hermetismo dos sonhos. Haja quem lhe encontre a chave», escreveu, João Gaspar Simões, o crítico português.[16] Clarice admitiu o problema, mas esperava que um conhecimento mais aprofundado viesse a revelar o mérito do livro, como acontecera com o seu amigo da Escola de Direito, San Tiago Dantas.

> *«Abriu o livro e pensou: "Coitada da Clarice, caiu muito." Dois meses depois, ele me contou que, ao ir dormir, quis ler alguma coisa e o pegou. Então ele me disse: "É o seu melhor livro."»*[17]

Clarice reconheceu, todavia, que o livro não estava completo: «A Cidade Sitiada *foi, inclusive, um dos meus livros mais difíceis de escrever porque exigiu uma exegese que eu não sou capaz de fazer. É um livro denso, fechado. Eu estava perseguindo uma coisa e não tinha quem dissesse o que era.*»[18] Em retrospectiva, é bastante fácil perceber do que ela andava à procura. O refinamento da linguagem levara-a muito longe. Mas, num sentido mais lato, *A Cidade Sitiada* não tem sentido. A identificação de Lucrécia com os cavalos, e por analogia, a procura de Clarice pela união da expressão e da impressão, estava concluída, tanto quanto seria possível.

Mas a procura é, por definição, espiritual. E em *A Cidade Sitiada,* Clarice ainda não está pronta para admitir francamente que a razão de ser daqueles extravagantes exercícios linguísticos é conduzi-la a Deus, que a tinha abandonado, e que ela, por sua vez, rejeitara. Neste livro, é como se ela continuasse a agarrar-se à sua declaração de Agosto de 1941, de que «*acima dos homens, nada mais há*». Embora tivesse passado sete anos a refinar as suas ferramentas, o seu, cada vez mais fantástico, domínio da linguagem, ainda continuava relutante em utilizá-las. Daí o ar «*denso abafado*» do livro. Daí também, mais do que uma simples frustração com as restrições do serviço diplomático, o silêncio da mulher estrangeira.

No dia 8 de Setembro de 1949, alguns dias após a publicação de *A Cidade Sitiada,* Maury recebeu notícias da sua colocação seguinte: Torquay, uma estância balnear de Devon onde a terceira ronda do Acordo Geral sobre Tarifas e Comércio iria começar. Ao contrário da sua colocação em Berna, que durara vários anos, a missão a Torquay duraria apenas seis meses, o que para Clarice implicaria umas férias mais prolongadas e uma pena de prisão interminável mais curta. Além disso, não teriam de partir imediatamente: permaneceriam no Rio de Janeiro mais um ano, até ao final de Setembro de 1950.

Enquanto estava em casa, Clarice esboçou alguns contos e interessou-se vagamente pelo jornalismo, mas a maior parte do tempo foi ocupado com a família e o seu bebé recém-nascido. Restabeleceu contacto com velhos amigos, incluindo Paulo Mendes Campos, que foi ao apartamento dela para a entrevistar para o *Diário Carioca*. Quando Mendes Campos chegou, encontrou Pedro, «*gordo e feliz*», a ser transportado do banho para a cama. Clarice disse-lhe que a maternidade lhe ensinara que era «*meia áspera de voz e mais brusca de gestos do que poderia imaginar*», e que devido ao jornalismo, e talvez a maternidade, estarem a mantê-la ocupada, ainda não tinha começado a pensar num livro novo.[19]

Isso teria de esperar pela sua chegada à Riviera inglesa, quando a jovem família se instalou num dos muitos hotéis da pitoresca cidade. Os proprietários desses hotéis tinham fama de snobes e intransigentes, o que veio a ser imortalizado, mais tarde, na série *Fawlty Towers* dos Monty Python. Tal como os hotéis, nem tudo na pequena cidade balnear era tão encantador quanto parecia. Agatha Christie nascera aí, em 1890, e usou-a como cenário para muitas das suas histórias, incluindo o seu famoso livro *As Dez Figuras Negras*, também conhecido por *Convite para a Morte*. (Clarice Lispector traduziria, mais tarde, o último caso de Poirot para português. Uma vez disse: «*Meu ideal seria escrever alguma coisa que pelo menos no título lembrasse Agatha Christie*».)[20]

Com diplomatas de trinta e oito países a afluírem à cidade para estarem presentes nas negociações, o sector hoteleiro de Torquay devia estar presumivelmente com ocupação máxima. As cartas de Clarice, de qualquer forma, não fazem menção a quaisquer problemas. Ela gostava bastante de Inglaterra.

> «*Aqui tipicamente cidade pequena, tem cheiro de Berna. Sem ser por pouco tempo, seria chatíssimo. Todo mundo é mais ou menos feio, com chapéus horríveis, modas horríveis nas vitrinas.* [...] *apesar de Torquay ser tão chatinho, gosto da Inglaterra. A falta de sol, certas praias com rochas escuras, a falta de beleza — tudo isso me emociona muito mais do que a beleza da Suíça. Por falar nesta, cada vez mais a detesto. Espero nunca mais estar nela.*»[21]

Clarice e Maury conseguiram arranjar tempo para visitarem as Cavernas Kents, um complexo de grutas perto de Torquay que foi habitado pelo homem durante cerca de quarenta mil anos (e foram mencionadas no livro de Agatha Christie com o título *O Homem do Fato Castanho*). A visita deu a Clarice uma certa perspectiva.

> «*Foi muito bonito. Apesar de dar certa aflição. Saí de lá disposta a não me preocupar com coisas pequenas, já que atrás de mim havia tantos e tantos anos. Mas, chegando no hotel, vi que era inútil — nada tenho a ver com a pré-história, a comida de Pedrinho é mais importante.*»[22]

Pedro, que já tinha dois anos, mantinha Clarice ocupada. Estava a aprender inglês, língua que, escreveu Clarice, falava como um brasileiro do interior: «*gude morningue*», «*looki di fúnii máni*». Foi um suplício encontrar uma ama adequada para ele; teve três, em dois meses, e no final de Outubro continuava «*esperando "a mulher de minha vida"*», como disse a Tania.[23] «[Ele] *come que é uma beleza, vive faminto, conversando sobre comida, "carninha gostosa", "peixinho ótimo", etc.* [...] *E fala tanto que se ele de um modo geral não fosse um filho eu ficava cansada. A conversa não varia muito — é sobre comida, carros, ônibus e comida de novo.*»[24]

Pelo menos, não se podia aborrecer; ao contrário da sua vida na Suíça, tinha pouco tempo para ficar a olhar para fora da janela. O tempo que passou no Rio de Janeiro e a viagem relativamente curta a Inglaterra tinham-na feito recuperar o ânimo, a ponto de poder dar conselhos a Tania, normalmente a mais sensata das três irmãs: «*Procure não levar certos problemas tão a sério*», escreveu Clarice com uma leveza invulgar.

> «*Às vezes, quando olho certas coisas passadas a que dei tanta importância e que não têm mais nenhuma, fico chateada. Cuide-se moralmente também, minha querida. Seja feliz, custe o que custar.*»[25]

No final de Novembro, Clarice realizou uma agradável viagem a Londres, onde visitou os teatros e assistiu a um espectáculo cujo protagonista era o actor americano Tyrone Power. Londres agradou-lhe. «*Não era como eu pensava. É menos "evidente"* [...] *Não é como Paris que é imediatamente e claramente Paris. É preciso ir pouco a pouco entendendo, pouco a pouco reconhecendo.*»[26] Guardou memórias da Inglaterra, e em 1960 escreveu um conto breve acerca delas: «*Achei muito natural estar na Inglaterra, mas agora quando penso que lá estive meu coração se enche de gratidão.*»[27]

Parte do tom alegre das suas cartas da Inglaterra podia dever-se ao facto de saber que estava novamente grávida. Não é claro até que ponto a sua gravidez avançou, mas por volta do princípio de 1951, numa outra viagem a Londres, desmaiou subitamente. «*Quase morri*», contou alguns anos mais tarde. «*Fui levada desacordada para um hospital e quando abri os olhos estava sentado junto de mim, com cara de santo, o João Cabral de Melo Neto. Nunca esqueço.*»[28]

Perdeu o bebé. No seu excelente romance *A Paixão segundo G. H.*, escreveria: «*Abandonar tudo isso dói como separar-se de um filho ainda não nascido.*»[29]

Clarice, Maury e Pedro partiram para o Brasil, no dia 24 de Março de 1951. Mais notícias tristes os aguardavam no regresso. Bluma Wainer, que além das irmãs de Clarice era a sua melhor amiga, fora acometida subitamente de um tumor no cérebro. Samuel não abandonou Bluma nesse momento, apesar de já estarem separados havia três anos. Bluma podia considerar Samuel como moralmente flexível nas suas negociações políticas, mas não o poderia acusar de falta de lealdade. Ele aceitara-a de volta, depois do desastroso relacionamento com Rubem Braga, e estava a pagar para que Bluma pudesse ir submeter-se a um tratamento nos Estados Unidos. Mas não adiantou nada. Ela voltou ao Rio de Janeiro, onde Clarice ajudou a tomar conta dela, e morreu dois meses depois. Ainda não tinha trinta e seis anos.[30]

Em 1955, Rubem Braga dedicou um breve ensaio a Bluma Wainer. Tudo o que restava do amor da sua vida era um busto em gesso, à entrada do seu apartamento, encomendado ao famoso escultor Bruno Giorgi.[31]

> «*Quantas vezes vi esses olhos se rindo em plena luz ou brilhando suavemente na penumbra, olhando os meus. Agora olham por cima de mim ou através de mim, brancos, regressados com ela à sua substância de deusa.*
>
> *Agora ninguém mais a poderá ferir; e todos nós, desta cidade, que a conhecemos um dia; e, mais que todos, aquele que mais obstinada, mais angustiosamente soube amá-la, aquele que hoje a contempla assim, prisioneira do imóvel gesso, mas libertada de toda a dor e toda a paixão tumultuaria da vida — todos nós morremos um pouco na sua ausência.*»[32]

Talvez tenha sido melhor que Bluma tenha partido quando partiu, poupando-lhe o horror de ver Samuel Wainer tornar-se a eminência parda do novo governo de Getúlio Vargas. O antigo editor da revista *Diretrizes,* dedicada a combater o Estado Novo, era então a voz mais proeminente nos meios de comunicação social a favor de Getúlio Vargas. Por outro lado, isso não revelava muito. Os jornais do Brasil opunham-se unanimemente ao regresso de Getúlio Vargas ao poder, mas tal não se devia às suas próprias credenciais de jovens democratas; os jornais brasileiros sempre tinham sido o bastião de uma oligarquia reaccionária, propriedade de um reduzido número de famílias muito ricas que os transmitiam de geração em geração.

Wainer percebeu, correctamente, que a eleição de Vargas era um fenómeno genuinamente popular. Depois de ser destituído, em 1945, Getúlio permanecera no Senado, planeando secretamente voltar ao palácio presidencial que ocupara durante quinze anos, e ganhando tempo enquanto os políticos que o tinham substituído se desacreditavam. No dia 3 de Outubro de 1950, quando Clarice e Maury se estavam a instalar no seu hotel de Torquay, Vargas foi reeleito com 48,7 por cento de votos, quase uma maioria absoluta, nunca vista no fragmentado sistema político brasileiro.[33] Em 31 de Janeiro de 1951, Getúlio Vargas, democraticamente eleito, era novamente presidente do Brasil. «*Quando eu tomar posse o povo vai subir comigo as escadas do Palácio do Catete*», declarou ele melodramaticamente durante a campanha. «*E vai ficar comigo no poder.*»[34]

Uma imprensa verdadeiramente popular era o que Samuel e Bluma tinham esperado criar com a revista *Diretrizes,* embora Bluma, pelo menos, nunca tivesse sonhado que uma imprensa popular fosse sinónimo de uma imprensa que apoiava Getúlio Vargas. Numa reunião secreta com o novo presidente, Samuel concordou criar um jornal que reflectisse a opinião popular, com a ajuda de um empréstimo considerável — que, obviamente, também era secreto — do Banco do Brasil. No dia 1 de Junho de 1951, com uma vibrante carta de recomendação do presidente na primeira página, o *Última Hora* fez a sua estreia. Como Samuel descreveria mais tarde, o jornal era «*ecuménico por vocação*». No seu livro de memórias, Samuel cita em tom de aprovação um colega que afirmou que ele era «*o único jornalista capaz de criar um jornal que é capitalista no primeiro caderno e comunista no segundo»*[35], uma combinação perfeita para o «*pai dos pobres*» e a «*mãe dos ricos*». Com o lançamento de *A Última Hora,* Samuel Wainer tinha-se tornado um dos homens mais poderosos do Brasil.

Durante o ano que permaneceu no Rio de Janeiro, Clarice Lispector participou no nascimento de uma outra publicação. *Comício* não provocaria o mesmo alarido que *A Última Hora* provocara, e teria sido completamente esquecido, se não fosse a extraordinária qualidade dos seus colaboradores, entre os quais se contava a maior parte da geração emergente de escritores brasileiros, incluindo Paulo Mendes Campos, Fernando Sabino e Clarice Lispector. Os seus fundadores foram Rubem Braga e Joel Silveira, que tinha sido correspondente de guerra com Braga, em Itália, e os seus objectivos eram elevados: debater «*a marcha dramática e pitoresca das coisas desta nação e, um pouco, também das outras*», apesar de os editores deixarem claro que a sua finalidade não era «*salvar o país uma vez por semana*»[36].

À semelhança da restante imprensa, *Comício* era anti-Vargas, pelo menos em teoria. No entanto, e bastante característico da época e do lugar, a maioria dos anunciantes foi indicada por Danton Coelho, o ministro do Trabalho de Vargas, que «*sugeria*» que os seus amigos o apoiassem.[37] Contudo, a sua orientação política, ou falta dela, importava pouco a Teresa Quadros, a conversadora e segura responsável pela página feminina. Que era nada mais nada menos do que Clarice Lispector, que aceitou o trabalho com a condição de poder exercê-lo sob um pseudónimo, presumivelmente para evitar manchar a sua reputação literária.

Nas páginas de *Comício,* encontramos Clarice Lispector a dispensar conselhos, por exemplo, sobre como adaptar o perfume que usamos a diferentes ocasiões: para um jantar, a Esfinge brasileira sugere algo leve, para impedir que o odor se sobreponha ao da comida, fazendo os convidados perderem o apetite. «*Por mais francês que seja o seu perfume, é ainda a carne assada o que importa em muitos momentos.*»

A usar jóias com alguma classe: «*Não use jóias verdadeiras com fantasias. Faça também o possível para não se empetecar demais com elas. Também não misture placa de brilhantes, com três voltas de pérolas, com brincos dourados e três pulseiras de ouro em cada braço, além de um anelão de água marinha. Você não é nem vitrine de joalheiro, nem a Virgem de Pilar.*»[38]

Numa voz que transpira um controlo altivo, Teresa Quadros também faz sugestões para ajudar as mulheres a acalmarem-se. «*Aja como se eles* [seus problemas] *não existissem*», escreveu ela no primeiro número. «*Há poucos problemas que não possam esperar uma semana. Quem sabe, você terá a surpresa de ver que se resolveram sozinhos.*» E no número a seguir, Teresa escreveu: «*Preocupar-se pode se tornar um hábito, como o de roer unhas. Talvez chegue o dia em que lhe pergunte: por que está preocupada? E sua resposta honesta deve ser: por nada, estou simplesmente preocupada.*»[39]

Não obstante, havia muito mais na página de Clarice em *Comício*. «*Desconfio de que a coluna ia descambar para assuntos estritamente fúteis femininos, na extensão em que feminino é igualmente tomado pelos homens e mesmo pelas próprias mulheres: como se uma mulher fizesse parte de uma comunidade fechada, à parte, e de certo modo segregada*», escreveu ela mais tarde.[40] A página incluía escrita muito séria. Incluindo uma introdução a uma secção intitulada «O Baú do Mascate» e que é uma alusão velada ao pai e a outros vendedores ambulantes judeus que levavam as suas mercadorias até às zonas mais áridas do Brasil.

«*No centro de um tal paraíso* [a sociedade urbana de consumo] *é difícil às mulheres imaginarem a existência de sítios em que o mascate e o seu baú são esperados com a ansiedade com que se esperava o Messias. Mas quem já correu chão e ainda, de vez em quando, come poeira por esse sertão bravo do Brasil sabe que existem e sabe que o mascate é também pioneiro, desbravador de mato, que leva, dentro do seu baú, princípios de civilização, rudimentos de higiene a lugares onde dificilmente poderiam chegar por outro meio. A figura anônima do Mascate de baú nunca foi suficientemente lembrada pelos homens que escreveram sobre a nossa vida, pelos que têm amor às nossas coisas. Nunca se prestou ao Mascate a mais humilde homenagem. E bem que ele o merecia. Porque ele carrega também um pouco de alegria entre as suas bugigangas.»*[41]

Clarice também publicou um conto que, na altura, deve ter sido considerado vanguardista, pelo menos segundo os padrões das páginas femininas das revistas brasileiras: «A Irmã de Shakespeare», uma reformulação do conto de Virginia Woolf sobre a hipotética Judith Shakespeare, nascida com os mesmos talentos e as mesmas inclinações que o irmão, mas a quem foi negada a oportunidade de os exercer. Acabou por se suicidar. «*Quem*», Clarice citou a famosa frase de Woolf, «*poderá calcular o calor e a violência de um coração de poeta quando preso no corpo de uma mulher?*»[42]

22

# MAUSOLÉU DE MÁRMORE

Essa violência e a sua repressão são o tema de uma das grandes histórias de Clarice, «Amor», escrita durante esta estadia prolongada no Rio. Ao contrário de Judith Shakespeare, Ana, a sua protagonista, não é uma poetisa, mas uma dona de casa da classe média que «*apaziguara tão bem a vida, cuidara tanto para que esta não explodisse*»[1]. Ana toma conta do marido e dos filhos e, com regularidade, limpa o pó à mobília, assemelhando-se mais a Lídia de *Perto do Coração Selvagem*. E depois, como sucede em tantos dos contos de Clarice, a existência banal de Ana é despedaçada por um acontecimento banal; ao regressar da mercearia, sentada num eléctrico, vê um cego mascar uma pastilha elástica.

«*Ana ainda teve tempo de pensar por um segundo que os irmãos viriam jantar — o coração batia-lhe violento, espaçado. Inclinada, olhava o cego profundamente, como se olha o que não nos vê. Ele mastigava goma na escuridão. Sem sofrimento, com os olhos abertos. O movimento da mastigação fazia-o parecer sorrir e de repente deixar de sorrir, sorrir e deixar de sorrir — como se ele a tivesse insultado, Ana olhava-o. E quem a visse teria a impressão de uma mulher com ódio. Mas continuava a olhá-lo, cada vez mais inclinada — o bonde deu uma arrancada súbita jogando--a desprevenida para trás, o pesado saco de tricô despencou-se do colo, ruiu no chão — Ana deu um grito, o condutor deu ordem*

> *de parada antes de saber do que se tratava — o bonde estacou, os passageiros olharam assustados.*
>
> *Incapaz de se mover para apanhar suas compras, Ana se aprumava pálida. Uma expressão de rosto, há muito não usada, ressurgira-lhe com dificuldade, ainda incerta, incompreensível. O moleque dos jornais ria entregando-lhe o volume. Mas os ovos se haviam quebrado no embrulho de jornal. Gemas amarelas e viscosas pingavam entre os fios da rede. O cego interrompera a mastigação e avançava as mãos inseguras, tentando inutilmente pegar o que acontecia. O embrulho dos ovos foi jogado fora da rede e, entre os sorrisos dos passageiros e o sinal do condutor, o bonde deu a nova arrancada de partida.*
>
> *Poucos instantes depois já não a olhavam mais. O bonde se sacudia nos trilhos e o cego mascando goma ficara atrás para sempre. Mas o mal estava feito.*»[2]

Mergulhando numa espécie de delírio sonhador («*Por quê? Teria esquecido de que havia cegos?*»), Ana esquece-se de sair na sua paragem e dá por si no meio do mundo primordial do enorme Jardim Botânico do Rio:

> «*E de repente, com mal-estar, pareceu-lhe ter caído numa emboscada. Fazia-se no Jardim um trabalho secreto do qual ela começava a se aperceber. Nas árvores as frutas eram pretas, doces como mel. Havia no chão caroços secos cheios de circunvoluções, como pequenos cérebros apodrecidos. O banco estava manchado de sucos roxos. Com suavidade intensa rumorejavam as águas. No tronco da árvore pregavam-se as luxuosas patas de uma aranha. A crueza do mundo era tranquila. O assassinato era profundo. E a morte não era o que pensávamos.*»[3]

O Jardim Botânico, com os seus cérebros a apodrecer, é «*tão bonito que ela teve medo do Inferno*», e a súbita percepção que Ana tem do «*coração selvagem*», do apodrecimento, do gotejar do jardim que germinava quase a leva à beira da loucura («*A loucura é vizinha da mais cruel sensatez*», escreveu Clarice[4]). Mas ao contrário de Joana, que não tinha laços que a prendessem e que era livre de ir para onde quisesse, Ana não se pode demorar no jardim, da mesma forma que Clarice não podia deixar-se ficar nas antigas cavernas de Torquay: «*A comida de Pedro é mais importante.*» Também Ana tem um filho que precisa de ser alimentado, um jantar com convidados para preparar.

Ana perde a noção do tempo e tem de ser libertada pelo guarda-nocturno. Mas a sua libertação de uma forma de loucura vai lançá-la noutra. Corre para casa e encontra a «*sala grande, quadrada*», onde «*as maçanetas brilhavam limpas, os vidros da janela brilhavam, a lâmpada brilhava — que nova terra era essa?*». Assusta o filho com o seu olhar feroz e fulminante, mas respira fundo e preside ao seu jantar, «*um pouco pálida e rindo suavemente com os outros*». No fim da noite, o marido transporta-a de novo ao seu mundo anterior. «*É hora de dormir, disse ele, é tarde. Num gesto que não era seu, mas que pareceu natural, segurou a mão da mulher, levando-a consigo sem olhar para trás, afastando-a do perigo de viver.*»[5]

Depois de terminar esta história no Rio, Clarice, subjugada e calma como Ana, seria levada para longe pelo marido, em mais uma longa viagem, para um novo longo silêncio.[6] A submissão — de Joana a Lídia, de Clarice Lispector a Clarice Gurgel Valente — era dolorosa, uma violência contra si própria, mas Clarice sabia que não poderia ficar eternamente no jardim selvagem. «*Ah!*», exclama Ana. «*Era mais fácil ser um santo que uma pessoa!*»[7]

«Amor» foi publicado em 1952, num estreito volume, na verdade pouco mais do que um panfleto, com cinquenta e duas páginas, intitulado *Alguns Contos*. O livro teve origem na amizade de Fernando Sabino com José Simeão Leal, director do Serviço de Documentação do Ministério de Educação e Cultura.[8] Sabino deu uma palavrinha a Simeão Leal, que publicou uma série intitulada «Cadernos de Cultura», livros pequenos que incluíam poesia, contos e ensaios, escritos por autores nacionais e internacionais. O objectivo era distribuí-los em grande profusão e a baixo preço, mas apenas foi alcançado o segundo objectivo; pelo menos no caso de Clarice, o livro não atraiu qualquer atenção.[9]

Além de «Amor», o livro incluía «Mistério em São Cristóvão», a história de três crianças que entram sorrateiramente num jardim, disfarçadas, para roubar jacintos. A história relembrava a própria experiência de Clarice, enquanto menina, no

Recife, quando ela e uma sua amiga roubaram rosas; juntamente com outros breves contos de ficção, esta história já tinha sido publicada anteriormente nas páginas de *Comício*. O livro também incluía um trabalho mais longo, intitulado «Os Laços de Família», que iria dar o nome à colectânea publicada em 1960. Tal como «Começos de Uma Fortuna» e «Mistério em São Cristóvão», tinha sido escrito há já algum tempo, em Berna. O texto mais antigo era «O Jantar», escrito em 1943, ao tempo de *Perto do Coração Selvagem,* e foi publicado num jornal, em 1946.[10]

«Uma Galinha», tal como «Amor», era uma produção mais recente, composta durante a visita de Clarice ao Rio de Janeiro. Muitas destas histórias dramatizam o dilema de *O Lobo das Estepes* — «*Duas almas, ai de mim, habitam meu peito*» — que Clarice já tinha ilustrado através da oposição de Joana a Lídia, em *Perto do Coração Selvagem*. «Amor» mostra Ana a ter de enfrentar o mesmo impasse, de uma forma mais concisa e cristalizada. Como escolher o coração selvagem — o lobo, o gato, o cavalo, a víbora, os cérebros apodrecidos do Jardim Botânico — quando uma pessoa precisa de uma forma humana para poder sobreviver? Como é que uma pessoa se pode manter fiel ao lado animal da sua natureza sem enlouquecer?

Clarice tinha escrito muito acerca de pessoas parecidas com animais, mas «Uma Galinha» foi o seu primeiro conto sobre um animal com características humanas. «*Era uma galinha de domingo. Ainda viva porque não passava de nove horas da manhã*», assim começa o conto.[11] Escolhida ao acaso para se transformar em almoço de domingo, a galinha revolta-se, inesperadamente, abrindo caminho, batendo freneticamente as asas por cima dos telhados e pelos quintais da vizinhança, perseguida por um rapaz em quem a sua fuga despertara um latente instinto de caçador. «*Sozinha no mundo, sem pai nem mãe, ela corria, arfava, muda, concentrada. Às vezes, na fuga, pairava ofegante num beiral de telhado e enquanto o rapaz galgava outros com dificuldade, tinha tempo de se refazer por um momento.*» Por fim, o rapaz consegue apanhá-la e arrasta-a por uma asa para a cozinha, onde «*com certa violência*», a deixa cair no chão. Exactamente no momento em que parecia que o seu jogo tinha acabado, contudo, para seu próprio espanto e da família, ela põe um ovo — «*Seu coração tão pequeno num prato solevava e abaixava as penas enchendo de tepidez aquilo que nunca passaria de um ovo»* —, uma ousada manifestação de vitalidade que lhe garante a suspensão temporária da sentença. A exibição transforma-a na *«rainha da casa»*, embora não se aperceba disso. Volta à sua rotina. *«Mas quando todos estavam quietos na casa e pareciam tê-la esquecido, enchia-se de uma pequena coragem, resquícios da grande fuga — e circulava pelo ladrilho, o corpo avançando atrás da cabeça, pausado como num campo, embora a pequena cabeça a traísse: mexendo-se rápida e vibrátil, com o velho susto de sua espécie já mecanizado.»*[12]

A história, que tem menos de três páginas, está cheia de referências oblíquas à própria vida de Clarice; a sensação de estar presa e o desejo da fuga; a existência *«sem pai nem mãe»;* uma exibição de artista, seguida de um longo período de silêncio. A referência ao *«velho susto de sua espécie»*, sugere o ancestral receio judaico da perseguição, e a expressão *«resquícios da grande fuga»*, associada à imagem de uma fêmea grávida, impotente e incapaz de voar, que foge para salvar a vida, pode ser uma referência à fuga desesperada da sua mãe, da Europa.

Mas tal como Mania Lispector, que acabou por ser apanhada pelo seu destino, a galinha esgotou a sua energia num único feito fabuloso. A *«rainha da casa»* não consegue evitar o seu destino. Vai-se mantendo durante algum tempo, *«até que um dia mataram-na, comeram-na e passaram-se anos»*[13].

Tal como a da galinha, a entrada de Clarice na tranquilidade doméstica foi apenas temporária. Da mesma forma que a galinha estava destinada a ser cozinhada para o jantar, e tal como Ana tivera, inevitavelmente, de regressar à sua *«sala grande, quadrada»*, Clarice teve de seguir para a enorme e quadrada Washington, onde Maury tinha sido colocado como segundo secretário da Embaixada do Brasil. Como sempre, detestou ter de deixar o Brasil. Depois dos longos anos de afastamento, os meses que passou no Rio tinham-lhe trazido um relativo sucesso profissional — escrevendo para *Comício*, publicando os seus contos — e agora tinha de se dirigir de novo para um desolador exílio.

Tal como a galinha que protegia o seu ovo, também Clarice estava de novo grávida.

Clarice, Maury e Pedro viajaram para Nova Iorque, em primeira classe, num opulento navio inglês. «*Mas não aproveitei nada, estava triste demais. Levei uma babá de 16 anos para me ajudar. Só que as intenções dela não eram de todo as de ajudar: fascinava-a a viagem e a vida de diplomatas. E a Avani, carregada de livros de inglês e de cabeça inteiramente virada pela sua boa sorte, nem olhava para o meu menino.*»[14] Durante os festejos que celebravam a passagem do Equador, nos quais os passageiros eram atirados para a piscina completamente vestidos, a deprimida Clarice manteve-se nos seus aposentos.

Chegaram a Washington no dia 24 de Setembro de 1952. «*Felizmente vocês conhecem*», escreveu ela a Sabino e à mulher dele, «*e assim não preciso tentar tornar concreta essa cidade vaga e inorgânica. É bonita, segundo várias leis da beleza que não são as minhas. Falta bagunça aqui, e não compreendo cidade sem esta certa confusão, mas enfim, a cidade não é minha.*»[15] Era no entanto mais agradável do que Berna, uma cidade muito maior e uma embaixada muito maior, entre cujo pessoal Clarice conseguiu encontrar um círculo mais vasto de brasileiros.

Já lá viviam alguns velhos amigos. Tinha Lauro Escorel, que, anos antes, escrevera uma crítica a *Perto do Coração Selvagem,* e a sua mulher, Sara, que estava grávida, e que, juntamente com Clarice e Eliane, constituíam o grupo das três esposas judias do Itamaraty. Sara foi com Clarice comprar mobílias, pouco depois de lá terem chegado, mas, ao fim de alguns dias, Clarice proibiu-a de a acompanhar nas saídas posteriores. «*Mas, Clarice, o que foi que eu fiz?*», perguntou Sara. «*Você se decide depressa demais*», respondeu Clarice. Também lá estava um amigo dos seus tempos de estudante, João Augusto de Araújo Castro, que ela tinha recomendado calorosamente a Fernando Sabino, e Eliane e Mozart Gurgel Valente viviam perto, em Nova Iorque.

O embaixador era o rico banqueiro Walther Moreira Salles, que devia a sua posição de prestígio a alguém como Samuel Wainer. Em troca de um empréstimo para adquirir uma impressora rotativa para o *Última Hora,* Samuel intercedeu em seu favor junto do presidente. Era tal a influência de Wainer e a importância de *Última Hora* para o regime de Vargas que Getúlio preteriu um poderoso industrial de São Paulo, e o seu próprio cunhado, para agradar a Wainer.[16] (Samuel nunca imaginou que o empréstimo viesse a ser cobrado, mas quando os ventos da política começaram a mudar, foi o que aconteceu.)

Pouco depois de terem chegado, Maury e Clarice compraram a casa com o número 4421 de Ridge Street, que ficava à distância de um quarteirão do *country club,* no arborizado e adequado subúrbio de Chevy Chase. Foi a primeira casa que adquiriram e mostrou ser o lugar ideal para uma família jovem, perto da cidade e de boas escolas. A casa, de dois andares, com um belo quintal e um jardim, era muito confortável, e foi aí que ela ficou a aguardar o nascimento do seu segundo filho. O facto de saber que teria de fazer uma cesariana, recordava Lauro Escorel, assustava-a imenso, quase até ao pânico.[17] Isto devia-se, provavelmente, ao facto de se recordar da terrível experiência em Berna, quando Pedro nasceu. Mas, no dia 10 de Fevereiro de 1953, algumas semanas depois de Dwight Eisenhower ter sido empossado no seu cargo, Paulo Gurgel Valente nasceu no George Washington University Hospital. «*Este parto não teve nenhuma das horríveis complicações do outro*», escreveu ela a Elisa.[18] Agora, a família estava completa.

Pouco depois do nascimento de Paulo, mais uma família chegou a Washington: Érico e Mafalda Veríssimo, e os seus filhos adolescentes, Clarissa e Luís Fernando. Em Maio de 1953, Érico Veríssimo assumiu o cargo de director dos assuntos culturais no «mausoléu de mármore» da União Pan-Americana, que fazia parte da Organização dos Estados Americanos. Aos quarenta e sete anos, Veríssimo era um fenómeno muito raro: um escritor brasileiro que conseguia viver da sua escrita. (No século XX, apenas Fernando Sabino e Jorge Amado podiam dizer o mesmo.) Tal como Getúlio Vargas, Érico Veríssimo provinha de uma pequena cidade de um dos estados mais ao sul do Brasil, o Rio Grande do Sul, tendo crescido no seio de uma família abastada que tinha ficado arruinada nos últimos anos da sua adolescência. Pouco amigo da escola, tinha experimentado várias actividades, incluindo a gestão de uma farmácia numa pequena cidade (a farmácia faliu), antes de arranjar um emprego na Livraria Globo, a lendária livraria e editora da capital do estado, Porto Alegre.

Ali, finalmente, tinha uma oportunidade para mostrar as suas capacidades. Começou a ler, a escrever e a traduzir; foi o responsável pela tradução da obra *Bliss,* escrita por Katherine Mansfield, que tanto impacto tinha produzido na jovem Clarice. Em 1935, o seu romance *Caminhos Cruzados* ganhou o Prémio Graça Aranha, a mesma distinção que *Perto do Coração Selvagem* viria a merecer, nove anos depois. Mais importante do que isso, de um ponto de vista comercial, o livro foi largamente acusado de apresentar ideias comunistas, e de indecência, acabando por conferir a Veríssimo o estatuto de figura nacional. Mas a sua verdadeira oportunidade surgiu em 1939, quando a sua obra *Olhai os Lírios do Campo* vendeu sessenta e dois mil exemplares, um número «*fabuloso*» e nunca antes atingido no Brasil.[19]

A sua fama crescente valeu-lhe um convite do Departamento de Estado para visitar os Estados Unidos, em 1941, seguindo-se um convite, em 1943, para leccionar Literatura Brasileira na Universidade da Califórnia, em Berkeley, onde ficou até 1945 e onde produziu, em inglês, o seu breve compêndio *Brazilian Literature*. O início do livro transmite-nos uma boa ideia do estilo que lhe valeu a admiração dos leitores internacionais:

> «*Numa pequena cidade do Brasil, vi muitos anos atrás uma peça encenada e interpretada por amadores, e nunca esquecerei de uma de suas cenas. (A época era 1200 A. D., em algum lugar da Europa.) O herói avançava pelo proscênio e, batendo em sua couraça de papelão com os punhos cerrados, bradava: "Somos os bravos e nobres cavaleiros da Idade Média!".*
>
> *Mais tarde, um amigo me falou de outra peça melodramática em que o personagem central, um moço belo e garboso, ao se despedir da amada noiva, recitava: "Oh, minha amada, agora vou participar daquela tremenda campanha conhecida na história pelo nome de Guerra dos Trinta Anos!"*»[20]

No início da sua carreira, as mentes brilhantes da cultura brasileira — obviamente invejosas do seu sucesso — atacaram o seu estilo caloroso e acessível, até que acabaram por se calar, com o aparecimento, em 1949, do primeiro volume de *O Tempo e o Vento*. Veríssimo tinha começado a tomar notas para esta obra em 1939, pensando escrever um único volume com cerca de oitocentas páginas, em que contava a história de uma família e de uma cidade. A obra acabou por consumir quinze anos de trabalho e atingiu as 2200 páginas, nas quais o autor, de uma forma narrativa dramática, reconta toda a história da sua província natal, o Rio Grande do Sul. Apesar da sua enorme extensão, é, até hoje, um dos romances brasileiros mais apreciados e difundidos; tem sido frequentemente adaptado para o cinema e para a televisão e as suas personagens são familiares.

No entanto, apesar do seu sucesso, Veríssimo parece ter sido alvo de várias críticas, no que diz respeito à sua qualidade literária. Numa entrevista que deu a Clarice Lispector, em 1969, disse:

> *«Planejo, mas nunca obedeço rigorosamente ao plano traçado. Os romances (você sabe disso melhor do que eu) são artes do inconsciente. Por outro lado, estou quase a dizer que me considero mais um artesão do que uma artista. E com isso você compreenderá melhor por que a crítica não me considera profundo.»*[21]

Clarice não podia deixar passar esse comentário em vão. Quatro anos mais tarde, na sua colectânea *Onde Estivestes de Noite,* adicionou a seguinte «*Nota a Érico Veríssimo*» a um conto que já tinha publicado anteriormente em *Comício*: *«Não concordo com você que disse: "Desculpem, mas não sou profundo." Você é* ***profundamente*** *humano — e que mais se pode querer de uma pessoa? Você tem grandeza de espírito. Um beijo para você, Érico.»*[22]

O humanismo de Érico Veríssimo fazia dele uma boa escolha para o prestigioso cargo na União Pan-Americana, um lugar que o punha em contacto com todo o género de pessoas que lhe faziam pedidos. Felizmente, ele era um homem de grande tacto.

> *«De outra feita me surgiu uma cantora aposentada (contralto), que se disse autora dum Hino das Américas. Pedia meus bons ofícios para que a peça fosse adotada como hino oficial da OEA. Mostrou--me a música, cantarolou-a para mim numa impostada mas trêmula surdina. Eu movia a cabeça, acompanhando o ritmo do hino. Lembro-me de que uma frase da letra era dum grotesco irresistível:* solution by arbitration *(solução por arbitração). Quando a dama soltou o agudo final, declarei que o hino era uma verdadeira beleza, mas a senhora compreende, para que ele seja adotado precisamos convocar uma reunião do Conselho, a aprovação unânime dos representantes de 21 países da organização... Inviável.* Sorry, very sorry.»[23]

O cargo também envolvia um elevado número de viagens pelas Américas, durante as quais ele tinha de deixar Mafalda e os filhos em casa. «*Minha mulher, que tem horror às viagens aéreas, fica automaticamente viúva no momento em que entro num avião*», escreveu Érico.[24] Talvez esse temor, e o isolamento, tenham contribuído para uma aproximação entre Mafalda e Clarice. Com Érico tantas vezes no estrangeiro e Maury a trabalhar por longas horas na embaixada, com os filhos ocupados na escola ou com as suas próprias actividades, as duas mulheres, longe do seu país e com muito tempo livre, ficaram muito amigas, passando juntas quase todas as tardes. Mafalda Veríssimo tornou-se a melhor amiga de Clarice, depois de Bluma Wainer.

«*Eu não era uma intelectual*», disse Mafalda numa entrevista, «*mas sabia ouvir. Era disso que ela precisava. Ela confiava em mim, naturalmente.*» É assim que a filha dela, Clarissa Jaffe, recorda a amizade entre as duas: «*Clarice encontrou em minha mãe alguém com quem ela podia relaxar e baixar a guarda. Minha mãe era uma mulher muito descomplicada, o oposto exato de Clarice*».[25] «*Elas não podiam ter personalidades mais diferentes*», concorda Luís Fernando, «[mas] *se tornaram amigas de infância.*»[26] Mafalda via em Clarice «*uma mulher excepcionalmente inteligente e cheia de problemas. Nunca vi uma mulher sofrer tanto*».

Nas longas e monótonas tardes, sentavam-se as duas ao balcão para refeições de uns grandes armazéns «*conversando, tomando café, aquele horrível café americano, e comendo torradas*». Os temas principais das suas conversas eram as histórias pessoais da vida de Clarice: Clarice, constantemente, «*falava do Brasil, lembrava do passado, da família, de suas origens judaicas*»[27]. Talvez devido ao peso destas recordações, Clarice apoiava-se cada vez mais nos sedativos que andava a tomar, pelo menos desde 1948. «*Nós sentávamos para tomar café e tomar* Bellergal. *Não é loucura?*», disse Mafalda. «Bellergal *era o tranquilizante da época. Acho que era um remédio suíço, se não me engano. Era um comprimido pequenininho e nós andávamos sempre com um.*»

Mafalda tinha começado a tomar *Bellergal* devido ao medo de andar de avião, embora nunca se tenha tornado dependente. Com Clarice, infelizmente, esse não era o caso. Mafalda ficou chocada com um incidente num cinema. Clarice queria ver o filme *Citizen Kane,* embora ela, bem como Maury, Érico e Mafalda, já o tivessem visto. Voltaram a ir, só porque Clarice tinha insistido. O filme mal tinha começado quando se aperceberam de que ela dormia profundamente. «*Não viu nada do filme*», disse Mafalda. «*Com certeza tinha tomado mais de um* Bellergal.»[28]

Uma passagem de *A Maçã no Escuro,* o romance que Clarice escreveu em Washington, recorda este hábito: «*Ah, disse ela com simplicidade, é assim: vamos dizer que uma pessoa estivesse gritando e então a outra pessoa punha um travesseiro na boca da outra para não se ouvir o grito. Pois quando eu tomo calmante, eu não ouço o meu grito, sei que estou gritando mas não ouço, é assim, disse ela ajeitando a saia.*»[29]

Mas o trabalho de Clarice estava a ter aceitação. Nem o colapso de *Comício,* ao fim de menos de seis meses («*Nosso* Comício, *v. viu, morreu assim que Teresa Quadros partiu*», escreveu Rubem Braga, em Maio de 1953), provocou uma diminuição nas encomendas.[30] Enquanto alguns ex-colaboradores de *Comício* foram trabalhar para Samuel Wainer, outros, incluindo Clarice, assinaram um contrato com a *Manchete,* uma nova revista que foi lançada em Abril de 1952, quando Clarice ainda vivia no Rio.[31] O seu fundador foi Adolpho Bloch, que, tal como Clarice, tinha nascido na Ucrânia, fugindo igualmente de lá durante os *po-*

*groms*. A sua família tinha-se fixado no Rio de Janeiro — eram vizinhos de Lúcio Cardoso — uns meses antes de os Lispectors chegarem a Maceió.[32] Tendo começado com uma minúscula máquina impressora operada à mão, Bloch construiu um império jornalístico, do qual a *Manchete* era o estandarte, a equivalente brasileira da *Paris Match* ou da *Life*. O editor principal era um velho amigo de Clarice, Otto Lara Resende. Otto, um dos vinte filhos que o pai tivera, pertencia ao célebre grupo de Minas Gerais (juntamente com Fernando Sabino, Paulo Mendes Campos, e o psicanalista Hélio Pellegrino) conhecido por os «*quatro mineiros*». Tal como eles, ele conhecia Clarice desde 1944, quando Lúcio Cardoso tinha apresentado *Perto do Coração Selvagem* aos seus amigos literatos de Minas.

Fernando, agindo mais uma vez como agente de Clarice, propôs, em nome dela, uma espécie de «bilhete dos EUA» para a nova revista.[33] A ideia, prontamente aceite, deparou com um obstáculo, quando Clarice insistiu em permanecer anónima. Sugeriu que ressuscitassem Teresa Quadros, mas a equipa da *Manchete* tinha uma ideia diferente; ela e Fernando trocaram cartas sobre o assunto durante a maior parte de 1953, com Fernando a tentar, com sensibilidade, demover Clarice da sua irritante decisão.

«*Ela [Teresa] é muito melhor do que eu, sinceramente: a revista ganharia muito mais com ela — ela é disposta, feminina, ativa, não tem pressão baixa, às vezes até mesmo feminista, uma boa jornalista, enfim*», insistiu ela. Ao que Fernando respondeu: «*Estou meio sem jeito de dizer a eles que você não quer assinar, por duas razões: primeiro, porque, a despeito da elevada estima e distinta consideração que têm pela formosa Teresa Quadros, sei que fazem questão de seu nome — e foi nessa base que se conversou; não sei se você sabe que você tem um nome.*» «*E acontece*», retrucou Clarice de forma bastante petulante, tentando chegar a um meio-termo «*que só gostaria de assinar C. L.*». Fernando respondeu: «*O que interessa é Clarice Lispector, pelo menos uma Clarice Lispector dando notícias — mesmo assinando C. L.*»[34]

Clarice iria acabar, de facto, por escrever para a *Manchete*, em 1968. Entretanto, e pela primeira vez, um livro seu estava a ser publicado no estrangeiro, um acontecimento que trouxe as suas próprias dores de cabeça. *Perto do Coração Selvagem* tinha sido vendido à Plon, em Paris, ao editor Pierre de Lescure. Juntamente com «Vercors», o pseudónimo de Jean Bruller, autor da famosa novela *O Silêncio do Mar,* Lescure tinha fundado Les Éditions de Minuit, a conhecida editora da Resistência.

Na Primavera de 1954, a tradução chegou a Washington, crivada de erros, o trabalho de um tradutor cujo conhecimento do português era obviamente deficiente e que não tinha hesitado em amputar capítulos inteiros da obra. Além do mais, o prazo para publicação parecia estar a terminar, e Clarice teve pouco tempo para fazer as correcções.

Érico Veríssimo disse-lhe que enviasse imediatamente uma carta a Lescure[35], o que ela fez. «*Apresso-me em informar-lhe*», escreveu ela no seu francês mais formal «*que não posso consentir na publicação do livro em seu estado atual.*» A tradução era «*escandalosamente ruim... muitas vezes ridícula mesmo.*» Por fim, escreveu, «*prefiro que o livro não seja publicado na França a vê-lo aparecer tão cheio de erros*»[36]. A péssima tradução era, aparentemente, o resultado de uma falha na comunicação, porque seis semanas mais tarde ela assegurava a Lescure que não tinha recebido as primeiras cartas dele sobre o assunto. Mesmo assim, ela não estava na disposição de deixar o assunto por ali. «*Admito, se o senhor quiser, que as frases não refletem a maneira usual de falar, mas lhe garanto que ocorre o mesmo em português*», escreve ela.

> «*A pontuação que eu emprego no livro não é acidental e não resulta de uma ignorância das regras gramaticais. O senhor concordará que os princípios elementares de pontuação são ensinados em qualquer escola. Estou plenamente consciente das razões que me levaram a escolher essa pontuação e insisto que ela seja respeitada.*»[37]

Este é um ponto que os seus tradutores deveriam reter na memória: por mais estranha que a prosa de Clarice possa parecer nas traduções, diante do original, a estranheza é a mesma. «*A estrangeiridade de sua prosa é uma das evidências mais contundentes de nossa história literária e, ainda, da história de nossa língua*», escreveu o poeta e seu amigo Lêdo Ivo. A professora canadiana Claire Varin lamentou a tendência que os tradutores de Clarice têm para «*tirar os espinhos do cacto*»[38].

Apesar dos problemas que tinha com a tradução, Clarice garantiu a Lescure que lamentava a utilização da expressão «*escandalosamente ruim*». Pior ainda, em Junho disse-lhe que lamentava que as afirmações dela lhe tivessem «*prejudicado a saúde*». O herói, que tinha enfrentado a Ocupação Alemã, capitulou quando confrontado por Clarice Lispector. «*Quanto a mim*», acrescentou ela «*estou habituada, por temperamento, à ansiedade. Mas tomo sempre cuidado para não perturbar a tranquilidade dos outros.*»[39]

## 23

# O EQUILÍBRIO ÍNTIMO

A 15 de Julho de 1954, a família apanhou um avião para o Rio, para passar dois meses de férias, chegando precisamente a tempo de assistir a uma das maiores convulsões políticas da história moderna do Brasil. Como já vinha sendo hábito, Samuel Wainer desempenhou um papel determinante. Como único aliado de Getúlio Vargas na imprensa escrita, era um alvo irresistível para os inimigos do presidente, liderados, como se se tratasse de uma cruzada, por um jornalista chamado Carlos Lacerda, que algumas pessoas consideravam meio louco. Carlos era um velho amigo de Samuel, dos seus tempos de esquerdista, tão próximo, de facto, que quando Lacerda foi expulso do Partido Comunista (devido a um mal-entendido, afirmava ele), a primeira pessoa que procurou para o consolar foi Bluma Wainer. No entanto, a expulsão enfureceu-o, e ele colocou os seus consideráveis e polémicos talentos ao serviço do anticomunismo.

Homem de muitas inimizades, Lacerda não se limitou a atacar os comunistas; detestava, acima de tudo, a nova encarnação de Getúlio Vargas como populista eleito democraticamente, e não era capaz de perdoar ao seu velho amigo Wainer aquela aliança com o presidente. Os seus ataques contra Wainer, no *Última Hora,* foram-se tornando gradualmente mais agressivos, até que, por fim, conseguiu o seu maior furo jornalístico. No dia

12 de Julho de 1953, o seu cabeçalho proclamava: «WAINER NÃO NASCEU NO BRASIL». A nacionalidade de Wainer era da maior relevância, porque um estrangeiro não podia, legalmente, ser dono de um jornal brasileiro. Eliminar Samuel Wainer e a sua *Última Hora* iria quase garantir a queda de Getúlio Vargas.

O rastilho que desencadeou o evento foi um documento amarelecido, descoberto nos arquivos de uma escola secundária do Rio, no qual o irmão mais velho de Samuel, Artur, afirmava que o irmão não tinha nascido em São Paulo, mas na Bessarábia. Samuel não perdeu tempo para explicar que «*famílias de imigrantes, traumatizadas com os horrores da guerra dos quais haviam sido testemunhas, temiam que seus filhos fossem convocados pelo Exército do país onde tentavam refazer a vida*»[1]. Seguiu-se um drama cómico, com Wainer a arregimentar os moradores de Bom Retiro, o bairro judaico de São Paulo, para que testemunhassem que se lembravam de ter assistido à sua circuncisão e com os aliados de Lacerda a enviarem correspondentes à exótica Bessarábia para tentarem descobrir «Edenitz», a *shtetl* (cidadezinha) onde, supostamente, Samuel tinha nascido. (O fotógrafo que eles enviaram, Jean Manzon, era o único que tinha conseguido captar o louco Nijinsky a dançar.)

A forma como, supostamente, eles deveriam levar a cabo aquela investigação, numa União Soviética onde Estaline ainda mal arrefecera no túmulo, não tinha sido planeada. Os detectives de Lacerda nunca chegaram a encontrar Edenitz. Na verdade, a cidade, agora Edeniţ, existia e ainda existe no Norte da Moldávia, a alguns quilómetros de Soroca, o local onde a família Lispector atravessou o Dniester. Apesar de Wainer ter sido preso por pouco tempo devido ao escândalo, negou até ao fim não ser um nativo do Brasil. (Depois da sua morte, descobriu-se que, de facto, ele tinha nascido na Bessarábia.)

Apesar da absolvição de Samuel, o escândalo confirmou Carlos Lacerda como o mais poderoso inimigo do governo, e os pontos que conseguiu marcar contra o *Última Hora* enfraqueceram o já periclitante Vargas. O golpe de misericórdia surgiu na manhã de 5 de Agosto de 1954, três semanas depois da chegada de Clarice ao Rio, quando Carlos Lacerda foi atingido a tiro, ao chegar ao prédio no qual residia em Copacabana. O assassino apenas o atingiu num pé — durante os meses seguintes, ele exibiu-se por todo o lado com uma bota de gesso exageradamente grande —, mas conseguiu matar um major da Força Aérea que caminhava ao lado de Lacerda.

Da sua cama de hospital, Lacerda apressou-se a declarar que Samuel Wainer não tinha nada que ver com a tentativa de assassinato. Na verdade, ele não estava interessado em Wainer; o seu verdadeiro alvo era o próprio presidente.[2] É verdade que se conseguiu descobrir que o tiro tinha sido disparado por um dos guardas do palácio de Getúlio, um brutamontes corrupto e ignorante, Gregório Fortunato, que tinha agido sem o conhecimento ou autorização de Getúlio: Getúlio nunca teria podido governar o gigantesco Brasil durante quase um quarto de século se fosse assim tão estúpido. Mas aquele tiro, como o presidente instantaneamente compreendeu, significava o fim da sua administração.

O Rio fervilhava de indignação e intriga. Acossado por todos os lados, o ardiloso e velho «*pai dos pobres*» ainda tinha um trunfo na manga. No dia 23 de Agosto de 1954, o *Última Hora,* de Samuel Wainer, publicava um cabeçalho dramático: «*GETÚLIO AO POVO: SÓ MORTO SAIREI DO CATETE*». Ele não estava a brincar. No fim da tarde seguinte, depois de ter escrito uma inflamada carta de despedida, um Getúlio Vargas de pijama entrou no quarto, foi buscar uma pistola e disparou um único tiro no coração.

O jornal de Samuel foi o único que não foi atacado por uma multidão enraivecida. Nesse primeiro dia, vendeu cerca de 800 000 exemplares[3], enquanto os escritórios da Standard Oil e a Embaixada Americana eram atacados, e Carlos Lacerda, ainda com o pé engessado, fugia do país. O sonante bilhete de despedida de Vargas, «*Serenamente dou o primeiro passo no caminho da eternidade e saio da vida para entrar na história*»[4], ecoou dia e noite por todas as estações de rádio da nação.

«*ELE CUMPRIU A PROMESSA*», proclamou o *Última Hora.*

Uma semana depois do ataque a Carlos Lacerda, Clarice escrevia a Mafalda Veríssimo: «*Ainda não absorvi o Rio, sou lenta e difícil. Precisaria de mais alguns meses para entender de novo a atmosfera. Mas que é bom, é. É selvagem, é inesperado, e salve-se quem puder.*»[5] Por alguns dias, Clarice escapou ao caos político da capital e foi para a estância turística de Teresópolis, o seu apartamento do Rio ficava apenas a alguns quarteirões do Palácio do Catete, o centro de toda a agitação.[6] No meio daquele ambiente eléctrico, Clarice conseguiu encontrar-se com velhos amigos, como Fernando Sabino e Lúcio Cardoso, e cimentou o seu relacionamento com José Simeão Leal, o qual, impressionado com *Alguns Contos,* lhe encomendou uma colectânea completa de contos, onde seriam incluídos os trabalhos anteriormente publicados. Pela primeira vez, Clarice estava a receber dinheiro por um livro que ainda iria escrever. Tal como acontecera com a sua estreia parisiense, esta bênção viria a revelar-se ambígua.

Precisamente quando ainda estava a começar a absorver aquele Rio, selvagem e espantoso, Clarice foi de novo atirada para a tranquilidade suburbana da Washington de Eisenhower, onde chegou a 15 de Setembro. Já o tinha feito várias vezes antes, mas nunca se tornava mais fácil. «*Para mim, sair do Brasil é uma coisa séria*», escreveu ela a Fernando, depois de regressar «*e, por mais "fina" que eu queira ser, na hora de ir embora choro mesmo. E não gosto que me vejam assim, embora se trate de lágrima bem-comportada, de lágrima de artista de segundo plano, sem permissão do diretor para arrumar os cabelos...*»[7]

Uma vez regressada, Clarice manteve-se ocupada. Estava de novo a aprender a conduzir. «*O professor me perguntou francamente se era mesmo verdade que eu já tinha alguma vez aprendido. Ao que respondi que infelizmente era. Ao que ele não respondeu nada.* [...] *Maury, ao meu lado, finge uma coragem digna de nota só para não me desanimar. Diz que meu defeito, um defeito à toa, é não ligar muito para o tráfego.*»[8] Mas ela deve ter acabado por conseguir ter a carta de condução. Uma das primeiras recordações do seu filho Paulo era dela a conduzir um automóvel, para o levar à escola:

«*Eu devia ter três ou quatro anos, deveria ser portanto 1956 ou 1957; a escola ficava no alto de uma colina, o caminho todo nevado, minha mãe dirigindo, o carro dando voltas e voltas até chegar lá em cima.* [...] *talvez passasse uma impressão de estar "sonhando acordada", de estar ligada em outra realidade que não a presente.*»[9]

Clarice estudava inglês da mesma maneira que aprendia a conduzir: com indiferença. Bebia batidos de leite e abusava dos comprimidos com Mafalda Veríssimo, mas em Washington foi-se apercebendo cada vez mais de que a vida diplomática lhe era impossível. «*Não estava muito à vontade nesse meio*», disse a mulher que uma vez se tinha vangloriado de ter vindo directamente de um Jardim Zoológico. «*Todo esse formalismo... Mas eu preenchia meu papel... Era mais conciliadora do que hoje. O que julgava ser de meu dever, eu fazia.*»[10] Há anos que a noção do dever a sustentava: «*Eu detestava, mas eu cumpria com minhas obrigações* [...]. *Eu dava jantares, fazia todas as coisas que se deve fazer, mas com um enjoo...*»[11] Foi a altura em que tinha de «*fazer o garçom em casa passar as lavandas a cada convidado do seguinte modo: cada lavanda com uma pétala de rosa boiando no líquido*».

«*Não só a anfitrioa como cada convidada parecia estar satisfeita por tudo estar saindo bem. Como se houvesse sempre o perigo de subitamente revelar-se que aquela realidade de garçons mudos, de flores, de elegância estava um pouco acima delas* [...] *A vizinha lhe disse; "A paisagem lá é soberba!". E a anfitrioa, com tom de ânsia, sonho de doçura, respondeu pressurosa: — Pois é... é mesmo... não é?*»[12] Este fragmento ficcionado parece um cenário de tantas das histórias de Clarice: o caos a brilhar por trás de um véu de ordem, ameaçando, a qualquer momento, irromper pela superfície vigilantemente mantida.

Isso nunca aconteceu, quando Clarice desempenhava o seu papel diplomático, embora a sua cortesia tenha sido posta à prova, inclusivamente por anti-semitas. Eliane Gurgel Valente recorda uma cena na embaixada, em Nova Iorque, em que um diplomata introduziu na conversa o tema dos judeus. «*Sou capaz de sentir o cheiro deles*», disse. Olhando-o bem nos olhos, Clarice respondeu-lhe: «*O senhor deve estar com um terrível resfriado então, já que não conseguiu sentir o meu cheiro e o da minha cunhada.*»[13] Noutra das suas memórias, Clarice, caracteristicamente elíptica, não define o problema, mas é fácil perceber do que ela está a falar:

> «*Lembro-me de uma embaixatriz em Washington que mandava e desmandava nas mulheres dos diplomatas que lá serviam. Dava ordens*

*brutas. Dizia por exemplo à mulher de um secretário de embaixada: não venha à recepção vestida com um saco. A mim — não sei por quê — nunca disse nada, nenhuma palavra grosseira: respeitava-me. Às vezes se sentia angustiada, e me telefonava perguntando se podia ir me visitar. Eu dizia que sim. Ela vinha. Lembro-me de uma vez em que — sentada no sofá de minha própria casa — ela me confiou em segredo que não gostava de certo tipo de pessoa. Fiquei surpreendida: pois eu era exatamente essa pessoa. Ela não sabia. Desconhecia-me ou pelo menos parte de mim.*

*Por pura caridade — para não embaraçá-la — não lhe contei o que eu era. Se contasse ela ficaria numa situação péssima e teria de me pedir desculpas. Ouvi calada. Depois ela ficou viúva e veio para o Rio. Telefonou-me. Tinha um presente para mim e pediu que a visitasse. Não fui. Minha bondade (?) tem limites: não posso proteger quem me ofende.»*[14]

Apesar do desconforto que sentia, Clarice era popular entre os seus colegas da embaixada, e a embaixatriz anti-semita não era a única pessoa que gostava dela e a respeitava. Tinha Érico e Mafalda Veríssimo e, quando eles regressaram ao Brasil, em 1956, ela arranjou uma improvável nova amiga. O novo embaixador, Ernani do Amaral Peixoto, era casado com nem mais nem menos do que a filha de Getúlio Vargas, Alzira. Esta era a formidável mulher que, aos vinte e dois anos, de espingarda na mão, tinha protegido o Palácio da Guanabara do violento assalto dos integralistas. A sua prontidão marcial era apenas uma das razões pelas quais ela merecia tanto respeito. (Samuel Wainer, entre outros, era um grande amigo seu.) Muitas vezes considerada como o cérebro por trás do trono do pai, era uma política inteligente que, durante anos, foi a mulher mais poderosa do Brasil, a filha do presidente e a mulher de Amaral Peixoto, cujos cargos, antes de ser enviado para Washington, incluíam o de governador do Rio de Janeiro.[15]

Alzira simpatizou imediatamente com Clarice Lispector, a quem já tinha sido apresentada numa visita anterior a Washington.[16] Apesar da sua impressionante reputação, a embaixatriz estava devastada com o suicídio do pai. Em Washington, talvez como forma de lidar com o seu desgosto, e com a ajuda de Clarice, escreveu um livro de memórias, *Getúlio Vargas, Meu Pai*. «*Você foi muito generosa, eu percebo agora, em suas declarações sobre o meu "gênio" literário*», escreveu mais tarde a Clarice. «*Você poupou meu* ego *tanto quanto possível.*»[17] Clarice não a estava apenas a lisonjear: o livro é admirável. E Clarice conseguia identificar-se com a dor de Alzira pela perda do pai.

A sobrinha de Alzira, Edith Vargas, de quinze anos, numa visita a Washington, reparou que a tia continuava triste com a sua perda, e que Clarice «*parecia uma rainha, havia uma grandeza dentro dela*», mas notava que «*algo a torturava, um sentimento de tristeza a envolvia*»[18]. Da mesma forma que Alzira tinha funcionado como um meio privilegiado para chegar ao seu pai, Clarice, conhecida por «*braço direito*» de Alzira, era a emissária discreta e solidária das esposas dos diplomatas junto da embaixatriz. Silvia de Seixas Corrêa (cujo sobrinho casou com Marilu, a filha de Eliane e Mozart) reparou nessa tristeza, nessa mesma amabilidade, na mesma beleza. Clarice nunca falava de literatura, na sua ou na dos outros.

Uma outra esposa de um diplomata, Lalá Ferreira, recordava-se de uma chamada urgente de Clarice, pedindo-lhe que fosse imediatamente a sua casa. O motivo, ficou a saber quando chegou, era que Clarice tinha comprado um disco que tinha receio de ouvir sozinha. «*Puseram o LP na vitrola e se sentaram para ouvir. Depois de um momento, seguiram-se suspiros, berros, respiração ofegante, arquejos, portas rangentes, estranhos ruídos fantasmagóricos. A noite caiu e as duas ficaram sentadas aterrorizadas na penumbra da sala.*» Tratava-se de uma gravação para ser usada como efeitos sonoros especiais numa produção teatral de histórias de terror.

Lalá recorda um outro incidente estranho. Na época do Natal, já que os seus vizinhos americanos tinham decorado festivamente os seus jardins com as habituais luzinhas, sininhos e imagens do Pai Natal, a família Valente não poderia ficar atrás.

> «*Lalá, avisada por amigos, foi ver a decoração de Clarice: formas irregulares, cortadas de folhas de plástico, em cores escuras — cinza, preto, marrom — pendendo dos galhos do pinheiro. Não havia luz*

*nenhuma. O verde-escuro do pinheiro e o branco da neve não acentuavam as "decorações" de Natal. Lalá perguntou a Clarice por que escolhera aqueles "enfeites". A resposta: "Para mim, o Natal é isso."»*[19]

Por intermédio de Alzira Vargas, Clarice conheceu uma outra amiga que o viria a ser durante toda a vida, a jovem artista Maria Bonomi. A mãe de Bonomi, Georgina, era filha ilegítima do magnata, nascido em Itália, Giuseppe Martinelli, famoso por ter construído o primeiro arranha-céus de São Paulo, o Edifício Martinelli, com trinta andares. Hoje, é difícil imaginar que a imensa metrópole de São Paulo se admirasse com aquele arranha-céus, mas aquela construção pioneira abalou tanto os nervos da população que, para provar que o edifício era seguro, Martinelli se viu obrigado a mudar a sua própria família para a gigantesca cobertura que, em pouco tempo, se transformou no endereço mais chique de São Paulo.

A neta dele, Maria Bonomi, nascida em Itália, veio para o Brasil quando era menina, já que o pós-guerra tornara pouco aconselhável permanecer na Europa. Tal como Clarice, ela era precoce, e o seu talento foi encorajado pela intimidade que a família tinha com muitos dos mais importantes artistas do Brasil. Os seus interesses cedo se viraram para as artes gráficas e, em 1957, com vinte e dois anos, foi estudar para Nova Iorque. Dois anos mais tarde, participou numa exposição na União Pan-Americana. Para sua surpresa, foi convidada a estar presente num jantar, na Casa Branca, em honra dos estudantes estrangeiros. Em desespero, por causa dos requisitos relacionados com o vestuário necessário para a ocasião, recorreu à embaixada do Brasil. Alzira Vargas olhou para ela e disse: «*Eu já sei quem pode emprestar uma roupa para ela. É Clarice Gurgel Valente*.»[20]

Maria foi a Chevy Chase e encontrou Clarice «*com um bebé no colo*» e uma colecção de roupas em exposição; vestidos de noite, luvas, sapatos. «*Vestida de Clarice*», ela compareceu no banquete. Quando foi devolver as roupas, começaram a conversar. Maria falou-lhe do seu trabalho e ainda que Clarice lhe dissesse que «*gostava de escrever*», nunca mencionou o facto de ser uma autora já publicada. Quando Maria regressou a Nova Iorque, conheceu uma das raras mulheres que trabalhavam no serviço diplomático do Brasil, Dora Alencar de Vasconcellos, que tinha servido de testemunha no casamento de Clarice com Maury. O nome de Clarice veio à baila e Dora lamentou vivamente o facto de ver Clarice com todo aquele talento desperdiçado no meio do tédio da vida diplomática.[21]

No entanto, o melhor retrato de Clarice, do tempo da sua estadia em Washington, vem de João Cabral de Melo Neto, que a visitou no início da permanência dela na cidade. Ele e outros diplomatas estavam num jantar em casa dela, quando a conversa versou o tema da morte. Clarice teve de ir à cozinha verificar qualquer coisa e, quando regressou, ficou ansiosa por regressar àquele tema. João Cabral recordou o incidente em «Contam de Clarice Lispector», escrito pouco depois da sua morte.

> «*Um dia, Clarice Lispector*
> *intercambiava com amigos*
> *dez mil anedotas de morte,*
> *e do que tem de sério e circo.*
>
> *Nisso, chegam outros amigos*
> *vindos do último futebol,*
> *comentando o jogo, recontando-o,*
> *refazendo-o, de gol a gol.*
>
> *Quando o futebol esmorece,*
> *abre a boca um silêncio enorme*
> *e ouve-se a voz de Clarice:*
> *Vamos voltar a falar na morte?*»[22]

A vida em Washington incluía mais eventos do que a pequena embaixada numa pequena cidade suíça onde, sem amigos ou filhos, a agreste e borbulhante adolescente se fora transformando num adulto triste e solitário. Em Washington, Clarice tinha muitas pessoas à sua volta, fez muitos novos amigos e recebia inúmeras visitas: Tania, San Tiago Dantas, Rubem Braga, João Cabral de Melo Neto, Augusto Frederico Schmidt. Viajou bastante, regressou ao Brasil, em 1956, visitou a Califórnia e o México, em 1957, e acompanhou Alzira a Roterdão, no início de 1959, onde baptizaram um novo navio, o *Getúlio Vargas*, permanecendo por um breve período na Gronelândia, no seu regresso a Washington.

No meio de todas estas distracções, Clarice estava, no entanto, sempre preocupada em preservar o «*equilíbrio íntimo*», sem o qual receava resvalar para a loucura. Agora havia mais uma ameaça à espreita: os seus filhos. Com dois rapazes para criar, ela já não se podia fechar no quarto para escrever.

> «*Eu não queria que meus filhos sentissem a mãe-escritora, mulher ocupada, sem tempo para eles. Procurei que isto nunca acontecesse. Eu sentava num sofá, com a máquina de escrever nas pernas e escrevia. Eles, pequenos, podiam me interromper a qualquer momento. E,* como *interrompiam.*»[23]

Apesar da sua determinação em sempre se mostrar disponível, por vezes o trabalho dela aborrecia-os. Pedro disse-lhe uma vez num tom autoritário: «*Não quero que você escreva! Você é uma mãe!*»[24] E Paulo, farto dos seus escritos para adultos, «*ordenou-lhe*» que lhe escrevesse uma história acerca do coelhinho deles, Joãozinho, publicada uma década mais tarde, com o título de *O Mistério do Coelho Pensante*. O mistério consiste em descobrir a forma como Joãozinho, que nem é muito esperto, consegue escapar com regularidade da sua aparentemente segura coelheira; foi baseada numa história verdadeira. Clarice não fornece a solução para o mistério e, quando o livro foi publicado, as cartas chegaram aos montes.

> «*As cartas das crianças continham as mais variadas soluções. Algumas que me recordo: acusavam os "grandes" de terem matado os coelhinhos e "depois virem com a desculpa de eles terem sumido". Outras diziam que os coelhinhos eram tão fortes que haviam separado as grades e fugido. Outras ainda afirmavam que de noite um coelho grande e poderoso os havia libertado do cativeiro.*»[25]

Pedro, o mais velho, foi extraordinário desde o princípio e Clarice mantinha um registo completo do seu desenvolvimento. Na maior parte das suas notas, Pedro não faz nada de especial, além de ser um rapazinho esperto. «*De noite, me chamou na cama*», registou ela, por exemplo. «*— Mamãe, estou triste. Por quê? Porque é noite e eu amo você.*» Quando fez seis anos, 10 de Setembro de 1954, pouco depois de a família se ter mudado do Rio para Washington, Pedro parecia aborrecido com a festa que se aproximava, até que Clarice finalmente lhe vestiu uma roupa nova, especial para a festa. «*Estou tão contente que existe em mim*», disse-lhe ele. Ele passou pelas fases usuais: «*1954 — Período em que os dinossauros eram o seu assunto mais importante e motivo central de seus pensamentos, inclusive ao que parece, a razão dos pesadelos.*»[26]

Pedro demonstrou, desde relativamente cedo, não ser uma criança comum. A sua inteligência fora do vulgar impressionou as pessoas desde o começo. Enquanto bebé, na Suíça, os seus dotes linguísticos tinham espantado, e até assustado, os pais. Em Washington, alguns anos mais tarde, Tania recordava-se de Pedro, sentado no sofá, a ler uma enciclopédia com Érico Veríssimo. Um colega diplomata lembra-se de ter ficado espantado com um comentário de Pedro, a propósito de uma discussão política, em Washington: erguendo os olhos dos brinquedos, o menino de cinco anos, disse: «*Você quer dizer que um partido de esquerda, assim que toma o poder, automaticamente passa para a direita?*»[27]

No livro de notas em que registou a esperteza e o discernimento de Pedro, Clarice fez uma curiosa anotação, para a qual deve ter voltado a olhar com um estremecimento, quando a extensão do problema se tornou óbvia. «*Mamãe*», contou-lhe ele, «*eu tenho ouvidos especiais. Posso ouvir música no meu cérebro, e posso ouvir vozes também, que não estão lá.*»[28] Não é claro quando Clarice e Maury se começaram a preocupar com Pedro, mas, quando ele tinha nove anos, Clarice mencionou às irmãs que o ia colocar num centro de orientação, «*onde, além de instrução, ele receberá ajuda em relação às emoções*»[29]. (Já numa carta de 1953, quando Pedro tinha cinco anos, Clarice mencionava o facto de o ir levar a um psicólogo.[30])

Por essa altura, Clarice levou Pedro a um psiquiatra, que chegou à conclusão de que Pedro ou se iria transformar num génio, ou iria enlouquecer. Era uma forma arrojada de dizer o que Ulysses Girsoler tinha dito à mãe de Pedro, em Berna, uma década antes: «Percebe-se que toda a sua vida sentimental se estende de um extremo (impulsividade), atravessando toda a gama, até ao outro extremo (subtileza, susceptibilidade, capacidade para sentir todas as emoções possíveis dos seres humanos). — Será extremamente difícil para uma personalidade deste tipo encontrar equilíbrio.»

Pedro herdou muito do carácter de Clarice. Até tinha com ela uma forte semelhança física: enquanto jovem, também ele era extraordinariamente bonito, *«alto, forte como um mujique, um camponês de Tolstói»,* segundo a recordação de uma amiga. Enquanto rapazinho, era ainda mais precocemente inteligente do que a mãe tinha sido. O poderoso superego de Clarice mantinha as suas emoções sob controlo, mesmo que, por vezes, a duras penas, e a tensão controlada entre a impulsividade e a razão, constituía uma fonte de poder criativo. Mas ela sentia sempre receio do perigo. As suas personagens, Virgínia, por exemplo, que tentavam manter o seu *«equilíbrio íntimo»* acabavam sempre por se perder, no final.

## 24

# REDENÇÃO PELO PECADO

*«Deus sabe o que faz: acho que está certo o estado de graça não nos ser dado frequentemente. Se fosse, talvez passássemos definitivamente para* o outro lado *da vida, que esse outro lado também era real mas ninguém nos entenderia jamais: perderíamos* a *linguagem em comum»*, escreveu Clarice.[1] Imaginar esta passagem para o outro lado ocupou os anos que ela passou em Washington, onde concluiu o seu romance mais longo e alegoricamente mais complexo, *A Maçã no Escuro*. Iniciado em Torquay e escrito na sua suburbana sala de estar de Chevy Chase, o livro descreve, com um detalhe poético, uma descida até à loucura.

A loucura, em *A Maçã no Escuro*, é uma ferramenta positiva para atingir o conhecimento, não é um meio para a autodestruição. No entanto, a autodestruição é o seu pré-requisito. O velho mundo do protagonista, Martim, um homem de estatísticas, um homem de razão, é destruído por um crime: ele assassinou a mulher. Mas acontece que esse crime nunca aconteceu, os médicos conseguiram chegar a tempo.

Os detalhes desse crime não têm qualquer importância para a personagem nem para a autora. Ao longo do extenso romance, Clarice dedica apenas algumas linhas às circunstâncias em que ele ocorreu. Os pecados de Martim são tão neutros e amorais como os de Joana e de Virgínia: «*Sentira por acaso horror depois de seu crime? O homem apalpou com minúcia sua memória. Horror? E no entanto era o que a linguagem esperaria dele.*»[2]

A obsessão de Clarice com o crime em geral nasceu da culpa ligada à sua existência: «*Culpada nata, aquela que nascera com o pecado mortal.*»[3] Também Martim é perseguido porque existe. O seu crime é simplesmente um pretexto, «*inútil: enquanto ele próprio sobrevivesse, os outros o chamariam*»[4]. E chamam: no fim do livro, Martim é detido. «*Ser*» não é ilegal, por isso é preso por um crime que pode ser nomeado.

A noção que Clarice tem do crime está estreitamente ligada à sua visão amoral e «*animal*» do mundo, uma perspectiva encontrada em Espinosa:

> «Os homens geralmente partem do princípio de que todas as coisas na natureza agem, como eles, com algum objectivo em mente, e chegam mesmo a manter como certeza o facto de o próprio Deus conduzir tudo para um determinado objectivo... Acreditam que tudo foi criado com eles em mente e afirmam que a natureza de uma coisa é boa ou má, saudável ou podre e corrompida, dependendo do modo como eles próprios são afectados por ela.»[5]

A visão «moral» do homem e de Deus, com o homem no centro do universo e a História como um processo lógico e significativo, sempre pareceu ridícula a Clarice. No final do livro, surge um professor para julgar Martim. Cheio de si mesmo, o professor é uma caricatura do crítico, uma personificação de toda a construção de falsa moralidade que Martim tinha rejeitado.

> «— *Ele tem direito sobre os alunos, muito direito, repetiu ela monótona e não parecia prestar muita atenção ao que dizia. Um dia um aluno conversou na classe, e então no fim da aula, diante de todos, o professor chamou o aluno e fez um discurso tão comovente, chamando-o de filho e pedindo que ele elevasse seus sentimentos a Deus, que o menino arrependido não podia mais parar de soluçar. Ninguém ri do professor, isso ele não deixa. Os alunos riem dos outros professores, mas não dele.*
>
> — *Sim, disse Martim como um médico a um doente.*

*— O aluno soluçou tanto, disse a mulher exausta, que foi preciso lhe dar água. Ele ficou um verdadeiro escravo do professor. O professor é muito culto. O menino ficou um verdadeiro escravo, ele é muito culto.*

*Pela primeira vez Vitória não parecia se impacientar com o silêncio de Martim. E ali em pé, como se não tivesse mais nada a fazer nem pretendesse ir embora, com os traços repuxados pela fadiga, continuou a recitar:*

*— O professor até hoje cita o menino como exemplo. O menino parece agora um anjo, ficou mais pálido, parece um santo. O professor gostou tanto do que fez, foi uma vitória moral tão grande, que ele até engordou um pouco, disse exausta.»*[6]

Para Clarice Lispector, que não possuía a clareza moral do professor, o crime nunca poderia ser denunciado assim sem mais nem menos. Espinosa disse que «uma única coisa pode ser, ao mesmo tempo, boa, má e indiferente. Por exemplo, a música é boa para a melancolia, má para os que estão de luto, e nem boa nem má para os surdos.»[7] As transgressões de Joana eram uma parte essencial do seu ser; Virgínia encontrava a liberdade nos seus pequenos pecadilhos.

Estes crimes *(«Tomou um guardanapo, um pãozinho redondo... com um esforço extraordinário, quebrando em si mesma uma resistência estupefata, desviando o destino, jogou-os pela janela — e assim ela conservava o poder»)* tinham o sabor da rebeldia de adolescente.[8] Em *A Maçã no Escuro,* o crime adquire maior significado.

O crime de Martim transporta-o para uma realidade mais forte. A redenção através do pecado, compreensão total através do crime: é o tipo de paradoxo que Clarice Lispector adorava. Com ele, Clarice vai mais longe do que antes, e ainda mais além, também, do que Kafka. Tal como ele, ela encontrou portas trancadas, passagens bloqueadas e um castigo generalizado. Mas descobriu igualmente uma possibilidade diferente: um estado de graça.

*A Maçã no Escuro* começa como uma história policial. Num lugar distante e parado no tempo, Martim é o único hóspede num hotel quase abandonado. O proprietário, um alemão, tem um *Ford* parado na frente do hotel; quando o automóvel desaparece, Martim receia que o alemão o tenha denunciado à polícia e foge a pé, numa noite «*tão escura quanto é a noite enquanto se dorme*»[9]. Ele acorda num deserto abandonado.

É como um renascer, vindo da escuridão para a luz, da noite para o dia, do mundo de linguagem para um mundo de silêncio: «*Nem se poderia imaginar que aquele lugar tivesse um nome.*» Privado dos sentidos — não existe nada para cheirar, nada para ouvir, nada para saborear — o mais que Martim pode fazer é ver um «*idiota contente*».[10]

Por fim, ocorre-lhe uma ideia: «*Hoje deve ser domingo!*» O primeiro dia, um nome e uma estatística para o mundo sem significado. Mas «*sem contar os dias passados não havia motivo para achar que seria domingo. Martim então parou, um pouco embaraçado pela necessidade de ser compreendido, da qual ele ainda não se livrara.*»[11]

Aparece um passarinho negro que procura refúgio no interior da palma da mão de Martim. Ele conversa com o pássaro, ou tenta fazê-lo, mas não consegue falar e o pássaro, obviamente, não pode compreender.

> «*"Perdi a linguagem dos outros", repetiu então bem devagar como se as palavras fossem mais obscuras do que eram, e de algum modo muito lisonjeiras.* [...] *Então o homem se sentou numa pedra, ereto, solene, vazio, segurando oficialmente o pássaro na mão. Porque alguma coisa estava lhe acontecendo. E era alguma coisa com um significado. Embora não houvesse um sinônimo para essa coisa que estava acontecendo. Um homem estava sentado. E não havia sinônimo para nenhuma coisa, e então o homem estava sentado.*»

Tendo perdido a linguagem dos outros, é o termo que Clarice utiliza para a loucura, Martim é acossado pelo medo da loucura, aquela sombra que paira sobre quem «*passa para* o outro lado *da vida*». «*Aquele homem sempre tivera uma tendência a cair na profundidade, o que um dia ainda poderia levá-lo a um abismo.*» A melhor solução é parar completamente de pensar.

> *«Teve tal repugnância pelo fato de ter quase pensado que apertou os dentes em dolorosa careta de fome e desamparo — virou-se inquieto para todos os lados do descampado procurando entre as pedras um meio de recuperar a sua potente estupidez anterior que para ele se havia tornado fonte de orgulho e domínio.* [...] *Com enorme coragem, aquele homem deixara enfim de ser inteligente.»*[12]

Clarice não gostava que a considerassem inteligente pela mesma razão que muitas pessoas que têm uma inclinação religiosa desconfiam da palavra; Deus está, por definição, para lá da compreensão humana, por isso as tentativas para alcançar o divino através da «*inteligência*» são vãs. A progressão de um místico leva-o do pensamento racional à meditação irracional.

Uma pessoa não se pode, no entanto, deixar ficar num mundo irracional. Se o «*estado de graça*» é a maior tentação, é também um perigo mortal. Perder a linguagem e a compreensão humana — «*inteligência*» — é loucura. A diferença entre o místico e um louco é que o místico consegue regressar, emergindo de um estado de graça, encontrando uma linguagem humana para o descrever.

De um ser sem palavras — «*Mas não havia um sinônimo sequer para um homem sentado com um pássaro na mão*»[13] —, Martim tem de abandonar o divino irracional para se tornar um humano completo, e ser humano é ter uma linguagem.

Surgem as primeiras palavras, um cliché: «*"Como jóias", pensou, pois ele sempre tivera uma tendência geral a comparar coisas com jóias.*» Inspirado, lança-se num longo solilóquio. Quando atinge o auge, as suas mãos contraem-se involuntariamente e ele esmaga o passarinho. É um segundo crime. «*Estava admirado consigo mesmo. É que ele se tornara um homem perigoso.*»[14]

É uma cena digna de ser pintada, quarenta páginas de tranquilidade, como uma paisagem de Magritte ou de De Chirico: o homem solitário, o sol ardente, as rochas cintilantes, o pássaro morto, no meio de um deserto imenso. A única acção existente desenvolve-se no íntimo de Martim, que, na sua conclusão, começa a caminhar para fora do deserto, chegando, ao fim de bastante tempo, a uma «*pobre e pretensiosa*» quinta. Apresenta-se como engenheiro, o que deixa «*levemente escandalizada*» a dona da plantação, uma mulher valente chamada Vitória, que olha para ele como se ele fosse um animal, «*como se examinasse, profissionalmente, um cavalo*».

> «*— De onde é que o senhor vem?*
> *— Do Rio.*
> *— Com essa pronúncia?*
> *Ele não respondeu. Pelos olhos ambos concordaram que era mentira.*»[15]

Talvez Martim fosse um perpétuo estrangeiro. Mas o seu crime tornou impossível qualquer classificação. A imperiosa Vitória, «*uma mulher tão poderosa como se um dia tivesse encontrado uma chave. Cuja porta, é verdade, havia anos se perdera*», põe-no a trabalhar. Tudo o que ele consegue fazer é trabalhar, e observar: «*O homem não antecipou nada: viu o que viu. Como se olhos não fossem feitos para concluir mas apenas para olhar.*»[16]

O olhar dele perturba Vitória, que começa a ficar preocupada com o aspecto da quinta, «*como se até a vinda do homem ela não tivesse percebido o desmazelo das terras*». Ermelinda, a prima infantil e hipocondríaca de Vitória, também começa a reparar nas coisas: «*Com a acuidade da estranheza, notou na própria mão uma veia que havia anos não notava, e viu que tinha dedos magros e curtos, e viu uma saia cobrindo os joelhos.*»[17]

A existência de Martim é perfeita e simples: «*Quando dormia, dormia. Quando trabalhava, trabalhava. Vitória mandava nele, ele mandava no próprio corpo.*» Isto termina quando Vitória o manda limpar o estábulo das vacas. É uma tarefa nojenta. «*Dentro era uma atmosfera de entranhas e um sonho difícil cheio de moscas. E só Deus não tem nojo.*» Mas vencer esse nojo é a única forma que Martim tem para «*libertar-se enfim do reinado dos ratos e das plantas — e alcançar a respiração misteriosa de bichos maiores*».

Depois de o conseguir, tem de redescobrir o sexo. Para esta experiência não escolhe Ermelinda, que está apaixonada por ele, nem Vitória, mas uma mulata — significativamente, ela não tem nome —, «*um bicho novo, ele calculou sua idade apalpando-a*». Para ele, ela é «*forte como um touro*». Toma-a como a um animal: «*Seria largá-la ou pegá-la. Ele a pegou sem pressa como um dia pegara um passarinho.*»[18]

Depois de consumado o acto, «*também recomeçou a compreender as mulheres. Não as compreendia de um modo pessoal, como se ele fosse o dono de seu próprio nome. Mas pareceu entender para que nascem mulheres quando uma pessoa é homem.*» Enquanto vai entrando no mundo húmido dos estábulos e do sexo, aproxima-se uma seca. Os dias estão bonitos e cheios de sol. «*O campo parece uma jóia, disse então enrubescendo violentamente.*»[19]

Depois de evoluir de pedra a planta, de planta a rato, de rato a vaca, de vaca a cavalo, agora, Martim é um homem. Para Clarice, isto significa encontrar uma linguagem, e Martim tem de redescobrir o símbolo: «*Essa necessidade que uma pessoa tem de subir uma montanha — e olhar. Esse era o primeiro símbolo que ele tocara desde que saíra de casa: "subir uma montanha".*» Com este símbolo, Martim aproxima-se do velho ideal de Clarice: «*Era como se ali Martim se tornasse o símbolo dele mesmo.*»[20]

Mas as palavras quase não se adaptam a alguém que, tão recentemente, era um animal. «*Oh, ele estava muito desamparado. Simplesmente não sabia como se aproximar do que queria. Perdera o estágio em que tivera a dimensão de um bicho, e no qual a compreensão era silenciosa assim como uma mão pega uma coisa.*» Com ar grave, cerimoniosamente, ele pega num lápis, mas «*o homem parecia ter desapontadamente perdido o sentido do que queria anotar.* [...] *De novo revirou o lápis, duvidava e de novo duvidava, com um respeito inesperado pela palavra escrita.* [...] *Tão desleal era a potência da mais simples palavra sobre o mais vasto dos pensamentos.*»

> «*E desinchado, de óculos, tudo o que lhe parecera pronto a ser dito evaporara-se, agora que queria dizê-lo. Aquilo que enchera com realidade os seus dias reduzia-se a nada diante do ultimato de dizer. Como se via, aquele homem não era um realizador, e como tantos outros, só sentia a intenção, da qual o Inferno está repleto. Mas para escrever*

> *estava nu como se não lhe tivesse sido permitido levar nada consigo. Nem mesmo a própria experiência. E aquele homem de óculos de repente se sentiu singelamente acanhado diante do papel branco como se sua tarefa não fosse apenas a de anotar o que já existia mas a de criar algo a existir.* [...] *Que esperava com a mão pronta? Pois tinha uma experiência, tinha um lápis e um papel, tinha a intenção e o desejo — ninguém nunca teve mais que isso. No entanto era o ato mais desamparado que ele jamais fizera.*»[21]

Depois de uma luta que dura várias páginas, «*modesto, aplicado, míope, simplesmente anotou: "Coisas que preciso fazer".*» Por baixo, rabisca, «*Aquilo*». «*"Então na verdade eu fiz muito: eu aludi!" E então Martim ficou contente como um artista: a palavra "aquilo" continha em si tudo o que ele não conseguia dizer!*»[22]

Através da escrita, Martim constrói um mundo,

> «*perguntando, perguntando e perguntando — até que um mundo fosse se formando em resposta.*» «*Sim. A reconstrução do mundo. É que o homem acabara de perder completamente a vergonha. Não teve sequer pudor de voltar a usar palavras da adolescência; foi obrigado a usá-las pois a última vez que tivera linguagem própria fora na adolescência; adolescência era arriscar tudo — e ele agora estava arriscando tudo.*»[23]

Há aqui ecos das tentativas de Clarice, em criança, para salvar o mundo com histórias mágicas. Como ela bem sabia, no entanto, não conseguiu salvar a sua mãe. Não conseguiu remediar a tragédia social do Recife; não reformou as penitenciárias; não conseguiu salvar uma nação assolada pela guerra. «*Não reconstruí a Itália. Tentei reconstruir minha casa, reconstruir meus filhos e a mim. Não consegui.*»[24]

Mas o seu falhanço existia apenas no mundo exterior. Tal como Martim, ela redireccionou este impulso heróico para o interior. «*Reconstruir o mundo*» era agora uma meta pessoal, tão indistinguível da sua missão artística como havia sido na época em que contava histórias para salvar a mãe. Já não podia esperar ver a mãe erguer-se da sua cadeira de baloiço. O desespero da criança transformou-se num objectivo místico, uma tarefa fantástica de uma ambição espantosa: reconstruir o mundo através das palavras. «*Escrevo como se fosse para salvar a vida de alguém*», anotou ela pouco antes de morrer. «*Provavelmente a minha própria vida.*»[25]

Enquanto embarca nesta tarefa de vida ou morte, Martim ouve Vitória dizer que os tomates da quinta vão ser vendidos a um alemão. Este, presume ele, é o mesmo homem de cujo hotel tinha fugido. Ele sabe que Vitória o vai denunciar. Avalia se haverá tempo para escapar. E sabe que nem sequer tentará. Martim ainda está a fantasiar sobre a escrita quando a polícia chega: «*Sobretudo* [...] *juro que no meu livro terei a coragem de deixar inexplicado o que é inexplicável.*»[26] A frase poderia servir de lema para *A Maçã no Escuro*. O livro é tão desafiador como *O Lustre* ou *A Cidade Sitiada*. Mas, enquanto aqueles são, por vezes, impenetráveis — «*Haja quem lhe encontre a chave*» —, *A Maçã no Escuro* combina a complexidade temática daqueles com as poderosas correntes emocionais de *Perto do Coração Selvagem*.

Agora, a riqueza do pensamento de Clarice Lispector, mais do que meramente intimidante, adquire uma panóplia de possibilidades simbólicas que são, em conjunto com a sua incrível invenção linguística, a glória deste romance. Mesmo sem a referência a maçãs, crimes e quedas, é obviamente uma alegoria à criação, e uma alegoria da criação através da palavra: «*E aquele homem de óculos de repente se sentiu singelamente acanhado diante do papel branco como se sua tarefa não fosse apenas a de anotar o que já existia mas a de criar algo a existir.*»[27]

Clarice perseguia estes temas desde o início. (A relação entre o crime e a criação é mais um exemplo.) No entanto, embora *A Maçã no Escuro* represente o desenrolar de ideias familiares, é, sem dúvida, diferente das suas obras anteriores. A diferença está na sua vontade, pela primeira vez, de dizer uma palavra. «*Oh Deus, disse então Martim em calmo desespero. Oh Deus, disse ele.*»[28]

É um momento excruciante. Clarice, ao mesmo tempo que Martim, vai encontrar-se com o Deus que a tinha abandonado na infância. Mas que Deus é este? Clarice sugere que o livro é uma parábola judaica. Não é o que o cenário deixa ver, uma plantação anónima do interior do Brasil, nem é sugerido por qualquer outra referência explícita que possa surgir no livro. Clarice nunca escreveria, como Elisa: *«Notícia de última hora: Proclamado o Estado Judeu! Quem vai ler?»* Mesmo assim, as pistas estão presentes a partir da primeira página, onde o misterioso perseguidor de Martim é identificado como um alemão que é proprietário de um *Ford*. Receada, mas, na realidade, nunca vista, a única personagem do livro que não é brasileira acaba por ocasionar a prisão de Martim.

Não existe qualquer razão de argumento ou personagem que obrigue Clarice a atribuir a esta figura vaga a nacionalidade alemã, especialmente num livro em que poucas personagens têm direito a um nome: *«a mulata»*, *«o professor»*. Num livro de uma escritora judia dos anos cinquenta, «alemão» não era uma descrição neutra, sobretudo se aplicada a um símbolo de perseguição e opressão. E *«Ford»*, a única marca nomeada em todo o livro, recorda o famoso anti-semita Henry Ford, cujos escritos, cheios de veneno, eram amplamente difundidos no Brasil.

Ambos os nomes levam a pensar que a vítima de um alemão teria de ser um judeu. Essa impressão é reforçada pelo objectivo da longa confrontação de Martim com a página em branco. Ele anda à procura de uma palavra específica, impossível,

> *«como se houvesse uma palavra que se um homem dissesse... Essa palavra ausente que no entanto o sustentava. Que no entanto era ele. Que no entanto era aquela coisa que só morria porque o homem morria. Que no entanto era sua própria energia e* o modo como ele respirava.»[29]

Essa palavra, impossível de pronunciar, significava a salvação.

> *«E se fosse esta a palavra — seria então assim que ela acontecia? Então tivera ele que viver tudo o que vivera para experimentar o que poderia ter sido numa só palavra? Se essa palavra pudesse ser dita, e ele ainda não a dissera. Andara ele o mundo inteiro, somente porque era mais difícil dar um só e único passo? Se esse passo pudesse jamais ser dado!»*[30]

O passo que não pode ser dado, a palavra ausente que o sustém, é o nome oculto, a «*palavra única*» que Clarice, finalmente, e de forma elíptica, consegue dizer. O nome é um símbolo de Deus e *é* Deus, «*o símbolo da coisa na própria coisa*». Como escreveu Gershom Scholem:

> «Este é o objecto real e, se me é permitido assim afirmá-lo, o objecto peculiarmente judaico da contemplação mística: O Nome de Deus, que é algo absoluto, uma vez que reflecte o sentido oculto e a totalidade da existência; o Nome através do qual tudo o resto adquire o seu significado e que, no entanto, para a mente humana, não tem nenhum significado próprio, concreto, particular.»[31]

A descoberta relutante que Clarice fez deste Deus com um nome oculto assinala, aparentemente, uma rejeição da sua afirmação, num ensaio anterior dedicado ao crime e castigo, de que «*acima dos homens nada mais há*.»[32]

À luz da evolução do seu pensamento, no entanto, a frase adquire uma nuance fascinante. Na tradição judaica, nada pode ser mudado sem chegar ao contacto com a região do ser absoluto a que os místicos chamam Nada. Só quando a alma se consegue despojar de todas as limitações e, na linguagem mística, desceu às profundezas do nada, é que consegue encontrar o divino.[33] Martim renasce quando desce ao deserto vazio, um lugar onde o significado humano cessa.

Reformulados, disfarçados, mas inegavelmente presentes, os motivos judaicos nos escritos de Clarice Lispector levam-nos a questionar até que ponto a sua inclusão foi deliberada. Clarice não era uma praticante tradicional. A sua presença na sinagoga terminou com a morte do pai, quando ela tinha vinte anos e, ao contrário dos místicos judeus clássicos, ela não venerava, nem parecia reparar nos textos religiosos sagrados.

A sua experiência pessoal era, pelo contrário, um microcosmo de uma experiência histórica judaica mais alargada. A perseguição e o exílio — e o desespero, o desejo da salvação, que lhes estavam associados — deram-lhe uma caracterização psicológica semelhante à dos judeus de todos os tempos. Quando estas experiências se combinavam com um génio expressivo, os resultados, logicamente, apresentavam certas semelhanças com a obra dos seus predecessores.[34]

Apesar das suas frequentes descrições de si mesma como uma não-intelectual, o relacionamento de Clarice com o pensamento místico judaico era, provavelmente, mais do que uma simples coincidência das circunstâncias biográficas. A sua irmã, Tania, confirmou que, em dada altura, as leituras de Clarice incluíram uma grande quantidade de literatura cabalística. Mas estas leituras, para Clarice, nunca constituíram um ponto fulcral, e ela não lhes dava importância. *«Não é só que me faltem cultura e erudição»,* disse ela a um entrevistador, no início dos anos sessenta, *«é que esse assunto não me interessa, antigamente eu me acusava, mas hoje não busco documentar-me; porque eu acho que a literatura não é literatura, é vida vivendo.»*[35]

A apresentação que faz de si mesma como sendo *«deficiente de cultura e erudição»,* teve grande sucesso. Ninguém menos do que Elizabeth Bishop, sua vizinha no Rio, escreveu a Robert Lowell:

> «[Clarice é] a escritora mais não literária que já conheci, e "nunca abre um livro", como costumávamos dizer — Ela nunca leu nada, até onde pude descobrir — Acho que é uma escritora "autodidacta", como um pintor primitivo.»[36]

Num certo sentido, Bishop estava espectacularmente enganada. A educação superior de Clarice, o seu trabalho como jornalista, a sua experiência no serviço diplomático, o seu conhecimento de línguas e a sua prática de ter vivido em três continentes faziam dela, além da sua realização artística pessoal, uma das mulheres mais sofisticadas da sua geração, e não apenas no Brasil. Ela era largamente conhecida e lida em todo o mundo, como provam as inúmeras alusões na sua escrita e na sua correspondência. Autran Dourado, um dos mais conhecidos romancistas e intelectuais brasileiros, recorda os longos domingos passados com Clarice em complicadas discussões filosóficas, que iam de Espinosa a Nietzsche.

Num outro sentido, contudo, ser «*um pintor primitivo*», «*a escritora mais não literária*» era um objectivo de Clarice. Ela não atribuía qualquer valor ao conhecimento livresco nem à sofisticação. De Nápoles, ela escrevera a Natércia Freire sobre a sua impaciência para com a vida diplomática: «*No fim a pessoa fica "culta". Mas não é o meu gênero. A ignorância nunca me fez mal.*»[37] Ela estava interessada num tipo de conhecimento diferente, e não tinha nada que ver com ler obras importantes ou com a filosofia. Suspeitando que as respostas para a «*muda e intensa pergunta*» que a atormentara na adolescência — «*como é o mundo? e por que esse mundo?*» — não podiam ser encontradas intelectualmente, ela procurava um tipo de compreensão mais elevado. «Deve saber», resmungou um cabalista espanhol no final do século XIII, «que esses filósofos cuja sabedoria tanto elogia detêm-se no ponto em que nós começamos.»[38]

Se *A Maçã no Escuro* é uma alegoria à criação, difere de forma importante das narrativas tradicionais. É a história da criação de um homem, mas também é a história de como esse homem cria Deus. «*Então na sua carne em cólica ele inventava Deus.* [...] *Um homem no escuro era um criador. Na escuridão as grandes barganhas se fazem. Foi dizendo "oh Deus" que Martim sentiu o primeiro peso de alívio no peito.*»[39] Esta é a invenção essencial, heróica, de Martim, e surge através da palavra.

A história de Martim é o oposto da história bíblica da criação. O próprio homem é criado através do pecado, e é o homem pecador quem cria Deus, essa invenção, mais um paradoxo, redime o homem. Clarice disse, finalmente, a palavra "Deus", mas só O aceita segundo as suas condições. «*Ele soube que teria que se diminuir diante do que criara até caber no mundo, e diminuir-se até se tornar filho do Deus que ele criara porque só assim receberia a ternura. "Não sou nada", e então cabe-se dentro do mistério.*»[40]

Mesmo um Deus inventado é capaz de dar a Martim um lugar no mundo, bem como o mais humano dos sentimentos, a compaixão. É um elemento da falsa moralidade da qual o crime de Martim o libertou. Mas um homem não pode viver para sempre num estado de pecado por perdoar, da mesma forma que não pode permanecer por muito tempo num estado de graça. O momento em que Martim inventa Deus é o momento em que consegue, finalmente, assumir o seu crime: «*Eu matei, eu matei, confessou afinal.*»[41] Sem Deus, mesmo um Deus artificial, não pode existir o pecado.

Neste aspecto, especialmente na forma como Clarice inverte a história da criação, Martim relaciona-se com aquela figura tão famosa do folclore judaico, que Clarice certamente conhecia da sua infância: o Golem frankensteiniano. A criação do Golem, cujo nome deriva de uma palavra hebraica que significa «não formado», ou «amorfo», era a inversão mística da criação de Adão. Jacob Grimm, o grande folclorista, escrevendo em 1808 para o *Journal for Hermits,* descreve assim o Golem:

> «Os judeus polacos, depois de terem pronunciado certas orações e respeitado certos dias religiosos, constroem uma figura de homem, em barro ou cal, depois de terem proferido sobre ela a prece encantatória *Shem hameforash,* trazendo-a desta forma à vida. É verdade que esta figura não é capaz de falar, mas consegue perceber o que lhe dizem e, até certo ponto, fazer o que lhe é ordenado. Chamam-lhe Golem e usam-no como criado para realizar todos os tipos de tarefas domésticas; ele nunca pode sair de casa sozinho. Na sua testa está escrita a palavra *Emet* (Verdade; Deus), mas ele cresce de dia para dia e pode facilmente ficar maior e mais forte do que os seus companheiros de casa, por mais pequeno que possa ter sido no princípio. Com medo dele, então, apagam as primeiras letras da palavra para que fique apenas *Met* (ele está morto), altura em que ele se desfaz e volta a ser apenas barro.»[42]

As semelhanças entre Martim e o Golem são impressionantes. Tal como a figura de barro que Virgínia cria em *O Lustre,* os *golems* são esculpidos a partir da lama, especialmente lama do rio: no deserto escaldante, Clarice acentua a identificação de Martim com a terra rochosa. Tal como o Golem, a princípio

Martim não consegue falar e é usado por Vitória como um criado. Não tem autorização para sair da quinta. Quando consegue dominar a linguagem humana adquire uma posição de poder sobre os habitantes originais da casa. Temendo-o, Vitória ordena que o levem embora.

O *Shem hameforash,* a forma pronunciada do impronunciável nome de Deus, «*aquela palavra ausente que no entanto o sustinha*», dá vida ao Golem. Na história do Golem, tal como na de Martim, o homem chama Deus ao mundo usando o Seu nome. Com a descoberta do nome oculto, o homem adquire o poder divino sobre a vida e a morte.

# 25

# A PIOR TENTAÇÃO

Clarice terminou *A Maçã no Escuro* em Março de 1956. «*Foi um livro fascinante de escrever*», escreveu ela a Fernando Sabino em Setembro. «*Aprendi muito com ele, me espantei com as surpresas que ele me deu — mas foi também um grande sofrimento.*»[1] Mas se ela pensava que o seu sofrimento tinha acabado quando deu os últimos retoques no último dos onze rascunhos do livro, estava enganada. *A Maçã no Escuro* teve o destino de muitas obras posteriormente consideradas obras-primas; quase não chegou a ser publicado.

Quando terminou o manuscrito, enviou cópias a Érico Veríssimo e a Fernando Sabino, que, mais uma vez, funcionava como seu agente literário. Ela queria «*um editor que pudesse publicar sem demora, o mais rápido possível — e não promessa para quando houver tempo*», «*Esperas me fazem mal*», acrescentou, «*me atrapalham, fazem de mim uma impaciente.*»[2] A princípio, parecia que iria conseguir o que desejava. Em Junho, para sua felicidade, Fernando escreveu-lhe a dizer que Ênio Silveira, da Civilização Brasileira, iria publicar o livro em Outubro ou Novembro.[3]

No início desse ano, Silveira obtivera um sucesso notável com a obra de Fernando Sabino, *O Encontro Marcado*, uma espécie de *Catcher in the Rye (À Espera no Centeio)* brasileiro, baseado nas experiências de adolescência de Fernando, em Minas Gerais. O livro tornou-se um êxito de vendas, deu origem a adaptações dramáticas e foi traduzido para várias línguas. O próprio Ênio, um homem de esquerda e, mais tarde, um proeminente opositor da ditadura militar, tinha estudado em Columbia e até trabalhara, durante algum tempo, para Alfred A. Knopf. Mais importante ainda, ficou completamente «*esmagado sob o impacto da leitura de Clarice Lispector*», «*absolutamente deslumbrado*»: «*Nenhum livro no Brasil e poucos no estrangeiro estão à sua altura, é uma coisa absolutamente nova, é um impacto tremendo, etc.*»[4] No entanto, em Janeiro de 1957, quando Fernando enviou estas notícias a Clarice, o deslumbrado e esmagado Silveira já estava a recuar. Outubro e Novembro, as datas originais para publicação, tinham chegado e partido. As razões para a demora eram obscuras, escreveu Fernando: «*Negócio de livro está dando bem no Brasil, atualmente.*»[5]

Era verdade: o encantador novo presidente, Juscelino Kubitschek, tinha eliminado certos impostos, sobre o papel por exemplo, que tinham um impacto negativo na indústria, e, assim, o mercado editorial floresceu. Em 1945, o Brasil produzia uma média de vinte milhões de livros por ano; em 1962, este número tinha mais do que triplicado, passando a sessenta e seis milhões.[6] Ainda assim, Silveira estava a começar a atrasar-se, com as desculpas habituais; *ainda* estava interessado no livro, assegurou Fernando a Clarice, «*mesmo que o livro não fosse de venda fácil*», mas que iria publicá-lo, o mais tardar, em Junho de 1957, por «*motivo de prestígio para a Editora*»[7].

Clarice estava a ficar cada vez mais nervosa. Através de Rubem Braga, que foi a Washington em Novembro, o livro chegou às mãos de José Olympio, talvez o mais prestigiado editor do Rio, que disse que o publicaria «*imediatamente*»[8]. Na ausência de um contrato concreto, a disposição de Clarice começava a azedar e estava a perder a confiança em relação ao seu livro. Escreveu a Fernando que tinha a certeza de que o entusiasmo de José Olympio não resistiria à leitura da obra. E, mesmo que resistisse, acrescentou ela, o livro nunca poderia sair antes de 1958, o que já não lhe interessaria. «*Quando escrevo uma coisa, vou me desgostando dela aos poucos* [...]. *Sinto como moça que faz enxoval de casamento e guarda num baú. Antes casar mal que não casar, é horrível ver enxoval amarelecendo.*»[9]

Por esta altura, Clarice estava mesmo a ponderar a hipótese de pagar para que o livro fosse publicado e pediu a Fernando que a pusesse em contacto com a gráfica. Estava especialmente desanimada, porque, por um golpe de pouca sorte, *A Maçã no Escuro* não era o único livro que estava a ter dificuldade em publicar. Aquando da sua visita ao Rio, em 1954, o amigo de Fernando, José Simeão Leal, que publicara *Alguns Contos,* tinha-lhe encomendado uma colectânea completa de contos. Tinha até, pela primeira vez na carreira de Clarice, pago um adiantamento. Enquanto escrevia *A Maçã no Escuro,* Clarice ia igualmente trabalhando na colectânea, que viria a constituir *Laços de Família.*

Os contos ficaram terminados em Março de 1955. Mais tarde, viriam até a ser reconhecidos como um ponto alto da literatura brasileira, como dois dos mais famosos escritores da época imediatamente notaram. Fernando Sabino escreveu: «*Você fez oito contos como ninguém nem longinquamente conseguiu fazer no Brasil*», acrescentando que o livro seria «*exata, sincera, indiscutível e até humildemente o melhor livro de contos já publicado no Brasil.*»[10] Érico Veríssimo disse-lhe: «*Não escrevi sobre seu livro de contos por puro embaraço de lhe dizer o que penso dele. Aqui vai: a mais importante coletânea de contos publicada neste país desde Machado de Assis*»[11], um romancista clássico brasileiro.

Clarice teria, no entanto, de esperar um reconhecimento mais alargado. Em Junho de 1956, Simeão Leal disse ao agente de Clarice que o livro se encontrava na fase de provas.[12] Em Julho, Clarice escrevia a Fernando: "*Minha vontade de me livrar das coisas é quase doença; por exemplo, me parece que estou para sempre amarrada ao livro de contos de Simeão Leal.*»[13] Cerca de um ano depois, em Março de 1957, Rubem Braga tentava liberar os contos para os poder publicar no jornal *O Estado de S. Paulo.*[14] Sabino tentou entregá-los à Agir, a editora de *O Lustre.*

Decorreu mais um ano e meio de humilhações, até que Érico Veríssimo descobriu um editor para as duas obras: Henrique Bertaso, da Globo, na cidade natal de Veríssimo, Porto Alegre. Mas Érico acrescentou que Simeão Leal não iria devolver «*em hipótese alguma*» os originais que estavam «*já compostos*». E, precisamente na altura em que a Globo tinha concordado publicar

*A Maçã no Escuro,* o livro apareceu no catálogo da editora Civilização Brasileira de Ênio Silveira.[15] Não será necessário dizer que não foi publicado na data indicada. É difícil compreender a razão por que não o foi. A Civilização Brasileira era uma das mais prolíficas editoras do Brasil; entre 1961 e 1964, esta casa editorial publicou um novo título por *cada dia útil* do ano.[16] Porque seria assim tão difícil encontrar uma vaga para Clarice?

O cansativo sobe-e-desce das suas expectativas e o espectáculo deprimente de ser obrigada, com a sua idade, e a meio da carreira, a implorar por um editor que a publicasse não melhoraram o estado de espírito de Clarice. «*Desde que vocês saíram perdi o estímulo para tudo, nada tem graça para mim*», escreveu ela a Érico e a Mafalda.[17] Os amigos tentaram animá-la. «*Como eu sei o que você deve estar sentindo aí*», escreveu-lhe Fernando, «*sem notícias, nem nada. Mas conte comigo sempre, eu não deixaria seu livro um só momento — só sinto não haver no Brasil as condições de publicação que ele merece.*»[18]

«*V. sabe perfeitamente que escreve a única prosa de autor brasileiro atual que eu gostaria de escrever*», escreveu João Cabral de Melo Neto, acrescentando mais tarde, de Marselha, onde procurava tratamento para a depressão: «*Que coisa é escrever literatura no Brasil. Eu creio que o melhor é não fazer mais nada. No Brasil, só se entende escrever em jornal. Daí essa coisa superficial improvisada, fragmentária que é a literatura nacional.*»[19]

«*Está me acontecendo uma coisa tão esquisita*», escreveu Clarice a Fernando, em 1956. «*Com o tempo passando, me parece que não moro em nenhum lugar, e que nenhum lugar "me quer".*»[20] A triste verdade era que Clarice tinha, em parte, razão. Fora do círculo de artistas e intelectuais que se tinham fascinado com ela desde a publicação de *Perto do Coração Selvagem,* uma década antes, Clarice tinha sido, nessa altura, quase completamente esquecida. Os seus romances subsequentes não lhe tinham granjeado a celebridade que alcançara com o primeiro; além do mais, já há muitos anos que vivia no estrangeiro. O seu nome já não era conhecido e, como as cartas que recebia de

Em vésperas da catástrofe, a família reúne-se num casamento na Ucrânia, antes de 1917. As irmãs mais velhas de Clarice, Elisa e Tania, são as meninas da primeira fila; atrás delas, os pais, Pinkhas e Mania. Sentados na primeira fila, ao centro, estão Dora e Israel Wainstok, que se juntariam aos Lispectors no Recife.

A mãe de Clarice, Mania Krimgold, vítima dos *pogroms* ucranianos. Clarice seria sempre perseguida pelo espectro da sua mãe gravemente enferma.

Pinkhas Lispector, o «excelente matemático» cujas ambições, frustradas pela perseguição e pelo exílio, seriam redimidas pelos assombrosos feitos da sua filha mais nova.

CONSULAT DE RUSSIE A BUCAREST

— RIO DE JANEIRO —

PASSEPORT

Il est porté à la connaissance de tous ceux à qui il appartient que le porteur du présent citoyen russe Pinkhouss Lispector âgé de 37 ans originaire de Teplik district Gaissin gouvernement Podolie se rend en Brésil

accompagné de sa femme Mania âgée de 31 ans

filles Leia âgée de 9 ans, Tania âgée de 6 ans, Haia âgée de 1 ans

En foi de quoi lui a été délivré le présent passeport par le Consulat de Russie à Bucarest.

Valable pour un an,

Bucarest, Le 27 Janvier 1922

LE CONSUL

Le Consul de Russie certifie que la photographie et la signature ci-dessus sont celles du titulaire du présent passeport.

Bucarest, le Février 1922

LE CONSUL Redecine

O documento que salvou a família, um passaporte russo emitido em Bucareste em 1922, válido para viajar para o Brasil. Ainda bebé, Clarice não guardaria nenhuma recordação dos horrores ucranianos.

A família no Brasil: Clarice encostada à sua mãe doente.

As irmãs no Recife: Tania, Elisa e Clarice.

A Praça Maciel Pinheiro, no Recife, conhecida entre os judeus por *pletzele*. À direita, a casa em que viviam os Lispectors, tão danificada que receavam uma derrocada. No entanto, continua lá.

Clarice no Recife.

No Rio de Janeiro. A adolescente Clarice já era detentora de uma beleza impressionante.

O primeiro amor de Clarice, na praia de Ipanema. O escritor Lúcio Cardoso, homossexual e indisponível.

Pouco antes da morte do seu querido pai, Clarice viajou com ele até Minas Gerais numa das raras vezes em que ele tirou férias.

«Mais do que apenas irmãs»: Clarice e Tania, no Rio de Janeiro.

«O Furacão Clarice»: *Perto do Coração Selvagem*, a obra de uma desconhecida, de vinte e três anos, espantou o mundo intelectual e artístico do Brasil, quando surgiu, no final de 1943.

Clarice e o homem com quem se casou, pouco depois da publicação do seu romance, o jovem diplomata Maury Gurgel Valente.

O bebé refugiado e sem terra regressa ao seu continente natal como esposa de um embaixador. Aqui, na varanda do seu apartamento, na monótona Berna.

Na altura em que Giorgio de Chirico estava a pintar o retrato de Clarice, no seu estúdio da Piazza di Spagna, em Roma, ouviram um ardina anunciar que a guerra tinha acabado.

Clarice com o seu círculo diplomático, em Roma. Sentados, da esquerda para a direita: a cunhada de Clarice, Eliane Gurgel Valente; Vasco Leitão da Cunha, cônsul em Roma; Clarice; Açucena Borges da Fonseca. De pé, da esquerda para a direita: Mário Soares Brandão; o marido de Clarice, Maury; Landolpho Borges da Fonseca; e o irmão de Maury, marido de Eliane, Mozart Gurgel Valente.

Clarice e Maury (esquerda) no Vesúvio, que entrara em erupção antes da chegada deles a Itália.

Bluma Wainer e Clarice, em Berna, Abril de 1946. Casada com o influente jornalista Samuel Wainer, que estava colocado em Paris, Bluma morreria jovem, não muito depois de regressar da Europa.

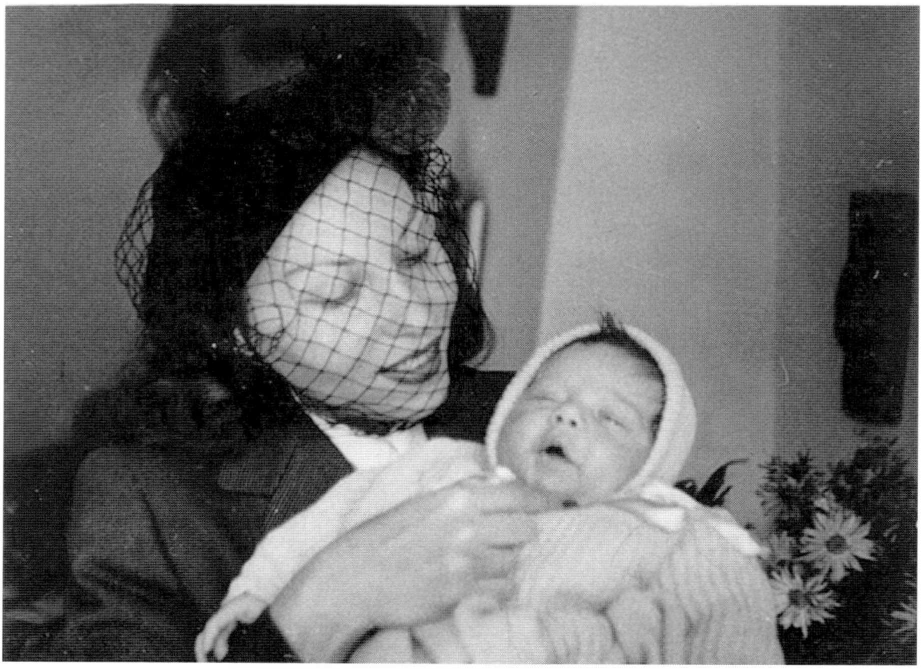

Clarice em Berna com o filho recém-nascido, Pedro, a quem foi dado o nome do seu falecido e heróico avô.

Elisa Lispector, ela própria uma respeitada romancista, escolheu a solidão como seu tema principal.

No seu trabalho diplomático, Clarice numa recepção em Washington, já no fim da gravidez do seu filho Paulo.

Clarice na sua casa de Chevy Chase, com Alzira Vargas. Na sua dor, a filha do ditador suicida aproximou-se bastante da escritora.

Com Paulo: Clarice, de novo popular desde que regressara ao seu país, estava a transformar-se numa figura lendária, universalmente conhecida apenas pelo seu primeiro nome.

Clarice, os dois filhos e uma amiga, na Praia do Leme, com a então gloriosa Copacabana ao fundo. Em 1959, Clarice voltara, por fim, e de vez, ao país do qual sentira tantas saudades durante os anos passados no estrangeiro.

Clarice na sua casa do Leme.

Clarice Lispector, rodeada de outros eminentes intelectuais, protesta contra a ditadura a 22 de Junho de 1968. Da esquerda para a direita: o pintor Carlos Scliar; Clarice Lispector; Oscar Niemeyer, o arquitecto de Brasília; a actriz Glauce Rocha; o caricaturista Ziraldo; e o músico Milton Nascimento.

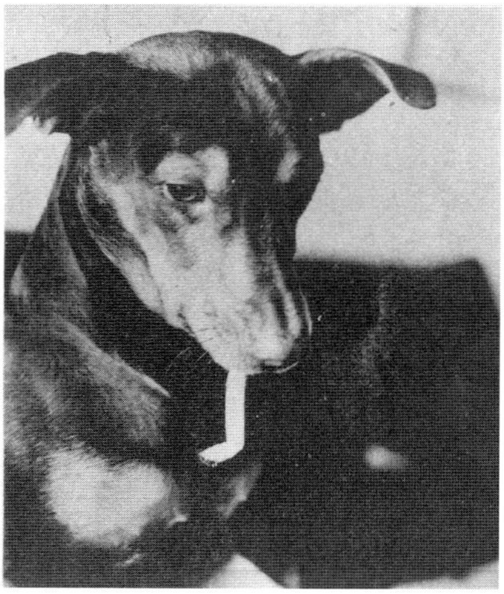

O cão *Ulisses*, que recebeu o nome do misterioso terapeuta que na Suíça se apaixonara por ela. Era um cão que fumava e bebia e por isso se tornou uma lenda no Rio de Janeiro.

Clarice em casa, nos anos 70,
rodeada de livros e manuscritos dispersos.

Na sua última visita à cidade natal do Recife, Clarice dá autógrafos na companhia da sua grande amiga Olga Borelli, que espreita por trás.

A escritora no final da vida.

Na sua única entrevista televisiva, meses antes da sua morte, Clarice anunciou enigmaticamente que publicaria um livro com «treze nomes, treze títulos». Tratava-se de *A Hora da Estrela*, composto de notas soltas escritas em cheques, pedaços de papel e até maços de tabaco.

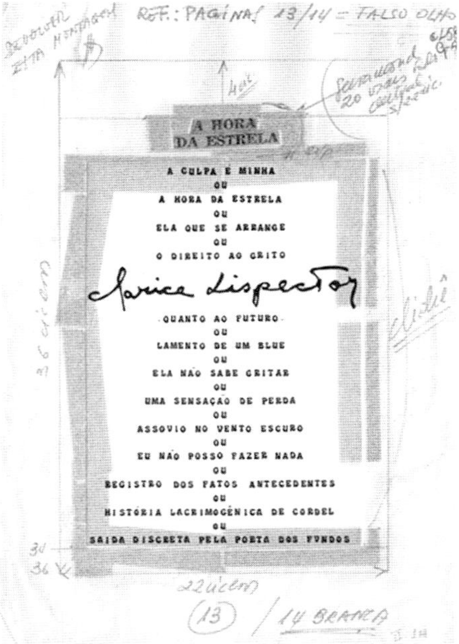


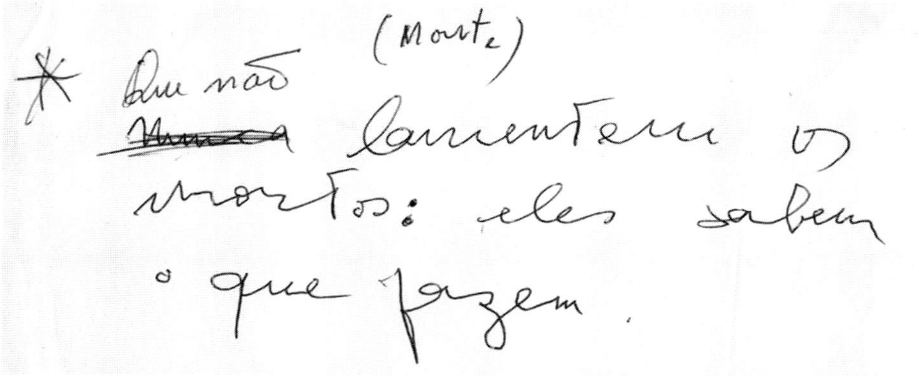


Em *A Hora da Estrela*, Clarice anuncia a sua morte; poucos dias depois da publicação do livro, seria hospitalizada. Neste fragmento, escreve: «Que não lamentem os mortos: eles sabem o que fazem.»

Fernando iam tornando cada vez mais óbvio, nenhum editor estava ansioso por se encarregar de uma difícil alegoria cabalística com quatrocentas páginas, de uma autora obscura, independentemente da reputação que ele pudesse ter entre alguns intelectuais.

Mas essa reputação, e a sincera devoção dos amigos, estavam prestes a dar fruto. Em Novembro de 1958, Clarice recebeu uma carta de um jovem jornalista chamado Nahum Sirotsky, primo de Samuel Wainer, que estava a lançar uma nova revista, *Senhor*. Finalmente havia alguém que a queria, e de acordo com as suas condições. Sirotsky escreveu: «*Queremos ler os seus contos que nunca consideramos inteligíveis.*»[21]

Fernando Sabino e Paulo Mendes Campos tinham recomendado um dos novos contos dela, «A Menor Mulher do Mundo»[22]. Juntamente com obras de Ray Bradbury, W. H. Auden, Ernest Hemingway e Carlos Lacerda — o eterno inimigo de Samuel Wainer —, este conto surgiu na edição inaugural da *Senhor,* em Março de 1959.

«Uma Revista para o Senhor» era a criação ideológica dos irmãos Simão e Sérgio Waissman. O pai deles era um editor que se especializara em vender, a prestações, enciclopédias e clássicos acessíveis. Os filhos queriam produzir uma revista que fosse a face vistosa da sua própria editora, a Delta. A *Senhor* acabou por se tornar um sucesso.

No princípio da sua carreira, Sirotsky tinha sido correspondente em Nova Iorque. A sua ideia era importar para o Brasil o estilo da *The New Yorker,* da *Esquire* ou da *Partisan Review*. O velho estilo estava tipificado na *Dom Casmurro,* a publicação literária mais importante da geração anterior, e na qual Clarice tinha publicado alguns dos seus primeiros trabalhos. Parodiando o estilo que desejava substituir, Sirotsky despeja: «*Esta tarde, um lindo dia ensolarado, meu chefe me chamou à sua sala e me disse para entrevistar Fulano de Tal. Subi no bonde, a cidade estava linda, subi as escadas, bati na porta, me fizeram entrar e me ofereceram uma xícara de chá.*»[23]

Das revistas antigas, dizia Sirotsky: «*A tecla de deletar não existia.*» Na sua revista, os textos dos escritores iriam ser revistos. Isto constituiu uma mudança considerável, como recorda o editor de ficção da *Senhor,* Paulo Francis. Ele trabalhava com

Clarice, que, como outros escritores, apreciavam a sua cuidadosa atenção. «*Clarice reagia com a maior naturalidade e às vezes reescrevia passagens que terminava reconhecendo obscuras. No Brasil, em literatura* [...] *isso é tabu. Não se toca nos textos de medalhões.*»[24] A não ser na *Senhor,* onde até rejeitaram um texto de Érico Veríssimo. (Pagaram-lhe, mas ele, «*cheio de dignidade*», recusou o dinheiro.)

Veríssimo não foi o único nome sonante a sentir dificuldades para conseguir entrar nas páginas da *Senhor*. Jânio Quadros, o governador do Estado de São Paulo, e futuro presidente do Brasil, considerava-se um literato e enviou vários artigos. Sirotsky também os rejeitou. «*Rejeitei até a mim mesmo!*», recorda Sirotsky, «*Eu não era bom o bastante para a Senhor.*» Os rigorosos critérios da revista, no que dizia respeito a excelência artística, estendiam-se às questões do *design*: pintores famosos ilustravam as suas capas e até mesmo os anúncios que não estavam à altura dessa exigência eram rejeitados.

Clarice Lispector era, no entanto, uma das preferidas. Aparecia, normalmente, uma vez em cada três edições. Os seus contos eram apelativamente anunciados na capa e, a partir de 1961, passou a ter uma coluna em cada edição. A circulação da *Senhor* atingiu o número máximo de 25 000 exemplares, mas a «*sua influência na imprensa brasileira dispensa comentários*», escreveu Francis; passada de mão em mão, a revista chegava a muito mais pessoas do que os seus números de publicação indicavam. Para Clarice, o resultado foi sentir pela primeira vez o gosto da popularidade genuína.

Uma pessoa a quem a revista chegou foi Caetano Veloso, um adolescente que vivia numa pequena cidade do estado da Baía e que, mais tarde, viria a ser um dos músicos mais famosos do Brasil. A descoberta desta revista estava entre as mais importantes da sua adolescência: «*Ali eu descobri o sexo genital, vi* La strada, *me apaixonei pela primeira vez (e pela segunda, que foi a mais impressionante), li Clarice Lispector e — o que é o mais importante — ouvi João Gilberto*», o inventor da bossa-nova.[25]

*«Era o conto "A imitação da rosa" e eu ainda morava em Santo Amaro. Fiquei com medo. Senti muita alegria por encontrar um estilo*

*novo, moderno — eu estava procurando ou esperando alguma coisa que eu ia chamar de "moderno" —, mas essa alegria estética (eu chegava mesmo a rir) era acompanhada de crescente intimidade com o mundo sensível que as palavras evocavam, insinuavam, deixavam dar-se. Uma jovem senhora voltava a enlouquecer à visão de um arranjo de rosas-meninas. E voltar a enlouquecer era uma desgraça para quem com tanta aplicação conseguira curar-se e reencontrar-se com sua felicidade cotidiana; mas era também — e sobretudo — um instante em que a mulher era irresistivelmente reconquistada pela graça, por uma grandeza que anulava os valores da rotina a que ela mal recomeçara a se apegar. De modo que quem lia o conto ia querendo agarrar-se com aquela mulher às nuances da normalidade e, ao mesmo tempo, entregar-se com ela à indizível luminosidade da loucura.*»[26]

«A Imitação da Rosa» capta o enigma que fascinou e atormentou Clarice desde a sua infância. É uma condensação poética do dilema de *O Lobo das Estepes,* o conflito entre Joana e Lídia; entre, nas palavras de Caetano Veloso, a «*indizível luminosidade da loucura*» e a «*normalidade*» da vida de todos os dias.

O título refere-se, naturalmente, a outra obra mística. «*Quanto às leituras*», escreveu ela a Fernando em 1953, «*variadas, provavelmente erradas, a mais certa é a* Imitação de Cristo, *mas é muito difícil imitá-Lo, e isso é menos óbvio do que parece.*»[27] Menos óbvio porque, como a dona de casa, Laura, recorda, à espera de que o marido, Armando, voltasse para casa do trabalho, «*quando lhe haviam dado para ler a* Imitação de Cristo, *com um ardor de burra, ela lera sem entender mas, que Deus a perdoasse, ela sentira que quem imitasse Cristo estaria perdido — perdido na luz, mas perigosamente perdido. Cristo*» — *o* Deus humanizado — «*era a pior tentação*»[28].

Enquanto Laura fica sentada à espera de Armando — «*ao contrário de Carlota, que fizera de seu lar algo parecido com ela própria, Laura tinha um tal prazer em fazer de sua casa uma coisa impessoal; de certo modo perfeita por ser impessoal*» — o leitor percebe que ela não é uma dona de casa normal. Ela «*retornara enfim da perfeição do planeta Marte*», uma temporada num hospital psiquiátrico, e está curada. Agora voltou, para passar a ferro as camisas do marido e dormir pacificamente, de noite. «*Como era rica a vida comum, ela que enfim voltara da extravagância. Até um jarro de flores. Olhou-o.*»[29]

A visão daquelas rosas perfeitas perturba-a. *"Oh! Nada demais, apenas acontecia que a beleza extrema incomodava."* Ela pensa em pedir à empregada que as leve para casa da sua amiga Carlota, onde ela e Armando vão jantar. Apesar das complicações que isso pudesse causar, ela tem de se ver livre delas.

> «*"Você poderia passar pela casa de d. Carlota e deixar estas rosas para ela?", pergunta a empregada. "Você diz assim: 'D. Carlota, d. Laura mandou.' Você diz assim: 'D. Carlota...'" "Sei, sei", diz a empregada paciente.*»[30]

Tal como Clarice, que, em pequena, roubava rosas no Recife, Laura fantasia ficar com uma.

> «*Ela poderia pelo menos tirar para si uma rosa, nada mais que isso: uma rosa para si. E só ela saberia, e depois nunca mais, oh, ela se prometia que nunca mais se deixaria tentar pela perfeição, nunca mais!*»[31]

A empregada leva-as, deixando Laura novamente sentada no sofá, perdida nos seus sonhos. Quando ouve a chave do marido na porta, já é tarde de mais. Demasiado tarde para o poder cumprimentar com uma compostura que o pudesse deixar sossegado. Tarde de mais para que ela possa aceitar «*a alegria humilde e não a imitação de Cristo*». Tarde de mais.

> «*Ela estava sentada com seu vestidinho de casa. Ele sabia que ela fizera o possível para não se tornar luminosa e inalcançável. Com timidez e respeito, ele a olhava. Envelhecido, cansado, curioso. Mas não tinha uma palavra sequer a dizer. Da porta aberta via sua mulher que estava sentada no sofá sem apoiar as costas, de novo alerta e tranquila como num trem. Que já partira.*»[32]

«*Cristo era a pior tentação*», escreve ela. «*O gênio era a pior tentação*», acrescenta algumas páginas depois.[33] Clarice sempre tinha oscilado entre os imperativos da mística e da artista, e o desejo sincero de ser um esposa e mãe perfeita.

Mas, tal como o comboio que já havia partido, em «A Imitação da Rosa», tornava-se óbvio, nem que seja em retrospectiva, que Clarice não poderia ficar para sempre a desempenhar o papel de esposa de um diplomata. Também ela «*fizera o possível para não se tornar luminosa e inalcançável*», mas era um esforço demasiado violento. Por isso, mais ou menos na época em que os seus contos começaram a ser publicados na *Senhor*, Clarice tratava dos preparativos para se separar do marido e regressar ao Rio de Janeiro, dessa vez, definitivamente.

Visto agora à distância, o cepticismo acerca do casamento que aparece desde o início da sua carreira faz com que o fim do seu casamento não seja tão surpreendente como o facto de ter conseguido durar tanto tempo. Em «Obsessão», Cristina fala, de forma trocista, em querer «*casar, ter filhos e, finalmente ser feliz*»[34]. Joana estava convencida de que, depois de casada, «*tudo o que você pode fazer é esperar pela morte*»; os relacionamentos de Virgínia não dão em nada; Lucrécia casa-se por dinheiro; Martim mata a esposa, ou pensa que o fez. A solidão, a dificuldade de relacionamento entre as pessoas são temas recorrentes em Clarice, tal como acontece na obra da sua irmã, Elisa.

E, assim, as razões específicas por trás da separação de Clarice e Maury são, em certo sentido, supérfluas. Já há vários anos que as coisas não andavam muito bem. Mafalda Veríssimo, que deixou Washington em 1956, disse: «*O casamento começou a ficar meio mal e a gente fez de tudo para eles continuarem, mas não deu certo.*»[35]

Havia, acima de tudo, a dor do exílio, que, ao fim de quinze anos, se tinha tornado insuportável. No estrangeiro, afirmou Clarice, «*eu vivia mentalmente no Brasil, vivia "emprestada". Simplesmente porque gosto de viver no Brasil, o Brasil é o único lugar do mundo em que não me pergunto, assombrada: afinal de contas o que é que eu estou fazendo aqui, por que estou aqui, meu Deus. Porque é aqui mesmo que tenho que estar, que estou enraizada.*»[36]

A frustrante dificuldade em publicar os seus livros só podia ter exacerbado a sua sensação de que estava no caminho errado. A uma distância tão grande, mesmo com a ajuda de Fernando Sabino, Clarice não podia acompanhar pessoalmente o seu trabalho e a evidência, apesar de amavelmente disfarçada nas cartas dele, de que ela tinha sido esquecida na sua própria terra não lhe facilitou a vida no estrangeiro.

A distância a que se encontrava das irmãs também lhe era muito dolorosa. «*Com os anos de ausência acumularam-se tantos fatos e pensamentos que não foram transmitidos que sem querer se toma um ar misterioso*», escreveu Clarice a Tania. «*Se estivéssemos juntas, mesmo que eu não contasse, alguma coisa se transmite pelo rosto, pelos gestos, pela presença.*»[37] As irmãs também sentiam esse afastamento. Em *Corpo a Corpo*, o doloroso balanço que Elisa, solitária e insegura, escreveu após a morte de Clarice, uma mulher (Elisa) escreve uma carta comovente a um homem (Clarice) que amou e perdeu:

> «*Em tuas cartas, que agora recordo com tão viva lembrança, me amavas tanto, me adoravas, me engrandecias. Vias em mim sensibilidades de que eu mesma não suspeitava. E mais: induzias-me, quase me imploravas, para que eu fosse feliz, apesar da tua ausência.*
>
> *Através da distância me sublimavas.*
>
> *Pelas cartas, o nosso amor era um tão grande amor!*
>
> *— ... talvez que, mesmo então, por minha natureza esquiva, eu não tivesse sabido me corresponder com expansivo amor ao amor que transbordava de tuas cartas, e também por isso eu me penitencio.*
>
> *No entanto, eu te amava, e como!*
>
> *E sempre me pedias que te escrevesse mais, querias saber das mínimas minúcias do meu cotidiano viver.*
>
> *— ... é mais uma razão para a princípio eu não ter entendido nem me conformado com o nosso gradual distanciamento mútuo quando retornaste da viagem, e em revide me haver retraído.*»[38]

Clarice, por sua vez, tinha-se afastado de Maury. Pelo que as pessoas diziam, ele continuava, e continuou, apaixonado por ela, e a relação entre os dois manteve-se forte até ao fim das suas vidas. Mas Clarice estava cansada da rotina da vida diplomática e cada vez mais desesperada por voltar para o Brasil. O casal tentou resolver os seus problemas, mas Clarice decidiu, por fim, separar-se dele. Numa época em que até o contacto por telefone internacional era raro, caro e complicado, a decisão de partir e levar os filhos consigo para o Brasil foi difícil.

Para Paulo, então com seis anos, não se tratava apenas de deixar para trás o pai, também teria de abandonar o seu país, a sua língua, a sua casa e a sua adorada Avani, a ama que era como uma segunda mãe para ele. Maury ficava assim completamente só, sem os filhos e sem a mulher que, pelo que todos diziam, sempre continuou a amar. Depois do regresso dela ao Brasil, ele enviou-lhe uma carta eloquente, implorando uma segunda oportunidade.

> *«Vou escrever-lhe pedindo perdão. Perdão com humildade mas sem humilhação. Falo-lhe com a autoridade de quem sofre, de quem está profundamente só, muito infeliz, sentindo na alma e na carne a sua falta e a dos meninos. Muitas das coisas que você vai ler provocar-lhe-ão raiva e escárnio. Sei disso, mas nada posso fazer. Os amigos têm-me aconselhado a procurar reconciliação por vias indiretas. Não sou disso, em primeiro lugar e, em segundo, pouco adiantaria pois você é demasiado perceptiva para aceitar "táticas ", embora as intenções sejam boas. Talvez eu devesse me dirigir a Joana e não a Clarice. Perdão, Joana, de não lhe ter dado o apoio e a compreensão que você tinha direito de esperar de mim. Você me disse que não era feita para o casamento, antes de casar. Em vez de tomar isso como bofetada, eu deveria interpretar como pedido de apoio. Faltei-lhe nisso e em muitas outras coisas. Mas intuitivamente jamais deixei de acreditar que coexistissem em você, Clarice, Joana e Lídia. Rejeitei Joana porque o seu mundo me inquietava, ao invés de dar-lhe a mão. Aceitei, demais, o papel de Otávio e acabei me convencendo de que "éramos incapazes de nos libertar pelo amor". Fui incapaz de desfazer a apreensão de Joana de "se ligar a um homem sem lhe permitir que a aprisione". Não soube livrá-la da "asfixiante certeza de que se um homem a tomasse nos braços, ela não sentiria através dos noivos nenhuma doçura muito doce; seria ao contrário, como suco ácido de limão" e que "seria madeira seca perto do fogo, torcendo-se prestes a estalar" (estou retraduzindo do francês). Fui cego e desatento ao sentido profundo de: "quem se faz monge é porque, de um modo ou outro, tem, dentro de si enormes possibilidades de prazer, possibilidades perigosas; donde seu medo ainda maior".* [...] [Joana tinha] *um amor tão forte*

*que ela só podia esgotar a paixão através do ódio. [...] Não estava maduro para entender que, em Joana ou em Clarice, "o ódio pode transformar-se em amor", não sendo mais do que "uma procura de amor". Não soube liberá-la do "medo de não amar". Talvez, como Otávio, eu não tivesse amado "como uma mulher que se abandona" e tivesse necessidade de que ela fosse "fria e segura". Acabei dizendo, "como na infância, quase vitorioso; não tenho culpa". [...] Nunca cheguei a compreender a intensidade de um ciúme, sempre negado e profundamente reprimido por Joana e Clarice, que fizesse com que detestassem Otávio e Maury. [...] Lídia, ao contrário, e que também é uma faceta de Clarice, "não tem medo do prazer e o aceita sem remorso". Perdoe-me, meu benzinho, de não ter sabido, em dezesseis anos de casamento, realizar a reconciliação de ambas. Não ter sabido convencer Joana de que ela e Lídia eram, e são, a mesma pessoa em Clarice. Joana não precisava invejar Lídia nem você precisava invejar as famosas "mulheres doces" que se interpuseram entre nós, nesses dezesseis anos, e de quem você sentia ciúme, inconfessado e reprimido, que explodia em raiva. [...] Com essas premissas, não seria de estranhar que Joana visse o casamento como um fim, como a morte. Não seria de estranhar que Joana quisesse ter um filho de Otávio, para depois abandonar o marido, devolvendo este a Lídia. Perfeitamente lógico que Clarice, cumprindo mais ou menos o destino de Joana, devolvesse a "beleza" do Maury ao mundo, às "mulheres doces e meigas". Poderia continuar citando mas teria que copiar inteiro esse grande livro, profundo documento e depoimento de uma alma de mulher adolescente, de uma grande artista. [...] Não posso conformar-me, porém [...] com o fato de você estar palmilhando, de certa forma, na vida real, o destino de Joana. Com toda sinceridade, sem falar nos filhos que, por força das circunstâncias, acabarão gradativamente "perdendo o pai", reduzido este a um mero financiador de sua vida e estudos. Com toda sinceridade, o propósito desta carta é dizer-lhe que, sofrendo eu ou não, ou voltando você para mim ou não, minha parcela nesse acontecimento é muito, muito grande. Pelo amor de Deus, não interprete esta carta como uma acusação. Sei que minha imaturidade, minha distração, minha falta de apoio, foram um dos polos da equação. Eu não estava preparado, por circunstâncias bem conhecidas da minha infância, para dar-lhe mão forte, para ajudá-la a resolver o conflito que você eloquentemente refletiu no primeiro livro.*»[39]

Como Maury compreendeu, Joana acabara por triunfar. Clarice tinha provavelmente razão quando, ainda jovem, lhe dissera que não tinha sido feita para o casamento. A sua luta constante contra a depressão e o seu desespero pelo exílio não a devem ter transformado numa pessoa com quem fosse fácil viver, e também Maury começara a ficar deprimido com a sua incapacidade para a ajudar. As suas próprias infidelidades reflectem mais o desespero do que uma falta de amor. A sua segunda esposa chegou a dizer que, até voltar a casar-se, «*sexualmente, fisicamente, ele sempre gostou* dela. *Mas ela não estava interessada*»[40].

Maury enviou a Clarice um livro sobre terapia conjugal, acrescentando:

> «*Meu intuito em mandá-lo não é o de dirigir-me a você ou a ninguém com um "dedo acusador". Se acusação há é a mim mesmo, que fui estúpido e cego. Longe de mim identificar quem quer que seja com os casos extremos mencionados no livro. Como a letra do fado, o meu desejo é dar-te um beijo, como quem sabe que este sorriso, em* nossos *lábios, vai acabar... Estou cada vez mais firme na convicção de que você é a mulher da minha vida e que a minha procura de você em outras, nas muitas falsas Lídias de que o mundo está cheio, tem sido um erro de quem desesperou cedo.*»[41]

## 26

## PERTENCER AO BRASIL

Mas o comboio já tinha partido. Em 1959, a «*luminosa e inacessível*» Clarice regressou ao Brasil, onde, à excepção de algumas saídas, iria passar o resto da sua vida. Quando partira, quase duas décadas antes, ainda mal saída da adolescência, o país estava sob o impacto da guerra e do quase fascista Estado Novo. Regressou na meia-idade, e encontrou o seu país florescente, com uma exuberância juvenil, mergulhado numa agitação cultural que atingia todas as áreas da vida nacional.

Para os europeus, os anos cinquenta foram os duros anos da reconstrução pós-guerra; para os americanos, exalam o conformismo suburbano. Para os brasileiros, a década que se seguiu ao suicídio de Vargas é recordada como a idade de ouro, uma era de confiança nacional sem precedentes, e que nunca mais se repetiu. Deprimido até então — «*O jaburu*», escreveu o historiador Capistrano de Abreu, é «*a ave que para mim simboliza nossa terra. Tem estatura avantajada, pernas grossas, asas fornidas, e passa os dias com uma perna cruzada na outra, triste, triste, daquela austera, apagada e vil tristeza*»[1] —, o Brasil tornou-se subitamente o lugar mais feliz do mundo.

Durante aqueles anos gloriosos, «*o brasileiro deixava de ser um vira-lata entre os homens e o Brasil um vira-lata entre as nações*»[2]. Tudo era «novo», «nova». Em 1959, João Gilberto lançou a bossa-nova e, pouco tempo depois, de Hollywood à Riviera, todos bailavam ao compasso. Chegou o Cinema Novo, determinado em mostrar, pela primeira vez, o Brasil que vivia excluído nas favelas urbanas e nos remotos espaços rurais. (Esta euforia social, que não foi apreciada por todos, fez com que o primeiro filme deste Cinema Novo, *Rio, 40 Graus* [1955], recebesse uma interdição por parte da censura. Alegadamente, o censor justificava-se dizendo que «*A temperatura do Rio nunca ultrapassou os 39,6 graus*».)

E a «Novacap», a nova capital, a ultramoderna Brasília, ia crescendo nas remotas terras do planalto, no interior do Brasil. Deve ter custado 300 mil milhões de cruzeiros[3], mas apresentava ao mundo um novo rosto, e o mundo reparou nisso, tal como já tinha reparado em 1958, quando os jogadores brasileiros de futebol — Garrincha, Didi, Vavá e Pelé, então com dezassete anos — venceram o Mundial de Futebol. A sorte do Brasil tinha, finalmente, mudado. Na sua pequena cidade natal da Baía, Caetano Veloso não era o único brasileiro «*procurando ou esperando alguma coisa que eu ia chamar de "moderno"*.»

Apesar da fama que estava a começar a conquistar pelas suas aparições na mais moderna revista brasileira, *Senhor*, a reentrada de Clarice no Brasil não foi fácil. Paulo, o seu filho mais novo, recorda:

> «*Com a separação de meu pai, de períodos muito angustiados, uma permanente carência "material" (afetiva?) e pelas dificuldades financeiras, pelo peso, imagino, de ter de educar duas crianças, praticamente sozinha* [...]. *O quanto desta carência era "material"?*»[4]

Pela primeira vez na sua vida de adulta, Clarice estava sob pressão «*material*», embora, quase de certeza, menor do que a que ela sentia. Maury enviava, de Washington, quinhentos dólares por mês, um montante considerável, mas, desde o início da sua vida sem Maury, Clarice *sentia-se* pobre, talvez com receio da pobreza que havia assolado a sua infância, e a ansiedade em relação ao dinheiro nunca mais a abandonou. Os problemas financeiros transformaram-se numa queixa constante nas suas conversas e na sua correspondência.

Paulo, porém, tinha razão ao perguntar «*o quanto desta carência era "material"*». Afinal, Clarice vivia com bastante desafogo. Depois de ter «acampado» durante um mês em casa de Tania, encontrou um apartamento no Leme, um pequeno enclave ao fundo da Praia de Copacabana, onde passaria o resto da sua vida.

Hoje em dia, uma das zonas mais povoadas do planeta — 161 000 pessoas aglomeradas na estreita faixa entre a lendária praia e as colinas que lhe ficam por trás —, Copacabana é um lugar barulhento, uma vítima da forte especulação imobiliária e de meio século de declínio do Rio. Em 1959, no entanto, quando Clarice regressou ao Brasil, Copacabana era um lugar de elite. Com as suas lojas chiques e a praia, durante o dia, restaurantes, casinos e discotecas à noite, Copacabana era um símbolo do renascente Brasil moderno, como o eram Pelé e a bossa-nova.

Não longe do imponente Copacabana Palace, cuja inauguração, em 1923, colocou o Rio de Janeiro no mapa turístico internacional, o Leme emergiu como uma comunidade separada, pequena, calma e requintada. Em contraste com a caótica Copacabana, o Leme não passa de um pequeno conjunto de ruas, ladeadas por árvores de cor chamejante, entre o mar e as montanhas. A ponta mais distante do Leme está bloqueada por outra montanha, por isso não há muito trânsito a atravessá-lo. Possui um pequeno mosteiro, mas, nos anos 50 e 60, era mais conhecido pela sua sofisticada vida nocturna e pelas calmas águas da sua praia.

Mesmo assim, a viver neste lugar aprazível e com uma mesada garantida, Clarice tinha de se adaptar ao facto de ser uma mãe solteira. A sua prioridade foi para a publicação das duas obras, *A Maçã no Escuro* e *Laços de Família,* que tinham permanecido inactivas, em manuscrito, durante quase cinco anos. As suas perspectivas eram deprimentes. No final de 1958, e apesar de todos aqueles anos de promessas em contrário, Ênio

Silveira, da editora Civilização Brasileira, tinha acabado por recusar *A Maçã no Escuro*.

Para grande surpresa de Clarice, estas notícias desencadearam manifestações de indignação a nível nacional. Clarice ficou com uma ideia do que se estava a passar, quando Fernando Sabino lhe escreveu, ainda para Washington, em Fevereiro de 1959:

> «*Foi uma gota d'água que fez transbordar o ressentimento dos escritores de modo geral contra o tratamento dispensado pelos editores. Estão em crise e a coisa foi para os jornais, movimentos de parte a parte em defesa dos dois grupos — acabaram, como sempre, metendo o governo no meio, só para atrapalhar.*»[5]

A indignada reacção reflectia mais do que ressentimento pela forma desrespeitosa como estava a ser tratada uma das mais importantes escritoras do país. «*Não foi só a rejeição que desencadeou o movimento*», escreveu um jornalista. «*Afinal, qualquer editor pode recusar qualquer livro que quiser. Foi a rejeição de um manuscrito que o próprio editor havia pedido, quatro anos antes.*»[6]

Ao princípio, e ainda em Washington, Clarice não se apercebeu de todo aquele alarido e, quando isso aconteceu, ficou um pouco embaraçada. «*Realmente*», disse ela a um jornalista, depois de regressar. «*Tem-se dito que há muita curiosidade em torno do livro. Tenho medo que venham a se decepcionar. Afinal de contas, não gosto de me enfeitar com penas que não me pertençam. Gostaria que o livro despertasse interesse pelo que é, e não pelo que provocou.*»[7]

Para uma autora cujas obras tinham permanecido na gaveta durante tanto tempo, qualquer tentativa era útil, e a reacção à hesitação de Silveira criou um clima de interesse em torno dela. «*Resultado: de escritora cuja obra era conhecida quase exclusivamente por um pequeno grupo, Clarice Lispector se tornou uma autora conhecida em todo o país, em face daquela onda.*»[8] A surpreendente força da reacção envergonhou Silveira e fê-lo agir. Em Abril de 1959, Silveira escreve a Clarice, prometendo que iria publicar *A Maçã no Escuro* antes de Maio de 1960.[9]

Da mesma forma que tantas das suas datas anteriormente indicadas, esta chegou e passou sem um sussurro; presumivelmente

Clarice já tinha ouvido esta canção muitas vezes. Em Março de 1959, com a ajuda da cunhada Eliane, Clarice tinha conseguido arrancar da posse de José Simeão Leal os contos de *Laços de Família*.

«*Em 1959*», escreve Paulo Francis, o editor de Clarice na *Senhor*, «*Clarice não encontrava um editor no Brasil. Tinha fama, sim, mas entre intelectuais e escritores. Os editores a evitaram como a praga. Os motivos me parecem óbvios: ela não é discípula do "realismo socialista", ou preocupada com os pequenos dramas da pequena burguesia brasileira.*»[10]

Apesar da onda de apoio, a pouca sorte de Clarice continuou. A Agir, a editora católica de *O Lustre*, chegou mesmo a enviar-lhe uma minuta de contrato para *Laços de Família*, mas esse livro nunca chegou a materializar-se. «*Não é à toa que entendo os que buscam caminho*», escreveu Clarice alguns anos *depois*. «*Como busquei arduamente o meu!*»[11]

Com os seus livros num limbo e precisando de resolver os seus problemas financeiros, Clarice embarcou em mais uma aventura, mal chegou ao Rio. Por convite do jornal *Correio da Manhã*, a radical e mística autora de *A Maçã no Escuro* afastou-se para um lado, abrindo caminho para uma conversadora e petulante colunista de beleza chamada Helen Palmer, que oferecia conselhos às suas leitoras, com um sorriso e um piscar de olhos. Descendente de um anterior *alter ego* de Clarice, Teresa Quadros, de *Comício*, Helen, ao contrário de Teresa, tinha uma missão secreta: era uma agente paga pela *Pond's*, uma marca de cremes para o rosto.

Nos termos do contrato, Helen Palmer não deveria mencionar especificamente a *Pond's*. Em vez disso, deveria usar métodos mais subtis para levar as mulheres a dirigirem-se ao balcão de cosmética das suas farmácias locais, um método que a equipa de Relações Públicas da *Pond's* explicava detalhadamente em reuniões de vendas. Por vezes, Clarice usava-os ao pé da letra:

> *«Se você está com a pele ressequida, minha amiga, com essa aparência que nos desgosta tanto porque junta sempre alguns anos a mais na nossa idade, procure um bom creme especial e use-o diariamente, à volta dos olhos e nos pontos onde as rugas estão se acentuando, fazendo leves massagens. Escolha qualquer desses cremes à base de lanolina umedecida, porque esta penetra mais rápido e profundamente na pele, sendo, portanto, mais eficaz que a lanolina comum. E nada é melhor que a lanolina para o ressecamento da pele.»*[12]

Acontece que o creme da *Pond's* continha precisamente esse tipo de *«lanolina umedecida»*.

Mas havia algo mais em Helen Palmer além da técnica de vendas. Como tudo o resto no Brasil, Helen era moderna, e incitava as suas leitoras a serem-no igualmente. *«Você, minha leitora, não limite o seu interesse apenas à arte de embelezar-se, de ser elegante, de atrair os olhares masculinos. A futilidade é fraqueza superada pela mulher esclarecida. E você»*, dizia Helen, *«é uma "mulher esclarecida", não é mesmo?»* Clarice descrevia assim essa mulher esclarecida:

> *«Ela estuda, ela lê, ela é moderna e interessante sem perder seus atributos de mulher, de esposa e de mãe. Não tem de trazer necessariamente um diploma ou um título, mas conhece alguma coisa mais além do seu tricô, dos seus quitutes e dos seus "bate-papos" com as vizinhas. Ela cultiva, especialmente, a sua capacidade de ser compreensiva e humana. Tem coração.»*[13]

Ser moderna era uma coisa, mas Clarice e Helen não tinham paciência para uma mulher que *«fuma como um homem, em público, cruza as pernas com uma desenvoltura chocante, solta gargalhadas escandalosas, bebe com exagero, usa gíria de mau gosto, palavreado grosseiro, quando não se desmoraliza repetindo palavrões»*[14]. A nova mulher de Clarice era, acima de tudo, uma dama.

Se estas descrições parecem agora dolorosamente datadas no tempo, os valores de Helen Palmer não eram estranhos a Clarice Lispector, que tinha passado muitos anos no meio da sociedade do serviço diplomático. Ela era discreta ao ponto de parecer reservada, e até um pouco pudica; os amigos recordam que ela tinha ficado, por exemplo, um pouco envergonhada por se ter separado do marido. (O divórcio só viria a ser legalizado, no Brasil, em 1977.) Tal como Helen Palmer, Clarice não gostava de causar situações inconvenientes. A sua cunhada, Eliane, dizia que Clarice era demasiado sensível aos sentimentos das outras pessoas: «*Ela sentia o que eles estavam sentindo, antes mesmo que eles sentissem.*»[15] Olga Borelli, uma amiga de Clarice, disse que ela «*era profundamente feminina, exigia e se exigia boas maneiras*»[16]. Vaidosa da sua beleza feminina, orgulhosa da atracção que exercia sobre os homens, irritavam-na, no entanto, os limites colocados às mulheres numa sociedade extremamente conservadora.

> «*Eu também senti isso*», disse Tania, «*uma inveja muito grande dos homens. Você imagina como era ser mulher na nossa época! Nós tínhamos que ser donas de casa. Quando Clarice se separou e veio para o Brasil, ela ficou sem um grupo. Os amigos, Fernando, Rubem, Otto, Hélio, eram casados e saíam para rodas de chope. Era muito difícil furar esse bloqueio.*»[17]

Clarice não era do género de frequentar bares, mas, mesmo que tivesse uma inclinação para esse tipo de vida social desfrutada pelos seus amigos homens, iria ter muito pouco tempo para o fazer. Além de ter de cuidar sozinha de duas crianças, estava a escrever para a *Senhor,* escrevia para a revista como Helen Palmer e, a partir de Abril de 1960, começara a escrever seis colunas por semana, com o nome de Ilka Soares. Ao contrário de Helen Palmer e de Teresa Quadros, Ilka Soares era uma pessoa real, e não era uma pessoa qualquer; uma bela aspirante a estrela em ascensão, era uma das mais famosas raparigas do Rio, tendo sido escolhida, em 1958, para acompanhar o homossexual Rock Hudson ao Baile de Carnaval do Teatro Municipal.[18]

O novo emprego de Clarice chegou-lhe pelas mãos de Alberto Dines, um jovem jornalista judeu que vivia no mesmo edifício, e no mesmo andar, que Tania e William Kaufmann. Alberto Dines abordou Clarice com alguma apreensão, receando que uma escritora requintada como ela desdenhasse um trabalho tão mundano de que nem sequer teria os créditos, embora soubesse, através de Otto Lara Resende, que Clarice andava à procura de trabalho. Dines tinha assumido recentemente a direcção do *Diário da Noite*, o prestigiado jornal do Rio de Janeiro para o qual Clarice tinha trabalhado antes de casar, e que publicara *Perto do Coração Selvagem* e *A Cidade Sitiada*. Aquela instituição, em tempos grandiosa, tinha perdido o elevado prestígio de que gozara anteriormente. Dines estava a tentar relançar o jornal em forma de tablóide, inspirado no *Daily Mirror* e no *Daily Express*, e, para conseguir voltar a conquistar o sucesso, precisava de estrelas poderosas.

A verdadeira Ilka vivia no prédio ao lado do de Clarice, no Leme. O contacto entre ambas era mínimo: só uma vez se encontrou com Clarice, no apartamento dela, onde Clarice se comportou de forma «*muito reservada, fumou um bocado*». No gigantesco Rio de Janeiro, o Leme era uma comunidade quase íntima, mas, mesmo aí, Clarice era praticamente invisível. Durante todos os anos em que viveram lado a lado, Ilka nunca encontrou Clarice na praia nem nos cafés, lugares tão importantes na vida da comunidade.

Clarice conseguiu criar, no entanto, uma nova voz para a coluna de Ilka, «*Só para mulheres*»: confidente, acessível e sempre tratando todos por «*você*». «*O que você talvez não saiba é que uma atriz também procura se inspirar nas mulheres que lhe agradam*», escreveu «Ilka». «*Nunca me afastei da pessoa que é você. Procuro adivinhar o que você gostaria de ouvir como canção, que sentimentos gostaria que eu exprimisse, que modelo você imaginou em linhas gerais para o seu novo vestido.*» Avaliando pelo tipo de coisas em que Clarice achava que «*você*» estaria interessada, «*você*» ainda não teria sido abalada pelo feminismo.

> *«Pois agora, falando de meus pratos prediletos, estarei procurando adivinhar o que você gosta. Falando de crianças, estarei falando dos cuidados com os nossos filhos. Falaremos de modas, com aquela animação de amigas quando tratam de roupas. O que eu adivinhar que você gostaria de saber em matéria de cuidados de beleza, será assunto meu e seu. E tantas outras coisas! Pois conversa puxa conversa. O jeito é marcar novo encontro.*
>
> *Até amanhã!»*[19]

E Clarice ensinava truques para uma maquilhagem elegante:

*«As mulheres do antigo Egito anteciparam por 2 mil anos a mulher de hoje, em matéria de olhos. Também elas se concentravam na sedução do olhar, usando uma substância negra chamada "kohl", para alongar as sobrancelhas e escurecer os cílios. Também naquela época, já usavam sombra verde nas pálpebras: e isto não é invenção nossa, foi provado. E peruca? Pois usavam perucas negras para conseguir o "estilo sensual do Nilo".»*[20]

A coluna obteve muito êxito, recorda Dines, graças à dedicação que Clarice demonstrou ao criá-la e ao acesso que tinha, através dos seus conhecimentos internacionais, a revistas estrangeiras de moda que lhe forneciam as fotografias e as ilustrações.

A obra *Laços de Família* cimentou a sua reputação. O editor, no final, acabou por ser Francisco Alves, em São Paulo. Quando Clarice apareceu naquela cidade, os repórteres estavam ansiosos por se encontrar com ela. *«Desde sua estréia, um mistério cercou a admirável escritora»*, escreveu o *Diário de S. Paulo,* referindo-se ao facto de ela *«esconder-se por trás de um pseudônimo»* e ter passado *«a maior parte do seu tempo no exterior»*[21]. Uma semana mais tarde, um impressionante grupo de cento e cinquenta pessoas, incluindo Alzira Vargas do Amaral Peixoto, esteve presente num encontro semelhante, no Rio de Janeiro. Nas fotografias, Clarice tem um ar encantado, aliviada por o livro ter finalmente saído, e grata pela atenção do público.

É possível que os leitores, intrigados, se tenham reunido ali para ver se Clarice existia de facto. *«Há uma grande curiosidade em torno de Clarice-gente»*, afirmou na época uma publicação.

*«Ela circula muito pouco na área literária, foge aos programas de televisão e às tardes de autógrafo, e são pouquíssimas as pessoas que tiveram oportunidade de conversar com ela. "Clarice não existe" — dizem. "É pseudônimo de alguém que mora na Europa." "É uma*

*mulher linda" — afirmam outros. "Não conheço, não" — diz um terceiro. "Mas acho que é homem. Ouvi falar que era um diplomata."»*[22]

A presença da autora pelo menos acalmou os rumores de que se tratava de um homem, apesar de ela não se ter esforçado muito por dar grandes detalhes. «*Talvez seus amigos mais íntimos e os amigos desses amigos saibam alguma coisa sobre a sua vida*», escreveu um frustrado entrevistador. «*De onde veio, onde nasceu, quantos anos tem, como vive. Mas ela não fala nunca sobre isso, "pois é uma parte muito pessoal".*»[23]

O que havia mudado, para provocar este tipo de interesse? A pergunta deixava Clarice perplexa. Um crítico sugeriu: «*Clarice Lispector estava destinada a desaparecer momentaneamente, não apenas porque deixara o país, mas principalmente porque seus livros não tiveram um grande impacto.*» Talvez tenha sido o gosto pelo «*moderno*» que tenha aberto o caminho para a sua obra, especula ele: «*Pelo fato de o nosso clima artístico ter mudado tão radicalmente nos últimos quatro anos, estamos inteiramente prontos a recebê-la e reconhecê-la como um dos melhores escritores brasileiros de todos os tempos.*»[24]

Uma razão mais óbvia para o seu sucesso é que *Laços de Família* é, naturalmente, mais fácil de ler do que *O Lustre* ou *A Cidade Sitiada*. Simeão Leal e Ênio Silveira, que tinham empatado Clarice durante tantos anos, não devem ter ficado muito contentes com um cabeçalho do *Jornal do Comércio* — «*Clarice vende*». «*Seus editores descrevem as vendas da coletânea de contos* Laços de Família, *com a qual Clarice voltou às livrarias, como* espetaculares. *CL, considerada uma escritora para um público pequeno, está fazendo a sua estréia entre os best-sellers.*»[25] *Laços de Família* veio a ser o primeiro livro de Clarice a merecer uma segunda edição, depois de os 2000 exemplares iniciais se terem esgotado.

Por fim, o palco estava montado para a aparição de *A Maçã no Escuro*. Francisco Alves publicou a obra em Julho de 1961, um ano depois de *Laços de Família*. O livro, que, desde o início, tinha sido malfadado com problemas, estava tão cheio de erros que Clarice nem conseguia olhar para ele[26], além de que se sentia envergonhada com o seu preço exorbitante, 980 cruzeiros. (Naquela altura, foi, de facto, o romance mais caro alguma vez publicado no Brasil.)[27] Num exemplar que enviou a Mafalda e Érico Veríssimo, sublinhava que lhes estava a mandar um presente extremamente valioso. «*Luis Fernando*», acrescentou ela numa adenda, dirigida ao filho deles, «*considere este livro seu também por favor. Divida 980 por três e você terá preciosa parte.*»[28]

O facto é que o livro estava pronto há cinco anos, e, nas palavras de Clarice, «*antes casar mal que não casar*». Tinham passado doze anos desde a sua obra anterior, *A Cidade Sitiada,* publicada em 1949. Em conjunto com *Laços de Família* e a sua participação na *Senhor, A Maçã no Escuro* marcou o regresso definitivo da mulher que, não muito tempo antes, tinha sido dolorosamente esquecida. Nunca mais iriam pensar que se tratava de um homem ou que ela estava «*se escondendo por trás de um pseudônimo*».

Foi nos primeiros anos da década de 60 que uma obscura escritora, com uma reputação difícil, se tornou uma instituição brasileira, «*Clarice*», imediatamente reconhecida apenas pelo seu primeiro nome. Em 1963, um jornalista escrevia:

> «*Clarice Lispector deixou de ser um nome e se tornou um fenômeno em nossa literatura. Um fenômeno com todas as características de um estado emocional: os admiradores de Clarice entram em transe diante da mera menção ao seu nome... E a grande autora de* Perto do Coração Selvagem *foi transformada num monstro sagrado.*»[29]

Depois de ter lutado durante tanto tempo na obscuridade, Clarice apreciava o louvor ao seu trabalho. Mas detestava ser considerada um «*monstro sagrado*». «*Por acaso eu escrevo*», disse ela a uma jornalista judia, Rosa Cass, que mais tarde se tornou sua amiga íntima.

> «*E a coisa vem através da literatura. Mas se eu fosse bonita, ou tivesse dinheiro, por exemplo, também não gostaria que as pessoas me procurassem por essa razão. O bom é ser aceita como um todo, começando até nos defeitos, nas coisas pequenas, para depois então chegar às de maior importância.*»[30]

Não eram apenas os arrivistas sociais que a procuravam. Começou a receber cartas de pessoas de todo o Brasil que lhe abriam o seu coração, como um jornalista paralítico de Minas Gerais, cuja carreira tinha sido terminada por um acidente de viação, e uma adolescente que lhe enviou um humilde poema, e depois lhe perguntava: «*Consegui dizer o que eu sou?*»[31] Estas cartas são bastante comoventes e o amor que elas expressam deve ter sido um conforto para Clarice, naqueles tempos difíceis.

Em traços gerais, no entanto, o facto de ser uma celebridade literária brasileira não era mais do que um modesto ponto de partida para a fama, e essa celebridade incomodava-a. «*Tantos desejam a projeção*», escreveu, «*sem saber como esta limita a vida. Minha pequena projeção fere o meu pudor. Inclusive o que eu queria dizer já não posso mais. O anonimato é suave como um sonho.*»[32] O anonimato também tinha o seu preço, obviamente, como ela tinha descoberto nos cinco anos em que o seu trabalho foi ignorado, não publicado. Mas sucesso profissional não era a mesma coisa que celebridade, e ela insistia, «*não sou domínio público. E não quero ser olhada*»[33].

Ser observada, depressa viria a perceber, não era a única indignidade que a fama trazia consigo. Quando *A Maçã no Escuro* foi galardoado com o Prémio Carmen Dolores Barbosa para a melhor obra publicada no ano anterior, Clarice foi a São Paulo para o receber. Compareceu na cerimónia do dia 19 de Setembro de 1962, na companhia da sua amiga Maria Bonomi, a jovem artista que tinha usado as roupas de Clarice para ir ao jantar na Casa Branca. A cerimónia foi presidida por nem mais nem menos do que o próprio Jânio Quadros, antigo presidente do Brasil. Apenas alguns meses depois da sua esmagadora vitória nas eleições de Janeiro de 1961, demitiu-se abruptamente do cargo, alegando, numa lamentosa carta dirigida ao Congresso, que «*forças terríveis*» o tinham obrigado a desistir.

Já antes desta dramática reviravolta nos acontecimentos, Quadros era conhecido por ser uma personagem estranha. Os decretos, escritos à mão, que ele produzia sem cessar, não contribuíram muito para alterar a sua excêntrica reputação; ficou especialmente famoso por ter proibido o uso de biquínis nas praias do Rio de Janeiro.[34] Ele próprio não condizia muito com a mentalidade de Copacabana. A sua imagem popularucha incluía um bigode a pender dos lados dos lábios, e até, diz-se, caspa artificial espalhada pelos ombros dos casacos. Como se isso não bastasse, ainda tinha perdido um olho.

Depois de ter pronunciado um infindável discurso, na elegante casa da senhora Barbosa, Sua Excelência convidou Clarice para o acompanhar a uma sala privada, onde começou a apalpá-la com tanto ardor que o vestido dela se rasgou, na luta para o fazer parar. Clarice saiu da sala a correr, sem fôlego, e disse a Maria Bonomi que tinham de partir imediatamente, ao mesmo tempo que punha sobre os ombros a *écharpe* de Maria, para tapar o vestido todo rasgado.

No regresso a casa de Maria, uma ofensa final esperava a atordoada laureada. Dentro do envelope do prémio, estava a recompensa em dinheiro: a mísera quantia de vinte cruzeiros — por um livro que custava 980.[35]

Jânio Quadros não era o único homem interessado em Clarice Lispector. «*Todos nós queríamos trepar com ela!*», exclamou o irreprimível Nahum Sirotsky, o seu editor da revista *Senhor*. «*Ela era muito, muito sexy. Mas era também inacessível.*»[36] Colocando o assunto de forma um pouco mais delicada, Paulo Francis, o editor de ficção da *Senhor,* recorda-se de que havia muitos candidatos à mão dela. «*Mas o preço que ela teria de pagar por companhia em termos de sensibilidade, seria tão oneroso quanto as inevitáveis crianças.*»[37]

E ainda havia mais um problema. Três anos depois de se ter separado de Maury e de ter regressado ao Brasil, Clarice ainda não tinha, de facto, dado o passo em frente e Maury, continuava, como sempre, apaixonado por ela. Os amigos diziam que essa atracção não era apenas unilateral. Se Clarice não queria continuar casada com ele, também não estava disposta a deixá-lo seguir o seu caminho. Sempre muito correcta, sentia-se mal por estar separada do marido com quem vivera dezasseis anos, o pai dos seus filhos.

Ao fim de uma década em que subira continuamente de posição, em Washington, Maury tinha sido promovido a embaixador.

Esta recompensa, há muito esperada, deve ter-lhe parecido menos electrizante quando soube qual era o seu novo destino: a lúgubre Varsóvia comunista, para onde partiu em Março de 1962. Sozinho na sua nova embaixada, sentia a falta de Clarice e dos filhos e, em meados de Julho, aceitando o convite dele, Clarice, Pedro e Paulo partiram para a Polónia.

Foi o mais próximo que Clarice alguma vez esteve da sua terra natal. A criança refugiada de Tchechelnik era agora a alta e loira embaixatriz do Brasil, a única vez na vida em que se apresentou com esse título. Durante esta viagem, um representante da União Soviética ofereceu-lhe uma viagem à sua terra de origem, o que ela recusou, dizendo que nunca lá tinha estado — que era apenas um bebé transportado pelos seus pais — e que não tencionava lá ir.

Apesar desta resposta categórica, ainda ponderou a oferta.

> *«Mas lembro-me de uma noite, na Polônia, na casa de um dos secretários da Embaixada, em que fui sozinha ao terraço: uma grande floresta negra apontava-me emocionadamente o caminho da Ucrânia. Senti o apelo. A Rússia me tinha também. Mas eu pertenço ao Brasil.»*[38]

## 27

# MELHOR DO QUE BORGES

A reconciliação que Maury esperava não aconteceu. Os amigos tinham avisado Clarice de que não o devia encorajar. Quando ela regressou ao Rio, o diplomata Lauro Escorel, que ela conhecia desde os tempos de *Perto do Coração Selvagem,* disse-lhe com firmeza que ela teria de voltar para o marido, ou libertá-lo de vez. Se estava determinada a separar-se dele, disse ele, não podia continuar a passar férias com ele, dando-lhe falsas esperanças. Não era bom para ele nem para as crianças.[1]

Felizmente para ele, Maury acabou por pôr um fim à hesitação de Clarice, ao conhecer outra mulher numa das suas visitas ao Rio. A nova senhora Gurgel Valente era Isabel Leitão da Cunha, cujos antecedentes aristocráticos eram os mais diferentes que se possa imaginar dos de Clarice. A mãe dela, Nininha, era uma destacada dama da sociedade e o pai era Vasco Leitão da Cunha, cônsul em Roma, durante o tempo que Clarice passou em Nápoles. Um dos diplomatas mais importantes da sua geração, em 1964 ele tinha conseguido alcançar a posição mais elevada no Itamaraty, tornando-se ministro das Relações Exteriores.

Maury tinha reparado em Isabel desde que ela era jovem. Uma vez, ao visitar o pai dela no consulado de Genebra, tinha visto uma fotografia da rapariga em cima da secretária dele, e tinha comentado várias vezes a beleza dela. Isabel era, na verdade, bela e, tendo crescido dentro do ambiente do serviço diplomático, estava muito mais habilitada para o fazer do que Clarice. Também era doze anos mais nova do que a primeira senhora Gurgel Valente, o que, pelo que dizem, Clarice considerou ultrajante. Depois de Maury e Isabel se terem casado em Montevideu — sendo o divórcio ilegal no Brasil, o Uruguai era a Las Vegas do Brasil —, Clarice anunciou, majestosamente, que os seus amigos não deveriam receber o novo «casal». Rubem Braga riu-se: «Você só está zangada por ela ser tão bonita — e bastante mais nova.»[2]

«Aquela mulher transformou a minha vida num inferno» durante os meus primeiros anos de casada, disse Isabel, as suas impressões talvez um pouco exageradas pela rivalidade que, naturalmente, poderia existir entre uma segunda esposa e a primeira, principalmente sendo a primeira tão famosa e admirada quanto Clarice. Sempre que os filhos estavam com o pai, Clarice importunava constantemente Isabel. «Daqui fala a mãe dos filhos do Senhor Embaixador», recitava Clarice com grande eloquência, sempre que Isabel atendia o telefone. Ao clássico estilo de uma mãe judia, Clarice insistia no seu direito de estar informada sobre tudo o que os filhos comiam, quando estavam a cargo de Isabel, e estava constantemente a importunar Maury para que lhe enviasse mais dinheiro.[3]

Uma vez, quando viviam em Varsóvia, Maury e Isabel, que já não iam ao Brasil há algum tempo, resolveram ir ao Rio de Janeiro. Clarice ficou furiosa. Dirigiu-se ao Palácio do Itamaraty e exigiu uma audiência imediata com o ministro. Os diplomatas necessitavam de solicitar permissão ao ministro para abandonarem os seus postos de trabalho e a repercussão daquela visita atribulada de Clarice ao Doutor Vasco foi a recusa dessa permissão. «Eu era uma mulher casada — o meu próprio pai!», disse Isabel com dificuldade, ainda aborrecida, quarenta anos mais tarde.[4]

O segundo casamento de Maury permaneceu um assunto delicado. Quando Clarice escrevia uma coluna para um jornal, em 1968, respondeu publicamente à carta de uma das suas leitoras:

> *«F. N. M., você é uma raposa astuciosa* [...] *Você toma um ar de falsa piedade e me diz que soube que a depressão em que andei foi cau-*

*sada pelo casamento do meu ex-marido. Guarde, minha senhora, a piedade para si própria, que não tem o que fazer. E se quer a verdade, coisa pela qual a senhora não esperava, ei-la: quando me separei de meu marido, ele esperou pela minha volta mais de sete anos.*»[5]

A reacção desencadeada pelo segundo casamento de Maury pode ter sido exagerada, mas muitos amigos dizem que, no início dos anos 60, algo mudou em Clarice. Todas as descrições que dela faziam, quando era mais jovem, sublinhavam a sua extrema delicadeza, talvez excessiva. Para os que a conheceram no serviço diplomático, o seu comportamento ultrapassava, de longe, a educação que se espera da esposa de um diplomata; era uma empatia profunda que atraía todo o género de pessoas, e que fazia com que as mulheres confiassem nela e os homens se apaixonassem.

«*Quando estava na Faculdade de Direito*», recordou Sara Escorel, «*ela disse: vou ser a melhor esposa de diplomata que já houve. E foi mesmo. Quando estava casada com Maury, ela era perfeita.*» Essa perfeição, obviamente, tinha um preço. «*Não estava muito à vontade nesse meio... Todo esse formalismo... Mas eu preenchia meu papel... Era mais conciliadora do que hoje*», declarou, analisando o passado.[6]

A tensão entre a rebelde Joana e a plácida Lídia, entre o mundo animal e o artifício da «*civilização*» humana, era o seu símbolo preferido e, nas suas cartas, Clarice menciona o receio de perder o «*equilíbrio íntimo*». Na sua perspicaz carta, Maury expressava o receio de que ela estivesse «*palmilhando, de certa forma, na vida real, o destino de Joana*». Quando vivia em Berna, o primeiro analista que a examinou, Ulysses Girsoler, já a avisara para essa tensão insuportável que existia na sua personalidade: «Será extremamente difícil para uma personalidade deste tipo encontrar equilíbrio — uma domesticação consciente destes impulsos básicos através da participação intelectual.»

Clarice tornou-se exigente e, como as suas atitudes em relação a Maury e Isabel deixam ver, até mesmo rude. Os seus amigos repararam em duas alterações significativas. Primeiro, sem conseguir dormir, começou a telefonar às pessoas, a qualquer hora da noite, atormentada por uma ansiedade sem fim. Depois, a sua maquilhagem tornou-se «*escandalosa*»; e esta palavra repete-se várias vezes. Pouco antes do divórcio, Clarice escreveu a Mafalda dizendo que o batom que usava a fazia parecer como se tivesse «*acabado de comer uma costela de porco sem guardanapo*»[7].

Muitas pessoas ficaram surpreendidas, tendo em conta o quão elegante Clarice sempre havia sido. Ela não estava a seguir os conselhos de Helen Palmer:

> *«Você naturalmente sabe que chamar a atenção não é de bom-tom e dá sempre uma impressão muito má da mulher. Seja pela roupa escandalosa, pelo penteado exótico, pelo andar, pelos modos, pela risada grosseira, seja, enfim, de que maneira for a mulher que chama a atenção sobre a sua pessoa o único troféu que merece é o da vulgaridade.»*[8]

Algumas pessoas atribuíram a alteração à sua nova psicanalista, Inês Besouchet. Embora já estivesse sob tratamento psiquiátrico, de modo intermitente, desde solteira, e apesar de a recusa inicial de Maury em participar dessa psicanálise fosse algo por que ela o recriminava, Clarice sentia vergonha por fazer terapia. No Brasil, como em qualquer outro lado, existia, naquela época, um estigma associado à psicoterapia; talvez temesse que associassem isso com loucura. Mas, no Rio, encontrou uma terapeuta em quem podia confiar.

Tal como Clarice, Besouchet era judia. Ela tinha ensinado o amigo de Clarice, Hélio Pellegrino, um dos amigos de Fernando Sabino que pertencia ao grupo de Minas Gerais. Era uma mulher de esquerda que tinha estado exilada na Bolívia, durante o governo de Getúlio Vargas. Inteligente e circunspecta, mantendo em relação aos seus pacientes a distância que os analistas são aconselhados a manter, Inês acabou, apesar disso, por se tornar uma das melhores amigas de Clarice, e foi, juntamente com Tania, uma das únicas pessoas a quem Clarice dedicou um livro, *A Legião Estrangeira* (1964).[9]

Inês exortava Clarice a libertar-se do fardo de estar sempre a tentar corresponder às expectativas das outras pessoas. Se ela vivesse num ambiente menos regulador, talvez a reacção não tivesse sido tão violenta. «*A sinceridade de Clarice era tão contundente que às vezes as pessoas a confundiam com excentricidade*», disse a sua amiga Olga Borelli, que a conheceu no fim da década. «*Sempre, mas sempre, fazia o que tinha vontade e na hora que bem entendesse. Sem pedir licença a ninguém. Era um traço forte de seu caráter.*»[10]

«*Clarice era uma mulher insolúvel. Ela sabia disso*», escreveu Paulo Francis.[11] No entanto, insolúvel ou não, e apesar de tudo, Clarice *conseguiu* controlar o seu desconforto e a sua depressão durante muitos anos. Por que motivo se mostraria agora tão pouco «conciliadora»? A verdade é que Clarice tinha de enfrentar desafios que até as pessoas mais estáveis teriam dificuldade em resolver.

Sentia-se feliz por estar de volta ao Brasil. O sucesso profissional, ao fim de tantos anos de luta, era gratificante. Mas a sua vida era uma luta contínua. Precisava de ganhar a vida, o que a *Senhor* e os seus trabalhos como jornalista lhe proporcionavam. Mas este trabalho interferia com a sua «verdadeira» escrita. Desde 1956, quando terminou *A Maçã no Escuro,* em Washington, que não trabalhava num livro a tempo inteiro. Revendo essa época, Clarice confidenciou a um jornalista que a entrevistava:

> «*Tenho períodos de produzir intensamente e tenho períodos-hiatos em que a vida fica intolerável.* [...] *É muito duro, esse período entre um trabalho e outro, e ao mesmo tempo é necessário para haver uma espécie de esvaziamento da cabeça para poder nascer alguma outra coisa, se nascer.*»[12]

A sua maior dor era, contudo, causada pela doença do seu filho Pedro, que continuava a progredir. O rapaz brilhante tinha-se transformado num adolescente problemático. «*Quando entrou na adolescência foi-se fechando*», disse Tania. «*Clarice fez tudo o que era possível: colocou-o na análise, em uma porção de tratamentos. Não teve jeito.*»[13] Já em 1957, em Washington, Clarice tinha procurado ajuda, mas, com o tempo, as excentricidades de um rapazinho extraordinariamente talentoso tinham evoluído para uma nítida esquizofrenia.

Pedro vivia numa angústia terrível. Rosa Cass percebeu que a situação magoava *«de maneira brutal»* a mãe. *«Ela estava aflita, desesperada»*. Ele era completamente imprevisível. Em casa, gritava histericamente, tão alto que os vizinhos se queixavam. Não o podiam levar a lado nenhum, nem sequer ao cinema, porque ele não era capaz de ficar sentado, quieto. Um outro amigo recorda um jantar durante o qual Pedro passou a noite a girar em volta da mesa, com o rosto escondido entre as mãos.

Os tratamentos não deram resultado. A única coisa que fazia efeito, segundo Isabel Gurgel Valente, a segunda mulher de Maury, que tomou conta dele a partir de 1970, era uma forte medicação. Quando os seus demónios se tornavam demasiado insuportáveis, ele gritava: «Uma injecção! Uma injecção!» Com Pedro sentado a seu lado, gritando o tempo todo, Isabel conduzia-o ao hospital para apanhar a injecção.

Ao separar-se de Maury, Clarice perdera uma ajuda preciosa e, à medida que Pedro foi ficando pior, a sua sensação de solidão tornou-se implacável. Sempre discreta, apenas dividia os seus problemas com algumas pessoas; aqueles amigos que estavam a par do assunto apenas falavam das suas impressões, raramente citando as palavras dela. Naquele jantar em que Pedro começou a andar em volta da mesa, por exemplo, Clarice fingiu não reparar nele e continuou, diplomaticamente, a conversar. Mas reparou, e os convidados sabiam que sim, pois, embora lá tenham ficado sentados durante várias horas, Clarice esqueceu-se de servir a comida.

*«Quando você tem um filho assim, sempre acha que de algum modo a culpa é sua»*, disse Rosa. *«Ela simplesmente não suportava vê-lo daquele jeito. Doía demais nela.»* Primeiro, não tinha conseguido salvar a mãe. Agora tinha de assistir, sem poder fazer nada, enquanto o seu filho enlouquecia. Era mais um rude golpe, para uma mulher que tinha querido tanto ser mãe, talvez, em parte, como compensação pela tragédia que tinha atingido a sua própria família. Era tremendamente sensível a qualquer alusão a este falhanço. O seu amigo, Otto Lara Resende, recorda ter-se encontrado com ela na rua, no Leme, por onde ele caminhava

com o filho mais novo, André. «*Quem é aquela moça loira?*», perguntou André depois de se afastarem. «*Ela tem dentro dela uma coisa que pula o tempo todo. Ela tem filho? Não queria ser filho dela.*» Alguns anos mais tarde, ao mencionar isto a Clarice, mas omitindo a última parte, Otto recebeu uma forte reprimenda, proferida num «*crescendo avassalador*»: «*Diga a seu filho que eu posso ser mãe, sim. Posso ser mãe dele. Posso ser sua mãe, Otto. Posso ser mãe da humanidade. Sou a mãe da humanidade.*»[14]

Clarice recolheu-se ainda mais dentro de si mesma. «*Tinha um rosto de quem com a maior dignidade, estava sempre a sofrer.* [...] *Não convidava a aproximações efusivas, afetuosas, afetivas*», disse um dos seus editores da *Senhor*, recordando a fase mais importante da revista, quando «*entravam mensalmente, em nossa redação, para entregar os melhores textos produzidos na época pela literatura brasileira, duas figuras incômodas: Guimarães Rosa, com seu tipo pretensioso, e Clarice Lispector, com seu silêncio angustiante.*»[15]

Por volta de 1962, Clarice deu início à sua última relação amorosa, com o poeta e jornalista Paulo Mendes Campos, conhecido por Paulinho. Clarice já o conhecia desde a época de *Perto do Coração Selvagem,* quando conheceu Fernando Sabino e os seus amigos de Minas Gerais. Ele era uma espécie de versão heterossexual de Lúcio Cardoso. Ambos provinham de Minas e ambos eram desadaptados crónicos, tendo fugido e sido expulsos de várias escolas. Paulinho começou estudos em Medicina Dentária, Veterinária e Direito; entrou na Academia da Força Aérea de Porto Alegre, que depois abandonou.[16]

Tal como Lúcio, Paulinho era católico; como Lúcio, era bem-parecido e possuía um extraordinário e sedutor talento para a linguagem. Era um poeta notável, com bastante público, acabando, a seu tempo, por se tornar director da secção de Obras Raras da Biblioteca Nacional. Juntamente com Rubem Braga, era um dos mais conhecidos praticantes, no Brasil, do género de jornalismo literário designado por *crônica*.

Tal como Lúcio, não lidava muito bem com o dinheiro e, como Lúcio, era um boémio e um alcoólico. «*A bebida consola; o ho-*

*mem bebe; logo, o homem precisa de ser consolado»*, escreveu, num dos muitos discursos sobre o tema.[17] À medida que foi envelhecendo, começou a reagir mal ao álcool, tornando-se agressivo e violento, os amigos evitavam-no. E se a orientação sexual de Lúcio o tornara inacessível para Clarice, Paulinho tinha uma esposa, uma inglesa chamada Joan Abercrombie.

Por um breve período, Clarice e Paulinho viveram uma grande paixão, como confirmam todos os que os conheciam. Formavam um par estranho, Clarice, alta e loira, encantadora, e Paulinho, já longe do Byron que havia sido na juventude, era baixo, moreno e, apesar do seu encanto, fisicamente pouco atraente. Uma amiga lembra-se de os ter visto entrar num restaurante da Baixa e de dizer para o seu acompanhante: «*O que* Paulinho *está fazendo com aquela Valkíria?*»[18] Mas, como disse um outro amigo, Ivan Lessa, «*em termos de neurose, os dois foram feitos um para o outro*»[19].

Era muito raro serem vistos juntos, contudo, mesmo que, como diz Lessa, o Rio fosse «*uma aldeia, no melhor sentido possível*». Isto era especialmente verdadeiro dentro dos círculos literários, que Clarice evitava, mas nos quais Paulinho era uma figura central. O romance surpreendeu muitos dos seus amigos comuns, apesar de Clarice tentar ser discreta. Lessa, que vivia ao fundo da rua de Clarice, via-os várias vezes caminhar, furtivamente, pelas ruas menos movimentadas do Leme. Também se costumavam encontrar numa *garçonnière* que compartilhavam com o amigo dele, Sérgio Porto. Ao porteiro, Clarice anunciava-se como «Madame».

Clarice parecia tomar medidas quase do século XIX para levar com discrição o seu romance, mas mostrava-se chocantemente descontraída em relação à pessoa que poderia colocar mais objecções, a mulher de Paulinho, Joan Mendes Campos. A crónica insónia de Clarice e a sua desesperada solidão levavam-na a telefonar a Paulo às horas mais insólitas; a meio da noite, sabendo perfeitamente que a mulher estava na cama, ao lado dele, abria o coração ao amante, numa torrente sem fim.[20] Isto não parece ser um acto de indiscrição, ou de uma mulher que goste de exibir o seu romance perante a adversária. Sugere antes uma solidão tremenda, uma necessidade de apoio moral que ia muito além do sexo; de facto, Paulinho estava longe de ser a única pessoa que recebia esse tipo de chamadas a meio da noite.

Joan tolerou a situação durante algum tempo. Mas, por fim, acabou por se saturar da situação, e ameaçou levar os filhos e regressar a Inglaterra. Escolhendo a mulher e a família, Paulinho acabou o romance com Clarice. Com essa atitude, acabou igualmente a amizade entre ambos. Clarice pediu repetidamente ao escritor Autran Dourado que tentasse remediar a situação, mas este compreendeu que tudo estava acabado e não se quis envolver no assunto. O fim desta relação isolou Clarice ainda mais do meio literário, do mundo de adultos com o qual ela tinha laços tão frágeis.

*«Ela o amou até morrer»,* recordou a sua amiga Rosa Cass. E parece ter tirado uma pequena desforra da outra mulher, quando, mais de uma década depois, escreveu um conto sobre uma inglesa, «Miss Algrave». Em Londres, Miss Algrave sabe que será capaz de seduzir o patrão. *«Tinha certeza que ele aceitaria. Era casado com uma mulher pálida e insignificante, Joan.»* Num registo mais lírico, Clarice poderia estar a pensar em Paulinho, quando escreveu: *«Às vezes no amor ilícito está toda a pureza do corpo e da alma, não abençoado por um padre, mas abençoado pelo próprio amor.»*[21]

Em meados de 1962, Clarice conheceu Elizabeth Bishop, uma poetisa americana. Bishop vivia no Brasil desde 1951, quando, durante um cruzeiro à América do Sul, desembarcou em Santos para uma visita de duas semanas. Acabou por ficar quinze anos. O motivo do encontro entre as duas foi o relacionamento com a herdeira Lota de Macedo Soares, com quem ela vivia, no meio de grande esplendor, na moderna mansão de ambas, Samambaia, nas montanhas a norte do Rio. Lota era brilhante, uma das mais importantes arquitectas paisagistas na história do Brasil, tendo renovado uma larga secção do Rio de Janeiro, mas também era tempestuosa e depressiva; acabaria por se suicidar, mais tarde, no apartamento de Bishop, em Nova Iorque.

No início dos anos 60, a relação entre as duas não estava a ir muito bem. Bishop bebia muito e, à medida que o seu desespero ia aumentando, também ia crescendo a má opinião que tinha sobre o país de Lota. Em tempos, um paraíso tropical de quedas-d'água e igrejas barrocas, era agora um charco de ignorância e provincianismo. As suas cartas começaram a ficar cheias de comentários desdenhosos sobre o Brasil. No entanto, mesmo a contragosto, havia uma excepção:

> «Mas encontrei uma escritora contemporânea de quem realmente gosto — mora na mesma rua que nós, no Rio — demorei a começar a lê-la porque achava que não ia gostar, e agora descubro que não só gosto muito dos contos dela como também gosto dela pessoalmente. Ela tem um nome maravilhoso — Clarice Lispector (é russo). Os dois ou três romances dela não me parecem tão bons, mas os contos dela são quase como as histórias que sempre achei que alguém devia escrever sobre o Brasil — tchekovianas, ligeiramente sinistras e fantásticas — devo mandar algumas em breve para a *Encounter*. Ela tem um editor em N. I. que está interessado, e talvez eu traduza o livro dela inteiro — jurei que nunca mais ia fazer traduções — mas se forem coisas muito curtas não me importo, e acho que devia mesmo traduzir. Ela é uma mulher ossuda, clara, quanto à aparência é totalmente russa oriental — o nome da raça é "quirguiz", creio, ou coisa parecida — como a rapariga de *A Montanha Mágica*, imagino — mas fora isso é muito brasileira, e muito tímida. Conheço e aprecio tão poucos "intelectuais" daqui que gosto de conhecer pessoas novas — e a Lota também gosta dela, tanto quanto eu, e chegou até a ler alguns dos contos e concordou comigo que são bons. (A Lota não lê nada em português além dos jornais, e agora relatórios governamentais.) Na verdade, eu acho-a melhor do que J. L. Borges — que é bom, mas também não é assim tão bom!»[22]

Bishop estava a trabalhar na tradução dos contos de Clarice mas, pelo final do ano, também este romance tinha azedado. As suas esperanças de uma colaboração literária produtiva ficaram truncadas quando Clarice desapareceu inexplicavelmente. Em Janeiro de 1963, Bishop escrevia a Robert Lowell:

«Traduzi cinco contos de Clarice — todos muito curtos e um mais longo. A *New Yorker* está interessada — acho que a Clarice está a precisar de dinheiro, de modo que seria bom, com o valor actual do dólar (quase o dobro do que era no tempo em que estavas aqui) — e se eles não quiserem, então a *Encounter*, a *P. R.**, etc. Alfred Knopf também está interessado em ver o livro inteiro. Mas no momento — precisamente quando eu ia enviar pelo correio todos os contos, menos um — ela desapareceu — completamente — há umas seis semanas! A Lota esteve com ela — não está zangada nem nada — e parece ter adorado as traduções, as cartas das pessoas interessadas, etc. Estou perplexa; a L. está saturada... É o "temperamento" dela, talvez, ou, mais provavelmente, apenas aquela "inércia esmagadora" que encontramos em toda a parte — e que está a levar a Lota à loucura no trabalho dela. Uma pessoa desanima, a sério. Os romances dela NÃO são bons; os "ensaios" que ela publica na Senhor são muito maus — mas alguns dos contos são maravilhosos, e eles ficaram bastante bem em inglês, fiquei muito satisfeita com eles. Ah, meu deus.»

Apesar do seu aborrecimento, Bishop não estava totalmente preparada — pelo menos, ainda não — para classificar Clarice como mais uma brasileira indolente. «Clarice sofre do mesmo tipo de obsolescência, provincianismo, etc. — mas realmente tem talento — e eu tenho esperanças — (ou tinha, até ela desaparecer).»[23]

O desaparecimento de Clarice pode ter tido que ver com mais uma crise pessoal. No dia 7 de Dezembro de 1962, uma vida inteira de abuso de álcool e drogas apanhou finalmente o seu amigo, mentor e primeiro amor, Lúcio Cardoso.

Já no início do ano, em Maio, Lúcio tinha tido um aviso. Ao chegar a casa, em Ipanema, a irmã dele, Maria Helena, viu *«que os músculos do seu rosto tremiam sem parar, enquanto ele, na maior aflição, tentava imobilizá-los com a mão»*. A crise passou, mas o médico foi claro. *«Olha, Lúcio, o que você teve foi só um espasmo, que lhe deixou esse desvio da boca e essa maneira de falar meio arrastada.*

* P. R.: *Partisan Review*. (*N. T.*)

*Graças a Deus, pois podia ter sido pior. Com o tempo, e você continuando a fazer exercícios em frente ao espelho, tudo voltará ao lugar. Mas de agora por diante não abuse, não beba, não se canse em noitadas, procure levar uma vida mais calma, pois se continuar a viver como antes pode ter coisa pior.*» Apesar das desesperadas tentativas da irmã para o ajudar, ele recusou-se a seguir os conselhos do médico. «*Não sou nenhuma criança para você tomar conta de mim. Largue as garrafas aí onde estão! Se eu quiser beber, nem você nem ninguém me impedirá.*»[24]

Lúcio nunca tinha gozado da fama que a sua vulcânica criatividade poderia sugerir. Os seus projectos teatrais não tinham dado em nada, e os seus escritos foram recebidos com alguma incompreensão. Em 1959, publicou a sua obra-prima, *Crônica da Casa Assassinada,* um longo romance faulkneriano sobre a sua região natal, Minas Gerais, um ataque a «*Minas, na sua carne e no seu espírito*»[25], uma meditação sobre o bem e o mal, e Deus, completado com o incesto, a homossexualidade e a bestialidade.

Previsivelmente, o romance escandalizou os críticos mais previsivelmente escandalizáveis. O seu protector, Octavio de Faria, respondeu-lhes, com palavras que sugerem uma afinidade entre Lúcio e Clarice Lispector. «*Iremos renunciar ao direito de tentarmos reconstruir o mundo, a essa tremenda responsabilidade, de que talvez dependa a nossa salvação, para obedecer a meia dúzia de preconceitos?*»[26]

Nem mesmo esta notoriedade lhe trouxe um público maior, como ele ansiava. Continuou a lutar, cada vez mais consumido pelo álcool, até 7 de Dezembro de 1962.

> «*Nunca mais esquecerei essa data: 7 de Dezembro de 1962. Foi um dia calmo e até a tarde, tudo normal. Entre seis e sete da noite o telefone tocou:*
>
> *— Lelena, estou em casa de Lazzarini, ajudando num jantar para os amigos dele.*
>
> *Reconheci a voz de Nonô, a quem não via há mais de dois dias. Costumava sumir assim até por uma semana, o que me inquietava depois do espasmo que tivera.*
>
> *— Cuidado, não beba, não tome bolinha.*
>
> *— Pode ficar descansada, estou um santo.*»[27]

Mais tarde, na mesma noite, não tendo tido mais notícias do irmão, Maria Helena dirigiu-se ao apartamento dele, que ficava mesmo por trás do dela. Deparou com a porta destrancada, o que achou estranho. Entrou e encontrou o irmão muito mal. Aterrada, chamou uma ambulância; nessa noite, ele entrou em coma. Saiu do coma, mas, um forte derrame cerebral tinha-o deixado paralisado para sempre. Nunca mais voltaria a falar normalmente e a sua carreira de escritor tinha terminado.

Maria Helena cuidou dele durante vários anos, sempre à espera de que as tentativas de reabilitação produzissem algum efeito e lhe permitissem retomar a sua carreira. Foi uma dolorosa batalha, dias de esperança pontuados por semanas e meses de desespero. Num momento de frustração, tentando obrigá-lo a fazer os exercícios, Maria Helena disse-lhe:

*«— Você é muito teimoso, por isso lhe tem acontecido tanta coisa. Tá lembrado de quando teve a primeira crise da doença, apenas um espasmo? Apesar dos meus rogos, teimou e continuou a beber e tomar bolinhas. Deu certo, sua teimosia?*

*Mais irritado ficou e para surpresa minha falou:*

*— Deu certo, eu morri.»*[28]

«Finalmente ontem, notícias de Clarice», escreveu Elizabeth Bishop a Robert Lowell, seis meses depois de Lúcio sofrer o ataque.

«— desculpas e lágrimas, até, acho! — eu nem podia soar aborrecida, claro — ela esteve doente, julgo — e vai fazer algum tipo de pequena operação no final deste mês — bem — acho que me consigo livrar da fornada de contos na semana que vem — Knopf volta em Fevereiro, e será uma boa oportunidade para ela, também — suponho que se somaram a inércia russa e a brasileira. Eu gosto dela, também. — Mas tenho-me preocupado com a minha solidão aqui nos últimos tempos, acho — MAS SEJA COMO FOR — a querida Clarice podia ter telefonado, em sete semanas — ou ter mandado a empregada telefonar!»[29]

As tentativas, embora mal-humoradas, de Bishop para promover Clarice em inglês acabaram por dar fruto. Em 1964, a *Kenyon Review* publicou «Three Stories by Clarice Lispector», com tradução de Bishop.[30] E os seus esforços para que Alfred Knopf se interessasse deram resultado, em 1967, com a primeira tradução para inglês de um livro de Clarice, *A Maçã no Escuro*. Knopf assumiu publicamente que não tinha entendido uma única palavra. O tradutor não foi Bishop, que considerava que uma tradução daquela envergadura seria «uma chatice & perda de tempo»[31], mas sim Gregory Rabassa, o decano dos tradutores de ficção latino-americana.

Ele encontrou-se com Clarice, alguns meses depois do derrame cerebral sofrido por Lúcio, quando ela foi convidada a ir aos Estados Unidos. «Clarice foi convidada para mais um congresso literário, na Universidade do Texas», escreveu Bishop a Lowell, no princípio de Julho, «e está a ser muito evasiva & complicada — mas acho que secretamente está muito orgulhosa — e vai, claro. Vou ajudá-la com o discurso. Suponho que começamos a ficar "amigas".»[32] No dia 26 de Agosto, dia da partida de Clarice, Bishop, com o seu habitual mau humor, disse a Lowell que «ela parte esta manhã para o Texas para uma Conferência Literária — veio & leu-me no sábado o texto da sua palestra. Mas ela é incorrigível, realmente».

Era a primeira viagem de Clarice aos Estados Unidos desde que tinha deixado Washington, em 1959, e seria a última. Durante os poucos dias que esteve em Austin, causou uma espantosa impressão. Gregory Rabassa confessou que ficara «*atónito ao conhecer aquela pessoa rara, que se parecia com Marlene Dietrich e escrevia como Virginia Woolf*»[33]. Um repórter de um jornal escreveu: «A senhora Lispector é uma loura estonteante dotada do carisma de uma estrela de cinema, capaz de iluminar todo e qualquer aposento no qual ela entre.»[34]

Mas Clarice não foi tratada como uma estrela de cinema pelo cônsul do Brasil, que «se julgou no dever» de a convidar para jantar:

> *«Levou-me, esse representante do nosso país, a um restaurante de terceira classe, daqueles com toalhas quadriculadas de vermelho e preto. Nos Estados Unidos comer carne é caro, o peixe é barato. Antes*

*que eu escolhesse o que queria comer, ele disse para o garçom: — Peixe para a senhora. Surpreendi-me: não era restaurante especialista em peixe. E acrescentou, juro: — E para mim um bife grosso bem sangrento. Foi cortando sua carne, que invejei, que me contou suas desventuras de homem desquitado. O peixe, é claro, estava péssimo. Para facilitar-lhe as economias e para me ver livre dele, não quis sobremesa.*»[35]

Embora tenha começado a sua palestra afirmando que não era crítica literária e, portanto, não dispunha de habilitações para comentar ao mesmo nível dos professores, Rabassa notou que «*Clarice, a romancista, fez uma exposição muito mais convincente sobre literatura do que qualquer um dos eruditos e críticos profissionais que dividiram o palco com ela.*»[36] O seu discurso é uma versão mais madura da analítica voz jornalística do início da sua carreira.

O tema era a literatura de vanguarda. Clarice aborda a insularidade do Brasil e a obsessão pelo que é nacional como características da literatura brasileira. «*Temos fome de saber de nós, e grande urgência, porque estamos precisando de nós mesmos, mais do que dos outros.*» Toda a verdadeira arte, diz ela, é vanguardista, uma vez que «*toda verdadeira vida é experimentação*», e toda a obra que o não seja é pura imitação: «*E existem alguns jovens escritores um pouco intelectualizados demais. Parece que eles não se inspiram na, digamos, "coisa em si", e sim se inspiram na literatura alheia, na coisa "já literalizada".*»[37]

Acrescentou um apêndice desesperante:

«*Quanto ao fato de eu escrever, digo — se interessa a alguém — que estou desiludida. É que escrever não me trouxe o que queria, isto é, paz. Minha literatura, não sendo de forma alguma uma catarse que me faria bem, não me serve como meio de libertação. Talvez de agora em diante eu não mais escreva, e apenas aprofunde em mim a vida. Ou talvez esse aprofundamento da vida me leve de novo a escrever. De nada sei.*»[38]

# 28

# A BARATA

Quando Clarice regressou ao Brasil, a sua já quase esquecida obra inicial estava a ganhar um novo alento. Em 1963, Francisco Alves publicou, numa pouco dispendiosa edição de bolso, a sua, em tempos famosa, obra de estreia. «*Publicado cerca de vinte anos atrás, numa pequena tiragem, este* Perto do Coração Selvagem, *que muitos consideram a obra-prima de Clarice Lispector, é completamente desconhecido dos leitores de hoje*», afirmava a introdução.[1] No mesmo ano, outro editor, José Álvaro, ressuscitou *O Lustre*. Seguiu--se *A Cidade Sitiada*, em 1964.

Esta atenção às suas obras anteriores era lisonjeira, mas também era uma forma de lhe recordar a dificuldade que tinha em olhar para o futuro. Já tinha passado muito tempo desde que trabalhara pela última vez num romance, sete anos, desde que terminara *A Maçã no Escuro*. Como o seu discurso no Texas evidencia, Clarice sentia-se profundamente ansiosa em relação à sua capacidade de escrever. Durante um «*hiato*» com uma tal dimensão, disse Clarice mais tarde, «*a vida se torna intolerável*»[2].

Mal deu voz a este receio, logo produziu, numa rápida explosão do final de 1963, um dos grandes romances do século XX. «*É curioso*», disse ela sobre aquela época, «*porque eu estava na pior das situações, tanto sentimental como de família, tudo complicado, e escrevi* A Paixão..., *que não tem nada a ver com isso.*»[3]

Na sua ambição e excentricidade, na sua arrebatadora redefinição daquilo que um romance pode ser, *A Paixão segundo G. H.* recorda obras-primas peculiares como *Moby Dick* e *Tristram Shandy*. No entanto, não é, pelo menos em princípio, literatura. Isso, disse-o Clarice no Texas, «*é o modo como os outros chamam o que nós, os escritores, fazemos*»[4]. Algum tempo depois escreveu:

> «*Bem sei o que é o chamado verdadeiro romance. No entanto, ao lê-lo, com sua tramas de fatos e descrições, sinto-me apenas aborrecida. E quando escrevo não é o clássico romance. No entanto é romance mesmo.*»[5]

*G. H.*, com o seu curto e delineado enredo, é, de facto, o clímax de uma longa busca pessoal. Pela primeira vez, Clarice escreve na primeira pessoa. E, pela primeira vez, retrata toda a violência, a repugnância física do seu encontro com Deus.

Avisando os «*possíveis leitores*» do conteúdo chocante do romance, Clarice inicia-o com uma breve e críptica advertência no prefácio. O livro só deveria ser lido por pessoas «*que sabem que a aproximação, do que quer que seja, se faz gradualmente e penosamente — atravessando inclusive o oposto daquilo que se vai aproximar*». O leitor que conseguir ultrapassar este aviso solene verá que Clarice está «*gradualmente e penosamente*» a aproximar-se de Deus. Também ela passou por «*o oposto daquilo de que se vai aproximar*». Só teremos de recordar a sua afirmação, feita aos vinte e um anos, de que «*acima dos homens nada mais há*».

Clarice não renega por completo essa, aparentemente clara, declaração de ateísmo, nem mesmo quando, por fim, descobre Deus. Em vez disso, e ainda com mais veemência do que em *A Maçã no Escuro*, redefine os seus termos: «*acima dos homens*» e «*nada mais há*». O resultado, a que poderíamos chamar espinosismo místico ou ateísmo religioso, é o seu mais eloquente paradoxo até então.

A primeira parte de *A Maçã no Escuro* intitula-se «*Como se faz um homem*». *A Paixão segundo G. H.* conta como uma mulher é desfeita. No entanto, o crime de G. H. é bastante mais repulsivo e desumano do que o suposto assassinato da mulher, por Martim. Através do crime, ela não irá, como Martim, inventar Deus. Irá encontrá-Lo.

Quando inicia o seu monólogo, G. H., uma bem-sucedida habitante de uma *cobertura* no Rio de Janeiro, tenta descrever a vida que tinha terminado, tão subitamente, no dia anterior. O dia começara de forma bastante normal. A empregada despedira-se e ela resolvera arrumar o quarto dela.

«*Antes de entrar no quarto, o que era eu?*», pergunta G. H. «*Era o que os outros sempre me haviam visto ser, e assim eu me conhecia.*» Teve um vislumbre ocasional de algo para além daquela imagem em segunda mão:

> «*Às vezes, olhando um instantâneo tirado na praia ou numa festa, percebia com leve apreensão irônica o que aquele rosto sorridente e escurecido me revelava: um silêncio. Um silêncio e um destino que me escapavam, eu, fragmento hieroglífico de um império morto ou vivo. Ao olhar o retrato eu via o mistério. Não. Vou perder o resto do medo do mau gosto, vou começar meu exercício de coragem, viver não é coragem, saber que se vive é coragem — e vou dizer que na minha fotografia eu via O Mistério.*»[6]

Estas intuições passam. G. H. é uma superfície apresentável, não ela mesma, mas uma citação dela própria, escreve Clarice. «*O resto era o modo como pouco a pouco eu havia me transformado na pessoa que tem o meu nome. E acabei sendo o meu nome. É suficiente ver no couro de minhas valises as iniciais G. H., e eis-me.* [...] *Em torno de mim espalho a tranquilidade que vem de se chegar a um grau de realização a ponto de ser G. H. até nas valises.*» Numa curta frase que reflecte toda a perfeição desarticulada do seu estilo, Clarice enfatiza que G. H., mesmo gravado nas malas, já não existe. «*Levantei-me enfim da mesa do café, essa mulher.*»[7]

No quarto da empregada, essa mulher espera encontrar o caos. No entanto, para sua surpresa, encontra um deserto:

> «*um aposento todo limpo e vibrante como num hospital de loucos onde se retiram os objetos perigosos.*» «*O quarto era o oposto do que*

*eu criara em minha casa, o oposto da suave beleza que resultara de meu talento de arrumar, de meu talento de viver, o oposto de minha ironia serena, de minha doce e isenta ironia: era uma violentação das minhas aspas, das aspas que faziam de mim uma citação de mim. O quarto era o retrato de um estômago vazio.*»[8]

Apenas uma coisa perturba a sua ordem perfeita: rabiscos a carvão negro na seca parede caiada, silhuetas de um homem, uma mulher e um cão. Reflectindo sobre aquele indecifrável desenho, ela compreende que a empregada negra, cujo nome já tinha esquecido e cujas feições tinha dificuldade em trazer à memória, a detestara.

O desenho e aquela constatação desequilibram-na ainda mais, e ela, por sua vez, ganha ódio àquela divisão. Resolve fazer o deserto florir: «*E jogaria água e água que escorreria em rios pelo raspado da parede.*» Dominada pela raiva, declara: «*Eu queria matar alguma coisa ali*»[9].

Abrindo a porta do guarda-fatos — «*e o escuro de dentro escapou-se como um bafo*»[10] —, vê uma barata. Aterrada, fecha a porta com força, esmagando a barata ao meio. Uma substância esbranquiçada começa a escorrer do corpo dela.

Em *Perto do Coração Selvagem,* a barata representa a amoralidade de Joana. Em *A Cidade Sitiada,* Lucrécia identifica-se com a criatura:

«— *Papai se queixa da casa, disse ele jogando com atenção a pedra para longe. É cheia de mosca... Esta noite senti mosquito, mariposa, barata voadora, já nem se sabe mais o que está pousando na gente.*

— *Sou eu, disse Lucrécia Neves com grande ironia.*»[11]

Mesmo nos seus trabalhos jornalísticos, Clarice já manifestava um interesse pouco habitual pelo problema das baratas. Como Teresa Quadros, em 1952, oferecia uma horrorosa solução para as exterminar:

*«De que modo matar baratas? Deixe, todas as noites, nos lugares preferidos por esses bichinhos nojentos, a seguinte receita: açúcar, farinha e gesso, misturados em partes iguais. Essa iguaria atrai as baratas que a comerão radiantes. Passado algum tempo, insidiosamente o gesso endurecerá dentro das mesmas, o que lhes causará morte certa. Na manhã seguinte, você encontrará dezenas de baratinhas duras, transformadas em estátuas.»*[12]

Como Ilka Soares, em 1960, Clarice utilizou as mesmas instruções. Em 1962, escrevendo para *Senhor,* ela tinha ficcionado essa receita no conto «A Quinta História», que mais tarde voltou a publicar, em 1964, na colectânea *A Legião Estrangeira*. «*Queixei-me de baratas*» é a forma como começa cada um das cinco partes do conto.

As baratas levavam Clarice a ter fantasias assassinas. Em *G. H.*, explica:

*«O que sempre me repugnara em baratas é que elas eram obsoletas e no entanto atuais. Saber que elas já estavam na Terra, e iguais a hoje, antes mesmo que tivessem aparecido os primeiros dinossauros, saber que o primeiro homem surgido já as havia encontrado proliferadas e se arrastando vivas, saber que elas haviam testemunhado a formação das grandes jazidas de petróleo e carvão do mundo, e lá estavam durante o grande avanço e depois durante o grande recuo das geleiras — a resistência pacífica. Eu sabia que as baratas resistiam a mais de um mês sem alimento ou água. E que até de madeira faziam substância nutritiva e aproveitável. E que, mesmo depois de pisadas, descomprimiam-se lentamente e continuavam a andar. Mesmo congeladas, ao degelarem, prosseguiam na marcha...»*[13]

Em «Os Desastres de Sofia», a criança fica chocada com os olhos do professor. «*Com as inúmeras pestanas, pareciam duas baratas doces.*» O professor fica espantado com a história de Sofia sobre «*o tesouro que está escondido onde menos se espera*»[14]. G. H. está prestes a descobrir o mesmo.

Quando a porta do guarda-fatos esmaga a barata, G. H. entra numa crise sem precedentes. Não consegue resistir nem escapar:

> «*Eu estava no deserto como nunca estive. Era um deserto que me chamava como um cântico monótono e remoto chama. Eu estava sendo seduzida. E ia para essa loucura promissora.*»[15]

O ponto crucial da crise de G. H. é o saber que o pus que escorre da ferida da barata é a mesma matéria que existe no seu próprio interior. É difícil imaginar uma substância mais afastada «*do que eu criara em minha casa, o oposto da suave beleza que resultara do meu talento de arrumar, de meu talento de viver*»[16].

Esta vida dentro da barata é anónima, não tem significado. Isto não era, obviamente, uma nova perspectiva para Clarice. Ao comparar G. H. com uma barata, ela é consistente com as suas comparações iniciais de pessoas com animais: Joana era uma víbora, Lucrécia um cavalo, Martim uma vaca, «*ele também puro, harmonioso, e ele também sem significado*».

Mas para G. H., «*diante da barata viva*», o reconhecer que «*o mundo não é humano, e de que não somos humanos*», é um horror. Tem vontade de gritar, mas sabe que já é demasiado tarde. Um grito seria um protesto ridículo contra o facto de estar viva. «*Se eu der o grito de alarme de estar viva, em mudez e dureza me arrastarão pois arrastam os que saem para fora do mundo possível, o ser excepcional é arrastado, o ser gritante.*»[17] E pior ainda:

> «*É que eu não tinha mais o que articular. Minha agonia era como a de querer falar antes de morrer. Eu sabia que estava me despedindo para sempre de alguma coisa, alguma coisa ia morrer, e eu queria articular a palavra que pelo menos resumisse aquilo que morria.*»[18]

O que está a morrer é, nos termos de Clarice, a «*civilização*». Ela usou esta metáfora com mais intensidade em *A Cidade Sitiada*. Lucrécia e a sua cidade, São Geraldo, começam por ser perfeitamente autênticas, até que a civilização — viadutos, fábricas, estátuas — expulsa os cavalos selvagens. Já em *A Cidade Sitiada,* Clarice tinha concebido a civilização como essencialmente linguística. É a linguagem que constrói a cidade, literalmente:

Lucrécia «*indicava o nome íntimo das coisas* [...]. *A realidade precisava da mocinha para ter uma forma*»[19]. Essa civilização desmorona-se quando lhe é retirada a linguagem. Sozinha no quarto da empregada, G. H. observa, por assim dizer, as ruínas de São Geraldo. «*Toda uma civilização que se havia erguido, tendo como garantia que se misture imediatamente o que se vê com o que se sente, toda uma civilização que tem como alicerce o salvar-se — pois eu estava em seus escombros.*»[20] G. H. tem de ver, sem a traduzir imediatamente, a coisa que vê em linguagem humana. Ao início, olhando para a barata, personifica-a de forma grotesca, usando mesmo a metáfora desapropriada, mas preferida por Clarice, a jóia; «*Vista de perto, a barata é um objeto de grande luxo. Uma noiva de pretas jóias*»[21].

A maneira de ver de Lucrécia era «*civilizadora*» e possessiva: «*Esta cidade é minha, olhou a mulher.*»[22] G. H. tem de desaprender essa forma de ver:

> «*E nesse mundo que eu estava conhecendo, há vários modos que significam ver: um olhar o outro sem vê-lo, um possuir o outro, um comer o outro, um apenas estar num canto e o outro estar ali também: tudo isso também significa ver. A barata não me via diretamente, ela estava comigo. A barata não me via com os olhos mas com o corpo.*»[23]

A sua tentativa final para «*civilizar*» a barata é imaginar qual será o seu sabor:

> «*Seriam salgados os seus olhos? Se eu os tocasse — já que cada vez mais imunda eu gradualmente ficava — se eu os tocasse com a boca, eu os sentiria salgados?*» «*Não, não havia sal naqueles olhos. Eu tinha a certeza de que os olhos da barata eram insossos. Para o sal eu sempre estivera pronta, o sal era a transcendência que eu usava para poder sentir um gosto, e poder fugir do que eu chamava de "nada". Para o sal eu estava pronta, para o sal eu toda me havia construído.*»[24]

Privada de sal, de «*transcendência*» e de «*civilização*» e, de uma forma devastadora, incapaz de descobrir esperança humana e beleza no mundo, a G. H. não resta nada, além da substância que escorre da barata. É a derradeira desumanidade.

> «*O que sai do ventre da barata não é transcendentável — ah, não quero dizer que é o contrário da beleza, "contrário de beleza" nem faz sentido — o que sai da barata é: "hoje", bendito o fruto de teu ventre — eu quero a atualidade sem enfeitá-la com um futuro que a redima, nem com uma esperança.*»[25]

Esta passagem é difícil de traduzir. A palavra *ventre* significa, entre outras coisas «útero», mas na primeira parte da frase sugere uma barriga, ou estômago. Só quando Clarice cita, ironicamente, a «Ave-Maria» é que ela identifica claramente a barata com a Mãe de Deus.

Mas, ao separar-se do seu velho mundo, ela clama desesperadamente pela mãe:

> «*Mãe: matei uma vida, e não há braços que me recebam agora e na hora do nosso deserto, amém. Mãe, tudo agora tornou-se de ouro duro. Interrompi uma coisa organizada, mãe, e isso é pior que matar, isso me faz entrar por uma brecha que me mostrou, pior que a morte, que me mostrou a vida grossa e neutra amarelecendo. A barata está viva, e o olho dela é fertilizante, estou com medo de minha rouquidão, mãe.*»

Em português, a palavra barata é sempre do género feminino, independentemente do género biológico do animal. No entanto, aqui, Clarice já não está a usar o género num sentido puramente gramatical: «*Eu só a pensara como fêmea, pois o que é esmagado pela cintura é fêmea.*» E não é uma fêmea qualquer:

> «*Mãe, eu só fiz querer matar, mas olha só o que eu quebrei: quebrei um invólucro duro, e fica-se com a vida pastosa. De dentro do invólucro está saindo um coração grosso e branco vivo como pus, mãe, bendita sois entre as baratas, agora e na hora desta tua minha morte, barata e jóia.*»[26]

Escondida dentro da confrontação de G. H. com a barata moribunda está a recordação que Clarice Lispector guarda da sua própria mãe quase a morrer. A identificação da mãe com a barata é um dos aspectos mais chocantes deste romance absolutamente perturbador. Não obstante, torna-se difícil fugir à conclusão de que era isso mesmo o que Clarice pretendia: «*Mãe, bendita sois entre as baratas.*»

Claire Varin, uma das mais eminentes estudiosas de Clarice Lispector, demonstrou que «*a barata imunda aparece explicitamente como o único meio de nascer. Uma única passagem estreita dava acesso ao quarto: "pela barata"*»[27]. A barata apanhada pela porta do guarda-fatos é descrita como «*presa pela cintura*»[28], uma alusão à localização do mal da sua mãe: «*O que é esmagado pela cintura é fêmea*». Tal como Mania Lispector, a barata está paralisada, à espera da morte: «*imobilizada, ela sustentava por cima do flanco empoeirado a carga do próprio corpo*»[29].

A barata é apenas metade de um corpo — «*O que aparecia dela era apenas a metade do corpo. O resto, o que não se via, podia ser enorme, e dividia-se por milhares de casas, atrás de coisas e armários*» — e recorda uma passagem de um dos cadernos de apontamentos privados de Clarice, escrita em inglês, presumivelmente nos Estados Unidos, com frases em português misturadas pelo meio:

> «*I want somebody to hold my hand (Papai, na hora em que eu tinha dor, me ajudava assim, a aguentar a dor) — I don't want to be a single body. I'm cut out from the rest of me — The rest of me is my mother! It's another body. To have a single body, surrounded by isolation it makes such a limited body! I feel anxiety, I'm afraid to be just one body. Bolinhas de mercúrio no termômetro quebrado — My fear and anxiety is of being one body.*»[30*]

* Quero alguém que me segure na mão [...] Não quero ser um corpo independente. Estou separada da minha outra parte — A outra parte de mim é a minha mãe! É um corpo diferente. Ter um corpo dividido, rodeado de isolamento, torna o corpo tão limitado! Sinto muita ansiedade, tenho medo de ser só um corpo [...] O meu medo e a minha angústia é o de ser só um corpo. (*N. T.*)

A barata, a mulher e a mãe partilham a mesma vida orgânica que constitui a parte mais essencial de qualquer criatura. Ao nível do sangue e das vísceras, elas são a única e a mesma coisa.

Em 1964, ano em que *A Paixão segundo G. H.* foi publicado, Clarice escreveu: «*Se eu tivesse que dar um título a minha vida ele seria: a procura da própria coisa.*»[31] O seu objectivo é o mesmo de G. H. «*Só então*», quando G. H. arrancasse de si a linguagem humana e a moralidade, «*eu não estaria transcendendo e ficaria na própria coisa*».

Se Clarice sabia do que andava à procura, «*a própria coisa*» manteve-se fugidia, excepto numa linguagem filosófica abstracta. Em *G. H.*, expande esta linguagem, oferecendo novos sinónimos para a «*coisa*» inatingível. Ela é neutra, inexpressiva, sem sabor, insossa.[32] Mas, independentemente do número de palavras que Clarice usa para a descrever, a «coisa» mantém-se incompreensível. «*Sei que me horrorizarei como uma pessoa que fosse cega e enfim abrisse os olhos e enxergasse — mas enxergasse o quê? um triângulo mudo e incompreensível. Poderia essa pessoa não se considerar mais cega por estar vendo um triângulo incompreensível? Eu me pergunto: se eu olhar a escuridão com uma lente, verei mais que a escuridão?*» Por fim, G. H. dá os «*primeiros passos no nada*»: «*Meus primeiros passos hesitantes em direção à Vida, e abandonando a minha vida.*»[33]

Em *A Maçã no Escuro,* Clarice referia-se à queda no nada. No entanto, a equivalência entre «*Vida*» e «*o nada*», em *G. H.*, é surpreendente, sobretudo quando Clarice a estende ainda mais, descrevendo «*um nada que é o Deus*»[34]. A noção de que Deus é igual ao nada é, contudo, um lugar-comum cabalístico: para muitos místicos, «A Criação a partir do nada» significa apenas «Criação a partir de Deus»[35]. Lida a esta luz, a afirmação de Clarice de que «*acima dos homens nada mais há*» adquire uma inesperada subtileza. Não acima da humanidade, mas dentro dela, está «*o Deus*», «*nada mais*». Se Deus é nada, Deus é também tudo: «*Vida*». Esta é igualmente uma definição judaica: Deus é tudo e nada, a união de tudo no mundo, e o seu oposto.[36] Como

G. H. diz: «*Deus é o que existe, e todos os contraditórios são dentro do Deus, e por isso não O contradizem.*»[37]

A afirmação é logicamente aceitável. Mas, depois de uma busca tão longa e dolorosa, dizer que Deus é «*o que existe*» dá a ideia de ter sido uma decepção tremenda.

> «*Desde a pré-história eu havia começado a minha marcha pelo deserto, e sem estrela para me guiar, só a perdição me guiando, só o descaminho me guiando — até que, quase morta pelo êxtase do cansaço, iluminada de paixão, eu enfim encontrara o escrínio. E no escrínio, a faiscar de glória, o segredo escondido. O segredo mais remoto do mundo, opaco mas me cegando com a irradiação de sua existência simples, ali faiscando em glória que me doía nos olhos. Dento do escrínio o segredo:*
>
> *Um pedaço de coisa.*
>
> *Um pedaço de ferro, uma antena de barata, uma caliça de parede.*»[38]

Encontrar o tesouro do mundo num «*bocado de coisa*» ou escrever que «*o divino para mim* é *o real*»[39] recorda a famosa afirmação do mentor de Clarice, Espinosa, de que Deus é o equivalente da Natureza. E escrever que «*é aceita a nossa condição como a única possível, já que ela é o que existe, e não outra*», lembra a proposição de Espinosa de que «as coisas não poderiam ter sido produzidas por Deus de nenhuma outra maneira, e em nenhuma outra ordem, senão como foram produzidas»[40].

Ao repetir estas definições, Clarice está, mais uma vez, a rejeitar o que já tinha designado, em *Perto do Coração Selvagem,* como «*o Deus humanizado das religiões*». É uma rejeição que contém em si uma perfeição intelectual. Mas para uma mulher que anseia conhecer Deus, a «*própria coisa*» é tão estéril, tão «*no pólo oposto do sentimento-humano-cristão*», que «*em meus antigos termos humanos, signifique o pior, e, em termos humanos, o infernal*»[41]. O Deus neutro, «*um pedaço de ferro, uma antena de barata*», nunca poderá satisfazer uma pessoa que anseie por uma ligação emocional com o divino.

E assim, se Clarice tem de aceitar «*nossa condição como a única possível*», isso enfurece-a de novo. As difíceis definições, aprimoradas ao longo de décadas, trouxeram-na finalmente até um Deus que poderá satisfazer a sua racionalidade. Mas são áridas.

O clímax da sua pesquisa, o seu mais chocante e inesquecível símbolo, é literalmente molhado.

Tendo abandonado a esperança, a beleza e a redenção, mas ainda assim desesperada pela união com a matéria fundamental do universo, G. H. pega naquela pasta pegajosa e amarelada que escorre do ventre da barata e coloca-a na boca.

Uma coisa é especular acerca de se comer uma barata, como possível resultado de uma pesquisa filosófica abstracta. «*Por que teria eu nojo da massa que saía da barata?*», questiona-se G. H. «*Não bebera eu do branco leite que é líquida massa materna?*» Outra coisa completamente diferente, como é óbvio, é comer, de facto, a barata. «*Dá-me a tua mão, não me abandones, juro que também eu não queria: eu também vivia bem, eu era uma mulher de quem se poderia dizer "vida e amores de G. H."*.»[42]

Clarice ficou horrorizada com a sua própria criação, recordou mais tarde. A coisa «*fugiu ao controle quando eu, por exemplo, percebi que a mulher G. H. ia ter que comer o interior da barata. Eu estremeci de susto*»[43].

Uma mulher a comer uma barata é um símbolo tão extremo, uma imagem tão ousada do horror de Clarice pelo facto de ter encontrado «*o Deus*», que nos leva imediatamente a questionar: para onde é que, psicológica e artisticamente, poderá ela seguir a partir daqui? Em *A Maçã no Escuro*, Clarice já tinha escrito que «*Ninguém podia viver à base de ter vomitado ou ter visto alguém vomitar, eram coisas a não se pensar muito a respeito, eram fatos de uma vida*»[44]. Meditar sobre estes factos da vida só nos pode conduzir numa direcção, como Clarice escreve em *G. H:*. «*Por que não ficar dentro, sem tentar atravessar até a margem oposta?*» A seguir, ela responde à sua própria pergunta: «*Ficar dentro da coisa é a loucura*.»[45]

Na mesma página, Clarice indica outra solução possível:

> «*É como olho esculpido de estátua que é vazio e não tem expressão, pois quando a arte é boa é porque tocou no inexpressivo, a pior arte é a expressiva, aquela que transgride o pedaço de ferro e o pedaço de vidro, e o sorriso, e o grito*.»[46]

29

# E A REVOLUÇÃO!

A aterradora magnificência de *A Paixão segundo G. H.* colocou o romance entre os mais importantes do século. Pouco antes da sua morte, na sua última visita ao Recife, Clarice disse a um repórter que, de todos os seus livros, era esse que «*correspondia melhor à sua exigência como escritora*»[1]. A obra inspirou uma gigantesca bibliografia, mas, na época em que foi publicada, parece ter sido quase ignorada. Apenas uma crítica foi dada à imprensa, em 1964, escrita por Walmir Ayala, um amigo de Lúcio Cardoso.[2]

Dessa vez, pelo menos, Clarice não teve de andar à procura de um editor. Uma estranha reviravolta nos acontecimentos tinha transformado dois dos seus amigos, Fernando Sabino e Rubem Braga, em proprietários de uma editora. No dia 28 de Março de 1960, eles tinham viajado para Cuba, integrados numa delegação chefiada pelo futuro assediador de Clarice, Jânio Quadros, cego de um olho, que, a 3 de Outubro, viria a ser eleito presidente do Brasil. O grupo permaneceu na revolucionária Cuba menos de uma semana e regressou ao Brasil entusiasmado.

Ao contrário de tantos escritores e intelectuais latino-americanos da época, nem Braga nem Sabino eram comunistas. Sabino era católico, e Braga, uma espécie de social-democrata. Por isso, os seus relatos sobre Havana são indicadores valiosos da excitação que a Revolução Cubana desencadeou por todo o continente, mesmo entre pessoas que não estavam particularmente inclinadas a deixar-se arrastar pelo romance de Fidel Castro. Com apenas trinta e três anos, na altura em que conquistou a ilha, Castro, juntamente com o seu grupo de revolucionários «*sinceros*» e «*honestos*», era uma atracção para os sonhadores, e não só para esses, em toda a América Latina.

Até mesmo o sóbrio e prudente Braga se deixou levar por ele. Analisou a caligrafia do Comandante e não descobriu nele qualquer «*espírito despótico*». E se estava a tornar-se difícil encontrar «*boa caxemira*» em Havana, escreveu ele, era apenas porque «*o governo quer usar moeda estrangeira para comprar tratores, máquinas, fábricas, bens de produção*»[3]. Sabino, mais romântico, mostrou uma certa compreensão pelas execuções públicas do regime e, talvez de uma forma ainda mais embaraçosa, manifestou a sua grande felicidade por saber que o Country Club de Havana estava agora acessível às «*pessoas humildes*». Como seria fácil remediar os erros de uma sociedade esclavagista com quinhentos anos de idade!

Mas eram artigos publicados em jornais locais, não diferindo muito de outros, talvez até mais cépticos, que foram sendo publicados durante o tempo que durou a lua-de-mel da Revolução. E isto não era nada, se comparado com os artigos que o mais famoso filósofo do mundo, Jean-Paul Sartre, tinha dado à escrita, depois da sua visita a Havana, entre princípios de Fevereiro e meados de Março de 1960. Os artigos que Sartre publicou no *France-Soir* são aquilo que se poderia esperar de uma pessoa que nunca considerou má qualquer ideia que fosse de esquerda, e que encontrava uma justificação para tudo, desde os elementos mais extremistas da Argélia ao assassinato dos atletas de Israel, nos Jogos Olímpicos de Munique.

A convite de Jorge Amado, Sartre e Simone de Beauvoir foram ao Brasil, em Agosto de 1960, participando num *tour* triunfal pelo país. Por qualquer motivo, Sartre decidiu ceder os seus artigos do *France-Soir* a Sabino e a Braga, que já andavam a pensar em fundar a sua própria editora, para evitar a exploração que constituía o pagamento de direitos de autor pelas editoras já existentes. Sartre não lhes cobrou nada por eles, e a Editora do

Autor conseguia assim o seu primeiro título: *Furacão sobre Cuba*. Mas, para conseguir apresentá-lo durante a estada de Sartre no Brasil, Sabino e Braga tinham de coordenar esforços espantosos. Sem experiência de publicação, reuniram os valiosos originais dos artigos, traduziram-nos, editaram-nos, compuseram-nos e imprimiram o livro — em pouco mais de uma semana.[4]

A obra demonstra uma tal falta de conhecimentos sobre conceitos básicos de Economia, História e Política que se torna difícil imaginar como é que o seu autor podia ser visto globalmente como um intelectual de referência, ou que fosse, sequer, tomado a sério. Mas era o livro do momento, escrito pelo homem do momento, e lançou a Editora do Autor da forma mais proeminente e lucrativa que se podia imaginar.

Na altura em que esta editora surgiu, Clarice já tinha um contrato com Francisco Alves para a publicação de *A Maçã no Escuro* e de *Laços de Família*. Mas, a Editora do Autor era o lugar mais lógico para o seu livro seguinte e, para ela, deve ter sido um grande alívio saber que qualquer coisa que escrevesse seria imediatamente acolhida pelos seus amigos íntimos e admiradores de longa data. Em 1964, quando Clarice lá publicou dois livros, a editora já se tinha tornado famosa, principalmente devido à edição cuidada de autores brasileiros, incluindo Sabino e Braga, e pelas suas antologias de poetas brasileiros modernos, no que foi pioneira.

Em 1964, a Editora do Autor já tinha deixado Cuba para trás, mas o Brasil e a América Latina seguramente não tinham. Fidel Castro encantava a esquerda, mas depois do fiasco da invasão da Baía dos Porcos, em Abril de 1961, da sua vinculação à Rússia soviética e, posteriormente, com a Crise dos Mísseis de Cuba, em Outubro de 1962, aterrorizava a direita.

Os receios não eram inteiramente descabidos. Durante a visita de Jânio Quadros a Cuba, em 1960, depois de Castro ter enumerado à delegação brasileira os principais produtos cubanos para exportação, o irmão dele, Raul, acrescentou: «E a revolução!»[5] Não estava a brincar. Em 1959, quando a Revolução Cubana triunfou, a América Latina tinha mais regimes democráticos do que alguma vez tivera em toda a sua história, com excepção de cinco pequenos núcleos: a Nicarágua, o Haiti, El Salvador, a República Dominicana e o Paraguai. Ao assumir o poder, o governo cubano começou imediatamente a patrocinar a subversão em todo o continente. Em 1959, já financiava guerrilhas no Panamá, no Haiti e na República Dominicana; em 1963, começou a apoiar financeiramente movimentos armados na Venezuela, no Peru, na Guatemala e na Argentina.[6]

Nenhum país escapou ileso — tanto em relação a Cuba e aos seus apoiantes soviéticos, como à reacção brutal e de pânico. O pavor do surgimento de uma nova Cuba galvanizava as forças militares da América Latina numa espécie de histeria, e nisso foram activamente apoiados pelos Estados Unidos, que receavam que o continente ficasse sob o controlo da União Soviética. As reacções à Revolução Cubana, vindas tanto de admiradores como de opositores, iriam produzir o mais sangrento e mais traumático episódio da história da América Latina, desde as guerras da independência, um século e meio antes.

Também no Brasil as consequências seriam terríveis. Tudo começou no dia 19 de Agosto de 1961, quando Jânio Quadros conferiu a Che Guevara a maior honraria do Brasil, a Ordem Nacional do Cruzeiro do Sul. Esta era o género de excentricidades pelas quais Jânio Quadros, o autor da interdição do biquíni, se tornara conhecido. Mas foi uma ofensa escusada à administração Kennedy, que tinha um bom relacionamento com o governo brasileiro, e acabou por fornecer as munições ideais aos opositores internos de Quadros.

Carlos Lacerda, o «*destruidor de presidentes*», e arqui-inimigo de Samuel Wainer, tinha sido apoiante inicial de Quadros, mas agora, como governador do estado da Guanabara, virou-se contra ele. Como Wainer já tinha aprendido, o famoso criador de polémicas conseguia ser ainda mais duro com aqueles que, noutros tempos, tinham sido seus amigos. Lacerda tirou o máximo proveito da ocasião, oferecendo a chave do seu estado ao líder anticastrista Manuel Verona, acusando Quadros de querer levar o Brasil para o comunismo.

Isto estava bastante longe da verdade. Aquela atribuição a Guevara era um agradecimento por ele ter respeitado um pedido brasileiro para que não fossem executados vinte padres católicos que, em vez disso, foram exilados para Espanha. Mas a política externa de Quadros já tinha começado a causar alguma inquietação. Dois diplomatas, antigos amigos de Clarice, foram parcialmente responsáveis por isso. Araújo Castro tinha estado em serviço no consulado de Nova Iorque, quando Fernando Sabino lá vivia, e San Tiago Dantas, o brilhante advogado católico, tinha-se apaixonado por Clarice, durante uma visita a Paris, nos anos quarenta. Ambos eram figuras respeitadas dentro do Establishment. O seu plano para uma «Política Externa Independente» era, basicamente, uma tentativa de aumentar a influência diplomática brasileira, num contexto internacional que, devido à independência das antigas colónias europeias na Ásia e em África, se estava a alterar rapidamente. O plano sugeria que o Brasil deveria manter as relações com todas as potências, o que, na prática, significava a China e a União Soviética, com as quais o Brasil não mantinha relações desde 1947. Era uma ideia controversa, mas não constituía um sinal de que o Brasil se quisesse tornar comunista.

Mais alarmantes eram os sinais de que Quadros estava a perder as estribeiras. Tinha planos, por exemplo, para invadir a vizinha Guiana Francesa, alegando que o Brasil precisava de ter um entreposto para as Caraíbas, embora a Guiana Francesa ficasse a centenas de milhas das Caraíbas. A oposição, que perdera um pouco da sua garra com a esmagadora vitória que ele obtivera nas eleições, começou a atacá-lo e, seis dias depois de ter condecorado Che Guevara, Quadros demitiu-se inesperadamente da presidência. Tinha assumido o poder havia apenas sete meses.

Esta demissão também foi inspirada por Cuba. Em Julho de 1959, Fidel Castro, no meio de uma luta de poder com o presidente de Cuba, Manuel Urrutia, copiou uma estratégia anteriormente utilizada por Perón e, de forma dramática, «demitiu-se». A previsível reacção popular serviu apenas para consolidar o seu poder absoluto; e Urrutia acabou os seus dias como professor de Espanhol em Queens. Aparentemente, Quadros esperava que a sua demissão causasse uma reacção semelhante. Mas os brasileiros ficaram, em geral, bastante aliviados por o verem partir. (Nos anos 80 regressou à política por um breve período. Como presidente da Câmara de São Paulo, reavivou as recordações do seu tempo na presidência, entre outras coisas, ao banir os homossexuais da escola de bailado do Teatro Municipal.)

A demissão de Quadros gerou uma crise. Segundo a Constituição Brasileira, o presidente e o vice-presidente eram eleitos separadamente e, por conseguinte, não eram do mesmo partido. O sucessor legal de Quadros era João Goulart, conhecido como Jango. Goulart era um revolucionário improvável e nada no seu currículo fazia prever que fosse empurrar o Brasil para os braços dos comunistas. Provinha de uma família de abastados proprietários de terras do Rio Grande do Sul e era sobretudo famoso pelo seu voraz apetite por actrizes e bailarinas que cirandavam pelos clubes requintados do Leme, o bairro onde Clarice vivia.

Mais do que ver nele um *playboy* simpático e medíocre, pelo contrário, a direita viu em Jango uma figura muito mais poderosa. Apesar de já ter morrido há sete anos, Getúlio Vargas ainda dominava a política do Brasil. Jango e Getúlio tinham nascido na mesma cidade, São Borja, e Goulart tinha sido ministro do Trabalho de Getúlio até 1954, quando os militares o consideraram demasiado simpático com os sindicatos de trabalhadores e o forçaram a sair.

Os que imaginavam que Jango fosse, em segredo, comunista, receberam uma inesperada benesse propagandística, quando, no momento da renúncia de Quadros, se descobriu que o vice-presidente andava a fazer uma excursão pela China Vermelha. A ameaça de uma guerra civil pairou no ar por algum tempo, quando algumas divisões do exército se declararam a favor, ou contra, Goulart, mas, ao fim de uma crise de dez dias, Jango foi autorizado a assumir o poder, sob um novo sistema «parlamentar», idealizado de forma a enfraquecer o poder do executivo.

Goulart sentiu dificuldades logo desde o início, com um Brasil terrivelmente dividido e por não possuir o talento necessário para sossegar a direita, ao mesmo tempo que tentava implementar as reformas sociais necessárias. No centro da sua administração estavam dois velhos amigos de Clarice, Samuel Wainer, que conhecia Goulart há muitos anos e cujo jornal, *Última Hora,* era o mais poderoso e que viria a ser, mais tarde, a única voz pró-Goulart da imprensa nacional, e San Tiago Dantas.

Wainer não tinha grande opinião acerca de Dantas — via-o como um esfomeado de poder, «*irremediavelmente ambicioso*» e perigosamente relacionado com os comunistas[7]. Dantas tornou-se ministro das Relações Exteriores e, depois de 1963, ministro da Fazenda. Com a dívida do Brasil extraordinariamente alta e a inflação a disparar, fora de controlo, esse não era um cargo muito invejável, especialmente porque os americanos estavam cada vez mais preocupados com a incapacidade de Goulart em cumprir um plano económico. Além disso, San Tiago Dantas estava a morrer com um cancro, o que não contribuía para as hipóteses de o governo negociar um acordo económico. A última vez que Clarice o viu foi pouco antes da sua morte, no casamento de uma das sobrinhas dele.

> «*Quase não falava mais. Perguntou-me se eu estava escrevendo. Respondi-lhe que acabara de escrever um livro e que o nome era* A Paixão segundo G. H. *E ele disse que gostava muito do nome. Ia gostar desse livro, eu sei.*»[8]

Dantas morreu no dia 6 de Setembro de 1964, antes de *G. H.* ser publicado. No dia 31 de Março, Goulart foi deposto por um golpe militar. Milhares de pessoas foram presas ou fugiram para o exílio, a maior parte em circunstâncias menos luxuosas do que Samuel Wainer. Depois de ter procurado refúgio na Embaixada do Chile, foi para Paris, onde passou quatro anos e onde foi fotografado na companhia de Anita Ekberg, várias Rothschilds e a ex-mulher do Xá da Pérsia, Soraya.

O país do qual foi obrigado a fugir enfrentava um futuro mais sombrio. A era das boas sensações, da bossa-nova, de Brasília e das garotas de Ipanema, da energia e do optimismo, da fé no futuro da nação, tinha acabado de vez. Muitos, incluindo Elizabeth Bishop, saudaram o golpe como uma estratégia para salvar o Brasil do comunismo. Em vez disso, ele deu origem a uma ditadura militar sem precedentes que duraria vinte e um anos.

## 30

## O OVO É BRANCO MESMO

*A Paixão segundo G. H.* foi um dos dois livros que Clarice publicou no crucial ano de 1964. Em Setembro, antes de o romance sair, a Editora do Autor publicou uma colecção de narrativas mais curtas, *A Legião Estrangeira*. Se era difícil imaginar até onde Clarice — artística, intelectual e espiritualmente — poderia chegar depois da barata, *A Legião Estrangeira* oferece várias possibilidades.

O livro é composto por contos e textos variados. Há trabalhos mais antigos, tais como o belo e comovente «Viagem a Petrópolis», publicado pela primeira vez num jornal em 1949, e «A Pecadora Queimada e os Anjos Harmoniosos», a peça de teatro que ela escreveu em Berna. Há também vários textos publicados anteriormente na *Senhor*, tanto ensaios longos como curtas especulações: «*Se recebo um presente dado com carinho por pessoa de quem não gosto — como se chama o que sinto? Uma pessoa de quem não se gosta mais e que não gosta mais da gente — como se chama essa mágoa e esse rancor?*»[1] Ou de forma reveladora: «*Ter nascido me estragou a saúde*»[2].

O título da colectânea é emprestado de uma história sobre uma rapariguinha esperta e curiosa, Ofélia. A menina começa por ir visitar a vizinha do lado, que tem um pintainho minúsculo e assustado, «*o pinto cheio de graça, coisa breve e amarela*». Não há palavras que consigam acalmar o terror do passarinho: «*era impossível dar-lhe a palavra asseguradora que o fizesse não ter medo, consolar coisa que por ter nascido se espanta. Como prometer-lhe o hábito?»*[3]

*A* história, que envolve crianças e animais, anuncia uma nova atitude na escrita de Clarice. Na verdade, alguns dos aforismos, que até podem não ter nada que ver com crianças ou animais, vêm de uma rubrica da *Senhor,* intitulada, em inglês, «*Children's Corner*». Desde 1947 que Clarice usava o título, altura em que enviou alguns textos para *O Jornal,* de Samuel Wainer.[4] Na *Senhor,* ela tinha uma coluna mensal com o mesmo título, que começou em Outubro de 1961, e que não agradou, pelo menos a um dos seus editores: «*Minha antipatia pelo nome que escolhera para a sua página não era suficiente para tentar mudá-lo.*»[5]

É, de facto, um título estranho. Estava numa língua estrangeira e os destinatários dos seus artigos na *Senhor* não eram crianças, a não ser ocasionalmente e por acaso. É uma alusão reveladora do estado de espírito da autora. «*Children's Corner*» é o título, também em inglês, de uma série de peças para piano do compositor francês Claude Debussy, dedicadas à sua filha. Muito difíceis, não foram criadas para serem tocadas por crianças, mas para exprimir a nostalgia da infância e evocar a atmosfera que a rodeia.

Como a utilização deste título leva a crer, a saudade da infância foi-se tornando mais aguda, à medida que Clarice ia envelhecendo. «*Não tenho saudade, compreende?*», diz Joana em *Perto do Coração Selvagem,* «*Não é saudade, porque eu tenho agora a minha infância mais do que enquanto ela decorria.*»[6] Clarice sentia cada vez mais saudades da sua meninice e daquela época feliz, antes de a vida a ter «*domado*». Em «Desenhando Um Menino», escreve: «*Um dia o domesticaremos em humano, e poderemos desenhá-lo. Pois assim fizemos conosco e com Deus.*»[7]

A referência à mãe desaparecida não anda muito longe. «*Ele trocará todas as possibilidades de um mundo por: mãe. Mãe é: não morrer.*»[8] No conto que dá o título ao livro, Clarice identifica-se claramente, tanto com a viva e travessa Ofélia como com o indefeso pintainho que perdeu a mãe.

Numa historieta particularmente comovedora, Clarice descreve um quati, um membro da família dos guaxinins, com uma cauda comprida, que ela inesperadamente encontra preso por uma trela, como se fosse um cão, numa paragem de autocarro de Copacabana:

> *«Imagino: se o homem o leva para brincar na praça, tem uma hora que o quati se constrange todo: "mas, santo Deus, por que é que os cachorros me olham tanto?". Imagino também que, depois de um perfeito dia de cachorro, o quati se diga melancólico, olhando as estrelas: "que tenho afinal? que me falta? sou tão feliz como qualquer cachorro, por que então esse vazio, esta nostalgia? que ânsia é esta, como se eu só amasse o que não conheço?"»*[9]

Aqui, não se trata da monstruosa identificação de G. H. com as entranhas da barata. É algo mais suave e mais lamentoso, a compaixão pelo desajustado, que sempre fora natural em alguém cujo «*primeiro desejo era o desejo de pertencer*».

O problema da identificação com os excluídos, que, no Brasil, significava as pessoas pobres do sertão nordestino, já há muito fazia parte da cultura do Brasil, desde as «*novelas nordestinas*» dos anos 30 ao *cinema novo* dos anos 50. Com o golpe de estado de 1964, a questão da relevância social da arte foi, mais uma vez, trazida para o foco das atenções. Até que ponto alguém se comprometia, e com quem, transformou-se na principal linha divisória da cultura brasileira.

Clarice não era imune aos problemas do seu país, embora tivesse dificuldade em transmitir essa solidariedade nas suas obras. Num breve texto em *A Legião Estrangeira,* Clarice explica que o seu comprometimento social era simplesmente demasiado óbvio e natural:

> *«Por exemplo, minha tolerância em relação a mim, como pessoa que escreve, é perdoar eu não saber como me aproximar de um modo "literário" (isto é, transformando na veemência da arte) da "coisa social". Desde que me conheço o fato social teve em mim importância maior do que qualquer outro: em Recife os mocambos foram a primeira verdade*

*para mim. Muito antes de sentir "arte", senti a beleza profunda da luta. Mas é que tenho um modo simplório de me aproximar do fato social: eu queria era "fazer" alguma coisa, como se escrever não fosse fazer. O que não consigo é usar escrever para isso, por mais que a incapacidade me doa e me humilhe. O problema de justiça é em mim um sentimento tão óbvio e tão básico que não consigo me surpreender com ele — e, sem me surpreender, não consigo escrever. E também porque para mim escrever é procurar. O sentimento de justiça nunca foi procura em mim, nunca chegou a ser descoberta, e o que me espanta é que ele não seja igualmente óbvio em todos.*»[10]

Clarice tinha, contudo, a capacidade de dar voz à sua raiva pelas injustiças do Brasil, como um ensaio publicado na *Senhor* e reimpresso em *A Legião Estrangeira* ilustra. O texto é acerca de Mineirinho, um assassino que tinha uma namorada e que era devoto de São Jorge, e a quem a polícia matou com «*treze balas quando uma só bastava*». A violência extrema desta morte revoltou Clarice. «*Eu me transformei no Mineirinho, massacrado pela polícia. Qualquer que tivesse sido o crime dele, uma bala bastava, o resto era vontade de matar.*»[11]

«*Esta é a lei. Mas há alguma coisa que, se me faz ouvir o primeiro e o segundo tiro com um alívio de segurança, no terceiro me deixa alerta, no quarto desassossegada, o quinto e o sexto me cobrem de vergonha, o sétimo e o oitavo eu ouço com o coração batendo de horror, no nono e no décimo minha boca está trêmula, no décimo primeiro digo em espanto o nome de Deus, no décimo segundo chamo meu irmão. O décimo terceiro tiro me assassina — porque eu sou o outro.*»[12]

As três frases de «A Experiência Maior» resumem o assunto da melhor forma que Clarice seria capaz:

«*Eu antes tinha querido ser os outros para conhecer o que não era eu. Entendi então que eu já tinha sido os outros e isso era fácil. Minha experiência maior seria ser o outro dos outros: e o outro dos outros era eu.*»[13]

*A Legião Estrangeira* também aponta noutra direcção: para a abstracção. Com uma forte ênfase nos mundos interiores das suas personagens, as obras de Clarice sempre tinham apresentado um importante elemento abstracto. «*Quando a arte é boa é porque tocou no inexpressivo*», escreveu ela em *G. H.* «*A pior arte é a expressiva, aquela que transgride o pedaço de ferro e o pedaço de vidro, e o sorriso, e o grito.*»[14]

*A Legião Estrangeira* está cheia de reflexões sobre o significado e o processo da escrita, um tema que Clarice nunca tinha desenvolvido tão extensivamente. Num pequeno texto intitulado «Romance», escreveu:

> «*Ficaria mais atraente se eu o tornasse mais atraente. Usando, por exemplo, algumas das coisas que emolduram uma vida ou uma coisa ou romance ou um personagem. É perfeitamente lícito tornar atraente, só que há o perigo de um quadro se tornar quadro porque a moldura fez o quadro. Para ler, é claro, prefiro o atraente, me cansa menos, me arrasta mais, me delimita e me contorna. Para escrever, porém, tenho que prescindir. A experiência vale a pena, mesmo que seja apenas para quem escreveu.*»[15]

Esta «*atractividade*» nunca foi o objectivo da sua escrita, que era «*o modo de quem tem a palavra como isca: a palavra pescando o que não é palavra, Quando essa não palavra morde a isca, alguma coisa se escreveu.*»[16] A abstracção poderia ser o método mais eficiente de «pescar» o sentido.

> «*Tanto em pintura como em música e literatura, tantas vezes o que chamam de abstrato me parece apenas o figurativo de uma realidade mais delicada e mais difícil, menos visível a olho nu.*»[17]

Um dos mais importantes contos de Clarice, «O Ovo e a Galinha» aparece em *A Legião Estrangeira*. Desde a infância, tendo crescido no meio de galinhas, no quintal que existia nas traseiras da sua casa do Recife, que Clarice se tinha interessado por galinhas e ovos. «*Eu entendo uma galinha, perfeitamente. Quero dizer, a vida íntima de uma galinha, eu sei como é*», disse ela. Mas o conto não tem nada que ver com isso. Já quase no fim da sua vida, quando um entrevistador lhe perguntou a opinião sobre o facto de ser acusada de ser «hermética», ela respondeu:

> *«Eu me compreendo. De modo que não sou hermética para mim. Bom, tem um conto meu que não compreendo muito bem... "O ovo e a galinha", que é um mistério para mim.»*[18]

*«De manhã na cozinha sobre a mesa vejo o ovo»*, começa o conto, de forma bastante convencional. Mas depressa se transforma numa meditação que nos faz recordar os retratos cubistas em palavras de Gertrude Stein.

> *«Ovo é coisa que precisa tomar cuidado. Por isso a galinha é o disfarce do ovo. Para que o ovo atravesse os tempos a galinha existe. Mãe é para isso. — O ovo vive foragido por estar sempre adiantado demais para a sua época. — O ovo por enquanto será sempre revolucionário. — Ele vive dentro da galinha para que não o chamem de branco. O ovo é branco mesmo. Mas não pode ser chamado de branco. Não porque isso faça mal a ele, mas as pessoas que chamam o ovo de branco, essas pessoas morrem para a vida. Chamar de branco aquilo que é branco pode destruir a humanidade. Uma vez um homem foi acusado de ser o que ele era, e foi chamado de Aquele Homem. Não tinham mentido: Ele era. Mas até hoje ainda não nos recuperamos, uns após os outros. A lei geral para continuarmos vivos: pode-se dizer "um rosto bonito", mas quem disser "o rosto", morre; por ter esgotado o assunto.»*[19]

Ainda que esta não seja uma narrativa convencional, chegando até a ser obscura em muitas partes, ainda que até a própria Clarice tenha afirmado que não a compreendia, também não se pode dizer que seja inteiramente opaca. Tem um objectivo claro, e alguém que esteja familiarizado com a obra de Clarice encontrará aqui muitas referências fáceis de identificar. Está lá o mistério da maternidade e do nascimento, a distância entre a linguagem e o significado, e até, na sugestão de revolução, um aceno irónico à política da época.

No mesmo livro, Clarice descreve a nova capital modernista de Brasília, em termos similarmente abstractos:

> *«Quando morri, um dia abri os olhos e era Brasília. Eu estava sozinha no mundo. Havia um táxi parado. Sem chofer. — Lúcio Costa e Oscar Niemeyer, dois homens solitários. — Olho Brasília como olho Roma: Brasília começou com uma simplificação final de ruínas. A hera ainda não cresceu. — Além do vento há uma outra coisa que sopra. Só se reconhece na crispação sobrenatural do lago. — Em qualquer lugar onde se está de pé, criança pode cair, e para fora do mundo. Brasília fica à beira. Se eu morresse aqui, deixaria meus cabelos crescerem até ao chão. — Brasília é de um passado esplendoroso que já não existe mais.* [...] *De minha insônia olho pela janela do hotel às três horas da madrugada. Brasília é a paisagem da insônia. Nunca adormece. — Aqui ser orgânico não se deteriora. Petrifica-se. — Eu queria ver espalhadas por Brasília quinhentas mil águias do mais negro ónix. — Brasília é assexuada. — O primeiro instante de ver é como certo instante de embriaguez: os pés que não tocam a terra.»*[20]

As dez páginas desta meditação provocam no leitor precisamente a sensação de embriaguez ou de reverência que Brasília produziu em Clarice. «Brasília: Cinco Dias» não é, obviamente, um ensaio no sentido tradicional, mas nenhuma outra descrição da cidade conseguiu captar tão bem o seu ar sufocante e enigmático. *«Como em tudo»*, escreveu Clarice em *A Legião Estrangeira*, *«no escrever também tenho uma espécie de receio de ir longe demais. Que era isso? Por quê? Retenho-me, como se retivesse as rédeas de um cavalo que poderia galopar e me levar Deus sabe onde.»*[21]

## 31

## UM ÁSPERO CACTO

Em 1961, quando foi publicado *A Maçã no Escuro,* Rosa Cass, uma jornalista judia que era amiga de Alberto Dines, entrevistou Clarice para o *Jornal do Comércio*. «*Ela detestava entrevistas*», recorda Rosa. «*Não respondeu a* nenhuma *das minhas perguntas.*»[1] Mas as duas mulheres ficaram amigas e, depois de aquela entrevista dolorosamente improvisada ser dada à imprensa, Rosa enviou algumas flores a Clarice, como agradecimento.

Clarice nunca lhe respondeu. Ofendida, Rosa não voltou a contactá-la até se ter deparado com *A Paixão segundo G. H.* Chocada e impressionada, esqueceu o seu aborrecimento anterior e telefonou a Clarice. Discutiram Beethoven. «*Como ele compunha depois de ficar surdo?*», perguntou Clarice. «*Ele só podia ouvir música dentro de si*», respondeu Rosa, «*E foi isso o que eu senti ao ler seu livro: aquela solidão.*» Clarice respondeu: «*Imagine a solidão da pessoa que o escreveu.*»[2]

As duas mulheres ficaram íntimas, e Rosa teve muitas oportunidades para avaliar a solidão de Clarice. Rosa trabalhava como jornalista, mas, por causa de Clarice, tirava algumas tardes de folga, para ir com ela ao cinema. Rosa, que, ao fim e ao cabo, tinha um emprego, já não ia ao cinema à tarde desde que era adolescente, mas fazia ajustes no seu horário de trabalho para poder passar mais tempo com Clarice, que se deitava às nove, era impossível vê-la à noite. Este tipo de lealdade era comum nos amigos de Clarice, pelo menos durante algum tempo, e por parte daqueles que, sentindo a sua vulnerabilidade, a queriam ajudar, embora, por vezes, ela conseguisse esgotar a paciência mesmo do amigo mais devoto.

Clarice não estava, porém, completamente isolada do mundo. Se *A Paixão segundo G. H.* não foi alvo de muitos comentários quando foi editado pela primeira vez, o seu impacto, quando os leitores começaram a absorver a obra, foi profundo e deu origem a uma certa popularidade. Em 1965, foi publicada, no Rio de Janeiro, a primeira das muitas adaptações teatrais da sua obra; em 1966 era publicado o primeiro livro acerca de Clarice, *O Mundo de Clarice Lispector,* do filósofo Benedito Nunes.

Também encontrou um novo círculo de amigos em torno de Pedro Bloch, primo de Adolpho Bloch, o poderoso proprietário da *Manchete*. Nascido, como Clarice, na Ucrânia, o Dr. Bloch era um importante dramaturgo e médico, que se tinha especializado em problemas da voz. Tentou curar Clarice dos seus erres guturais e do seu cecear, que, dizia ele, poderia ter resultado do facto de ela tentar imitar a pronúncia dos pais, quando era criança. As suas intervenções foram bem-sucedidas, mas Clarice acabou por voltar à sua antiga forma de falar: «*Ela disse a ele que não queria perder suas características.*»[3]

Bloch e a sua esposa uruguaia, Miriam, recebiam artistas e intelectuais de destaque na sua casa de praia da estância balnear de Cabo Frio. Um dos que lá costumava ir era João Guimarães Rosa, o escritor e diplomata, que, do seu posto em Hamburgo, tinha conseguido ajudar muitos judeus a escapar para o Brasil. Três meses antes de sofrer o derrame cerebral, Lúcio Cardoso tinha escrito que «*a literatura brasileira pertence a dois príncipes: Guimarães Rosa e Clarice Lispector*»[4]. Agora, os dois príncipes, um deles já perto do fim da vida, aproximaram-se.

Há muito tempo que Clarice admirava Guimarães Rosa. Quando a obra-prima dele, *Grande Sertão: Veredas,* surgiu, em 1956, Clarice disse a Fernando Sabino: «*Nunca vi coisa assim! É a coisa mais linda dos últimos tempos. Não sei até onde vai o poder inventivo dele, ultrapassa o limite do imaginável. Estou até tola.* [...] *Fico até aflita de tanto gostar.*»[5] Clarice nunca tinha escrito com tanto entusiasmo acerca de um contemporâneo e, alguns meses antes de morrer, o velho mestre fez-lhe um grande elogio. Depois de ter citado, de cor, longas passagens dos livros dela, disse: «*uma coisa que jamais esquecerei, tão feliz me senti na hora: disse que me lia, "não para a literatura, mas para a vida"*».[6]

Em 1965, Clarice mudou-se finalmente para o enorme apartamento com três quartos que tinha comprado alguns anos antes, quando o prédio ainda estava em construção. Ficava perto do apartamento alugado onde tinha vivido até então, também no Leme. Depois de uma vida de mudanças, o número 88 da Rua Gustavo Sampaio, a um quarteirão de distância da praia e mesmo ao lado do Leme Tênis Clube, seria a sua última morada. Mais ou menos um ano depois de se ter mudado para lá, esteve quase a morrer.

No dia 12 de Setembro de 1966, Rosa Cass estava em Copacabana, no apartamento de duas irmãs, Gilka e Gilda, praticantes de *umbanda,* uma religião afro-brasileira. Rosa estava a passar por um período difícil da sua vida e uma amiga tinha-lhe sugerido que fosse visitar Gilda, que a «purificaria» através de um ritual. Durante a purificação, para terror e espanto de Rosa, Gilda foi subitamente possuída por um espírito que inspirou a pequena mulher a agarrar Rosa, levantá-la no ar por cima da sua cabeça e fazê-la girar em volta. Depois de Rosa se encontrar novamente no chão, em segurança, a médium anunciou-lhe que a vida de uma das suas amigas mais próximas estava em perigo. Na altura, as duas amigas mais chegadas de Rosa eram Clarice e a afamada escritora Nélida Piñon. Verdadeiramente assustada, Rosa ficou a pensar qual delas estaria em perigo, mas depressa descobriu.

Na noite seguinte, Nélida ia apresentar a sua primeira colectânea de contos, *Tempo das Frutas,* ocasião para a qual tinha convidado Clarice. Algumas horas antes da sessão, Clarice telefonou-lhe a dizer que não iria poder estar presente. Nélida notou que a voz dela estava fraca, arrastada. Várias horas depois, às

3h35 da manhã, uma vizinha reparou que havia fumo a sair do edifício em frente ao seu. Avisou o porteiro do seu prédio e dirigiram-se à pressa para o edifício de Clarice, encontrando o apartamento dela em chamas.[7]

Os dois vícios de Clarice, os cigarros e os comprimidos para dormir, tinham, finalmente, conseguido vencê-la. Clarice dormia numa cama de solteiro colocada junto de uma janela com cortina, e sempre tivera dificuldade em dormir, deitando-se normalmente por volta das nove horas da noite e acordando às primeiras horas da madrugada. Nessa noite, depois de tomar os comprimidos, sentou-se na cama, a fumar. Acordou com o quarto já em chamas. Em pânico, e na tentativa de salvar os seus documentos, tentou apagar o fogo com as próprias mãos. O filho, Paulo, tirou-a do quarto em chamas e começou a tocar insistentemente à campainha do apartamento do lado. Os assustados vizinhos, Saul e Heloísa Azevedo, acordaram e depararam-se com Clarice de pé, com queimaduras por todo o corpo, diante da porta deles. Ela não disse uma única palavra. Saul e Paulo apressaram-se a apagar o fogo, enquanto Heloísa levava Clarice para dentro de casa. A sua camisa de dormir, de *nylon*, estava parcialmente queimada e agarrada ao corpo e, enquanto caminhava por cima da alcatifa de Heloísa, Clarice ia deixando manchas de sangue por todo o lado.

Durante três dias, e na companhia de Tania, Elisa e Rosa, Clarice pairou entre a vida e a morte. A sua mão direita, aquela com que escrevia, tinha sido tão gravemente atingida que se chegou a falar em amputação. Tania rogou aos médicos que esperassem mais um dia, e o perigo passou. Nesses três dias, as visitas foram proibidas pelo médico-cirurgião.

> «*Mas eu quero visitas, dizia, me distraem da dor terrível. E todos os que não obedeceram à placa "Silêncio", todos foram recebidos por mim, gemendo de dor, como numa festa: eu tinha-me tornado falante e minha voz era clara: minha alma florescia como um áspero cáctus.* [...] *Parece-me que eu vagamente sentia que, enquanto sofresse fisicamente de um modo tão insuportável, isso seria a prova de estar vivendo ao máximo.*»[8]

A dor era excruciante. Além das queimaduras de terceiro grau na mão, também as pernas tinham ficado gravemente queimadas, embora o rosto, felizmente, tivesse sido poupado. Quase quarenta anos depois, Rosa ainda estremecia ao descrever a forma como as enfermeiras limpavam as feridas, sem qualquer anestesia, com uma escova e sabão.

> «*Quando tiraram os pontos de minha mão operada, por entre os dedos, gritei*», escreveu Clarice. «*Dei gritos de dor, e de cólera, pois a dor parece uma ofensa à nossa integridade física. Mas não fui tola. Aproveitei a dor e dei gritos pelo passado e pelo presente. Até pelo futuro gritei, meu Deus.*»[9]

Clarice teve de permanecer no hospital durante três meses, submetendo-se a várias operações cirúrgicas, enxertos de pele e fisioterapia, que lhe permitiram, com o tempo, readquirir os movimentos da mão, pelo menos para dactilografar. Mas para o resto dos seus dias o aspecto da mão sempre seria o de uma garra enegrecida. «*A mão esquerda era um milagre de elegância*», escreveu a sua amiga Olga Borelli. «*No trabalho, ágil e decidida, parecia procurar suprir as deficiências da outra, dura, com gestos mal controlados, de dedos queimados, retorcidos, com profundas cicatrizes.*»[10]

O quarto de Clarice tinha ficado completamente destruído, com uma única excepção: um missal que um amigo lhe oferecera, com a inscrição «*Reze por mim*».

> «*O estuque das paredes e do teto caiu, os móveis foram reduzidos a pó, e os livros também. Não tento sequer explicar o que aconteceu: tudo se queimou, mas o missal ficou intato, apenas com um leve chamuscado na capa.*»[11]

Para Rosa, Clarice saiu do hospital ainda mais bonita do que antes, muito magra, com as feições mais refinadas, porque o sofrimento lhes tinha conferido um aspecto mais espiritual. Mas pouco tempo depois, durante a difícil convalescença, Clarice começou a ganhar peso e teve de consultar um nutricionista.[12] Continuaria a ser aquela figura marcante mas, aos quarenta e seis anos, a famosa beleza que nunca a tinha abandonado, apesar das dificuldades por que passara, era algo do passado. Segundo o seu filho Paulo, Clarice sofria de «*um desencanto não admitido pela perda da beleza da juventude*»[13].

> «*Parece-me que achava feio passear quando não se era mais jovem*», escreveu Clarice. «*O ar tão limpo, o corpo sujo de gordura e rugas. Sobretudo a claridade do mar desnuda. Não era para os outros que era feio ela passear, todos admitem que os outros sejam velhos. Mas para si mesma.*»[14]

# 32

## DIÁLOGOS POSSÍVEIS

Como tantas outras vezes na vida de Clarice, a seguir ao desastre veio o triunfo, e 1967 acabou por ser um bom ano, pelo menos a nível profissional. Nessa altura, foi publicado o conto para crianças, *O Mistério do Coelho Pensante,* que ela tinha escrito em Washington, em inglês, a pedido de Paulo. Tinha-se esquecido dele — «*Era tão pouco literatura para mim*»[1] —, até que um editor lhe perguntou se tinha alguma coisa para crianças. Ela tirou-o da gaveta e publicou-o.

A obra ganhou o Prémio Calunga para o melhor livro do ano para crianças, o que deixou Clarice muito feliz.

> «*Mas muito mais contente ainda ao me ocorrer que me chamam de escritora hermética. Como é? Quando escrevo para crianças, sou compreendida, mas quando escrevo para adultos fico difícil? Deveria eu escrever para os adultos com as palavras e os sentimentos adequados a uma criança? Não posso falar de igual para igual?*»[2]

O ano seguinte foi testemunha da sua segunda incursão na literatura infantil, *A Mulher Que Matou os Peixes,* e que começa com uma confissão: «*Essa mulher que matou os peixes infelizmente sou eu. Mas juro a vocês que foi sem querer. Logo eu! Que não tenho coragem de matar uma coisa viva! Até deixo de matar uma barata ou outra!*»[3] No livro, Clarice recorda todos os seus animais de estimação, de

*Dilermando*, que fora obrigada a deixar ficar em Nápoles, a *Jack*, o cão que teve em Washington. Tal como «O Crime do Professor de Matemática», *A Mulher Que Matou os Peixes* foi concebido devido a «*uma sensação de culpa da qual queria me redimir*»[4]. Neste caso, as vítimas eram dois pequenos peixes vermelhos que o seu filho Paulo lhe confiara, quando fora de férias durante um mês. Ocupada com o trabalho e distraída, esqueceu-se simplesmente de lhes dar de comer durante alguns dias: quando finalmente se lembrou, eles já tinham morrido. Mais uma vez, como já tinha sucedido a seguir à morte da mãe, inventou uma história que lhe pudesse apaziguar os remorsos, reafirmando a ligação entre crime e criação.

A oportunidade para «*falar de igual para igual*» com os adultos chegou-lhe quando o seu velho amigo Alberto Dines, que lhe tinha oferecido trabalho no *Diário da Noite* depois de ela ter regressado ao Brasil, recebeu um telefonema de outro amigo, Otto Lara Resende. Tal como tinha feito em 1960, Otto disse-lhe: «*Clarice está com problemas.*» E, como acontecera em 1960, Dines, agora editor-chefe do *Jornal do Brasil*, o jornal mais prestigiado do país, estava numa posição privilegiada para ajudar. Dines andava a preparar um novo suplemento cultural para a edição de sábado, e pretendia atrair leitores mais cultos para esta secção. Ofereceu imediatamente a Clarice uma coluna semanal.

No dia 19 de Agosto de 1967, Clarice estreou-se como *cronista*. A *crônica* é uma coluna com uma forma literária livre e, no Brasil, era uma instituição. Os *cronistas* eram populares e até bastante considerados. Se isto acontecia porque, como escreveu João Cabral de Melo Neto, «*no Brasil, só entendem o que se escreve para os jornais*», ou apenas porque os jornais ainda constituíam o principal meio de informação do país, a verdade é que o género era genuinamente popular. Entre os seus praticantes incluíam-se muitos dos amigos de Clarice, tais como Paulo Mendes Campos, Rubem Braga e Fernando Sabino.

Clarice receava não estar à altura da tarefa e confessou muitas vezes, ao longo dos seis anos e meio em que trabalhou para o *Jornal do Brasil*, que se sentia um pouco intimidada pelo estilo:

*«E, além de ser neófita no assunto, também o sou em matéria de escrever para ganhar dinheiro. Já trabalhei na imprensa como profissional, sem assinar. Assinando, porém, fico automaticamente mais pessoal. E sinto-me um pouco como se estivesse vendendo minha alma. Falei nisso com um amigo que me respondeu: mas escrever é um pouco vender a alma. É verdade. Mesmo quando não é por dinheiro, a gente se expõe muito. Embora uma amiga médica tenha discordado: argumentou que na sua profissão dá sua alma toda, e no entanto cobra dinheiro porque também precisa viver. Vendo, pois, para vocês com o maior prazer uma certa parte de minha alma — a parte da conversa de sábado.»*[5]

Parte do sentimento de desadequação pode ter resultado do facto de ser uma mulher, caso raro, num domínio quase exclusivamente masculino. Apenas três ou quatro mulheres trabalhavam como colunistas literárias.[6] Os homens, em particular Rubem Braga, possuíam uma grandiloquência, um consciente refinamento de tom que não existia na obra de Clarice. As suas colunas eram assumidamente pessoais e femininas.

Nelas, Clarice não abandonou completamente muitos dos seus velhos temas metafísicos, mas também escrevia crónicas sobre a sua vida como mãe e dona de casa, em termos abertamente pessoais. *«Acho que se escrever sobre o problema da superprodução do café no Brasil terminarei sendo pessoal»*, disse ela numa das colunas.[7] Escrevia acerca dos filhos, dos amigos, das empregadas, da sua infância, das viagens, de tal forma que *A Descoberta do Mundo*, uma colectânea com os artigos que escreveu nas suas colunas, publicada postumamente, pode considerar-se quase uma autobiografia.

O estilo intimista da «conversa de sábado» desagradou a algumas autoridades do género, que consideravam a coluna de jornal como uma arte menor. Até Rubem Braga, seu amigo desde os tempos de Nápoles, a criticou, aparentemente, acabando por ter direito a uma resposta pública:

*«Uma pessoa me contou que Rubem Braga disse que eu só era boa nos livros, que não fazia crônica bem»*, escreveu Clarice. *«É verdade Rubem? Rubem, eu faço o que posso. Você pode mais, mas não deve*

*exigir que os outros possam. Faço crônicas humildemente, Rubem. Não tenho pretensões. Mas recebo cartas de leitores e eles gostam e eu gosto de recebê-las.»*[8]

Os leitores apreciavam as crónicas de Clarice. Se a *Senhor* apresentou Clarice aos literatos, o *Jornal do Brasil* levou-a até à classe média, semana após semana, e o seu trabalho como colunista trouxe-lhe uma fama que nunca conhecera. Até lhe trouxe um polvo. «*Sou tímida mas tenho direito de ter meus impulsos*», exclamou uma mulher que apareceu à sua porta. «*O que você escreveu hoje no jornal foi exatamente como eu sinto; e então eu, que moro defronte de você e assisti o seu incêndio e sei pela luz acesa quando você tem insônia, eu então trouxe um polvo para você.*»[9] Para espanto de Clarice, a mulher começou ali mesmo a cozinhar o polvo, a sua especialidade.

«*Escrevi nove livros que fizeram muitas pessoas me amar de longe*», escreveu Clarice acerca da sua popularidade recém-descoberta.

> «*Mas ser cronista tem um mistério que não entendo: é que os cronistas, pelo menos os do Rio, são muito amados. E escrever a espécie de crônica aos sábados tem me trazido mais amor ainda. Sinto-me tão perto de quem me lê.*»[10]

Clarice devolvia aos leitores o amor que recebia. Uma rapariga escreveu a Clarice, agradecendo-lhe por a ter ajudado a amar, e Clarice respondeu, agradecendo, por sua vez: «*Obrigada também pela adolescente que já fui e que desejava ser útil às pessoas, ao Brasil, à humanidade, e nem se encabulava de usar para si mesma palavras tão imponentes.*»[11]

Um retrato fascinante de Clarice nessa época emerge das recordações de Maria Theresa Walcacer[12], uma estudante de Filosofia de vinte anos que respondeu a um anúncio — «*Escritor procura secretário*» — mais ou menos na altura em que Clarice começou a trabalhar para o *Jornal do Brasil*. Ao chegar ao local, Walcacer ficou espantada ao perceber que a escritora não era outra senão Clarice Lispector, sentada junto da janela, a entrevistar as cerca de quarenta candidatas. Clarice disse-lhe que, desde o incêndio, só conseguia escrever à máquina com dificuldade, e que precisava de alguém que respeitasse todos os parágrafos e vírgulas da sua escrita. Perguntou por fim a Maria Theresa se já tinha lido algum dos seus livros. A jovem respondeu: «*Quase todos*.» Passada meia hora, tinha o lugar.

> *«Por que escolhi Maria Theresa, cujo apelido é Teté? Primeiro porque ela era tão capaz como as outras. Segundo, porque, pelo fato de já ter lido romances meus, ela estava familiarizada com meu modo de escrever, e na certa iria fazer o que peço: na hora da cópia, não acrescentar nem diminuir nada* [...] *Em terceiro lugar, escolhi Teté porque ela veio de minissaia. Bem representante da juventude moderna. Foi a única de minissaia. Em quarto escolhi-a pela voz dela que me agrada. Há vozes que me deixam literalmente cansada. A minha Teté tem uma voz agradável.»*

Clarice prometera à rapariga que aquele seria o emprego ideal para uma estudante: «*São poucas horas que a secretária está comigo, e tem o resto do tempo para estudar, frequentar as aulas, namorar*.» Mas Theresa Walcacer tem uma recordação um pouco diferente:

> *«Acho que ela não queria exatamente uma secretária, mas uma dama de companhia, ou algo assim. Ela me pedia toda a sorte de coisas: para conversar com ela, para acompanhá-la à casa de uma amiga, ler histórias para os meninos, levar Pedro para passear na praia. Pedia-me também com frequência para ficar para o almoço, ou para o jantar. Ela me solicitava demais.»*

A casa estava um caos. Maria Theresa, que imaginara que uma escritora trabalhava em reclusão monástica, viu algo muito diferente. Paulo e Pedro interrompiam constantemente, o telefone não parava de tocar, a empregada cirandava por ali, e os papéis de Clarice estavam espalhados pela casa toda.

*«Se isso tivesse acontecido hoje certamente teria sido diferente. Mas na época, que inadequação, que distância! Eu era muito nova, estava namorando, apaixonada, na verdade não era para mim uma opção muito sedutora ficar jantando com aquela senhora e os dois filhos meio problemáticos.* [...] *Me lembro também do Pedro vagando, com os olhos perdidos. Eu tenho uma recordação um pouco soturna do cotidiano da casa.»*

Nessa mesma entrevista, Theresa recorda a surpresa que sentiu ao ler a descrição que Clarice fazia da sua pessoa, considerando-se petulante e relaxada, quando de facto estava a passar por uma profunda depressão.

*«Eu estava tão insegura de me ver diante daquela mulher, daquele mito. Na verdade, eu não acredito sequer que em nosso primeiro encontro eu estivesse de minissaia. Aquela descrição toda me parece um tanto fantasiosa.»*

Ao fim de quatro meses, Maria Theresa fugiu.

Em Maio de 1968, quinze anos depois de Fernando Sabino ter abordado o assunto, Clarice começou a fazer entrevistas para a *Manchete,* a resposta brasileira à *Paris Match.* Era um novo palco proeminente que alteou o seu perfil nacional. Muitas das pessoas que ela entrevistou para os «Diálogos Possíveis com Clarice Lispector» eram velhos amigos, como Érico Veríssimo e Alzira Vargas; o seu primeiro *«protetor masculino»,* o matemático Leopoldo Nachbin, e Hélio Pellegrino, o psicanalista que tinha confessado que, numa segunda encarnação, gostaria de ser o *«marido de Clarice Lispector, a quem eu me devotaria com aveludada e incansável dedicação»*[13].

Clarice disse a um repórter:

*«Eu me expus nessas entrevistas e consegui assim captar a confiança de meus entrevistados a ponto de eles próprios se exporem. As entrevistas são interessantes porque revelam o inesperado das personalidades entrevistadas. Há muita conversa e não as clássicas perguntas e respostas.»*[14]

Algumas das entrevistas são milagres de candura — por parte da entrevistadora. Mas o seu trabalho jornalístico roubava-lhe muito tempo e a sua timidez natural tornava a tarefa difícil. Hélio Pellegrino, reparando no seu desconforto, disse-lhe: *«Clarice vamos comer aqui uma carne, vamos tomar um chope. Você deixa as perguntas. Eu escrevo a entrevista.»*[15]

Se a *Manchete* lhe trouxe o respeito e uma certa celebridade, também lhe trouxe humilhações. No *Jornal do Brasil,* o seu grande admirador, Alberto Dines, estava perfeitamente consciente das dificuldades que ela tinha e publicava tudo o que ela lhe enviava, sem fazer qualquer alteração. *«Uma vez, ela enviou para o* JB *uma crônica sem uma abertura de parágrafo. Assim foi publicada.»*[16] Na *Manchete,* Lêdo Ivo, o poeta que conhecia Clarice desde 1944, assistiu uma vez a um episódio terrível. Ao rejeitar um artigo de Clarice, Justino Martins, o director da revista, sugeriu que, «para poder ser mais produtiva e competente, ela deveria actualizar a sua agenda sexual». A sensível e discreta Clarice respondeu humildemente: *«Não consigo dormir com ninguém, Justino. Todo o meu corpo está queimado.»*[17]

Não era fácil, para uma mulher que apenas alguns anos antes tinha sido bela e desejada, adaptar-se à nova situação. Lygia Marina de Moraes, que veio a ser a terceira esposa de Fernando Sabino, em 1974, recorda o seu primeiro encontro com Clarice. Num bar de Ipanema, Lygia e uma amiga meteram conversa com o lendário Tom Jobim, um dos criadores da bossa-nova, que as convidou para ir a casa de Clarice. As raparigas ficaram extasiadas com a perspectiva de conhecer, num só dia, Tom Jobim e Clarice Lispector.

*«Naquela altura ela já era* CLARICE*»* — recorda Lygia, intimidada com o facto de ir conhecer o ícone. No entanto, o ícone não ficou nada feliz ao ver Tom Jobim chegar acompanhado por duas jovens bonitas. Na sua *«voz metálica»,* disse a Jobim que Vinicius de Moraes, o famoso poeta e compositor, lhe tinha escrito um poema, e pediu a Jobim que fizesse o mesmo. Ele ofereceu-se para compor antes uma música, mas depois, alguns minutos mais tarde, acabou por escrevinhar um poema dedicado a Lygia. Clarice ficou terrivelmente irritada e magoada.

Deixou de tentar esconder as suas feridas. Otto Lara Resende recorda-se de um almoço com ela e com Antonio Callado. «*De repente ela explodiu para cima de mim: "Que é que você está me olhando? Quer ver as minhas cicatrizes?" E exibiu as pernas de que ela e nós tentávamos fugir.*»[18]

# 33

# TERROR CULTURAL

Na *Manchete*, embora tivesse permissão para apresentar muitos dos seus amigos importantes, Clarice também tinha de entrevistar pessoas que poderá não ter considerado muito agradáveis. No início de 1969, entre estas incluíam-se Yolanda Costa e Silva, a mulher do general Arthur da Costa e Silva cuja reputação, como o mais desastrado presidente da história do Brasil, nunca foi seriamente abalada. A primeira-dama era conhecida pela sua devoção à cirurgia plástica e pelo seu hábito de andar sempre rodeada de homens bonitos.

Apesar de ter dito ao seu filho Paulo que «[Yolanda] *nem dá para ser primeira-dama*», Clarice não podia ser desagradável com ela, e a entrevista foi cordial.[1] Dando o tom, disse Clarice: «*Eu soube que a senhora se preocupa com o analfabetismo no Brasil.*» Disse-lhe que gostaria de saber como uma pessoa se sente por ser avó e perguntou-lhe, talvez um pouco tendenciosamente, qual era o seu «*conceito de elegância*»[2]. Numa grande fotografia das duas, Yolanda, nitidamente encantada por ir aparecer na revista, irradia felicidade. Uma Clarice apreensiva, a esconder a mão queimada por trás de uma folha de papel, mal esboça um sorriso.

Talvez Yolanda se tivesse sentido menos encantada se se recordasse da participação de Clarice na Passeata dos Cem Mil, um dos acontecimentos que marcaram os tumultos no Brasil, nos finais dos anos 60. Foi um protesto gigantesco, organizado no dia 26 de Junho de 1968, no centro do Rio de Janeiro. O seu alvo era o marido de Yolanda, cuja governação tinha tomado rumos ainda mais sinistros.

Humberto de Alencar Castello Branco, o primeiro presidente depois do golpe militar de 1964, era, em vários aspectos, alvo de muitas objecções, a começar pela forma como ascendeu ao lugar. Fez de conta que não sabia nada sobre as torturas que eram praticadas e, de forma ilegal, encerrou temporariamente o Congresso, cujo presidente era um irmão de Lúcio Cardoso, Adauto Lúcio Cardoso. Durante o seu mandato também se assistiu a coisas absurdas, como a prisão do possível editor de Clarice, Ênio Silveira, pelo crime de ter oferecido uma feijoada ao governador deposto de Pernambuco.[3]

Mas, pelo menos, Castello Branco não era um filisteu — gostava de teatro — e era honesto, pessoalmente. Protestou contra a prisão de Silveira, acusando os seus autores de quererem criar um «*terror cultural*». Não querendo protagonizar uma verdadeira ditadura, Castello Branco parece ter imaginado para o Brasil um sistema semelhante ao do México, no qual o partido no poder ia elegendo um novo presidente, com uma certa regularidade. Esse grupo — o partido, no caso do México, os militares, no caso do Brasil — manteria o poder, mas não poderia surgir qualquer ditadura pessoal.

Quando Castello Branco entregou o poder a Costa e Silva, em Março de 1967, todas as contradições inerentes a este modelo vieram à superfície. Costa e Silva queria que o considerassem um intelectual, embora orgulhosamente, e sem dúvida de forma correcta, se vangloriasse do facto de os únicos livros que lia serem os de palavras-cruzadas.[4] Com o seu bigode, o uniforme cravejado de medalhas e óculos espelhados, parecia-se mais com uma caricatura de um ditador da América do Sul do que qualquer um dos seus predecessores.

Desde o princípio do seu mandato que Castello Branco procurou formas de consolidar o poder ditatorial implícito na estrutura política posterior a 1964. Os estudantes, que se manifestavam por toda a parte, de Paris a Praga, constituíam um alvo especial do governo. As medidas tomadas para os reprimir espantaram Clarice, que foi ao ponto de enviar uma carta aberta ao ministro da Educação, publicada no dia 25 de Fevereiro.

> «*Ser estudante é algo muito sério. É quando os ideais se formam, é quando mais se pensa num meio de ajudar o Brasil. Senhor Ministro ou Presidente da República, impedir que jovens entrem em universidades é um crime. Perdoe a violência da palavra. Mas é a palavra certa.*»[5]

Um acontecimento aparentemente inócuo desencadeou a confrontação final. Os estudantes pobres, que estavam dependentes de um refeitório subsidiado, conhecido por Calabouço, exigiram melhor serviço. O seu protesto originou um confronto com a polícia a 29 de Março de 1968. Um estudante sem filiação política, Edson Luís de Lima Souto, com dezassete anos, foi alvejado e morto pela polícia.

O assassinato chocou o país, levando inevitavelmente a mais protestos estudantis e a violentos ataques policiais. Entre estes incluiu-se um ataque às pessoas que assistiam a um serviço fúnebre por alma de Edson Luís, dentro da belíssima Igreja da Candelária, onde os milionários do Rio se casavam e eram sepultados. Clarice Lispector adicionou uma única frase à sua coluna de 6 de Abril: «*Estou solidária, de corpo e alma, com a tragédia dos estudantes do Brasil.*»[6]

A 21 de Junho, Clarice juntou-se a uma delegação de notáveis que se apresentaram ao governador, no Palácio Guanabara, o edifício que Alzira Vargas defendera do golpe dos Integralistas, trinta anos antes. Estavam presentes os nomes mais sonantes da cultura brasileira: o arquitecto de Brasília, Oscar Niemeyer; os músicos Caetano Veloso, Gilberto Gil, Milton Nascimento e Nara Leão; os actores Paulo Autran e Tônia Carrero. Hélio Pellegrino tinha sido escolhido como porta-voz do grupo e dirigiu-se ao governador, Francisco Negrão de Lima, «*com respeito e firmeza, induzindo-o a manifestar-se em favor dos estudantes*». O clima de tensão aumentava, enquanto Hélio Pellegrino relembrava os últimos acontecimentos que mostravam a violência da polícia contra os estudantes, apesar das promessas em contrário do governador. Este tentava justificar a reacção que um soldado poderia ter, se agredido por estudantes.

Aí, então, surge a voz do deputado Márcio Moreira Alves, que interrompe o governador, observando que defender um soldado que havia atacado estudantes seria estar «*dando autorização à polícia para continuar a metralhar o povo*».

«*Clarice Lispector quase desmaiou*», recorda um jornalista de serviço.

> «*Ela passara o tempo todo tensa, morrendo de medo de que o seu amigo Hélio cometesse algum excesso. Toda vez que o orador parecia se exaltar, Teresa Aragão, do seu lado, ouvia Clarice dizer baixinho, em tom de prece: "Pelo amor de Deus, Hélio, calma". Com aquela intempestiva interrupção, Teresa achou que a nossa genial escritora ia ter um ataque.*»[7]

Cinco dias depois, toda a sociedade do Rio se uniu em protesto contra a crescente brutalidade do regime. A Passeata dos Cem Mil foi abençoada pelo mesmo cardeal arcebispo conservador do Rio de Janeiro que, quatro anos antes, tinha abençoado a marcha que festejava o golpe de Estado. Incluía 150 padres, numerosos congressistas, pais furiosos e um enorme contingente de artistas.

À frente, seguia Clarice Lispector, de braço dado com os arquitectos, músicos, escritores e intelectuais mais eminentes do Brasil. No dia seguinte, por baixo do cabeçalho «MARCHA DA UBERDADE TOMA CONTA DA CIDADE», Chico Buarque e Clarice Lispector, separados por um grupo de freiras, surgiam em fotografias gigantescas na primeira página do *Última Hora*.[8]

Uma mulher que nunca se tinha envolvido em política transformara-se numa espécie de santa padroeira dos protestos dos estudantes. Carlos Scliar, um pintor que tinha conhecido Clarice em Nápoles, descreveu-a, nestas manifestações, como «*uma guardiã* [...] *uma mãe judia, protetora, generosa, preocupada*»[9].

Na sua última entrevista, perguntaram a Clarice se a escrita produzia algum efeito no mundo político exterior. «*Ela não muda nada*», insistiu ela por várias vezes, «*Não muda nada. Escrevo sem esperança de que alguma coisa que eu escreva possa mudar o que quer que seja. Não muda nada.*»[10]

Clarice tinha aprendido a lição em pequena, e em 1968 viria a ser brutalmente recordada do assunto. Pouco depois da Passeata dos Cem Mil, o «*terror cultural*», contra o qual o primeiro presidente dos militares tinha avisado, chegou. Grupos aliados ao governo de Costa e Silva começaram por atacar os teatros. No Rio, o espectáculo de Chico Buarque, *Roda Viva,* foi brutalmente desmantelado; em São Paulo, agitadores obrigaram actores famosos a fugir nus para a rua, expulsando-os dos seus camarins.[11]

Costa e Silva andava à procura de qualquer pretexto, por mais absurdo que fosse, para reclamar o poder absoluto. Encontrou-o no dia 2 de Setembro. Márcio Moreira Alves, o congressista cujas inflamadas declarações em frente do governador da Guanabara tanto tinham agitado Clarice, regressou a Brasília, vindo de São Paulo. Lá, num dos teatros que ainda não tinham sido encerrados, tinha assistido à peça *Lisístrata,* de Aristófanes.

Num discurso perante o Congresso, Alves sugeriu que, para se poder voltar a estabelecer a democracia, as esposas e namoradas dos soldados deveriam seguir o exemplo das mulheres gregas, que recusaram sexo aos seus maridos, conseguindo acabar assim com a Guerra do Peloponeso. Este discurso não mereceu grande entusiasmo e o assunto teria morrido por ali se não fosse a determinação do governo em transformar o congressista num exemplo.[12]

Com a honra das Forças Armadas em risco, Costa e Silva emitiu o Acto Institucional n.º 5, a 13 de Dezembro de 1968. O Acto ordenava o encerramento do Congresso por tempo indeterminado, declarava o estado de sítio, autorizava o presidente a governar por decreto, suspendia os direitos de *habeas corpus* e de livre reunião, estabelecia a «*censura prévia*» na imprensa, música, teatro e cinema, e bania da vida pública dezenas de políticos, diplomatas e juízes.

O AI-5, como ficou conhecido, constituía um ataque ao Estado de Direito nunca antes verificado nos últimos cento e cinquenta anos, nem mesmo durante o Estado Novo de Getúlio Vargas, desde que o Brasil tinha conquistado a sua independência. Foi institucionalizada a tortura. Muitas das personagens mais importantes da cultura e da política foram atacadas. Os amigos de Clarice, Paulo Francis e Ferreira Gullar foram imediatamente presos[13], como aconteceria pouco depois com Chico Buarque; Caetano Veloso e Gilberto Gil foram obrigados a partir para o exílio. (Como protesto, a festa de lançamento da obra *A Mulher Que Matou os Peixes,* marcada para o dia 17, foi cancelada.)[14]

No dia a seguir à promulgação do AI-5, Alberto Dines, do *Jornal do Brasil,* criou uma das primeiras páginas pelas quais viria a ficar famoso. «*Ontem Foi o Dia dos Cegos*», noticiou o jornal, no canto superior direito. Dois artigos censurados, da página frontal, foram ostensivamente substituídos por anúncios classificados. O boletim meteorológico, no canto superior esquerdo, dizia o seguinte: «*Nuvens negras. Temperatura sufocante. O ar está irrespirável. O país está sendo varrido por fortes ventos.*»[15]

A 15 de Junho, quando ainda havia alguma esperança de que os protestos e as petições pudessem ter algum efeito positivo, Clarice escreveu numa coluna:

> «*Com o tempo, sobretudo nos últimos anos, perdi o jeito de ser gente. Não sei mais como se é. E uma espécie toda nova de "solidão de não pertencer" começou a me invadir como heras num muro.*»[16]

Para escapar à sua solidão, Clarice começou a contactar os amigos. Ainda incapaz de dormir, sempre acordada, telefonava a meio da noite, por vezes confessando agonias terríveis, por vezes apenas para conversar. Na comovedora e bela elegia à irmã, Elisa Lispector recorda esses telefonemas:

> «*Hoje, para punir-me, relembro a impaciência com que eu te atendia quando me acordavas antes da aurora, só para conversar — eu não sabia que irias morrer, é a minha única justificativa, porque antes de morreres, a morte não existia efetivamente. Era algo remoto, difícil de imaginar.*»[17]

O escritor Affonso Romano de Sant'Anna e a mulher, Marina Colasanti, editora de Clarice no *Jornal do Brasil,* também recebiam telefonemas desesperados de Clarice. «*Ainda me recordo*», escreveu Sant'Anna, «*Ela me telefonou uma vez* [...] *me dizendo que queria pedir opinião sobre literatura, que tinha chegado à conclusão de que não sabia mais escrever* [...] *Eu peguei... brinquei com ela... falei: Que é isso, Clarice!... Imagina!*» Mais tarde, Sant'Anna soube que ela tinha feito a mesma pergunta a Renaud, o cabeleireiro mais afamado do Rio, cujo salão ficava no Copacabana Palace.[18]

As tentativas seguintes de Clarice para conseguir encontrar uma vida para si própria foram tão desastradas como as de telefonar às pessoas a meio da noite. Até aos dias de hoje, abundam no Rio de Janeiro anedotas sobre a excentricidade social de Clarice. Uma vez, Affonso e Marina iam dar um jantar e souberam que Clarice gostaria de ser convidada. Marina ficou encantada, pois ela raramente saía de casa. À hora combinada, Affonso foi buscar a famosa escritora para a trazer para sua casa. Ela chegou, com um ar «imperial», entrou na sala de visitas e, por alguns minutos, conversou desajeitadamente com os outros convidados. Na cozinha, disse a Marina que estava com uma dor de cabeça e que tinha de ir embora. Affonso levou-a a casa.

Mas, quando ela ficava, as coisas não se tornavam mais fáceis. Uma anfitriã, num jantar especial, cozinhou *borscht,* como homenagem às origens eslavas dela. Clarice comeu uma colherada e exclamou que estava delicioso. Não comeu nem mais uma garfada, embora toda a gente fingisse não ter reparado. Começou então a beber bebidas alcoólicas umas atrás das outras (tomava comprimidos para dormir), a comer sobremesas (andava a fazer dieta) e a tomar café (sofria de insónia crónica). Quando Clarice se foi embora, às dez e meia, a dona da casa escreveu: «*Senti que eu tinha sobrevivido mais uma vez.*»[19]

Mesmo os que gostavam muito de Clarice a achavam cansativa. Ela evocava nos outros uma sensação de protecção, uma ânsia de a ajudar no seu grande sofrimento, embora os amigos deixassem bem claro que ela não lhes pedia nada. «*Era mais um sentimento que ela despertava na gente*», disse Rosa Cass. E a carência de Clarice era extenuante. Tati de Moraes, a primeira das nove mulheres de Vinicius de Moraes, perguntou uma vez a Rosa:

*«Há quanto tempo você é amiga de Clarice? Porque ninguém aguenta isso por muito tempo.»*[20]

A nível artístico e intelectual, Clarice era absolutamente independente, mas a nível emocional era tão dependente como uma criança. Nos seus livros de apontamentos pessoais, ela falava na dificuldade que sentia de se relacionar com as outras pessoas:

> *«Me perguntei se eu não evito aproximação com as pessoas por medo de vir a odiá-las. Com todo o mundo me dou mal. Eu não tenho tolerância. Ela me disse* [...] *que sou uma pessoa difícil de dar carinho. Respondi: bem, não sou o tipo que inspira carinho. Ela: você quase que empurra a mão que lhe dão para ajudar. Às vezes você precisa de ajuda, mas não pede.»*[21]

Clarice não diz o nome da mulher com quem estava a ter esta conversa, mas o tom sugere uma terapeuta, Inês Besouchet, ou a mulher que ela começou a consultar no início de 1968, Anna Kattrin Kemper, conhecida por Catarina. Kemper era uma amiga alemã de Inês Besouchet e de Hélio Pellegrino, e tinha vindo para o Rio de Janeiro depois da guerra.

Clarice tinha vergonha, ou sentia-se inquieta, pelo facto de fazer psicanálise, e não queria que essa informação se tornasse pública. Em Junho de 1968, numa carta a Marly de Oliveira — a esposa de um diplomata que no princípio dos anos sessenta se tornara próxima de Clarice, ao publicar uma longa série de artigos examinando e atacando a forma como alguns críticos viam a obra de Clarice, e que, em 1968, também publicou um longo poema, *A Suave Pantera*[22], em sua honra —, Clarice pedia à amiga que não divulgasse o facto de ela andar a consultar Kemper. Ao mesmo tempo, a carta também sugere que ela nunca tinha contado a Marly sobre os anos que tinha passado em tratamento com Inês Besouchet:

> *«Marly queridinha, realmente não recebi carta sua antes desta que você enviou por intermédio de Rosa. Meu endereço é... Estou sentindo falta de você muito maior do que eu sabia que ia sentir. Parece que se criou um pequeno vácuo na minha vida, e ninguém consegue preencher*

*nem de longe a sua vaga. Estou sentindo muita dificuldade com minha novela: é a primeira de que eu falei para os outros, e é a primeira cujo final eu já sei como é. Há ainda o espectro de* A Paixão segundo G. H.: *depois desse livro tenho a impressão desagradável de que esperam de mim coisa melhor. Mas estou lutando contra esse limiar de depressão procurando um jeito melhor de trabalhar e também me valendo de d. Catarina (nunca conte a ninguém da minha análise; escrevi todos os meus livros antes de d. Catarina, exceto* O Mistério do Coelho Pensante, *que estava aliás escrito desde o tempo em que tinha seis anos; de modo que é uma pista fácil de me explicar dizendo que escrevo assim por causa da análise. Eliane Zagury foi uma que perguntou se eu faço ou fiz análise, eu neguei, e ela disse que era porque meus livros tinham a profundeza que só se atinge na análise)... Quanto a mim mesma, estou apaixonada e a pessoa em questão simplesmente me disse, com outras palavras é claro, que ele não está sendo grande.*»[23]

Enquanto Clarice tentava, embora de forma dolorosa e incompleta, abrir-se para o mundo, o seu primeiro amor, o herói da sua adolescência, Lúcio Cardoso, estava a morrer, seis anos depois do ataque que o havia paralisado. Depois do acidente que sofreu, Clarice tinha-se encontrado com o amigo no hospital onde ambos faziam terapia. «*Caímos um nos braços do outro.*»[24]

Apoiado pela irmã, Maria Helena, Lúcio tinha-se tornado um pintor talentoso, usando apenas a mão esquerda, embora nunca tenha conseguido recuperar a capacidade de escrever. Nas eloquentes memórias que Maria Helena publicou, por sugestão de Clarice, ela recorda os dolorosos progressos dele, irregulares e fatigantes, até que, já perto do fim, conseguiu começar novamente a escrever. Até mesmo os apontamentos mais curtos que ele conseguia escrever lhes davam uma grande esperança.

«*Pode ter 100 anos — eu tenho no espírito moço — a vida, alegria, tudo!*», rabiscou ele. «*Eu, escritor por fatalidade.*» «*Olhei-o com muito carinho e admiração. Deus o provava da maneira mais cruel e entretanto tinha mais alegria e amor no coração do que tristeza e amargura. Os dias sombrios passavam depressa, sucedendo a eles luz, muita luz.*»

Depois de o dizer durante vários anos na tentativa de animar o irmão, Maria Helena podia finalmente exclamar, desta vez com convicção: «*Querido, não está longe o dia em que você poderá escrever romances de novo.*»[25]

O fim chegou pouco depois, no dia 22 de Setembro de 1968. Quando Lúcio Cardoso já estava em coma, Clarice foi visitá-lo.

> «*Não fui ao velório, nem ao enterro, nem à missa porque havia silêncio demais dentro de mim. Naqueles dias eu fiquei só, não podia ver as pessoas. Eu vi a morte.*»[26]

## 34

## «EU ME HUMANIZEI»

Ao longo de 1968, e apesar das suas limitações físicas, dos desapontamentos com a política e os contratempos pessoais, Clarice intensificou as suas tentativas para se envolver com o mundo, para voltar a descobrir *«o jeito de ser gente»*, ao longo de 1968. Uma parte desse processo foi *Uma Aprendizagem ou O Livro dos Prazeres,* escrito nesse ano e publicado em meados do ano seguinte. Por vezes, Clarice dizia que tinha ficado insatisfeita com o resultado. «*Se o livro é bom?*», escreveu ao filho, Paulo. «*Eu acho ele detestável e mal feito, mas as pessoas que o leram acham-no bom.*»[1]

Embora tenha sido um sucesso de vendas na altura em que foi publicado, *Uma Aprendizagem* é agora uma espécie de órfão. Mesmo alguns dos seus críticos mais compreensivos chegaram a acusá-la de superficialidade e leviandade, palavras que nos deviam fazer pensar, tratando-se de Clarice Lispector.[2] Talvez algum deste desagrado se deva ao momento em que foi publicado; o livro surgiu entre duas das suas obras mais importantes, *A Paixão segundo G. H.* e a subsequente *Água Viva*.

Não há qualquer dúvida de que *Uma Aprendizagem* requer um tipo de leitura diferente do das obras metafísicas de Clarice. Ela sabia que depois de *A Paixão segundo G. H.* seria difícil manter o mesmo nível, como confidenciou na carta escrita a Marly Oliveira. Na verdade, e no plano artístico, aquela obra seria difícil de suplantar para qualquer escritor. Mas o projecto de Clarice nunca fora, em primeiro lugar, estético. Era, como Martim afirma em *A Maçã no Escuro, «a reconstrução do mundo»*.

Assim, se a *Uma Aprendizagem* falta a monumentalidade titânica que os leitores de *A Maçã no Escuro* e *A Paixão segundo G. H.* se habituaram a associar a Clarice Lispector, a sua linguagem acessível e a sua aparentemente banal história de amor mascaram uma luta tão feroz como qualquer outra que Clarice tenha travado. A obra regista, literalmente, a luta entre a vida e a morte, entre a lucidez e a loucura, fornecendo uma elaborada e ambígua resposta para a questão colocada por *G. H.*

A busca de Clarice para se identificar com o mundo inumano «*do Deus*» atingiu o clímax quando G. H. colocou a barata dentro da boca. Esse momento não era apenas o ponto mais alto dessa obra excelente. Era o clímax de uma procura espiritual e artística que Clarice vinha a seguir há pelo menos duas décadas, desde *Perto do Coração Selvagem*. Quando a barata toca na língua de G. H., o projecto artístico inicial de Clarice ficou esgotado.

O livro é tão chocante e excessivo que o leitor quase teme pela sua autora. Até onde é que uma pessoa poderá ir, depois de algo semelhante? A experiência só deixava duas possibilidades. Ela poderia continuar por aquele caminho místico radical, que significaria a loucura, «*em termos humanos, o infernal*» atravessando «*definitivamente para* o outro lado da vida». Na sua coluna do jornal, Clarice escreveu sobre «*o grande sacrifício de não ser louco*», uma tentação que ela sentia, mas que, apesar de tudo, rejeitava. «*Eu não sou louco por solidariedade com os milhares de nós que, para construir o possível, também sacrificaram a verdade que seria uma loucura.*»[3]

A outra possibilidade seria um regresso ao mundo humano. Depois de ter comido a barata, também G. H. fica a saber que tem de rejeitar a verdade que encontrou dentro dela. No final do livro, G. H. anuncia planos para telefonar aos amigos, vestir um vestido bonito e sair para dançar. É uma escolha explícita do humano, em detrimento do divino, a mesma escolha que Clarice fez, quando compôs *Uma Aprendizagem ou O Livro dos Pra-*

*zeres*. Quando este livro foi publicado, uma entrevistadora disse: «*Achei* O Livro dos Prazeres *muito mais fácil de ler do que qualquer um dos seus outros sete livros. Você acha que há algum fundamento nisso?*» Clarice respondeu-lhe: «*Há sim. Eu me humanizei, o livro reflete isso.*»[4]

Vindo de outra pessoa qualquer, esta afirmação poderia parecer enigmática, ou até incompreensível. Para Clarice Lispector, no entanto, o desejo de se humanizar representava uma completa revolução, a nível filosófico e espiritual. «*A mais premente necessidade de um ser humano era tornar-se um ser humano*», escreveu ela no princípio de *Uma Aprendizagem ou O Livro dos Prazeres.*»[5]

É um repúdio tão explícito de tantos dos seus trabalhos anteriores que acaba por ser uma verdadeira surpresa. É a moralidade, «*o esforço por elevar a vida humana, por lhe dar um valor humano*», que Clarice, tantas vezes, e com tanta eloquência, tinha rejeitado.[6] Depois de ter andado tantos anos à procura da vida divina, impessoal e inumana, o esforço para «*tornar-se um ser humano*» só podia ser excruciante. De um modo significativo, isso implica a negação da maior parte da sua obra.

Por isso, não surpreende que, aquando da publicação de *Uma Aprendizagem,* Clarice tenha anunciado que não voltaria a escrever. «*Por quê?*», perguntou-lhe uma entrevistadora. «*Ora!*», exclamou Clarice, «*Porque dói muito.*»[7]

«*estava cansada do esforço de animal libertado*», escreveu Clarice no início de *Uma Aprendizagem,* com a pouco ortodoxa utilização de minúsculas e pontuação que caracterizam algumas partes do livro.[8] Uma coisa era, para um animal ou para Joana, acasalar e depois seguir em frente, outra coisa completamente diferente era, para uma pessoa, colocar a liberdade acima de tudo. Uma pessoa simplesmente não consegue sobreviver sem sacrificar um pouco da sua liberdade e aceitar os laços necessários que a ligam a outra. Para Clarice, isso significava amor humano.

O amor — o amor filial pelos seus pais; o seu amor maternal por Pedro, o filho doente; o seu amor erótico por Lúcio, Maury e

Paulinho — tinha-lhe trazido frequentes desgostos, e ela estava receosa de assumir novos laços. Quando o seu amigo Sérgio Porto morreu, com uma diferença de dias em relação a Lúcio Cardoso, Clarice escreveu:

> *«Não, não quero mais gostar de ninguém porque dói. Não suporto mais nenhuma morte de ninguém que me é caro. Meu mundo é feito de pessoas que são as minhas — e eu não posso perdê-las sem me perder.»*[9]

Maury compreendeu esse seu receio, mesmo que tenha sido demasiado tarde. Na carta que lhe escreveu, tentando a reconciliação, dizia:

> *«Não estava maduro para entender que, em Joana ou em Clarice, "o ódio pode transformar-se em amor", não sendo mais do que "uma procura de amor". Não soube liberá-la do "medo de não amar".»*

*Uma Aprendizagem* é uma tentativa de alcançar um outro tipo de liberdade. Clarice tinha de escapar ao receio de não amar, bem como ao receio de que esse amor fosse fútil. «*É óbvio que o meu amor pelo mundo nunca impediu guerras e mortes*», escreveu, a 9 de Março de 1968, talvez a pensar na mãe. «*Amar nunca impediu que por dentro eu chorasse lágrimas de sangue. Nem impediu separações mortais.*»[10] Mas, se ela temia novas feridas, também sabia que comer baratas no quarto da empregada não iria ajudar uma pessoa normal, num mundo real, a ultrapassar uma solidão imediata e desesperada.

Para isso, só existia o amor humano, por mais imperfeito e potencialmente insatisfatório que ele pudesse ser. *Uma Aprendizagem* é, portanto, uma história de amor. Conta a história de uma mulher, Lóri, que se vai libertando gradualmente do seu isolamento, para poder aprender a amar um homem. Clarice estabelece uma ligação explícita entre a luta de Lóri e as lutas políticas de 1968. «*Todos lutavam pela liberdade — assim via pelos jornais, e alegrava-se de que enfim não suportassem mais as injustiças*», escreve, antes de citar uma longa canção de liberdade da Checoslováquia.[11] Lá, como no Brasil, as esperanças populares de libertação seriam esmagadas pouco tempo depois.

A concepção que Lóri tem de liberdade não é a mesma de Joana. Em *Perto do Coração Selvagem,* que Clarice escreveu pouco antes de embarcar na sua própria tentativa falhada de casamento, bem como em contos, como «Obsessão», em que troça do desejo de Cristina de «*casar, ter filhos e, finalmente, ser feliz*», a escritora é radicalmente céptica em relação à possibilidade de união entre duas pessoas. Na sua obra, com bastante frequência, o isolamento do indivíduo é absoluto, e a distância entre as pessoas é intransponível.

*Uma Aprendizagem* é a tentativa, por parte de Clarice, de descobrir a forma como duas pessoas se poderiam juntar. O percurso de Lóri não é fácil e, como consequência, o estilo do livro é imperfeito, hesitante, dando, por vezes, a impressão de que se trata apenas de um primeiro esboço incompleto. A perfeição formal de *G. H.* desapareceu, embora o mesmo não tenha sucedido com a sua carga emocional: ele contém algumas das passagens mais comoventes e belas que Clarice alguma vez escreveu.

É o único livro de Clarice que utiliza recursos vanguardistas na pontuação; ficou famoso por começar com uma vírgula e terminar com dois pontos. As maiúsculas e minúsculas não são utilizadas devidamente. Numa página surge «*Luminescência...*» e mais nada. O livro publicita o facto de estar incompleto, reflectindo, na página, as hesitações e as dúvidas da pesquisa que ele descreve. Como já tinha acontecido em *Perto do Coração Selvagem,* Clarice consegue alcançar, em *Uma Aprendizagem,* «*essa harmonia preciosa e precisa entre a expressão e o fundo*».

Como todos os trabalhos de Clarice, *Uma Aprendizagem* contém um forte elemento autobiográfico, embora, ao contrário de *G. H.,* não esteja escrito na primeira pessoa. Mas o «Eu» está ali escondido, mesmo sob a superfície. Clarice transformou, para esta obra de ficção, longas passagens que tinha escrito para o *Jornal do Brasil,* fazendo por vezes pouco mais do que mudar o *eu* para *ela*. A 18 de Maio de 1968, por exemplo, Clarice escrevia no jornal: «*Amanhã provavelmente terei alguma alegria, também sem grandes êxtases, e isto também não é mau. É, mas não estou gostando muito deste pacto com a mediocridade de viver.*» Em *Uma Aprendizagem*, isto transformou-se em: «*No dia seguinte provavelmente teria alguma alegria, também sem grandes êxtases, só um pouco de alegria, e isto também não era mau. Era assim que ela tentava compactuar com a mediocridade de viver.*»[12]

A palavra «Clarice», estava escondida em «Lucrécia», e a primeira e a última letras de Lispector espreitavam de dentro do estranho e improvável nome da protagonista, Lóri, uma abreviatura de Loreley, que sugere um nome escondido: «*Faz de conta que estava deitada na palma transparente da mão de Deus, não Lóri mas o seu nome secreto que ela por enquanto não podia usufruir.*»[13]

Lóri é uma professora sem filhos, que vive sozinha mas, tirando isso, ela e Clarice têm bastantes coisas em comum. Tal como Clarice, Lóri passou longos períodos de tempo no estrangeiro, particularmente em Paris e Berna. O seu rosto é comparado ao da Esfinge: «*Decifra-me ou te devoro.*» A sua maquilhagem é um pouco exagerada. Sofre de uma paralisante ansiedade social. «*Pareceu-lhe que as torturas de uma pessoa tímida jamais tinham sido completamente descritas — no táxi que rolava ela morria um pouco.*»[14] Toma comprimidos para dormir, consulta cartomantes, a mãe dela já tinha morrido.

O seu potencial amante é Ulisses, um professor de Filosofia. Embora alguns críticos supusessem que o nome se referia a Homero ou a Joyce, Clarice afirmou que Ulisses era «*um professor de filosofia que conheci na Suíça*».[15] É um ressurgimento do misterioso Ulysses Girsoler, que tinha ficado tão apaixonado pela jovem Clarice que teve de se mudar para outra cidade. Poderá *Uma Aprendizagem* mascarar o remorso de Clarice por não ter agarrado aquela oportunidade de sentir o amor? Será que ficou a imaginar que poderia ter tido um resultado mais feliz do que com as suas paixões por Lúcio Cardoso, Maury Gurgel Valente ou Paulo Mendes Campos? Na Suíça, Clarice já era casada, mas Ulysses não lhe saía do pensamento, mesmo muitos anos depois de ter deixado Berna. Ela deu o nome dele à sua personagem e, alguns anos depois, foi também o nome que escolheu para o seu cão.

Esta personagem incomodou alguns leitores. Até mesmo Fernando Sabino, que se confessou «*atordoado*» com o livro —

*«Eu não mereço mais ser seu leitor. Você foi longe demais para mim»* —, intrigado com ele. *«Quem é esse homem? Que é que ele está dizendo? Por que tão pedante e professoral? Qual é o problema dele?»*[16]

Ulisses tomou como sua a tarefa de educar Lóri para o amor. Na realidade, ele tem um tom bastante afectado, como o de Girsoler, no teste de Rorschach que ele elaborou para Clarice. Fala por parábolas e teses, com o ar de superioridade de quem sabe tudo, o que, contrastando com a humilde ternura feminina de Lóri, deixou desconcertadas as leitoras feministas de Clarice: *«Este meu senso didático, que é uma vontade de transmitir, eu também tenho em relação a você, Lóri, se bem que você seja a pior de meus alunos.»*[17]

Clarice deve ter-se, contudo, sentido compreendida por Girsoler, cuja descrição do carácter dela é bastante correcta, até premonitória, apesar da sua linguagem maçadora. Também Lóri sente que Ulisses a compreende, apesar do seu tom *«pedante e professoral»*. Eles encontram-se numa esquina onde Lóri espera por um táxi, e ele deseja-a fisicamente. Mas a noção que ela tem de amor é a de algo puro e absoluto, diferente da humanidade dele.

> *«Através de seus graves defeitos — que um dia ela talvez pudesse mencionar sem se vangloriar — é que chegara agora a poder amar. Até aquela glorificação: ela amava o Nada. A consciência de sua permanente queda humana a levava ao amor ao Nada.»*[18]

Ao longo do livro, este amor puramente filosófico vai dando gradualmente origem a uma comunhão humana, emocional e, por fim, carnal. Ulisses treina pacientemente Lóri para o supremo encontro sexual dos dois, num namoro que, tal como as sessões de terapia, assume a forma de encontros previamente organizados que Lóri pode ou não cancelar. Como se fosse um terapeuta, Ulisses não se ofende nem surpreende com os caprichos dela, tentando, cheio de paciência, despertá-la para as maravilhas do mundo.

«— *Mas nas suas viagens é impossível que você nunca tenha estado entre laranjeiras, sol, e flores com abelhas. Não só o frio escuro mas também o resto?*

*— Não, disse sombria. Essas coisas não são para mim. Sou mulher de cidade grande.*

*— Em primeiro lugar, Campos não é o que se chama de cidade grande. E depois essas coisas, como símbolo, são para todo o mundo. É porque você não aprendeu a tê-las.*

*— E isso se aprende? Laranjeiras, sol e abelhas nas flores?*

*— Aprende-se quando já não se tem como guia forte a natureza de si próprio. Lóri, Lóri, ouça: pode-se aprender tudo, inclusive a amar! E o mais estranho, Lóri, pode aprender-se a ter alegria!*»[19]

O cepticismo de Lóri em relação a este assunto é compreensível. Mas, embora cancele, por vezes, os seus encontros e faça pequenos jogos com Ulisses, nunca rejeita ou troça dos conselhos dele, tão ansiosa está por se libertar da solidão e poder unir-se ao mundo humano. O «*guia forte*» da sua própria natureza traiu-a, levando-a apenas ao isolamento.

«*Seus conselhos: Mas existe um grande, o maior obstáculo para eu ir adiante: eu mesma. Tenho sido a maior dificuldade no meu caminho. É com enorme esforço que consigo me sobrepor a mim mesma.* [...] *Sou um monte intransponível no meu próprio caminho. Mas às vezes por uma palavra tua ou por uma palavra lida, de repente tudo se esclarece.*»[20]

Seria um erro considerar que o desejo de Lóri se submete a este homem de uma forma primária, em termos de dinâmica de géneros, embora o livro levante essa questão, obviamente. *(«Era uma liberdade que ele lhe oferecia. No entanto ela preferiria que ele mandasse nela, que marcasse dia e hora.»)* Isto não é uma manobra de sedução. Ela precisa de ajuda, e sente que, em Ulisses, encontrou um aliado. «*Lóri suportava a luta porque Ulisses, na luta com ela, não era seu adversário: lutava por ela.*»[21]

Desde a morte da mãe, a consciência que Clarice tinha da sua própria desadequação e incapacidade tinha sido uma das marcas mais fortes do seu carácter. «*Quando falo em* humildade», escreveu ela, em Outubro de 1969, «*não me refiro à humildade no sentido cristão (como ideal a poder ser alcançado ou não); refiro-me à humildade que vem da plena consciência de ser realmente incapaz.*»[22]

Num eco irónico de *A Paixão segundo G. H.*, Ulisses diz a Lóri: «*Sua boca, como eu já lhe disse, é de paixão. É através da boca que você passará a comer o mundo*». Em *Uma Aprendizagem*, e não menos do que em *G. H.*, a heroína entra em contacto com o mundo oralmente. Era um dos temas preferidos de Clarice. Lóri ensina aos seus alunos algo que recorda as descobertas de Virgínia. «*Queria que eles soubessem* [...] *que o sabor de uma fruta está no contato da fruta com o paladar e não na fruta mesmo.*»[23]

O verbo português *comer* também tem o significado, em calão, de acto sexual, um significado que Clarice sugere nestes capítulos finais. Comer leva ao sexo, a *comer*. A redenção de Lóri começa quando ela morde uma maçã — ao contrário da barata, esta é uma coisa que as pessoas podem comer — e culmina quando, finalmente, pratica o acto sexual com Ulisses.

A queda que a maçã de Lóri desencadeia não tem nada que ver com o horror árido que espera por G. H. no quarto da empregada, quando, no meio de um isolamento supremo, todas as qualidades humanas se dissipam. Lóri abandona a perfeição divina desse estado e cai na sua humanidade, um estado de graça, «*leve, tão leve*», que, para ela, implica um prazer profundo consigo mesma e com o mundo.

«*Quem é capaz de sofrer intensamente também pode ser capaz de intensa alegria*», tinha-lhe dito Ulisses e, neste estado, ela descobre «*uma bem-aventurança física que a nada se comparava. O corpo se transformava num dom. E ela sentia que era um dom porque estava experimentando, de uma fonte direta, a dádiva indubitável de existir materialmente*». O estado de graça de G. H. tornou-a menos humana; o de Lóri, humaniza-a.

> «*Havia experimentado alguma coisa que parecia redimir a condição humana, embora ao mesmo tempo ficassem acentuados os estreitos li-*

*mites dessa condição. E exatamente porque depois da graça a condição humana se revelava na sua pobreza implorante, aprendia-se a amar mais, a esperar mais. Passava-se a ter uma espécie de confiança no sofrimento e em seus caminhos tantas vezes intoleráveis.*»[24]

À medida que Lóri vai ficando mais humana, vai-se sentindo tentada a humanizar Deus. Pela primeira vez, Clarice permite que uma personagem revista Deus de atributos humanos, como quando Lóri reza a «*o Deus*»: «*Alivia minha alma, faze com que eu sinta que Tua mão está dada à minha*»[25]. Esta mão faz lembrar a mão que G. H. inventou para a acompanhar, enquanto descrevia o que aconteceu no quarto da empregada. Também recorda o gesto que Clarice menciona nas suas notas não publicadas; «*Quero que alguém segure minha mão (Era assim que Papai, quando eu estava sentindo dor, me ajudava a suportar)*».

Terá Clarice começado a pensar em Deus como uma reconfortante figura paterna? Certamente que não. Mas o desejo de se submeter a uma presença superior que a guie anima *Uma Aprendizagem*. Ulisses é, ao mesmo tempo, pai, terapeuta e amante. Lóri precisa de alguém que esteja acima dela, uma espécie de mediador entre ela e «*um Deus tão vasto que ele era o mundo com suas galáxias*»[26]. Tendo abandonado a religião da sua infância, decidida a encontrar força e orientação apenas em si mesma, ela fica esgotada com aquela independência conquistada com tanto custo, «*cansada do esforço de animal libertado*».

No seu abandono supremo, Lóri chega a comparar-se com o mais famoso deus humanizado: «*Cristo foi Cristo para os outros, mas quem? Quem fora um Cristo para o Cristo?*» Amar «*a vastidão impessoal*» de Deus «*e sem querer senão que Ele existisse*» não é suficiente para uma pessoa que necessita de uma assistência urgente e imediata. Mas a mentira consoladora de um deus que toma a forma de Cristo é impossível para Lóri, que «*rejeitava violentamente um Deus a quem não se pudesse apelar. Mas não queria também apelar: estava perdida e confusa*»[27].

É assinalável a forma como raramente, na obra de Clarice, o sexo tem um conteúdo emocional, um qualquer significado, além daquele puramente animal: Joana e Martim, entre outros, vêem-no como uma satisfação física, nunca como um remédio para o seu isolamento emocional. Através do sexo, Lóri aprende a tornar-se emocionalmente íntima de um outro ser humano, sem renunciar à sua condição física animal. A resposta de Lóri chega quando ela finalmente pratica o acto sexual com Ulisses, um dos raros finais felizes em Clarice.

A união física de duas pessoas é a solução perfeita para a anterior solidão irremediável de Lóri. «*Depois que Ulisses fora dela, ser humana parecia-lhe agora a mais acertada forma de ser um animal vivo.*» Nos dois últimos parágrafos do livro, que termina com o sinal de dois pontos, Lóri já abandonou a sua busca de um deus humanizado. Em seu lugar, ela encontra um humano divinizado.[28]

> «*Meu amor, você não acredita no Deus porque nós erramos ao humanizá-lo. Nós O humanizamos porque não O entendemos, então não deu certo. Tenho certeza de que Ele não é humano. Mas embora não sendo humano, no entanto, Ele às vezes nos diviniza. Você pensa que...*
>
> *— Eu penso, interrompeu o homem e a sua voz estava lenta e abafada, porque ele estava sofrendo de vida e de amor, eu penso o seguinte:*»

## 35

## *MONSTRE SACRÉ*

Encontrar soluções para os problemas reais de um mundo real era ainda mais difícil para Clarice do que encontrar soluções nos seus livros. A resposta de Lóri ao seu isolamento acabou por se transformar numa resposta tão teórica como tinha sido a de G. H. Com o corpo queimado e as dificuldades que sentia em relacionar-se com pessoas fora da sua escrita, Clarice continuava a lutar para descobrir o «*jeito de ser gente*».

As suas lutas por causa do filho doente, Pedro, tinham-se tornado mais agudas. Ele já tinha quase vinte e um anos quando *Uma Aprendizagem* surgiu, era um adulto e, à medida que ia envelhecendo, a esquizofrenia fora-se agravando. Durante a primeira metade de 1969, Paulo esteve em Warsaw, Indiana, num intercâmbio, e as cartas que ela lhe escreveu permitem-nos alguns vislumbres sobre o verdadeiro estado de Pedro. Subitamente, o rapaz desenvolveu um medo enorme de ir ao cinema. Em Junho, Clarice teve de o internar numa clínica:

> «*Ele foi e ainda está lá mas parece que sai no dia 30 desse mês. Está bem melhor. Eu o visito bastante. Hoje, que é domingo, fui levá-lo a almoçar* [...] *Não fique impressionado: é um sanatório confortável, com bar onde se come sanduíches e se tomam refrigerantes.*»[1]

O efeito de tudo isto não era animador. «*Pedro não está nada bem e isso acaba com a minha alegria*», escreveu ela a Paulo. A sua própria saúde, frágil desde o incêndio, ressentia-se. «*Hoje tive uma verdadeira crise histérica e Pedro ao ver isso disse: vou telefonar para papai. Seu pai não adivinha nem de longe o que se passa aqui.*»[2]

É óbvio que Maury sabia o que se passava. Ele e Pedro não tinham chegado a viver uma década debaixo do mesmo tecto, mas os rapazes visitavam o pai com frequência e o estado de Pedro era evidente, até para os observadores ocasionais. Mesmo assim, Clarice evitava sempre este assunto doloroso.

Mesmo uma pessoa que estivesse em melhores condições físicas do que ela teria dificuldade em lidar com um filho com tais problemas. «*Hoje Pedro foi almoçar com teu pai, felizmente. Eu estava ficando literalmente doente com o Pedro nesses últimos dias, pois ele agora fica em pé ou me seguindo e dizendo literalmente sem parar: mãe, mãe, mãe.*»[3]

Clarice, apesar de tudo isto, não tinha desistido de Pedro. Como escreveu a Paulo: «*A esperança é a última que morre.*»[4] Um manuscrito que escreveu mais ou menos um ano depois sugere que as suas esperanças em relação a Pedro ainda estavam vivas:

> «*A loucura dos criadores é diferente da loucura dos que estão mentalmente doentes. Estes — entre outros motivos que ignoro — erraram no caminho da procura. São casos para o compreensivo e duro médico inteligente — enquanto os criadores se realizam com o próprio ato de loucura. Conheço um "ele" que se curará em breve.*»[5]

Mais ou menos na época em que estava a escrever *Uma Aprendizagem,* Clarice encontrou a sua própria figura paterna, embora o seu relacionamento não possuísse a componente sexual que levou Lóri a encontrar a harmonia com o mundo. Por uma qualquer razão, o tratamento que fez com a alemã Catarina Kemper não durou muito tempo, e ela passou a consultar um psiquiatra judeu, chamado Jacob David Azulay. Ia ao consultório dele cinco vezes por semana, uma hora por dia, «*sem atrasar ou faltar uma sessão sequer*», durante seis anos.[6]

Durante essas sessões, recordou Azulay, Clarice brincava com a sua própria escrita, «*citava trechos, e ia construindo seus livros durante as sessões*». Azulay anotou algumas das frases dela que, na verdade, parecem frases dos seus livros. «*Não sou nada*», disse ela, por exemplo, «*Me sinto como aquelas lagartas de anéis, com uma carapaça. Agora perdi a carapaça. O nome dessa carapaça é Clarice Lispector.*»

Ela possuía, Azulay não pôde deixar de reparar, «*um enorme déficit materno e paterno*».

> «*Ela era um diamante bruto, selvagem. Não tinha método. Clarice aconteceu como uma erupção vulcânica. Aquela meninazinha que veio lá de baixo... Foi como se um vulcão explodisse e ela tivesse vindo junto! Ela tinha aspectos tão infantis. Ela tinha medo, um respeito pelas irmãs de "maninha caçula".* [...] *Acho que ela não se permitia ir ainda mais além em sua escrita, em coisas eróticas por exemplo, por conta de um superego muito grande. Acho que suas irmãs, principalmente, funcionavam como um superego muito ostensivo.*»

Clarice sempre tinha sido muito chegada às irmãs, principalmente a Tania, de quem estava mais próxima em idade. No entanto, Elisa ficaria surpreendida ao saber o respeito — e até, ao que tudo indica, reverência — que Clarice nutria por ela. Nos finais dos anos sessenta, a própria Elisa também já era uma escritora reconhecida. Em 1962, com o encorajamento de Clarice, Elisa tinha entrado num concurso patrocinado pelo editor José Olympio, e o romance que ela apresentou, *O Muro de Pedras,* ganhou o primeiro prémio, entre 119 concorrentes. Seria mais tarde distinguido também com um prémio da Academia Brasileira de Letras.[7] Em 1965, foi publicado *O Dia mais Longo de Thereza*.[8]

Elisa tinha uma reputação muito respeitável, embora não possuísse o génio da irmã mais nova, e, consequentemente, nunca atingiu a mesma fama. Estava dolorosamente ciente da sua inferioridade, o que reforçou a imagem que dá de si mesma, e de forma tão brutal, em todos os seus escritos: a de uma mulher solitária, sem importância alguma, que ninguém ama, terrivelmente só. «*Já ouvi dizer*», escreveu nas suas memórias ficcionadas de Clarice, «*que quando uma pessoa não é amada por gente, nem sequer por um bicho, um gato, por exemplo, ou um cão, ela se torna seca e dura. Pois aos poucos me fui transformando numa mulher de palha.*»[9]

A sua solidão era, em certa medida, auto-imposta. Muitas pessoas gostavam dela. Uma amiga, a romancista Maria Alice Barroso, recorda que Elisa evitava discutir assuntos pessoais, preferindo conversar sobre literatura. Telefonava muitas vezes a Maria Alice, mas, quando estavam frente a frente, tinha tendência para se fechar. «*Ela cultivava* aquela *solidão*», diz Barroso. «*Era preciso forçá-la a aceitar convites. Sempre dizia que não estava se sentindo bem. Era pessimista.*» Mesmo assim, Barroso sabia que a amizade entre as duas era importante para Elisa e que o retraimento dela se devia à timidez e à insegurança, não era por ser insociável.

A recordação de Azulay, de que Clarice tinha um «*enorme déficit materno e paterno*», e do profundo respeito dela, até mesmo medo, pelas irmãs mais velhas torna-se interessante, vista desta perspectiva. Apesar da veneração quase religiosa que Clarice tinha por Tania e Elisa, um leitor do seu livro sobre Clarice não consegue evitar a sensação de que Elisa se sentia posta de lado, inferior, convencida de que não era amada pela irmã mais nova. E Elisa notava o mesmo comportamento em Clarice — a inacessibilidade, a insociabilidade —, aquilo de que outras pessoas se queixavam em relação a Elisa.

Os horrores das suas infâncias tinham-nas feito alienar-se do mundo dos outros, e os *pogroms* da Podólia haviam lançado uma longa sombra que, passado quase meio século, ainda perdurava. Mais do que qualquer outra coisa, havia nelas uma enorme dificuldade em relacionar-se com os outros. «*Sobreviver significa não saber o que fazer consigo mesmo*», escrevera Elisa uma vez, o que nos leva à pungente carta que Clarice escreveu às irmãs, da Suíça: «*Não há um* verdadeiro *lugar para se viver. Tudo é terra dos outros, onde os outros estão contentes.*»

As cartas que trocaram, durante os anos de Clarice no estrangeiro, sugerem que era Elisa, a quem Clarice tratava por Leinha, o diminutivo português do seu nome hebraico, Leah, quem se tinha afastado de Clarice. A depressão era vulgar em Clarice, obviamente, mas nas cartas para as irmãs ela também era, por vezes, exorbitantemente amorosa e entusiástica. A tremenda insegurança de Elisa pode ser entrevista a partir das respostas que Clarice lhe dá. «*Mas, querida, por que você está tão pessimista?*» perguntava ela de Roma, já em 1945.

> «*Minha Elisinha, eu sofro em ver você assim, sofro em ver você dizer coisas contra você mesma, você me humilha com isso, me faz sofrer. Até para dizer que o artigo da Leda não lhe agrada, você como se escusa. Uma droga de artigo, vazio e pretensioso. E dizer a propósito da lava* [que Clarice lhe enviara do Vesúvio], *"sinto tanto + quanto não estou em condições de responder a tantas gentilezas". Mas, querida, você parece que sofre com o amor que lhe dão.*»[10]

Em Fevereiro de 1947, Clarice queixava-se a Tania, que:

> «*As cartas de Elisa para mim são cada vez menores e com menos coisas dentro. E quando ela diz alguma coisa, acrescenta em geral, como na carta mais recente: "Afinal você dirá que não tem nada com isso." Como se fosse possível eu não ter nada com as coisas de vocês.*»[11]

Mais tarde, nesse mesmo ano, quando ainda estava em Berna, Clarice deu a Tania alguns conselhos acerca do esgotamento por que esta estava a passar, tornando explícito o relacionamento entre os problemas das irmãs e os seus primeiros anos. Tania parecia andar cansada com as preocupações causadas pela sua jovem filha Márcia.

> «*Ouça, queridinha, você talvez esteja procurando compensar o fato de termos a impressão de que não fizemos tudo o que podíamos em relação a mamãe. O que eu disse é que você de algum modo estava querendo se sacrificar — e é a mesma coisa que acontece, em outro terreno, com Elisa. Note bem, querida, você agora quer cumprir mil deveres e dedicar-se terrivelmente à casa e a Marcinha, para compensar, não só a idéia de que anteriormente não cumpriu seus deveres, como para compensar o fato de que nós, em pequenas, não recebemos, por circunstâncias, todos os cuidados de que precisávamos.*»[12]

Quando Clarice estava a viver nos Estados Unidos, Tania foi visitá-la e, em 1956, uma visita de Elisa esteve tão iminente que Clarice escreveu:

> *«Elisa, querida, estamos todos ansiosos pela sua chegada, até procuro não pensar para não ficar muito* excited. *Paulinho ficou com ciúme. Quando eu disse que você vinha, ele ficou muito contente. Mas eu acrescentei: ela é minha irmã. Ele, depois de uma pausa, disse: não diz isso senão eu choro. Acho que ele quer tia, mas que não tenha nada a ver comigo.»*[13]

Por algum motivo, a viagem foi sendo adiada e acabou por nunca acontecer.

Ao contrário do que sucedia com Elisa, que vivia sozinha e nunca casou nem teve filhos, a solidão de Clarice não se devia a falta de companhia. Como Maria Theresa Walcacer notou, durante os quatro meses que durou o seu emprego, Clarice vivia rodeada de pessoas. Logo para começar, tinha os dois filhos. E, como todos os brasileiros de classe média, tinha empregadas que viviam lá em casa. Apesar das frequentas queixas de pobreza, teve uma colecção bastante considerável. Afeiçoou-se a várias delas e elas desempenharam papéis importantes nas suas obras, desde a empregada negra que fugira, em *G. H.*, às mulheres que ela descreveu nas suas cartas e histórias jornalísticas:

> *«A cozinheira é Jandira. Mas esta é forte. Tão forte que é vidente. Uma de minhas irmãs estava visitando-me. Jandira entrou na sala, olhou sério para ela e subitamente disse: "A viagem que a senhora pretende fazer vai se realizar, e a senhora está atravessando um período muito feliz na vida." E saiu da sala. Minha irmã olhou para mim, espantada. Um pouco encabulada, fiz um gesto com as mãos que significava que eu nada podia fazer, ao mesmo tempo em que explicava "É que ela é vidente". Minha irmã respondeu tranquila: "Bom. Cada um tem a empregada que merece."»*[14]

Uma outra presença na sua casa era Siléa Marchi, que, devido à sua experiência como enfermeira, tinha sido contratada por Clarice, depois do acidente, e que acabaria por ficar com ela até à sua morte. Siléa era a companhia para todos os fins de que Clarice necessitava, o que Maria Theresa Walcacer não tinha conseguido ser. Siléa dormia lá em casa de segunda a sexta-feira e estava disponível para levar Clarice ao médico, e para a ajudar com Pedro, bem como para ir às compras, ou qualquer outra coisa de que Clarice precisasse.

No final de 1970, a casa ganhou mais um membro, Olga Borelli, que viria a tornar-se a figura crucial dos últimos anos de vida de Clarice, e cuja dedicação incansável e afinidade intelectual facilitaram a criação dos excelentes últimos trabalhos de Clarice. A escritora, com o seu «*enorme déficit materno e paterno*», encontrou em Olga a última das suas figuras maternas, e Olga, sem filhos, e que parece ter passado grande parte da sua vida em busca de uma missão de caridade, descobriu em Clarice um projecto à altura da sua colossal devoção.

Olga foi uma das muitas pessoas que, comovida com os seus escritos, procuraram Clarice naqueles tempos. Numa das suas colunas no jornal, Clarice mencionou a sua perplexidade face à torrente de afecto que recebia.

> «*Vou telefonar para Elsie* [Lessa], *que faz crônica há mais tempo do que eu, para lhe perguntar que faço dos telefonemas maravilhosos que recebo, das rosas pungentes de tanta beleza que me oferecem, das cartas simples e profundas que me mandam.*»[15]

Quando estava a ler *A Paixão segundo G. H.*, Olga viu uma imagem da escritora na televisão. Teve a estranha sensação de que já a conhecia há anos, e decidiu procurá-la. Telefonou a Clarice, convidando-a a participar numa campanha de angariação de fundos para a Fundação Romão Duarte, onde Olga trabalhava como voluntária. Por acaso, aquele era o mesmo orfanato que Clarice visitara em 1941, logo no início da sua carreira como jornalista, quando escreveu um artigo sobre a comemoração dos 200 anos da instituição.[16] Três décadas mais tarde, Clarice havia de voltar para autografar os seus dois livros para crianças para os residentes do orfanato.

As duas mulheres tiveram ocasião de conversar. «*Seu porte*», recordava Olga daquele primeiro encontro, «*tinha algo da humildade de uma camponesa mesclada à altivez de uma rainha*». Dois dias depois, Olga recebeu um convite para ir a casa de Clarice, onde a escritora lhe entregou uma carta.

*«11-12-70. Olga, datilografo esta carta porque minha letra anda péssima.*

*Eu achei, sim, uma nova amiga. Mas você sai perdendo. Sou uma pessoa insegura, indecisa, sem rumo na vida, sem leme para me guiar: na verdade não sei o que fazer comigo. Sou uma pessoa muito medrosa. Tenho problemas reais gravíssimos que depois lhe contarei. E outros problemas, esses de personalidade. Você me quer como amiga mesmo assim? Se quer, não me diga que não lhe avisei. Não tenho qualidades, só tenho fragilidades. Mas às vezes (não repare na acentuação, quem acentua para mim é o tipógrafo) mas às vezes tenho esperança. A passagem da vida para a morte me assusta: é igual como passar do ódio, que tem um objetivo e é limitado, para o amor que é ilimitado. Quando eu morrer (modo de dizer) espero que você esteja perto. Você me pareceu uma pessoa de enorme sensibilidade, mas forte.*

*Você foi o meu melhor presente de aniversário. Porque no dia 10, quinta-feira, era meu aniversário e ganhei de você o Menino Jesus que parece uma criança alegre brincando no seu berço tosco. Apesar de, sem você saber, ter me dado um presente de aniversário, continuo achando que o meu presente de aniversário foi você mesma aparecer, numa hora difícil, de grande solidão.*

*Precisamos conversar. Acontece que eu achava que nada mais tinha jeito. Então vi um anúncio de uma água-de-colônia da Coty, chamada Imprevisto. O perfume é barato. Mas me serviu para me lembrar que o inesperado bom também acontece. E sempre que estou desanimada, ponho em mim o Imprevisto. Me dá sorte. Você, por exemplo, não era prevista. E eu imprevistamente aceitei a tarde de autógrafos.*

*Sua*<br>
*Clarice»*[17]

Olga, que, por uma mágica coincidência, estaria realmente por perto quando Clarice morreu, era filha de imigrantes italianos, e tinha sido freira. Passou anos a dedicar-se com tremenda energia e entusiasmo a várias iniciativas de caridade, trabalhando como voluntária na Força de Paz, dando aulas de costura nas favelas, fazendo voluntariado no orfanato, aulas práticas de comunicação, tendo criado várias organizações que promoviam o teatro e a dança. Mas o seu projecto mais importante, poderia até dizer-se, o seu legado, foi Clarice Lispector, a quem se dedicou completamente.

O seu sentido de posse afastou muitas das antigas amigas de Clarice, mas mesmo essas reconheciam que o comprometimento total de Olga tinha sido uma dádiva dos céus, para uma Clarice que ia ficando cada vez mais fraca. Olga agia como uma espécie de embaixatriz entre a escritora e o mundo exterior e, depois da morte da amiga, recordou:

> *«Na época em que eu conheci a Clarice percebi a grande solidão em que ela vivia como pessoa e como escritora na literatura brasileira. Foi como se eu dissesse ao mundo: olhem a pessoa maravilhosa que vocês não conheceram. Porque nessa época ela vivia numa disfunção social absoluta, absoluta. Ninguém procurava Clarice, falava-se pouco da sua obra.»*[18]

Era este tipo de coisa que aborrecia muitos dos amigos e admiradores de Clarice, que não precisavam que Olga lhes recordasse Clarice Lispector «*como pessoa e como escritora*». Ela estava longe de ter sido esquecida pelo público e estava rodeada de pessoas que gostavam muito dela. Mas, num sentido mais lato, Borelli tinha obviamente razão. Esses mesmos amigos atestavam que Clarice tinha cada vez mais dificuldades em funcionar normalmente e precisava desesperadamente de ajuda.

Mais ou menos nessa altura, começou a tornar-se cada vez mais comum referirem-se a Clarice Lispector como *monstre sacré*, uma pessoa cuja combinação de génio e estranheza a colocavam, de certa forma, fora da sociedade humana normal. Este epíteto entristecia-a imenso. «*De repente descubro que estou me tornando para eles* [seus leitores] *um monstro sagrado*», disse a um entrevistador.[19] A um outro, ela expressou o seu «*horror ao* monstre sacré».[20]

*«Uma das coisas que me deixam infeliz é essa história de monstro sagrado: os outros me temem à toa, e a gente termina se temendo a si própria. A verdade é que algumas pessoas criaram um mito em torno de mim, o que me atrapalha muito: afasta as pessoas e eu fico sozinha. Mas você sabe que sou de trato muito simples, mesmo que a alma seja complexa.»*[21]

Não restam dúvidas, no entanto, de que era assim que muitas pessoas a viam: estranha, misteriosa e difícil, um génio místico impossível de conhecer, muito lá no alto, e fora do processo normal da humanidade. Esta reputação isolou-a, precisamente na altura em que mais precisava de ajuda. «*Cristo foi Cristo para os outros, mas quem? Quem fora um Cristo para o Cristo?*», tinha-se ela interrogado em *Uma Aprendizagem*. A ex-freira surgiu no preciso momento em que Clarice ansiava por um salvador.

## 36

## A HISTÓRIA DOS INSTANTES QUE FOGEM

Ao contrário de Lóri, Clarice não voltaria a ter qualquer outro envolvimento sexual. Nos últimos dias de vida, as suas relações mais próximas seriam de tipo filial, tais como as que manteve com Jacob David Azulay e Olga Borelli, ou maternais. Como acontece com um filho mais novo, Clarice abusava completamente da paciência incrível de Olga. «*Não é fácil ser amiga de pessoas muito centradas em si mesmas*», declarou Olga.

> «*Clarice era deste tipo e portanto exigia e absorvia bastante todas as pessoas de quem gostava. Tinha grande dificuldade para dormir e inúmeras madrugadas telefonava-me para se dizer angustiada e tensa. Acho que jamais esquecerei uma época em que fui para Salvador dar um curso. Uma noite, ao chegar no hotel, recebi recado para lhe telefonar com a maior urgência. Sua voz ao telefone estava estranha: "Olga, estou tão aflita. Numa angústia enorme. Não sei o que pode acontecer comigo. Volte o mais breve que você puder." Cancelei tudo e vim encontrá-la no dia seguinte na hora do almoço, rindo bem-disposta. Sabe o que me disse? Que eu a levava muito a sério e que tinha apenas me precipitado ao voltar. É claro, fiquei chateadíssima, mas aprendi muito com a história.*»[1]

O livro de contos que Clarice publicou em 1971, *Felicidade Clandestina,* reflecte uma preocupação crescente com a infância.

Quase todos os vinte e cinco textos que o compõem já tinham aparecido noutros sítios, principalmente em *A Legião Estrangeira,* mas há três excepções que são instrutivas. O conto que dá o nome ao livro recorda uma rapariga, vizinha de Clarice no Recife, cujo pai era dono de uma livraria, e que torturava a jovem Clarice com a promessa de lhe emprestar um livro. «Restos do Carnaval» é a história de uma rapariguinha disfarçada de rosa, cujo Carnaval é arruinado por uma crise de saúde da mãe. Em «Cem Anos de Perdão», Clarice lembra-se de roubar rosas nos jardins das pessoas ricas do Recife.

Uma grande parte da sua obra tinha sido autobiográfica, mas raramente eram recordações verdadeiras da sua infância no Recife. Clarice quase nunca tinha escrito assim tão literalmente acerca de si mesma, preferindo esconder-se atrás das suas personagens ou de alegorias. Quando de facto aparecia, era nas colunas de jornais ou em pequenas histórias como as que formam a segunda parte de *A Legião Estrangeira*.

Para o leitor, não importa muito que as histórias sejam «verdadeiras». Mas Clarice não ficava muito satisfeita com este tipo de escrita autobiográfica. A inclusão de tantas histórias pessoais e de tantos extractos tirados directamente das suas colunas dos jornais pode ter sido a causa da sua manifesta insatisfação relativamente a *Uma Aprendizagem*. Escrever, sobretudo acerca de si própria, sempre tinha sido uma forma de apreender o mundo que ficava além do eu, e não tinha um objectivo meramente descritivo nem mesmo memorialista.

«*Não vou ser autobiográfica. Quero ser "bio"*», escreveu Clarice em *Água Viva,* o livro em que estava a trabalhar na altura em que conheceu Olga Borelli. Numa nota, Clarice explicitou o seu objectivo: «*Tenho, Olga, que arranjar outra forma de escrever. Bem perto da verdade (qual?), mas não pessoal.*»[2] Era contra este problema que vinha a lutar desde que começara *Uma Aprendizagem,* quando confessou aos seus amigos, e até ao seu cabeleireiro, que «*não sabia mais escrever*».

Em *Água Viva,* iria descobrir um meio de escrever sobre si mesma, de uma forma que transformava a sua experiência individual em poesia universal. Numa obra tão poderosa do ponto de vista emocional, tão inovadora na forma e tão radical filosoficamente como a de Clarice Lispector, *Água Viva* destaca-se como um triunfo particularmente magnífico. As críticas reflectem o mesmo espanto que Clarice tinha provocado, trinta anos antes, quando publicou *Perto do Coração Selvagem*. «*Com essa ficção*», escreveu um crítico que tinha atacado *Uma Aprendizagem*, «*Clarice Lispector desperta a literatura produzida hoje no Brasil de uma deprimente e degradante letargia e a eleva a um plano de perenidade universal e perfeição.*»[3] O livro inspirou paixões. O famoso cantor brasileiro, Cazuza, por exemplo, leu-o 111 vezes.[4]

No formato em que acabou por ser publicado, *Água Viva* é um livro pequeno, com menos de noventa páginas em corpo grande. A sua brevidade e aparente simplicidade disfarçam vários anos de esforço. Uma primeira versão, intitulada «*Atrás do Pensamento; Monólogo com a Vida*», já estava terminada em 12 de Julho de 1971, quando Clarice conheceu Alexandrino Severino, um professor português da Universidade Vanderbilt. Deu-lhe uma cópia do manuscrito, para que ele o traduzisse para inglês, juntamente com instruções específicas de procedimento. Não deveria alterar nem uma simples vírgula.[5]

Clarice ainda estava «*enxugando o livro*», segundo contou a Severino, antes de o entregar à editora. Esta era agora a Editora Sabiá, que Rubem Braga e Fernando Sabino tinham fundado, depois de se terem desentendido com um sócio da Editora do Autor, onde já tinham sido publicados *Uma Aprendizagem* e *Felicidade Clandestina*. Mas, um ano depois, em Junho de 1972, o livro ainda não tinha saído, e Severino escreveu-lhe a perguntar se ainda queria que ele continuasse com o trabalho.

Quando ela respondeu, o manuscrito já tinha outro nome. «*Quanto ao livro — eu o interrompi — porque achei que ele não estava chegando aonde eu queria chegar*», respondeu ela. «*Não posso publicá-lo como está. Ou não vou publicá-lo ou vou trabalhar nele. Talvez dentro de poucos meses eu trabalhe em* Objeto Gritante.»[6]

O processo de «enxugamento», reparou Severino, quando finalmente viu a versão subsequente, tinha consistido principalmente na remoção das inúmeras referências biográficas explícitas. Mas,

*Objeto Gritante*, com 185 páginas, ainda era mais longo do que *Atrás do Pensamento*, que tinha 151. O manuscrito parece capturar uma voz do quotidiano, nada refinada por artifícios literários ou ficcionais.

Clarice recorda todos os seus animais de estimação — *Dilermando*, que tinha ficado abandonado em Nápoles, aparece —, fazendo uma lista quase exaustiva dos que teve e daqueles sobre que escreveu. Como se já não conseguisse pensar em mais nada sobre o que escrever, entra em grandes detalhes acerca das suas flores preferidas. Uma delas, devolve-a às suas origens, uma referência surpreendente, por ser tão rara:

> «*O girassol é o grande filho do sol. Tanto que sabe virar sua enorme corola para o lado de quem o criou. Não importa se é pai ou mãe. Não sei. Será o girassol flor feminina ou masculina? Acho que é masculina. Mas uma coisa é certa: o girassol é ucraniano.*»[7]

Se em certas passagens este manuscrito é tão brilhante e inspirado como o trabalho maduro de uma grande artista, noutras torna-se tão monótono e desinspirado como uma conversa entre vizinhas. Clarice afirmou muitas vezes que não passava de uma simples dona de casa e, nessa conversa sem forma e sem enredo, nesse «*brainstorm*» não filtrado — ela utiliza a palavra em inglês — com que escreve à máquina tudo o que lhe vem à mente, é isso mesmo que aparece.

Por exemplo, Clarice queixa-se da falta de dinheiro, o que é outro tópico constante: «*Já voltei. O dia continua muito bonito, mas a vida está muito cara — digo isto por causa do preço que o homem pediu pelo conserto* [do toca-discos]. *Preciso trabalhar muito para ter as coisas que quero ou de que preciso.*» Defende-se da sua mitologia: «*Quero dizer que a minha casa não é metafísica. Mal se perdoa comida malfeita. Vivo abrindo e fechando a bolsa para tirar dinheiro para comprar* [...] *Além de comer conversamos muito sobre o que acontece no Brasil e no mundo. Conversamos sobre que roupa é adequada para determinadas ocasiões.*» E: «*Eu também durmo, e como durmo. Quem me lê pensa que só vivo insone. Mas não é verdade. Durmo também.*»[8]

O tom directo e confessional de *Objeto Gritante,* a sensação que dá de estarmos a ouvir a voz coloquial não filtrada de Clarice — ela interrompe-se com frequência para atender o telefone, acender um cigarro, ou ir buscar um copo de água — pode fazer com que o leitor se distraia da realidade que também é uma ficção. Em *Atrás do Pensamento,* ela dirige-se directamente ao leitor:

> «*Acontece o seguinte. Eu vinha escrevendo esse livro há anos, espalhados* [sic] *por crônicas de jornal, sem perceber, ignorante de mim que sou, que estava escrevendo o meu livro. Essa é a explicação para quem lê e me reconheça: porque já leu anteriormente em jornal. Gosto da verdade.*»[9]

Ao que parece, não gostava suficientemente da verdade a ponto de se abster de retocar o segundo rascunho. A crítica Lícia Manzo observa que *Objeto Gritante* contém uma nova explicação, completamente contraditória:

> «*Este livro, por razões óbvias, ia se chamar* Atrás do Pensamento. *Muitas páginas já foram publicadas. Apenas — na ocasião de publicá-las — não mencionei o fato de tais trechos terem sido extraídos de* Objeto Gritante *ou* Atrás do Pensamento.»[10]

Não é especialmente relevante saber se Clarice pegou nos seus artigos do jornal e os juntou todos para formar um manuscrito, ou se ela saqueou um manuscrito, à procura de material para os seus artigos no jornal. No entanto, as duas explicações conflituosas enfatizam o facto de que, em *Objeto Gritante,* ela continua a lutar e, por vezes, com um peso na consciência, contra a ficcionalização.

Talvez a parte menos satisfatória de *Uma Aprendizagem* seja a forma como Clarice extraiu longas passagens das suas colunas jornalísticas e as deixou cair, frequentemente sem qualquer alteração, dentro do romance. O processo até poderia ter funcionado bastante bem, mas, por vezes, as passagens não parecem muito bem digeridas. Em *Objeto Gritante,* faz a mesma coisa. Uma coluna sobre Leopoldo Nachbin, o seu amigo de infância, aparece, por exemplo, alterada apenas com a substituição do nome dele pelas palavras *«um ele»*. O anonimato deliberado faz parte do seu projecto de despersonalização da sua experiência pessoal, com a substituição dos nomes próprios por pronomes menos específicos. Mas o esforço não é abrangente. Ela mantém o nome da escola que frequentaram e o da cidade, Recife. Deve ter compreendido que estas reminiscências eram despropositadas, uma vez que nenhuma delas chega até ao livro final. Nos rascunhos, as dúvidas sobre a forma de utilizar a sua experiência pessoal levam-na a meditações repetidas sobre o próprio processo criativo.

Ao longo de *Objeto Gritante,* Clarice tem consciência de que está a fazer algo completamente diferente, mas ainda não sabe o quê, nem como: *«A que me levará minha liberdade? O que é isto que estou escrevendo? Que eu saiba nunca vi ninguém escrever deste modo.»* Estas afirmações são recorrentes no manuscrito. A consciência de que está a inventar algo de novo é por vezes emocionante, outras, assustadora e, num caso, seguida por uma interjeição de surpresa:

> *«Quem terá inventado a cadeira? Alguém por amor de si próprio. Inventou então maior conforto para o corpo. Depois os séculos se seguiram e nunca mais ninguém prestou atenção a uma cadeira porque usá-la é questão apenas automática. É preciso coragem para fazer um* "brainstorm"*: nunca se sabe o que pode vir a assustar-nos. O monstro sagrado morreu. Em seu lugar nasceu uma menina que era órfã de mãe.»*[11]

De todas as obras de Clarice, *Água Viva* é a que dá a impressão mais forte de ter sido espontaneamente transposta para o papel. No entanto, nenhuma foi tão difícil de compor. Até mesmo a aparentemente despropositada exclamação sobre a mãe, que reaparece em dois ou três outros livros, incluindo um ensaio que publicou mais tarde, acerca de Brasília. Como ela diz em *Objeto Gritante, «Arte não é pureza: é purificação. Arte não é liberdade, é libertação.»*[12]

Pela primeira vez na sua carreira, Clarice teve ajuda nesse trabalho de «*purificação*». Sempre o tinha feito sozinha; dactilografou onze laboriosas versões do enorme *A Maçã no Escuro,* e passou três anos a rever *A Cidade Sitiada*. Os seus trabalhos jornalísticos tinham sido editados ocasionalmente, mas nunca ninguém tocara no seu trabalho literário. Olga Borelli foi a primeira pessoa a fazê-lo, incluindo Lúcio Cardoso e Fernando Sabino.

Olga, uma leitora sensível e culta, com um refinado sentido da linguagem, mostrou ser a pessoa ideal para a tarefa. As suas memórias póstumas sobre a amiga, *Clarice Lispector, Esboço para Um Possível Retrato,* mostram os seus talentos de escritora, com concisão e elegância.[13] Entre a vasta panóplia de recordações escritas pelos amigos de Clarice, este livro distingue-se, de longe, como o melhor, apesar de Olga, ao contrário de muitos deles, não ser uma profissional da escrita.

Olga acabaria por ter uma palavra a dizer em todos os últimos trabalhos de Clarice, mas o primeiro desafio foi ajudar a transformar o grumoso e caótico *Objeto Gritante* no clássico *Água Viva*. «*Estruturar*» um livro era a tarefa mais árdua de um escritor, lamentava Clarice. À medida que foi envelhecendo, ter de editar as suas obras tornou-se cada vez mais cansativo, e era preciso que o leitor fosse complacente.

> «*Ela não tinha coragem de estruturar esses manuscritos, esses fragmentos todos*», recordava Olga. «*Um dia, vendo todo aquele material, eu disse: — Clarice, por que você não escreve? O livro está pronto. Ela disse: — Não, eu tenho muita preguiça, deixa pra lá. Eu disse então: —Não, eu te ajudo. Foi aí que eu peguei o pique de estruturação e que eu tive coragem, depois, de me atrever a fazer os outros.*»[14]

Sem esta ajuda, *Água Viva* poderia nunca ter sido terminado. Clarice tinha sérias dúvidas acerca da obra. «*Ela estava insegura e pediu a opinião de algumas pessoas*», recordou Olga. «*Com outros livros Clarice não mostrou a mesma insegurança. Com* Água Viva *sim. Foi a única vez que vi Clarice hesitar antes de entregar um livro a um editor. Ela mesma disse isso.*»[15]

«*Não sei por que você gostou do meu livro* Objeto Gritante», escreveu Clarice a Marly de Oliveira. «*Pois, passado o primeiro ímpeto, fui reler e fiquei horrorizada. É tão ruim, tão ruim que não vou publicá-lo, já o retirei da editora.»*[16] As delicadas intervenções de Olga podem ter salvado o livro e, com ele, uma nova forma de escrita de que Clarice era uma pioneira.

O seu método editorial, disse Olga, era «*respirar junto, é respirar junto*».

> «*Porque existe uma lógica na vida, nos acontecimentos, como existe num livro. Eles se sucedem, é tão fatal que seja assim. Porque se eu pegasse um fragmento e quisesse colocar mais adiante, eu não encontraria onde colocar. É como um quebra-cabeça. Eu pegava os fragmentos todos e ia juntando, guardava tudo num envelope. Era um pedaço de cheque, era um papel, um guardanapo* [...] *Eu tenho algumas coisas em casa ainda, dela, e até com cheiro de batom dela. Ela limpava o lábio e depois punha na bolsa* [...] *de repente, ela escrevia uma anotação. Depois de coletar todos estes fragmentos, comecei a perceber, comecei a numerar. Então, não é difícil estruturar Clarice, ou é infinitamente difícil, a não ser que você comungue com ela e já tenha o hábito da leitura.*»[17]

Na forma como acabou por ser publicado em Agosto de 1973, o livro foi intitulado *Água Viva*. É o único título de um livro de Clarice que coloca alguma dificuldade de tradução. Literalmente, «água viva» pode significar uma nascente ou uma fonte, um significado frequentes vezes sugerido no livro, mas, para um brasileiro, estas palavras referem-se, em primeiro lugar, a um tipo de medusa. Não era esse o significado que Clarice pretendia — «*Eu prefiro* Água Viva*, coisa que borbulha. Na fonte*»[18] — mas, para um conto sem enredo ou história, a sugestão de uma coisa invertebrada que flutua é especialmente indicada. Talvez fosse isto que Olga Borelli tivesse em mente, quando comparou este livro com os anteriores: «A Paixão segundo G. H. *tem uma espinha dorsal, não é?*»[19]

*Água Viva* não tem, e isto, inicialmente, deixou Clarice nervosa. «*Esse livro,* Água Viva, *eu passei três anos sem coragem de publicar achando que era ruim, porque não tinha história, porque não tinha trama.*»[20] A questão de saber exactamente o que estava a escrever preocupava-a, e com razão. «*Este não é um livro porque não é assim que se escreve*», anuncia ela logo no início.[21]

De facto, não se parece com nada que tivesse sido escrito na época, no Brasil ou em qualquer outro lugar. Os seus parentes mais próximos são visuais ou musicais, uma semelhança que Clarice enfatiza ao transformar a narradora, uma escritora, nas versões iniciais, numa pintora; na altura, ela mesma dava os primeiros passos na pintura. A epígrafe vem do artista belga Michel Seuphor:

> «*Tinha que existir uma pintura totalmente livre da dependência da figura — o objeto — que, tal como a música, não ilustra nada, não conta uma história e não lança nenhum mito. Tal pintura contenta-se em evocar simplesmente os reinos incomunicáveis do espírito, onde o sonho se torna pensamento, onde o traço se torna existência.*»

O título, *Atrás do Pensamento,* referia-se àqueles «*incomunicáveis reinos do espírito*», o reino inconsciente que ela pretendia simular e provocar. «*Será que isto que estou te escrevendo é atrás do pensamento? Raciocínio é que não é. Quem for capaz de parar de raciocinar — o que é terrivelmente difícil — que me acompanhe.*»[22] Ela não está a escrever para o espírito, mas para os ouvidos, nervos e olhos: «*Vejo palavras. O que falo é puro presente e este livro é uma linha reta no espaço.*»[23]

> «*Este texto que te dou não é para ser visto de perto; ganha sua secreta redondez antes invisível quando é visto de um avião em alto voo.*»[24]

> «*Isto não é história porque não conheço história assim, mas só sei ir dizendo e fazendo: é história de instantes que fogem como os trilhos fugitivos que se vêem da janela do trem.*»[25]

Clarice compara o livro a aromas («*O que estou fazendo ao te escrever? estou tentando fotografar o perfume*»), a sabores, («*Como reproduzir em palavras o gosto? O gosto é uno e as palavras são muitas*») e ao tacto, embora a sua metáfora mais insistente seja em relação ao som: «*Sei o que estou fazendo aqui: estou improvisando.*

*Mas que mal tem isso? Improviso como no jazz improvisam música, jazz em fúria, improviso diante da platéia.»* Isto é música abstracta, «*uma melodia sem palavras*»:

> «*A dissonância me é harmoniosa. A melodia por vezes me cansa. E também o chamado "leit-motif". Quero na música e no que te escrevo e no que te pinto, quero traços geométricos que se cruzam no ar e formam uma desarmonia que eu entendo. É puro* it.»[26]

*O Lustre,* publicado quase três décadas antes, movia-se com uma lentidão agonizante, a tensão ia-se acumulando, página atrás de página glacial, até atingir clímaces que, de tão inesperados, se tornavam tão potentes como cristas de grandes vagas. Embora essenciais para o seu poder, os longos intervalos podiam também transformar o livro em algo insuportável. Livre dos constrangimentos de um enredo ou de ter de contar uma história, *Água Viva* é, todo ele, a crista da onda. «*O que escrevo é um só clímax? Meus dias são um só clímax: vivo à beira.*»[27]

«Água Viva *eu acho que foi essa fragmentação do pensamento dela que se concretizou num livro*», disse Olga Borelli. «*Há vários momentos em* Água Viva *em que eu sinto isso: dias de luz, dias sombrios, dias de descobertas, dias de grande felicidade, de clímax... Ela adorava viver em clímax, no clímax das coisas.*»[28]

A incansável revisão de Clarice aos fragmentos que constituem *Água Viva,* cujos antepassados, alguns, datavam do tempo de *A Legião Estrangeira,* nove anos antes, o encaixá-los e fazê-los funcionar, procurando os «clímaces» que havia dentro deles, a procura de «*o* é *da coisa*»[29], tornam o livro particularmente hipnótico. A procura do «é» e do «it» não é, em si, uma novidade na sua obra, mas, quando despojada de recursos mediadores como história e personagem, a sua escrita ganha uma imediaticidade empolgante.

Como Borelli compreendeu, esta escrita «*invertebrada*» não aparece por acaso, nem é abstracta. Pelo contrário, a sua consistência pertence mais apropriadamente ao domínio do pensamento ou ao dos sonhos, onde as ideias e as imagens têm uma lógica que pode não ser apreendida imediatamente, mas que é, apesar de tudo, real. Era esta a escrita a que Clarice se referia, quando, em *A Legião Estrangeira,* escreveu que:

> *«em pintura como em música e literatura, tantas vezes o que chamam de abstrato me parece apenas o figurativo de uma realidade mais delicada e mais fácil, menos visível a olho nu»*[30].

Quando *A Cidade Sitiada* foi publicado, um crítico escreveu: *«É um hermetismo que tem a consistência do hermetismo dos sonhos. Haja quem lhe encontre a chave.»* Em contraste com aquela obra anterior, no entanto, *Água Viva* não tem nada de hermético. Pode ser aberta em qualquer página, tal como uma pintura pode ser olhada de um ângulo qualquer, e pulsa com uma sensualidade que lhe confere uma atracção emocional inigualável e directa:

> *«Vejo que nunca te disse como escuto música — apoio de leve a mão na eletrola e a mão vibra espraiando ondas pelo corpo todo: assim ouço a eletricidade da vibração, substrato último no domínio da realidade, e o mundo treme nas minhas mãos.»*[31]

A *«realidade mais delicada e mais difícil»* que Clarice capta não é o tempo perdido, mas o tempo presente, *«o instante-já»*. A sua capacidade para prender o tempo, que, por si mesmo, não tem princípio nem fim, é o aspecto mais misterioso do seu livro.

> *«Agora é um instante*
> *Já é outro agora.»*[32]

A forma pulsante e fragmentária transmite a verdadeira experiência de estar viva, movendo-se melhor ao longo do tempo do que o poderia fazer qualquer outra perspectiva construída artificialmente. A narradora e, com ela, o leitor estão atentos a cada instante que passa, electrificados pela triste beleza do seu destino inevitável: a morte, que se aproxima a cada batida do relógio.

Enquanto o tempo se vai esgotando, a consciência da fugacidade dos instantes adquire a solenidade de um ritual religioso.

O tempo pertence à força oculta a que Clarice atribui o pronome inglês «*it*», o nome impronunciável e impossível de ser conhecido: «*o Deus*», ou, noutros lugares, «X».

> «*A transcendência dentro de mim é o* "it" *vivo e mole e tem o pensamento que uma ostra tem. Será que a ostra quando arrancada da sua raiz sente ansiedade? Fica inquieta na sua vida sem olhos. Eu costumava pingar limão em cima da ostra viva e via com horror e fascínio ela contorcer-se toda. E eu estava comendo o it vivo. O it vivo é o Deus.*»[33]

Aliado à «*vida sem olhos*» que uma pessoa partilha com uma ostra (e com uma barata), há um impulso religioso profundamente humano. À medida que a autora se vai aproximando do seu próprio desenlace, ela, «*um descrente que profundamente quer se entregar*», é invadida por uma saudade do Deus que a tinha abandonado e a quem ela, por sua vez, abandonara.[34]

> «*Mesmo para os descrentes há o instante do desespero que é divino: a ausência do Deus é um ato de religião. Neste mesmo instante estou pedindo ao Deus que me ajude.* [...] *O Deus tem que vir a mim já que não tenho ido a Ele. Que o Deus venha: por favor.* [...] *Sou inquieta e áspera e desesperançada. Embora amor dentro de mim eu tenha. Só que não sei usar amor. Às vezes me arranha como se fossem farpas. Se tanto amor dentro de mim recebi e no entanto continuo inquieta é porque preciso que o Deus venha. Venha antes que seja tarde demais.*»[35]

No final de *Uma Aprendizagem*, Clarice tinha escrito: «*Embora não sendo humano, no entanto, Ele às vezes nos diviniza.*» A impressão dominante em *Água Viva* não é a do «*it*» divino, mas a da mulher com a mão pousada sobre o gira-discos, sentindo o substrato derradeiro do universo, e irradiando para o exterior o seu próprio «*it*», o Deus que está dentro de si, o Deus que *é* ela: «*Não estou brincando pois não sou um sinônimo*», escreve ela. «*Sou o próprio nome.*»[36]

## 37

# EXPURGADA

Na altura em que Clarice finalmente concluiu *Água Viva,* Fernando Sabino e Rubem Braga já não estavam no ramo editorial. Esses empreendimentos roubavam muito tempo à sua própria produção literária e eles venderam a Sabiá ao prestigiado José Olympio. Por algum motivo, talvez por continuar insegura quanto à recepção que *Água Viva* pudesse vir a ter, Clarice não enviou as suas obras anteriores a José Olympio, preferindo a Artenova, dirigida pelo ocasional poeta e produtor de cinema, Álvaro Pacheco, que também trabalhava para o *Jornal do Brasil.* Clarice conhecera-o quando lhe telefonara para lhe expressar a sua admiração por um livro de poesia que ele tinha publicado. No início de 1973, Álvaro Pacheco publicou uma antologia com trabalhos anteriores de Clarice, intitulada *A Imitação da Rosa,* a que se seguiu, pouco depois, em Agosto, *Água Viva.*

Em Setembro, Clarice decidiu ir de férias. A não ser para participar em conferências, incluindo a breve passagem pelo Texas, já desde 1959 que não gozava umas verdadeiras férias. Não por ter perdido o gosto de viajar. Olga Borelli recorda que Clarice passava por «*períodos de grande dinamismo: punha-se a fazer ginástica, exercitava-se numa bicicleta ergométrica, passava cremes no rosto, perfumava-se muito. Tomava suco de laranja, de melão ou de morango, dispensando os refrigerantes.*» E sonhava com viagens.

*«Ligava para agências de turismo, marcava entrevista, idealizava roteiros e devaneava dias e dias sobre os lugares que visitaria: contemplava paisagens, ouvia o zumbido dos insetos nas tardes ensolaradas do verão da Itália; ou ficava em êxtase, vendo a neve cair e transformar com tons violáceos o que antes tremulava no amarelo-ouro do outono europeu. Via elevar-se a fumaça das chaminés e ouvia a chuva cair pesadamente nos telhados e rolar nas pedras da rua. Caminhava delicadamente pelos floridos jardins de Rosengarten, na Suíça, a caminho do museu com obras de Paul Klee...*

*Tudo era tão real que, de repente, nada restava para ser visto ou vivido; sobrevinha-lhe uma inelutável preguiça ante a perspectiva de pôr seus sonhos em prática. Exausta, cancelava a viagem.»*[1]

Desta vez, Clarice conseguiu entrar num avião. Já não ia à Europa há catorze anos, desde que visitara a Holanda com Alzira Vargas, em 1959. Ela e Olga embarcaram para uma viagem de um mês pelo continente, ao longo de um itinerário sentimental que pretendia mostrar à sua nova amiga os lugares onde tinha vivido quando era mais jovem: Londres, Paris, Roma, Zurique, Lausanne e Berna.

O dia em que chegaram a Gatwick, 11 de Setembro de 1973, tornou-se um marco na história da América Latina e acabaria por afectar as vidas de milhões de pessoas, incluindo a de Clarice. Enquanto ela voava sobre o Atlântico, começava um brutal golpe militar em Santiago do Chile. Numa das mais respeitadas democracias do continente, o palácio presidencial foi bombardeado e o presidente esquerdista, Salvador Allende, suicidou-se no seu gabinete. Quarenta e cinco mil pessoas foram presas e, com o apoio activo da administração Nixon, um brutamontes pouco conhecido, chamado Augusto Pinochet, foi empossado como ditador militar.

Também o Brasil sofria ainda, governado por uma tensa ditadura militar. Arthur da Costa e Silva tinha sido exonerado do cargo, em Agosto de 1969, na sequência de um derrame cerebral, acabando por ser sucedido por Emílio Garrastazú Médici, um general da linha dura que incentivou ainda mais a institucionalização da tortura e da censura. A tortura no Brasil tornou-se um escândalo a nível internacional, merecendo até uma condenação papal sem precedentes, em Março de 1970.[2]

A censura atingiu níveis absurdos, talvez de forma mais emblemática em Setembro de 1972, quando Filinto Müller, um político pró-governo (anteriormente chefe da polícia anti-semita de Getúlio Vargas), descobriu que a sua afirmação de que não existia tortura no Brasil tinha sido censurada.[3] Esta situação gerou alguns protestos jornalísticos memoráveis, a começar pela primeira página do *Jornal do Brasil* de Alberto Dines, em 1968, que anunciava a imposição do AI-5. Para troçarem dos censores, os editores começaram a apresentar, no lugar destinado aos artigos censurados, anúncios classificados, receitas de culinária, ou longas passagens da poesia de Camões.

Quando as notícias do golpe no Chile chegaram ao Brasil, os censores colocados no *Jornal do Brasil* informaram Dines de que poderia colocar na primeira página a notícia da morte de Allende, desde que não fizesse dela manchete. Correspondendo à exigência, ele mandou fazer uma página sem manchetes nem fotografias, notificando o Brasil do golpe em longas colunas de tinta negra ininterrupta.[4]

Isto não era o tipo de coisa que fizesse o jornal, nessa altura ainda o mais influente do Brasil, cair nas boas graças das autoridades militares. Na altura da deposição de Allende, o país antecipava com bastante tensão as «eleições» que se aproximavam. Sob o regime, os presidentes eram escolhidos pelo Congresso, controlado pelos militares. O proprietário do *Jornal do Brasil,* Manuel Francisco do Nascimento Brito, opunha-se a Ernesto Geisel, um general que era um dos candidatos, e esta opinião era conhecida nas altas esferas. Nas politiquices de bastidores que levaram à nomeação de Geisel, Nascimento de Brito apostou no cavalo errado.

Geisel, oriundo do Rio Grande do Sul, era filho de um imigrante alemão, e o alemão era a língua que, na infância, se falava em sua casa. Geisel não era um anti-semita confesso e nunca fora integralista, mas existiam alguns elementos na sua biografia que faziam os judeus ficar de sobreaviso, tal como a sua afiliação, nos tempos da juventude, com o general Álcio Souto, um activo simpatizante nazi.[5] Há registos de que se teria referido ao professor Eugênio Gudin (que não era judeu) como *«este patife do Gudin, que é um salafra, é um judeu sem-vergonha»*[6]. Ao contrário de muitos elementos das Forças Armadas brasileiras, que reverenciavam as proezas militares de Israel, não há qualquer indicação de que ele tivesse uma predilecção especial pelos judeus.

A Guerra do Yom Kippur influenciou os pensamentos de Geisel, da mesma forma que influenciou os de tantos outros. Rebentou pouco mais de um mês a seguir à publicação de *Água Viva,* e três meses antes da «eleição» de Geisel. Como director da Petrobras, a gigantesca companhia petrolífera do país, Geisel já tinha relações fortes com os árabes; o Brasil ainda não era (como veio a ser mais tarde) auto-suficiente em energia.[7] A guerra e a nova administração provocaram uma revolução na política externa do Brasil: o país cujo embaixador tinha presidido, nas Nações Unidas, à votação que autorizou a criação do Estado de Israel manifestava agora o seu apoio diplomático às nações árabes.

O *Jornal do Brasil,* reflectindo a orientação tradicional da política externa do Brasil, sempre tinha sido pró-judaico e sionista. Nascimento Brito, o seu rico e influente proprietário, era um admirador de Israel; tinha mesmo enviado o seu filho para um *kibbutz,* na sua primeira viagem ao estrangeiro. Mas negócios eram negócios, e a sua indiscreta oposição a Geisel obrigou-o a ter um gesto de aproximação em relação aos novos dirigentes. Como Samuel Wainer, entre outros, tinha aprendido, o regime militar podia tornar difícil a vida de qualquer magnata da imprensa que não estivesse disposto a cooperar.

A solução que ele encontrou foi bastante clara: despedir os judeus. O facto de esta atitude ter agradado a Geisel é sugerido pelo resto do comentário deste acerca do «*patife*» Eugênio Gudin: «O Globo *abre suas páginas todos os dias para Gudin escrever seus disparates.*» *O Globo* era o principal concorrente do *Jornal do Brasil* no Rio e a dica de que Geisel não gostava de ver o «*judeu sem-vergonha*» nas suas páginas pode ter chegado aos ouvidos de Nascimento Brito, dando-lhe a oportunidade de que precisava.

Em Dezembro, Clarice Lispector ouviu rumores de que seria despedida no final do ano. Em pânico, chamou a sua casa Alberto Dines e Álvaro Pacheco, que ficaram no apartamento dela quase toda a noite, assegurando-lhe que não tinha nada a temer e que tudo não passava de um mal-entendido. Na manhã seguinte, Alberto Dines deparou-se com o anúncio do seu despedimento na primeira página do seu próprio jornal.[8]

A razão invocada era «*falta de disciplina*», apesar de Dines dirigir o jornal há vários anos e nunca ter ouvido tal queixa. Não foi tudo feito de uma vez; a «*gente dele*» foi sendo dispensada, uma a uma. «*Eu tinha tido o cuidado de não chamar judeus demais, para não ser acusado de favoritismo. E os que contratei eram da mais alta qualidade. Ninguém poderia dizer que Clarice Lispector não merecia estar ali*», disse Dines. «*O jornal acabou por ficar* Judenrein*. *Mas eles fizeram a coisa de modo cauteloso o bastante para não dar imediatamente na vista. Nunca disseram isso, mas o resultado era bastante claro. Tipicamente brasileiro.*»[9] Nenhum dos não-judeus que ele tinha contratado foi despedido.

No dia 2 de Janeiro de 1974, Clarice recebeu um envelope com as suas colunas não publicadas e uma carta seca «*sem nem agradecer* [a ela] *os serviços prestados durante sete anos*»[10]. Ultrajada, contratou um advogado, mas Dines disse que, apesar do insulto e do sério prejuízo para o seu rendimento que a perda do emprego representava, Clarice sentia-se secretamente orgulhosa por ter sido despedida. Apesar da proeminência que teve durante as manifestações de 1968, era a primeira vez na vida que tinha problemas por ser «*política*», embora, naturalmente, nada nas suas crónicas se relacionasse directamente com a tensa política do país. Ela sempre quisera «*pertencer*» e agora, pela primeira vez, pertencia à crescente oposição a uma ditadura que ela desprezava.

A demissão dela também foi uma bofetada no rosto do cartoonista Henfil. No jornal satírico *O Pasquim*, que, apesar do seu conteúdo relativamente (e por necessidade) anódino, se tinha transformado num símbolo da resistência à ditadura, Henfil tinha andado a mandar brasileiros importantes, e a quem ele consi-

* Limpo de Judeus, no vocabulário do Holocausto. (*N. T.*)

derava como insuficientemente *«engajados»*, para um lugar a que deu o nome de *«Cemitério dos Mortos-Vivos»*. No início de 1972, ele fez o funeral de Clarice Lispector. Este ataque ocasionou protestos, até da própria escritora. Na edição seguinte, Henfil desenhou uma Clarice furiosa e histérica, *«uma simples escritora cercada de flores, pássaros, gente, a beleza da vida...»*.

Clarice acabou no cemitério, escreveu Henfil, por ser uma reencarnação de Pôncio Pilatos. Desenhou-a dentro de uma redoma de vidro, a lavar as mãos, rodeada de pássaros e flores, enquanto Cristo estava a ser crucificado.[11] Clarice ficou ofendida pelo feio ataque que ela não tinha provocado, e que ficava completo com a antiga difamação anti-semita, a da colaboração com a crucificação de Cristo. Em público, a única coisa que ela disse, foi: *«Se eu topasse com o Henfil a única coisa que eu lhe diria é: ouça, quando você escrever a meu respeito, é Clarice com "c", não com dois "s", está bem?»*[12]

Também Clarice era agora uma ambígua vítima da ditadura, e Alberto Dines considerava que ela gostava de sentir como *«fazendo parte»* de uma entidade judaica que raramente discutia com os gentios. Esta identidade não deixava de lhe trazer algumas ansiedades, financeiras e pessoais. Durante a Guerra do Yom Kippur, Clarice telefonou a uma amiga de ascendência libanesa e perguntou-lhe, à queima-roupa, se gostaria menos dela se soubesse que era judia. A amiga e a mãe afirmaram-lhe que isso não lhes fazia qualquer diferença e que sempre seria bem-vinda nos jantares árabes que Clarice frequentemente degustava em casa delas.[13]

> *«Clarice não gostava de rótulos»*, afirma Dines. *«Mas naquela época estávamos conversando sobre os motivos judeus na sua obra e ela me perguntou se eles eram óbvios. Eu disse que ela era como Kafka, cuja literatura é muito judaica embora ele nunca lide com o judaísmo enquanto tal. E ela gostou da comparação.»*[14]

## 38

## *BATUBA JANTIRAM LECOLI?*

Uma outra fase da vida de Clarice, iniciada aproximadamente na época em que começou a escrever para o *Jornal do Brasil,* terminou em 1973, quando o psicanalista Jacob David Azulay lhe sugeriu que terminassem as sessões de terapia. Clarice frequentou essas sessões com o Dr. Azulay durante seis anos, quatro ou cinco vezes por semana. «*Eu estava esgotado*», contou Azulay numa entrevista. «*Clarice me exauriu mais que todos os meus clientes juntos. Os resultados eram mínimos. Eu estava muito cansado com ela e ela comigo. O esforço que eu fazia com ela e ela comigo era muito grande para o pouco que a gente colhia.*»[1]

Clarice implorou-lhe que não a abandonasse e assim ele sugeriu-lhe que fizesse terapia de grupo. O que falhou, pouco depois; todos os pacientes de Azulay queriam ficar no grupo da famosa escritora, e ela não se conseguiu adaptar.[2] Azulay explicou:

> «*Ela era uma figura fantástica, uma mulher generosíssima, mas mesmo assim não era fácil conviver com ela. Era uma pessoa com uma carga de ansiedade que poucas vezes eu vi na vida. É muito difícil conviver com alguém assim. "Full time" autocentrada, não porque ela quisesse, por vaidade, era dificuldade mesmo, de se conectar. Ela não se desligava e, quando sua ansiedade se acendia, a coisa atingia níveis avassaladores, e ela não tinha paz, não se aquietava. Viver era para*

*ela, nessa medida, um tormento. Ela não se aguentava. E as pessoas também não aguentavam. Eu mesmo, como analista, não aguentei.»*[3]

O médico ficou siderado ao saber a quantidade de tranquilizantes e antidepressivos que Clarice andava a tomar. Não era ele quem lhos prescrevia, consciente daquilo que acontecera alguns anos antes, quando ela adormecera com um cigarro na mão. Era outro médico, ou vários, provavelmente, que lhe receitavam aquilo que ela queria.

*«Quando ela me disse que tomava aquela quantidade de coisas eu simplesmente não acreditei. Eu disse: "Clarice, eu não aceito isso, traga para eu ver." Ela trouxe, era verdade. Pois ela ingeria aquela quantidade cavalar de medicamentos e ainda assim, muitas vezes, não dormia.»*[4]

Depois do falhanço da psicanálise e de a terapia de grupo só ter atraído turistas, o Dr. Azulay propôs a Clarice, aterrorizada por se sentir abandonada, uma alternativa. Ela poderia consultá-lo uma vez por semana, não como paciente, mas como amiga, e ele tentaria fazer o que pudesse por ela.

*«Eu acho que essa foi a fase em que eu mais servi a ela. Foi quando eu pensei: eu não vou mais ser analista, vou ser conselheiro, confidente, preceptor. A Clarice era muito ingênua, e as pessoas enrolavam ela com muita frequência. Com seus direitos autorais, por exemplo, sempre foi assim. E ela não tinha um pai, uma mãe, alguém que a orientasse nesse sentido. Eu gostava muito dela e resolvi ser essa pessoa.»*[5]

Em 1973, Pedro, com vinte e cinco anos, mudou-se para Montevideu, onde Maury era embaixador junto da Associação Latino-Americana de Livre Comércio. Ele tinha tentado conseguir esse posto, em parte, porque Montevideu era o posto de diplomacia mais próximo do Rio, mas também porque assim podia desempenhar um papel mais activo na vida dos seus filhos adultos, como sempre tinha desejado. Foi essencialmente importante para Pedro, pois Clarice já não conseguia suportar sozinha o peso da doença dele. Isabel Gurgel Valente, a bela e aristocrática segunda esposa de Maury, e a quem Clarice tanto tinha atormentado nos primeiros anos do seu casamento, tornou-se uma inesperada aliada na luta para tomar conta de Pedro.

Isabel interessava-se por Psicologia — mais tarde estudou para ser psicanalista — e tratava Pedro tão bem que os sentimentos de Clarice por ela mudaram completamente, de ressentimento amuado para gratidão. Clarice sentia-se terrivelmente culpada pela sua incapacidade de lidar com Pedro, mas, ao fim de tantos anos de esforço, já não tinha energia suficiente para enfrentar a esquizofrenia incurável dele. Para uma mulher que tanto ansiara por ser mãe e que tinha orgulho em dizer «*Não tenho dúvida de que como mãe sou mais importante do que como escritora*», isto devia parecer um falhanço terrível.[6]

Talvez esse falhanço tenha levado Clarice a procurar crianças que pudesse ajudar com mais sucesso, entregando-se ela mesma a um papel mais infantil. Nos anos anteriores, Clarice tinha vindo a afastar-se gradualmente do mundo dos adultos, enquanto Olga Borelli assumia o papel de mãe e Jacob David Azulay o de pai. Enquanto se ia aproximando do fim da vida, as recordações dos seus tempos mais felizes, os da infância, assomavam à sua consciência com uma insistência cada vez maior. Num dos rascunhos de *Água Viva,* escreveu:

> «*Estou agora em corda-bamba por não estar escrevendo direito. É porque estou escondendo uma coisa. Contarei: comprei uma boneca para mim. Para dormir comigo. Não tenho senão um pouco de vergonha. Mas em menina eu queria tanto uma boneca bonita. Só tinha aquelas pequenas e feitas de trapos. Recheadas de macela ou palha. Eu tinha tanto amor para dar. E agora o meu amor foi tão grande que se tornou compulsivo. Ela é linda. Já a beijei e abracei. Durmo agarrada com ela. Eu animo os objetos. Ela fecha os olhos azuis quando fica em estado horizontal. Só não herdou meus cabelos que são macios de fazer aflição: os dela são brilhantes e ásperos. Chama-se Laura. E estou tendo menina — pois só tive filho homem. É tão doce. Dei agora Laura para uma menina pobre porque queria ver uma menina feliz.*[7]

Através da figura da boneca, Clarice tentava agarrar-se, quase literalmente, à sua infância. O desejo de reencontrar aquela rebeldia que tinha descrito de forma tão memorável em *Perto do Coração Selvagem* aparece numa outra cena de *Objeto Gritante,* que, tal como a passagem anterior, não chegou até ao manuscrito final:

> «*Eu compro roupa pronta mas quis mandar fazer um vestido preto de jersey. Recebi-o em casa e esperava uma obra-prima. Estava era horrível. De cólera rasguei com as duas mãos o vestido todo. Quem assistia disse: mas ainda tinha jeito de consertar! A temperamentalzinha. Mas me senti tão bem depois disto. Tão saciada enfim que compreendi que devo voltar de vez em quando ao estado selvagem. Procuro o estado animal. E todas as vezes que caio nele estou sendo eu. E como é bom fazer o que se quer sem nem pensar antes.*»[8]

Esta cena faz lembrar a ferocidade animal de Joana. Mas essa jovem selvagem estava dolorosamente a definhar, quase a morrer. Em *Água Viva,* ela escreveu:

> «*Neste Domingo de sol e de Júpiter estou sozinha em casa. Dobrei-me de repente em dois e para a frente como em profunda dor de parto — e vi que a menina em mim morria. Nunca esquecerei este domingo sangrento. Para cicatrizar levará tempo. E eis-me aqui dura e silenciosa e heróica. Sem menina dentro de mim.*»[9]

Para compensar essa perda, Clarice procurava a companhia das crianças[10], e o seu instinto maternal alargava-se agora a Andréa, a precoce filha de nove anos do Dr. Azulay. Azulay tinha mostrado a Clarice algumas das coisas que a filha tinha escrito, e Clarice ficou imediatamente encantada com a inteligência e inocência da garota, o que a deve ter feito recordar de si mesma. Escreveu uma carta a Andréa:

> «*À bela princesa Andréa de Azulay,*
>
> [...] *Você precisa saber que já é uma escritora. Mas nem ligue, faça de conta que nem é. Eu lhe desejo que você seja conhecida e admirada*

*só por um grupo delicado embora grande de pessoas espalhadas pelo mundo. Desejo-lhe que nunca atinja a cruel popularidade porque esta é ruim e invade a intimidade sagrada do coração da gente. Escreva sobre ovo que dá certo. Dá certo também escrever sobre estrela. E sobre a quentura que os bichos dão à gente. Cerque-se da proteção divina e humana, tenha sempre pai e mãe — escreva o que quiser sem ligar para ninguém. Você me entendeu?*

*Um beijo nas suas mãos de princesa.*

*Clarice.*»[11]

Como tantos dos artistas que estimava, Paul Klee, por exemplo, Clarice admirava, invejava até, a espontânea felicidade e o natural desembaraço da expressão infantil. Como a sua experiência, ao criar *Água Viva,* tinha comprovado, esse tipo de escrita era terrivelmente difícil, mesmo, ou sobretudo, para uma artista amadurecida que tinha passado anos a aperfeiçoar a sua linguagem. «*Que ninguém se engane*», escreveu mais tarde, «*só consigo a simplicidade através de muito trabalho.*»[12]

Essa simplicidade surgia naturalmente numa criança, que não possuía ainda o refinamento consciente de um artista adulto. Para Clarice, apanhada no «naufrágio da introspecção», a falta de consciência linguística de Andréa sugeria uma inocência que ela própria já tinha perdido, uma última hipótese de reviver os anos felizes e inocentes em que ainda tinha um pai e uma mãe. Em 1975, encantada com a sua «*filha espiritual*», Clarice publicou uma pequena edição de contos de Andréa, como o seguinte:

«*Numa noite de luar aconteceu perto do mar uma coisa difícil de contar. Eu estava sentada num banco, perto da praia. O frio era pouco, mas as ondas como leques chamavam o vento para juntos dançarem uma dança desconhecida. O mar estava cinzento como o céu.*

*Ele ficou azul verde e, não parou de mudar de cor. Depois a maré foi subindo, subindo... E depois foi baixando, baixando...*

*E tudo parou. A lua começou a apagar e ficou escuro.*

*Fui dormir e sonhei com tudo que aconteceu perto do mar.*»[13]

Nas suas cartas, Clarice enviava à menina frases feitas que ela poderia usar nas suas histórias. Também lhe confiava muitos dos seus temores, por exemplo, um pesadelo que tinha tido: que tinha saído do Brasil e, ao voltar, descobria que lhe tinham roubado o nome. A partir da correspondência que trocavam, parece que Clarice imaginava ao pormenor a futura carreira literária de Andréa, tal como imaginava o zumbido dos insectos das tardes de Verão em Itália, em todas aquelas viagens que nunca chegara a fazer, oferecendo a uma Andréa, provavelmente espantada, todo o género de conselhos práticos acerca da sua carreira. A menina de nove anos deveria *«não abusar de vírgulas», «ter sempre uma simples humildade tanto na vida quanto na literatura»* e *«procure escrever em prosa, até mesmo prosa poética, porque ninguém edita comercialmente livro de poesias»*[14].

Andréa, que acabou por ser advogada, ficou muito amiga de Clarice e sentiu-se magoada quando a sua amiga mais velha, que, aparentemente, passava por um período difícil, deixou de dar notícias durante algum tempo. *«Por que você não escreve?»*, perguntou a garota. *«Por que disfarça a voz quando telefona para falar com papai?»*[15] Clarice ainda estava dependente do pai de Andréa, mas o seu relacionamento com a menina foi um dos mais íntimos da sua vida. Comiam frequentemente juntas e, numa ocasião, Clarice levou-a consigo e comprou-lhe um cachorrinho.[16]

Um cachorro era um presente particularmente apropriado para Andréa. Clarice adorava animais, tanto como adorava crianças, e de um modo semelhante; nos seus escritos era, por vezes, difícil dissociar uns dos outros. Quando escreve sobre crianças, ou para crianças, escreve sempre acerca de um animal, também. As suas próprias recordações de infância eram inseparáveis das recordações dos animais — cães, gatos, galinhas — que viviam em seu redor, no Recife. A ligação era tão automática que o primeiro capítulo do seu primeiro romance, *Perto do Coração Selvagem*, conta a história de Joana, em menina, a brincar no quintal com as galinhas. Todos os livros para crianças que ela viria a escrever posteriormente têm algo que ver com um animal. À medida que foi envelhecendo e ficando mais nostálgica em relação à infância, a sua ligação aos animais tornou-se mais forte, e eles passaram a ocupar um papel cada vez mais importante nas suas obras.

Um animal em particular tornou-se nesta época tão chegado a Clarice como ela era em relação a Andréa Azulay: o seu cão, *Ulisses*. As excentricidades do rafeiro granjearam-lhe uma vasta reputação de ser tão invulgar quanto a sua dona, que escreveu sobre ele em vários livros, compondo até um livro inteiro em que ele era o narrador, um conto para crianças intitulado *Quase de Verdade*.[17] Nesse livro, *Ulisses* apresenta-se dizendo: «*Sou um pouco malcriado, não obedeço sempre, gosto de fazer o que eu quero, faço xixi na sala de Clarice*.»

Em finais dos anos sessenta, o realizador Luiz Carlos Lacerda, cujo primeiro amor, tal como Clarice, tinha sido Lúcio Cardoso, trabalhou com ela num guião para cinema baseado em «O Ovo e a Galinha». Ao chegar ao apartamento dela para discutirem o projecto, que nunca chegou a materializar-se, ele sentou-se num sofá, junto de uma parede completamente coberta com fotografias da dona da casa, uma intimidante constelação de olhos castanhos que o olhavam lá de cima.

Clarice foi à cozinha e ele acendeu um cigarro, pousando-o num cinzeiro quando ela regressou. Quando voltou a ir pegar nele, o cigarro tinha desaparecido. Espantado, pensou que era verdade o que dizem dela: a mulher, realmente, é uma bruxa. Baralhado, acendeu outro, mas apenas ao fim de uns minutos também aquele tinha desaparecido. Completamente assombrado, olhou para o outro lado e viu *Ulisses* cuspir as pontas.

Em 1974, uma mulher foi entrevistar Clarice (para o mesmo jornal, *O Pasquim,* no qual Henfil a tinha atacado) e ficou espantada com o cachorro «*que engolia loucamente todos os tocos de cigarro. Às vezes ainda meio acesos, que os entrevistadores deixavam no cinzeiro... Ela calmamente o deixava fazer o que quisesse*»[18]. *Ulisses* fazia parte do seu regresso à infância e à maternidade. Ela disse a uma entrevistadora:

*«Comprei Ulisses quando meus filhos cresceram e seguiram seus caminhos. Eu precisava amar uma criatura viva que me fizesse companhia. Ulisses é um mestiço, o que lhe garante uma vida mais longa e uma inteligência maior. É um cachorro muito especial. Fuma cigarros, toma uísque e* Coca-Cola. *É um pouco neurótico.»*[19]

Para Clarice, *Ulisses* era um amigo, naturalmente, e o que ela amava nos animais e nas crianças era a sua inocência e o seu carinho. Eles absorviam avidamente o amor que lhe tinha trazido tantos desgostos, quando o dirigia aos adultos. Ao contrário de Clarice, que se ia afundando cada vez mais no «naufrágio da introspecção», os animais eram de uma simplicidade de invejar. «*Que inveja eu tenho de você,* Ulisses, *porque você só fica sendo.*»[20]

Em todos os escritos de Clarice, o animal, especialmente o cavalo, constituía um ideal metafísico, uma união entre a «*impressão e a expressão*» As galinhas que punham ovos estavam intimamente relacionadas com o mistério do nascimento. E, tal como as crianças semelhantes a Andréa Azulay, os animais tinham uma relação especial com a linguagem. Animais e crianças, sobretudo os bebés, falavam uma linguagem que não era feita de palavras com um significado, algo em que Clarice nunca confiou, mas de puro som.

Clarice tinha muitos nomes para o seu cão, *Ulisses:* «*Vicissitude*», «*Pitulcha*», «*Pornósio*». O nome do seu filho, Pedro, até podia ser bastante vulgar, mas, quando ele tinha apenas alguns meses de idade, a mãe já lho tinha floreado de forma espectacular, como disse numa carta a Elisa e a Tania:

*«Eurílo (é o novo nome do Juquinha) já está recebendo carinhos em nome de vocês. Vou logo informando os nomes dele: Juquinha, Euríalo, Júbilo, Pinacoteca, Vivaldi, Evandro, etc. Ele atende por qualquer desses nomes. Ele também atende por qualquer outro nome, tão burrinho ele é.»*[21]

Este hábito de atribuir nomes recorda uma velha mania de Clarice: quando ainda era uma menina, no Recife, ela tinha até dado nomes aos azulejos do chuveiro e, quando Joana aparece pela primeira vez, em criança, já tinha criado um elo inconsciente entre uma linguagem oculta e o mundo dos animais, como se vê neste diálogo de *Perto do Coração Selvagem*:

> «— *Papai, inventei uma poesia.*
> — *Como é o nome?*
> — *Eu e o sol. — Sem esperar muito recitou: — "As galinhas que estão no quintal já comeram duas minhocas mas eu não vi."*

Não foi uma coincidência o facto de «O Ovo e a Galinha» ter um tema que envolve um animal e estar escrito numa linguagem que é quase, mas não completamente, sem sentido. Um outro grande conto, «Seco Estudo de Cavalos», também é abstracto e, da mesma forma, uma história sobre animais. No seu último livro, incompleto, *Um Sopro de Vida (Pulsações),* Clarice escreve:

> «*Se eu pudesse descrever a vida interior de um cachorro eu teria atingido um cume. Ângela,* [a protagonista do livro] *também quer entrar no ser-vivo de seu* Ulisses. *Fui eu que lhe transmiti esse amor por animais.*
> *Ângela — Oh Deus, e eu que faço concorrência a mim mesma. Me detesto. Felizmente os outros gostam de mim. Eu e meu cachorro* Ulisses *somos vira-latas.* [...]
> *Eu sei falar uma língua que só o meu cachorro, o prezado* Ulisses, *meu caro senhor, entende. É assim: dacoleba, tutiban, ziticoba, letuban. Joju leba, leba jan? Tutiban leba, lebajan. Atotoquina, zefiram. Jetobabe? Jetoban. Isso quer dizer uma coisa que nem o imperador da China entenderia.*»[22]

Durante toda a sua vida de escritora, Clarice tinha empurrado a linguagem até aos limites; aqui, menosprezando a possibilidade de ser entendida, ela ultrapassa-os completamente, atingindo o ideal a que *Água Viva* aludia, quando definiu como alvo, não a mente, mas os sentidos. Num outro fragmento não publicado de *Um Sopro de Vida,* Clarice cria explicitamente um elo de ligação entre a linguagem sem sentido e, precisamente, aqueles domínios da vida que são impossíveis de definir ou descrever:

*«Ângela — Batuba jantiram lecoli? adapiu quereba sulutria kalusia. Tenho prazer em falar assim: é uma linguagem que parece um orgasmo. Já que não entendo, entrego-me: tilibica samvico esfolerico mazuba! Sou água de cisterna linda!»*[23]

A «*linguagem que parece um orgasmo*» está, como um verdadeiro orgasmo, tão longe de poder ser compreendida como as palavras «*tilibica samvico esfolerico mazuba*». Nesta linguagem «*impressão e expressão*» estão unidas. Sem um significado moral ou humano, estas palavras são os equivalentes linguísticos do interior da barata ou do ladrar do cão; como a música, não são mais do que som.

Como poderia a linguagem, que, por definição, tem de ter um significado, atingir uma pureza sem sentido? A pergunta sempre intrigou Clarice Lispector. Em *Água Viva,* ela quis compor uma espécie de música feita de palavras, ou um livro que, tal como uma escultura abstracta, pudesse ser visto (e não lido) de um avião. Em *Um Sopro de Vida,* ela diz que quer escrever um livro que fosse como uma dança, «*puro movimento*»[24].

O prazer na falta de sentido e nas palavras sonoras ecoa por toda a obra de Clarice. Perseu, em *A Cidade Sitiada,* expressa-o:

*«"Se alimentam de microvegetais fundamentais, de inusórios, etc." "Etc.!" repetiu brilhante, indomável.»*[25]

O estado-sem-linguagem é o que *Ulisses,* o cão, tinha em comum com Martim: «*Também ele puro, harmonioso, e também ele sem sentido.*»[26]

Ainda assim, a escrita de Clarice, mesmo quando atinge o máximo da abstracção, tem sempre um significado compreensível, uma gramática humana. Nada na sua obra se assemelha a «*tilibica samvico esfolerico mazuba*». Estas palavras trazem-nos à mente as palavras sem nexo que os cabalistas inventaram como estímulo à meditação. Para os místicos judeus, inventar e contemplar combinações aleatórias de letras era um caminho para atingir o conhecimento oculto, e até uma forma de descobrir o próprio Nome Sagrado: aquela palavra que, por definição, não pode pertencer a nenhuma língua humana.

Mas, como os místicos também sabiam, uma linguagem sem significado é um perigo mortal. Clarice também tinha noção disso. Em *A Legião Estrangeira,* por exemplo, mencionou várias vezes o receio de «*ir longe demais*» na sua escrita: «*Retenho-me, como se retivesse as rédeas de um cavalo que poderia galopar e me levar Deus sabe onde.*»[27]

Sabe Deus onde: não é uma coincidência que o manuscrito contendo esta falta de sentido esteja incompleto e não tenha sido publicado durante a sua vida. Ainda mais do que a barata de *G. H.*, «*tilibica samvico esfolerico mazuba*» marca o fim da procura, artística e espiritual, que Clarice iniciara décadas antes com *Perto do Coração Selvagem,* quando tentou encontrar «*o símbolo da coisa na própria coisa*».

Sons, formas e movimentos podem existir, independentes de um significado. Mas a linguagem, por definição, não pode. O Nome que está para lá do significado humano não pode ser pronunciado. «*Eu escrevo por intermédio de palavras que ocultam outras — as verdadeiras. É que as verdadeiras não podem ser denominadas*», escreveu.[28] E assim, se Clarice Lispector perseguiu uma divina falta de significado durante toda a sua vida, compreendeu, quando se aproximava do fim dessa vida, que aquele balbuciar sem sentido era o mais perto que alguma vez chegaria de alcançar as «*palavras verdadeiras*».

Talvez a melhor solução tivesse sido parar completamente de escrever. Cada vez foi ficando mais desiludida com a sua «*maldita profissão que não dá descanso*»[29]. Mas, porque tinha de escrever, não podia dizer «*Atotoquina, zefiram*». A sua própria definição para loucura, afinal, era «*perder a linguagem comum*». Ela não estava a brincar, quando escreveu em *Um Sopro de Vida:* «*E eu —só me resta latir para Deus.*»[30]

## 39

## GALINHA AO MOLHO PARDO

*«Se eu pudesse descrever a vida interior de um cachorro eu teria atingido um cume»,* escreveu Clarice e, embora não tenha tentado descrever a linguagem sem sentido dos animais, começou a escrever cada vez mais para as crianças, sobre os animais. O seu cão, *Ulisses,* é o protagonista de *Quase de Verdade,* escrito em meados dos anos setenta e publicado depois da sua morte, um livro que é uma espécie de sátira da ficção social produzida pelos artistas da época, pressionados pela censura e pela ditadura.

*Ulisses,* o narrador, aventura-se até ao quintal dos vizinhos e encontra algumas galinhas, oprimidas por uma figueira retorcida que tinha feito uma aliança com uma bruxa malvada que tinha enganado as galinhas, convencendo-as de que o Sol nunca se põe. Esta inversão atmosférica faz com que os galos cantem até ficarem roucos e leva as galinhas à exaustão, pondo ovos sem parar. A figueira tenciona vender os ovos e ficar milionária — até que as aves se revoltam. Vitoriosas, as galinhas voltam a recuperar o seu direito ao sono, e cantam e põem ovos só quando lhes apetece.

O livro tem um final mágico e feliz, como acontece com todos os seus livros para crianças. Mas a melhor literatura para crianças é assustadora e, num livro publicado em 1974, *A Vida Íntima de Laura,* dedicado, entre outros, a Andréa Azulay, Clarice não poupa no sangue. *«Eu entendo uma galinha, perfeitamente. Quero dizer, a vida íntima de uma galinha, eu sei como é»*, disse ela uma vez.[1] Clarice tinha crescido no meio das galinhas, obviamente, e a galinha e o ovo são um dos seus temas centrais.

A heroína do pequeno livro é uma galinha chamada Laura, o mesmo nome que Clarice deu à boneca que, meio envergonhada, confessa ter comprado, em *Objeto Gritante*. A vida íntima de Laura (*«Vou logo explicando o que quer dizer "vida íntima". É assim: vida íntima quer dizer que a gente não deve contar a todo o mundo o que se passa na casa da gente»*) não é especialmente complexa.[2] Laura é casada com um galo vaidoso chamado Luís, que tem uma noção exagerada acerca da sua influência sobre o Sol. E ela está aterrada com a ideia de poder ser morta.

Laura, uma prolífica produtora de ovos, não está em perigo imediato, ou assim a levam a crer. Clarice conta algumas histórias divertidas acerca de Laura, antes de informar abruptamente os seus jovens leitores:

> *«Existe um modo de comer galinhas que se chama "galinha ao molho pardo". Você já comeu? O molho é feito com o sangue da galinha. Mas não adianta mandar comprar galinha morta: tem que ser viva e matada em casa para aproveitar o sangue. E isto eu não faço. Nada de matar galinha. Mas que é comida gostosa, é. A gente come com arroz branco e bem solto.»*[3]

Esta receita arrepiante fascinava Clarice. Ela refere-a em *Objeto Gritante* e é tema de uma conversa em *Uma Aprendizagem*:

> *«— Não sei mais se no restaurante da Floresta da Tijuca tem galinha ao molho pardo, bem pardo por causa do sangue espesso que eles lá sabem preparar. Quando penso no gosto voraz com que comemos o sangue alheio, dou-me conta de nossa truculência, disse Ulisses.*
>
> *— Eu também gosto, disse Lóri a meia voz. Logo eu que seria incapaz de matar uma galinha, gosto tanto delas vivas, mexendo o pescoço feio e procurando minhocas. Não era melhor, quando formos lá, comer outra coisa? Perguntou meio a medo.*
>
> *— Claro que devemos comê-la, é preciso não esquecer e respeitar a violência que temos. As pequenas violências nos salvam das grandes. Quem sabe, se não comêssemos os bichos, comeríamos gente com o*

> *seu sangue. Nossa vida é truculenta, Loreley: nasce-se com sangue e com sangue corta-se para sempre a possibilidade de união perfeita: o cordão umbilical. E muitos são os que morrem com sangue derramado por dentro e por fora. É preciso acreditar no sangue como parte importante da vida. A truculência é amor também.*»[4]

Laura, a galinha, é uma mãe orgulhosa, e as referências à crueldade do mundo e ao cordão umbilical, na passagem de *Uma Aprendizagem,* sugerem que Clarice, aqui, como em tantas outras vezes, estava a pensar no destino da sua mãe e, de forma crescente, no seu próprio. Apesar de garantias anteriores de que seria diferente, o mesmo destino terrível paira sobre Laura, que está a envelhecer e a ficar menos produtiva.

> «*A cozinheira disse para Dona Luísa apontando para Laura:*
> *— Esta galinha já não está botando muito ovo e está ficando velha. Antes que pegue alguma doença ou morra de velhice a gente bem que podia fazer ela ao molho pardo.*
> *— Essa aí não mato nunca, disse Dona Luísa.*
> *Laura ouviu tudo e sentiu medo. Se ela pensasse, pensaria assim: é muito melhor morrer sendo útil e gostosa para uma gente que sempre me tratou bem, essa gente por exemplo não me matou nenhuma vez. (A galinha é tão burra que não sabe que só se morre uma vez, ela pensa que todos os dias a gente morre uma vez.)*»

A escolha recai sobre a sua prima em quarto grau, Zeferina, que, nessa noite, é servida numa travessa de prata, «*já toda em pedaços, alguns bem dourados*», num molho feito com o seu próprio sangue. Uma vez que a morte parece aproximar-se de forma inevitável, Clarice salva a galinha através de um dramático deus *ex machina,* um habitante do planeta Júpiter, chamado Xext, «*pronuncia-se Equzequte*», que só tinha um olho e era do tamanho de uma galinha. Ele convida-a a pedir um desejo. «*Ah, disse Laura, se meu destino for ser comida, eu queria ser comida por Pelé!*» Xext garante-lhe que nunca será comida, e assim acontece. «*Laura é bem vivinha*», é como termina a história.

É difícil ler este conto sem pensar nas histórias de infância de Clarice, a razão pela qual se tornou escritora, em primeiro lugar:

para salvar outra mulher ameaçada por uma morte incompreensível. Mas o humor negro do conto e o seu irónico desenlace extraterrestre são típicos de um adulto, e Clarice, por muito que gostasse de Laura, não era uma criança sentimental. Ela não tinha salvado a própria mãe e, apesar de o ter conseguido com Laura nas páginas do livro, uma Laura real teria de ser sacrificada em honra da que ela inventou.

«*No dia em que saiu* A Vida Íntima de Laura», lembrava Olga Borelli, «*fomos justamente comer uma galinha ao molho pardo, para comemorar. Deu-me então um exemplar com a dedicatória: "A Olga, a Laurinha que comemos".*»[5]

*A Vida Íntima de Laura* foi um dos três livros que Clarice publicou em 1974. A sua recém-descoberta capacidade de produção pode ter estado relacionada com a sua situação financeira, que se tinha deteriorado bastante, desde que perdera o emprego no *Jornal do Brasil*. O dinheiro sempre fora uma preocupação para ela. Como explicou a um jornalista, em 1971, «*Preciso de dinheiro. A posição de mito não é muito confortável*»[6]. O seu grande sonho, segundo o seu filho Paulo, era enriquecer e dedicar-se completamente à literatura.[7]

Desde 1967 que o jornal era a sua principal fonte de rendimento e, embora ainda recebesse uma pensão de Maury, não lhe era fácil compensar aquela quebra. Ao fim de trinta anos a publicar as suas obras, muito apreciadas, por vezes sucessos de vendas, que tinham sido traduzidas em países que iam da Checoslováquia à Venezuela, quase não retirava delas qualquer provento. Esta não era uma situação excepcional. Mesmo os escritores mais importantes do Brasil se debatiam com ela. No século XX, apenas três escritores conseguiam viver dos seus livros: Érico Veríssimo, Jorge Amado e Fernando Sabino.

Numa entrevista de grupo, em que Clarice esteve incluída, no final de 1976, o seu amigo Affonso Romano de Sant'Anna frisou: «*Num país mais organizado, mais desenvolvido, uma escritora como você teria, por causa do que escreve, em decorrência, um nível de vida bastante tranquilo. Acho que a posição de Clarice reflete muito o problema do escritor brasileiro.»* Clarice expressou o seu espanto por as coisas poderem ser diferentes: «*Um livro que faça sucesso de crítica nos Estados Unidos enriquece o escritor! Um livro!*»[8]

Nessa época, Clarice aproximou-se de alguns dos seus amigos mais ricos, incluindo Marina Colasanti e Maria Bonomi, oferecendo-se para lhes vender alguns dos seus quadros. Clarice tinha sido retratada por alguns dos mais importantes pintores do Brasil, e ainda tinha consigo o valioso quadro pintado por De Chirico. Maria Bonomi não quis tirar proveito da necessidade da amiga e, na altura, não tinha a quantia necessária para comprar o retrato pelo montante que considerava que ele valia. Marina Colasanti disse que o assunto era abordado de vez em quando: «*Eu me lembro sempre de voltar à casa dela e os quadros ainda estarem lá. Acho que ela nunca precisou vendê-los efetivamente.*»[9]

Para tentar resolver os seus problemas financeiros, Clarice começou a traduzir obras do francês e do inglês, normalmente para a Artenova, de Álvaro Pacheco. Para um outro editor, adaptou clássicos para crianças, incluindo contos de Edgar Allan Poe e *O Retrato de Dorian Gray,* de Oscar Wilde. Traduziu também *Luzes Acesas,* as memórias em iídiche de Bella Chagall, a primeira mulher de Marc Chagall. Provavelmente, traduziu-as do inglês ou do francês, mas as histórias sobre a infância da senhora Chagall em Vitebsk, situada hoje em dia na Bielorrússia, devem ter reacendido em Clarice as recordações dos relatos que a sua própria família tinha feito acerca do seu passado.

Clarice pode não ter escolhido todos os títulos que traduziu, mas, com pelo menos um dos editores que lhe davam trabalho[10], tinha uma palavra a dizer, e não deixa de ser importante notar quantos livros tratam dos mesmos temas, crime, pecado e violência, que surgem tantas vezes na sua própria obra. Refiro-me aos contos de Poe e a *Dorian Gray,* houve ainda dois romances de Agatha Christie, e ainda a *Entrevista com o Vampiro,* de Anne Rice.[11] (Uma vez ela tinha afirmado que o seu «*ideal seria escrever alguma coisa que pelo menos no título lembrasse Agatha Christie*»[12].)

Talvez a escolha desses livros seja uma coincidência, mas o interesse de Clarice pelo crime não era meramente metafísico. «*Apesar de incapaz de um ato de violência*», escreveu Olga Borelli, «*só assistia a filmes fortes, os de crime exerciam atração muito grande sobre ela. [...] Apreciava o romance policial. Principalmente os de Georges Simenon.*»[13] Já em 1946, em Roma, Clarice tinha escrito a Elisa dizendo que estava ansiosa por voltar para o Brasil, onde poderiam ir ambas ver filmes policiais.[14] Num conto publicado em 1974, Clarice cita Goethe: «*Não há crime que não tenhamos cometido em pensamento.*»[15]

O seu trabalho como tradutora não foi nada de extraordinário e parece que fazia esse trabalho apenas nas horas livres. «*Trabalho depressa, intuitivamente*», disse. «*Às vezes consulto um dicionário, às vezes não.*»[16] Esta lassidão era, em parte, inspirada pela miséria que lhe pagavam. Álvaro Pacheco, que pagava aos tradutores à página, recordava o espectáculo patético que era ver a maior escritora do Brasil chegar ao seu escritório para entregar algumas páginas de cada vez.

Isto não a incentivava a dar o seu melhor. Em 1976, uma das colaboradoras de Pacheco atacou impiedosamente uma das traduções dela de uma obra francesa. Entre os erros, havia «*frases inteiras omitidas*», «*palavras traduzidas por dedução, ou por proximidade de som com uma palavra brasileira*», «*modificação do significado das palavras e mesmo inversão do sentido das frases*». E concluía com arrogância: «*Acho que você foi ajudada nessa tradução por alguém que não levou o trabalho muito a sério.*»[17]

A nostalgia de Clarice pela infância pode ter aumentado nela nesta fase, uma vez que estava a envelhecer. O incêndio tinha-lhe levado aquela beleza régia pela qual tinha sido famosa, tornando-a fisicamente mais frágil. Os seus hábitos tabagistas e a dependência de medicamentos tinham-na enfraquecido. Em 1974, quando publicou *Onde Estivestes de Noite*, uma colectânea de contos, tinha apenas cinquenta e quatro anos. Mas a tristeza por estar a envelhecer projecta a sua sombra sobre o livro, no qual, pela primeira vez, Clarice fala da melancolia e do desespero de envelhecer.

Nestes curtos trabalhos, a pesquisadora fervente que era Clarice Lispector, a mulher cuja espantosa ambição não a tinha feito vacilar diante do conflito directo com Deus e o universo, já não tenta desesperadamente *«se humanizar»*, como acontecera cinco anos antes, em *Uma Aprendizagem*. A própria vida se tinha encarregado de a tornar mais humilde, de a domesticar, e *Onde Estivestes de Noite* já não tem nada da rebeldia de *Perto do Coração Selvagem*, dos exageros de *A Cidade Sitiada*, das alegorias heróicas de *A Maçã no Escuro* ou da glória mística de *G. H.*

A autora de *Onde Estivestes de Noite* desceu do seu pedestal e a sua linguagem reflecte uma nova modéstia. O livro é pequeno, com cerca de cem páginas, dividido em dezassete contos. O seu apelo poderoso e directo à emoção é típico das suas últimas obras. Através das suas personagens — avatares dela mesma, tão levemente ficcionalizadas como de costume —, Clarice está a fazer uma nova pergunta, tão elementar que é quase impossível responder-lhe: o que deve uma pessoa fazer consigo própria?

As donas de casa de *Laços de Família*, esforçando-se para equilibrar as exigências da família e do casamento, tornaram-se mulheres que lutam para encontrar o seu lugar, agora que os maridos e os filhos já se foram embora. O título do primeiro conto, «A Procura de Uma Dignidade», refere-se a esta tentativa de encontrarem uma nova vida para si mesmas, já que ultrapassaram o seu período de utilidade como esposas e como mães.

Nesta história, a senhora Jorge B. Xavier — ela nem sequer tem um nome próprio — vai a caminho de uma conferência:

> *«A conferência era capaz de já ter começado. Ia perdê-la, ela que se forçava a não perder nada de* cultural *porque assim se mantinha jovem por dentro, já que até por fora ninguém adivinhava que tinha quase setenta anos, todos lhe davam uns 57.»*[18]

Pelo caminho, ela fica presa nas cavernosas entranhas do imenso Estádio do Maracanã, no Rio de Janeiro. Está um dia inesperadamente quente, tão quente como se fosse Verão, apesar de se estar a meio do Inverno.

*«Não haveria porta de saída?»*, pensa ela repetidas vezes, o pânico a crescer. Ao fim de algum tempo, um homem acaba por a ajudar, e ela compreende que a reunião não era *no* estádio, mas num local próximo. Ela não quer parecer louca aos olhos do ho-

mem que a ajuda a encontrar o caminho de saída, mas, quando chega à rua e entra num táxi, só consegue lembrar-se de uma parte do nome da rua de que anda à procura. Na altura em que ela e o paciente motorista conseguem finalmente encontrar a morada, ela está exausta, sentindo-se tola e velha, e tem de se sentar.

Tal como tinham feito o homem do estádio e o taxista, uma pessoa conhecida que estava na conferência toma conta dela e arranja um novo táxi para a levar a casa. Ela é uma mulher de idade avançada, incapaz de lutar por si própria, passada das mãos de um protector para as de outro. Mas o novo taxista não conhece o caminho para a zona onde ela mora, e ela não é capaz de lhe explicar. As ruas, tal como os corredores do estádio, parecem um labirinto sem saída. O taxista chama um outro que conhece o caminho, e entrega-a ao colega.

Ao chegar a casa, ela atira-se para cima da cama, o corpo «*anônimo como o de uma galinha*», despertando para uma fantasia sexual com o ídolo das matinés, Roberto Carlos.

> «*Então a senhora pensou o seguinte: na minha vida nunca houve um clímax como nas histórias que se lêem. O clímax era Roberto Carlos.* [...] *Ali estava, presa ao desejo fora de estação assim como o dia de verão em pleno inverno. Presa no emaranhado dos corredores do Maracanã. Presa ao segredo mortal das velhas. Só que ela não estava habituada a ter quase setenta anos, faltava-lhe prática e não tinha a menor experiência.*»

Mas ela vê o seu corpo velho e enfraquecido:

> «*Seus lábios levemente pintados ainda seriam beijáveis? Ou por acaso era nojento beijar boca de velha?*» «*Foi então que a Sra. Jorge B. Xavier bruscamente dobrou-se sobre a pia como se fosse vomitar as vísceras e interrompeu sua vida com uma mudez estraçalhante: tem! que! haver! uma! porta! de saíííííída!*»[19]

«A Partida do Trem», o conto seguinte, também apresenta uma mulher idosa que tenta, em vão, revoltar-se contra a irrelevância a que a idade a forçou. Como sugere a longa série de nomes próprios que ostenta, a senhora Maria Rita Alvarenga Chagas Souza Melo é uma mulher rica, mas «*chega-se a um certo ponto — e o que foi não importa*». Tal como a senhora Jorge B. Xavier, Maria Rita anda à procura de dignidade:

> «*"Sou velha mas sou rica, mais rica que todos aqui no vagão. Sou rica, sou rica." Espiou o relógio, mais para ver a grossa placa de ouro do que para ver as horas. "Sou muito rica, não sou uma velha qualquer." Mas sabia, ah bem sabia que era uma velhinha qualquer, uma velhinha assustada pelas menores coisas.*»[20]

Está sentada em frente de uma mulher mais jovem, Ângela Pralini, que acabou de abandonar o seu amante. Ângela observa Maria Rita, enquanto pensa no homem que deixou, Eduardo, e «*olhando a velha dona Maria Rita, teve medo de envelhecer e morrer*».[21]

Clarice nunca se distanciou muito da superfície das suas ficções — Ângela Pralini, por exemplo, perdeu a mãe quando tinha nove anos e tinha um cão chamado *Ulisses* — e, nesta história, a irreprimível autora salta subitamente para o primeiro plano.

> «*A velha era anônima como uma galinha, como tinha dito uma tal de Clarice falando de uma velha despudorada, apaixonada por Roberto Carlos. Essa Clarice incomodava. Fazia a velha gritar: tem! que! haver! uma! porta! de saííída! E tinha mesmo. Por exemplo, a porta de saída dessa velha era o marido que voltaria no dia seguinte, eram as pessoas conhecidas, era a sua empregada, era a prece intensa e frutífera diante do desespero. Ângela se disse como se se mordesse raivosamente: tem que haver uma porta de saída. Tanto para mim como para dona Maria Rita.*»[22]

Numa cópia do livro que Clarice ofereceu a Autran e a Lúcia Dourado, escrevinhou, numa caligrafia quase ilegível que era o seu legado dos ferimentos sofridos no incêndio: «*Este livro não presta. Só admito "A Procura de Uma Dignidade", "Seco Estudo de Cavalos" e "A Partida do Trem".*» «Seco Estudo de Cavalos» é uma colecção alucinatória e abstracta de pequenos poemas em prosa, acerca de cavalos, e que também inclui um breve resumo estilizado de *A Cidade Sitiada*.

Muitos dos outros contos já tinham sido publicados noutros lados, mas, às três histórias que Clarice aprovou, poderia ter acrescentado ainda a que dá o nome à obra, «Onde Estivestes de Noite». Como em «A Partida do Trem», na qual as vozes de Ângela e Maria Rita surgem alternadamente, uma comentando a outra, «Onde Estivestes de Noite» é uma série de vozes apanhadas ao acaso, ao longo de uma única noite. Neste caleidoscópio de personagens, a própria autora não anda por longe: «*Minha vida é um verdadeiro romance! gritava a escritora falida.*» Também surge aí a única personagem judia apresentada como tal em toda a obra de Clarice, talvez uma recordação ficcionada de seu pai: «*Sou Jesus! Sou judeu! gritava em silêncio o judeu pobre.*» Rezando a Deus, ele diz: «*Livrai-me do orgulho de ser judeu!*» Mas se a história lamenta este pobre homem e fala da «*pessoa* [que] *vivia sem anestesia o horror de se estar vivo*», também apresenta o leve toque e a graça subtil que os leitores raramente esperam, mas que se encontram, com frequência, na escrita de Clarice: «*Max Ernst quando criança foi confundido com o Menino Jesus numa procissão. Depois provocava escândalos artísticos.*»[23]

Clarice consegue combinar esta graça com a abstracção de «O Ovo e a Galinha», no brilhante «O Relatório da Coisa», em que a coisa é um despertador chamado Sveglia:

> «*Eu passei cinco anos sem me gripar: isso é Sveglia: E quando me gripei durou três dias. Depois ficou uma tosse seca. Mas o médico me receitou antibiótico e curei-me. Antibiótico é Sveglia.*
>
> *Este é um relatório. Sveglia não admite conto ou romance o que quer que seja. Permite apenas transmissão. Mal admite que eu chame isto de relatório. Chamo de relatório do mistério. E faço o possível para fazer um relatório seco como champanha ultrasseco. Mas às vezes — me desculpem — fica molhado. Poderia eu falar em diamante em relação a Sveglia? Não, ele apenas é. E na verdade Sveglia não tem nome íntimo: conserva o anonimato. Aliás Deus não tem nome: conserva o anonimato perfeito: não há língua que pronuncie o seu nome verdadeiro.*»[24]

## 40

## PORNOGRAFIA

Tal como a senhora Jorge B. Xavier e a senhora Maria Rita Alvarenga Chagas Souza Melo, Clarice Lispector receava, ela, «*a escritora falida*», ter ficado fora de moda, supérflua. Como recordava Olga Borelli, Clarice literalmente não sabia o que fazer consigo mesma.

> *«Ela sempre dizia: "E agora?". Você imagina ser amiga de uma pessoa que, a todo o instante, pergunta: "E agora?". Agora [...] lanchar, tomar um chá num tal restaurante — nós íamos no Méridien. Terminava de tomar o chá, pagava a conta, ela perguntava: "E agora?". E agora nós vamos para casa ver televisão. "E agora? E agora? E agora? E depois?" Era assim.»*[1]

Em meados da década de 70, a reputação de Clarice como génio excêntrico, mais ou menos inadaptado à sociedade, tinha assumido proporções lendárias. Autran e Lúcia Dourado convidavam-na para almoçar quase todos os domingos. Ao fim da tarde, sentada no apartamento deles, Clarice tomava um comprimido para dormir e começava a retirar todas as suas jóias, para não adormecer carregada de pulseiras e com os brincos postos. Eles tinham de a meter num táxi e de a mandar para casa, onde, por vezes, já chegava a dormir profundamente.

Durante esta «*fase mística*», quando ela os recebia em sua casa, as luzes estavam normalmente apagadas, as cortinas corridas, apenas uma vela tremeluzia em cima da mesa de centro, semi-iluminando a galeria de retratos que celebravam a beleza desvanecida da sua juventude. «*Quem reza, reza para si próprio chamando-se de outro nome. A chama da vela. O fogo me faz rezar. Tenho secreta adoração pagã de flama vermelha e amarela.*» Ia ficando cada vez mais incapaz de manter uma conversa banal. «*Deus, morte, matéria, espírito*», eram os temas das suas conversas de todos os dias.[2] De vez em quando, no entanto, decidia regressar ao mundo, e fazia-o com a vitalidade que lhe era característica. Diz Olga Borelli:

> «*Havia épocas em que, resolvida a sair da solidão, decidia comunicar-se com o mundo exterior. Repintava as paredes de branco, colocava folhagens pela sala toda, mandava polir os poucos objetos de prata, o lustre, mudava a disposição dos quadros. Fazia lista de convidados. Retirava do aparador os cristais e os pratos de porcelana que só eram usados em ocasiões especiais, colocava a melhor toalha de linho e encomendava o mais famoso vatapá do Rio (nunca teve boa cozinheira). Acendia a haste do defumador de jasmim, colocava gelo no balde, a garrafa de uísque, a batida de limão, e se torturava à espera dos convidados.*»[3]

Estas excursões na sociedade nem sempre eram bem-sucedidas, como recorda a amiga de Olga, Gilda Murray. Uma vez, Clarice e Olga tinham planeado uma festa de aniversário para Clarice, com dois meses de antecedência. À hora marcada, os convidados, incluindo Chico Buarque e a famosa cantora Maria Bethânia, começaram a chegar. Clarice abriu a porta, de forma muito delicada e hospitaleira, conduzindo cada um dos convidados até à sala de estar. À medida que cada vez mais pessoas iam chegando, Clarice voltou-se, atónita, para Olga e sussurrou-lhe: «*O que é que deu? É quase como se eles tivessem planejado!*»[4] Não fazia ideia de que os tinha convidado.

Noutra ocasião, um velho amigo de Clarice, Walther Moreira Salles, que tinha sido embaixador em Washington nos anos 50, convidou-a para o que ele chamou de «*jantar íntimo*». Quando ela chegou à mansão dele na Gávea, uma das casas mais bonitas do Rio de Janeiro, encontrou-o na companhia de dois casais que ela não conhecia. Na altura em que foi servida a salada, ela já tinha decidido que ia embora. Erguendo um dedo, apontando-o para o embaixador, gritou: «*Walther, você me traiu!*», antes de sair intempestivamente pela porta fora.[5]

Qual tinha sido o crime de Moreira Salles? Quando Clarice contou a história a Luiz Carlos Lacerda, ele compreendeu que ela não fazia ideia de que a sua manifestação de ultraje poderia sugerir que entre ela e Walther havia um relacionamento de carácter sexual. «*Você acha que fiz uma bobagem?*», perguntou ela, completamente espantada. Ele achava que sim. O que iriam pensar os outros convidados? «*Mas eu não conhecia aquela gente! Não havia* intimidade *nenhuma!*»[6]

Moreira Salles traíra-a, por ter empregado a palavra erradamente.

Apesar das suas dificuldades em sociedade, Clarice era frequentemente convidada para conferências literárias. Affonso Romano de Sant'Anna e Marina Colasanti recordam-se dela, num seminário sobre teoria literária em que dois académicos discutiam epistemologia. Clarice desapareceu. Quando Affonso lhe telefonou para saber se estava a sentir-se bem, ela respondeu: «*Aquela discussão toda me deu tanta fome que eu vim para casa e comi um frango inteiro.*»[7]

Alberto Dines recorda-se de uma vez em que se discutia a obra de Clarice em termos de estruturalismo. Ela inclinou-se para a frente e resmungou: «*Não tenho a menor idéia do que seja o estruturalismo.*» Para Dines, aquilo foi uma atitude «*do contra*», tipicamente judaica, uma forma de troçar da pompa dos figurões.[8]

A sua irreverência escondia uma frustração genuína por não ser compreendida, no meio da névoa da terminologia e da teoria. Nélida Piñon recorda-se dela, numa outra conferência, em que «*ergueu-se irada de sua cadeira, instando-me a segui-la*». Ela disse: «*Diga a eles que se eu tivesse entendido uma palavra de tudo o que disseram, não teria escrito uma única linha de todos os meus livros.*»[9]

Enquanto jovem escritora, Clarice seguia atentamente as críticas positivas e aceitava até os julgamentos mais ásperos. «*Tudo o que ele diz é verdade*», tinha escrito a Lúcio Cardoso, acerca de uma crítica demolidora sobre *O Lustre* — embora tenha acrescentado que o crítico tinha agido «*como o homem que dava todo o dia uma surra na mulher porque algum motivo teria de haver*».

Agora, com uma vida de trabalho atrás de si, já não estava interessada na opinião dos críticos. E provou-o com o virtuosismo de *A Via Crucis do Corpo*, o último dos três livros que publicou em 1974. A mulher que passara anos a fazer a revisão dos seus livros lançou um deles em apenas um fim-de-semana.

Em *Objeto Gritante,* Clarice tinha escrito:

> «*Só não escrevo uma história aqui porque no caso seria prostituição. Não escrevo para agradar ninguém. Mas é ótimo quando agrada. Tenho que seguir a linha pura e não contaminando o meu "it".*»[10]

Em *Via Crucis,* Clarice liga, explicitamente, a narração de histórias à prostituição.

O livro é desafiadora e espectacularmente sexual, de uma forma que Clarice nunca tinha sido antes e nunca mais voltaria a ser. Nas suas invulgares oitenta páginas, encontramos um travesti, uma *stripper,* uma freira excitada, uma mulher de sessenta anos que tem um amante adolescente, um casal de lésbicas assassinas, uma velhota que se masturba e uma secretária inglesa que, em êxtase, tem uma relação sexual com um ser vindo do planeta Saturno.

Como provocação aos críticos, não é nada subtil. («*Ela era sujeita a julgamento*», diz a primeira linha do primeiro conto. «*Por isso não contou nada a ninguém.*»)[11] Num prefácio a que chama «*explicação*», Clarice explica a génese do livro. O seu editor na Artenova, Álvaro Pacheco, tinha-lhe encomendado três contos baseados em acontecimentos reais. A princípio ela hesitou, mas, sentindo uma crescente inspiração, decidiu aceitar o desafio.

Tal como tinha feito quando começou a escrever para o *Jornal do Brasil,* no entanto, Clarice distancia-se do aroma bafiento a prostituição que associa ao facto de escrever por dinheiro.

*«Quero apenas avisar que não escrevo por dinheiro e sim por impulso»*, sublinha ela logo na primeira página. Imaginando as reacções, usa uma metáfora alusiva ao castigo aplicado a uma prostituta bíblica: *«Vão me jogar pedras. Pouco importa. Não sou de brincadeiras, sou mulher séria.»*[12]

Clarice tinha dúvidas sobre se deveria publicar os contos e perguntou a Pacheco se podia usar um pseudónimo. Ele respondeu-lhe que ela devia ser livre de publicar o que lhe apetecesse, e ela concordou. *«Uma pessoa»* — que pode ter sido Olga Borelli — *«leu meus contos e disse que aquilo não era literatura, era lixo. Concordo. Mas há hora para tudo. Há também a hora do lixo.»*[13]

Não era tanto porque apreciasse a provocação, mas porque se importava cada vez menos com o que as pessoas pudessem pensar da sua obra. No conto «Dia após Dia», diz:

> *«Sei lá se este livro vai acrescentar alguma coisa à minha obra. Minha obra que se dane. Não sei por que as pessoas dão tanta importância à literatura. E quanto ao meu nome? que se dane, tenho mais em que pensar.»*[14]

*A Via Crucis do Corpo* contribuiu para aumentar a reputação de Clarice como sendo estranha e imprevisível — e até, pela primeira vez, *«pornográfica»*. O seu interesse pela sexualidade desviante não provinha, pelo menos ao que se sabe, da sua experiência pessoal. Como ela diz no prefácio:

> *«Se há indecências nas histórias a culpa não é minha. Inútil dizer que não aconteceram comigo, com a minha família e com meus amigos. Como é que sei? Sabendo. Artistas sabem coisas.»*[15]

Algumas pessoas consideravam que Clarice era comoventemente ingénua em relação ao tema do sexo. Maria Bonomi, que, por aquela altura, tinha deixado o marido para iniciar uma relação amorosa com uma mulher, era bombardeada com «questões técnicas» por uma intrigada Clarice. Este interesse é ainda mais substanciado por uma breve e excitante referência, possivelmente apócrifa, ao facto de ter existido uma *«troca de revistas pornográficas importadas»* entre Clarice e Carlos Drummond de Andrade.[16]

*«Até me espantei* [...] *como eu sabia tanta coisa sobre o assunto»,* disse ela a um entrevistador, quando o livro foi publicado.

> *«Álvaro me deu três idéias, três fatos que realmente aconteceram: uma inglesa que disse ter dormido com um ser extraterrestre; uma mineira que pensava estar grávida do Espírito Santo; e o argentino que morava com duas mulheres. O resto foi minha imaginação.»*[17]

Apesar do exotismo de alguns dos seus cenários e personagens, apenas uma pessoa com os mais rígidos e arcaicos princípios morais poderia considerar o livro escandaloso. O tom de Clarice vai do sério à farsa, como em «O Corpo», no qual duas mulheres que partilham o mesmo amante masculino o matam e enterram no jardim, onde ele irá fornecer um excelente adubo para as suas roseiras. Os contos estão escritos com uma liberdade e espontaneidade que para Clarice devem ter sido gratificantes.

*A Via Crucis do Corpo* é notável como retrato da vida criativa de Clarice captada em tempo real, a sua ficção intromete-se na sua vida quotidiana; e a sua existência, como mãe e dona de casa, está constantemente a penetrar e a minar a sua ficção. As imaginativas histórias «de ficção» alternam com apontamentos, que parecem saídos de um diário, sobre as suas actividades do dia-a-dia: o telefone toca; ela encontra um homem que conhecia de outros tempos; o seu filho Paulo chega a casa para almoçar. Estes quadros alternados funcionam como suporte de imagem do período entre os dias 11 e 13 de Maio de 1974, os dias que Clarice passou a escrever o livro. Esse fim-de-semana, domingo, 12 de Maio, incluía, de forma significativa, o Dia da Mãe. E o tema que, de facto, une a colectânea não é o sexo. É a maternidade. Um transexual adoptou uma filha, para quem ele é *«uma verdadeira mãe»*. A mulher que dá à luz uma criança concebida sem pecado sabe que ela terá de passar pela *via crucis*: «Todos passam.»[18]

Nas partes do livro que incluem os seus apontamentos diários, Clarice escreve: *«Meu cachorro está coçando a orelha e com tanto gosto que chega a gemer. Sou mãe dele.*» Encontrando um homem completamente destruído, outrora um poeta promissor que ela conhecera na universidade, escreve: «*Hoje é domingo, 12 de Maio, dia das mães. Como é que posso ser mãe para este homem?*»[19] Nesse mesmo dia, recorda o filho dela, Paulo, foram almoçar fora, para comemorar. Quando ela estava a pagar, «*em lugar de datar o cheque de 10 de Maio, ela escreveu 10 de mãe de 1974*»[20].

O aspecto mais chocante do livro tem que ver precisamente com a relação entre a maternidade e o sexo ilícito, embora não exista nada de provocador nem de pornográfico no facto de, no dia 13 de Maio, o dia a seguir ao Dia da Mãe, Clarice Lispector ter escrito a sua única descrição explícita de uma violação.[21]

«A Língua do "P"» é uma história sobre Cidinha, uma pudica professora de Inglês de Minas Gerais, que vai de comboio para o Rio de Janeiro. Dois homens entram no compartimento em que ela se encontra, um:

> «*era alto, magro, de bigodinho e olhar frio, o outro era baixo, barrigudo e careca.*» «*Havia um mal-estar no vagão. Como se fizesse calor demais. A moça inquieta. Os homens em alerta. Meu Deus, pensou a moça, o que é que eles querem de mim? Não tinha resposta. E ainda por cima era virgem. Por que, mas por que pensara na própria virgindade?*»[22]

Os homens começam a falar numa língua incompreensível que Cidinha logo reconheceu como a língua do p. Mas ela tem de fingir que não os entende, pois eles estão a dizer que, mal o comboio entre num túnel, a irão violar. «*Me socorre, Virgem Maria! me socorre! me socorre!*», implora ela interiormente, enquanto os homens tagarelam naquela linguagem infantil. Também a poderão matar, dizem eles, se ela oferecer resistência. Acendendo um cigarro para ganhar algum tempo, vem-lhe uma súbita inspiração. «*Se eu me fingir de prostituta, eles desistem, não gostam de vagabunda.*»

> *«Então levantou a saia, fez trejeitos sensuais — nem sabia que sabia fazê-los, tão desconhecida ela era de si mesma — abriu os botões do decote, deixou os seios meio à mostra. Os homens de súbito espantados.*
>
> *— Tapá dopoipidapa.*
>
> *Está doida, queriam dizer.*
>
> *E ela a se requebrar que nem sambista de morro.»*[23]

Os homens riram-se e os seus trejeitos são observados pelo revisor, que decide entregá-la à polícia, na estação seguinte. Quando é acompanhada até à gare, vem a entrar no comboio uma rapariga com uma mala, que lança à espalhafatosa Cidinha um olhar de desprezo. Amaldiçoada e desprezada, Cidinha passa três dias na prisão. *«Tinha uma barata gorda se arrastando no chão.»*[24]

Quando, por fim, é libertada, apanha o comboio seguinte para o Rio de Janeiro. *«Tão desconhecida ela era de si mesma»:* para seu horror, compreende que *«quando os dois haviam falado em currá-la, tinha tido vontade de ser currada. Era uma descarada. Epe sopoupuupumapa puputapa. Era o que descobrira. Cabisbaixa.»* Ao caminhar pelas ruas do Rio, repara na manchete de um jornal. Uma rapariga foi assassinada e violada num comboio. *«Acontecera, então. E com a moça que a desprezara.»*[25]

Sem a inesperada compreensão de Cidinha de que tinha desejado aqueles homens, «A Língua do "P"» perderia muito do seu impacto. Para Clarice, que encontrou Deus dentro de uma barata, a solução convencional, moralista, nunca havia sido atraente. Mesmo assim, e de uma forma perversa, há um final feliz. A forma como ela dá a volta à violação da sua protagonista faz recordar as histórias que ela contava em criança, as vãs tentativas para curar a mãe. O horror é transferido de uma mulher que tem um nome e uma história para alguém anónimo — como se por um passe de magia.

## 41

## A BRUXA

«*Lixo sim*», gritou bem alto a mais importante revista, *Veja,* reagindo com uma firmeza previsível à provocação existente em *A Via Crucis do Corpo*[1]. «*Um crítico disse que o livro era lixo, sujo, indigno de mim*», disse uma Clarice nada surpreendida.[2] Até mesmo o *Jornal do Brasil,* onde ela tinha trabalhado tantos anos, se juntou ao coro. O seu crítico opinou que «*teria sido melhor não publicar o livro, em vez de ser obrigada a se defender com esse falso desprezo por si própria como escritora*»[3].

«*Meus filhos gostaram e esse é o julgamento que mais me interessa*», respondeu Clarice. «*Em geral, depois de ler as críticas sobre minhas obras, sejam contra ou a favor, paro de escrever dois ou três dias para esquecer que sou escritora.*»[4] O tema da boa ou má literatura, «*ser uma escritora*», de qualquer forma, já não lhe interessava. «*Qualquer gato, qualquer cachorro vale mais do que a literatura*», escreveu ela em *Via Crucis.*[5]

A literatura de Clarice estava, no entanto, a tornar-se mais interessante para outras pessoas, tanto a nível nacional como internacional. O toque pornográfico que se começou a associar ao seu nome com a publicação de *Via Crucis* fez crescer a sua notoriedade no Brasil, e quando o livro saiu, em meados de 1974, ela já granjeara uma fama enorme em toda a América Latina.

Em Agosto de 1974, Clarice estava em Cali, na Colômbia, com a sua amiga e colega escritora Lygia Fagundes Telles, para mais uma conferência. Tinham viajado juntas no mesmo avião, que, de repente, começou a abanar violentamente em pleno voo. Vendo o alarme de Lygia, Clarice agarrou-lhe o braço e riu-se. «*Não se preocupe*», disse ela, «*porque minha cartomante já disse que não vou morrer num desastre!*»[6]

Depois de terem chegado sãs e salvas, Clarice, como de costume, evitou as personalidades importantes, preferindo dar um passeio a pé pela cidade. Em Agosto do ano seguinte, voltou à Colômbia. Esta segunda visita, embora breve e, em muitos aspectos, pouco significativa, transformou-se numa parte central da lenda de Clarice. Talvez impressionado com a visita de Clarice, no ano anterior, um aristocrata colombiano, chamado Simón González, convidou-a para participar no seu Primeiro Congresso Mundial de Bruxaria:

> «*Sentimos que será para você uma experiência importante, eminentemente reveladora, repleta de novos* insights, *seja o seu campo de pesquisa a bruxaria ou a parapsicologia, a astrologia ou a alquimia, magia antiga ou feitiçaria moderna, percepção extrassensorial ou qualquer outro dos incontáveis meios pelos quais homens e mulheres se tornam conscientes não apenas de faculdades normalmente adormecidas dentro de si, mas também de uma pulsante realidade para além dos sentidos, e de territórios místicos de amor, alegria e poder nunca alcançados pelos descrentes.*»[7]

«*Todo mundo está fazendo convenções nos dias que correm. Então por que não Satã?*», perguntava o *Evangelical Missions Quarterly*.[8] E, com toda a certeza, Satanás fê-lo em grande, atraindo a Bogotá figuras notáveis como Uri Geller, que dobrava colheres com a mente, e onde duas mil pessoas pagaram 275 dólares para participar nos quarenta seminários do congresso. Além desses, cerca de 150 000 indivíduos, presumivelmente menos empenhados, visitaram os diversos ocultistas que ofereciam os seus serviços e mercadorias, num salão aberto ao público. A espectacular cerimónia de abertura, relatou o *New York Times*, num palco dominado por «uma enorme reprodução em gesso de um ídolo pré-colombiano», contou com a participação de «cento e cinquenta raparigas com fatos negros e coloridos, movendo-se numa dança vudu, num palco montado ao ar livre, à luz do luar»[9].

Talvez sem grande surpresa, a imprensa interessou-se de forma paternalista pela participação de Clarice na convenção, mesmo antes de ela deixar o Rio de Janeiro. Ela própria levou a coisa bastante a sério. «*No Congresso pretendo mais ouvir que falar*», contou ela à *Veja*. «*Só falarei se não puder evitar que isso aconteça, mas falarei sobre a magia do fenômeno natural, pois acho inteiramente mágico o fato de uma escura e seca semente conter em si uma planta verde brilhante.*» Criando mais um dos paradoxos que eram a sua marca registada, acrescentou: «*Mágico também é o fato de termos inventado Deus e que, por milagre, Ele existe.*»[10]

Preparou várias versões do seu discurso, mas nunca chegou a ler nenhuma delas.[11] Em seu lugar, limitou-se a uma breve introdução que resumia toda a sua forma de ver a escrita e a sua relação com o mundo que ela reflecte e cria:

> «*Eu tenho pouco a dizer sobre magia.*
>
> *Na verdade eu acho que nosso contato com o sobrenatural deve ser feito em silêncio e numa profunda meditação solitária. A inspiração, em todas as formas de arte, tem um toque de magia porque a criação é uma coisa absolutamente inexplicável. Ninguém sabe nada a propósito dela. Não creio que a inspiração venha de fora para dentro, de forças sobrenaturais. Suponho que ela emerge do mais profundo do "eu" de uma pessoa, do mais profundo inconsciente individual, coletivo e cósmico. Mas também é verdade que tudo o que em vida é chamado por nós de "natural" é na verdade tão inexplicável como se fosse sobrenatural. Acontece que tudo o que eu tenho a dar a vocês todos é apenas minha literatura. E alguém vai ler agora em espanhol um texto que eu escrevi, uma espécie de conto chamado «O ovo e a galinha», que é misterioso mesmo para mim e tem uma simbologia secreta. Eu peço a vocês para não ouvirem só com o raciocínio porque, se vocês tentarem apenas raciocinar, tudo o que vai ser dito escapará ao entendimento. Se uma dúzia de ouvintes sentir o meu texto, já me darei por satisfeita.*»[12]

Clarice estava muito gorda, recorda o jornalista mexicano Horácio Oliveira, e o batom que usava parecia uma enorme mancha vermelha. Ela permaneceu calada enquanto, para divertimento da plateia, alguém que leu a história dela continuou a falar durante duas horas sobre um ovo. «Ninguém entendeu uma palavra», disse Oliveira. Depois de o conto ter sido traduzido e publicado, todos perceberam que aquela tinha sido a parte mais brilhante da conferência.[13] Mas Clarice não tinha ilusões acerca da impressão que tinha causado. «*A apresentação do meu conto, lido em inglês, não foi realmente um sucesso estrondoso*», relatou ela.

> «*O ovo e a galinha» é misterioso e tem, mesmo, um certo toque de ocultismo. É um conto difícil, profundo. Por isso, acho que o público, muito heterogéneo, teria ficado mais contente se eu tivesse tirado um coelho da cartola. Ou se caísse em transe. Ora, nunca fiz isso em toda minha vida. Minha inspiração não vem do sobrenatural, mas da elaboração inconsciente, que aflora à superfície como uma espécie de revelação. Além disso, não escrevo para agradar ninguém.*»[14]

Quando regressou a casa, foi acossada pela imprensa até que, «*vencida pela insistência, talvez pelo cansaço*», concedeu uma entrevista à mesma jornalista que se tinha encontrado com ela antes da viagem. Sublinhou que as notícias de que tinha andado a passear por Bogotá vestida de preto eram erradas. «*Para ela, o repórter que a viu vestida estranhamente e cheia de amuletos só pode ter sido vítima de uma vista doente, de imaginação em excesso ou má-fé, mesmo.*»[15]

Mas, como é hábito, a mitologia resistiu aos factos. Os últimos dias que ela passou na Colômbia foram o suficiente para que lhe atribuíssem o epíteto duradoiro de «*a grande bruxa da literatura brasileira*», segundo a expressão de Affonso Romano de Sant'Anna.[16] «*Cuidado com Clarice*» disse o seu velho amigo Otto Lara Resende à escritora canadiana Claire Varin, quando ela foi ao Brasil para fazer pesquisa sobre Clarice. «*Não se trata de literatura, mas de bruxaria.*»[17]

Ironicamente, ou de uma forma assaz psíquica, Clarice parece ter antecipado esta última ruga na sua lenda, mesmo antes de ter ouvido falar da Conferência de Bogotá. No ano anterior, em *Onde Estivestes de Noite*, ela tinha imaginado uma jornalista meio desmiolada a telefonar a uma amiga:

> «*Cláudia, me desculpe por telefonar num domingo a essa hora! Mas acordei com uma inspiração fabulosa: vou escrever um livro sobre*

*Magia Negra! Não, não li o tal do Exorcista, porque me disseram que é má literatura e não quero que pensem que estou indo na onda dele. Você já pensou bem? o ser humano sempre tentou se comunicar com o sobrenatural desde o antigo Egito com o segredo das Pirâmides, passando pela Grécia com seus deuses, passando por Shakespeare no Hamlet. Pois eu também vou entrar nessa.*»[18]

De volta ao Rio de Janeiro, Clarice anunciou, como fazia periodicamente, que estava cansada, «*enjoada mesmo*», da literatura. Isto não era uma pose: escrever cada vez a cansava mais e ela receava que isso se tivesse transformado num tique obsessivo. «*Estou escrevendo porque não sei o que fazer de mim*», escreveu ela num dos fragmentos que haviam de se transformar em *Um Sopro de Vida*. «*Quer dizer: não sei o que fazer com meu espírito.*»[19]

Sentia-se cansada de escrever, mas era incapaz de travar a inquieta veia criativa que ao longo de toda a vida a empurrara de experiência em experiência. Da mesma forma que Lúcio Cardoso se virara para a pintura, depois de o derrame lhe ter tornado impossível o uso da linguagem, também Clarice começou a pintar. Dera os primeiros passos nesse domínio na época de *Água Viva*. Nas primeiras versões do manuscrito, a narradora é uma escritora: na versão publicada, foi transformada em pintora.

Aquele livro começava com a evocação de Michel Seuphor de «uma pintura totalmente livre da dependência da figura — ou objeto — que, tal como a música, não ilustra nada, não conta uma história e não lança nenhum mito». *Água Viva* estava cheia de alusões à pintura e à sua relação com a criação: «*E agora como na pintura só digo: ovo e basta.*»[20] Em *Visão do Esplendor*, uma antologia de, na sua maioria, trabalhos mais antigos, publicada em 1975, Clarice escreveu: «*Se eu soubesse pintar, lutaria por conseguir pintar a forma completa de um ovo.*»[21]

A meio de 1975, ela estava a pintar de verdade. Olga Borelli publicou um apontamento no qual Clarice descrevia o processo pelo qual começou a produzir os seus estranhos trabalhos.

> «*O que me "descontrai", por incrível que pareça, é pintar*», disse ela. «*Sem ser pintora de forma alguma, e sem aprender nenhuma técnica. Pinto tão mal que dá gosto e não mostro meus, entre aspas, "quadros", a ninguém. É relaxante e ao mesmo tempo excitante mexer com cores e formas sem compromisso com coisa alguma. É a coisa mais pura que faço.*»[22]

Muitos dos seus quadros possuem o mesmo fascínio existente nas suas obras abstractas. Tal como *Água Viva,* dão a impressão de ter sido criados sem qualquer alteração ou elaboração, de ser «*brain-storms*». Mas, ao contrário de *Água Viva,* que foi aperfeiçoado à custa de muito trabalho, as suas cores e formas *foram,* de facto, aplicadas directamente, sem correcção posterior, nos seus suportes de madeira. Clarice não tinha possibilidade de aperfeiçoar as suas pinturas, como fazia com as palavras, e este imediatismo confere-lhes um impacto primitivo e visceral.

> «*Pintei um quadro que uma amiga me aconselhou a não olhar porque me faria mal. Concordei. Porque neste quadro que se chama "medo" eu conseguira pôr para fora de mim, quem sabe se magicamente, todo o medo pânico de um ser no mundo.*»[23]

Datado 16 de Maio de 1975, *Medo* mostra uma bolha cintilante, com olhos e boca, atravessando vertiginosamente um espaço negro. Olhando o quadro, poderíamos recordar o que um homem disse em Washington, depois de ler «O Búfalo», incluído em *Laços de Família:* «*Ele disse que o conto todo parece feito de entranhas.*»[24]

Na realidade, Clarice não recebera qualquer tipo de formação em pintura, mas não é verdade que não possuísse técnica.

> «*Vivo tão atribulada que não aperfeiçoei mais o que inventei em matéria de pintura*», escreveu em *Um Sopro de Vida*. «*Ou pelo menos nunca ouvi falar desse modo de pintar: consiste em pegar uma tela de madeira — pinho-de-riga é a melhor — e prestar atenção às suas nervuras. De súbito, então vem do subconsciente uma onda de criatividade e a gente se joga nas nervuras acompanhando-as um pouco — mas mantendo a liberdade.*»[25]

Utilizando este método, Clarice criou imagens do tipo do teste de Rorschach que parecem realmente reflexos directos da sua vida subconsciente. Essas imagens não possuem a beleza da linguagem que a tornou famosa. Mas é possível que lhe tenha sido mais fácil usar a cor e a forma para atingir o estado «*atrás do pensamento*» que procurara nas suas obras místicas, como *A Paixão segundo G. H.* ou *Água Viva*. Depois de uma vida inteira a escrever, o seu domínio sobre a linguagem era tão completo que agora tinha de procurar, deliberadamente, a sua aspereza e novidade.

Na linguagem verbal, Clarice receava não conseguir alcançar «*o símbolo da coisa na própria coisa*», sem ficar reduzida a uma conversa sem sentido, ou a «*latir para Deus*». Talvez na pintura, que não tinha a imperfeição das palavras, pudesse alcançar esse objectivo de uma forma mais directa. No entanto, o objectivo não se tinha alterado. «*Meu ideal*», escreveu, «*seria pintar um quadro de um quadro.*»[26]

# 42

# A COISA EM SI

«*Um quadro de um quadro*», uma representação de uma representação, o símbolo da coisa na própria coisa: os ideais que Clarice procurava na sua pintura provinham inevitavelmente da sua escrita e conduziam-na de volta a ela. A expressão acima, tal como muitos dos seus pensamentos sobre pintura, aparece em *Um Sopro de Vida (Pulsações)*, o livro que começou a preparar por volta de 1974.[1]

Clarice não viveria o suficiente para ver esta obra publicada. Quando morreu, havia uma montanha de fragmentos que tiveram de ser «*estruturados*» por Olga Borelli. Mas, se um trabalho inacabado, publicado a título póstumo, dá inevitavelmente a sensação de estar incompleto, e se os leitores, naturalmente, se interrogarem se aquilo que estão a ler é o que a autora teria desejado que lessem, *Um Sopro de Vida*, como tantas outras obras de Clarice Lispector, consegue alcançar «*essa harmonia preciosa e precisa entre a expressão e o fundo*», a um nível quase fantasmagórico.

Não apenas publicado, mas também, até certo ponto, *escrito* depois da morte de Clarice, *Um Sopro de Vida* completa-se e é aperfeiçoado precisamente pela sua incompletude e imperfeição. Este é o tipo de estranho paradoxo que ela sempre apreciou, e era precisamente o que ela previa e pretendia, quando o escreveu:

> *«Este ao que suponho será um livro feito aparentemente por destroços de livro. Mas na verdade trata-se de retratar rápidos vislumbres meus e rápidos vislumbres de meu personagem Ângela. Eu poderia pegar cada vislumbre e dissertar durante páginas sobre ele. Mas acontece que no vislumbre é às vezes que está a essência da coisa.* [...] *Minha vida é feita de fragmentos e assim acontece com Ângela.»*[2]

Estes fragmentos formam um diálogo entre um autor e uma personagem, Ângela Pralini, o mesmo nome que Clarice utilizou para a mulher do comboio de *Onde Estivestes de Noite*. Um dos títulos rejeitados para *Água Viva* era «*Monólogo com a Vida*» e *Um Sopro de Vida* poderia considerar-se um diálogo com a vida, entre um artista parecido com um deus que infunde o sopro da vida nas suas criações e a própria criatura que fala, respira e morre, Ângela Pralini.

O milagre da criação através das palavras era o mesmo mistério que sempre fascinara Clarice, mas nas suas outras meditações sobre o assunto, como por exemplo em *A Maçã no Escuro,* a construção ficcional é menos visível, o autor esconde-se atrás do entrançado da sua alegoria densa e alusiva. O autor e a sua criação eram frequentemente um só: «*Eu sou o Martim*», disse Clarice numa entrevista, referindo-se ao protagonista de *A Maçã no Escuro*.[3] Foi isso precisamente que Álvaro Lins criticou em *Perto do Coração Selvagem,* referindo-se à sua incapacidade «*feminina*» para disfarçar a autora na sua obra:

> *«Há, no entanto, em temperamentos masculinos, uma tendência maior a esconder o autor por trás de suas criaturas, a desconectá-lo da obra terminada e completada. Isso significa que um escritor pode colocar toda a sua personalidade numa obra, mas diluindo-se dentro dela de modo que o espectador veja apenas o objeto e não o homem.»*

Clarice Lispector não deu grande importância a esta crítica, para dizer o mínimo. Nos seus últimos livros, a identificação do autor divino com as suas criações atinge um clímax poético. Em *Um Sopro de Vida,* tanto Ângela como a personagem masculina, que é o autor e que Clarice interpõe entre si própria e Ângela, *são* Clarice Lispector, muito mais do que o tinham sido as suas criações anteriores. Mesmo numa obra tão autobiográfica como a de Clarice, nenhuma das personagens, Martim, Joana ou G. H., tinha sido tão arrojada e transparentemente Clarice. Ângela diz:

> *«O objeto — a coisa — sempre me fascinou e de algum modo me destruiu. No meu livro* A Cidade Sitiada *eu falo indiretamente no mistério da coisa. Coisa é bicho especializado e imobilizado. Há anos também descrevi um guarda-roupa. Depois veio a descrição de um imemorável relógio chamado Sveglia: relógio eletrônico que me assombrou e assombraria qualquer pessoa viva no mundo. Depois veio a vez do telefone. No «Ovo e a galinha» falo no guindaste. É uma aproximação tímida minha da subversão do mundo vivo e do mundo morto ameaçador.»*[4]

O autor masculino, o pretenso criador de Ângela, também apresenta algumas semelhanças com Clarice Lispector, embora ela o distancie com ironia. «*Nunca tive vocação para escrever*», diz ele «*o número é que desde menino me fascinou. Se faço agora diariamente e canhestramente anotações é que minha mulher não serve para uma conversa.*»[5]

Há, no entanto, mais do que ironia neste distanciamento. Clarice enfatiza, vezes sem conta, as qualidades ficcionais desta e de qualquer escrita. Ângela e «o autor» são criações suas, bem como o «Eu».

> *«Eu que apareço neste livro não sou eu. Não é autobiográfico, vocês não sabem nada de mim. Nunca te disse e nunca te direi quem sou. Eu sou vós mesmos.»*[6]

Pintar tinha preparado Clarice para uma nova experiência na escrita. Depois de regressar de Bogotá, Clarice descreveu as suas duas obras anteriores, *Onde Estivestes de Noite* e *A Via Crucis do Corpo*, como «leves» e «directas» e avisou que não iria prosseguir nessa direcção:

> *«Tenho medo de adquirir uma habilidade detestável. Não quero escrever por hábito, mas por necessidade, como tem acontecido até*

*agora. Há algum tempo, pensei em parar, mas me veio uma vontade tão forte, que retomei tudo de novo. Hoje, penso novamente em abandonar a literatura. Se continuar, será como a Clarice Lispector de sempre, pois a minha veia para a literatura «leve» esgotou-se. Mas a experiência foi importante. Afinal, não é só a profundidade que existe. A superfície também é um aspecto real.*»[7]

O quanto ela tinha percepção da superfície como «coisa real» é mais imediatamente visível na suas pinturas. A sua técnica é o oposto do *trompe-l'oeil*. Ao permitir-se seguir os veios da madeira sobre a qual pintava, está a cobrir a superfície, ao mesmo tempo que chama a atenção para a sua realidade e, assim, para a artificialidade da sua própria criação. Clarice não está a tentar fazer com que uma tela se pareça com madeira ou mármore. Não está a criar uma superfície falsa, mas antes, ao seguir os contornos sugeridos por uma superfície natural, a fazer com que essa superfície natural revele aquilo que lhe está subjacente. A tensão entre o «natural» e o «inventado», entre o «aspecto real» da superfície e a profundidade do artifício humano, é a fonte do inquietante poder dos quadros.

Em *Um Sopro de Vida,* Ângela Pralini é uma pintora. De um modo mais significativo, Ângela Pralini é um quadro, o «*quadro de um quadro*» que Clarice procurava, e *Um Sopro de Vida* é o quadro de Clarice a criá-la. Ao criar a personagem, Clarice não se esforça por pintar sobre o material puro, neste caso, a própria autora; a tela nunca é oculta pela criação que se sobrepõe. Poucas personagens de ficção foram tão deliberadamente ficcionadas, avatares tão óbvios da sua criadora, como Ângela Pralini.

«*Chamo a gruta pelo seu nome e ela passa a viver com o seu miasma*», escreveu Clarice em *Água Viva* sobre um dos seus quadros. O processo de infundir um «*sopro de vida*» em objectos inanimados era um dos seus mais antigos temas místicos; a ligação entre linguagem e criação era a mesma sobre a qual ela já se debruçara tantas vezes, de forma tão poética, em tantos dos seus livros, em *A Maçã no Escuro,* por exemplo, ou nas congeminações de Virgínia sobre o licor de anis. «*O pensamento... era o gosto de anis*», escreveu, trinta anos antes, em *O Lustre*. Aqui, o pensamento de Clarice sobre Ângela Pralini *é* Ângela Pralini. «*Será que*

*Ângela sente que é um personagem?*», questiona-se o autor. «*Porque, quanto a mim, sinto de vez em quando que sou o personagem de alguém. É incômodo ser dois: eu para mim e eu para os outros.*»[8]

Ao mesmo tempo, Clarice anseia ser duas. Deseja desesperadamente ser uma pessoa diferente de si mesma. Com Ângela, e com o seu «autor» masculino, Clarice está, literalmente, a tentar fugir ao seu próprio eu. «*Ângela é minha tentativa de ser dois.*» E: «*Eu e Ângela somos o meu diálogo interior — eu converso comigo mesmo. Estou cansado de pensar as mesmas coisas.*»[9]

Perseguida por estas dúvidas sobre a fragilidade e a realidade da sua criação, a autora divina fica satisfeita, apesar de tudo, com a sua criação:

> «*Como eu ia dizendo: foi Deus que me inventou. Assim também eu — como nas olimpíadas gregas os atletas que corriam passavam para a frente o archote aceso — assim também eu uso o meu sopro e invento Ângela Pralini e faço-a mulher.*»[10]

As duas personagens iniciam um diálogo encantatório que continua pelo livro fora, mudando nomes, trocando de papéis, envolvendo-se em especulações místicas que ardem com uma intensidade enorme, enquanto o autor, neste caso a autora «real», Clarice Lispector, sente que a morte se aproxima.

> «AUTOR: *Estou apaixonado por um personagem que inventei: Ângela Pralini. Ei-la falando:*
>
> ÂNGELA: *Ah, como eu gostaria de uma vida lânguida.*
>
> *Eu sou uma das intérpretes de Deus.*
>
> AUTOR: *Quando Ângela pensa em Deus, será que ela se refere a Deus ou a mim?*
>
> ÂNGELA: *Quem faz minha vida? Sinto que alguém manda em mim e me destina. Como se alguém me criasse. Mas também sou livre e não obedeço ordens.*»[11]

Ângela tem andado a planear «*um romance das coisas*»[12], mas o autor sabe que ela não o vai terminar. Tal como a jovem Clarice, que só acabou o curso de Direito porque um colega lhe disse que ela nunca acabava nada, o autor diz que «*Ângela nunca acaba o que começou. Segundo porque suas esparsas notas para o seu livro são todas fragmentárias e Ângela não sabe unir e construir. Ela nunca será escritora.*»[13]

Tal como sucedera na faculdade de Direito, porém, é a própria Clarice quem não consegue terminar o que começou. Página atrás de página, a autora fica a pensar no que há-de fazer com Ângela. Com isto, torna-se claro, ela não sabe se deve permitir que Ângela, e, portanto, ela própria, morra. O autor deu-lhe a vida e, agora, ele mesmo terá de decidir se, e como, poderá desfazer a sua obra. «*E de repente — de repente! jorra em mim uma avalanche demoníaca e revoltada: é que me pergunto se vale a pena Ângela morrer. Mato--a? ela se mata?*», escreve o «autor». «*Quero justificar a morte.*»[14]

Clarice não consegue, contudo, arranjar uma justificação para a morte de Ângela. Durante toda a obra tenta encontrar uma forma de a fazer desaparecer. «*Na hora de minha morte — que é que eu faço? Me ensinem como é que se morre. Eu não sei*», implora Ângela.[15] Mas Clarice Lispector, no fim da sua própria vida, continua ligada aos encantamentos que lançava em criança, ainda à procura das palavras que pudessem significar a salvação. Mesmo no final do livro, um parágrafo sinistro e espantoso recorda as primeiras histórias mágicas de Clarice:

> «*Esta noite tive um sonho dentro de um sonho. Sonhei que estava calmamente assistindo artistas trabalharem no palco. E por uma porta que não era bem fechada entraram homens com metralhadoras e mataram todos os artistas. Comecei a chorar: não queria que eles estivessem mortos. Então os artistas se levantaram do chão e me disseram: nós não estamos mortos na vida real, só como artistas, fazia parte do show esse morticínio. Então sonhei um sonho tão bom: sonhei assim: na vida nós somos artistas de uma peça de teatro absurdo escrita por um Deus absurdo. Nós somos todos participantes desse teatro: na verdade nunca morremos quando acontece a morte. Só morremos como artistas. Isso seria a eternidade?*»[16]

Clarice não conseguira salvar a mãe, mas ainda tinha esperança de salvar alguém, nem que fosse uma personagem tão obviamente artificial como Ângela Pralini, e o desejo de Clarice — «*Procuro alguém para lhe salvar a vida. Só quem me permite essa ação é Ângela. E ao salvar-lhe a vida, salvo a minha*»[17] — confere ao livro a sua trágica magnificência. Já não se trata de um autor de ficção a falar. Trata-se de Clarice Lispector.

Clarice sabia muito bem que, se deixasse Ângela morrer, ela própria teria de a seguir. Mesmo na última página, ela poupa a sua personagem, deixando-a afastar-se, como uma personagem que abandona um palco: «*Recuo meu olhar minha câmera e Ângela vai ficando pequena, pequena, menor — até que a perco de vista*»[18]. Ângela pode ter sido o quadro de um quadro — «*Eu que apareço neste livro não sou eu*» — mas também era, literalmente, Clarice. Olga Borelli compreendeu que a ligação não era teórica:

> «*Ela pede para morrer. Havia uns textos em que ela pedia para a Ângela Pralini, personagem central de* Um Sopro de Vida, *romance póstumo organizado por mim a partir dos fragmentos deixados por Clarice. Eu omiti uma frase. Omiti esse fato para a família não ficar muito sofrida. Quer dizer, esse livro eram fragmentos, e um fragmento me tocou muito, em que ela diz: "Eu pedi a Deus que desse a Ângela um câncer e que ela não pudesse se livrar dele." Porque a Ângela não tem coragem de se suicidar. Ela precisa, porque ela diz: "Deus não mata ninguém. É a pessoa que se morre." Clarice dizia também que cada pessoa escolhe a maneira de morrer.*»[19]

## 43

## SILÊNCIO LISPECTORIANO

No dia 28 de Novembro de 1975, depois do jantar do Dia de Acção de Graças, em casa da sua filha, Clarissa, e da família americana dela, Érico Veríssimo morreu em Porto Alegre. Clarice ficou completamente abalada. «*Mas o choque foi tão grande que minha pressão baixou quase a zero e tive que ficar de cama, sem força para mover sequer as mãos*», escreveu ela a Mafalda. «*Me desculpe eu lhe faltar num momento desses. Eu também queria ver você para — por incrível que pareça a ilogicidade das coisas —, para me consolar com você.*»[1]

Para Clarice foi um fim triste para um ano difícil que incluiu muitas dores de cabeça por causa da publicação da sua obra, como já acontecera anteriormente. No início do ano, a Artenova, de Álvaro Pacheco, editou uma compilação de entrevistas que ela tinha feito ao longo dos anos a figuras notáveis do Brasil, com o título *De Corpo Inteiro*. Este foi o quinto livro dela que ele publicou: *Água Viva, A Via Crucis do Corpo, Onde Estivestes de Noite,* e a antologia *A Imitação da Rosa*.

«*A Artenova não era uma editora, era uma gráfica*», disse Alberto Dines, que também lá publicou durante algum tempo.[2] Clarice gostou de Pacheco, a princípio, quando ele se arriscou a publicar *Água Viva*. Mas, sendo uma perfeccionista da sua escrita, detestava a falta de gosto com que cada um dos seus livros era publicado. Especialmente quando comparadas com as edições estilizadas que a Autor e a Sabiá tinham produzido para a obra dela, as da Artenova sobressaem, realmente, como espantosamente feias. A primeira edição de *A Via Crucis do Corpo*, por exemplo, está decorada com uma inexplicavelmente grotesca máscara africana de um amarelo-acastanhado.

Mas Clarice foi deixando passar até se aperceber de que ele a estava a enganar em relação aos seus direitos de autor. «*Ele não gostava muito de remunerar o trabalho dos autores*», disse Dines sobre Pacheco. «*Achava que estava fazendo um favor ao publicá-los*.» Apesar dos seus conhecimentos de Direito, Clarice nunca tinha sido capaz de gerir os seus contratos; esta incompetência, no que se referia a negócios, fazia parte da infantil incapacidade de tomar decisões que o Dr. Azulay lhe tinha diagnosticado. Mas agora, quando os cheques que recebia começavam a tornar-se ridiculamente insultuosos, até ela percebeu que havia ali qualquer coisa.

> «*Mesmo editada em Portugal, e traduzida em França, Estados Unidos e outros países, e mesmo com meus trabalhos publicados em inúmeras antologias escolares de autores brasileiros, eu nunca vivi exclusivamente para a literatura. O motivo, porém, não chegou a ser o desinteresse do público pela minha obra, mas, sim, a utilização indevida de que se beneficiam os editores*.»[3]

Telefonou para a Artenova para discutir o assunto. Depois de várias tentativas, conseguiu agendar um encontro com Pacheco, e meteu-se imediatamente num táxi. Tendo chegado trinta minutos depois, disseram-lhe que devia esperar: o chefe tinha ido almoçar com um grupo de estrangeiros. Quando ele finalmente regressou, duas longas horas mais tarde, entregou-lhe a magnânima quantia de 140 cruzeiros: os direitos de autor a que ela tinha direito, por meio ano, para todas as cinco obras. Olga dizia que nunca tinha visto Clarice tão furiosa. Saiu intempestivamente e deu o dinheiro a um pedinte.[4]

A sua amiga Nélida Piñon, uma romancista de ascendência espanhola que tinha bons relacionamentos no país dos seus antepassados, colocou-a em contacto com Carmen Balcells, a agente literária de Barcelona que representava tantos autores de primeira categoria da América Latina, de Gabriel García Márquez a Julio Cortázar e Mario Vargas Llosa. («Quando Cervantes apareceu», disse o escritor mexicano Carlos Fuentes, «Carmen Balcells já lá estava.»[5]) Por fim, mas, ainda assim, muito anos depois de isso ter podido fazer a diferença na sua carreira, Clarice tinha uma representação profissional.

Com estes capítulos desagradáveis deixados para trás, 1976 estava a configurar-se como um ano melhor. Logo no seu início, Clarice consultou o *I Ching: «Que atitude devo tomar em 1976?»*, perguntou Clarice ao antigo texto chinês. «*Que é que me espera nesse ano?*»

> «Resposta: 42. "Ganho."
> Como devo fazer meu livro?
> Resposta: 8 de "Unidade, Coordenação".
> Terei *sublimity,* ousadia, perseverança?
> Resposta: 55. "Abundância."»[6]

De certa forma, o livro tinha acertado. Clarice iria ter «*abundância*» de um reconhecimento alargado e consistente que ao longo da sua vida lhe tinha chegado apenas em fragmentos relutantes e fugazes. Um pouco espantada com toda aquela atenção, ela tomava nota de tudo o que ia acontecendo, como se não quisesse acreditar na sua boa sorte.

> «*Este ano está havendo muito movimento em torno de mim, Deus sabe por quê, pois eu não sei. 1) A* Colóquio Letras *me pediu um conto; 2) a revista literária argentina* Crisis, *considerada talvez a melhor da América Latina, me pediu uma entrevista; 3)* Manchete *me entrevistou; 4) um jornal de São Paulo me entrevistou; 5) Bogotá me convidou; 6) estudantes da Faculdade de Comunicação de São Paulo estão rodando um filme sem caráter comercial baseado num romance meu,* Uma Aprendizagem; *7) a TV Globo programou para janeiro que vem um "especial" adaptado de um conto meu; uma revista me convidou para eu fazer uma seção crítica de livros (não aceitei porque não sou crítica,*

*e porque queria evitar a "badalação" de meu nome ficar regularmente em foco; 8) fui convidada a ir à cidade paulista de Marília para um debate com universitários; 9) muita gente desconhecida me telefona, ainda mais do que antes, para conversar e às vezes se confessar; 10) vou ser convidada pelo escritor e crítico Affonso Romano de Sant'Anna para conversar com os alunos da PUC sobre minha experiência em relação à criação; 11) fui representante brasileira num livro de contos de vários escritores da América Latina; acho que deviam entrevistar os escritores novos, há muitos bons e que têm muito a dizer; 12) Julio Cortázar me mandou um recado dizendo que gostaria de me conhecer; 13) saíram várias traduções de livros meus (mas ganho pouco); 14) Marília Pêra, no seu show individual, diz frases minhas tiradas de* Água Viva; *duas revistas brasileiras publicaram contos meus, sem falar que no fim do ano passado Benedito Nunes escreveu um livro me interpretando.*

*Isso me deixa um pouco perplexa. Será que estou na moda? E por que as pessoas se queixam de não me entender e agora parecem me entender?*

*Uma das coisas que me deixam infeliz é essa história de monstro sagrado: os outros me temem à toa, e a gente termina se temendo a si própria. A verdade é que algumas pessoas criaram um mito em torno de mim, o que me atrapalha muito: afasta as pessoas e eu fico sozinha. Mas você sabe que sou de trato muito simples, mesmo que a alma seja complexa. O sucesso quase me faz mal: encarei o sucesso como uma invasão. Mesmo o sucesso quando pequeno, como o que tenho às vezes, me perturba o ouvido interno.*»[7]

Um entrevistador pediu-lhe que descrevesse o que é um amigo.

«Clarice — *Uma pessoa que me veja como eu sou. Que não me mistifique. Que me permita ser humilde.*

Ziraldo — *Te incomoda ser tratada como uma pessoa ilustre, né?*

Clarice — *Muito elogio é como botar água demais na flor. Ela apodrece.*

Ziraldo — *Assusta?*

Clarice — *Morre.*»[8]

Ao mesmo tempo, segundo a sua irmã Tania, quase no fim da vida Clarice sabia que o que tinha conseguido era praticamente inigualável, e essa certeza representava um particular conforto para as dificuldades que tinha tido de enfrentar ao longo da sua vida. Em 1976, o seu sucesso estava, finalmente, a ser reconhecido em toda a parte e a ser devidamente celebrado. Apesar de ambíguo, era uma espécie de prémio de consolação.

No dia 7 de Abril de 1976, o seu filho Paulo, que tinha vinte e três anos, casou-se. Já vivia sozinho havia mais de um ano. Rosa Cass recorda que «*Clarice ficou para morrer*», a primeira vez que ele abordou o assunto, pedindo-lhe a parte que lhe cabia da quantia que Maury entregava a Clarice, para poder subsistir por sua conta. Mas Rosa aconselhou-a a deixá-lo ir embora: «*Você vai ter mais proximidade com ele desse jeito do que se tentar amarrá-lo*», disse-lhe Rosa.[9]

Mas Clarice tentou prendê-lo. Paulo vivia ali perto, no Leme, e almoçava com ela quase todos os dias. Pouco tempo depois, ficou noivo de uma rapariga chamada Ilana Kaufman. «*Clarice ficou felicíssima que Ilana era judia*», afirmou Rosa, que tinha dito a Clarice que, se ela tivesse sido uma *yiddishe mame,* Paulo nunca teria se casado com uma judia. Clarice concordou plenamente e, segundo se conta, teria dito a Elisa que o casamento de Paulo era uma espécie de compensação pelo seu próprio casamento.[10]

Clarice também andava nervosa por causa do casamento. Talvez porque soubesse que Maury e Isabel viriam de Montevideu, naquela que seria a primeira, e única vez, em que ela se iria encontrar com a segunda esposa do ex-marido. No entanto, por esta altura, Clarice já estava bastante grata a Isabel por se ter encarregado de Pedro, e a frieza inicial do seu relacionamento suavizara-se.

Pediu a Maria Bonomi que viesse de São Paulo, dizendo que tinha receio de ser deixada sozinha. Face à insistência de Clarice, Maria veio, embora não compreendesse muito bem como é que a mãe do noivo poderia não ter companhia. Mas ficou surpreendida ao ver que a premonição de Clarice se confirmava: os outros convidados mantinham-se afastados do «*monstro sagrado*», com todas as suas inibições sociais, e Maria sentiu-se feliz por estar ali para lhe fazer companhia.

É óbvio que Clarice não foi completamente ignorada. Uma tia veio ter com ela e mencionou, para seu grande espanto, que Mania Lispector também tinha sido uma escritora, tendo escrito um diário e vários poemas. Clarice não fazia a mínima ideia. Talvez a mãe tivesse deixado de escrever depois de todas as desgraças que a tinham atingido, bem como à sua família, na sua terra natal, ou talvez tivesse continuado com esse hábito no Brasil, até que, com o avançar da doença, já não tivesse forças para isso. Em qualquer dos casos, Clarice nunca percebera que ambas partilhavam esse gosto pela escrita. A própria produção literária de Clarice sempre estivera tão intimamente relacionada com a mãe que aquela notícia foi um choque para ela. «*Foi um presente saber isso.*»[11]

No final de Abril, foi convidada para uma feira do livro em Buenos Aires, para onde viajou com Olga Borelli, e onde ficou surpreendida por encontrar os seus livros em traduções não autorizadas, e, portanto, não pagas, para o espanhol. Ficou igualmente surpreendida com o nível de interesse que o seu trabalho despertava na Argentina.

> «*Eu fiquei boba quando cheguei lá, eu não sabia que eles me conheciam*», disse depois de regressar. «*Deram um coquetel, trinta jornalistas. Eu falei pela rádio. Tudo meio teleguiado porque (rindo) estava tão estranho tudo, era tão inesperado que ia agindo assim sem saber. Nem notei que estava falando pela rádio. Sei lá (Pausa). Uma mulher lá me beijou a mão.*»[12]

Um mês depois, Clarice teve outra oportunidade de recordar a mãe. No dia 30 de Maio de 1976, Clarice e Olga chegaram ao Recife. No avião, encontrou-se com Alberto Dines e disse-lhe que ia «*se encher de comida judaica*», que a sua tia, Mina Lispector, prometera preparar-lhe. O filho de Mina, Samuel, tinha tornado aquela viagem possível. Prosperara no ramo da joalharia acessível: mais tarde, mandaria construir um edifício de apartamentos na Avenida Boa Viagem, a rua mais exclusiva do Recife, e dar-lhe-ia o nome da sua querida prima.

Clarice ficou alojada no Hotel São Domingos, na Praça Maciel Pinheiro, a mesma *pletzele* em que tinha passado a sua infância. A velha casa, em cuja varanda a paralisada Mania passara os seus últimos dias sentada a olhar o horizonte, e que a família tivera de abandonar por recearem uma derrocada, ainda continuava lá, desafiando a gravidade. «*O sobrado só mudou a cor*», disse Clarice.[13] Sentou-se nos bancos da praça a ouvir, encantada, o característico linguajar pernambucano dos vendedores de fruta.

Clarice não era uma boa oradora, segundo a opinião de Rosa Lispector, a mulher de Samuel, depois da apresentação num centro cultural. Estava preocupada com a hipótese de ser fotografada. A seguir ao evento, a imprensa avançou e Clarice gritava: «*Retrato não, retrato não!*» Rosa reparou que Olga falava com ela como se estivesse a dirigir-se a uma criança: «*Você não quer ir ao banheiro?*», perguntou-lhe com gentileza, e Clarice deixou que a conduzissem ao quarto de banho.[14] Inspirava em Rosa o mesmo sentimento protector. Quando se apercebeu de que os sapatos de Clarice a estavam a magoar, e que usavam o mesmo tamanho, Rosa simplesmente descalçou os seus, dando-os a Clarice, acabando ela própria por ficar descalça. Quando um repórter lhe perguntou qual o acontecimento que tivera maior impacto na sua vida, ela respondeu: «*Acho que é meu nascimento e o seu mistério.*»[15]

Nunca mais haveria de voltar à cidade da sua infância, mas, depois de anos sem viajar, Clarice estava a ser bastante requisitada. Em Julho de 1976 foi avisada de que lhe seria concedida uma grande honra. A sua obra de uma vida iria ser homenageada pela Fundação Cultural do Distrito Federal, em Brasília. O prémio em dinheiro, que acompanhava a distinção, era a considerável soma de 70 000 cruzeiros.

Antes de partir para Brasília, Clarice deu uma entrevista a um jornalista chamado Edilberto Coutinho. Ao contrário de muitos outros, que tinham tido de se contentar com apenas algumas frases proferidas com relutância, Coutinho foi encontrá-la com tanta vontade de falar que estava convencido de que, se não tivesse sido ele a tomar a iniciativa de ir embora, teria ficado ali toda a noite na conversa.[16]

> «*Fiquei contentíssima*», disse ela. «*Não esperava. Uma completa surpresa. Mas logo veio uma depressão muito forte. Eu, ganhar esse dinheirão e tantas crianças que necessitam, por aí...*»
>
> «*Por que não faz uma doação a essas crianças?*», perguntou Coutinho.
>
> «*Porque os adultos ficariam com o dinheiro. Olhe aqui, eu já tentei reformar o mundo. Por isso fui estudar Direito. Me interessava pelo problema das penitenciárias. Mas, desde que recebi a notícia do prêmio, não consigo pensar senão nisto: crianças morrem de fome, crianças morrem de fome. Mas quem sou eu, meu Deus, para mudar as coisas?*»

Como se estivesse com vontade de se confessar, Clarice falou um pouco dos judeus, como povo escolhido:

> «*Mas não acredito nessa besteira de judeu ser o povo eleito de Deus. Não é coisa nenhuma. Os alemães é que devem ser, porque fizeram o que fizeram. Que grande eleição foi essa, para os judeus?*»

E acerca da sua vaidade, que não tinha nada que ver com a sua escrita:

> «*Gosto que me achem bonita*», confessou. «*Isto sim. Me fez um bem enorme: Eu tive muitos admiradores.* [...] *Há homens que nem em dez anos me esqueceram. Há o poeta americano, que ameaçou suicidar-se, porque eu não correspondia. Penso muito nessas coisas.*»[17]

Em Brasília, aliviada e encantada, disse:

> «*Eu realmente precisava desse dinheiro. Sinto-me encabulada, pois não o mereço. Alguém me disse que quando nos dão um prêmio*

*é porque acham que a gente se aposentou. Mas eu nunca vou me aposentar. Espero escrever até morrer.»*[18]

No dia 20 de Outubro, Clarice deu uma longa entrevista para o Museu da Imagem e do Som do Rio de Janeiro, que recolhia gravações de pessoas notáveis. A entrevista foi conduzida por amigos chegados, incluindo Marina Colasanti e Affonso Romano de Sant'Anna. O ambiente familiar fez Clarice baixar a guarda e falar à vontade. Mas, apesar da sua boa disposição, cada vez se tornava mais evidente que ela não estava bem.

Nesse mesmo mês, visitou Porto Alegre, a terra de Mafalda Veríssimo, para uma conferência de escritores. O escritor Luiz Carlos Lisboa disse:

> *«Quando voltei a vê-la, fiquei chocado: ela já estava muito doente, com grandes bolsas em volta dos olhos, e mal me reconheceu. Pela primeira vez notei que ela estava escondendo o braço. Mesmo assim era possível vislumbrar a esplêndida mulher que ela tinha sido na juventude.»*[19]

Caio Fernando Abreu, um jovem escritor de Porto Alegre que andava literalmente obcecado com ela — *«Acabei por ter de proibir a mim mesmo ler Clarice Lispector. Os livros dela davam-me a sensação de que já tudo tinha sido escrito, que não restava nada para dizer»* — recorda essa viagem:

> *«Ela — que quase não falava, fumava muito e suportava pouco as pessoas — me convidou para um café na Rua da Praia. Fomos. Silêncio denso, lispectoriano. No balcão do bar, por trás da fumaça do cigarro e com aquele sotaque estranhíssimo, de repente ela perguntou: "Como é mesmo o nome desta cidade?" E estava em Porto Alegre há três dias...»*[20]

Quando regressou ao Rio, foi hospitalizada por pouco tempo. Escreveu a Mafalda, prometendo deixar de tomar comprimidos para dormir e tranquilizantes.[21] Mas, depois de tantos anos, isso era mais fácil de dizer do que de fazer. Uma anedota macabra dessa época sugere como ela se atormentava com a sua incapacidade de dormir, e como estava completamente dependente do terrível vício que daí resultou. Clarice, que gostava mais de ser considerada atraente do que de ser uma grande escritora, contratou um maquilhador profissional chamado Gilles para ir a sua casa, uma vez por mês, para lhe aplicar uma maquilhagem «*permanente*».

Mês após mês, rodeada de revistas e papéis, e com a máquina de escrever à mão, Clarice sentava-se para as sessões com Gilles. Ele retocava o louro do seu cabelo, das sobrancelhas, aplicava-lhe pestanas postiças e batom de cores exuberantes. Ela falava um pouco de si, contando-lhe, por exemplo, que tinha abandonado o marido porque queria ser escritora, mencionando que já não via interesse em continuar a viver. Mas estas confissões não tinham preparado Gilles para ser despertado pela famosa escritora, à uma da manhã, ou para que ela marcasse as sessões de maquilhagem para o meio da noite.

Tal como tantos outros que se tinham apercebido da sua vulnerabilidade e lhe faziam excepções que não fariam a mais ninguém, Gilles concordava em ir. Ocasionalmente, quando chegava ao apartamento dela, ela estava a dormir profundamente: tinha tomado os comprimidos. Clarice tinha avisado Siléa, a empregada interna, e Gilles dessa possibilidade, e tinha-lhes dado instruções no sentido de que ele fizesse na mesma o seu trabalho. O paciente esteticista fazia o que podia. As pestanas postiças, recorda ele, eram a parte mais complicada.[22]

44

# FALANDO DO TÚMULO

A imagem mais marcante de Clarice Lispector, no fim da sua vida, talvez a mais emblemática de todas em qualquer das fases da sua vida, vem de uma entrevista que deu em Fevereiro de 1977.[1] Foi a única vez que Clarice falou em frente de uma câmara e, porque essas imagens são únicas, a entrevista tem tido um impacto muito maior sobre a sua imagem popular do que as entrevistas que ela deu quando era mais nova, mais saudável ou mais enérgica.

É difícil assistir ao programa. Com o seu famoso olhar penetrante, Clarice olha o entrevistador de frente, o seu rosto é como uma máscara quase imóvel. Ela está sentada numa cadeira de couro amarelado, segurando uma enorme carteira branca na mão esquerda e um cigarro *Hollywood* na mão queimada, a direita. Fumando sem parar, no meio de um gigantesco estúdio cinzento, entrecortando a entrevista com longos e pesados silêncios, vai respondendo às perguntas com a sua estranha e inconfundível voz.

Todos os que estavam na sala tiveram uma sensação de presságio, afirmou o entrevistador, um jornalista judeu chamado Júlio Lerner. Estava consciente do peso tremendo daquele momento e sentiu a sua responsabilidade histórica: «*Nem Kafka, nem Dostoiévski, nem Fernando Pessoa, nem Peretz*» alguma vez seriam captados em filme. Era a ele que competia gravar Clarice Lispector. E tinha trinta minutos para o fazer.[2]

Clarice tinha chegado aos estúdios da TV Cultura, em São Paulo, acompanhada por Olga Borelli, para participar num programa sobre cinema. O director da emissora aproveitou a oportunidade para lhe pedir uma entrevista pessoal, convite que, para espanto geral, ela aceitou. Lerner foi arrancado do seu gabinete de trabalho, e nem lhe deram tempo para se preparar.

> «*Em apenas cinco minutos consegui um estúdio e uma equipe que estava fora de seu horário de trabalho para entrevistá-la. São 4:15 da tarde e tenho apenas meia hora... Às cinco começa o programa infantil e eu tenho que liberar o estúdio B quinze minutos antes disso.*»

Ao encontrar-se com ela, sentiu-se «*penetrado pelo olhar mais desprotegido que um ser humano pode lançar a outro*». Num estúdio extremamente quente — Fevereiro é o pino do Verão no hemisfério sul —, sob luzes bastante fortes, Lerner começou a fazer as primeiras perguntas que lhe ocorreram.

> «— *É mais difícil você se comunicar com o adulto ou com a criança?*
> — *Quando eu me comunico com criança é fácil, porque sou muito maternal. Quando eu me comunico com adulto, na verdade estou me comunicando com o mais secreto de mim mesma. Aí é difícil.*
> — *O adulto é sempre solitário?*
> — *O adulto é triste e solitário.*
> — *E a criança?*
> — *A criança... tem a fantasia. É solta.*
> — *A partir de que momento, de acordo com a escritora, o ser humano vai se transformando em triste e solitário?*
> — *Ah, isso é segredo. (Faz uma pausa.) Desculpe, eu não vou responder. (Outra pausa.) A qualquer momento na vida, basta um choque um pouco inesperado e isso acontece. Mas eu não sou solitária, não. Tenho muitos amigos. E só estou triste hoje porque estou cansada. No geral sou alegre.*»

E em relação à sua ambígua fama:

> «— *Você se considera uma escritora popular?*
> — *Não.*
> — *Por qual razão?*

*— Bom, me chamam até de hermética. Como é que eu posso ser popular, sendo hermética?*

*— E como você vê essa observação que nós colocamos entre aspas — "hermética"?*

*— Eu me compreendo, de modo que não sou hermética pra mim. Bom, tem um conto meu que eu não compreendo muito bem.*

*— Que conto?*

— «O ovo e a galinha».

*— Entre os seus diversos trabalhos sempre existe, isso é natural, um filho predileto. Qual é aquele que você vê com maior carinho até hoje?*

— «O ovo e a galinha», *que é um mistério para mim. Uma coisa que eu escrevi sobre um bandido, sobre um criminoso chamado Mineirinho, que morreu com treze balas, quando uma só bastava. E que era devoto de São Jorge e tinha uma namorada. E que me deu uma revolta enorme…*

[…]

*— No seu entender qual é o papel do escritor brasileiro hoje em dia?*

*— O de falar o menos possível…*

[…]

*— Você entra em contato com frequência com estudantes universitários…*

*— De vez em quando me procuram, mas muito assim com medo de me atrapalhar, eles têm muito medo de que eu não receba…*

*— Por qual razão?*

*— Não sei, não sei por quê.*

*— Mas aqueles que conseguem romper a timidez…*

*— Aí ficam perfeitamente à vontade comigo, tomam café comigo, entram na minha casa e eu recebo como… como amigos.*

*— Normalmente o contato dos jovens com você revela que tipo de preocupação?*

*— Revela uma coisa surpreendente: que eles estão na minha.*

*— O que significa estar na sua?*

*— É que eu penso às vezes que eu estou isolada e quando eu vejo estou tendo universitários, gente muito jovem, que está completamente ao meu lado. Aí me espanta e é gratificante, né…?*

[…]

*— De seus trabalhos, qual é aquele você acredita que mais atinja o público jovem?*

*— Depende. Depende inteiramente. Por exemplo, o meu livro* A Paixão segundo G. H., *um professor de português do Pedro II* [escola de elite do Rio] *veio lá a casa e disse que leu quatro vezes o livro e não sabe do que se trata. No dia seguinte uma jovem de dezessete anos veio me visitar e disse que esse livro é o livro de cabeceira dela. Quer dizer, não dá para entender.*

*— E isso aconteceu em relação a outros de seus trabalhos?*

*— Também. Ou toca ou não toca. Quer dizer, suponho que entender não é uma questão de inteligência e sim de sentir, de entrar em contato. Tanto que o professor de português e literatura, que deveria ser o mais apto a me entender, não me entendia, e a moça de dezessete anos lia e relia o livro. Parece que eu ganho na releitura, o que é um alívio.*

*— Você acredita que essa dificuldade é própria apenas para algumas camadas de nosso tempo e com novas gerações ela será entendida de imediato...?*

*— Não tenho a menor idéia. Não tenho a menor idéia. Eu sei que antes ninguém me entendia. Agora me entendem.*

*— A que você atribui isso?*

*— Acho que tudo mudou, porque eu não mudei, não. Eu não... que eu saiba, eu não fiz concessões.»*

Estes são os restos do desafiador orgulho da jovem Joana na sua singularidade, agora enunciados pela voz resignada de uma mulher que sabe que está no fim da vida. E é seguido pelo momento mais desconcertante da entrevista, o aparente anúncio, feito por Clarice, de que a sua morte está iminente.

*«— Acontece ainda agora de você produzir alguma coisa e rasgar?*

*— Eu deixo de lado ou ras... Não, eu rasgo sim, diz ela abruptamente aborrecida.*

*— É produto de reflexão ou de uma emoção súbita?*

*— Raiva, é um pouco de raiva. (Seu tom endurece: seus olhos estão baixos e suas mãos mexem inquietamente com o maço de cigarros.)*

*— Com quem?*

*— Comigo mesma.*

*— Por quê, Clarice?*

*— Sei lá, estou meio cansada.*

*— Do quê?*

*— De mim mesma.*

*— Mas você não renasce e se renova a cada trabalho novo?*

*— Bom (ela respira fundo antes de erguer finalmente os olhos), agora eu morri. Vamos ver se eu renasço de novo. Por enquanto eu estou morta. Estou falando de meu túmulo.»*

A câmara dá uma visão panorâmica, revelando uma sala tão despida, quente e silenciosa como o quarto onde G. H. encontrara a barata. O operador de câmara e Olga Borelli não dizem nada, enquanto uma estagiária, de pé, chora suavemente. Clarice pede a Lerner, num sussurro, que a filmagem só seja exibida depois da sua morte. O seu desejo seria respeitado.

45

## NOSSA SENHORA DA BOA MORTE

Esta não era a primeira vez que Clarice anunciava que a sua morte estava próxima. Tinha imaginado a própria morte em muitas das suas obras. «*Ah como queria morrer*», escreveu em *Uma Aprendizagem*. «*Nunca experimentara ainda morrer — que abertura de caminho tinha ainda à frente.*»[1] «*Eu quase sei como será depois da minha morte*», disse a um jornalista português em 1975. «*A sala vazia, o cachorro morrendo de solidão. As janelas da minha casa. Tudo vazio e calmo.*»[2]

Existia a frase que Olga cortou de *Um Sopro de Vida* — «*Pedi a Deus que desse a Ângela um câncer e que ela não pudesse se livrar dele*», havia a sua inesperada declaração a Olga, dois anos antes: «*Vou morrer de um bruto câncer.*» E ainda o telefonema que fizera a Jacob David Azulay:

> «*Ela estava ligando porque soubera da morte de minha mãe e queria me dizer umas palavras de conforto. Minha mãe morrera há poucos dias, de uma complicação nos intestinos. Quando eu disse isso à Clarice, ela falou "Olha, doutor Azulay, eu vou morrer igualzinho a sua mãe". E isso foi em 1972! Eu me lembro que ela me dizia frequentemente: "Deste ano, doutor, eu não passo." Viver para ela era um suplício. Ela não queria mais viver.*»[3]

De acordo com Olga, Clarice era «*de uma genialidade insuportável, para si mesma e para os outros*»[4]. Em Junho de 1977, ela já começara a sentir os primeiros sinais da doença. Talvez um presságio do fim a tenha inspirado a partir, quase sem aviso, para Paris, onde planeava passar um mês com Olga. Chegou lá a 19 de Junho, mas, mal chegou, quis voltar para casa. A cidade estava cheia de recordações dolorosas — de seus amigos já falecidos Bluma Wainer e San Tiago Dantas, dos seus anos com Maury, da sua beleza desaparecida, da juventude — e, cinco dias depois, estava de volta ao Rio de Janeiro.

A seguir ao seu regresso, a jornalista Norma Couri, esposa de Alberto Dines, falou com ela. Durante essa conversa, Clarice mencionou que, quando caminhava pela rua, ia sempre de encontro às pessoas que vinham em sentido contrário.[5] «*Ela era um exemplo brutal da singularidade da pessoa humana*», escreveu um amigo quando ela morreu.[6] O seu inflexível individualismo haveria de encontrar a sua derradeira e mais grandiosa expressão no livro que publicou em Outubro: *A Hora da Estrela*.

Muita da fama posterior de Clarice Lispector, a sua grande popularidade junto de um público alargado, provém deste livrinho, no qual ela conseguiu reunir todos os fios soltos que existiam na sua obra e na sua vida. Explicitamente judaico e explicitamente brasileiro, juntando o Nordeste da sua infância com o Rio de Janeiro da sua vida de adulta, «*social*» e abstracto, trágico e cómico, aliando as suas dúvidas religiosas e linguísticas a um fluxo narrativo presente nos seus melhores contos, *A Hora da Estrela* é um digno monumento à «*genialidade insuportável*» da sua autora.

Na sua lendária entrevista a Júlio Lerner, Clarice mencionou um livro que acabara de terminar, «*Treze nomes*», sorriu Clarice, quando ele lhe perguntou como se chamava. «*Treze títulos.*» «*É a história de uma moça que era tão pobre que só comia cachorro-quente. Mas não é só isso. A história é sobre uma inocência pisada, uma miséria anônima.*» Mas ela recusou-se a dizer a Lerner o nome da protagonista: «*É segredo.*»[7]

Trata-se de Macabéa, que, muito mais do que as mulheres mais velhas de *Onde Estivestes de Noite*, é supérflua e inútil, ainda mais do que Laura, a galinha: «*Aliás nunca vi ninguém mais sem jeito que essa galinha. Tudo o que ela faz é meio errado. Menos comer. E, é claro, ela faz um ovo certo.*»[8] Macabéa é tão pobre que quase não come. Clarice diz que os ovários dela estão secos.

Ela é uma rapariga pobre de Alagoas, o estado onde os Lispectors desembarcaram quando chegaram ao Brasil, que migrou, como os Lispectors e tantos milhões de outros, para a metrópole do Rio de Janeiro. O seu estranho nome, Macabéa, vem de uma promessa que a mãe dela fizera a uma santa largamente venerada no Nordeste brasileiro, Nossa Senhora da Boa Morte.[9] É uma alusão à história bíblica dos macabeus, o grupo liderado por Judas Macabeu, um dos maiores heróis da história judaica.

Os macabeus são as estrelas da celebração da Chanucá, e Clarice devia conhecer essa história desde criança. Judas Macabeu e os irmãos contestaram as ordens de um rei estrangeiro que profanou o Templo de Jerusalém, ordenou aos judeus que adorassem falsos deuses e tentou destruir aqueles que resistiram. A resistência não era o caminho mais fácil, como disse um oficial ao pai de Judas, Matatias:

> «Matatias respondeu-lhes com voz forte: "Ainda que todas as nações que formam o império do rei renegassem a fé dos seus pais e obedecessem às suas ordens, eu, os meus filhos e os meus irmãos obedeceremos à aliança dos nossos antepassados. Que Deus nos preserve de abandonar a lei e os seus preceitos!"»[10]

A história do sacrifício de Judas Macabeu e da sua luta inglória contra hipóteses impossíveis, tal como o clímax da sua gloriosa «boa morte», deve ter despertado o interesse de Clarice, que passara a vida a lutar contra a multidão que se deslocava em sentido contrário.

A «*escritora falhada*», obviamente, seria a última pessoa a considerar-se uma heroína. Mas a sugestão do valor dos macabeus, viris e guerreiros, ainda se torna mais irónica quando aplicada à sua homónima, Macabéa, uma dactilógrafa malcheirosa e suja, a morrer de fome, que vive com outras quatro raparigas numa hospedaria barata, numa zona deteriorada da baixa do Rio de Janeiro, a Rua do Acre.

Tal como sucedera no Recife, ao sentar-se na Praça Maciel Pinheiro a ouvir encantada o linguajar dos vendedores de fruta, nos seus últimos anos, Clarice ia frequentemente com Olga a um mercado, a Feira do Nordeste, que havia em São Cristóvão. Ficava perto da zona, na parte norte do centro, onde ela, o pai e as irmãs tinham morado quando se mudaram do Recife para o Rio de Janeiro. Era um duplo retorno: ao Nordeste da sua infância e ao Rio de Janeiro do princípio da adolescência, antes da morte do pai.

Na feira, reuniam-se os migrantes pobres do Nordeste, e o atrevido namorado de Macabéa, Olímpico, surgiu por lá um dia, recorda Olga Borelli.

> «*Veja o Olímpico da Macabéa, ele nasceu numa ida à feira de São Cristóvão, que é a feira nordestina. Nós passeamos muito daquela vez, e ela comendo beiju e comendo rapadura e ouvindo as canções nordestinas* [...] *De repente, ela falou: "Vamos sentar ali no banco." Ela sentou e escreveu, acho, umas quatro ou cinco páginas sobre o Olímpico, descreveu o Olímpico todo e ela mesma diz no livro: "Eu peguei no olhar de um nordestino." Ela pegou a história dele toda. Distraidamente, ela captou o que estava em volta dela naquela feira. E comendo sofregamente beiju e falando disso e daquilo e rindo do cantador. Você nunca podia imaginar que a Clarice já estava trabalhando a personagem.*»[11]

A génese de Macabéa tinha sido semelhante, diz Clarice no início do livro:

> «*É que numa rua do Rio de Janeiro peguei no ar de relance o sentimento de perdição no rosto de uma moça nordestina. Sem falar que eu em menino me criei no Nordeste.*»[12]

Como em *Um Sopro de Vida,* o narrador desta história «*real mas inventada*» é um homem, Rodrigo S. M.[13], mas, por trás dele, Clarice Lispector é ainda mais visível do que habitualmente. O livro começa com uma «*Dedicatória do Autor (Na verdade Clarice Lispector)*», que algumas páginas adiante diz:

> «*Sei que há moças que vendem o corpo, única posse real, em troca de um bom jantar em vez de sanduíche de mortadela. Mas a pessoa de quem falarei mal tem corpo para vender, ninguém a quer, ela é virgem e inócua, não faz falta a ninguém. Aliás — descubro eu agora — também eu não faço a menor falta, e até o que escrevo um outro escreveria. Um outro escritor, sim, mas teria que ser homem porque escritora mulher pode lacrimejar piegas.*»[14]

A dedicatória sinfónica — «*Pois que dedico esta coisa aí ao antigo Schumann e sua doce Clara que são hoje ossos, ai de nós*» — na qual Clarice recorda todos os músicos e espíritos que «*habitaram sua vida*» e recorda a «*antiga pobreza, quando tudo era mais sóbrio e digno e eu nunca tinha comido lagosta*», é uma das mais belas páginas da sua obra; à dedicatória, seguem-se os treze títulos que ela menciona na entrevista com Júlio Lerner:

*«A Hora da Estrela*
*A Culpa é Minha*
*Ou*
*A Hora da Estrela*
*Ou*
*Ela que Se Arranje*
*Ou*
*O Direito ao Grito*

*Clarice Lispector*

*.Quanto ao Futuro.*
*Ou*
*Lamento de um Blue*
*Ou*
*Ela Não Sabe Gritar*
*Ou*

*Uma Sensação de Perda*
*Ou*
*Assovio no Vento Escuro*
*Ou*
*Eu Não Posso Fazer Nada*
*Ou*
*Registro dos Fatos Antecedentes*
*Ou*
*História Lacrimogênica de Cordel*
*Ou*
*Saída Discreta pela Porta dos Fundos»*

Entre o quarto e o quinto títulos, Clarice Lispector assinou o seu nome, não na caligrafia tremida que lhe tinha ficado como legado do incêndio de uma década atrás, mas com clareza, com arrojo, uma afirmação final da identidade da criadora.

O número treze não foi escolhido ao acaso. Falando da composição de *Água Viva,* Olga Borelli disse:

> «*Quando ela me mandava bater à máquina, ela dizia: "Conta sete, dá sete espaços para teu parágrafo, sete. Depois, tente não passar da página 13." Olha a superstição! Quando era um conto, dizia: "Aperta. Dê pouco espaço para não passar da página 13." Ela gostava muito do número 9, do 7, do 5. É uma coisa muito estranha essa em Clarice, mas ela pedia ao editor que não ultrapassasse o número x de páginas, que terminasse o livro naquele ponto. É meio cabalístico, não é? Ela tinha muito disso.*»[15]

O livro começa com a longa pesquisa de Rodrigo S. M. para a história que vai contar. «*Por isso não sei se minha história vai ser — ser o quê? Não sei de nada, ainda não me animei a escrevê-la. Terá acontecimentos? Terá. Mas quais? Também não sei.*»[16]

Por fim, começa a história de Macabéa, uma rapariga que era «*incompetente para a vida*», que ganha menos do que o salário mínimo. «*Algumas pessoas têm. Outras não. É muito simples: a moça não tinha. Não tinha o quê? É apenas isso mesmo. Não tinha.*»[17] No trabalho, comete muitos erros — só tem a quarta classe — e suja invariavelmente o papel.

Macabéa cheira mal, mas as suas colegas de quarto, com medo de a ofender, não lhe conseguem dizer: «*Não tinha aquela coisa delicada que se chama encanto. Só eu a vejo encantadora. Só eu, seu autor, a amo.*» Ela é uma órfã que «*já não sabia mais ter tido pai e mãe, tinha esquecido o sabor*». Mas não é infeliz, porque a sua autoconsciência é tão rudimentar como a sua educação. «*Ela pensava que a pessoa é obrigada a ser feliz. Então era.*»[18]

A identificação de Clarice com a rapariga que «*não tinha*» é tão completa, escreve ela, que tem esperança de nunca vir a ter de escrever sobre um leproso, ou ainda iria ficar coberta de lepra. «*Quando penso que eu podia ter nascido ela — e por que não? — estremeço. E parece-me covarde o fato de eu não a ser, sinto culpa como disse num dos títulos.*»[19]

Macabéa também tem, no entanto, os seus prazeres. «*Sou datilógrafa e virgem, e gosto de coca-cola*», pensa ela com satisfação. Tal como Clarice Lispector, Macabéa gosta de ouvir a Rádio Relógio, que oferecia:

> «*"hora certa e cultura", e nenhuma música, só pingava em som de gotas que caem — cada gota de minuto que passava. E sobretudo esse canal de rádio aproveitava intervalos entre as tais gotas de minuto para dar anúncios comerciais — ela adorava anúncios. Era a rádio perfeita pois também entre os pingos do tempo dava curtos ensinamentos dos quais talvez algum dia viesse a precisar saber. Foi assim que aprendeu que o Imperador Carlos Magno era na terra dele chamado Carolus.*»[20]

Macabéa fantasia com a compra de um boião de creme que tinha visto anunciado num jornal antigo, «*para pele de mulheres que simplesmente não eram ela*», um produto com tão bom aspecto que ela sonhava com comê-lo.[21] E uma vez, a única na sua vida, mente ao patrão para poder passar o dia sozinha, sentada na sua miserável pensão.

E tem um namorado, que entra na sua vida numa rua molhada pela chuva.

*«— E, se me permite, qual é mesmo a sua graça?*
*— Macabéa.*
*— Maca — o quê?*
*— Béa, foi ela obrigada a completar.*
*— Me desculpe mas até parece nome de doença, doença de pele.»*[22]

Olímpico de Jesus nunca se torna mais encantador do que isto, mas Macabéa, que não tem mais ninguém, fica, naturalmente, encantada com ele. O apelido dele é *«o sobrenome dos que não têm pai»*, e o seu nome é outra referência à história dos macabeus, o falso deus que os judeus se recusaram a adorar quando o Templo foi profanado e passou a chamar-se «Templo de Júpiter Olímpico». Tal como os deuses pagãos, cobertos de metais preciosos, Olímpico tinha andado a poupar dinheiro durante sete meses para poder arrancar um dente perfeitamente são e substituí-lo por um de ouro.[23]

*«Eles não sabiam como se passeia. Andaram sob a chuva grossa e pararam diante da vitrine de uma loja de ferragem onde estavam expostos atrás do vidro canos, latas, parafusos grandes e pregos. E Macabéa, com medo de que o silêncio já significasse uma ruptura, disse ao recém-namorado:*
*— Eu gosto tanto de parafuso e prego, e o senhor?»*[24]

Esta cena cómica faz recordar outra, mais macabra, que o escritor José Castello descreveu, e que data da época em que Clarice estava a escrever *A Hora da Estrela*.

*«Clarice está parada diante de uma vitrine da Avenida Copacabana e parece observar um vestido. Envergonhado, me aproximo. "Como está?", digo. Ela custa a se voltar. Primeiro, permanece imóvel, como se nada tivesse ouvido, mas logo depois, antes que eu me atreva a repetir o cumprimento, move-se lentamente, como se procurasse a origem de um susto, e diz: "Então é você." Naquele momento, horrorizado, percebo que a vitrine tem apenas manequins despidos. Mas logo meu horror, tão tolo, se converte numa conclusão. Clarice tem paixão pelo vazio.»*[25]

Macabéa compartilha essa paixão:

> *«A maior parte do tempo tinha sem o saber o vazio que enche a alma dos santos. Ela era santa? Ao que parece. Não sabia que meditava, pois não sabia o que queria dizer a palavra. Mas parece-me que sua vida era uma longa meditação sobre o nada.»*[26]

A relação de Macabéa com o detestável Olímpico, cujas ambições incluem trabalhar como carniceiro e vir a ser um congressista, termina quando ele descobre uma hipótese mais promissora na colega dela, Glória, cujo pai trabalha num talho e ingere três refeições completas por dia. Além do mais, e ao contrário de Macabéa, com os seus ovários secos, Glória tem o cabelo pintado de «*amarelo-ovo*»[27].

Glória é uma sabichona que está sempre a dar palpites a Macabéa, incluindo mandá-la a um médico barato, que dá ainda mais conselhos à rapariga, dizendo-lhe que tem um princípio de tuberculose, sugerindo-lhe que coma mais «*esparguete bem italiano*», um prato de que a faminta Macabéa nunca ouviu falar.

Quando Glória sugere a Macabéa uma consulta com a sua cartomante, Clarice irrompe de forma súbita e violenta.

> *«Estou absolutamente cansado de literatura; só a mudez me faz companhia. Se ainda escrevo é porque nada mais tenho a fazer no mundo enquanto espero a morte. A procura da palavra no escuro. O pequeno sucesso me invade e me põe no olho da rua. Eu queria chafurdar no lodo, minha necessidade de baixeza eu mal controlo, a necessidade da orgia e do pior gozo absoluto. O pecado me atrai, o que é proibido me fascina. Quero ser porco e galinha e depois matá-los e beber-lhes o sangue. Penso no sexo de Macabéa, miúdo mas inesperadamente coberto de pêlos negros — seu sexo era a única marca veemente de sua existência.»*[28]

Quando Clarice retoma a história, Macabéa pede dinheiro emprestado a Glória e vai a uma cartomante, Madame Carlota, uma antiga prostituta que vive num luxo que Macabéa nunca imaginara — «*Matéria plástica amarela nas poltronas e sofás. E até flores de plástico. Plástico era o máximo*» — e que inunda Macabéa de palavras afectuosas. Ela é *«fã de Jesus»: «Sou doidinha por ele»*, diz ela à sua extasiada visitante, apresentando depois a história inspiradora da sua vida: disputada pelos clientes da zona da prostituição, diz *«só uma vez me caiu uma sífilis mas a penicilina me curou»*[29]. Quando os seus encantos começaram a desvanecer-se, Jesus não perdeu tempo e fez com que ela e uma colega criassem o seu próprio bordel.

A certa altura, Madame Carlota cansa-se de falar de si própria, deita as cartas para Macabéa e vê o seu horrível destino ali à frente. Mas *«(explosão) de repente aconteceu: o rosto da madama se acendeu todo iluminado»*. Ela diz a Macabéa que, mal saia da sua casa, a vida dela mudará completamente. *«Madama tinha razão. Jesus enfim prestava atenção nela.»* Ela fica a saber que vai encontrar um estrangeiro rico chamado Hans, *«alourado e de olhos azuis ou verdes ou castanhos ou pretos»*, que se irá apaixonar por ela e lhe vai comprar um casaco de peles. Macabéa gagueja:

> *«— Mas casaco de pele não se precisa no calor do Rio...*
> *— Pois vai ter só para se enfeitar. Faz tempo que não boto cartas tão boas. E sou sempre sincera: por exemplo, acabei de ter a franqueza de dizer para aquela moça que saiu daqui que ia ser atropelada, ela até chorou muito, viu os olhos avermelhados dela?»*[30]

Aturdida, espantada, já a arder de paixão por Hans, a vida de Macabéa já estava alterada: *«E mudada por palavras — desde Moisés se sabe que a palavra é divina.»* Quando sai da casa de Madame Carlota, ao caminhar *«grávida de futuro»*, é atropelada por um enorme *Mercedes* amarelo.[31]

Por sugestão de Marina Colasanti e Affonso Romano de Sant'Anna, nos seus últimos anos de vida, Clarice frequentava uma cartomante do Méier, um bairro onde vivia a classe trabalhadora. Esta mulher, com o dickensiano nome de Dona Nadir, fornecia-lhe muitas vezes prognósticos muito risonhos: *«Saúde tenho a melhorar; nada demais. Ex-marido vai sair do posto com filho, que está bem e progrediu muito. Vai ter alegrias daquelas para os seus problemas! Assunto amoroso confirmado e na tua casa. Não é amor filial*», escreveu a Dona Nadir em 7 de Outubro de 1976, por exemplo.[32]

«*Eu fui a uma cartomante que me disse várias coisas boas que me iam acontecer*», disse ela a Júlio Lerner durante a entrevista da TV Cultura, «*e imaginei, quando tomei o táxi de volta, que seria muito engraçado se um táxi me pegasse, me atropelasse e eu morresse depois de ter ouvido todas essas coisas boas.*»[33] Esta combinação era típica em Clarice; querer acreditar, procurando cartomantes e astrólogos, e desvalorizar o que eles prognosticavam, como se tudo não passasse de uma anedota.

Contudo, da mesma forma obscura e irónica, as previsões de Madame Carlota até se tornam realidade. Macabéa «*encontra*» mesmo o estrangeiro que lhe tinha sido prometido. E, nessa altura, Clarice, de certa forma, acreditava mesmo naquilo. Na dedicatória aos músicos, ela escreveu:

> «*E — e não esquecer que a estrutura do átomo não é vista mas sabe-se dela. Sei de muita coisa que não vi. E vós também. Não se pode dar uma prova da existência do que é mais verdadeiro, o jeito é acreditar.*»[34]

«*Deus é o mundo*», escreveu ela na primeira página de *A Hora da Estrela*, um distante eco final do Espinosa que ela tinha lido nos seus tempos de estudante. «*A verdade é sempre um contato interior e inexplicável. A minha vida a mais verdadeira é irreconhecível, extremamente interior e não tem uma só palavra que a signifique.*»[35]

Macabéa, que, tal como Clarice, medita sobre o nada e «*banha-se no não*», é uma espécie de santa:

> «*Na pobreza de corpo e espírito eu toco na santidade, eu que quero sentir o sopro do meu além. Para ser mais do que eu, pois tão pouco sou.*» Macabéa «*reduzira-se a si. Também eu*», diz Clarice, «*de fracasso em fracasso, me reduzi a mim mas pelo menos quero encontrar o mundo e seu Deus.*» «*Como a nordestina, há milhares de moças espalhadas por cortiços, vagas de cama num quarto, atrás de balcões trabalhando até a estafa. Não notam sequer que são facilmente substituíveis e que tanto existiriam como não existiriam. Poucas se queixam e ao que eu saiba nenhuma reclama por não saber a quem. Esse quem será que existe?*»[36]

A atormentadora questão mantém-se. «*Rezava mas sem Deus, ela não sabia quem era Ele e portanto Ele não existia*», escreveu Clarice sobre Macabéa.[37] Mas, finalmente, ela sabia quem Ele era. Quando o livro saiu, em Outubro de 1977, Clarice enviou uma cópia a Alceu Amoroso Lima. Era o mesmo escritor católico que tinha contribuído com um ensaio introdutório para a primeira edição de *O Lustre*. Nesse livro, tinha ele escrito trinta e um anos antes, «*há a mais completa* ***ausência de Deus***». Agora, tinha recebido uma cópia de *A Hora da Estrela,* com uma inscrição escrita pela trémula mão de Clarice: «*Eu sei que Deus existe*.»[38]

«*Antes de aprender a ler e a escrever eu já fabulava*», disse Clarice uma vez, recordando a sua infância.

> «*Inclusive, eu inventei com uma amiga minha, meio passiva, uma história que não acabava.* [...] *Eu começava, tudo estava muito difícil; os dois mortos... Então entrava ela e dizia que não estavam mortos assim. E aí recomeçava tudo outra vez...*»[39]

Em *O Lustre,* Virgínia é morta por um carro, mas em *Perto do Coração Selvagem,* a criança, Joana, utiliza o mesmo truque que Clarice usara em criança:

> «*Joana já vestira a boneca, já a despira, imaginara-a indo a uma festa onde brilhava entre todas as outras filhas. Um carro azul atravessava o corpo de Arlete, matava-a. Depois vinha a fada e a filha vivia de novo.*»[40]

Clarice não podia permitir que Ângela morresse; no final de *A Hora da Estrela,* ela ainda quer salvar a pobre Macabéa. Mal o *Mercedes* a atinge, ela corre a salvá-la, mas acaba por desistir:

> «*Eu ainda poderia voltar atrás em retorno aos minutos passados e recomeçar com alegria no ponto em que Macabéa estava de pé na calçada — mas não depende de mim dizer que o homem alourado e estrangeiro a olhasse. É que fui longe demais e já não posso mais retroceder.*»[41]

«*Vou fazer o possível para que ela não morra*», escreve Clarice na página a seguir. «*Mas que vontade de adormecê-la e de eu mesmo ir para a cama dormir.*» O resto do livro é o esforço desesperado de Clarice para a salvar:

> «*Macabéa por acaso vai morrer? Como posso saber? E nem as pessoas aqui presentes sabiam. Embora por via das dúvidas algum vizinho tivesse pousado junto do corpo uma vela acesa. O luxo da rica flama parecia cantar glória.*»[42]

Ao longo de páginas e páginas, Clarice segura o destino da rapariga nas suas mãos. «*Por enquanto Macabéa não passava de um vago sentimento nos paralelepípedos sujos. Eu poderia deixá-la na rua e simplesmente não acabar a história*», diz, tal como fizera com Ângela. No entanto, é invadida pela dúvida. «*Mas quem sabe se ela não estaria precisando de morrer? Pois há momentos em que a pessoa está precisando de uma pequena mortezinha e sem nem ao menos saber.*»[43]

Macabéa enrola-se, em posição fetal.

> «*Então — ali deitada — teve uma úmida felicidade suprema, pois ela nascera para o abraço da morte. A morte que é nesta história o meu personagem predileto. Iria ela dar adeus a si mesma? Acho que ela não vai morrer porque tem tanta vontade de viver. E havia certa sensualidade no modo como se encolhera. Ou é porque a pré-morte se parece com a intensa ânsia sexual? É que o rosto dela lembrava um esgar de desejo. As coisas são sempre vésperas e se ela não morre agora está como nós na véspera de morrer, perdoai-me lembrar-vos porque quanto a mim não me perdoo a clarividência.*»[44]

Desta vez, a personagem não voltará a erguer-se. Clarice deixa morrer a sua querida Macabéa.

«*Que não lamentem os mortos*», insiste ela. «*Eles sabem o que fazem.*»[45]

Em Outubro, apenas alguns dias após a publicação de *A Hora da Estrela*, Clarice Lispector teve de ser hospitalizada de urgência.

No táxi, a caminho do hospital, disse: «*Faz de conta que a gente não está indo para o hospital, que eu não estou doente e que nós estamos indo para Paris*», recordava-se Olga Borelli.

> «*Então, começamos a fazer planos e a falar de passeios que faríamos em Paris. O motorista do táxi, coitado, já cansado de trabalhar por toda uma noite, perguntou timidamente: "Eu também posso ir nesta viagem?" E Clarice falou: "Lógico que pode, e ainda pode levar a namorada." E ele: "Minha namorada é uma velhinha de setenta anos, e não tem dinheiro." Clarice respondeu: "Ela vai também. Faz de conta que você ganhou na Loteria Esportiva." Na hora de descer, em frente ao hospital, Clarice perguntou o preço da corrida. Apenas vinte cruzeiros, e ela deu duzentos.*»[46]

Clarice tinha dito que «*cada um escolhe o modo de morrer*», e o modo que ela escolheu foi, de uma forma macabra, bastante apropriado. Depois de uma vida inteira a escrever sobre ovos e o mistério do nascimento — em *A Hora da Estrela*, Clarice referiu com insistência o facto de os ovários de Macabéa terem secado —, ela própria sofria agora de um cancro, incurável, nos ovários.

Depois de uma cirurgia exploratória no dia 28 de Outubro, Clarice foi transferida para um hospital público, o Hospital da Lagoa e, do seu quarto, tinha uma panorâmica das fantásticas montanhas do Rio e do Jardim Botânico que ela adorava. Recebeu poucas visitas: Tania e Elisa; Paulo e a mulher, Ilana; Rosa Cass; Olga Borelli; Nélida Piñon; Autran Dourado, Siléa Marchi.

O diagnóstico era de cancro terminal, mas não lhe deram essa informação. «*Clarice falava bastante*», disse Siléa. «*Estava muito alerta... Além do mais, não sabia nada sobre sua doença e indicava, a todo o mundo com quem conversava, o quanto estava otimista e o quanto desejava voltar para casa o mais depressa possível.*»[47]

A mulher que tantas vezes anunciara a sua morte não sabia o que se estava a passar consigo. Continuava a criar as suas ficções mágicas. Na sua caligrafia quase ilegível, escreveu listas de convidados para as festas que daria quando voltasse para casa. «*Ficava muito animada pensando nesses almoços e nos amigos e parentes convidados. Seria uma festa. Que nunca aconteceu*»[48], conta Olga.

Mas é bem mais provável, como sentiram muitas das pessoas que a acompanharam nas suas últimas semanas, que ela soubesse perfeitamente o que se passava. Era por eles que mantinha aquela atitude arrojada. «*Uma pessoa sabe quando está morrendo*», disse Rosa Cass, que, a pedido de Clarice, conseguiu levar, às escondidas, para dentro do hospital, uma garrafa de cerveja preta *Caracu*. (Ela também tinha pedido um *igurke*, um *pickle kosher*). E riu-se da situação: «*Que bobagem*», disse a Rosa, quando questionado sobre a gravidade do caso. Mas Rosa recorda que Clarice camuflava muitas vezes os seus sentimentos. «*Clarice nunca deixava escapar o que estava pensando.*»[49]

Clarice foi menos delicada com um dos médicos, apiedado com as perguntas persistentes da paciente sobre o que iriam fazer com ela.[50] E as palavras que Clarice escreveu, ou ditou a Olga, provam que ela falava a sério, quando dizia que queria morrer a escrever: «*Dentro do mais interior de minha casa morro eu neste fim de ano exausta.*» No seu leito de morte, Clarice regressou ao mito que tinha criado em relação ao seu nome, o lírio no peito, *lis no peito*.

«*Sou um objeto querido por Deus. E isso me faz nascerem flores no peito. Ele me criou igual ao que escrevi agora: "sou um objeto querido por Deus" e ele gostou de me ter criado como eu gostei de ter criado a frase. E quanto mais espírito tiver o objeto humano mais Deus se satisfaz.*

*Lírios brancos encostados à nudez do peito. Lírios que eu ofereço ao que está doendo em você. Pois nós somos seres e carentes. Mesmo porque estas coisas — se não forem dadas — fenecem. Por exemplo — junto ao calor de meu corpo as pétalas dos lírios se crestariam. Chamo a brisa leve para a minha morte futura. Terei de morrer senão minhas pétalas se crestariam. É por isso que me dou à morte todos os dias. Morro e renasço.*

*Inclusive eu já morri a morte dos outros. Mas agora morro de embriaguez de vida. E bendigo o calor do corpo vivo que murcha lírios brancos.*

*O querer, não mais movido pela esperança, aquieta-se e nada anseia.*

[…]

*Eu serei a impalpável substância que nem lembrança de ano anterior substância tem.»*[51]

Fortemente sedada, Clarice ainda continuava a ditar palavras a Olga, na manhã do dia 9 de Dezembro de 1977.

*«Súbita falta de ar. Muito antes da metamorfose e meu mal-estar, eu já havia notado num quadro pintado em minha casa um começo.*

*Eu, eu, se não me falha a memória, morrerei.*

*É que você não sabe quanto pesa uma pessoa que não tem força. Me dê sua mão, porque preciso apertá-la para que nada doa tanto.»*[52]

No dia anterior à sua morte, de acordo com Olga Borelli, Clarice teve uma forte hemorragia.

*«Ficou muito branca e esvaída em sangue. Desesperada, levantou-se da cama e caminhou em direção à porta, querendo sair do quarto. Nisso, a enfermeira impediu que ela saísse. Clarice olhou com raiva para a enfermeira e, transtornada, disse:*

*«Você matou meu personagem!»*[53]

A seguir ao seu primeiro encontro, sete anos antes, Clarice tinha dito, por escrito, a Olga Borelli que esperava tê-la por perto na hora da sua morte. Então, nesse dia 9 de Dezembro de 1977, às dez e trinta da manhã, morreu, agarrando a mão de Olga.

*«Converteu-se na sua própria ficção»*, escreveu Paulo Francis. *«É o melhor epitáfio possível para Clarice.»*[54]

# EPÍLOGO

Clarice não pôde ser enterrada no dia seguinte, dia em que fazia cinquenta e sete anos, porque era Sabat. No dia 11 de Dezembro de 1977, no Cemitério Israelita do Caju, não longe do porto onde Macabéa passava as suas raras horas livres, Clarice Lispector era sepultada, segundo o ritual ortodoxo. Quatro mulheres da sociedade funerária, a *Chevra Kadisha,* lavaram o seu corpo por dentro e por fora, embrulharam-na num lençol de linho branco, pousaram-lhe a cabeça numa almofada cheia de terra e colocaram-na dentro de um simples caixão de madeira fechado com pregos. Foram lidos o Salmo 91, a oração fúnebre *El Malei Rachamim* e o *Kaddish* fúnebre. Não houve discursos por parte dos assistentes. Foram lançadas três pazadas de terra sobre o caixão, enquanto se ouviam as palavras do Génesis: «Tu és pó e em pó te hás-de tornar.»

Na sua lápide, gravado em hebraico, o seu nome secreto: *Chaya bat Pinkhas*. Chaya, filha de Pinkhas.

*Não ler o que escrevo como se fosse um leitor. A menos que esse leitor trabalhasse, ele também, nos solilóquios do escuro irracional.*

*Se este livro vier jamais a sair, que dele se afastem os profanos. Pois escrever é coisa sagrada, onde os infiéis não têm entrada. Estar fazendo de propósito um livro bem ruim para afastar os profanos que querem «gostar». Mas um pequeno grupo verá que esse «gostar» é superficial e entrarão adentro do que verdadeiramente escrevo, e que não é «ruim» nem é «bom».*

*A inspiração é como um misterioso cheiro de âmbar. Tenho um pedacinho de âmbar comigo. O cheiro me faz ser irmã das santas orgias do Rei Salomão e da Rainha de Sabá. Benditos sejam os teus amores. Será que estou com medo de dar o passo de morrer agora mesmo? Cuidar para não morrer. No entanto eu já estou no futuro. Esse meu futuro que será para vós o passado de um morto. Quando acabardes este livro chorai por mim um aleluia. Quando fechardes as últimas páginas deste malogrado e afoito e brincalhão livro de vida então esquecei-me. Que Deus vos abençoe então e este livro acaba bem. Para enfim eu ter repouso. Que a paz esteja entre nós, entre vós e entre mim. Estou caindo no discurso? que me perdoem os fiéis do templo: eu escrevo e assim me livro de mim e posso então descansar.*

Clarice Lispector
1920-1977

## AGRADECIMENTOS

Este livro teria ficado muito mais pobre sem a ajuda das pessoas do mundo inteiro que me deram o seu tempo, os seus arquivos, as suas memórias, o seu conhecimento e a sua amizade.

Estou particularmente em dívida com os familiares de Clarice Lispector. Ao longo dos anos, Paulo Gurgel Valente fez tanto — desde criar os arquivos dos documentos dela a assegurar a publicação continuada de materiais relacionados com a vida dela — para preservar e perpetuar o grande legado da mãe. Foi prestável e incentivador desde o início, fazendo muitas sugestões valiosas para o manuscrito e fornecendo generosamente muitas das fotografias. E à minha irrepreensível *vovó* honorária, a embaixatriz Eliane Weil Gurgel Valente. Conhecer a calorosa, divertida e amplamente compreensiva Eliane foi, por si só, uma recompensa suficiente por ter escrito este livro. Passei muitas horas felizes com a prima de Clarice, a *prima ballerina* Cecília Wainstok Lipka, que me ofereceu documentos difíceis de encontrar, bem como a sua gentileza e amizade. A sobrinha-neta de Clarice, a realizadora de cinema Nicole Algranti, foi extremamente liberal com o seu arquivo privado e com as suas recordações da tia Elisa Lispector. Estou grato a Bertha Lispector Cohen, do Rio de Janeiro, ao irmão, Samuel Lispector, e à irmã, Vera Lispector Choze, do Recife, por partilharem as suas lembranças dos primeiros anos de Clarice. Agradeço igualmente à embaixatriz Marilu de Seixas Corrêa, à ministra Mitzi Gurgel Valente da Costa e a Isaac Chut.

A Alberto Dines, grande biógrafo e jornalista, estudioso do Brasil judaico, e amigo de Clarice Lispector, que, apesar dos seus inúmeros compromissos, arranjou sempre tempo para me responder, inclusive às minhas perguntas mais triviais; e a Humberto Werneck, uma enciclopédia humana da vida no Brasil, cuja erudição inesgotável e dom infalível para as anedotas me permitiram criar uma imagem bastante mais rica da cultura literária em redor de Clarice Lispector.

À jornalista Rosa Cass, que passou várias horas a relembrar a sua longa amizade com Clarice Lispector, no seu apartamento no Flamengo; e ao distinto escritor Renard Perez, tão gracioso comigo como havia sido com Clarice e Elisa Lispector.

Aos bibliotecários e arquivistas que suavizaram o meu caminho: Eliane Vasconcellos, Deborah Roditi, e Leonardo Pereira da Cunha no Arquivo-Museu de Literatura Brasileira na Fundação Casa de Rui Barbosa, Rio de Janeiro; Cristina Zappa e Manoela Purcell Daudt d'Oliveira, no Instituto Moreira Salles, Rio de Janeiro; Cristina Antunes e José Mindlin, que me permitiram analisar o manuscrito de *Perto do Coração Selvagem* preservado na lendária biblioteca do senhor Mindlin, em São Paulo; Maria Manuela Vasconcelos, que me ajudou a localizar materiais de Clarice Lispector na Biblioteca Nacional, em Lisboa, e que partilhou comigo as suas próprias recordações da escritora; e à Dr.ª Tânia Neumann Kaufman, do Arquivo Histórico Judaico de Pernambuco, cujos próprios escritos sobre o Recife judaico constituíram uma base histórica imensamente rica. Em Kahal zur Israel, a mais antiga sinagoga do Novo Mundo, a Dr.ª Kaufman apresentou-me a Beatriz Schnaider Schvartz, com quem o passeio pelo bairro da Boa Vista, onde ela e Clarice cresceram, foi um dos dias mais memoráveis na investigação e escrita deste livro.

Aos meus colegas *claricianos*, cujo entusiasmo pelo nosso tema comum tornou o trabalho solitário da escrita de uma biografia muito mais colegial: Claire Varin, a pioneira investigadora canadiana, cujos livros e conversas constituíram uma fonte de inspiração tão abundante; Nádia Battella Gotlib, a mais importante autoridade brasileira no que respeita a Clarice Lispector, cuja investigação biográfica desvendou tantos factos essenciais acerca da vida de Clarice, e cuja ajuda com as fotografias me poupou inúmeras dores de cabeça; Teresa Cristina Montero Ferreira, cuja própria biografia está recheada dos frutos da sua investigação intensiva; Sonia Roncador, que partilhou o seu exemplar raro do segundo esboço de *Água Viva;* e a Earl E. Fitz, que me ajudou a entrar em contacto com Sonia Roncador e que partilhou as suas próprias ideias e escritos sobre Clarice Lispector. Uma palavra especial é devida a Nelson Vieira, professor e académico brilhante, que foi a primeira pessoa a atear o meu entusiasmo por Clarice, quando eu era apenas um estudante universitário, e que se encontra entre os primeiros a compreender Clarice como uma escritora judia.

A Juan Sager da Universidade de Manchester, que deu um impulso inesperado à minha investigação, ao entregar-me os materiais sobre Clarice coleccionados pelo seu falecido companheiro, Giovanni Pontiero, o tradutor inglês de Clarice, que estava a trabalhar na sua própria biografia, na altura em que morreu; e a Ann Mackenzie, da Universidade de Glasgow, que me apresentou ao professor Sager.

Ao ministro Carlos Alberto Asfora, da embaixada brasileira em Haia, que me familiarizou com os procedimentos do Itamaraty. A sua dedicação incansável à promoção da cultura brasileira no estrangeiro tem sido uma inspiração para mim e para muitos outros, e a sua apresentação ao embaixador Gilberto Saboia colocou-me em contacto com o círculo diplomático de Clarice.

A Nachman e Shulamit Falbel, que foram a minha casa longe de casa, em São Paulo, desde que entraram inesperadamente na minha vida durante o meu primeiro semestre na universidade.

A Denise Milfont, cuja bonita casa com vista para a Baía de Guanabara, tal como a própria Denise, é uma ilha de repouso durante as minhas estadas, tantas vezes agitadas, no Rio de Janeiro.

A «O Grupo» de Paraty — Paul Finlay, Ravi Mirchandani, Amy Tabor, Jocasta Hamilton, João Crespo, Fiona Smith, Raffaela de Angelis, Fiona McMorrough e Diane Gray-Smith — que me providenciaria um alívio cómico, de um modo tão consistente, nas minhas viagens de investigação ao Brasil. Entre eles, estou em dívida particularmente com Alison Entrekin, que tão alegremente me disponibilizou o seu vasto conhecimento da língua portuguesa; com Matthew Hamilton, agente, editor e co-conspirador; e, é claro, com a incessantemente glamorosa Sheila O'Shea, que, pertencendo ou não a «O Grupo», tem sido, há mais de uma década, uma das melhores coisas da minha vida.

Aos biógrafos que me ofereceram uma nova orientação e incentivo: a biografia de Colette, de Judith Thurman, serviu de inspiração a esta, e a sua insistência inicial, no sentido de que a organização é fundamental para escrever uma biografia, poupou-me muitas dores de cabeça. *Flaubert* e *Zola,* de Frederick Brown, constituíram modelos para a integração da crítica literária na narrativa de vida, e o seu conselho para me basear essencialmente nas minhas próprias leituras da obra de Clarice ajudou-me a encontrar o foco deste livro. Edmund White avisou-me em relação àquilo em que me estava a meter, pessoalmente e no capítulo de *My Lives* em que fala sobre as suas próprias aventuras enquanto estava a escrever *Genet*.

A minha visita à Ucrânia teria sido muito menos compensadora sem a sugestão de Santiago Eder de que entrasse em contacto com Kate Brown, cuja *Biography of No Place* contribuiu tanto para iluminar o mundo misterioso de onde Clarice Lispector veio. Kate, por seu lado, pôs-me em contacto com Mary Mycio. Algumas das minhas recordações preferidas da escrita deste livro envolvem ter comido *pizza* em Kiev, com o contador Geiger de Mary à mão, e ter ficado acordado até altas horas da noite a assistir a vídeos de adestramento de cavalos, no apartamento dela. Mary levou-me até Victoria Butenko, que me ajudou na tradução do ucraniano. Daniel Mendelsohn recomendou-me Alexander Dunai como guia das zonas áridas da Podólia. O vasto conhecimento da cultura judaica e ucraniana de Alex enriqueceram de forma imensurável, e tornaram realmente possível, a minha fascinante expedição ao local de nascimento de Clarice Lispector. Também estou grato ao embaixador Renato L. R. Marques e aos seus assistentes da embaixada brasileira de Kiev.

A todos os que colaboraram neste projecto, com grandes ou pequenas gentilezas: Jeferson Masson, que partilhou comigo a investigação abrangente à vida e obra de Elisa Lispector; a Ana Luisa Chafir, que passou uma noite inesquecível a falar-me da sua tia-avó Bluma Chafir Wainer; Muniz Sodré Cabral, que recordou a psicanalista de Clarice Lispector, Inês Besouchet; a Joel Silveira, o jornalista que conheceu Clarice Lispector durante a guerra, em Itália; à embaixatriz Isabel Gurgel Valente, que prestou informações valiosas sobre o seu falecido marido, o embaixador Maury Gurgel Valente; a Sábato Magaldi e a Edla van Steen, que passaram uma noite em São Paulo a falar-me de Lúcio Cardoso e do teatro brasileiro; à embaixatriz Sara Escorel de Moraes, que partilhou as suas memórias de Clarice no Rio de Janeiro e em Washington; à major Elza Cansanção Medeiros, veterana da Força Expedicionária Brasileira, pelas suas memórias do envolvimento do Brasil na Segunda Guerra Mundial, e à sua colega, a enfermeira de campo Virgínia Portocarrero; ao realizador Luiz Carlos Lacerda, que recordou a impressão deslumbrante que Lúcio Cardoso e Clarice Lispector exerceram nele enquanto jovem; ao extraordinário romancista Autran Dourado e à sua mulher, Lúcia, que recordaram Clarice dentro e fora do meio literário do Rio de Janeiro; a Marina Colasanti, que me falou da sua experiência de ter lido as *crônicas* de Clarice no palácio onde viveu, enquanto refugiada da África italiana; a Gilda Murray, que relembrou as suas experiências, enquanto jovem, com Clarice e a sua grande amiga Olga Borelli; a Antonio Olinto, que me recebeu num apartamento de Copacabana recheado com uma espantosa colecção de arte africana; a Álvaro Pacheco, que descreveu o facto de ter publicado alguns dos últimos trabalhos de Clarice; a Ilka Soares, que me falou da sua colaboração no jornalismo de Clarice; a Helena Valladares, a primeira mulher de Fernando Sabino, que recordou a sensação que Clarice causou, enquanto jovem, no Rio de Janeiro; a Lygia Marina de Moraes, a terceira mulher de Fernando Sabino, que me contou os dias memoráveis em que conheceu Tom Jobim e Clarice Lispector; a Maria Alice Barroso, a romancista que se recordava, de um modo tão enternecedor, da amiga Elisa Lispector; a Moacir Werneck de Castro, que me ajudou a compreender Bluma Wainer e o jornalismo brasileiro da década de 1940 a 1950; a Marlos Nobre, um dos músicos a quem *A Hora da Estrela* é dedicado; a Ivan Lessa, cujas lembranças vívidas e hilariantes da revista *Senhor* e do Rio de Janeiro, nos primeiros anos da década de 1960 a 1970, nos fazem desejar viver lá nessa época; à deslumbrante Maria Bonomi, que (com Lena Peres) passou uma manhã, em Amesterdão, a contar-me como foi à Casa Branca «vestida de Clarice»; ao ensaísta José Castello, que me enviou os seus próprios textos sobre Clarice; a Clarissa Veríssimo Jaffe, que falou sobre Clarice durante os seus anos em Washington; a Caetano Veloso, que incentivou este projecto; a Ana Paula Hisayama, que me forneceu os livros em brasileiro que não consegui encontrar perto de casa; a Magdalena Edwards, que me indicou as cartas de Elizabeth Bishop sobre Clarice nas bibliotecas de Harvard e de Princeton; ao excelente tradutor Gregory Rabassa, que se recordava de ter conhecido Clarice em Austin; a Richard Zenith, a principal autoridade no que diz respeito a Fernando Pessoa, que me ajudou a navegar pelos arquivos de Portugal; a Danuza Leão, que falou comigo acerca do seu falecido marido, Samuel Wainer; a George Andreou, que me deu um impulso muito bem recebido no momento em que este projecto mais precisava; a Dorothea Severino, que me ofereceu o seu raro manuscrito de *Água Viva;* a Paulo Rocco, que me falou de ter publicado Clarice; a Eva Lieblich Fernandes, que me contou a sua pavorosa experiência de imigração para o Brasil durante a guerra; a Joëlle Rouchou, que me disponibilizou o seu fantástico livro sobre Samuel Wainer e o mundo judaico em volta dele; à actriz Marilena Ansaldi, que partilhou comigo as suas memórias calorosas de Olga Borelli; a Klara Główczewska, que me ajudou com os pontos mais complicados da grafia polaca; ao extraordinário romancista Bernardo de Carvalho, que descobriu um artigo raro no meio dos arquivos do *Folha de S. Paulo;* a Jonathan Milder, da Food Network, que ficou tão intrigado quanto eu com as receitas que envolviam molhos com sangue; ao meu velho amigo Jeremy Wright, que descobriu materiais sobre Clarice em Austin; à lindíssima Norma Couri, que partilhou comigo as suas lembranças de Clarice e o seu próprio arquivo impressionante; a Paulo de Medeiros, cuja primeira leitura me proporcionou muitas sugestões valiosas; a Želimir Galjanić, que leu o manuscrito numa fase inicial; a Amber Qureshi, uma amiga com que posso sempre contar; a Yuko Miki, meu *cúmplice* em estudos brasileiros durante tantos anos; a Jerome Charyn, um entusiasta de Clarice que me pôs em contacto com Michel Martens, que a conheceu no Rio de Janeiro; e a Luciane Moritz Sommer, professora de Português que se tornou uma amiga.

Ao meu agente literário, Jim Rutman, compatriota distante de Clarice Lispector, que assumiu um projecto complexo e o levou até ao fim, passando por muitos momentos de nervosismo, com o seu espírito objectivo e o seu tacto inimitável.

À minha editora, Cybele Tom, da Oxford University Press, cuja solicitude para lidar com complicadas questões intelectuais me ajudou a levá-las até ao fim e a clarificá-las. Também em Oxford, estou agradecido a Christine Dahlin, que orientou um manuscrito complexo, ao longo do processo de produção; a Sarah Russo, uma publicista que se levanta cedo; e a Samara Stob, que orientou o esforço de *marketing*.

À equipa da Haus Publishing, em Londres; a Harry Hall, Claire Palmer, Robert Pritchard, e mais particularmente a Barbara Schwepcke, que construiu de raiz uma das mais acolhedoras casas para a literatura internacional.

À minha querida amiga Carol Devine Carson, que concebeu a bonita sobrecapa, e a Reginald Piggott, que desenhou a árvore genealógica e os mapas.

Aos meus pais, Jane e Bertrand C. Moser, que sempre incentivaram até os meus entusiasmos mais recônditos.

Por fim, aos amigos e colaboradores que não viveram até este livro ser publicado: Gibson Barbosa, antigo ministro de Relações Exteriores; Marly de Oliveira, uma distinta poetisa brasileira, e a Rosa Lispector, mulher de Samuel, o primo de Clarice.

Quando o conheci, Marco Antonio de Carvalho estava a concluir a sua biografia de Rubem Braga, um trabalho feito por prazer, e que durou muitos anos. A sua morte prematura, no dia 25 de Junho de 2007, roubou-lhe o gosto de assistir à publicação do seu admirável livro.

E à última das brilhantes meninas da família Lispector, Tania Lispector Kaufmann, que faleceu no dia 15 de Novembro de

2007. A partir do momento em que me abriu a porta do seu apartamento de Copacabana, apaixonei-me por Tania: de noventa anos, mal conseguia andar, mas sempre impecavelmente vestida, o cabelo e a maquilhagem perfeitos, a mente finamente apurada, e o seu espírito tão caloroso e generoso como no dia em que, todos aqueles anos antes, «adoptara» a irmãzinha que sofria com a perda da mãe.

A Marie-Claude de Brunhoff, *in memoriam*.

*Aan Arthur Japin en Lex Jansen is dit boek, met liefde en vriendschap, opgedragen.*

# NOTAS

Os excertos apresentados em itálico ao longo desta obra são transcrições *ipsis litteris* dos textos originais.

## INTRODUÇÃO: A ESFINGE

1 Fernando Sabino e Clarice Lispector, *Cartas Perto do Coração*, Rio de Janeiro: Record, 2001, pp. 67, 59-62.

2 Clarice Lispector, «Já andei de camelo, a esfinge, a dança do ventre (Conclusão)», in *A Descoberta do Mundo* [1984], Rio de Janeiro: Francisco Alves, 1994, p. 379.

3 Instituto Moreira Salles (IMS), *Cadernos de Literatura Brasileira: Clarice Lispector*, vols. 17 e 18, São Paulo: IMS, 2004, p. 53.

4 *Ibid.*, p. 92; Edilberto Coutinho, *Criaturas de Papel: Temas de Literatura & Sexo & Folclore & Carnaval & Futebol & Televisão & Outros Temas da Vida*, Rio de Janeiro: Civilização Brasileira, 1980, p. 168.

5 Gregory Rabassa, *If This Be Treason: Translation and its Dyscontents: A Memoir*, Nova Iorque: New Directions, 2005, p. 70.

6 Laura Freixas, *Clarice Lispector: Vidas Literarias*, Barcelona: Ediciones Omega, 2001, p. 16.

7 Hélène Cixous e Deborah Jenson, *«Coming to Writing» and Other Essays*, Cambridge, Mass.: Harvard University Press, 1991.

8 Nádia Battella Gotlib, *Clarice, Uma Vida Que Se Conta*, São Paulo: Ática, 1995, p. 485.

9 *Id.*, *ibid.*, p. 52.

10 «Meus livros têm "recadinhos": Quais? Os críticos é que dizem...», *O Globo*, 15 de Maio de 1961.

11 «Clarice Lispector diz que Escreve sem ter Esquemas», *Curitiba*, 25 de Julho de 1970.

12 María Esther Gilio, «Tristes Trópicos: Con Clarice Lispector en Río», *Triunfo*, 5 de Junho de 1976.

13 *Apud* Federico Mengozzi, «Mistérios de Clarice», *Época*, n.º 342, 12 de Dezembro de 2004.

14 Clarice Lispector, *De Corpo Inteiro*, São Paulo: Editora Siciliano, 1992, p. 199.

15 Antônio Hohlfeldt, «Uma tarde com Clarice Lispector», *Correio do Povo,* 3 de Janeiro de 1971.

16 Isa Cambará, «Clarice Lispector: Não escrevo para agradar a ninguém», *Folha de S. Paulo,* 10 de Setembro de 1975.

17 Teresa Cristina Montero Ferreira, *Eu Sou Uma Pergunta: Uma Biografia de Clarice Lispector,* Rio de Janeiro: Rocco, 1999, p. 258.

18 Clarice Lispector, «Amor», in *Laços de Família,* São Paulo: Francisco Alves, 1960.

19 *Id.*, «Perfil de um ser eleito», in *A Descoberta,* op. cit., p. 416.

20 Sérgio Fonta, «O papo: Clarice Lispector», *Jornal de Letras,* n.º 259, 1972.

21 Clarice Lispector, «*Brain Storm*», in *A Descoberta,* op. cit., p. 262.

22 *Id.*, *ibid.*, p. 75.

23 *Le Monde,* 19 de Setembro de 1970.

24 Clarice Lispector, *Um Sopro de Vida (Pulsações),* Rio de Janeiro: Editora Nova Fronteira, 1978, p. 25.

25 Id., *Água Viva* [1973]. Rio de Janeiro: Editora Artenova, 1993, p. 40.

26 *Id.*, «Minha próxima e excitante viagem pelo mundo» [1 de Abril de 1972], in *A Descoberta,* op. cit.

## 1. *FUN VONEN IS A YID?*

1 Amylton de Almeida, *Gazeta,* 1986, *apud* Nelson Vieira, *Jewish Voices in Brazilian Literature: A Prophetic Discourse of Alterity,* Gainsville: University Press of Florida, 1995, p. 120.

2 Olga Borelli, *Clarice Lispector, Esboço para Um Possível Retrato,* Rio de Janeiro: Editora Nova Fronteira, 1981, p. 43.

3 Nádia Battella Gotlib, *Clarice,* op. cit., p. 66.

4 Clarice Lispector, «Esclarecimentos — Explicação de uma vez por todas», in *A Descoberta,* op. cit., p. 345, itálico no original. [Redondo nesta edição.]

5 Clarice Lispector, Teresa Montero e Lícia Manzo, *Outros Escritos*, Rio de Janeiro: Rocco, 2005, p. 95. A língua presa é um defeito de nascença relativamente comum, é raro prolongar-se até à idade adulta. O Dr. Pedro Bloch assegurou-lhe que seria fácil de corrigir, escreveu Clarice, mas ela recusou a operação com receio das dores.

6 Alberto Dines, *apud* Nelson Vieira, *Jewish Voices,* op. cit., p. 120.

7 IMS e Carlos Mendes de Sousa, «A revelação do nome», in *Cadernos de Literatura Brasileira: Clarice Lispector*, São Paulo: IMS, 2004, p. 144.

8 Entrevista a Renard Perez; Renard Perez, *Escritores Brasileiros Contemporâneos* [2.ª ed.], Rio de Janeiro: Civilização Brasileira, 1970, p. 69.

9 *Apud* Claire Varin, *Línguas de Fogo: Ensaio sobre Clarice Lispector* [1990], trad. Lúcia Peixoto Cherem, São Paulo: Limiar, p. 52.

10 Clarice Lispector, *O Lustre*, Rio de Janeiro, Livraria Agir Editora, 1946, p. 185.

11 Carlos Mendes de Sousa, *Clarice Lispector, Figuras da Escrita,* Minho: Universidade do Minho, Centro de Estudos Humanísticos, 2000, p. 164.

12 Sérgio Milliet, *apud id.*, *ibid.*, p. 21.

13 Lêdo Ivo, *apud* IMS, *Cadernos,* op. cit., p. 50.

14 Carlos Mendes de Sousa, *Figuras,* op. cit., p. 22.

15 Clarice Lispector, «Crônica Social», in *A Descoberta,* op. cit., p. 199, *apud* Claire Varin, *Línguas de Fogo,* op. cit., p. 85.

16 Emanuel Brasil, *Nossos Clássicos; Clarice Lispector,* n.º 120, Rio de Janeiro: Agir, 1994, pp. 138-39.

17 Teresa Cristina Montero Ferreira, *Eu Sou,* op. cit.

18 Carlos Mendes de Sousa, *Figuras,* op. cit., p. 22.

19 Lêdo Ivo, *apud* IMS, *Cadernos,* op. cit., p. 48.

20 «Clarice, um mistério sem muito mistério», *Correio da Manhã, 2* de Novembro de 1971; IMS, *Cadernos,* op. cit., p. 59.

21 Júlio Lerner, «A última entrevista de Clarice Lispector», *Shalom,* Junho-Agosto de 1992.

22 «Procurou, a todo o custo, esconder sua condição de judia», afirmou tipicamente um crítico. Edgar Cézar Nolasco, «Restos de ficção: A criação biográfico-literária de Clarice Lispector», Universidade Federal de Minas Gerais, 2003, p. 9. Para outros exemplos deste equívoco, ver Carlos Mendes de Sousa, *Figuras,* op. cit., p. 27.

23 Clarice Lispector, «Pertencer», in *A Descoberta,* op. cit., p. 110, o sublinhado é meu.

24 Anna Reid, *Borderland: A Journey Through the History of Ukraine*, Boulder Colorado: Westview Press, 1999, p. 132.

25 *Id.*, *ibid.*, p. 147.

26 Marcus Eli Ravage, *The Jew Pays: A Narrative of the Consequences of the War to the Jews of Eastern Europe*, Nova Iorque: Knopf, 1919, p. 27.

## 2. AQUELA COISA IRRACIONAL

1 Nathan Hofferman, *The 20th Century and I,* registos da Chechelnicker Benevolent Association of New York, YIVO Institute for Jewish Research, Nova Iorque. [Este autor também é conhecido por Norman Hofferman.]

2 Um cemitério judeu prova que a vida judaica persistiu em Tchechelnik, muito após o Holocausto, ainda que os judeus que sobreviveram tenham partido para as grandes cidades ou emigrado.

3 C. T. Vovk, S. V. Taranets', e V. A. Kosakivsky, *Narisi z istoryi Chechel'nika: Z naidavnishikh chasiv do nashikh dniv*. (Vinnitsa, Ucrânia: «Komp'iuterna verstka ta khudozhne oformlennia redaktsii gazeti "Chechel'nits'kii visnik"», 2000, p. 41. A vizinha Savran, onde Elisa nasceu, e o correspondente Savranka também são nomes turcos.

4 *Id.*, *ibid.*, p. 42.

5 Clarice Lispector, *Onde Estivestes de Noite*, Rio de Janeiro: Editora Artenova, 1974, p. 45.

6 *Apud* C. T. Vovk et al., *Narisi,* op. cit., pp. 62-63.

7 Gershom Gerhard Scholem, *Major Trends in Jewish Mysticism*, Nova Iorque: Schocken Books, 1995, pp. 337-338.

8 Kate Brown, *A Biography of No Place: From Ethnic Borderland to Soviet Heartland*, Cambridge, Mass.: Harvard University Press, 2004, pp. 67, 59-62.

9 Olga Borelli, *Esboço,* op. cit., p. 11.

10 Edilberto Coutinho, *Criaturas,* op. cit, p. 170.

11 Gershom Gerhard Scholem, *Major Trends,* op. cit., p. 349.

12 Tania Lispector Kaufmann, irmã de Clarice e Elisa, afirmava que o livro era «*uns oitenta por cento verdadeiro*». A cronologia e os lugares por onde descreve a família a passar podem ser localizados noutras fontes, pelo menos no não ficcional *Retratos Antigos,* e as linhas gerais da história são comuns a muitas outras memórias e histórias desse período. Normalmente, é fácil ver onde Elisa está a inserir floreados novelísticos. De qualquer forma, a sua maior preocupação parece ser fornecer um registo do sofrimento da sua família.

13 Elisa Lispector, *Retratos Antigos,* p. 8. Colecção de Nicole Algranti, Teresópolis, Rio de Janeiro.

14 Também é possível que tenha trabalhado, pelo menos durante algum tempo, como *shochet,* um talhante *kosher*. Segundo *No Exílio,* Shmuel Lispector abandonou a sua profissão, abriu uma casa de chá para a mulher gerir, e dedicou-se aos estudos do Talmude. (Estas descrições podem ser ficcionais; em *Retratos Antigos,* Elisa afirma que ele era lojista.)

15 Elisa Lispector, *Retratos*. Outras fontes mencionam oito filhos: Teresa Cristina Montero Ferreira, *Eu Sou,* op. cit., p. 20; «Oito filhos» é também o número mencionado in Elisa Lispector, *No Exílio; Romance* [1948], Rio de Janeiro: Pongetti, 1971, p. 5[illegible].

16 Elisa Lispector, *Retratos,* op. cit., p. 9.

17 Teresa Cristina Montero Ferreira, *Eu Sou,* op. cit., p. 19; visita do autor ao Cemitério Judeu do Barro, no Recife.

18 Id., *ibid.*, p. 17.

19 Elisa Lispector, *Retratos,* op. cit., p. 10.

20 Id., *No Exílio,* pp. 21, 24.

21 Id., *Retratos,* op. cit., p. 14.

22 Id., *No Exílio,* p. 21.

23 Id., *Retratos,* op. cit., pp. 16-17.

24 Id., *ibid.*

25 Id., *Retratos,* op. cit., p. 20.

26 Id., *No Exílio,* op. cit., pp. 51, 29.

27 Id., *Retratos,* op. cit., p. 21.

28 *Id.*, *ibid.*

29 Júlio Lerner, «A última entrevista», op. cit.

30 Elisa Lispector, *Retratos,* op. cit., p. 21.

31 *Id.*, *ibid.*, p. 23.

32 Teresa Cristina Montero Ferreira, *Eu Sou,* op. cit., p. 21.

33 Isidore Singer e Cyrus Adler (eds.), «Agricultural Colonies in the Argentine Republic», in *The Jewish Encyclopedia: A Descriptive Record of the History to the Present Day,* 12 vols., Nova Iorque: Funk & Wagnalls, 1906.

34 Mais tarde, também ele foi para o Recife.

35 Teresa Cristina Montero Ferreira, *Eu Sou,* op. cit., pp. 21-22.

36 Israel Wainstok, *Zichrones fun a fater*, Rio de Janeiro: Impresso nos Estabelecimentos Gráficos «Monte Scopus», 1955,

37 S. An-Ski, *The Enemy at His Pleasure: A journey through the Jewish Pale of Settlement during World War I,* trad. Joachim Neugroschel, Nova Iorque: Metropolitan Books, 2002, pp. 3-4.

38 *Id.*, *ibid.*, p. 15.

39 David Engel, «World War I», in Gershon David Hundert (ed.), *The YIVO Encyclopedia of Jews in Eastern Europe, 2* vols. New Haven: Yale University Press, 2008, vol. 2, p. 2034.

40 *Id.*, *ibid.*, vol. 2, p. 2033.

41 Joachin Neugroschel, introdução a S. An-Ski, *The Enemy,* op. cit., pp. ix-x.

42 Desde o início, o movimento nacionalista ucraniano foi invulgarmente hospitaleiro para os judeus. Houve várias razões para tal. Mykhailo Hrushevski, o presidente do governo revolucionário ucraniano, a Central Rada, era um frontal advogado dedicado aos direitos das minorias nacionais. Tal como Hrushevski percebeu, os ucranianos e os judeus precisavam uns dos outros. Os étnicos ucranianos eram principalmente agrários, enquanto as cidades eram, na maioria, russas, judaicas e polacas. O movimento nacional ucraniano necessitava de uma burguesia, e a aliança com os judeus era natural. Mas o próprio conceito de «judiaria ucraniana» não existia. Os judeus do império russo consideravam-se judeus russos, e temiam ficar numa situação de vulnerabilidade aos novos nacionalismos, caso o Estado supranacional se fracturasse. Se os judeus tinham de aderir ao novo governo, teriam de se identificar mais com os ucranianos do que com os russos. A Rada declarara a sua independência muito antes, por isso salientava a sua boa vontade para com as minorias. O Parlamento guardou um grande número de lugares para os russos, os polacos e os judeus. Na câmara inferior, os judeus chegavam a estar desproporcionadamente sobrerrepresentados. O governo criou o primeiro Ministério para os Assuntos Judaicos. Estas decisões pretendiam estabelecer o princípio da autodeterminação para as minorias, incluindo as ucranianas, dentro de um estado russo mais alargado. «Ao conceder autonomia extraterritorial às suas minorias», escreveu Henry Abramson, «os ucranianos assumiram uma posição moral muito superior nas suas negociações com o Governo Transitório [totalmente russo] para uma maior autonomia territorial para a Ucrânia como um todo.» Henry Abramson, *A Prayer for the Governance: Ukrainians and Jews in Revolutionary Times, 1917--1920*, Cambridge, Mass.: Harvard University Press for the Harvard Ukrainian Institute and Center for Jewish Studies, 1999.

43 *Id.*, *ibid.*, p. 61.

44 *Id.*, *ibid.*, p. 80.

45 Esta proposta, como tantas outras coisas durante este período crítico, ficou sem efeito devido aos intermináveis conflitos internos dos sionistas e dos socialistas. Os sionistas, que insistiam em usar o hebreu, que quase ninguém falava, decidiram enfrentar os igualmente intransigentes partidos socialistas, que usavam o iídiche, a língua da grande maioria dos judeus. O Ministério para os Assuntos Judaicos, apanhado entre dois extremos, hesitou, no final de 1917 e no início de 1918.

46 Os partidos judaicos, juntamente com os russos, opuseram-se universalmente à declaração. Os ucranianos pensaram que o mínimo que os Judeus podiam fazer, em troca da liberalidade invulgar que lhes era concedida pela Rada, era apoiar as aspirações nacionais da Ucrânia, e mostraram-se encolerizados quando tal não aconteceu.

47 Henry Abramson, *A Prayer,* op. cit., p. 88.

48 *Id.*, *ibid.*, pp. 100-101.

49 Elisa Lispector, *Retratos,* op. cit., p. 17.

50 Teresa Cristina Montero Ferreira, *Eu Sou,* op. cit., pp. 23-24.

51 Elisa Lispector, *No Exílio,* op. cit., p. 59. Em *Retratos Antigos,* Elisa escreve: «*Num dos primeiros* pogroms *que se seguiram à revolução vermelha, quando os bolcheviques ainda mal se estabilizavam, o avô morreu trespassado por várias balas, ao galgar a escadaria da que até então tinha sido a sua própria casa, depois usada para aquartelamento de tropas.*»

## 3. O *POGROM* TÍPICO

1 American Jewish Congress, Israel Goldberg e Committee on Protest Against the Massacres of Jews in Ukrainia and Other Lands, *The Massacres and Other Atrocities Committed Against the Jews in Southern Russia,* Nova Iorque, 1920, pp. 5, 13-14.

2 *Id.*, *ibid.*, p. 12.

3 É a cidade que Elisa refere no seu livro.

4 Elisa Lispector, *Retratos,* op. cit., p. 23.

5 Id., *No Exílio,* op. cit., pp. 32-33, o sublinhado é meu.

6 Id., *Retratos,* op. cit., p. 15.

7 Entrevista com Claire Varin, Laval, Quebeque, 7 de Janeiro de 2006.

8 Clarice Lispector, *Objeto Gritante (II)*, 1971, p. 155, Colecção de Dorothea Severino, Nashville, Tennessee.

9 Orlando Figes, *A People's Tragedy: The Russian Revolution, 1891-1924.* Nova Iorque: Viking, 1996, p. 678.

10 American Jewish Congress et al., *The Massacres,* op. cit. pp. 15-16.

11 Para uma descrição deste *pogrom,* consulte-se Bernard Lecache, *Quand Isräel meurt...*, Paris: Editions du «Progrès Civique», 1927, p. 181. Nas páginas 182-189 existe uma descrição do *pogrom* em Teplyk, terra natal de Pinkhas, e onde Tania nasceu, quatro anos antes. A família podia estar em Teplyk, ainda que Elisa mencione Haysyn.

12 American Jewish Congress et al., *The Massacres,* op. cit., pp. 8-15.

13 Clarice Lispector, *A Descoberta,* op. cit., pp. 110-111; «Pertencer» [15 de Junho de 1968], in *A Descoberta,* op. cit.

14 http://www.schoolscience.co.uk/content/4/biology/abpi/diseases/disease10.html; Brown, Kate, *A Biography,* op. cit., p. 255, n.º 61.

15 *Id.*, *ibid.*, pp. 72-73.

16 Na Ucrânia, em Israel e nos Estados Unidos da América, o autor consultou vários especialistas em medicina tradicional judaica e ucraniana. Nenhum deles sabia a que se referia Clarice quando mencionou «*uma superstição bastante espalhada*» ligando a gravidez à cura de doenças. Quando as mulheres de Tchechelnik foram questionadas a respeito desta superstição, soltaram exclamações, num reconhecimento imediato.

17 Clarice Lispector, «Esclarecimentos — Explicação de uma vez por todas», in *A Descoberta,* op. cit., p. 345.

18 Elisa Lispector, *No Exílio,* op. cit., p. 37.

19 *Id.*, *ibid.*, p. 40.

20 Clarice Lispector, «As crianças chatas» [19 de Agosto de 1967], in *A Descoberta,* op. cit., p. 15.

21 Elisa Lispector, *No Exílio,* op. cit., p. 53.

22 Israel Wainstok, *Zichrones,* op. cit., p. 12.

23 Elisa Lispector, *No Exílio,* op. cit., p. 63.

24 Um dos primos rabis de Mania, Abraham, tinha casado com uma mulher chamada Rebecca Chichilnitsky em Buenos Aires. O seu nome indica que era originária da cidade.

25 Elisa Lispector, *No Exílio,* op. cit., p. 70.

26 C. T. Vovk et al., *Narisi,* op. cit., p. 80.

## 4. O NOME PERDIDO

1 Carlos Mendes de Sousa, *Figuras,* op. cit., p. 177.

2 IMS e Carlos Mendes de Sousa, «A revelação do nome», *op. cit.*, p. 165.

3 Clarice Lispector, *Um Sopro,* op. cit., p. 127. *Apud* Carlos Mendes de Sousa, *Figuras,* op. cit., p. 178.

4 Clarice Lispector, *Visão do Esplendor: Impressões Leves,* Rio de Janeiro: Livraria Francisco Alves Editora, 1975, p. 21.

5 Clarice Lispector, *Um Sopro,* op. cit., pp. 32-33.

6 *Id., ibid.*, p. 15.

7 Clarice Lispector e Teresa Cristina Montero Ferreira, *Correspondências,* Rio de Janeiro: Rocco, 2002, pp. 291, 28 [Junho] [1974?].

8 Carlos Mendes de Sousa, *Figuras,* op. cit., p. 181; Olga Borelli, *Esboço,* op. cit., p. 61. Numa narrativa tardia, «As Maniganças de Dona Frozina», uma personagem diz: *«Olhe d. Frozina, tem nomes piores do que o seu. Tem uma que se chama Flor de Lis e como acharam ruim o nome, deram-lhe o apelido pior: Minhora.»* («*Minhora*» soa como minhoca.) In Clarice Lispector, *Onde,* op. cit., p. 88.

9 Clarice Lispector, *A Paixão segundo G. H.* [1964], Rio de Janeiro: Editora do Autor, 1991, p. 24; Carlos Mendes de Sousa, *Figuras,* op. cit., p. 186.

10 Elisa Lispector, *No Exílio,* op. cit., p. 73.

11 David W. Tschanz, «Typhus Fever on the Eastern Front in World War I», http://entomoloy.montana.edu/historybug/WWI/TEF.htm.

12 Vidkun Quisling e Fund for the Relief of the Jewish Victims of the War in Eastern Europe, *The Truth About the Ukrainian Horror: Official Report,* Londres: Fund for the Relief of the Jewish Victims of the War in Eastern Europe, 1922, p. 18.

13 *Id., ibid.*

14 Elisa Lispector, *No Exílio,* op. cit., p. 75.

15 *Id., ibid.*, p. 80.

16 Clarice Lispector, «Falando em viagens», in *A Descoberta,* op. cit., p. 380.

## 5. ESTÁTUA DA LIBERDADE

1 Clarice nasceu em Dezembro de 1920, e eles estavam, seguramente, em Bucareste, em Janeiro de 1922. Saíram de Tchechelnik algum tempo após ter sido

emitida uma certidão de nascimento em nome dela, em Tchechelnik, no dia 14 de Novembro de 1921. Para saber mais acerca desta certidão de nascimento, consulte-se Nádia Battella Gotlib, *Clarice Fotobiografia,* São Paulo: Edusp/Imprensa Oficial, 2007, p. 37. Elisa menciona que partiram de Soroca e que, por algum motivo, fizeram uma pausa na minúscula aldeia de Vertujeni, perto de Soroca sobre o Dniester. Tal sugere que estavam a fazer a viagem de barco, porque não existe outro motivo para terem permanecido numa cidade tão insignificante no seu caminho para Kishinev.

2 Martin Gilbert, *Atlas of Russian History,* Nova Iorque: Dorset Press, 1972, p. 107.

3 Israel Wainstok, *Zichrones,* op. cit., p. 10.

4 Elisa Lispector, *Retratos,* op. cit., pp. 24-25.

5 Id., *No Exílio,* op. cit., p. 82.

6 Id., *Retratos,* op. cit., p. 25.

7 Teresa Cristina Montero Ferreira, *Eu Sou,* op. cit., p. 32.

8 Elisa Lispector, *Retratos,* op. cit., p. 24.

9 Teresa Cristina Montero Ferreira, op. cit., p. 29.

10 Irving Howe, *World of Our Fathers,* Nova Iorque: Harcourt Brace Jovanovich, 1976, op. cit., p. 42.

11 Elisa Lispector, *No Exílio,* op. cit., pp. 89-90.

12 Jeff Lesser, *Welcoming the Undesirables: Brazil and the Jewish Question,* Berkeley: University of Califórnia Press, 1995, p. 7.

13 Moreno Brandão, «Alagoas em 1925», in *Livro do Nordeste (comemorativo do 1.º Aniversário do Diário de Pernambuco),* 1925, Recife: Secretaria da Justiça, Arquivo Público Estadual, reimpressão, 1979, pp. 162-163.

14 Francisco Ignacio Marcondes Homem de Mello e Francisco Homem de Mello, *Geographia-Atlas do Brazil e das Cinco Partes do Mundo,* Rio de Janeiro: F. Briguiet, 1912. Isto exclui o Distrito-Federal, a cidade-estado do Rio de Janeiro.

15 Moreno Brandão, «Alagoas em 1925», *op. cit.*

16 Elisa Lispector, *Retratos,* op. cit., p. 24.

17 Israel Wainstok, *Zichrones,* op. cit. p. 17.

18 Júlio Lerner, *Clarice Lispector, Essa Desconhecida,* São Paulo, Via Lettera, 2007, pp. 44-45; «*Compaaaa rôpáaaaaa*», entrevista com Olga Borelli.

19 Elisa Lispector, *No Exílio,* op. cit., p. 96.

20 *Id., ibid.*, p. 97.

21 *Id., ibid.*, p. 100.

22 *Id., ibid.*, p. 102.

23 *Id., ibid.*, p. 104.

## 6. *GRIENE* GRINGOS

1 Carta não datada de Tania Lispector Kaufmann, via Zélia Oliveira, para Giovanni Pontiero. Colecção do autor.

*2 Folha de S. Paulo,* 10 de Dezembro de 1977.

3 Clarice Lispector, «Esclarecimentos — Explicação de uma vez por todas», in *A Descoberta,* op. cit., p. 345.

4 C. R. Boxer, *The Dutch in Brazil, 1624-1654,* Oxford: Clarendon Press, 1957; Eleazar Córdova-Bello, *Compañias Holandesas de Navegación, Agentes de la Colonización Neerlandesa,* Sevilha: Escuela de Estudios Hispano-Americanos, 1964.

5 Manoel Calado, *O Valeroso Lucideno. E Triumpho da Liberdade: Primeira Parte,* Lisboa: Paulo Craesbeeck Impressor e Livreiro das Ordens Militares, 1648.

6 Érico Veríssimo, *Brazilian Literature: An Outline,* Nova Iorque: MacMillan, 1945, p. 17; Arquivo Histórico Judaico de Pernambuco, Kahal zur Israel.

7 Arquivo Histórico Judaico de Pernambuco, Kahal zur Israel.

8 O jesuíta António Vieira escreveu: «*Os principais motivos da rebelião eram que eles tomaram muito dinheiro dos holandeses e não podiam ou não queriam pagar.*» *Apud* Pedro Calmon, *História do Brasil,* vol. 2, Rio de Janeiro: José Olympio, 1971.

9 *In* E. van den Boogaart; Hendrik Richard Hoetink e Peter James Palmer Whitehead, *Johan Maurtts van Nassau-Siegen 1604-1679: A Humanist Prince in Europe and Brazil: Essays on the Occasion of the Tercentenary of His Death,* Haia: Johan Maurits van Nassau Stichting, 1979.

10 José Honório Rodrigues, *Historiografia e Bibliografia do Domínio Holandês no Brasil,* Rio de Janeiro: Departamento de Imprensa Nacional, 1949.

11 Entrevista com Tania Neumann Kaufman, Recife, 15 de Agosto de 2006.

12 Angela Maria de Castro Gomes, *Em Família: A Correspondência de Oliveira Lima e Gilberto Freyre, Coleção Letras em Série,* Campinas: CECULT Mercado de Letras, 2005, pp. 123-126.

13 Malamud, nascido em 1908, em Mogilev-Podilsky (Podólia), era um velho amigo. Quando se mudaram para o Rio de Janeiro, a família Lispector ficou na pensão da sua família, no Flamengo, e mais tarde, já como advogado, ele ajudou Clarice na sua tentativa para obter a cidadania brasileira. Samuel Malamud, *Escalas no Tempo.* Rio de Janeiro: Editora Record, 1986, p. 112.

14 Avrum Ishie, *apud* Tânia Neumann Kaufman, *Passos Perdidos, História Recuperada: A Presença Judaica em Pernambuco,* Recife: Bagaço, 2000, p. 197.

15 No que respeita a uma descrição da economia, estrutura social e geografia do Recife judaico, o autor agradece a Tânia Neumann Kaufman, directora do Arquivo Histórico Judaico de Pernambuco, assim como a Beatriz Schnaider Schvartz, da mesma instituição.

16 Entrevista com Nachman Falbel, São Paulo, 21 de Julho de 2006.

17 Tania Lispector Kaufmann, *apud* Natália Battella Gotlib, *Clarice,* op. cit., pp. 67-68.

18 Carta não datada de Tania Lispector Kaufmann para Giovanni Pontiero. Colecção do autor.

19 Tânia Neumann Kaufman et al., *Passos Perdidos, História Desenhada; A Presença Judaica em Pernambuco no século xx,* Recife: Arquivo Histórico Judaico de Pernambuco, 2005, vol. 1, pp. 47-48.

20 «Tentativa de explicação», entrevista com Leo Gilson Ribeiro, *Correio da Manhã,* 21 de Março de 1965.

21 *Apud* Nádia Battella Gotlib, *Clarice, Uma Vida,* op. cit., p. 22.

22 *Id., ibid.*, pp. 480-481.

23 Clarice Lispector et al., *Outros Escritos,* op. cit., p. 137-138.

24 Carta de Tania Lispector Kaufmann a Giovanni Pontiero, 20 de Agosto de 1992. Colecção do autor.

25 *Idem.*

26 Clarice Lispector et al., *Outros Escritos,* op. cit., pp. 138, 139.

27 Júlio Lerner, «Última entrevista», op. cit.

28 Clarice Lispector et al., *Outros Escritos,* op. cit., p. 139. Ver também IMS, *Cadernos,* p. 58.

29 *Apud* María Esther Gilio, «Tristes Trópicos: Con Clarice Lispector en Río», op. cit.

30 Carta de Tania Lispector Kaufmann a Giovanni Pontiero, 20 de Agosto de 1992. Colecção do autor.

31 Clarice Lispector, «As grandes punições», in *A Descoberta,* op. cit., p. 36.

32 No entanto, era também ladrão e mentiroso. Por volta de 1927, viajou para os Estados Unidos, onde casou com a avó do presente autor, Elizabeth Lurie, então uma aluna formada em Filosofia pela Universidade de Chicago. Viajaram para o México juntos, para se dedicarem à investigação das comunidades judaicas desse país. No México, foi apanhado a roubar manuscritos raros do Arquivo Nacional e foi expulso do país. A imprensa iídiche do México publicou uma nota acerca do assunto que foi republicada por um jornal judaico de Nova Iorque, e que depois foi republicada por um jornal judaico de Buenos Aires, que chegou ao Recife, onde a primeira Sr.ª Nachbin ficou a saber que o marido se tinha casado ilegalmente com outra mulher. O segundo casamento foi anulado e Jacob Nachbin expulso dos Estados Unidos; estava em Espanha, por volta de 1935, e em Paris, em 1938, onde desapareceu sem deixar rasto. Ver Nachman Falbel, *Jacob Nachbin,* São Paulo: Nobel, 1985; Nachman Falbel, *Estudos sobre a Comunidade Judaica no Brasil,* São Paulo: Federação Israelita do Estado de São Paulo, 1984.

33 Clarice Lispector, «As grandes punições», in *A Descoberta,* op. cit., p. 36.

34 *Id., ibid.*, p. 320.

35 Claire Varin e Clarice Lispector, *Clarice Lispector: Rencontres Brésiliennes.* Laval, Quebeque: Trois, 1987, p. 69. Esta citação encontrava-se originalmente na entrevista a Edgar Proença, «Um minuto de palestra...», Estado do Pará, 20 de Fevereiro de 1944. Clarice repetiu a afirmação, muitos anos mais tarde, numa entrevista a *O Pasquim,* Rio de Janeiro, 9 de Junho de 1974: *«Clarice até que ponto você se identifica com as suas personagens? Até que ponto você é a Joana de* Perto do Coração Selvagem, *uma pessoa lúcida que não se encontra na realidade?» «Bem, Flaubert disse uma vez: «Madame Bovary sou eu».* *Apud* Lícia Manzo, *Era Uma Vez-Eu: A Não-Ficção na Obra de Clarice Lispector: Ensaio,* Curitiba: Governo do Estado do Paraná, Secretaria de Estado da Cultura: The Document Company, Xerox do Brasil, 1998, p. 3.

36 Clarice Lispector, «Bichos (Conclusão)», in *A Descoberta,* op. cit., p. 363.

37 *Apud* Edilberto Coutinho, *Criaturas,* op. cit., p. 167.

38 Entrevista com Luiz Carlos Lacerda, Rio de Janeiro, 1 de Agosto de 2006.

39 In IMS, *Cadernos,* op. cit.

40 Claire Varin e Clarice Lispector, *Rencontres,* pp. 138-141. Esta entrevista foi igualmente publicada em Clarice Lispector et al., *Outros Escritos,* op. cit.

41 Clarice Lispector, *Perto do Coração Selvagem,* Rio de Janeiro: A Noite, 1943, p. 86.

42 *Id., A Mulher Que Matou os Peixes,* Rio de Janeiro: Sabiá, 1968.

43 *Apud* Nádia Battella Gotlib, *Clarice,* op. cit., p. 73.

44 Clarice Lispector, «Um encontro perfeito», in *A Descoberta,* op. cit., p. 42.

45 Clarice Lispector e Teresa Cristina Montero Ferreira, carta a Lúcio Cardoso, 13 de Julho de 1941, in *Correspondências,* op. cit., p. 15.

46 Entrevista com Olga Borelli.

47 Clarice Lispector, *Perto* (ed. 1943), op. cit., pp. 54 e 155.

48 Fernando Pessoa, *Heróstrato e a Busca da Imortalidade,* trad. Manuela Rocha, ed. Richard Zenith, vol. 14 de *Obras de Fernando Pessoa,* Lisboa: Assírio e Alvim, 2000, p. 174.

49 Clarice Lispector, *Perto,* (ed. 1943), op. cit., p. 97.

50 *Id.*, «O vestido branco», in *A Descoberta,* op. cit., p. 80.

51 Clarice Lispector, *Perto,* op. cit., p. 181.

52 Fragmento encontrado entre as últimas notas de Clarice. Ver também Claire Varin, *Rencontres,* op. cit., p. 162.

53 Clarice Lispector, *Perto,* (ed. 1943), op. cit., p. 12.

54 *Id., ibid.*, p. 181.

55 *Id.*, «O relatório da coisa» in *Onde,* op. cit., p. 87.

56 Id., *Perto,* (ed. 1943), op. cit., p. 155.

## 7. AS HISTÓRIAS MÁGICAS

1 *Apud* Teresa Cristina Montero Ferreira, *Eu Sou,* op. cit., p. 37.

2 Elisa Lispector, *No Exílio,* op. cit., p. 109.

3 Clarice Lispector et al., *Outros escritos,* op. cit., pp. 137-138.

4 *Id.*, «Restos do Carnaval», in *A Descoberta,* op. cit., p. 82.

5 Elisa Lispector, *No Exílio,* op. cit., p. 123.

6 *Id., ibid.*, pp. 110-111.

7 *Id., ibid.*, pp. 115-116.

8 *Apud* Teresa Cristina Montero Ferreira, *Eu sou,* op. cit. p. 37.

9 Elisa Lispector, *No Exílio,* op. cit., p. 132.

10 Id., *Retratos,* op. cit., p. 19.

11 Id., *No Exílio,* op. cit., p. 133

12 «Sepultamento de Clarice será simples e discreto», *O Globo,* 11 de Dezembro de 1977. Ver também Olga Borelli, entrevistada em *Manchete,* 1981, *apud* Nádia Battella Gotlib, *Clarice,* p. 481.

13 Clarice Lispector, «San Tiago», in *A Descoberta,* op. cit., p. 62.

14 Id., *Visão,* op. cit., p. 19.

15 Claire Varin e Clarice Lispector, *Rencontres,* op. cit., p. 191, entrevista com Marisa Raja Gabaglia, 1973.

16 *Apud* Nádia Battella Gotlib, *Clarice,* op. cit., p. 94.

17 Clarice Lispector, «O que eu queria ter sido», in *A Descoberta,* op. cit., p. 153.

18 Rachel Donadio, «The Irascible Prophet: V. S. Naipaul at Home», *New York Times,* 7 de Agosto de 2005.

19 Entrevista com Júlio Lerner, *apud* Claire Varin e Clarice Lispector, *Rencontres*, op. cit., p. 213.

20 Clarice Lispector, *Um Sopro,* op. cit., p. 11.

21 Id., *A Maçã no Escuro* [1961], Rio de Janeiro: Livraria Francisco Alves, 1992, p. 300.

22 *Id.*, «As grandes punições» [4 de Novembro de 1967], in *A Descoberta,* op. cit., p. 36.

23 Carta sem data de Tania Lispector Kaufmann a Giovanni Pontiero. Colecção do autor.

24 Clarice Lispector, «A lição de piano», in *A Descoberta,* op. cit., p. 48.

25 Carta sem data de Tania Lispector Kaufmann a Giovanni Pontiero. Colecção do autor.

26 Fragmento citado em Claire Varin, *Línguas de Fogo,* op. cit., p. 59.

27 Clarice Lispector, «Medo da eternidade», in *A Descoberta,* op. cit., p. 309.

28 *Apud* Nádia Battella Gotlib, *Clarice,* op. cit., p. 71.

29 Bertha fez o discurso em iídiche. Por muito hebraico que Clarice tivesse aprendido em pequena, é quase certo que teria esquecido uma grande parte, ou a totalidade, quando chegou à idade adulta. Quando Bertha se mudou para Israel, alguns anos depois, julgando, ela também, ter esquecido tudo, descobriu que, com os mesmos estudos que Clarice, estava bem preparada para um novo país. Entrevista com Bertha Lispector Cohen, Rio de Janeiro, 3 de Agosto de 2006. Existem apenas duas referências explícitas ao iídiche na escrita de Clarice Lispector. Num trabalho tardio, escreveu: «*Captou? Understood? Farstein? D'accord?*», numa coluna de jornal, ela referiu que o pai dizia: «*Ele é um homem*», o que, embora ela não o diga, é uma tradução do iídiche: «*Er is a mensch*», ele é um homem bom, ou um homem verdadeiro. Clarice Lispector, *Visão,* op. cit., p. 49. Elisa relembrou esta mesma expressão no já citado *Retratos Antigos*.

30 *Apud* Teresa Cristina Montero Ferreira, *Eu Sou,* op. cit. p. 44.

31 *Id., ibid.*, p. 43.

32 Clarice Lispector, *Objeto Gritante,* 1971, op. cit., p. 7, Arquivo Clarice Lispector, Arquivo-Museu de Literatura Brasileira, Fundação Casa de Rui Barbosa, Rio de Janeiro (a seguir referido como ACL).

33 *Apud* Nádia Battella Gotlib, *Clarice,* op. cit., p. 94.

34 *Apud* Lícia Manzo, *Era Uma Vez,* op. cit., p. 128; entrevista a Lícia Manzo, Rio de Janeiro, 23 de Outubro de 1996.

35 Clarice Lispector, *A Legião Estrangeira*, Rio de Janeiro: Editora do Autor, 1964, p. 15.

36 *Id., ibid.*, p. 21.

37 *Id., ibid.*, pp. 23-24.

## 8. MELODRAMA NACIONAL

1 Teresa Cristina Montero Ferreira, *Eu Sou,* op. cit. p. 48.

2 David Wainstok, *Caminhada: Reminiscências e Reflexões,* Rio de Janeiro: Editora Lidador Ltda., p. 278.

3 Thomas E. Skidmore, *Politics in Brazil, 1930-1964: An Experiment in Democracy*, Nova Iorque: Oxford University Press, 1967, p. 4.

4 Ver http://www.getulio50.org.br/textos/gv3.htm.

5 Boris Fausto, *Getúlio Vargas,* «O poder e o sorriso», São Paulo: Companhia das Letras, 2006, p. 128.

6 Thomas E. Skidmore, *Politics,* op. cit., p. 23.

7 Jeff Lesser, *Welcoming,* op. cit., p. 59. Havia rumores de que o anti-semitismo de Barroso provinha das suas próprias origens judaicas. Barroso foi, alegadamente, um «Baruch» brasileiro. Não existem provas de que tal seja verdade.

8 Gustavo Barroso, *Os Protocolos dos Sábios de Sião: O Imperialismo de Israel. O Plano dos Judeus para a Conquista do Mundo. O Código do Anti-Cristo. Provas de Autenticidade, Documentos, Notas, e Comentários. Texto Completo e Apostilado por Gustavo Barroso,* São Paulo: Agência Minerva Editora, 1936.

9 Alzira Alves de Abreu *et al.* (eds.), «Gustavo Barroso», in *Dicionário Histórico-Biográfico Brasileiro,* Rio de Janeiro: FGV Editora/FGV CPDOC, 2001.

10 Jeff Lesser, *Welcoming,* op. cit., p. 61.

11 Entrevista com Bertha Lispector Cohen, Rio de Janeiro, 3 de Agosto de 2006.

12 Entrevista com Samuel Lispector, Recife, 15 de Agosto de 2006.

13 David Wainstok, *Caminhada,* op. cit., p. 280.

14 «I. S.», *apud* Tânia Neumann Kaufman, *Passos,* op. cit., pp. 134-135.

15 David Wainstok, *Caminhada,* op. cit., p. 280.

16 *Id., ibid.*

## 9. SÓ PARA LOUCOS

1 Samuel Lispector *apud* Nádia Battella Gotlib, *Clarice,* op. cit., p. 71.

2 Entrevista com Tania Lispector Kaufmann, Rio de Janeiro, 1 de Agosto de 2006; entrevista com Cecília Wainstok Lipka, Rio de Janeiro, 29 de Julho de 2006.

3 Entrevista com Tania Lispector Kaufmann, Rio de Janeiro, 1 de Agosto de 2006.

4 *Apud* Nádia Battella Gotlib, *Clarice,* op. cit., p. 84.

5 Entrevista com Tania Lispector Kaufmann.

6 Teresa Cristina Montero Ferreira, *Eu Sou,* op. cit., p. 54.

7 Carta sem data de Tania Lispector Kaufmann a Giovanni Pontiero. Colecção do autor.

8 Entrevista com Tania Lispector Kaufmann.

9 Nádia Battella Gotlib, *Clarice,* op. cit., p. 83.

10 «Amo a matemática desde os dez anos de idade», entrevista com Leopoldo Nachbin, *Manchete* [c. 1969].

11 Entrevista para Museu de Imagem e Som, *in* Lispector et al., *Outros Escritos,* p. 160.

12 Entrevista com Cecília Wainstok Lipka.

13 Arnaldo Franco Júnior, «Clarice, segundo Olga Borelli», *Minas Gerais, Suplemento Literário,* 19 de Dezembro de 1987.

14 Destacado por Claire Varin, *Línguas de Fogo,* op. cit., p. 108.

15 Clarice Lispector, *Onde,* op. cit., p. 73, *apud* Claire Varin, *Línguas de Fogo,* op. cit., p. 110.

16 Nota não publicada reproduzida em Claire Varin, *Línguas de Fogo,* op. cit., p. 108.

17 Clarice Lispector, *Água Viva,* op. cit., p. 37.

18 *Id., ibid.*, p. 13.

19 *Id.*, «A descoberta do mundo», in *A Descoberta,* op. cit., p. 114.

20 Nádia Battella Gotlib, *Clarice,* op. cit., p. 39.

21 Suzana Bernstein Horovitz, *apud* Nádia Battella Gotlib, *Clarice,* op. cit., p. 99.

22 Clarice Lispector, «Felicidade Clandestina», in *Felicidade Clandestina,* Rio de Janeiro: Sabiá, 1971, pp. 15-18.

23 *Id.*, «Escrever», in *A Descoberta,* op. cit., p. 304.

24 *Apud* Júlio Lemer, «Última entrevista», op. cit.; «Tentativa de explicação», entrevista com Leo Gilson Ribeiro, op. cit.

25 Hermann Hesse, *Der Steppenwolf* [1927], Berlim: G. Fischer Verlag, 1961, p. 42.

26 *Id., ibid.*, «Traktat des Steppenwolfes», p. 4.

27 *Id., ibid.*, «Traktat», pp. 6-7.

28 Clarice Lispector, *Um Sopro,* op. cit., p. 45.

29 *Id.*, «Ainda impossível», in *A Descoberta,* op. cit., p. 437.

## 10. VOANDO PARA O RIO

1 Ruy Castro, *Carmen, Uma Biografia,* São Paulo: Companhia das Letras, 2005, p. 13.

2 Renato Pinto Venâncio, «Presença portuguesa. De colonizadores a emigrantes», in *Brasil, 500 Anos de Povoamento,* Rio de Janeiro: IBGE, Centro de Documentação e Disseminação de Informações, 2000.

3 Clarice Lispector «Viajando por mar, 1.ª parte», in *A Descoberta,* op. cit., p. 377.

4 *Folha de S. Paulo,* 10 de Dezembro de 1977: «*Pernambuco marca tanto a gente que basta dizer que nada, mas nada mesmo das viagens que fiz por este mundo contribuiu para o que escrevo. Mas Recife continua firme.*»

5 Clarice Lispector, «O manifesto da cidade», in *Visão,* op. cit., p. 53.

6 Entrevista com Alberto Dines, São Paulo, 22 de Julho de 2006.

7 Entrevista com Tania Lispector Kaufmann, Rio de Janeiro, 1 de Agosto de 2006.

8 Entrevista com Cecília Wainstok Lipka, Rio de Janeiro, 29 de Julho de 2006.

9 David Wainstok, *Caminhada,* op. cit., p. 78.

10 Ver Beatriz Kushnir, *Baile de Máscaras: Mulheres Judias e Prostituição: As Polacas e Suas Associações de Ajuda Mútua,* Rio de Janeiro: Imago Editora, 1996; Isabel Vincent, *Bodies and Souls: The Tragic Plight of Three Jewish Women Forced into Prostitution in the Americas,* Nova Iorque: William Morrow, 2005.

11 Jeff Lesser, *Welcoming,* op. cit., p. 83.

12 *Id., ibid.*, p. 74.

13 *Id., ibid.*, p. 8.

14 *Apud* Tânia Neumann Kaufman, *Passos,* op. cit, p. 159.

15 Israel Wainstok, *Zichrones,* op. cit., p. 16.

16 Nádia Battella Gotlib, *Clarice,* op. cit., p. 101.

17 Entrevista com Tania Lispector Kaufmann, Rio de Janeiro, 1 de Agosto de 2006.

18 Nádia Battella Gotlib, *Clarice,* op. cit., p. 136.

19 Jeff Lesser, *Welcoming,* op. cit., p. 105.

20 *Id., ibid.*, p. 108.

21 Clarice Lispector, «O que eu queria ter sido», in *A Descoberta,* op. cit., p. 153.

22 Entrevista para o Museu de Imagem e do Som, *in* Clarice Lispector et al., *Outros Escritos,* op. cit., p. 140.

23 Carta a Fernando Sabino, 14 de Agosto de 1946, *in* Fernando Sabino e Clarice Lispector, *Cartas,* op. cit., p. 31.

24 *Apud* Nádia Battella Gotlib, *Clarice,* op. cit., p. 147.

25 Stefan Zweig, *Begegnungen mit Menschen, Büchern, Städten,* Viena: H. Reichner, 1937.

26 Clarice Lispector, «A descoberta do mundo», in *A Descoberta,* op. cit. p. 114.

27 Nádia Battella Gotlib, *Clarice,* op. cit., pp. 143-144.

28 Clarice Lispector, «Persona», in *A Descoberta,* op. cit., p. 77.

29 Teresa Cristina Montero Ferreira, *Eu Sou,* op. cit., p. 67.

30 Clarice Lispector, «Escândalo inútil», in *A Descoberta,* op. cit., p. 95.

31 Jeff Lesser, *Welcoming,* op. cit. p. 58.

32 *Id., ibid.*, pp. 49, 54. «*Mas se, em vez de se reproduzir entre si, a população brasileira estivesse em condições de subdividir ainda mais os elementos daninhos de sua atual constituição étnica, fortalecendo-se através de alianças de mais valor com as raças europeias, o movimento de destruição observado em suas fileiras se encerraria, dando lugar a uma ação contrária.*»

33 *Pan,* Rio de Janeiro, N.º 1, 1935.

34 «O Triunfo», in Clarice Lispector et al., *Outros Escritos,* op. cit., pp. 12-13 e 14.

35 Elisa Lispector, *Retratos,* op. cit., pp. 26-27.

36 *Id., ibid.*

37 *Id., ibid.*

38 Entrevista com Tania Lispector Kaufmann, Rio de Janeiro, 1 de Agosto de 2006.

39 Fernando Sabino e Clarice Lispector. Carta de 14 de Agosto de 1946, *Cartas,* op. cit., p. 54.

40 Claire Varin, *Línguas de Fogo,* op. cit., p. 141.

41 Paulo Gurgel Valente *apud* Sílvia Leal Fernández, «Um ano sem Clarice», in *Desfile,* Dezembro de 1978, pp. 176-183; também citado em Aparecida Maria Nunes, *Clarice Lispector Jornalista: Páginas Femininas & Outras Páginas,* São Paulo: Editora Senac, 2006, p. 64.

42 As outras duas eram o chileno Lugoni e o argentino Gálvez. Alberto Dines, *Morte no Paraíso: A Tragédia de Stefan Zweig* [3.ª ed.], Rio de Janeiro: Rocco, 2004, p. 327.

43 Marco Antonio de Carvalho, *Rubem Braga: Um Cigano Fazendeiro do Ar,* Rio de Janeiro: Globo, 2007, p. 282.

44 Alberto Dines, *Morte,* op. cit., p. 328.

45 «Convite à leitura!», *Vamos Lêr!,* Rio de Janeiro, 6 de Agosto de 1936, *apud* Aparecida Maria Nunes, *Jornalista,* op. cit., p. 42.

46 Júlio Lerner, «A última entrevista», op. cit.

47 «Eu e Jimmy», *in* Clarice Lispector et al., *Outros Escritos,* op. cit., pp. 17, 18-19. As suas publicações posteriores na *Vamos Lêr!* foram uma entrevista com Tasso da Silveira (19 de Dezembro de 1940); o conto «Trecho», 9 de Janeiro de 1941; uma tradução de «O Missionário» de Claude Farrère, 6 de Fevereiro de 1941; e a sua primeira reportagem, «Uma visita à casa dos expostos», 8 de Julho de 1941.

48 Entrevista com Tania Lispector Kaufmann, Rio de Janeiro, 1 de Agosto de 2006.

49 Teresa Cristina Montero Ferreira, *Eu Sou,* op. cit., p. 75.

50 *Apud* Nádia Battella Gotlib, *Clarice,* op. cit., p. 165.

## 11. DEUS AGITA AS ÁGUAS

1 Mario Carelli, *Corcel de Fogo: Vida e Obra de Lúcio Cardoso (1912-1968),* Rio de Janeiro: Guanabara, 1988.

2 Entrevista com Humberto Werneck, São Paulo, 23 de Julho de 2006.

3 Maria Helena Cardoso, *Por Onde Andou Meu Coração: Memórias,* Rio de Janeiro: José Olympio, 1967, p. 272.

4 *Id., ibid.,* pp. 265-266.

5 Mario Carelli, *Corcel,* op. cit., p. 27.

6 *Id., ibid.,* p. 34.

7 Ferdinand Denis, *Résumé de l'Histoire Littéraire du Portugal suivi du Résumé de l'Histoire Littéraire du Brésil,* Paris: Lecointe et Durey, 1826, p. 516.

8 Joaquim Maria Machado de Assis, «Instinto de Nacionalidade», 1873, http://www.geocities.com/athens/olympus/3583/instinto.htm.

9 *Apud* Manuel Bandeira e Ralph Edward Ingalls Dimmick, *Brief History of Brazilian Literature, Pensamiento de América.* Washington, D.C.: Pan American Union, 1958, p. 144.

10 «Literatura de vanguarda no Brasil», *in* Clarice Lispector et al., *Outros Escritos,* op. cit., pp. 105-107.

11 Renard Perez, *Escritores Brasileiros Contemporâneos,* op. cit., p. 86.

12 Schmidt também publicou outros escritores importantes que se identificavam mais com o regionalismo e o modernismo, como Jorge Amado, Graciliano Ramos e Rachel de Queiroz.

13 Clarice Lispector, «As grandes punições» [4 de Novembro de 1967], in *A Descoberta,* op. cit., p. 36.

14 Irving Howe, *World of Our Fathers,* Nova Iorque: Harcourt Brace Jovanovich, 1976, p. 11.

15 Entrevista com Rosa Cass, Rio de Janeiro, 29 de Julho de 2006.

16 Entrevista com Edla van Steen, São Paulo, 23 de Julho de 2006.

17 Tristão de Athayde et al., *10 Romancistas Falam de Seus Personagens,* Rio de Janeiro: Edições Condé, 1946, p. 56.

18 João Etienne Filho, *apud* Mario Carelli, *Corcel,* op. cit., p. 32.

19 Entrevista com Luiz Carlos Lacerda, Rio de Janeiro, 1 de Agosto de 2006.

20 Clarice Lispector, «Lúcio Cardoso», in *A Descoberta,* op. cit., p. 171.

21 Entrevista com Rosa Cass.

22 *Apud* Teresa Cristina Montero Ferreira, *Eu Sou,* op. cit., p. 88.

23 Maria Helena Cardoso, *Vida-Vida: Memória,* Rio de Janeiro: José Olympio, 1973, p. 194.

24 Entrevista com Rosa Cass.

25 Entrevista com Luiz Carlos Lacerda.

26 Mario Carelli, *Corcel,* op. cit., p. 59.

27 O conto «Obsessão» só foi publicado postumamente, em *A Bela e a Fera.* Trata-se de contos que Clarice enviou para um concurso organizado pelo editor José Olympio. Depois de os resultados terem sido anunciados, Clarice solicitou a devolução dos seus originais, e ficou a saber que estes nunca chegaram a ser recebidos. Aparecida Maria Nunes, *Jornalista,* pp. 65-66.

28 Clarice Lispector, «Obsessão», in *A Bela e a Fera,* Rio de Janeiro: Nova Fronteira, 1979, p. 43.

29 *Id., ibid.*, pp. 44, 45.

30 *Id., ibid.*, p. 47.

31 *Id., ibid.*, pp. 48, 52.

32 *Id., ibid.*, pp. 45, 52 e 53.

33 *Id., ibid.*, p. 58.

34 *Id., ibid.*, p. 65.

35 *Id., ibid.*, p. 69.

36 Teresa Cristina Montero Ferreira, *Eu Sou,* op. cit., p. 77.

37 «Onde se ensinará a ser feliz», *Diário do Povo,* Campinas, 19 de Janeiro de 1941, *in* Clarice Lispector et al., *Outros Escritos,* op. cit., p. 34.

38 *In* Clarice Lispector et al., *Outros Escritos,* op. cit., p. 45. Uma abordagem posterior e semelhante ao seu tema obsessivo do crime e castigo apareceria num artigo anónimo acerca de Caryl Chessman, um assassino californiano. Aparecida Maria Nunes, *Jornalista,* op. cit., p. 78

39 Clarice Lispector, *Objeto Gritante* [c. 1971], p. 143. Colecção de Dorothea Severino, Nashville, Tennessee.

40 Gershom Gerhard Scholem, *On the Kabbalah ant Its Symbolism,* Nova Iorque: Schocken Books, 1996, pp. 2, 34.

41 Edilberto Coutinho, *Criaturas,* op. cit., p. 168.

42 Noutra época, após o êxodo de Espanha, o grande cabalista Isaac Luria, em Safed, criou um símbolo poderoso para o abandono a que Deus votou o seu povo. Trata-se de um conceito de *tsimtsum,* que, à letra, significa «concentração» ou «contracção», mas que em linguagem cabalística é traduzível por «afastamento» ou «retirada». É a pré-condição essencial da criação.

43 Gershom Gerhard Scholem, *Major Trends,* op. cit., p. 350.

44 Clarice Lispector e Teresa Cristina Montero Ferreira, carta a Lúcio Cardoso, 13 de Julho de 1941, in *Correspondências,* op. cit., p. 15.

45 Stefan Zweig, *Die Welt von Gestern: Erinnerungen eines Europäers* [1942], Estocolmo: Bermann-Fischer, 2003, p. 482.

## 12. DIRECTAMENTE DO JARDIM ZOOLÓGICO

1 Benedictus de Spinoza e Arnold Zweig, *Les Pages Imortelles de Spinoza,* Paris: Éditions Corrêa, 1940. O exemplar que Clarice possuía, com notas, datado de 14 de Fevereiro de 1941, encontra-se no IMS, Rio de Janeiro. As notas dela dizem: «*Chamamos de acaso a combinação de causa e efeito que a razão não percebe nem explica. Mas tudo existe necessariamente.*» «*Nossa infelicidade vem de que somos incompletas faíscas do fogo divino, como queriam os índios* (ou possivelmente "hindus") *e perdemos o sentimento do todo.*» «*Tudo o que é, é porque alguma coisa foi anteriormente. Os fatos se ligam ao passado e não ao futuro (controle íntimo).*» (As últimas duas palavras são difíceis de perceber.) «*Dentro do mundo não há lugar para outras criações. Há apenas a oportunidade de reintegração e de continuação. Tudo o que pode existir, já existe certamente.*»

2 Clarice Lispector, *Perto,* op. cit., p. 130.

3 *Id., ibid.*, p. 131.

4 *Id., ibid.*

5 *Id., ibid.*, pp. 132-133 (ed. 1943). A última citação é de *Ética,* parte 2, «Da natureza e origem da mente», proposição 13.

6 Id., *O Lustre,* op. cit., p. 50.

7 Id., *A Cidade Sitiada,* Rio de Janeiro: A Noite, 1948, p. 89.

8 Id., *Uma Aprendizagem ou o Livro dos Prazeres* [1969], Rio de Janeiro: Sabiá, 1993, p. 25.

9 Benedictus de Spinosa e Arnold Zweig, *Les Pages Immortelles de Spinoza,* op. cit., pp. 48-49.

10 *Id., ibid.*, p. 48.

11 Este é um eco acidental dos mais antigos místicos judaicos. Para eles a santidade de Deus era absolutamente transcendente em relação a qualquer significado moral, representando apenas a sua própria glória. Gerhard Scholem, *Major Trends,* op. cit., p. 60.

12 Clarice Lispector e Teresa Cristina Montero Ferreira, Carta a Lúcio Cardoso, 13 de Julho de 1941, in *Correspondências,* op. cit., p. 15.

13 Clarice publicou a primeira parte de «Cartas a Hermengardo» no dia 26 de Julho de 1941, em *Dom Casmurro.* Este é o conto com o mesmo nome que aparece em Lispector et al., *Outros Escritos,* pp. 20-22. A segunda parte, que não foi incluída nessa colecção (e em nenhuma outra), saiu no dia 30 de Agosto de 1941, na mesma publicação. Clarice negou escrever poesia, e a irmã, Tania, não tinha conhecimento dessa actividade, disse, numa carta não datada a Giovanni Pontiero (na colecção do autor): «*Clarice não escrevia poesias. É possível que na adolescência tenha feito algumas, mas não as publicou.*» Na verdade, publicou, no mínimo, dois poemas: «Descobri o meu país», que foi publicado no dia 25 de Outubro de 1941, em *Dom Casmurro,* e «A mágoa», publicado no dia 5 de Janeiro de 1947, no *Diário de S. Paulo.* Este poema é reproduzido em Claire Varin, *Línguas de Fogo,* pp. 91-92. Para os dois poemas conhecidos de Clarice, consulte-se Benjamin Moser, «A Newly Discovered Poem by Clarice Lispector», *Brasil/Brazil: A journal of Brazilian Literature,* n.º 36, ano 20 (2007). No dia 23 de Novembro de 1945, Manuel Bandeira escreveu-lhe: «*Você é poeta, Clarice querida. Até hoje tenho remorso do que disse a respeito dos versos que você me mandou. Você interpretou mal minhas palavras. Você tem peixinhos nos olhos: você é*

*bissexta: faça versos, Clarice, e se lembre de mim.»* Ver também a entrevista em *O Pasquim,* 3 a 9 de Junho de 1974: «Olga Savary: *Você já escreveu poesia, Clarice? — Não. — Nem tentou? — Nunca. — Nem quando adolescente?* — Sérgio Augusto: — *Porque o teu texto é muito poético. — Mas não sou poética.»* Sousa, *Figuras,* pp. 68-69. No que respeita a Lúcio Cardoso e a poesia de Clarice, ver Teresa Cristina Montero Ferreira, *Eu Sou,* op. cit., p. 104.

14 *Apud* Nádia Battella Gotlib, *Clarice,* op. cit., p. 154

15 Entrevista com Tania Lispector Kaufmann, Rio de Janeiro, 1 de Agosto de 2006.

16 Clarice Lispector e Teresa Cristina Montero Ferreira, carta de Maury Gurgel Valente, 5 de Janeiro de 1942, *Correspondências,* pp. 18-19.

17 *Id., ibid.,* carta de Maury Gurgel Valente, 9 de Janeiro de 1942, *Correspondências,* pp. 24-26.

18 *Id., ibid.,* p. 25.

19 *Id., ibid.,* carta para Maury Gurgel Valente, 2 de Janeiro de 1942, *Correspondências,* p. 17.

20 *Id., ibid.,* carta para Maury Gurgel Valente, 6 de Janeiro de 1942, *Correspondências,* p. 20.

21 *Id., ibid.,* carta não datada para Maury Gurgel Valente, *Correspondências,* p. 23.

22 *Id., ibid.,* carta de Maury Gurgel Valente, 9 de Janeiro de 1942, *Correspondências,* p. 24.

23 *Id., ibid.,* carta para Maury Gurgel Valente, 11 de Janeiro de 1942, *Correspondências,* p. 27.

24 Clarice Lispector, carta a Tania Lispector Kaufmann, Janeiro de 1942, in *Minhas Queridas,* Rio de Janeiro: Rocco, 2007, p. 23.

25 Clarice Lispector e Teresa Cristina Montero Ferreira, carta de Maury Gurgel Valente, 12 de Janeiro de 1942, *Correspondências,* p. 28.

26 *Id., ibid.,* carta para Getúlio Vargas, 23 de Outubro de 1942, *Correspondências,* p. 35

27 *Id., ibid.,* carta para Getúlio Vargas, 3 de Junho de 1942, *Correspondências,* p. 33.

28 Teresa Cristina Montero Ferreira, *Eu Sou,* op. cit., pp. 92-93.

29 Clarice Lispector e Teresa Cristina Montero Ferreira, carta para Getúlio Vargas, 3 de Junho de 1942, *Correspondências,* p. 33.

30 André Carrazzoni para Andrade Queiroz, Ministério da Justiça, 10 de Junho de 1942, ACL.

31 «Conversas com P.», in Clarice Lispector et al., *Outros Escritos,* op. cit., p. 87.

32 Entrevista com Tania Lispector Kaufmann, 1 de Agosto de 2006; entrevista com Bertha Lispector Cohen, Rio de Janeiro, 3 de Agosto de 2006.

33 Clarice Lispector, *A Bela e a Fera,* op. cit., p. 44; «Eu e Jimmy», in Clarice Lispector et al., *Escritos,* op. cit., p. 17.

34 «A fuga» («Rio 1940»), *in* Clarice Lispector, *A Bela e a Fera,* op. cit., pp. 101-102.

35 «Gertrudes Pede Um Conselho» [Setembro de 1941], *in* Clarice Lispector, *A Bela e a Fera,* op. cit., p. 31.

## 13. FURACÃO CLARICE

1 Clarice Lispector, *Perto* (ed. 1943), op. cit. pp. 113-114.

2 *Id.*, *ibid.*, p. 119.

3 *Id.*, *ibid.*, pp. 102, 97, 100.

4 *Id.*, *ibid.*, pp. 159-160.

5 *Id.*, *ibid.*, p. 161.

6 *Id.*, *ibid.*, p. 198.

7 *Id.*, *ibid.*, p. 56.

8 Benedictus de Spinoza, *Korte verhandeling van God, de mensch en deszelvs welstand,* c. 1660, 1/10, 4, Koninklijke Bibliotheek, Haia. «Nu goet em kwaad en zijn noch zaaken nog werkingen, ergo em zijn goet em kwaad niet in de Natuur.Want indien goet [of] em kwaad zaaken of werkingen zijn, zo moeten zij dan hare beschrijvinge hebben.»

9 Benedictus de Spinoza, *The Collected Works,* ed. Edwin Curley, Princeton: Princeton University Press, 1985, vol. 1, p. 441.

10 Clarice Lispector, *Perto* (ed. 1943), op. cit., p. 90.

11 *Id. ibid.*, pp. 216-217.

12 Clarice Lispector e Teresa Cristina Montero Ferreira, carta para Getúlio Vargas, 3 de Junho de 1942, *Correspondências,* p. 33.

13 Recorte sem título, 24 de Abril de 1944, álbum de Clarice Lispector, pp. 23-26, p. 9, ACL.

14 Nádia Battella Gotlib, *Clarice,* op. cit., p. 172.

15 Teresa Cristina Montero Ferreira, *Eu Sou,* op. cit. p. 93.

16 Recorte sem título, 24 de Abril de 1944, álbum de Clarice Lispector, pp. 23-26, p. 9, ACL.

17 *Apud* Nádia Battella Gotlib, *Clarice,* op. cit., p. 167.

18 *Apud* id., ibid., *Clarice,* op. cit., p. 173.

19 Entrevista com Joel Silveira, Rio de Janeiro, 25 de Agosto de 2006.

20 Jurema Finamour, «Clarice Lispector», *Jornal de Letras,* Setembro de 1960.

21 Dinah Silveira de Queiroz, in *O Jornal,* Janeiro de 1944. Esta citação e as seguintes foram retiradas da mais exaustiva investigação às primeiras críticas à obra de Clarice Lispector, e a *Perto do Coração Selvagem* em particular. «Ovação» in Carlos Mendes de Sousa, *Figuras,* op. cit., pp. 59-71; Oscar Mendes, «Um romance diferente», *O Diário,* Belo Horizonte, 6 de Agosto de 1944; Guilherme Figueiredo, «O sentimento das palavras», *Diário de Notícias.* Rio de Janeiro, 23 de Janeiro de 1944; Lêdo Ivo, *Jornal de Alagoas,* 25 de Fevereiro de 1944; Otávio de Freitas Júnior, in *A Manhã,* Rio de Janeiro, 13 de Maio de 1944.

22 *A Manhã,* 13 de Outubro de 1944, *in* Carlos Mendes de Sousa, *Figuras* op. cit., p. 61.

23 Lêdo Ivo in *Jornal de Alagoas / A Manhã,* 25 de Fevereiro de 1944, in IMS, *Cadernos,* op. cit., p. 49.

24 Lêdo Ivo, «Viva Clarice Viva», in *Melhores Crônicas de Lêdo Ivo,* ed. Gilberto Mendonça Teles, *Coleção Melhores Crônicas,* São Paulo: Global Editora, 2004, p. 161.

25 Jorge de Lima, «Romances de Mulher», *Gazeta de Notícias,* 1 de Novembro de 1944.

26 Lêdo Ivo (ed.), Gilberto Mendonça Teles, «Viva Clarice Viva», op. cit., p. 161, Lêdo Ivo, IMS, *Cadernos*, op. cit., p. 48.

27 Antonio Candido, «Perto do Coração Selvagem», *Folha da Manhã*, 16 de Julho de 1944. Ver também Antonio Candido, «No raiar de Clarice Lispector», in *Vários Escritos*, São Paulo: Livraria Duas Cidades, 1977, pp. 124-131.

28 Sérgio Milliet, *Diário Crítico de Sérgio Milliet* [1944], São Paulo: Editora Brasiliense, 1981, 15 de Janeiro de 1944, vol. 3, pp. 27-32.

29 Clarice Lispector, *Perto*, (ed. 1943), op. cit., pp. 47, 150.

30 *In* União Brasileira de Escritores, *Boletim Bibliográfico Brasileiro*, vol. 9, Rio de Janeiro: Estante Publicações, 1961, p. 210, *apud* Claire Varin, *Línguas de Fogo*, op. cit., p. 88.

31 Sérgio Milliet, *Diário Crítico de Sérgio Milliet*, 5 de Janeiro de 1944, vol. 3, pp. 27-32. O artigo foi novamente publicado no dia 10 de Março de 1944 em *A Manhã*, Rio de Janeiro, e no dia 31 de Março no *Diário da Bahia*.

32 «Remetente: Clarice Gurgel Valente
Central Hotel
Belém — Pará»
Aerograma dactilografado e assinado, enviado de Belém do Pará, a respeito de uma crítica a *Perto do Coração Selvagem* publicada no *Estado de S. Paulo*, no dia 26 de Janeiro de 1944. Colecção privada, cedido pela Livraria Dantes, Rio de Janeiro.

## 14. TRAMPOLIM PARA A VITÓRIA

1 Samuel Wainer, *Minha Razão de Viver: Memórias de Um Repórter*, ed. Augusto Nunes, São Paulo: Planeta, 2005, p. 69.

2 Elio Gaspari, *O Sacerdote e o Feiticeiro: A Ditadura Derrotada*, São Paulo: Companhia das Letras, 2003, p. 41.

3 Frank D. McCann, «Brazil and World War II: The Forgotten Ally. What Did You Do in the War, Zé Carioca?», *Estudios Interdisciplinarios de América Latina y el Caribe 6*, n.º 2, 1995.

4 *Id., ibid.*

5 Para saber mais acerca da história da perseguição aos brasileiros de origem japonesa durante a guerra, consulte-se Fernando Morais, *Corações Sujos: A História da Shindo Renmei*, São Paulo: Companhia das Letras, 2000.

6 Tânia Neumann Kaufman, *Passos*, op., cit., 2000, p. 203.

7 *Id., ibid.*

8 Carta enviada de Manaus para Manuel Pimenta da Cunha, 30 de Dezembro de 1904, *in* Francisco Venâncio Filho, *Euclydes da Cunha e Seus Amigos*, São Paulo: Cia. Editora Nacional, 1938.

9 Carta para Tania Lispector Kaufmann e Elisa Lispector, 18 de Março de 1944, in Olga Borelli, *Esboço*, op. cit., p. 106.

10 Clarice Lispector, carta para Tania Lispector Kaufmann, 23 de Fevereiro de 1944, in *Minhas Queridas*, op. cit., p. 27.

11 Clarice Lispector e Teresa Cristina Montero Ferreira, carta para Lúcio Cardoso, 6 de Fevereiro de 1944, *Correspondências*, op. cit., p. 36-37.

12 Entrevista com Eliane Gurgel Valente, Paris, 3 de Dezembro de 2007.

13 Sara Escorel Rodrigues de Moraes, nascida em São Paulo, cujo marido, Lauro Escorel, escreveu duas vezes sobre *Perto do Coração Selvagem,* em Outubro de 1944; Lauro Escorel «Crítica Literária», *A Manhã,* 20 de Outubro de 1944, e Lauro Escorel «Prémio da Fundação Graça Aranha de 1943», *A Manhã,* 29 de Outubro de 1944.

14 Jeff Lesser, *Welcoming,* op. cit., p. 58.

15 Fábio Koifman, *Quixote nas Trevas: O Embaixador Souza Dantas e os Refugiados do Nazismo,* Rio de Janeiro: Editora Record, 2002.

16 Entrevista com Eva Lieblich Fernandes, Mainz, 2 de Setembro de 2007.

17 René Decol, «Uma certa Aracy, um chamado João», *Folha de S. Paulo,* 18 de Dezembro de 2006. Outros diplomatas brasileiros que puseram em risco as suas carreiras para ajudarem judeus foram Almeida Rodrigues e a sua mulher, bem como Nogueira Porto.

18 Clarice Lispector e Teresa Cristina Montero Ferreira, carta a Tania Lispector Kaufmann, 16 de Fevereiro de 1944, *Correspondências,* op. cit., pp. 38-40.

19 Álvaro Lins, «A Experiência Incompleta: Clarice Lispector», in *Os Mortos de Sobrecasaca: Obras, Autores e Problemas de Literatura Brasileira: Ensaios e Estudos, 1940-1960,* Rio de Janeiro: Editora Civilização Brasileira, 1963, pp. 186--187, *apud* Lícia Manzo, *Era Uma Vez,* op. cit., pp. 22-23. A expressão «realismo mágico» foi utilizada pela primeira vez em 1920 pelo crítico de arte alemão Franz Roh para se referir a um estilo de pintura também conhecido por Neue Sachlichkeit. Não era normalmente utilizado na América Latina até aos anos sessenta do século XX, quando Arturo Uslar Pietri, um escritor venezuelano, a popularizou referindo-se à ficção (principalmente à hispano-americana).

20 Clarice Lispector e Teresa Cristina Montero Ferreira, carta a Tania Lispector Kaufmann, 16 de Fevereiro de 1944, *Correspondências,* op. cit., p. 38.

21 Clarice Lispector, «Ao correr da máquina», in *A Descoberta,* op. cit., p. 367.

22 Affonso Romano de Sant'Anna, *Jornal do Brasil,* 25 de Outubro de 1986, recorte sem título, ACL. Cf. *Água Viva,* op. cit.

23 Clarice Lispector e Teresa Cristina Montero Ferreira, carta a Lúcio Cardoso, fim de Março, início de Abril de 1944, *Correspondências,* op. cit., p. 42.

24 *Id., ibid.,* p. 58.

25 *Id., ibid.,* p. 60.

26 Clarice Lispector e Teresa Cristina Montero Ferreira, carta a Tania Lispector Kaufmann, 6 de Fevereiro de 1944, *Correspondências,* op. cit., p. 38.

27 *Id., ibid.*

28 Edgar Proença, «Um minuto de palestra...», op. cit.

29 Clarice Lispector e Teresa Cristina Montero Ferreira, carta sem data para Lúcio Cardoso, fim de Março, início de Abril de 1944, in *Correspondências,* op. cit., p. 42.

## 15. *PRINCIPESSA DI NAPOLI*

1 Enquanto lá estavam, Clarice contactou Lauro Escorel, um diplomata que tinha escrito uma crítica entusiasta a *Perto do Coração Selvagem* e cuja mulher,

Sara, era a outra única judia no Itamaraty. Foram almoçar, altura em que ela conheceu um jovem que entrara recentemente no serviço diplomático, João Cabral de Melo Neto, e que viria a ser o grande poeta de Pernambuco. Teresa Cristina Montero Ferreira, *Eu Sou*, op. cit., p. 107.

2 *Id.*, *ibid.*, pp. 109-110.

3 Clarice Lispector e Teresa Cristina Montero Ferreira, carta a Lúcio Cardoso, 25 de Julho de 1944 e Setembro de 1944, *Correspondências*, op. cit., pp. 48, 54.

4 Entrevista com Eliane Gurgel Valente, Paris, 3 de Dezembro de 2007.

5 Clarice Lispector e Teresa Cristina Montero Ferreira, carta a Lúcio Cardoso, meados de Setembro de 1944, *Correspondências*, op. cit., p. 54.

6 *Id.*, *ibid.*

7 Clarice Lispector, «Estive em Bolama, África», in *A Descoberta*, op. cit., p. 381. Existe outra referência a esta experiência em «Objeto Gritante», ACL.

8 Entrevista com Tania Lispector Kaufmann, Rio de Janeiro, 1 de Agosto de 2006.

9 Tânia Neumann Kaufman, *Passos*, op. cit., p. 159.

10 Clarice Lispector e Teresa Cristina Montero Ferreira, *Correspondências*, op. cit. p. 55.

11 Clarice Lispector e Teresa Cristina Montero Ferreira, carta a Tania Lispector Kaufmann e Elisa Lispector, Argel, 19 de Agosto de 1944, *Correspondências*, op. cit., p. 51.

12 Carta a Natércia Freire, Nápoles, 29 de Fevereiro, 1945, Biblioteca Nacional, Lisboa.

13 Carta a Natércia Freire, Rio de Janeiro, 13 de Março de 1972, Biblioteca Nacional, Lisboa.

14 Clarice Lispector e Teresa Cristina Montero Ferreira, carta a Lúcio Cardoso, meados de Setembro de 1944, in *Correspondências*, op. cit., p. 55.

15 Clarice Lispector, carta para Tania Lispector Kaufmann, 7 de Agosto de 1944, in *Minhas Queridas*, op. cit., p. 40.

16 Despachado de Lisboa, 7 de Agosto de 1944, ACL.

17 Clarice Lispector e Teresa Cristina Montero Ferreira, *Correspondências*, op. cit. p. 49.

18 *Id.*, carta sem data a Lúcio Cardoso, *Correspondências*, op. cit., p. 55.

19 *Id.*, carta a Tania Lispector Kaufmann e Elisa Lispector, Algiers, 19 de Agosto de 1944, *Correspondências*, op. cit., p. 51.

20 *Id.*, *ibid.*, pp. 49-52.

21 Ver http://www.anvfeb.com.br/majorelza.htm.

22 Clarice Lispector e Teresa Cristina Montero Ferreira, *Correspondências*, op. cit., pp. 50, 55.

23 Entrevista com Cecília Wainstok Lipka, Rio de Janeiro, 29 de Julho de 2006.

24 De acordo com a Embaixada da Itália em Brasília. Ver: http://ambbrasilia.esteri.it/Ambasciata_Brasilia/Menu/I_rapporti_bilaterali/Cooperazione_politica/Storia/.

25 Teresa Cristina Montero Ferreira, *Eu Sou*, op. cit., pp. 112-113.

26 Norman Lewis, *Naples '44* [1978], Nova Iorque: Pantheon Books, 2002, p. 29.

27 *Id.*, *ibid.*, p. 79.

28 *Id.*, *ibid.*, p. 99.

29 Fernando Sabino e Clarice Lispector, *Cartas,* op. cit., p. 7.

30 Rubem Braga, *Com a F.E.B. na Itália: Crônicas,* Rio de Janeiro: Livraria Editora Zelio Valverde, 1945.

31 Clarice Lispector e Teresa Montero Ferreira, *Correspondências,* op. cit., p. 56.

32 Clarice Lispector, carta a Elisa Lispector, 18 de Dezembro de 1944, in *Minhas Queridas,* op. cit., p. 65.

33 *Id.*, carta a Elisa Lispector, 12 de Janeiro de 1945, in *Minhas Queridas,* op. cit., p. 69.

34 Clarice Lispector e Teresa Cristina Montero Ferreira, *Lettere,* (Mondadori «Quaderni delia Medusa», in *Correspondências.*

35 *Id.*, carta sem data a Lúcio Cardoso [~1944], *Correspondências,* op. cit., p. 54.

36 Rubem Braga, *Com a F.E.B.,* op. cit., p. 74.

37 Elza Cansanção Medeiros, *E Foi Assim Que a Cobra Fumou,* Rio de Janeiro: Marques Saraiva, 1987, p. 56.

38 Rubem Braga, *Com a F.E.B.,* op. cit., p. 75.

39 *Id.*, *ibid.*, p. 80.

40 Elza Cansanção Medeiros, *E Foi Assim,* op. cit., p. 86.

41 Entrevista com Nádia Battella Gotlib, Ribeirão Preto, 23 de Julho de 2006.

42 *Pan,* n.º 1, Rio de Janeiro, 1935.

43 Elza Cansanção Medeiros, *E Foi Assim,* op. cit., p. 71.

44 *Id.*, «Saldando uma dívida de gratidão», escrito «sete anos mais tarde», ou seja, por volta de 1952, ACL.

45 Entrevista com a major Elza Cansanção Medeiros, Rio de Janeiro, 12 de Setembro de 2006.

46 Rubem Braga, *Com a F.E.B.,* op. cit., p. 32.

47 Clarice Lispector e Teresa Cristina Montero Ferreira, carta a Lúcio Cardoso, 26 de Março de 1945, *Correspondências,* op. cit., p. 70.

48 Elza Cansanção Medeiros, «Saldando uma dívida de gratidão», op. cit.

49 Entrevista com Joel Silveira, Rio de Janeiro, 25 de Agosto de 2006.

50 Clarice Lispector, «O maior elogio que já recebi», in *A Descoberta,* op. cit., p. 79.

## 16. A SOCIEDADE DAS SOMBRAS

1 Entrevista com Eliane Gurgel Valente, Paris, 3 de Dezembro de 2007.

2 Clarice Lispector, carta a Elisa Lispector, 13 de Novembro de 1944, in *Minhas Queridas,* op. cit., p. 58.

3 Clarice Lispector e Teresa Cristina Montero Ferreira, carta sem data a Lúcio Cardoso, Setembro, *Correspondências,* op. cit., p. 56.

4 Clarice Lispector, carta a Elisa Lispector, 20 de Abril de 1945, in *Minhas Queridas,* op. cit., p. 85.

5 *Id.*, *ibid.*, 1 de Setembro de 1945, in *Minhas Queridas,* op. cit., p. 94

6 Clarice Lispector e Teresa Cristina Montero Ferreira, carta a Lúcio Cardoso, 26 de Março de 1945, *Correspondências,* op. cit., p. 70.

7 *Id.*, *ibid.*, carta de Lúcio Cardoso, sem data (Dezembro de 1944), *Correspondências*, op. cit., p. 60.

8 *Id.*, *ibid.*, carta a Lúcio Cardoso, 26 de Março de 1945, *Correspondências*, op. cit., p. 70.

9 Olga Borelli, *Esboço*, op. cit., p. 11.

10 Clarice Lispector, *Perto* (ed. 1943), op. cit., p. 13.

11 Id., *O Lustre*, op. cit., p. 130.

12 *Id.*, *ibid.*, pp. 53-54.

13 *Id.*, *ibid.*, pp. 67-68, 87, 273.

14 *Id.*, *ibid.*, pp. 84, 80.

15 *Id.*, *ibid.*, p. 103.

16 *Id.*, *ibid.*, pp. 125-127.

17 *Id.*, *ibid.*, p. 60.

18 *Id.*, «Carta atrasada», in *A Descoberta*, op. cit., pp. 288-289. O livro a que ela se refere é *A Cidade Sitiada*.

19 Antonio Candido, «Perto do Coração Selvagem», op. cit. Ver também Antonio Candido, «No raiar de Clarice Lispector», in *Vários Escritos*, op. cit., pp. 124-131.

20 Clarice Lispector, *O Lustre*, op. cit., p. 137.

21 *Id.*, *ibid.*, p. 64.

## 17. VOLUME NO CÉREBRO

1 Nádia Battella Gotlib, *Clarice*, op. cit., p. 194.

2 Entrevista com Eliane Gurgel Valente, Paris, 16 de Abril de 2006.

3 *Apud ibid.*, p. 32. O amigo, segundo Eliane Gurgel Valente, era muito provavelmente Borges da Fonseca.

4 Clarice Lispector e Teresa Cristina Montero Ferreira, carta a Tania Lispector Kaufmann e Elisa Lispector, 9 de Maio de 1945, *Correspondências*, op. cit., p. 72.

5 José Augusto Guerra, «Talvez da Europa venha a renovação», 1949; sem mais informações, ACL.

6 Clarice Lispector e Teresa Cristina Montero Ferreira, carta a Tania Lispector Kaufmann e Elisa Lispector, 9 de Maio de 1945, *Correspondências*, op. cit., pp. 72-74.

7 *Apud* Nádia Battella Gotlib, *Clarice*, op. cit., p. 201.

8 Claire Varin conta que Ungaretti o confidenciou a Rubem Braga, entrevista, Laval, Quebeque, 7 de Janeiro de 2006.

9 O capítulo «La zia» («A tia»), publicado na revista, *Prosa*, Roma, ACL.

10 Clarice Lispector, *A Mulher Que Matou os Peixes*, op. cit., pp. 21-23.

11 Clarice Lispector e Teresa Cristina Montero Ferreira, carta a Tania Lispector Kaufmann, 1 de Setembro de 1945, *Correspondências*, op. cit. p. 76.

12 Clarice Lispector, «Bichos — I», in *A Descoberta*, op. cit. p. 359.

13 Clarice Lispector e Teresa Cristina Montero Ferreira, *Correspondências*, op. cit. p. 59; carta a Lúcio Cardoso [Nápoles, 1944].

14 Clarice Lispector e Teresa Cristina Montero Ferreira, carta a Tania Lispector Kaufmann e Elisa Lispector, 9 de Maio de 1945, *Correspondências*, op. cit., pp. 72-74.

15 Carta a Natércia Freire, 27 de Agosto de 1945, Biblioteca Nacional, Lisboa.

16 Clarice Lispector, carta a Elisa Lispector, 1 de Setembro de 1945, in *Minhas Queridas,* op. cit., p. 94.

17 Clarice Lispector e Teresa Cristina Montero Ferreira, carta a Tania Lispector Kaufmann, 1 de Setembro de 1945, *Correspondências,* op. cit., p. 75.

18 *Id.*, carta sem data a Lúcio Cardoso, de Nápoles, *Correspondências,* op. cit., p. 63.

19 Entrevista com Eliane Gurgel Valente, Paris, 3 de Dezembro de 2007.

20 Clarice Lispector e Teresa Cristina Montero Ferreira, carta de Rubem Braga, 4 de Março de 1957, *Correspondências,* op. cit., p. 219.

21 Clarice Lispector, «Ao correr da máquina», in *A Descoberta,* op. cit., p. 367.

22 Gilda de Mello e Souza, «O Lustre», *O Estado de S. Paulo,* 14 de Julho de 1946.

23 Carta a Tania Lispector Kaufmann e Elisa Lispector, 26 de Novembro de 1945, *apud* Olga Borelli, *Esboço,* op. cit. p. 109. A carta completa in Clarice Lispector, *Minhas Queridas,* op. cit., p. 97.

24 Reproduzido em Claire Varin e Clarice Lispector, *Rencontres,* op. cit., pp. 142-143.

25 Clarice Lispector, «Trechos», in *A Descoberta,* op. cit., p. 405.

26 *Id.*, carta a Tania, William e Márcia Kaufmann, 2 de Fevereiro de 1941, in *Minhas Queridas,* op. cit., p. 22.

27 *Apud* Leo Gilson Ribeiro, «Tentativa de explicação», op. cit.

28 Clarice Lispector e Teresa Cristina Montero Ferreira, carta a Tania Lispector Kaufmann, 1 de Setembro de 1945, *Correspondências,* op. cit., p. 75

29 Clarice Lispector, carta a Tania Lispector Kaufmann e Elisa Lispector, 3 de Dezembro de 1945, in *Minhas Queridas,* op. cit., p. 51.

30 Thomas E. Skidmore, *Politics,* op. cit., p. 48.

31 Entrevista com Joel Silveira, Rio de Janeiro, 25 de Agosto de 2006.

32 Entrevista com Ana Luisa Chafir, Rio de Janeiro, 1 de Agosto de 2006.

33 Segundo Moacir Werneck de Castro, Fernando Sabino também ficou surpreendido com isto, tendo chegado à capital vindo da provinciana Minas Gerais. «*E as mulheres — deles ou de outros, ou de todos, ou de ninguém, que se sentavam à mesa com os homens, discutiam com eles política e literatura, tomavam chope, ouviam e falavam palavrão. Em Minas não havia disso, era novidade para mim.*» Fernando Sabino, *O Tabuleiro de Damas,* Rio de Janeiro: Record, 1988, p. 107.

34 Marco Antonio de Carvalho, *Braga,* op. cit., p. 328.

35 Entrevista com Alberto Dines, São Paulo, 22 de Julho de 2006.

36 Entrevista com Humberto Werneck, São Paulo, 23 de Julho de 2006; Fernando Sabino, *O Tabuleiro,* op. cit.

37 Fernando Sabino e Clarice Lispector, *Cartas,* op. cit., p. 7.

38 *Id., ibid.*

39 Humberto Werneck, *O Desatino da Rapaziada: Jornalistas e Escritores em Minas Gerais,* São Paulo: Companhia das Letras, 1992, p. 99.

40 Segundo Nelson Rodrigues, *in* Ruy Castro, *Ela é Carioca: Uma Enciclopédia de Ipanema,* 2.ª edição, São Paulo: Companhia das Letras, 1999, p. 289.

41 Fernando Sabino e Clarice Lispector, carta a Fernando e Helena Sabino, Otto Lara Resende e Paulo Mendes Campos, 21 de Abril de 1946, *Cartas*, op. cit., p. 9.

42 Carta de Berna, 5 de Maio de 1946, *apud* Olga Borelli, *Esboço*, op. cit., pp. 112-113.

43 «Letras e Artes: O Crime, Conto de Clarisse *[sic]* Lispector», ACL. As citações são desta versão e não da posterior «Crime do Professor de Matemática», publicado em 1961.

## 18. CEMITÉRIO DE SENSAÇÕES

1 Carta a Tania Lispector Kaufmann, 8 de Maio de 1946, in Olga Borelli, *Esboço*, op. cit., p. 114.

2 Joëlle Rouchou, *Samuel, Duas Vozes de Wainer* [2.ª ed.], Rio de Janeiro: UniverCidade, 2004, p. 191.

3 Carta a Elisa Lispector e Tania Lispector Kaufmann, 29 de Abril de 1946, in Olga Borelli, *Esboço*, op. cit., p. 110-111.

4 Fernando Sabino e Clarice Lispector, carta a Helena Valladares Sabino, Fernando Sabino, Paulo Mendes Campos, Otto Lara Resende, 21 de Abril de 1946, *Cartas*, op. cit., pp. 9-10.

5 Carta a Elisa Lispector e Tania Lispector Kaufmann, 29 de Abril de 1946, in Olga Borelli, *Esboço*, op. cit., pp. 110-111.

6 Clarice Lispector, «O medo de errar», in *Descobertas*, p. 245.

7 Clarice Lispector e Teresa Cristina Montero Ferreira, carta a Elisa Lispector e a Tania Lispector Kaufmann, 5 de Maio de 1946, *Correspondências*, op. cit., p. 80.

8 Clarice Lispector, carta a Elisa Lispector e a Tania Lispector Kaufmann, 11 de Dezembro de 1946, in *Minhas Queridas*, op. cit., p. 141.

9 Clarice Lispector e Teresa Cristina Montero Ferreira, carta a Lúcio Cardoso, 13 de Agosto de 1947, *Correspondências*, op. cit., p. 146.

10 Leo Gibson Ribeiro, «Tentativa de explicação», op. cit.

11 Fernando Sabino e Clarice Lispector, carta de Fernando Sabino, 6 de Maio de 1946, *Cartas*, op. cit., p. 15.

12 Oswald de Andrade, «[O lustre]», *Correio da Manhã*, 26 de Fevereiro de 1946; Gilda de Mello e Souza, «O Lustre», op. cit. O artigo de Gilda de Mello e Souza é provavelmente o melhor acerca do livro.

13 Teresa Cristina Montero Ferreira, *Eu Sou*, op. cit., p. 133.

14 Um outro motivo para o silêncio dos críticos foi o surgimento de uma estreia sensacional que absorveu a atenção do Brasil literário. João Guimarães Rosa, um diplomata de humildes origens rurais, que, com a sua mulher Aracy, se tinha destacado no serviço militar durante a guerra, em Hamburgo, publicou *Sagarana* [1946]. O título era característico da sua obra bastante erudita e densamente alusiva, a *saga* germânica combinada com a *rana* dos indígenas brasileiros, uma palavra tupi-guarani que significa «*à maneira de, uma espécie de*». O resultado, «Uma espécie de saga», foi a obra de ficção mais importante publicada no país desde *Perto do Coração Selvagem*.

15 Clarice Lispector e Teresa Cristina Montero Ferreira, carta de Lúcio Cardoso, Maio de 1947, *Correspondências,* op. cit., p. 133.

16 Carta a [Lúcio Cardoso], [8 de Maio de 1946?], *apud* Olga Borelli, *Esboço,* op. cit., p. 115.

17 Fernando Sabino e Clarice Lispector, carta a Fernando Sabino, 19 de Junho de 1946, *Cartas,* op. cit., p. 21.

18 Carta a Tania Lispector Kaufmann, 8 de Maio de 1946, *apud* Olga Borelli, *Esboço,* op. cit, p. 114.

19 Clarice Lispector, *Perto* (ed. 1943), *apud* Lícia Manzo, *Era Uma Vez,* op. cit. p. 15.

20 Carta de Maury Gurgel Valente, 8 de Julho de 1959, *in* Lícia Manzo, *Era Uma Vez,* op. cit., p. 20.

21 Fernando Sabino e Clarice Lispector, carta de Fernando Sabino, 6 de Julho de 1946, *Cartas,* op. cit., p. 28.

22 Carta a Tania Lispector Kaufmann e Elisa Lispector, 12 de Maio de 1946, in Olga Borelli, *Esboço,* op. cit, p. 119.

23 Esta carta aparece *in* Olga Borelli, *Esboço,* op. cit, p. 122. A ordem não é clara nas outras edições, e não aparece no livro que reúne a sua correspondência. É igualmente citada, numa ordem diferente, em Lícia Manzo, *Era Uma Vez,* op. cit, p. 29-30.

24 Carta a Tania Lispector Kaufmann, 8 de Maio de 1946, *in* Olga Borelli, *Esboço,* op. cit., pp. 114.

25 Nádia Battella Gotlib, *Clarice,* op. cit, p. 226.

26 Fernando Sabino e Clarice Lispector, carta a Fernando Sabino, 27 de Julho de 1946, *Cartas,* op. cit, p. 35.

27 Clarice Lispector, *Perto* (ed. 1943) op. cit., p. 32.

28 *Id., Um Sopro,* op. cit., p. 52.

29 *Id.*, «Lembrança de uma fonte, de uma cidade», in *A Descoberta,* op. cit., p. 286.

30 Joseph A. Page, *Perón, a Biography,* Nova Iorque: Random House, 1983, p. 196.

31 *Apud* Teresa Cristina Montero Ferreira, *Eu Sou,* op. cit., p. 147.

32 *Id., ibid.*

33 Carta a Tania Lispector Kaufmann, 8 de Maio de 1946, in Olga Borelli, *Esboço,* op. cit., p. 114.

34 Fernando Sabino e Clarice Lispector, carta a Fernando Sabino, 19 de Junho de 1946, *Cartas,* op. cit., pp. 20-23.

35 *Id.*, carta a Fernando Sabino, 27 de Julho de 1946, *Cartas,* op. cit., p. 35.

36 Clarice Lispector e Teresa Cristina Montero Ferreira, carta de Bluma Wainer, 22 de Julho de 1946, *Correspondências,* op. cit., p. 92.

37 Não foi possível confirmar a grafia deste apelido. O documento é o número CL/dp 17-300 no ACL. Ver Eliane Vasconcellos, *Inventário do Arquivo Clarice Lispector*. Rio de Janeiro: Ministério da Cultura, Fundação Casa de Rui Barbosa, Centro de Memória e Difusão Cultural, Arquivo-Museu de Literatura Brasileira, 1994, p. 87.

38 Franco Júnior, «Clarice, segundo Olga Borelli», *op. cit.*

39 Clarice Lispector, carta a Tania Lispector Kaufmann, 22 de Outubro de 1947, in *Minhas Queridas,* op. cit., p. 176.

40 Ulysses Girsoler, «Psychodiagnostique de Rorschach» [1947-48], ACL.

41 Carta de Ulysses Girsoler, 9 de Julho de 1947, ACL.

42 *Apud* Olga Borelli, *Esboço,* op. cit., p. 44.

43 Fernando Sabino e Clarice Lispector, carta a Fernando Sabino, 27 de Julho de 1946, *Cartas,* op. cit., p. 35.

44 Carta a Tania Lispector Kaufmann, 8 de Maio de 1946, *in* Olga Borelli, *Esboço,* op. cit., p. 114.

45 Essa mesma carta, ainda que de uma forma um pouco diferente, é referida em Clarice Lispector e Teresa Cristina Montero Ferreira, *Correspondências,* op. cit., pp. 165-167 de 6 de Janeiro de 1948. Aparece ainda em Olga Borelli, *Esboço,* op. cit., p. 126.

## 19. A ESTÁTUA PÚBLICA

1 Clarice Lispector, «Lembrança de uma fonte, de uma cidade», in *A Descoberta,* op. cit., p. 286.

2 Clarice Lispector, *A Cidade Sitiada,* op. cit., pp. 18, 86.

3 Benedito Nunes, «Clarice Lispector ou o naufrágio da introspecção», *Colóquio/ Letras,* n.° 70, 1982.

4 Carta de Bluma Wainer, 19 de Março de 1947, ACL.

5 Clarice Lispector, *A Cidade Sitiada,* op. cit., pp. 69, 130.

6 *Id., ibid.,* pp. 96, 106.

7 Carta possivelmente endereçada a Elisa Lispector e a Tania Lispector Kaufmann, 1947, *in* Olga Borelli, *Esboço,* op. cit., p. 130; Clarice Lispector, *A Cidade Sitiada,* op. cit., p. 106.

8 Clarice Lispector, *A Cidade Sitiada,* op. cit., p. 110.

9 *Id., ibid.,* p. 111.

10 *Id., ibid.,* pp. 112, 123.

11 Clarice Lispector e Teresa Cristina Montero Ferreira, carta a Elisa Lispector e Tania Lispector Kaufmann, de Paris, Janeiro de 1947, *Correspondências,* op. cit., p. 116.

12 Clarice Lispector, *A Cidade Sitiada,* op. cit., p. 174.

13 *Id., ibid.,* p. 16.

14 *Id., ibid.,* pp. 23-26.

15 *Id., ibid.,* pp. 129, 168.

16 *Id., ibid.,* pp. 121.

17 *Id., ibid.,* pp. 18, 62, 76, 18.

18 *Id., ibid.,* pp. 172, 22.

19 Clarice Lispector, *Objeto Gritante (II),* op. cit., p. 143.

20 Id., *A Cidade Sitiada,* op. cit. p. 32.

21 Em resposta à irmã, que considerava o capítulo 11, «Os Primeiros Desertores», supérfluo, Clarice afirma que mostra «*a ligação de Perseu com o resto, é que ele não precisava, como Lucrécia, de procurar a realidade — porque ele era a realidade, ele fazia parte da verdade. A mulher de preto sentiu que ele era assim, e que era inalcançável por isso, como uma criança. Perseu era o que Lucrécia não conseguiu ser*». Carta a Tania Lispector Kaufmann, 5 de Novembro de 1948, in Clarice Lispector e Teresa Cristina Montero Ferreira, *Correspondências,* op. cit., p. 177.

22 Clarice Lispector, *A Cidade Sitiada,* op. cit., p. 20.
23 *Id., ibid.,* p. 91.
24 *Id., ibid.,* p. 18.
25 *Id.,* «Perfil de um ser eleito», in *A Descoberta,* op. cit. p. 416, *apud* Regina Lúcia Pontieri, *Clarice Lispector: Uma Poética do Olhar,* São Paulo: Ateliê Editorial, 1999, p. 17.

## 20. A TERCEIRA EXPERIÊNCIA

1 Clarice Lispector et al., «Conversas com P.», in *Outros Escritos,* op. cit., p. 87.
2 Clarice Lispector, «Lembrança de uma fonte, de uma cidade», in *A Descoberta,* op. cit., p. 286.
3 *Id.,* «A entrevista alegre», in *A Descoberta,* op. cit., p. 56.
4 *Id.,* «As três experiências» in *A Descoberta,* op. cit.
5 *Id., ibid.*
6 *Id.,* carta a Elisa Lispector e Tania Lispector Kaufmann, 11 de Setembro de 1948, in *Minhas Queridas,* op. cit., p. 198.
7 *Id.,* carta a Elisa Lispector e Tania Lispector Kaufmann, 21 de Setembro de 1948, in *Minhas Queridas,* op. cit., p. 201.
8 Carta a Zuza e Mozart Gurgel Valente pai, 25 de Setembro de 1948, *in* Nádia Battella Gotlib, *Clarice,* op. cit., p. 260.
9 *Apud* Teresa Cristina Montero Ferreira, *Eu Sou,* op. cit., p. 154.
10 Clarice Lispector e Teresa Cristina Montero Ferreira, carta a Tania Lispector Kaufmann, 5 de Novembro de 1948, *Correspondências,* op. cit., p. 177.
11 Clarice Lispector, «Virgem em todas as mulheres», in *A Descoberta,* op. cit., p. 163.
12 *Id.,* «Hoje nasce um menino», in *A Descoberta,* p. 424.
13 Jeff Lesser, *Welcoming,* op. cit, p. 2.
14 Samuel Wainer, *Minha Razão,* op. cit., pp. 133-134.
15 Elisa Lispector, *No Exílio,* op. cit., pp. 7-8.
16 O nascimento do Estado de Israel não constituiu, no entanto, o impulso imediato para a escrita do livro, que foi concluído em meados de 1947 e publicado no ano a seguir, quando Elisa adicionou o prefácio.
17 Renard Perez, «Lembrança de Elisa Lispector» [1996], p. 2. Manuscrito dactilografado inédito, colecção do autor.
18 «Os novos: Elisa Lispector», *Revista Panorama,* Agosto de 1947.
19 Segundo a errata anexada à primeira edição.
20 Elisa Lispector, *Além da Fronteira* [1945], Rio de Janeiro: Leitura, 1988, p. 4.
21 *Id. ibid.,* p. 7.
22 Antônio Carlos Villaça, na badana da edição de 1988.
23 Elisa Lispector, *Além da Fronteira,* op. cit., p. 42.
24 Via Ivan Lessa. Maria Alice Barroso recordava-se de outro namorado com quem Elisa viajava de vez em quando (entrevista, Rio de Janeiro, 10 de Maio de 2007).
25 Renard Perez, «Lembrança de Elisa Lispector» [1996], op. cit., p. 4.

26 Clarice Lispector, *A Hora da Estrela,* Rio de Janeiro: Livraria José Olympio Editora, 1977, p. 51.

27 Elisa Lispector, *Corpo a Corpo,* Rio de Janeiro: Edições Antares, 1983, p. 43.

28 *Id., Além da Fronteira,* op. cit., p. 20, 13, 43.

29 *Apud* Teresa Cristina Montero Ferreira, *Eu Sou,* op. cit., p. 150.

30 Carta a Tania Lispector Kaufmann, 7 de Julho de 1948, *in* Nádia Battella Gotlib, *Clarice,* op. cit., p. 258.

31 Clarice Lispector e Teresa Cristina Montero Ferreira, carta a Tania Lispector Kaufmann, 5 de Novembro de 1948, *Correspondências,* op. cit., p. 177.

32 Clarice Lispector, carta a Tania Lispector Kaufmann e Elisa Lispector, 19 de Fevereiro de 1949, in *Minhas Queridas,* op. cit., p. 214-215.

33 Nádia Battella Gotlib, *Clarice,* op. cit., p. 262.

34 Clarice Lispector e Teresa Cristina Montero Ferreira, carta a Tania Lispector Kaufmann, 5 de Novembro de 1948, *Correspondências,* op. cit., p. 177.

35 Entrevistas com Cecília Lipka e Eliane Gurgel Valente, Rio de Janeiro, 29 de Julho de 2006, e Paris, 3 de Dezembro de 2007.

36 *Apud* Nádia Battella Gotlib, *Clarice,* op. cit., pp. 257-258.

37 Carta a Elisa Lispector e Tania Lispector Kaufmann, 25 de Março de 1949, in *id., ibid.*, p. 262.

38 Clarice Lispector, «Viajando por mar (1.ª parte)», in *A Descoberta,* op. cit., p. 377.

39 *Apud* Nádia Battella Gotlib, *Clarice,* op. cit., p. 480.

40 Entrevista a Leo Gilson Ribeiro, «Tentativa de explicação», *op. cit.*; Teresa Cristina Montero Ferreira, *Eu Sou,* op. cit., p. 159.

41 Clarice Lispector e Teresa Cristina Montero Ferreira, carta de Bluma Wainer, 3 de Abril de 1947, *Correspondências,* op. cit., p. 123.

42 Carta de Bluma Wainer, 24 de Março 1948, ACL.

43 Clarice Lispector e Teresa Cristina Montero Ferreira, carta de Bluma Wainer, 2 de Outubro de 1947, *Correspondências,* op. cit., p. 155.

44 *Id.*, carta de Bluma Wainer, 15 de Julho de 1947, *Correspondências,* op. cit., p. 137.

45 *Id.*, carta de Bluma Wainer, 3 de Março de 1948, *Correspondências,* op. cit., p. 168.

## 21. OS SEUS COLARES VAZIOS

1 Clarice Lispector e Teresa Cristina Montero Ferreira, carta de Lúcio Cardoso, 26 de Julho de 1947, *Correspondências,* op. cit., p. 144.

2 Octavio de Faria, *apud* Mario Carelli, *Corcel,* op. cit., p 54.

3 Ver Thomas E. Skidmore, *Black Into White: Race and Nationality in Brazilian Thought* [1974], Nova Iorque: Oxford University Press, 1993.

4 Maria Helena Cardoso, *Vida-Vida,* op. cit., p. 231.

5 Clarice Lispector e Teresa Cristina Montero Ferreira, carta a Lúcio Cardoso, 13 de Agosto de 1947, *Correspondências,* op. cit., p. 147.

6 Carta, 20 de Outubro de 1947, *in* Mario Carelli, *Corcel,* op. cit., p. 55.

7 Teresa Cristina Montero Ferreira, *Eu Sou,* op. cit., p. 42.

8 Octavio de Faria, *apud* Mario Carelli, *Corcel,* op. cit., p. 55.

9 Maria Helena Cardoso, *Vida-Vida,* op. cit., p. 42.

10 Clarice Lispector e Teresa Cristina Montero Ferreira, carta de João Cabral de Melo Neto, 15 de Fevereiro de 1949, *Correspondências,* op. cit., p. 186.

11 Clarice Lispector, «A Pecadora Queimada e os Anjos Harmoniosos», *A Legião,* op. cit., pp. 179-192.

12 A primeira resenha foi publicada no dia 1 de Setembro. No dia 4 de Setembro de 1949, saiu um artigo sobre o livro em *O Jornal.*

13 Marly de Oliveira *apud* Regina Lúcia Pontieri, *Poética,* op. cit., p. 37.

14 Sérgio Milliet, *Diário Crítico de Sérgio Milliet* [1953], São Paulo: Martins, 1982, vol. 7, pp. 33-34, *apud* Regina Lúcia Pontieri, *Poética,* op. cit., pp. 38-39.

15 Claire Varin e Clarice Lispector, *Rencontres,* op. cit., p. 99.

16 João Gaspar Simões, «Clarice Lispector "Existencialista" ou "Supra-Realista", *Diário Carioca* de 28 de Maio de 1950, *in* Vilma Arêas e Berta Waldman (eds.), *Clarice Lispector: Remate de Males,* n.° 9, *Revista do Departamento de Teoria Literária,* Campinas: Universidade Estadual de Campinas, 1989, p. 178, *apud* Regina Lúcia Pontieri, *Poética,* op. cit., pp. 41-46. Simões foi uma das figuras da cultura portuguesa que Clarice conheceu e impressionou em Lisboa em 1944.

17 Relativamente a esta entrevista (1976) para a Fundação Museu da Imagem e do Som, ver Lispector et al., *Outros Escritos,* pp. 135-171. Ver também Clarice Lispector, «Carta atrasada», *A Descoberta,* op. cit., pp. 288-289; *Jornal de Letras,* entrevista, Setembro de 1960, *apud* Carlos Mendes de Sousa, *Figuras,* op. cit., p. 72.

18 Entrevista, Fundação Museu da Imagem e do Som, 1976, *in* Clarice Lispector et al., *Outros Escritos,* op. cit. Ver também Clarice Lispector, «Carta atrasada», in *A Descoberta,* op. cit., pp. 288-289.

19 *Apud* Nádia Battella Gotlib, *Clarice,* op. cit., p. 269.

20 Clarice Lispector, «O caso da caneta de ouro», in *A Descoberta,* op. cit., p. 53.

21 Clarice Lispector e Teresa Cristina Montero Ferreira, carta a Tania Lispector Kaufmann, 23 de Outubro de 1950, *Correspondências,* op. cit., p. 191.

22 Carta a Tania Lispector Kaufmann e Elisa Lispector, Novembro de 1950; *apud* Nádia Battella Gotlib, *Clarice,* op. cit., p. 276.

23 Clarice Lispector e Teresa Cristina Montero Ferreira, carta a Tania Lispector Kaufmann, 23 de Outubro de 1950, *Correspondências,* op. cit., p. 191.

24 Carta a Tania Lispector Kaufmann e Elisa Lispector, Novembro de 1950, *apud* Nádia Battella Gotlib, *Clarice,* op. cit., p. 276.

25 *Id., ibid.,* p. 192.

26 Clarice Lispector e Teresa Cristina Montero Ferreira, carta a Tania Lispector Kaufmann e Elisa Lispector, 28 de Novembro de 1950, *Correspondências,* op. cit., pp. 233-234.

27 Clarice Lispector, «As pontes de Londres», *A Descoberta,* op. cit., p. 418.

28 Edilberto Coutinho, *Criaturas,* op. cit., p. 170. Parece, por esta entrevista, e por outras pistas, que Clarice estava a pensar dar ao filho o nome João.

29 Clarice Lispector, *G. H.,* op. cit., p. 150.

30 Entrevista com Marco Antonio de Carvalho e Ana Luisa Chafir, Rio de Janeiro, 1 de Agosto de 2006.

31 Marco Antonio de Carvalho, *Braga,* op. cit., p. 286.

32 Rubem Braga, «O gesso», in *A Cidade e a Roça*. Rio de Janeiro: Livraria José Olympio Editora, 1957, p. 178.
33 Thomas E. Skidmore, *Politics*, op. cit., pp. 79-81.
34 *Apud ibid.*, p. 79.
35 Samuel Wainer, *Minha Razão*, op. cit., p. 190.
36 Aparecida Maria Nunes, *Jornalista*, op. cit., pp. 132-133.
37 *Id.*, *ibid.*, p. 133.
38 Colunas de 17 de Julho de 1952 e de 19 de Setembro de 1952, apud *id.*, *ibid.*, pp. 169, 172.
39 Colunas de 15 de Maio de 1952 e 22 de Maio de 1952, *apud* Clarice Lispector e Aparecida Maria Nunes, *Correio Feminino*, Rio de Janeiro: Rocco, 2006, pp. 56, 59.
40 De *Jornal do Brasil*, mas não incluído em *A Descoberta*, *apud* Aparecida Maria Nunes, *Jornalista*, op. cit., p. 137.
41 Coluna de 5 de Setembro de 1952, *apud* Aparecida Maria Nunes, *Correio*, op. cit., p. 120-121.
42 Coluna de 22 de Maio de 1952, apud *id.*, *ibid.*, p. 125.

## 22. MAUSOLÉU DE MÁRMORE

1 Clarice Lispector, «Amor», in *Alguns Contos*, Os Cadernos de Cultura (org.), Rio de Janeiro: Ministério da Educação e Saúde, Serviços de Documentação, 1952, p. 34.
2 *Id.*, *ibid.*, pp. 32-33.
3 Clarice Lispector, «Amor», in *Laços de Família*, op. cit., p. 26.
4 Clarice Lispector, «*Brain Storm*», in *A Descoberta*, op. cit., p. 261.
5 *Id.*, «Amor», in *Laços de Família*, op. cit., pp. 27, 30, 31.
6 Devo esta leitura a Lícia Manzo, *Era Uma Vez*, op. cit., p. 46.
7 Clarice Lispector, «Amor», in *Laços de Família*, op. cit., p. 29.
8 Fernando Sabino e Clarice Lispector, *Cartas*, op. cit., n.º 124
9 Lícia Manzo, *Era Uma Vez*, op. cit., p. 44. Quando *Laços de Família* apareceu, em 1960, um jornal escreveu que Clarice tinha finalmente regressado às letras brasileiras, depois de ter passado mais de dez anos sem publicar qualquer livro (isto é, desde *A Cidade Sitiada*, de 1949).
10 Este texto foi publicado em *A Manhã*, em Outubro de 1946.
11 Clarice Lispector, *Alguns Contos*, op. cit., p. 42.
12 *Id.*, «Uma Galinha», in *Laços de Família*, 38-39.
13 *Id.*, *ibid.*, pp. 38-40.
14 *Id.*, «Viajando por mar (1.ª parte)», in *A Descoberta*, op. cit., p. 377. O nome desta mulher era Avani Cardoso Ferreira dos Santos, de acordo com Teresa Cristina Montero Ferreira, *Eu Sou*, op. cit., p. 185.
15 Fernando Sabino e Clarice Lispector, carta para Helena Valladares Sabino e Fernando Sabino, 2 de Fevereiro de 1953, *Cartas*, op. cit., p. 91.
16 Samuel Wainer, *Minha Razão*, op. cit., pp. 221-22.
17 *Apud* Nádia Battella Gotlib, *Clarice*, op. cit., p. 285.
18 Clarice Lispector, carta para Elisa Lispector, 21 de Fevereiro de 1953, in *Minhas Queridas*, op. cit., p. 241.

19 Renard Perez, *Escritores Brasileiros Contemporâneos,* op. cit., p. 152.

20 Érico Veríssimo, *Brazilian Literature,* op. cit., p. 1.

21 *Manchete,* entrevista, 4 de Janeiro de 1969, *in* IMS, *Cadernos de Literatura Brasileira: Érico Veríssimo,* São Paulo: Instituto Moreira Salles, n.º 16, 2003, pp. 28-29.

22 Lispector, *Onde,* op. cit., p. 115. Este comentário surge apenas na primeira edição do livro, que apresenta o título incorrecto *Onde estivestes de noite.*

23 Érico Veríssimo, *Solo de Clarineta; Memórias* [1973], Porto Alegre: Editora Globo, 2005, vol. l, p. 290.

24 *Id., ibid.*, vol. 1, p. 299.

25 Entrevista a Clarissa Veríssimo Jaffe, Washington, 12 de Junho de 2007.

26 Luís Fernando Veríssimo, «Clarice», *O Globo,* recorte sem data da colecção do autor.

27 Teresa Cristina Montero Ferreira, *Eu Sou,* op. cit., p. 187.

28 Mafalda Veríssimo, entrevistada por Vera Regina Morganti, *in* Vera Regina Morganti et al., *Confissões do Amor e da Arte,* Porto Alegre: Mercado Aberto, 1994, pp. 142-143, citado em Lícia Manzo, *Era Uma Vez,* op. cit., pp. 62-63.

29 *Id., ibid.* Pela citação adequada de *A Maçã no Escuro* também fico grato a Lícia Manzo, *Era Uma Vez,* op. cit., p. 63.

30 Clarice Lispector e Teresa Cristina Montero Ferreira, carta de Rubem Braga, 23 de Maio de 1953, *Correspondências,* op. cit., p. 196.

31 Elisa Lispector, *No Exílio,* op. cit.

32 Ver http://www.fortunecity.com/lavender/tomatoes/792/bloch4.htm.

33 Fernando Sabino e Clarice Lispector, carta a Fernando Sabino, 28 de Julho de 1953, *Cartas,* op. cit., p. 99.

34 *Id., ibid.*, cartas a Fernando Sabino, 28 de Julho de 1953, e de Fernando Sabino, 30 de Agosto de 1953, 10 de Setembro de 1953, 5 de Outubro, 21 de Outubro, 27 de Outubro de 1953, *Cartas,* op. cit.

35 Clarice Lispector, carta a Tania Lispector Kaufmann e Elisa Lispector, 10 de Maio de 1954, *Minhas Queridas,* op. cit., p. 253.

36 Carta a Pierre de Lescure, 6 de Maio de 1954, ACL.

37 *Id., ibid.*

38 Claire Varin, *Línguas de Fogo,* op. cit., p. 32.

39 Carta a Pierre de Lescure, 20 de Junho de 1954, ACL. Clarice lamenta as suas palavras pouco simpáticas acerca da tradução (de Denise-Teresa Moutonnier), que acabou por incluir as suas correcções. O livro foi publicado com uma capa apelativa, desenhada por Henri Matisse e com um prefácio de Paulo Mendes Campos. Três anos mais tarde (14 de Maio de 1957), Clarice ainda pedia desculpa pelo seu comportamento: «*Je ne saurai m'excuser de mon mauvais temperament*», escreveu ela a Lescure.

## 23. O EQUILÍBRIO ÍNTIMO

1 Samuel Wainer, *Minha Razão,* op. cit. p. 231.

2 *Id., ibid.*, p. 254.

3 *Id.*, *ibid.*, p. 261.

4 Thomas E. Skidmore, *Politics,* op. cit., p. 142.

5 Clarice Lispector e Teresa Cristina Montero Ferreira, carta a Mafalda Veríssimo, 14 de Agosto de 1954, *Correspondências,* op. cit., p. 204.

6 O endereço era Rua Marquês de Abrantes, 126/1004, Flamengo.

7 Fernando Sabino e Clarice Lispector, carta a Fernando Sabino, 25 de Setembro de 1954, *Cartas,* op. cit., p. 118.

8 *Id.*, carta a Fernando Sabino, 30 de Agosto de 1953, *Cartas,* op. cit., p. 104.

9 Paulo Gurgel Valente, «Entrevista comigo mesmo: Clarice», in Clarice Lispector, *Dez Contos Selecionados de Clarice Lispector,* Brasília: Confraria dos Bibliófilos do Brasil, 2004, p. i.

10 *Apud* Nádia Battella Gotlib, *Clarice,* op. cit., p. 312.

11 Entrevista in Clarice Lispector et al., *Outros Escritos,* op. cit., p. 161.

12 Clarice Lispector, «Crónica social», in *A Descoberta,* op. cit., p. 199.

13 Entrevista com Eliane Gurgel Valente, Paris, 3 de Dezembro de 2007.

14 Clarice Lispector, «Trechos», in *A Descoberta,* op. cit., p. 405.

15 Em 1937, como interventor federal do Rio, Amaral Peixoto visitou uma colónia agrícola judaica e «*o que lhe pareceu "bastante agradável" foi notar que, na realidade, poucos judeus lá viviam*». Lesser, *Welcoming,* op. cit., p. 87. Não é claro qual o seu grau de convicção nesta matéria, no mínimo, tal como tantas outras pessoas que ocupavam lugares de destaque, ele não resistiu às ideias anti-semitas que prevaleciam nessa época. O resultado era o bloqueio das vias de fuga dos judeus da Europa. Como nem Alzira Vargas nem Hélène Moreira Salles eram viúvas, na altura em que Clarice escreveu este texto, a pessoa em causa seria provavelmente Yvonne Muniz, cujo marido, o esperantista e defensor da energia atómica João Carlos Muniz, viveu em Washington, entre 1953 e 1956.

16 Teresa Cristina Montero Ferreira, *Eu Sou,* op. cit., p. 188.

17 Carta não datada de Alzira Vargas do Amaral Peixoto a Clarice Lispector, ACL. O livro foi publicado em 1960.

18 Teresa Cristina Montero Ferreira, *Eu Sou,* op. cit., p. 197.

19 Valmiki Villela Guimarães, «Clarice Lispector em duas histórias», do *Suplemento Literário de Minas Gerais,* 19 de Dezembro de 1987.

20 Teresa Cristina Montero Ferreira, *Eu Sou,* op. cit., p. 198.

21 *Id.*, *ibid.*, pp. 198-199; entrevista com Maria Bonomi, Amesterdão, 18 de Outubro de 2006.

22 João Cabral de Melo Neto, *Agrestes: Poesia (1981-1985)*, Rio de Janeiro: Editora Nova Fronteira, 1985. De acordo com Teresa Cristina Montero Ferreira, este poema descreve um acontecimento real, em Washington.

23 *Apud* Edilberto Coutinho, *Criaturas,* op. cit., p. 170.

24 Clarice Lispector *et al.*, «Conversas com P.», in *Outros Escritos,* op. cit., p. 83.

25 *Apud* Nádia Battella Gotlib, *Clarice,* op. cit., p. 287.

26 Teresa Cristina Montero Ferreira, *Eu Sou,* op. cit., pp. 183, 186.

27 Entrevista com Sara Escorel de Moraes, Rio de Janeiro, 5 de Outubro de 2007.

28 Clarice Lispector et al., *Outros Escritos,* op. cit. p. 84.

29 Clarice Lispector e Teresa Cristina Montero Ferreira, carta a Elisa Lispector e Tania Lispector Kaufmann, 23 de Abril de 1957, *Correspondências,* op. cit. p. 230.

30 Clarice Lispector, carta a Elisa Lispector e Tania Lispector Kaufmann, 27 de Novembro de 1953, in *Minhas Queridas,* op. cit. p. 248.

## 24. REDENÇÃO PELO PECADO

1 Clarice Lispector, «Estado de graça — Trecho», in *A Descoberta,* op. cit., p. 91. Esta frase também é usada na longa passagem de *Uma Aprendizagem ou O Livro dos Prazeres,* em que Lóri entra no estado de graça, p. 156.

2 Id., *A Maçã,* op. cit., p. 32.

3 Id., «*As grandes punições*» [4 de Novembro de 1967], in *A Descoberta,* op. cit., p. 36.

4 *Id.*, *A Maçã,* op. cit., p. 264.

5 Benedictus de Spinoza, *The Collected Works,* op. cit., vol. 1, p. 543.

6 Clarice Lispector, *A Maçã,* op. cit., p. 200.

7 Benedictus de Spinoza, *The Collected Works,* op. cit., do prefácio à parte IV, *Ethica*.

8 Clarice Lispector, O *Lustre,* op. cit., p. 103

9 Id., *A Maçã,* op. cit., p. 11.

10 *Id.*, *ibid.*, pp. 20, 21.

11 *Id.*, *ibid.*, p. 24.

12 *Id.*, *ibid.*, pp. 28-29, 30-31.

13 *Id.*, *ibid.*, p. 29.

14 *Id.*, *ibid.*, pp. 39, 44.

15 *Id.*, *ibid.*, pp. 52, 61.

16 *Id.*, *ibid.*, pp. 62, 76.

17 *Id.*, *ibid.*, pp. 89, 83.

18 *Id.*, *ibid.*, pp. 88, 89, 100-101.

19 *Id.*, *ibid.*, pp. 102, 104.

20 *Id.*, *ibid.*, p. 121. «Originalmente, tudo foi concebido como um grande todo, e a vida do Criador pulsava sem obstáculos nem máscaras naquela sua criatura. Tudo se mantinha em directa relação mística com tudo o resto, e a sua unidade podia ser apreendida directamente e sem a ajuda dos símbolos. Apenas a Queda fez com que Deus se tornasse "transcendente".» Gershom Gerhard Scholem, *Major Trends,* op. cit. p. 224.

21 Clarice Lispector, *A Maçã,* op. cit., pp. 143, 163-164.

22 *Id.*, *ibid.*, pp. 168-169.

23 *Id.*, *ibid.*, p. 129.

24 *Id.*, «O maior elogio que recebi», in *A Descoberta,* op. cit., p. 79.

25 Id., *Sopro*, op. cit., p. 11.

26 Id., *A Maçã,* op. cit., p. 305.

27 *Id.*, *ibid.*, pp. 163-164.

28 *Id.*, *ibid.*, p. 213.

29 *Id.*, *ibid.*, p. 164.

30 *Id.*, *ibid.*, p. 211.

31 Gershom Gerhard Scholem, *Major Trends,* op. cit., p. 132.

32 Clarice Lispector et al., *Outros Escritos,* op. cit., p. 45.

33 Gershom Gerhard Scholem, *Major Trends,* op. cit., pp. 25, 217.

34 O livro contém outros conceitos que se assemelham aos dos textos místicos judaicos anteriores. Há a postura de que a sexualidade está próxima da vida original de Deus; há a equiparação mística de Deus e Nada; há a ideia, tão destacada no *Zohar*, de que o desenvolvimento da linguagem está relacionado com o processo da vida em Deus. Muitas destas ideias têm precedente na obra anterior de Clarice e parecem ter-se desenvolvido a partir das suas próprias intuições, não de algum estudo aprofundado de outros escritores.

35 Leo Gilson Ribeiro, «Tentativa de explicação», op. cit.

36 Elizabeth Bishop e Robert Lowell, carta de Elizabeth Bishop para Robert Lowell, 2 de Julho de 1963, in *Words in Air: The Complete Correspondence between Elizabeth Bishop and Robert Lowell,* Nova Iorque, Farrar, Straus and Giroux, 2008, p. 479.

37 Carta a Natércia Freire, 27 de Agosto de 1945, Biblioteca Nacional, Lisboa.

38 Gershom Gerhard Scholem, *Major Trends,* op. cit., p. 24.

39 Clarice Lispector, *A Maçã,* op. cit., p. 214.

40 *Id., ibid.*

41 *Id., ibid.*

42 *Apud* Chayim Bloch, *The Golem: Legends of the Ghetto of Prague,* Viena: The Golem, 1925, pp. 26-27.

## 25. A PIOR TENTAÇÃO

1 Fernando Sabino e Clarice Lispector, carta a Fernando Sabino, 21 de Setembro de 1956, *Cartas,* op. cit., p. 140.

2 *Id.*, carta a Fernando Sabino, 7 de Maio de 1956, *Cartas,* op. cit., p. 128.

3 *Id.*, carta de Fernando Sabino, 8 de Junho de 1956, *Cartas,* op. cit., pp. 130-132.

4 *Id.*, carta de Fernando Sabino, Janeiro de 1957, *Cartas,* op. cit., pp. 189-191.

5 *Id.*, carta de Fernando Sabino, 26 de Setembro de 1956, *Cartas,* op. cit., p. 144.

6 Fernando Paixão e Maria Celeste Mira, *Momentos do Livro no Brasil,* São Paulo: Ática, 1995, pp. 108-109.

7 Fernando Sabino e Clarice Lispector, carta de Fernando Sabino, 19 de Dezembro de 1956, *Cartas,* op. cit., p. 183.

8 Clarice Lispector e Teresa Cristina Montero Ferreira, carta de Rubem Braga, 7 de Dezembro de 1956, *Correspondências,* op. cit., p. 210.

9 Fernando Sabino e Clarice Lispector, carta a Fernando Sabino, 14 de Dezembro de 1956, *Cartas,* op. cit., p. 180.

10 *Id.*, carta de Fernando Sabino, 30 de Março de 1955, *Cartas,* op. cit., p. 124.

11 Carta de Érico Veríssimo, 3 de Setembro de 1961, ACL.

12 Fernando Sabino e Clarice Lispector, carta de Fernando Sabino, 8 de Junho de 1956, *Cartas,* op. cit., 130-132.

13 *Id.*, carta de Fernando Sabino, 12 de Julho de 1956, *Cartas,* op. cit., p. 133.

14 Clarice Lispector e Teresa Cristina Montero Ferreira, carta de Rubem Braga, 4 de Março de 1957, *Correspondências,* op. cit., p. 219. O conto era «O Gesso», publicado em *A Cidade e a Roça.*

15 *Id.*, carta de Érico Veríssimo, 9 de Dezembro de 1958, *Correspondências,* op. cit., p. 239.

16 Elio Gaspari, *As Ilusões Armadas: A Ditadura Envergonhada,* São Paulo: Companhia das Letras, 2002, p. 382

17 Clarice Lispector e Teresa Cristina Montero Ferreira, carta a Mafalda e Érico Veríssimo, 17 de Janeiro de 1957, *Correspondências,* op. cit., p. 212.

18 Teresa Cristina Montero Ferreira, *Eu Sou,* op. cit., p. 193.

19 Clarice Lispector e Teresa Cristina Montero Ferreira, cartas de João Cabral de Melo Neto, 6 de Fevereiro de 1957, e sem data (por volta de 1958), *Correspondências,* op. cit., pp. 216, 248.

20 Fernando Sabino e Clarice Lispector, carta de Fernando Sabino, 12 de Julho de 1956, in *Cartas,* op. cit., p. 134.

21 Carta de Nahum Sirotsky, 12 de Novembro de 1958, ACL.

22 Paulo Francis, «Clarice: Impressões de uma mulher que lutou sozinha», *Folha de S. Paulo,* 15 de Dezembro de 1977.

23 Entrevista a Nahum Sirotsky, Tel Aviv, 30 de Agosto de 2007.

24 Paulo Francis, «Clarice: Impressões de uma mulher que lutou sozinha», *op. cit.*

25 Caetano Veloso, *Verdade Tropical,* São Paulo: Companhia das Letras, 1997, p. 28.

26 Caetano Veloso e Eucanaã Ferraz (ed.), «Clarice Lispector», in *O Mundo não é Chato,* São Paulo: Companhia das Letras, 2005, p. 283. Publicado originalmente com o título «Clarice segundo suas paixões», *Jornal do Brasil,* 24 de Novembro de 1992.

27 Clarice Lispector e Teresa Cristina Montero Ferreira, carta a Fernando Sabino, 5 de Outubro de 1953, in *Correspondências,* op. cit., p. 202.

28 Clarice Lispector, «A Imitação da Rosa», in *Laços,* op. cit., p. 39.

29 *Id.*, *ibid.*, p. 40.

30 *Id.*, *ibid.*, p. 50.

31 *Id.*, *ibid.*, p. 54.

32 *Id.*, *ibid.*, p. 59.

33 *Id.*, *ibid.*, pp. 39, 42.

34 *Id.*, *ibid.*, p. 44.

35 Mafalda Veríssimo entrevistada por Vera Regina Morganti, in Morganti et al., *Confissões do Amor e da Arte,* pp. 142-143, *apud* Lícia Manzo, *Era Uma Vez,* op. cit., p. 63.

36 Leo Gilson Ribeiro, «Tentativa de explicação», op. cit.

37 *Apud* Nádia Battella Gotlib, *Clarice,* op. cit. p. 305.

38 Elisa Lispector, *Corpo a Corpo,* op. cit., p. 60-61.

39 Maury Gurgel Valente a Clarice Lispector, 28 de Julho de 1959, *apud* Nádia Battella Gotlib, *Clarice,* op. cit., pp. 317-321.

40 Entrevista com Isabel Gurgel Valente.

41 *Id.*, *ibid.*

## 26. PERTENCER AO BRASIL

1 *Apud* Paulo Prado, *Retrato do Brasil: Ensaio sobre a Tristeza Brasileira* [1928], São Paulo: Duprat-Mayença, 1997, p. 50.

2 Joaquim Ferreira dos Santos, *Feliz 1958: O Ano Que não Devia Terminar,* Rio de Janeiro: Editora Record, 1997, p. 15.

3 *Id., ibid.*, p. 14. Em 1960, isto equivalia a cerca de 352 milhões de dólares (1 dólar = 85 cruzeiros).

4 Paulo Gurgel Valente, «Entrevista comigo mesmo: Clarice», in Clarice Lispector, *Dez Contos,* op. cit., p. ii.

5 Fernando Sabino e Clarice Lispector, carta de Fernando Sabino, 16 de Fevereiro de 1959, *Cartas,* op. cit. pp. 198-199.

6 Mauritônio Meira, «Clarice Lispector volta às editoras: "*Laços de Família*"», *O Globo,* 27 de Março de 1960.

7 *Id.*, «Clarice Lispector não quer se enfeitar com penas que não sejam as suas», *O Globo,* 10 de Janeiro de 1960.

8 *Id.*, «Clarice Lispector volta às editoras: "*Laços de Família"*», *O Globo*, 27 de Março de 1960.

9 Carta da Civilização Brasileira, 24 de Abril de 1959. ACL.

10 Paulo Francis, «Clarice: Impressões de uma mulher que lutou sozinha», *op. cit.*

11 Clarice Lispector, «Em busca do outro», in *A Descoberta,* p. 119.

12 21 de Agosto de 1959, *apud* Aparecida Maria Nunes, *Jornalista,* op. cit. p. 197.

13 *Id., ibid.*, p. 219, *Correio da Manhã,* Rio de Janeiro, 21 de Agosto de 1959, p. 5.

*14 Correio da Manhã,* 19 de Dezembro de 1960, citado em idem, p. 220.

15 Entrevista com Eliane Gurgel Valente, Paris, 3 de Dezembro de 2007.

16 Olga Borelli, *Esboço,* op. cit., p. 13.

17 *Apud* Lícia Manzo, *Era Uma Vez,* op. cit., p. 68.

18 Joaquim Ferreira dos Santos, *Feliz 1958,* op. cit., p. 41.

19 *Apud* Aparecida Maria Nunes, *Jornalista,* op. cit., p. 254.

20 *Diário da Noite,* 19 de Setembro de 1960, apud *id., ibid.*, pp. 266-267.

21 *Diário de S. Paulo,* 31 de Julho de 1960.

22 União Brasileira de Escritores, *Boletim Bibliográfico Brasileiro,* n.º 9, p. 210; Claire Varin, *Línguas de Fogo,* op. cit., p. 88.

23 «Meus livros têm "recadinhos"», *op. cit.*

24 Assis Brasil, «Laços de família», *Jornal do Brasil, 2* de Setembro de 1960.

25 *Jornal do Comércio,* 13 de Agosto de 1960, ACL.

26 Nádia Battella Gotlib, *Clarice,* op. cit., p. 335.

27 Temístocles Linhares, «Romances Femininos», *O Estado de S. Paulo: Suplemento Literário,* 18 de Novembro de 1961, *apud* Diane Marting, *Clarice Lispector: A Bio-Bibliography,* Westport, Connecticut: Greenwood Press, 1993, p. 100.

28 Luís Fernando Veríssimo, «Clarice», *O Globo,* recorte sem data. Colecção do autor.

29 «Na Berlinda», publicação desconhecida, 17 de Março de 1963, ACL.

30 «Clarice e *A Maçã no Escuro*», *Diário de Notícias,* 30 de Julho de 1961, *apud* Lícia Manzo, *Era Uma Vez,* op. cit. p. 70.

31 ACL.

32 Clarice Lispector, «Anonimato», in *A Descoberta,* op. cit., p. 72.

33 *Id., ibid.*, p. 49.

34 Thomas E. Skidmore, *Politics,* op. cit., p. 197.

35 Clarice Lispector et al., *Outros Escritos,* op. cit., p. 166.

36 Entrevista a Nahum Sirotsky, Tel Aviv, 30 de Agosto de 2007.

37 Paulo Francis, «Clarice: Impressões de uma mulher que lutou sozinha», *op. cit.*

38 Clarice Lispector, «Falando em viagens», in *A Descoberta,* op. cit., p. 380.

## 27. MELHOR DO QUE BORGES

1 Entrevista com Sara Escorel de Moraes, Rio de Janeiro, 5 de Outubro de 2007.

2 Entrevista com Isabel Gurgel Valente, Rio de Janeiro, 3 de Agosto de 2006.

3 *Id., ibid.*

4 Entrevista com Isabel Gurgel Valente, Rio de Janeiro, 3 de Agosto de 2006.

*5 Jornal do Brasil,* 29 de Junho de 1968, *apud* Claire Varin, *Línguas de Fogo,* op. cit., pp. 141-142.

6 Nádia Battella Gotlib, *Clarice,* op. cit., p. 312.

7 Carta a Mafalda Veríssimo, 17 de Novembro de 1957, Clarice Lispector e Teresa Cristina Montero Ferreira, *Correspondências,* op. cit., p. 235.

8 *Correio da Manhã,* 4 de Maio de 1960, *apud* Aparecida Maria Nunes, *Jornalista,* op. cit., p. 229.

9 Apesar de alguns dos seus livros para crianças conterem várias dedicatórias.

10 Olga Borelli, entrevista a Lícia Manzo, *in* Lícia Manzo, *Era Uma Vez,* op. cit., p. 96.

11 Paulo Francis, «Clarice: Impressões de uma mulher que lutou sozinha», *op. cit.*

12 Júlio Lerner, «Última entrevista», *op. cit.*

13 *Apud* Lícia Manzo, *Era Uma Vez, op. cit.*, p. 90.

14 Otto Lara Resende, «Mãe, filha, amiga», *O Globo,* 10 de Dezembro de 1977.

15 Reynaldo Jardim Silveira, recorte de jornal, não datado, ACL.

16 Ruy Castro, «Paulo (Paulinho) Mendes Campos», in *Ela É Carioca,* op. cit., pp. 286-290.

17 *Id., ibid.*, p. 289.

18 Entrevista a Marina Colasanti, Rio de Janeiro, 2 de Agosto de 2006 (Marina Colasanti a Millôr Fernandes).

19 Entrevista com Ivan Lessa, Londres, 15 de Dezembro de 2006.

20 Entrevista a Isabel Gurgel Valente, Rio de Janeiro, 3 de Agosto de 2006.

21 Clarice Lispector, *A Via Crucis do Corpo,* Rio de Janeiro: Editora Artenova, 1974, p. 25. Clarice Lispector, «A perigosa aventura de escrever», in *A Descoberta,* op. cit., p. 191.

22 Elizabeth Bishop, carta para Ilse e Kit Barker, 29 de Outubro de 1962, carta original na Colecção Kit e Ilse Barker de Elizabeth Bishop, Divisão de Manus-

critos, Departamento de Livros Raros e Colecções Especiais, Princeton University Library. Utilizado mediante autorização.

23 Elizabeth Bishop e Robert Lowell, carta de Elizabeth Bishop a Robert Lowell, 8 de Janeiro de 1963, *Words in Air,* op. cit., pp. 438-439.

24 Maria Helena Cardoso, *Vida-Vida,* op. cit., pp. 67-68.

25 Lúcio Cardoso e Mario Carelli, *Crônica da Casa Assassinada,* edição crítica, Nanterre, França: ALLCA XX, Université Paris X, Centre de Recherches Latino--Américaines, 1991, p. 641.

26 *Id., ibid.*, p. 642.

27 Maria Helena Cardoso, *Vida-Vida,* op. cit., p. 81.

28 *Id., Ibid.*, p. 159.

29 Elizabeth Bishop e Robert Lowell, carta de Elizabeth Bishop para Robert Lowell, 18 de Janeiro de 1963, *Words in Air,* op. cit., p. 439.

30 Elizabeth Bishop e Clarice Lispector, «Three Stories by Clarice Lispector», *Kenyon Review*, n.º 26, 1964, reimpresso in Elizabeth Bishop, *Poems, Prose, and Letters*, Ed. Robert Giroux e Lloyd Schwartz, Nova Iorque: Library of America, 2008.

31 Elizabeth Bishop e Robert Lowell, carta de Elizabeth Bishop para Robert Lowell, 26 de Maio de 1963, *Words in Air,* op. cit., p. 457.

32 Elizabeth Bishop, carta de Elizabeth Bishop para Robert Lowell, 12 de Julho de 1963, *Words in Air,* op. cit., p. 479.

33 Carta de Gregory Rabassa a Giovanni Pontiero, 13 de Novembro de 1992. Colecção do autor.

34 *Apud* Clarice Lispector et al., *Outros Escritos,* op. cit., p. 94.

35 Clarice Lispector, «Falando em viagens», in *A Descoberta,* op. cit., p. 379.

36 Carta de Gregory Rabassa a Giovanni Pontiero, 13 de Novembro de 1992. Colecção do autor.

37 Clarice Lispector et al., *Outros Escritos,* op. cit., pp. 107, 109.

38 *Id., ibid.*, p. 110.

## 28. A BARATA

1 Clarice Lispector, «Nota da editora: Clarice em edição popular», in *Perto do Coração Selvagem* [2.ª edição], São Paulo: Francisco Alves Editora, 1963.

2 Júlio Lerner, «A última entrevista de Clarice Lispector», *Shalom,* Junho-Agosto de 1992.

3 *Apud* Nádia Battella Gotlib, *Clarice,* op. cit., p. 357.

4 Clarice Lispector et al., *Outros Escritos,* op. cit., p. 96.

5 *Id.*, «O verdadeiro romance», in *A Descoberta,* op. cit., p. 328.

6 Id., *G. H.,* op. cit., pp. 27, 28.

7 *Id., ibid.*, pp. 29-30, 37.

8 *Id., ibid.*, pp. 41, 46.

9 *Id., ibid.*, p. 48, 47.

10 *Id., ibid.*, p. 49.

11 Clarice Lispector, *A Cidade Sitiada,* op. cit., p. 41.

12 8 de Agosto de 1952, *apud* Aparecida Maria Nunes, *Jornalista, op. cit.*, p. 173.

13 Clarice Lispector, *G. H.,* op. cit. p. 51.
14 Id., *A Legião,* p. 21.
15 Clarice Lispector, *G. H.,* op. cit., p. 64.
16 *Id., ibid.*, p. 46.
17 *Id., ibid.*, pp. 73, 67.
18 *Id., ibid.*, p. 78.
19 Id., *A Cidade Sitiada,* op. cit., p. 18.
20 Id., *G. H.*, op. cit., p. 67.
21 *Id., ibid.*, p. 75.
22 Id., *A Cidade Sitiada,* op. cit., p. 121.
23 Id., *A Paixão segundo G. H.,* op. cit. p. 80.
24 *Id., ibid.*, pp. 81, 89.
25 *Id., ibid.*, p. 87.
26 *Id., ibid.*, pp. 98, 97, 98.
27 Claire Varin, *Línguas de Fogo,* op. cit., p. 46.
28 Clarice Lispector, *G. H.,* op. cit., p. 96.
29 Claire Varin, *Línguas de Fogo,* op. cit., p. 46.
30 Clarice Lispector, *G. H.*, op. cit., p. 75; *apud* Claire Varin, *Línguas de Fogo,* op. cit., p. 58.
31 Clarice Lispector, *A Legião,* op. cit., p. 221.
32 Clarice Lispector, *G. H.*, op. cit., p. 104.
33 *Id., ibid.*, pp. 25, 85.
34 *Id., ibid.*, p. 106.
35 Gershom Gerhard Scholem, *Major Trends,* op. cit., p. 25.
36 Joseph Dan, *The Early Kabbalah,* trad. Ronald C. Kiener, Nova Iorque: Paulist Press, 1986, p. 94.
37 Clarice Lispector, *G. H.,* op. cit., p. 179.
38 *Id., ibid.*, p. 139.
39 Clarice Lispector, *A Paixão segundo G. H.: Edição Crítica,* Ed. Benedito Nunes, *Coleção Arquivos,* Paris: ALLCA XX, 1988, p. 107.
40 Ou também, mais adiante: «*Deus é o que existe, e todos os contraditórios são dentro do Deus, e por isso não O contradizem*». Clarice Lispector, *G. H.*, op. cit., p. 179; Benedictus de Spinoza, *Collected Works, Ethics,* parte I, proposição 33, op. cit.
41 Clarice Lispector, G. *H.*, op. cit., pp. 106, 87.
42 *Id., ibid.*, pp. 167, 163.
43 Entrevista para o Museu de Imagem e do Som, 20 de Outubro de 1976, *in* Clarice Lispector et al., *Outros Escritos,* op. cit.
44 Clarice Lispector, *A Maçã,* op. cit., p. 259.
45 Id., *G. H.*, op. cit., p. 146.
46 *Id., ibid.*

## 29. E A REVOLUÇÃO!

1 Nádia Battella Gotlib, *Clarice,* op. cit., p. 480.
2 Walmir Ayala, «"A Paixão segundo G. H.": Um Romance de Doação», *Jornal do Comércio,* 1 de Dezembro de 1964.
3 Rubem Braga, «Trata-se de uma revolução», in Jean-Paul Sartre, *Furacão sobre Cuba,* Rio de Janeiro: Editora do Autor, 1961, p. 202.

4 *Id.*, *ibid.*, p. 5.

5 John W. Foster Dulles, *Carlos Lacerda, Brazilian Crusader,* 2 vols. Austin: University of Texas Press, 1991, vol. 1, p. 314.

6 Elio Gaspari, *A Ditadura Envergonhada,* op. cit., pp. 177, 80.

7 Samuel Wainer, *Minha Razão,* op. cit., p. 326.

8 Clarice Lispector, «San Tiago», 6 de Janeiro de 1968, in *A Descoberta,* op. cit., p. 62.

## 30. O OVO É BRANCO MESMO

1 Clarice Lispector, «Como se chama?», in *A Legião,* op. cit., p. 139.

2 *Id.*, *ibid.*, p. 198.

3 *Id.*, «A Legião Estrangeira», in *A Legião,* p. 108.

4 Fernando Sabino e Clarice Lispector, carta a Fernando Sabino, 8 de Fevereiro de 1947, *Cartas,* op. cit., p. 84. Na carta, Clarice menciona que tem mandado coisas, incluindo poemas, para *A Manhã* e *O Jornal*. «Tudo ligado pelo título geral de "*Children's Corner*".»

5 Reynaldo Jardim Silveira, obituário, ACL.

6 Clarice Lispector, *Perto* (ed. 1980), op. cit., p. 49.

7 *Id.*, «Desenhando Um Menino», in *A Legião,* op. cit., p. 206.

8 *Id.*, *ibid.*, p. 209.

9 *Id.*, *ibid.*, p. 200.

10 *Id.*, «Literatura e justiça», in *A Legião,* p. 149.

11 Júlio Lerner, «Última entrevista», *op. cit.*

12 Clarice Lispector, «Mineirinho», in *A Legião,* op. cit., p. 253.

13 *Id.*, «A Experiência Maior», in *A Legião,* op. cit., p. 142.

14 Id., *G. H.,* op. cit., p. 146.

15 *Id.*, «Romance», in *A Legião,* op. cit., p. 139.

16 *Id.*, «A Pesca Milagrosa», in *A Legião,* op. cit., p. 143.

17 *Id.*, «Abstrato e Figurativo», in *A Legião,* op. cit., p. 151.

18 Júlio Lerner, «Última entrevista», *op. cit.*

19 Clarice Lispector, «O Ovo e a Galinha», in *A Legião,* op. cit., pp. 57-58.

20 *Id.*, «Brasília: Cinco Dias», in *A Legião,* op. cit., p. 163.

21 *Id.*, «Não Soltar os Cavalos», in *A Legião,* op. cit., p. 197.

## 31. UM ÁSPERO CACTO

1 Entrevista com Rosa Cass, Rio de Janeiro, 29 de Julho de 2006.

2 *Id.*, *ibid.*

3 IMS e Carlos Mendes de Sousa, «A revelação do nome», *op. cit.*, p. 144.

4 Mario Carelli, *Corcel,* op. cit., p. 64.

5 Fernando Sabino e Clarice Lispector, carta a Fernando Sabino, 11 de Dezembro de 1956, *Cartas,* op. cit., p. 179.

6 Clarice Lispector, «Conversas», in *A Descoberta,* op. cit., p. 137.

7 Aqui e no que se segue: Teresa Cristina Montero Ferreira, *Eu Sou,* op. cit., pp. 223-226.

8 Clarice Lispector, «Morte de uma baleia», in *A Descoberta,* op. cit.
9 *Id.*, «A revolta», in *A Descoberta,* op. cit., p. 203.
10 Olga Borelli, *Esboço,* op. cit., p. 12.
11 Clarice Lispector, «Meu Natal», in *A Descoberta,* op. cit., p. 164.
12 *Id.*, *ibid.*, p. 65.
13 Id., *Dez Contos,* op. cit.
14 *Id.*, «A não aceitação», in *A Descoberta,* op. cit., p. 204.

## 32. DIÁLOGOS POSSÍVEIS

1 Júlio Lerner, «Última entrevista», *op. cit.*
2 Clarice Lispector, «Hermética?», in *A Descoberta,* op. cit., p. 76.
3 Id., *A Mulher Que Matou os Peixes,* op. cit., p. 7.
4 Entrevista a Leo Gilson Ribeiro, *apud* Nádia Battella Gotlib, *Clarice*, op. cit., p. 383.
5 Clarice Lispector, «Amor imorredouro», in *A Descoberta,* op. cit., p. 22.
6 Dinah Silveira de Queiroz, Elsie Lessa e Rachel de Queiroz, por exemplo.
7 Clarice Lispector, «Fernando Pessoa me ajudando», in *A Descoberta,* op. cit., p. 139.
8 *Id.*, «Trechos», in *A Descoberta,* op. cit., p. 406.
9 *Id.*, «Ana Luisa, Luciana e um polvo», in *A Descoberta,* op. cit., pp. 84-85.
10 *Id.*, «Adeus, vou-me embora!», in *A Descoberta,* op. cit., p. 93.
11 *Id.*, «Sentir-se útil», in *A Descoberta,* op. cit., p. 75.
12 Lícia Manzo, *Era Uma Vez,* op. cit., p. 97 e seguintes. As citações de Clarice Lispector são tiradas de um recorte sem data intitulado «Minha Secretária».
13 Entrevista com Hélio Pelegrino *[sic], Manchete* [recorte sem data], ACL.
14 Isa Cambará, «Escritora mágica», *Veja,* 30 de Julho de 1975, *in* Aparecida Maria Nunes, *Jornalista,* op. cit., p. 85.
15 Aparecida Maria Nunes, *Jornalista,* op. cit., p. 88. Mais tarde, Clarice pediu a outros amigos que fizessem o mesmo, embora nem todos tivessem sido tão imediatamente compreensivos como Pellegrino. Lícia Manzo, *Era Uma Vez,* op. cit., p. 191. Ela menciona Affonso Romano de Sant'Anna e sua esposa, Marina Colasanti; houve outros também.
16 IMS, *Cadernos,* op. cit., p. 52.
17 *Id.*, *ibid.*, p. 50.
18 Resende, «Mãe, filha, amiga».

## 33. TERROR CULTURAL

1 Clarice Lispector e Teresa Cristina Montero Ferreira, carta a Paulo Gurgel Valente, 22 de Abril de 1969, in *Correspondências,* op. cit., p. 267.
2 Entrevista com Yolanda Costa e Silva, «Já viajei por todo o mundo, mas não vi nada como a Amazônia», in «Diálogos Possíveis com Clarice Lispector», *Manchete* (recorte sem data), ACL.

3 Elio Gaspari, *A Ditadura Envergonhada,* op. cit., p. 231.
4 *Id., ibid.,* p. 274.
5 «Frases que ficaram», *O Jornal,* 25 de Fevereiro de 1968.
6 Clarice Lispector, «Estado de graça — trecho», in *A Descoberta,* op. cit., p. 91.
7 Zuenir Ventura e Carlos Scliar, *apud* Gotlib, *Clarice,* op. cit., pp. 380-381.
8 «Marcha da liberdade toma conta da cidade», *Última Hora,* Rio de Janeiro, 26 de Junho de 1968, ACL.
9 Zuenir Ventura e Carlos Scliar, *apud* Nádia Battella Gotlib, *Clarice,* op. cit., pp. 380-381.
10 Entrevista com Júlio Lerner, *apud* Claire Varin e Clarice Lispector, *Rencontres,* op. cit., p. 213.
11 Elio Gaspari, *A Ditadura Envergonhada,* op. cit., p. 299.
12 *Id., ibid.,* pp. 316-318.
13 Id., *As Ilusões Armadas: A Ditadura Escancarada,* São Paulo: Companhia das Letras, 2002, p. 362.
14 Teresa Cristina Montero Ferreira, *Eu Sou,* op. cit., p. 247.
15 Alberto Dines, *100 Páginas Que Fizeram História: Grandes Momentos do Jornalismo Brasileiro nos Últimos 80 Anos,* São Paulo: LF&N, 1997.
16 Clarice Lispector, «Pertencer», in *A Descoberta,* p. 110.
17 Elisa Lispector, *Corpo a Corpo,* op. cit., p. 44.
18 A mesma história é contada em Lícia Manzo, *Era Uma Vez,* op. cit., pp. 144-145.
19 Eudinyr Fraga, *«Clarice»,* manuscrito dactilografado sem data. Colecção do autor.
20 Entrevista com Rosa Cass, Rio de Janeiro, 29 de Julho de 2006.
21 *Apud* Claire Varin, *Línguas de Fogo,* op. cit., p. 33.
22 Marly de Oliveira, *A Suave Pantera,* Rio de Janeiro: Orfeu, 1968.
23 Carta a Marly de Oliveira, 11 de Julho de 1968, colecção particular, cortesia da Livraria Dantes, Rio de Janeiro.
24 Maria Helena Cardoso, *Vida-Vida,* op. cit., p. x.
25 *Id., ibid.* pp. 232, 335, 340-341.
26 Apud *id., ibid.,* p. x.

## 34. «EU ME HUMANIZEI»

1 Clarice Lispector e Teresa Cristina Montero Ferreira, carta a Paulo Gurgel Valente, 26 de Janeiro de 1969, in *Correspondências,* op. cit., p. 261.
2 Por exemplo, Leo Gilson Ribeiro, Claire Varin e Vilma Arêas.
3 Clarice Lispector, «Menino a bico de pena», 18 de Outubro de 1969, in *A Descoberta,* op. cit., p. 256.
4 Norma Pereira Rego, «Lispector: Sempre em tom maior», 1969, recorte sem data. ACL.
5 Clarice Lispector, *Uma Aprendizagem,* op. cit., p. 39.
6 Fernando Pessoa, *Heróstrato,* op. cit., p. 174.
7 Norma Pereira Rego, «Lispector: Sempre em tom maior», op. cit.
8 Clarice Lispector, *Uma Aprendizagem,* op. cit., p. 22.

9 *Id.*, «As dores da sobrevivência: Sérgio Porto» [28 de Setembro de 1968], in *A Descoberta,* op. cit., p. 142.

10 *Id., ibid.*, p. 79.

11 Id., *Uma Aprendizagem,* op. cit., pp. 138-139.

12 Há muitos exemplos desse processo *in* Lícia Manzo, *Era Uma Vez.,* op. cit., p. 105.

13 Clarice Lispector, *Uma Aprendizagem,* op. cit., pp. 20-21.

14 *Id., ibid.*, pp. 105, 98.

15 *Apud* Sant'Anna, recorte sem data, *Jornal do Brasil,* 25 de Outubro de 1986. Colecção do autor.

16 Fernando Sabino e Clarice Lispector, carta de Fernando Sabino, 29 de Janeiro de 1969, *Cartas,* op. cit., p. 203.

17 Clarice Lispector, *Uma Aprendizagem,* op. cit., p. 70.

18 *Id., ibid.*, p. 35.

19 *Id., ibid.*, pp. 61-62.

20 *Id., ibid.*, pp. 63-64.

21 *Id., ibid.*, pp. 161, 125.

22 Clarice Lispector, «Humildade e técnica», in *A Descoberta do Mundo,* op. cit., p. 251.

23 Id., *Uma Aprendizagem,* op. cit., pp. 118-119.

24 *Id., ibid.*, pp. 114-115, 154-155, 158.

25 *Id., ibid.*, p. 133.

26 *Id., ibid.*, p. 95.

27 *Id., ibid.*, pp. 78, 128.

28 *Id., ibid.*, pp. 174, 181-182.

## 35. *MONSTRE SACRÉ*

1 *Apud* Lícia Manzo, *Era Uma Vez,* op. cit., pp. 102-103.

2 *Id., ibid.*, p. 103.

3 *Apud* Teresa Cristina Montero Ferreira, *Eu Sou,* op. cit., p. 249.

4 Clarice Lispector e Teresa Cristina Montero Ferreira, *Correspondências,* op. cit., p. 276.

5 Clarice Lispector, *Objeto Gritante (II),* op. cit., p. 46.

6 Aqui, e no que se segue, incluindo a entrevista de Lícia Manzo com Azulay: Lícia Manzo, *Era Uma Vez,* op. cit., pp. 93-94.

7 Elisa Lispector, *O Muro de Pedras,* Rio de Janeiro, Livraria José Olympio Editora, 1963.

8 Id., *O Dia mais Longo de Thereza,* Rio de Janeiro: Gráfica Record Editora S. A., 1965.

9 Id., *Corpo a Corpo,* op. cit., p. 13.

10 Clarice Lispector, carta a Elisa Lispector, 1 de Maio de 1945, in *Minhas Queridas,* op. cit., p. 48.

11 Clarice Lispector, carta a Tania Lispector Kaufmann, 22 de Fevereiro de 1947, in *Minhas Queridas,* p. 48.

12 *Id.*, carta a Tania Lispector Kaufmann, 13 de Agosto de 1947, in *Minhas Queridas,* p. 171.

13 *Id.*, carta a Tania Lispector Kaufmann e Elisa Lispector, 25 de Julho de 1956, in *Minhas Queridas,* p. 273.

14 *Id.*, «A vidente», in *A Descoberta,* op. cit., p. 43.

15 *Id.*, *ibid.*, p. 93.

16 «Uma visita à casa dos expostos», *Vamos Lêr!,* 8 de Julho de 1941, in Clarice Lispector et al., *Outros Escritos,* op. cit., pp. 35-42.

17 Olga Borelli, «Liminar: a difícil definição», *in* Clarice Lispector, *A Paixão segundo G. H., Edição Crítica,* op. cit., pp. xx-xxiii.

18 Franco Júnior, «Clarice, segundo Olga Borelli», op. cit., p. 8.

19 Remy Gorga Filho, «Clarice Lispector: Eu não sou um monstro sagrado», *Revista do Livro,* Maio-Junho de 1970.

20 Leo Gilson Ribeiro, «Tentativa de explicação», op. cit.

21 Olga Borelli, *Esboço,* op. cit., p. 26.

## 36. A HISTÓRIA DOS INSTANTES QUE FOGEM

1 *Apud* Nádia Battella Gotlieb, *Clarice,* op. cit., pp. 399-400.

2 *Id.*, *ibid.*, p. 398.

3 Leo Gilson Ribeiro, «Auto-inspeção», *Veja,* 19 de Setembro de 1973.

4 José Castello, *Inventário das Sombras* [1999], Rio de Janeiro: Editora Record, 2006, p. 30.

5 Alexandrino Severino, «As duas versões de Água Viva», *Remate de Males,* n.º 9 (1989), op. cit.

6 Carta a Alexandrino Severino, 23 de Junho de 1972, ACL.

7 Clarice Lispector, *Objeto Gritante,* op. cit., p. 32. Em *Água Viva,* a referência ucraniana foi retirada.

8 *Id.*, *ibid.*, pp. 29-30, 72, 74.

9 *Apud* Alexandre Severino, «As duas versões de Água Viva», op. cit.

10 «Objeto Gritante», *apud* Lícia Manzo, *Era Uma Vez,* op. cit., p. 142.

11 Clarice Lispector, *Objeto Gritante,* op. cit., pp. 44, 63. O comentário sobre a sua mãe volta a aparecer no artigo sobre Brasília, publicado em *Visão do Esplendor,* e também, de uma forma ligeiramente modificada, no conto «Tempestade de Almas», publicado em *Onde Estivestes de Noite: «O monstro sagrado morreu: em seu lugar nasceu uma menina que era sozinha.»*

12 *Id.*, *ibid.*, pp. 66-67.

13 Concisão até de mais, queixou-se ela depois. Cerca de metade do livro foi cortado pelo editor ou pelos herdeiros de Clarice. Ver Franco Júnior, «Clarice, segundo Olga Borelli», op. cit.

14 Franco Júnior, «Clarice, segundo Olga Borelli», op. cit.

15 *Id.*, *ibid.*

16 Carta a Marly de Oliveira, sem data, colecção particular. Cortesia da Livraria Dantes, Rio de Janeiro.

17 Franco Júnior, «Clarice, segundo Olga Borelli», op. cit.

18 *Apud* Nádia Battella Gotlieb, *Clarice,* op. cit., p. 410.

19 Franco Júnior, «Clarice, segundo Olga Borelli», op. cit.

20 Entrevista *apud* Clarice Lispector et al., *Outros Escritos,* op. cit.

21 Clarice Lispector, *Água Viva,* op. cit., p. 16.

22 *Id.*, *ibid.*, p. 37.
23 *Id.*, *ibid.*, p. 22.
24 *Id.*, *ibid.*, p. 31.
25 *Id.*, *ibid.*, p. 78.
26 *Id.*, *ibid.*, pp. 59, 51, 27, 88, 71.
27 *Id.*, *ibid.*, p. 13.
28 Franco Júnior, «Clarice, segundo Olga Borelli», op. cit.
29 Clarice Lispector, *Água Viva,* op. cit., p. 13.
30 *Id.*, «Abstrato e figurativo», in *A Legião,* op. cit., p. 151.
31 Clarice Lispector, *Água Viva,* op. cit., p. 15.
32 *Id.*, *ibid.*, p. 34.
33 *Id.*, *ibid.*, p. 35.
34 Id., *Objeto Gritante,* op. cit., p. 7.
35 Id., *Água Viva,* op. cit., pp. 60-61.
36 *Id.*, *ibid.*, p. 43.

## 37. EXPURGADA

1 Olga Borelli, *Esboço,* op. cit., p. 42.

2 As tensões no país fizeram uma vítima próxima de Clarice. No dia 4 de Setembro de 1969, a guerrilha de esquerda levou a cabo a sua façanha mais espectacular, sequestrando o embaixador norte-americano, Charles Elbrick. Embora o tenham posto em liberdade, ileso, ao fim de 78 horas, exigindo em troca a libertação de guerrilheiros presos, o incidente teve um preço alto para o cunhado de Clarice, Mozart Gurgel Valente, chefe de gabinete do Itamaraty e amigo de Elbrick. Pouco depois ele viria a conseguir um dos mais altos cargos dentro do ministério, tendo sido nomeado embaixador em Washington. Mas tinha ficado esgotado com os problemas da situação anterior, e morreu em Washington a 21 de Dezembro de 1970, deixando Eliane viúva.

3 Elio Gaspari, *A Ditadura Derrotada,* op. cit., p. 504.

4 Ver http://jbonline.terra.com.br/destaques/110anosjb/110anosjb_impr_C2_13.html.

5 Elio Gaspari, *A Ditadura Derrotada,* op. cit., pp. 49-50.

6 *Id.*, *ibid.*, p. 293.

7 Outra questão que complicava as relações do Brasil com os árabes era o seu ancestral apoio às brutais guerras coloniais de Portugal em África, que, juntamente com a própria tirania geriátrica do país, estavam a chegar ao fim.

8 Entrevista com Alberto Dines, São Paulo, 22 de Julho de 2006.

9 *Id.*, *ibid.*

10 Entrevista em *O Pasquim,* 3 de Junho de 1974, *apud* Aparecida Maria Nunes, *Jornalista,* op. cit., p. 94.

11 Dênis de Moraes, «Humor de combate: Henfil e os 30 anos do *Pasquim*», *Ciberlegenda* 1999. O ataque apareceu em *O Pasquim* n.° 138, Fevereiro de 1972.

12 Sérgio Fonta, «O papo: Clarice Lispector», op. cit.

13 Teresa Cristina Montero Ferreira, *Eu Sou,* op. cit., p. 263.

14 Entrevista com Alberto Dines. Gershom Scholem demonstrou as profundas raízes de Kafka na tradição mística judaica.

38. *BATUBA JANTIRAM LECOLI?*

1 *Apud* Lícia Manzo, *Era Uma Vez,* op. cit., p. 163.
2 Teresa Cristina Montero Ferreira, *Eu Sou,* op. cit., p. 264.
3 *Apud* Lícia Manzo, *Era Uma Vez,* op. cit., pp. 163-164.
4 *Id., ibid.*
5 *Id., ibid.*
6 Clarice Lispector, «A entrevista alegre», in *A Descoberta,* op. cit., p. 56.
7 *Id., Objeto Gritante,* op. cit., pp. 47-48.
8 *Id., ibid.* pp. 109-110.
9 *Id., Água Viva,* op. cit. p. 79. O comentário aparece também em Clarice Lispector, *Objeto Gritante,* op. cit., p. 45.
10 Lóri, uma professora primária, também se sentia mais à vontade junto das crianças: «*O que me* salvou *sempre foram os meus alunos, as crianças*», diz ela a Ulisses, as crianças que «*ela agora amava de um amor de mãe*». Clarice Lispector, *Uma Aprendizagem,* op. cit., pp. 160-162.
11 Clarice Lispector e Teresa Cristina Montero Ferreira, carta a Andréa Azulay, 27 de Junho de 1974, in *Correspondências,* op. cit., p. 290.
12 Clarice Lispector, *A Hora,* op. cit.
13 Andréa Azulay, *Meus Primeiros Contos,* Rio de Janeiro: Edição limitada confeccionada por encomenda de Clarice Lispector e prefaciada por ela, 1975, *apud* Lícia Manzo, *Era Uma Vez,* op. cit., p. 168.
14 Clarice Lispector e Teresa Cristina Montero Ferreira, cartas a Andréa Azulay, 7 de Julho de 1974 e sem data («Uma história de tanto amor»), in *Correspondências,* op. cit., pp. 292-293 e 307.
15 Carta de Andréa Azulay, 4 de Janeiro de 1974, ACL.
16 Lícia Manzo, *Era Uma Vez,* op. cit., p. 169.
17 Clarice Lispector, *Quase de Verdade,* Rio de Janeiro: Rocco, 1978.
18 Claire Varin e Clarice Lispector, *Rencontres,* op. cit., p. 31.
19 Elizabeth Lowe, «The Passion According to C. L.», *Review,* n.º 24, 1979, cf. Claire Varin e Clarice Lispector, *Rencontres,* op. cit., p. 62. Luiz Carlos Lacerda achava que *Ulisses* começou a engolir cigarros depois do incêndio que quase matou Clarice, numa tentativa de protegê-la, embora ela o tenha comprado, ao que parece, depois do acidente.
20 Olga Borelli, *apud* Lícia Manzo, *Era Uma Vez,* op. cit., p. 171.
21 Clarice Lispector, carta a Elisa Lispector e Tania Lispector Kauffmann, 25 de Março de 1949, in *Minhas Queridas,* p. 219.
22 Clarice Lispector, *Um Sopro,* op. cit., p. 64.
23 *In* Claire Varin, *Línguas de Fogo,* op. cit., p. 61.
24 Clarice Lispector, *Um Sopro,* op. cit., p. 15.
25 Clarice Lispector, *A Cidade Sitiada,* op. cit., p. 24.
26 *Id., A Maçã,* op. cit., p. 45.
27 *Id.,* «Não soltar os cavalos», in *A Legião,* op. cit., p. 197.
28 Clarice Lispector, *Um Sopro,* op. cit., p. 78.

29 *Id., ibid.*, p. 79.
30 *Id., ibid.*, p. 48.

## 39. GALINHA AO MOLHO PARDO

1 *Apud* Nádia Battella Gotlib, *Clarice,* op. cit., p. 73.
2 Clarice Lispector, *A Vida Íntima de Laura,* Rio de Janeiro: José Olympio, 1974, p. 1.
3 *Id., ibid.*
4 Clarice Lispector, *Objeto Gritante,* op. cit., pp. 56-57; Clarice Lispector, *Uma Aprendizagem,* op. cit., p. 115.
5 *Apud* Nádia Battella Gotlib, *Clarice,* op. cit., p. 415.
6 Antônio Hohlfeldt, «Uma tarde com Clarice Lispector», op. cit.
7 Jorge de Aquino Filho, «Minha Mãe Clarice Lispector», *Manchete,* 13 de Fevereiro de 1982.
8 *In* Clarice Lispector et al., *Outros Escritos,* op. cit., p. 167.
9 *Apud* Lícia Manzo, *Era Uma Vez,* op. cit., pp. 191-192.
10 Ver Pedro Paulo de Sena Madureira (da Nova Fronteira) *in* Teresa Cristina Montero Ferreira, *Eu Sou,* op. cit., p. 270.
11 Para uma lista parcial das traduções de Clarice Lispector, ver Diane Marting, *Clarice Lispector: A Bio-Bibliography,* op. cit., p. 176.
12 Clarice Lispector, «O caso da caneta de ouro», in *A Descoberta,* op. cit., p. 53.
13 Olga Borelli, *Esboço,* op. cit., p. 31.
14 Clarice Lispector, carta a Elisa Lispector, 2 de Janeiro de 1946, in *Minhas Queridas,* p. 53.
15 *Id., Onde,* op. cit., p. 57.
16 Clarice Lispector et al., *Outros Escritos,* op. cit., p. 167.
17 Carta de Anna Maria da Silva Telles Watson, Editora Artenova, 26 de Abril de 1976, ACL. Watson talvez estivesse próxima da verdade. Conta-se que, para ajudar a amiga, a irmã de Olga Borelli, Helena, fez muitas das traduções por ela.
18 Clarice Lispector, *Onde,* op. cit., p. 8.
19 *Id., ibid.*, pp. 19-20.
20 *Id., ibid.*, p. 25.
21 *Id., ibid.*, p. 32.
22 *Id., ibid.*, pp. 38-39.
23 *Id., ibid.*, pp. 63, 68, 61, 65.
24 *Id., ibid.*, p. 78.

## 40. PORNOGRAFIA

1 Franco Júnior, «Clarice, segundo Olga Borelli», op. cit.
2 Olga Borelli, *Esboço,* op. cit., pp. 34-35.
3 *Id., ibid.*, p. 40.
4 Entrevista com Gilda Murray, São Paulo, 19 de Setembro de 2006.

5 Entrevista com Luiz Carlos Lacerda, Rio de Janeiro, 1 de Agosto de 2006.
6 *Id.*, *ibid.*
7 Entrevista com Marina Colasanti, Rio de Janeiro, 2 de Agosto de 2006.
8 Entrevista com Alberto Dines, São Paulo, 22 de Julho de 2006.
9 Lícia Manzo, *Era Uma Vez,* op. cit., p. 162.
10 Clarice Lispector, *Objeto Gritante,* op. cit., p. 55.
11 *Id.*, *Via Crucis,* op. cit., p. 15.
12 *Id.*, *ibid.*, pp. 9-10.
13 *Id.*, *ibid.*, p. 10.
14 *Id.*, *ibid.*, p. 65.
15 *Id.*, *ibid.*, p. 9.
16 José Maria Cançado, «O "vício impune" da leitura», *Folha de S. Paulo,* 25 de Outubro de 1992.
17 Celso Arnaldo Araújo, «Uma escritora no escuro — Clarice Lispector», *Manchete,* 3 de Maio de 1975, *in* Aparecida Maria Nunes, *Jornalista,* op. cit., p. 96.
18 Clarice Lispector, *Via Crucis,* op. cit., pp. 81-82, 44.
19 *Id.*, *ibid.*, pp. 68, 57.
20 Aquino Filho, «Minha Mãe Clarice Lispector», *apud* Claire Williams, *The Encounter between Opposites in the Works of Clarice Lispector,* Bristol, Inglaterra, Hispanic, Portuguese and Latin American Monographs, 2006, pp. 177-178. Há um ligeiro engano na lembrança da data.
21 Marta Peixoto aponta dois outros contos que se referem simbolicamente ao estupro, ambos em *Laços de Família:* «Preciosidade» e «Mistério em São Cristóvão». Nenhum deles é tão explícito e tão-pouco claramente ligado à recordação da mãe de Clarice. Ver Marta Peixoto, «Rape and Textual Violence», in *Passionate Fictions: Gender, Narrative, and Violence in Clarice Lispector,* Minneapolis: University of Minnesota Press, 1994.
22 Clarice Lispector, *Via Crucis,* op. cit., p. 86.
23 *Id.*, *ibid.*, p. 87.
24 *Id.*, *ibid.*, p. 89.
25 *Id.*, *ibid.*

## 41. A BRUXA

1 Bruna Becherucci, «Lixo, sim: Lançamento inútil», *Veja,* 31 de Julho de 1974.
2 Celso Arnaldo Araújo, «Uma escritora no escuro — Clarice Lispector», *in* Aparecida Maria Nunes, *Jornalista,* op. cit. p. 96.
3 Emmanuel de Moraes, «A via-crucis de Clarice», *Jornal do Brasil,* 17 de Agosto de 1974.
4 Celso Arnaldo Araújo, «Uma escritora no escuro — Clarice Lispector», *in* Aparecida Maria Nunes, *Jornalista,* op. cit., p. 96.
5 Clarice Lispector, *Via Crucis,* op. cit., p. 53.
6 Carlos Graieb, «A ciranda de Lygia», *Veja São Paulo,* 6 de Agosto de 2008.
7 Carta de Simón González, 1975, ACL.

8 Robert L. Nicklaus, «Occult Conventioneers», *Evangelical Missions Quarterly*, 1 de Janeiro de 1976.

9 «Moonlight Dance Opens a Congress of Sorcery», *New York Times*, 26 de Agosto de 1975.

10 Clarice Lispector et al., Montero, *Outros Escritos*, op. cit., pp. 120, 122.

11 Uma versão começava assim: «*Não busco o mágico do sobrenatural. Mas eu me arrepio toda quando, como aconteceu um dia destes, eu estava angustiada e solitária e sem futuro — quando de repente sem aviso prévio, ao entardecer do dia, caiu uma chuva que veio descarregar toda a minha energia elétrica e me acalmar me fazendo dormir profundamente aliviada. A chuva e eu tivemos um relacionamento mágico. No dia seguinte li no jornal, com grande surpresa, que essa chuva que agiu em mim como magia branca tivesse funcionado como magia negra com outras pessoas: o jornal dizia que a chuva fora de granizo, que destelhara casas, que impedira o voo de aviões.*» Olga Borelli, *Esboço*, op. cit., pp. 56-57.

12 *Apud* Marilene Felinto, «Lispector foi a congresso de bruxaria», *Folha de S. Paulo*, 2 de Agosto de 1992.

13 Horácio Oliveira, recorte de jornal sem título, 23 de Dezembro de 1977, ACL.

14 Isa Cambará, «Clarice Lispector: Não escrevo para agradar a ninguém», *Folha de S. Paulo*, 10 de Setembro de 1975.

15 *Id.*, *ibid.*

16 Affonso Romano de Sant'Anna, recorte sem título, *Jornal do Brasil*, 25 de Outubro de 1986, ACL.

17 José Castello, *Inventário das Sombras*, op. cit., p. 28.

18 Clarice Lispector, *Onde*, op. cit., p. 68.

19 Id., *Um Sopro*, op. cit., p. 22.

20 *Apud* Claire Varin, *Línguas de Fogo*, op. cit., p. 155.

21 Clarice Lispector, *Visão*, op. cit., p. 64.

22 Olga Borelli, *Esboço*, op. cit., p. 70.

23 «Esboço de uma possível pintora», *Jornal do Brasil*, 4 de Novembro de 1992.

24 Clarice Lispector, carta a Elisa Lispector e Tania Lispector Kaufmann, 8 de Maio de 1956, in *Minhas Queridas*, op. cit., p. 269.

25 Id., *Um Sopro de Vida*, op. cit., p. 55.

26 *Id.*, *ibid.*

## 42. A COISA EM SI

1 Claire Williams observa que também Lucrécia é um «quadro de um quadro». «Qualquer retrato dela era mais real do que ela própria», por exemplo. Claire Williams, *The Encounter*, op. cit., p. 59; Clarice Lispector, *A Cidade Sitiada*, op. cit., p. 71.

2 Clarice Lispector, *Um Sopro*, op. cit., pp. 18-19.

3 Clarice Lispector et al., *Outros Escritos*, op. cit.

4 Clarice Lispector, *Um Sopro*, op. cit., p. 108.

5 *Id.*, *ibid.*, p. 82.

6 *Id.*, *ibid.*, p. 25.

7 Isa Cambará, «Clarice Lispector: Não escrevo para agradar ninguém», op. cit.
8 Clarice Lispector, *Um Sopro,* op. cit., p. 32.
9 *Id., ibid.*, pp. 38, 65.
10 *Id., ibid.*, p. 77.
11 *Id., ibid.*, p. 131.
12 *Id., ibid.*, p. 105.
13 *Id., ibid.*
14 *Id., ibid.*, p. 152.
15 *Id., ibid.*, p. 165.
16 *Id., ibid.*, pp. 162-163.
17 *Id., ibid.*, p. 166.
18 *Id., ibid.*, p. 167.
19 Olga Borelli, «Não dá para analisar Clarice», *Brasil/Brazil: Revista de Literatura Brasileira* (2001): p. 96, *apud* Lícia Manzo, *Era Uma Vez,* op. cit., p. 207.

## 43. SILÊNCIO LISPECTORIANO

1 Clarice Lispector e Teresa Cristina Montero Ferreira, carta a Mafalda Veríssimo, 28 de Novembro de 1975, *Correspondências,* op. cit., p. 310.
2 Entrevista com Alberto Dines, São Paulo, 22 de Julho de 2006.
3 *Apud* Nádia Battella Gotlib, *Clarice,* op. cit., pp. 436-437.
4 Olga Borelli, *Esboço,* op. cit., pp. 47-48; Lícia Manzo, *Era Uma Vez,* op. cit., p. 190.
5 Juan Cruz, «Carmen Balcells: Autorretrato de una dama», *El País,* 11 de Março de 2007.
6 Olga Borelli, *Esboço,* op. cit., p. 58.
7 *Id., ibid.*, pp. 25, 26.
8 Nádia Battella Gotlib, *Clarice,* op. cit., pp. 443-444.
9 Entrevista com Rosa Cass, Rio de Janeiro, 29 de Julho de 2006.
10 Este relato é um pouco suspeito, pois Elisa nunca tinha gostado da ideia de Clarice se ter casado com um não-judeu.
11 Edilberto Coutinho, *Criaturas,* op. cit., p. 170.
12 Nádia Battella Gotlib, *Clarice,* op. cit., pp. 438-349.
13 *Id., ibid.*, pp. 479-480.
14 Entrevista com Rosa Lispector, Recife, 18 de Agosto de 2005.
15 Nádia Battella Gotlib, *Clarice,* op. cit., p. 480.
16 Teresa Cristina Montero Ferreira, *Eu Sou,* op. cit., p. 282
17 Edilberto Coutinho, *Criaturas,* op. cit., pp. 155-156.
18 Recorte sem título [Brasília?], ACL.
19 Recorte sem título [Porto Alegre?], ACL.
20 «Entrevista com Caio Fernando Abreu», *O Estado de S. Paulo,* 9 de Dezembro de 1995.
21 Nádia Battella Gotlib, *Clarice,* op. cit., p. 293.
22 Teresa Cristina Montero Ferreira, *Eu Sou,* op. cit., p. 275. Gilles provavelmente inspirou o conto do maquilhador em *A Via Crucis do Corpo,* «Ele Me Bebeu».

### 44. FALANDO DO TÚMULO

1 Esta entrevista está disponível na Internet.
2 Júlio Lerner, «Última entrevista», *op. cit.*

### 45. NOSSA SENHORA DA BOA MORTE

1 Clarice Lispector, *Uma Aprendizagem,* op. cit., p. 136.
2 Jacinto Rego de Almeida, «Um encontro com Clarice Lispector», *Jornal de Letras* (Lisboa), 14 de Abril de 1992.
3 *Apud* Lícia Manzo, *Era Uma Vez,* op. cit., pp. 206-207.
4 *Id., ibid.*, p. 209.
5 Entrevista com Norma Couri, São Paulo, 22 de Julho de 2006. Há outra referência a esse hábito em Claire Varin, *Línguas de fogo,* op. cit., p. 85.
6 Otto Lara Resende, «Mãe, filha, amiga», op. cit.
7 Júlio Lerner, «Última entrevista», *op. cit.*
8 Clarice Lispector, *A Vida Íntima de Laura,* op. cit.
9 Id., *A Hora,* op. cit., pp. 59-60.
10 1 Macabeus 19-21.
11 Franco Júnior, «Clarice, segundo Olga Borelli», op. cit.
12 Clarice Lispector, *A Hora,* op. cit., p. 26.
13 *Id., ibid.*
14 *Id., ibid.*, pp. 27-28.
15 Franco Júnior, «Clarice, segundo Olga Borelli», op. cit.
16 Clarice Lispector, *A Hora,* op. cit., p. 36.
17 *Id., ibid.*, pp. 39-40.
18 *Id., ibid.*, pp. 42, 44, 43.
19 *Id., ibid.*, pp. 55, 54
20 *Id., ibid.*, pp. 52, 53.
21 *Id., ibid.*, p. 54.
22 *Id., ibid.*, p. 59.
23 2 Macabeus 6-2. Para essa referência, ver Nelson Vieira, «A expressão judaica na obra de Clarice Lispector», in *Clarice Lispector: Remate de Males, Revista do Departamento de Teoria Literária,* ed. Vilma Arêas e Berta Waldman, Campinas: Universidade Estadual de Campinas, 1989, p. 209.
24 Clarice Lispector, *A Hora,* op. cit., p. 60.
25 José Castello, *Inventário das Sombras,* op. cit. p. 26.
26 Clarice Lispector, *A Hora,* op. cit., p. 54.
27 *Id., ibid.*, p. 76.
28 *Id., ibid.*, p. 88.
29 *Id., ibid.*, pp. 90, 92.
30 *Id., ibid.*, pp. 95-96.
31 *Id., ibid.*, p. 98.
32 *Apud* Teresa Cristina Montero Ferreira, *Eu Sou,* op. cit., p. 286.
33 Júlio Lerner, «Última entrevista», *op. cit.*
34 Clarice Lispector, *A Hora,* op. cit., p. 22.
35 *Id., ibid.*, p. 25.

36 *Id.*, *ibid.*, pp. 34, 35, 32, 28.
37 *Id.*, *ibid.*, p. 50.
38 Publicado sob o pseudónimo Tristão de Athayde, «Requiem para Clarice», *Jornal do Brasil,* 12 de Janeiro de 1978.
39 Lispector et al., *Outros Escritos,* op. cit., p. 139.
40 Clarice Lispector, *Perto,* [ed. 1980], op. cit., p. 13.
41 Id., *A Hora,* op. cit., p. 99.
42 *Id.*, *ibid.*, pp. 100, 101.
43 *Id.*, *ibid.*, p. 102
44 *Id.*, *ibid.*, p. 103.
45 *Id.*, *ibid.*, p. 104.
46 «Sepultamento de Clarice será simples e discreto.» Ver também Olga Borelli, entrevistada in *Manchete,* 1981, *apud* Nádia Battella Gotlib, *Clarice,* op. cit., p. 481.
47 «Sepultamento de Clarice será simples e discreto.»
48 *Apud* Nádia Battella Gotlib, *Clarice,* op. cit., pp. 481-482.
49 Entrevista com Rosa Cass, Rio de Janeiro, 29 de Julho de 2006.
50 Teresa Cristina Montero Ferreira, *Eu Sou,* op. cit., p. 291.
51 *Apud* Nádia Battella Gotlib, *Clarice,* op. cit., p. 483.
52 Olga Borelli, *Esboço,* op. cit., pp. 60-62.
53 *Apud* Nádia Battella Gotlib, *Clarice,* op. cit., p. 484.
54 Paulo Francis, «Clarice: impressões de uma mulher que lutou sozinha», op. cit.

# BIBLIOGRAFIA


ABRAMSON, Henry, *A Prayer for the Government: Ukrainians and Jews in Revolutionary Times, 1917-1920,* Cambridge, Mass.: Harvard University Press for the Harvard Ukrainian Research Institute e Center for Jewish Studies, 1999.

AMERICAN JEWISH CONGRESS, Israel GOLDBERG e Committee on Protest against the Massacres of Jews in Ukrainia and Other Lands, *The Massacres and Other Atrocities Committed against the Jews in Southern Russia,* Nova Iorque, 1920.

AN-SKI, S., *The Enemy at His Pleasure: A Journey through the Jewish Pale of Settlement during World War I,* Trad. Joachim Neugroschel, Nova Iorque: Metropolitan Books, 2002.

ANDRADE, Oswald de, «[O Lustre]», *Correio da Manhã,* 26 de Fevereiro de 1946.

AQUINO FILHO, Jorge de, «Minha Mãe Clarice Lispector», *Manchete,* 13 de Fevereiro de 1982.

ARAÚJO, Celso Arnaldo, «Uma escritora no escuro — Clarice Lispector», *Manchete,* 3 de Maio de 1975.

ARÊAS, Vilma e Berta WALDMAN (org.), *Clarice Lispector: Remate de Males,* Vol. 9, *Revista do Departamento de Teoria Literária,* Campinas: Universidade Estadual de Campinas, 1989.

ASSIS BRASIL, «Laços de Família», *Jornal do Brasil, 2* de Setembro de 1960.

ATHAYDE, Tristão de, «Requiem para Clarice», *Jornal do Brasil*, 12 de Janeiro de 1978.

ATHAYDE, Tristão de, Amado FONTES, Cornélio PENNA, Érico VERÍSSIMO, Graciliano RAMOS, Jorge AMADO, José Geraldo VIEIRA, José LINS DO REGO, Lúcio CARDOSO, Octavio de FARIA e Rachel de QUEIROZ, *10 Romancistas Falam de Seus Personagens*, Rio de Janeiro: Edições Conde, 1946.

AYALA, Walmir, «"A Paixão segundo G. H.": Um romance de doação», *Jornal do Comércio*, 1 de Dezembro de 1964.

AZULAY, Andréa, *Meus Primeiros Contos*, Rio de Janeiro, Edição limitada confeccionada por encomenda de Clarice Lispector e prefaciada por ela, 1975.

BANDEIRA, Manuel, e Ralph Edward INGALLS DIMMICK, *Brief History of Brazilian Literature, Pensamiento de América*, Washington, D.C.: Pan American Union, 1958.

BARROSO, Gustavo, *Os Protocolos dos Sábios de Sião: O Imperialismo de Israel. O Plano dos Judeus para a Conquista do Mundo. O Código do Anti-Cristo. Provas de autenticidade, documentos, notas, e comentários. Texto completo e apostilado por Gustavo Barroso*, São Paulo: Agência Minerva Editora, 1936.

BECHERUCCI, Bruna, «Lixo, sim: Lançamento Inútil», *Veja*, 31 de Julho de 1974.

BISHOP, Elizabeth, *Poems, Prose, and Letters*, Ed. de Robert Giroux e Lloyd Schwartz, Nova Iorque: Library of America, 2008.

BISHOP, Elizabeth & Clarice LISPECTOR, «Three Stories by Clarice Lispector», *Kenyon Review*, n.º 26, 1964: 501-11.

BISHOP, Elizabeth e Robert LOWELL, *Words in Air: The Complete Correspondence between Elizabeth Bishop and Robert Lowell*, org. Thomas Travisano e Saskia Hamilton, Nova Iorque: Farrar, Straus and Giroux, 2008.

BLOCH, Chayim, *The Golem: Legends of the Ghetto of Prague*, Viena: The Golem, 1925.

BOOGAART, Ernst van den, Hendrik Richard HOETINK e Peter James PALMER WHITEHEAD, *Johan Maurits van Nassau-Siegen 1604-1679: A Humanist Prince in Europe and Brazil: Essays on the Occasion of the Tercentenary of His Death*, Haia: Johan Maurits van Nassau Stichting, 1979.

BORELLI, Olga, *Clarice Lispector, Esboço para Um Possível Retrato,* Rio de Janeiro: Nova Fronteira, 1981.

BORELLI, Olga, «Não dá para analisar Clarice», *Brasil/Brazil: Revista de Literatura Brasileira,* 2001.

BOXER, C. R., *The Dutch in Brazil, 1624-1654*, Oxford: Clarendon Press, 1957.

BRAGA, Rubem, *A Cidade e a Roça,* Rio de Janeiro: José Olympio, 1957.

BRAGA, Rubem, *Com a F. E. B. na Itália, Crônicas,* Rio de Janeiro: Livraria Editora Zélio Valverde, 1945.

BRANDÃO, Moreno, «Alagoas em 1925», in *Livro do Nordeste (comemorativo do 1.º centenário do Diário de Pernambuco)* [1925], Recife: Secretaria da Justiça, Arquivo Público Estadual, 1979.

BRASIL, Emanuel, *Nossos Clássicos: Clarice Lispector,* n.º 120, Rio de Janeiro: Agir, 1994.

BROWN, Kate, *A Biography of No Place: From Ethnic Borderland to Soviet Heartland,* Cambridge e Mass.: Londres: Harvard University Press, 2004.

CABRAL DE MELO NETO, João, *Agrestes: Poesia (1981-1985),* Rio de Janeiro: Nova Fronteira, 1985.

CALADO, Manoel, *O Valeroso Lucideno. E Triumpho da Liberdade: Primeira Parte,* Lisboa: Por Paulo Craesbeeck Impressor e Livreiro das Ordens Militares, 1648.

CALMON, Pedro, *História do Brasil,* Vol. 2, Rio de Janeiro: José Olympio, 1971.

CAMBARÁ, Isa, «Clarice Lispector: Não escrevo para agradar a ninguém», *Folha de S. Paulo,* 10 de Setembro de 1975.

CAMBARÁ, Isa, «Escritora mágica», *Veja,* 30 de Julho de 1975.

CANÇADO, José Maria, «O "vício impune" da leitura», *Folha de S. Paulo,* 25 de Outubro de 1992.

CANDIDO, Antonio, «Perto do Coração Selvagem», *Folha da Manhã,* 16 de Julho de 1944.

CANDIDO, Antonio, *Vários Escritos,* São Paulo: Livraria Duas Cidades, 1977.

CARDOSO, Lúcio e Mario CARELLI, *Crônica da Casa Assassinada,* Ed. Crítica, Nanterre, França: ALLCA XX, Université Paris X, Centre de Recherches Latino-Américaines, 1991.

CARDOSO, Maria Helena, *Por Onde Andou Meu Coração: Memórias,* Rio de Janeiro: José Olympio, 1967.

CARDOSO, Maria Helena, *Vida-Vida: Memória,* Rio de Janeiro: José Olympio, 1973.

CARELLI, Mario, *Corcel de Fogo: Vida e Obra de Lúcio Cardoso (1912-1968),* Rio de Janeiro: Editora Guanabara, 1988.

CARVALHO, Marco Antonio de, *Rubem Braga: Um Cigano Fazendeiro do Ar,* Rio de Janeiro: Editora Globo, 2007.

CASTELLO, José, *Inventário das Sombras* [1999], Rio de Janeiro: Editora Record, 2006.

CASTRO, Ruy, *Carmen: Uma Biografia,* São Paulo: Companhia das Letras, 2005.

CASTRO, Ruy, *Ela É Carioca: Uma Enciclopédia de Ipanema* [2.ª ed.], São Paulo: Companhia das Letras, 1999.

CIXOUS, Hélène, *«Coming to Writing» and Other Essays*, Ed. e Trad. Deborah Jenson, Cambridge, Mass.: Harvard University Press, 1991.

«Clarice e *A Maçã no Escuro*», *Diário de Notícias,* 30 de Julho de 1961.

«Clarice Lispector diz que Escreve sem ter Esquemas» [Curitiba], 25 de Julho de 1970.

«Clarice, um mistério sem muito mistério», *Correio da Manhã,* 2 de Novembro de 1971.

«Clarice morreu. Sem saber que morria», *O Estado de S. Paulo,* 10 de Dezembro de 1977, p. 27.

CÓRDOVA-BELLO, Eleazar, *Compañias Holandesas de Navegación, Agentes de la Colonización Neerlandesa,* Sevilha: Escuela de Estudios Hispano-Americanos, 1964.

COUTINHO, Edilberto, *Criaturas de Papel: Temas de Literatura & Sexo & Folclore & Carnaval & Futebol & Televisão & Outros Temas da Vida,* Rio de Janeiro: Civilização Brasileira, 1980.

CRUZ, Juan, «Carmen Balcells: Autorretrato de una dama», *El País,* 11 de Março de 2007.

DAN, Joseph, *The Early Kabbalah,* Trad. Ronald C. Kiener, Nova Iorque: Paulist Press, 1986.

DECOL, René, «Uma certa Aracy, um chamado João», *Folha de S. Paulo,* 18 de Dezembro de 2006.

DENIS, Ferdinand, *Résumé de l'Histoire Littéraire du Portugal, suivi du Résumé de l'Histoire Littéraire du Brésil*, Paris: Lecointe et Durey, 1826.

DINES, Alberto, *100 Páginas Que Fizeram História: Grandes Momentos do Jornalismo Brasileiro nos Últimos 80 anos,* São Paulo: LF&N, 1997.

DINES, Alberto, *Morte no Paraíso: A Tragédia de Stefan Zweig* [3.ª ed.], Rio de Janeiro: Rocco, 2004.

DULLES, John W. F., *Carlos Lacerda, Brazilian Crusader, 2* vols., Austin: University of Texas Press, 1991.

«Entrevista com Caio Fernando Abreu», *O Estado de S. Paulo*, 9 de Dezembro de 1995.

«Esboço de uma possível pintora», *Jornal do Brasil,* 4 de Novembro de 1992.

ESCOREL, Lauro, «Crítica Literária», *A Manhã,* 20 de Outubro de 1944.

ESCOREL, Lauro, «Prêmio da Fundação Graça Aranha de 1943», *A Manhã,* 29 de Outubro de 1944.

FALBEL, Nachman, *Estudos sobre a Comunidade Judaica no Brasil,* São Paulo: Federação Israelita do Estado de São Paulo, 1984.

FALBEL, Nachman, *Jacob Nachbin,* São Paulo: Nobel, 1985.

FAUSTO, Boris, *Getúlio Vargas,* São Paulo: Companhia das Letras, 2006.

FELINTO, Marilene, «Lispector foi a congresso de bruxaria», *Folha de S. Paulo,* 2 de Agosto de 1992.

FERNÁNDEZ, Sílvia Leal, «Um ano sem Clarice», *Desfile,* Dezembro de 1978.

FERREIRA, Teresa Cristina Montero, *Eu Sou Uma Pergunta: Uma biografia de Clarice Lispector,* Rio de Janeiro: Rocco, 1999.

FIGES, Orlando, *A People's Tragedy: The Russian Revolution, 1841-1924,* Nova Iorque: Viking, 1996.

FINAMOUR, Jurema, «Clarice Lispector», *Jornal de Letras,* Setembro de 1960.

FONTA, Sérgio, «O papo: Clarice Lispector», *Jornal de Letras,* n.º 259, 1972:5.

FRAGA, Eudinyr, «Clarice», Manuscrito dactilografado inédito, colecção do autor.

FRANCIS, Paulo, «Clarice: Impressões de uma mulher que lutou sozinha», *Folha de S. Paulo,* 15 de Dezembro de 1977.

FRANCO JÚNIOR, Arnaldo, «Clarice, segundo Olga Borelli», *Minas Gerais, Suplemento Literário,* 19 de Dezembro de 1987.

«Frases que ficaram», *O Jornal,* 25 de Fevereiro de 1968.

FREIXAS, Laura, *Clarice Lispector: Vidas Literarias,* Barcelona: Ediciones Omega, 2001.

GASPARI, Elio, *As Ilusões Armadas: A Ditadura Envergonhada,* São Paulo, Companhia das Letras, 2002.

GASPARI, Elio, *As Ilusões Armadas: A Ditadura Escancarada,* São Paulo: Companhia das Letras, 2002

GASPARI, Elio, *O Sacerdote e o Feiticeiro: A Ditadura Derrotada,* São Paulo: Companhia das Letras, 2003.

GILBERT, Martin, *Atlas of Russian History,* Nova Iorque: Dorset Press, 1972.

GILIO, María Esther, «Tristes trópicos: Con Clarice Lispector em Río», *Triunfo,* 5 de Junho de 1976.

GIRSOLER, Ulysses, «Psychodiagnostique de Rorschach» [1947-48], Clarice Lispector Archive, Arquivo-Museu de Literatura Brasileira, Fundação Casa de Rui Barbosa, Rio de Janeiro.

GOMES, Angela Maria de Castro, *Em Família: A Correspondência de Oliveira Lima e Gilberto Freyre, Coleção Letras em Série,* Campinas: CECULT Mercado de Letras, 2005.

GORGA FILHO, Remy, «Clarice Lispector: Eu não sou um monstro sagrado», *Revista do Livro,* Maio-Junho, 1970, pp. 112-15.

GOTLIB, Nádia Battella, *Clarice: Uma Vida Que Se Conta,* São Paulo: Editora Ática, 1995.

GOTLIB, Nádia Battella, *Clarice Fotobiografia,* São Paulo: Edusp/ Imprensa Oficial, 2007.

GRAIEB, Carlos, «A ciranda de Lygia», *Veja, São Paulo,* 6 de Agosto de 2008.

GUIMARÃES, Valmiki Villela, «Clarice Lispector em duas histórias», *Minas Gerais, Suplemento Literário,* 19 de Dezembro de 1987.

HESSE, Hermann, *Der Steppenwolf* [1927], Berlim: G. Fischer Verlag, 1961.

HOFFERMAN, Nathan, *The 20th Century and I,* Records of the Chechelnicker Benevolent Association of New York.

HOHLFELDT, Antônio, «Uma tarde com Clarice Lispector», *Correio do Povo,* 3 de Janeiro de 1971.

HOWE, Irving, *World of Our Fathers,* Nova Iorque: Harcourt Brace Jovanovich, 1976.

HUNDERT, Gershon David (org.), *The YIVO Encyclopedia of Jews in Eastern Europe, 2* vols., New Haven: Yale University Press, 2008.

INSTITUTO MOREIRA SALLES, *Cadernos de Literatura Brasileira: Clarice Lispector,* Vols. 17 e 18, São Paulo: Instituto Moreira Salles, 2004.

INSTITUTO MOREIRA SALLES, *Cadernos de Literatura Brasileira: Érico Veríssimo,* Vol. 16, São Paulo: Instituto Moreira Salles, 2003.

INSTITUTO MOREIRA SALLES e Carlos MENDES DE SOUSA, «A revelação do nome», in *Cadernos de Literatura Brasileira: Clarice Lispector,* São Paulo: Instituto Moreira Salles, 2004.

IVO, Lêdo, *Melhores Crônicas de Lêdo Ivo,* Org. Gilberto Mendonça Teles, São Paulo: Global Editora, 2004.

KAUFMAN, Tânia Neumann, *Passos Perdidos, História Recuperada: A Presença Judaica em Pernambuco,* Recife: Editora Bagaço, 2000.

KAUFMAN, Tânia; Amaro BRAGA, Danielle JAMES e Roberta CIRNE, *Passos Perdidos, História Desenhada: A Presença Judaica em Pernambuco no Século XX,* Vol. 1, Recife: Arquivo Histórico Judaico de Pernambuco, 2005.

KAUFMAN, Tânia Neumann, *Passos Perdidos, História Recuperada: A Presença Judaica em Pernambuco,* Recife, Pernambuco, Brasil: Editora Bagaço, 2000.

KOIFMAN, Fábio, *Quixote nas Trevas: O Embaixador Souza Dantas e os Refugiados do Nazismo,* Rio de Janeiro: Editora Record, 2002.

KUSHNIR, Beatriz, *Baile de Máscaras: Mulheres Judias e Prostituição: As Polacas e Suas Associações de Ajuda Mútua,* Rio de Janeiro: Imago Editora, 1996.

LECACHE, Bernard, *Quand Israël Meurt…,* Paris: Editions du «Progrès civique», 1927.

LERNER, Júlio, *Clarice Lispector, Essa Desconhecida,* São Paulo: Via Lettera, 2007.

LERNER, Júlio, «A última entrevista de Clarice Lispector», *Shalom,* Junho-Agosto de 1992, 62-69.

LESSER, Jeffrey, *Welcoming the Undesirables: Brazil and the Jewish Question,* Berkeley: University of California Press, 1995.

LEWIS, Norman, *Naples '44* [1978], Nova Iorque: Pantheon Books, 2002.

LINHARES, Temístocles, «Romances Femininos», *O Estado de S. Paulo — Suplemento Literário,* 18 de Novembro de 1961.

LINS, Álvaro, *Os Mortos de Sobrecasaca: Obras, Autores e Problemas de Literatura Brasileira: Ensaios e Estudos, 1940-1960,* Rio de Janeiro: Editora Civilização Brasileira, 1963.

LISPECTOR, Clarice, *Água Viva* [1973], Rio de Janeiro: Editora Artenova, 1993.

LISPECTOR, Clarice, *Alguns Contos,* Os Cadernos de Cultura, ed. Rio de Janeiro: Ministério da Educação e Saúde, Serviço de Documentação, 1952.

LISPECTOR, Clarice, *Atrás do Pensamento: Monólogo com a Vida* [c. 1971], colecção de Dorothea Severino, Nashville, Tennessee.

LISPECTOR, Clarice, *A Bela e a Fera,* Rio de Janeiro: Nova Fronteira, 1979.

LISPECTOR, Clarice, *A Cidade Sitiada,* Rio de Janeiro: A Noite, 1948.

LISPECTOR, Clarice, *De Corpo Inteiro,* São Paulo: Editora Siciliano, 1992.

LISPECTOR, Clarice, *A Descoberta do Mundo* [1984], Rio de Janeiro: Francisco Alves Editora, 1994.

LISPECTOR, Clarice, *Dez Contos Selecionados de Clarice Lispector,* Brasília: Confraria dos Bibliófilos do Brasil, 2004.

LISPECTOR, Clarice, *Felicidade Clandestina,* Rio de Janeiro: Sabiá, 1971.

LISPECTOR, Clarice, *A Hora da Estrela,* Rio de Janeiro: Livraria José Olympio, 1977.

LISPECTOR, Clarice, *Laços de Família,* São Paulo: Francisco Alves, 1960.

LISPECTOR, Clarice, *A Legião Estrangeira,* Rio de Janeiro: Editora do Autor, 1964.

LISPECTOR, Clarice, *A Maçã no Escuro* [1961], Rio de Janeiro: Livraria Francisco Alves, 1992.

LISPECTOR, Clarice, *Minhas Queridas,* Rio de Janeiro: Rocco, 2007.

LISPECTOR, Clarice, *A Mulher Que Matou os Peixes,* Rio de Janeiro: Sabiá, 1968.

LISPECTOR, Clarice, *O Lustre,* Rio de Janeiro: Livraria Agir Editora, 1946.

LISPECTOR, Clarice, *Objeto Gritante,* 1971, Arquivo de Clarice Lispector, Arquivo-Museu de Literatura Brasileira, Fundação Casa de Rui-Barbosa, Rio de Janeiro.

LISPECTOR, Clarice, *Objeto Gritante (II)*, 1971, Colecção de Dorothea Severino, Nashville, Tennessee.

LISPECTOR, Clarice, *Onde Estivestes de Noite,* Rio de Janeiro, Editora Artenova, 1974.

LISPECTOR, Clarice, *A Paixão segundo G. H.* [1964], Rio de Janeiro: Editora do Autor, 1991.

LISPECTOR, Clarice, *A Paixão segundo G. H.: Edição Crítica,* Org. Benedito Nunes, *Coleção Arquivos,* Paris: ALLCA XX, 1988.

LISPECTOR, Clarice, *Perto do Coração Selvagem,* Rio de Janeiro: A Noite, 1943.

LISPECTOR, Clarice, *Perto do Coração Selvagem* [2.ª ed.], São Paulo: Francisco Alves Editora, 1963.

LISPECTOR, Clarice, *Perto do Coração Selvagem* [7.ª ed.], Rio de Janeiro: Nova Fronteira, 1980.

LISPECTOR, Clarice, *Quase de Verdade,* Rio de Janeiro: Rocco, 1978.

LISPECTOR, Clarice, *Soulstorm: Stories,* Trad. Alexis Levitin, Nova Iorque: New Directions, 1989.

LISPECTOR, Clarice, *Um Sopro de Vida (Pulsações),* Rio de Janeiro: Editora Nova Fronteira, 1978.

LISPECTOR, Clarice, *Uma Aprendizagem ou O Livro dos Prazeres* [1969], Rio de Janeiro: Sabiá, 1993.

LISPECTOR, Clarice, *A Via Crucis do Corpo,* Rio de Janeiro, Editora Artenova, 1974.

LISPECTOR, Clarice, *A Vida Íntima de Laura,* Rio de Janeiro: José Olympio, 1974.

LISPECTOR, Clarice, *Visão do Esplendor: Impressões Leves,* Rio de Janeiro: Livraria Francisco Alves, 1975.

LISPECTOR, Clarice e Teresa MONTERO, *Correspondências,* Rio de Janeiro: Rocco, 2002.

LISPECTOR, Clarice; Teresa MONTERO e Lícia MANZO, *Outros Escritos,* Rio de Janeiro: Rocco, 2005.

LISPECTOR, Clarice e Aparecida Maria NUNES, *Correio Feminino,* Rio de Janeiro: Rocco, 2006.

LISPECTOR, Elisa, *Além da Fronteira* [1945], Rio de Janeiro: Leitura, 1988.

LISPECTOR, Elisa, *Corpo a Corpo,* Rio de Janeiro: Edições Antares, 1983.

LISPECTOR, Elisa, *No Exílio: Romance* [1948], Rio de Janeiro: Editora Pongetti, 1971.

LISPECTOR, Elisa, *O Dia mais Longo de Thereza,* Rio de Janeiro: Gráfica Record Editora S.A., 1965.

LISPECTOR, Elisa, *O Muro de Pedras,* Rio de Janeiro: Livraria José Olympio Editora, 1963.

LISPECTOR, Elisa, *Retratos Antigos,* Manuscrito dactilografado inédito, colecção de Nicole Algranti, Teresópolis, Rio de Janeiro.

LOWE, Elizabeth, «The Passion According to C. L.», *Review,* N.° 24, 1979, pp. 34-37.

MACHADO DE ASSIS, Joaquim Maria, «Instinto de Nacionalidade», 1873, http://www.geocities.com/athens/olympus/3583/instinto.htm.

MALAMUD, Samuel, *Escalas no Tempo,* Rio de Janeiro: Editora Record, 1986.

MANZO, Lícia, *Era Uma Vez-Eu: A Não-Ficção na Obra de Clarice Lispector: Ensaio,* Curitiba: Governo do Estado do Paraná, Secretaria de Estado da Cultura: The Document Company, Xerox do Brasil, 1998.

MARCONDES HOMEM DE MELLO, Francisco Ignacio e Francisco HOMEM DE MELLO, *Geographia-Atlas do Brazil e das Cinco Partes do Mundo,* Rio de Janeiro: F. Briguiet, 1912.

MARTING, Diane, *Clarice Lispector: A Bio-Bibliography,* Westport, Conn.: Greenwood Press, 1993.

McCANN, Frank D., «Brazil and World War II: The Forgotten Ally. What Did You Do in the War, Zé Carioca?», *Estudios Interdisciplinarios de América Latina y el Caribe 6,* N.° 2, 1995, http://www.tau.ac.il/eial/VI_2/mccann-htm.

MEDEIROS, Elza Cansanção, *E Foi Assim Que a Cobra Fumou,* Rio de Janeiro: Marques Saraiva, 1987.

MEIRA, Mauritônio, «Clarice Lispector não quer se enfeitar com penas que não sejam suas», *O Globo,* 10 de Janeiro de 1960.

MEIRA, Mauritônio, «Clarice Lispector volta às editoras: "Laços de Família"», *O Globo,* 27 de Março de 1960.

MENGOZZI, Federico, «Mistérios de Clarice», *Época,* 3 de Dezembro de 2004.
«Meus livros têm "recadinhos": Quais? Os críticos é que dizem [...]», *O Globo,* 15 de Maio de 1961.
MILLIET, Sérgio, *Diário Crítico de Sérgio Milliet,* Vol. 7, [1953], São Paulo: Martins, 1982.
MILLIET, Sérgio, *Diário Crítico de Sérgio Milliet,* Vol. 3 [1944], São Paulo: Editora Brasiliense Ltda., 1981.
«Moonlight Dance Opens a Congress of Sorcery», *New York Times,* 26 de Agosto de 1975.
MORAES, Dênis de, «Humor de combate: Henfil e os 30 anos do Pasquim», *Ciberlegenda,* n.º 2, 1999, http://www.ciberlegenda.uff.br/index.php/revista/article/view/244/136.
MORAES, Emanuel de, «A via-crucis de Clarice», *Jornal do Brasil,* 17 de Agosto de 1974.
MORAIS, Fernando, *Corações Sujos: A História da Shindo Renmei,* São Paulo: Companhia das Letras, 2000.
MORGANTI, Vera Regina; Regina ZILBERMAN e Maria da Glória BORDINI, *Confissões do Amor e da Arte,* Porto Alegre: Mercado Aberto, 1994.
MOSER, Benjamin, «A Newly Discovered Poem by Clarice Lispector», *Brasil/Brazil: A Journal of Brazilian Literature,* N.º 36, ano 20, 2007, pp. 36-45.
NICKLAUS, Robert L. «Occult Conventioneers», *Evangelical Missions Quarterly,* 1 de Janeiro de 1976, 5-12.
NOLASCO, Edgar Cézar, «Restos de Ficção: A criação biográfico-literária de Clarice Lispector», Universidade Federal de Minas Gerais, 2003.
NUNES, Aparecida Maria, *Clarice Lispector Jornalista: Páginas Femininas & Outras Páginas,* São Paulo: Editora Senac, 2006.
NUNES, Benedito, «Clarice Lispector ou o naufrágio da introspecção», *Colóquio/Letras,* n.º 70, 1982, pp. 13-22.
OLIVEIRA, Marly de, *A Suave Pantera,* Rio de Janeiro: Orfeu, 1968.
«Os novos: Elisa Lispector», *Revista Panorama,* Agosto de 1947.
PAGE, Joseph A., *Perón, a Biography,* Nova Iorque: Random House, 1983.
PAIXÃO, Fernando e Maria Celeste MIRA, *Momentos do Livro no Brasil,* São Paulo: Editora Ática, 1995.

PEIXOTO, Marta, *Passionate Fictions: Gender, Narrative, and Violence in Clarice Lispector,* Minneapolis: University of Minnesota Press, 1994.

PEREZ, Renard, *Escritores Brasileiros Contemporâneos,* 2.ª ed., Rio de Janeiro: Civilização Brasileira, 1970.

PEREZ, Renard, «Lembrança de Elisa Lispector» [1996], Manuscrito dactilografado inédito, colecção do autor.

PESSOA, Fernando, *Heróstrato e a Busca da Imortalidade,* Trad. Manuela Rocha, Edit. Richard Zenith, Vol. 14 de *Obras de Fernando Pessoa,* Lisboa: Assírio e Alvim, 2000.

PONTIERI, Regina Lúcia, *Clarice Lispector: Uma Poética do Olhar,* São Paulo: Ateliê Editorial, 1999.

PRADO, Paulo, *Retrato do Brasil: Ensaio sobre a Tristeza Brasileira* [1928], São Paulo: Duprat-Mayença, 1997.

PROENÇA, Edgar, «Um minuto de palestra [...]», *Estado do Pará,* 20 de Fevereiro de 1944.

QUISLING, Vidkun e Fund for the Relief of the Jewish Victims of the War in Eastern Europe, *The Truth About the Ukrainian Horror: Official Report,* Londres: Fund for the Relief of the Jewish Victims of the War in Eastern Europe, 1922.

RABASSA, Gregory, *If This Be Treason: Translation and Its Dyscontents: A Memoir,* Nova Iorque: New Directions, 2005.

RAVAGE, Marcus Eli, *The Jew Pays: A Narrative of the Consequences of the War to the Jews of Eastern Europe,* Nova Iorque: Knopf, 1919.

REGO, Norma Pereira, «Lispector: Sempre em tom maior» [1969], Recorte, Arquivo Clarice Lispector, Arquivo-Museu de Literatura Brasileira, Fundação Casa de Rui Barbosa, Rio de Janeiro.

REID, Anna, *Borderland: A Journey Through the History of Ukraine,* Boulder, Colo.: Westview Press, 1999.

RESENDE, Otto Lara, «Mãe, filha, amiga», *O Globo,* 10 de Dezembro de 1977.

RIBEIRO, Leo Gilson, «Auto-inspeção», *Veja,* 19 de Setembro de 1973.

RIBEIRO, Leo Gilson, «Tentativa de explicação», *Correio da Manhã,* 21 de Março de 1965.

RODRIGUES, José Honório, *Historiografia e Bibliografia do Domínio Holandês no Brasil,* Rio de Janeiro: Departamento de Imprensa Nacional, 1949.

ROUCHOU, Joëlle, *Samuel, Duas Vozes de Wainer* [2.ª ed.], Rio de Janeiro: UniverCidade, 2004.

SABINO, Fernando, *O Tabuleiro de Damas,* Rio de Janeiro: Record, 1988.

SABINO, Fernando e Clarice LISPECTOR, *Cartas Perto do Coração,* Rio de Janeiro: Record, 2001.

SANTOS, Joaquim Ferreira dos, *Feliz 1958: O Ano Que não Devia Terminar,* Rio de Janeiro: Editora Record, 1997.

SARTRE, Jean-Paul, *Furacão sobre Cuba,* Rio de Janeiro: Editora do Autor, 1961.

SCHOLEM, Gershom Gerhard, *Major Trends in Jewish Mysticism,* Nova Iorque: Schocken Books, 1995.

SCHOLEM, Gershom Gerhard, *A Cabala e Seu Simbolismo,* São Paulo: Perspectiva, 2009.

«Sepultamento de Clarice será simples e discreto», *O Globo,* 11 de Dezembro de 1977.

SEVERINO, Alexandrino, «As duas versões de Água Viva», *Remate de Males,* n.º 9, 1989, pp. 115-118.

SIMÕES, João Gaspar, «Clarice Lispector "Existencialista" ou "Supra-realista"», *Diário Carioca,* 28 de Maio de 1950.

SINGER, Isidore e Cyrus ADLER (org.), *The Jewish Encyclopedia: A Descriptive Record of the History to the Present Day,* 12 vols., Nova Iorque: Funk & Wagnalls, 1906.

SKIDMORE, Thomas E., *Black Into White: Race and Nationality in Brazilian Thought* [1974], Nova Iorque: Oxford University Press, 1993.

SKIDMORE, Thomas E., *Politics in Brazil, 1930-1964: An Experiment in Democracy,* Nova Iorque: Oxford University Press, 1967.

SOUSA, Carlos Mendes de, *Clarice Lispector, Figuras da Escrita,* Minho, Universidade do Minho, Centro de Estudos Humanísticos, 2000.

SOUZA, Gilda de Mello e, «O lustre», *O Estado de S. Paulo,* 14 de Julho de 1946.

SPINOZA, Benedictus de, *The Collected Works,* Org. Edwin Curley. Vol. 1, Princeton: Princeton University Press, 1985.

SPINOZA, Benedictus de, *Korte verhandeling van God, de mensch en deszelvs welstand,* c. 1660, Koninklijke Bibliotheek, Haia.

SPINOZA, Benedictus de, e Arnold ZWEIG, *Les Pages immortelles de Spinoza,* Paris: Éditions Corrêa, 1940.

TSCHANZ, David W., «Typhus Fever on the Eastern Front in World War I», http://entomology.montana.edu/historybug/WWI/TEF.htm.

União Brasileira de Escritores, *Boletim Bibliográfico Brasileiro,* n.º 9, Rio de Janeiro: Estante Publicações, 1961.

VARIN, Claire, *Langues de Feu: Essai sur Clarice Lispector,* Laval, Quebeque: Trois *(Línguas de Fogo: Ensaio sobre Clarice Lispector,* São Paulo: Limiar, 2002.)

VARIN, Claire e Clarice LISPECTOR, *Clarice Lispector: Rencontres brésiliennes,* Laval, Quebeque: Trois, 1987.

VASCONCELLOS, Eliane, *Inventário do Arquivo Clarice Lispector,* Rio de Janeiro: Ministério da Cultura, Fundação Casa de Rui Barbosa, Centro de Memória e Difusão Cultural, Arquivo-Museu de Literatura Brasileira, 1994.

VELOSO, Caetano, «Clarice segundo suas paixões», *Jornal do Brasil,* 24 de Novembro de 1992.

VELOSO, Caetano, *Tropical Truth: A Story of Music and Revolution in Brazil,* Nova Iorque: Knopf, 2002.

VENÂNCIO, Renato Pinto, «Presença portuguesa: De colonizadores a imigrantes», In: *Brasil, 500 anos de povoamento,* Rio de Janeiro: IBGE, Centro de Documentação e Disseminação de Informações, 2000.

VENÂNCIO FILHO, Francisco, *Euclydes da Cunha a Seus Amigos,* São Paulo: Cia. Editora Nacional, 1938.

VERÍSSIMO, Érico, *Brazilian Literature: An Outline,* Nova Iorque: Macmillan, 1945.

VERÍSSIMO, Érico, *Solo de Clarineta: Memórias* [1973], Porto Alegre: Editora Globo, 2005.

VIEIRA, Nelson, «A expressão judaica na obra de Clarice Lispector», In *Clarice Lispector: Remate de Males: Revista do Departamento de Teoria Literária,* Org. de Vilma Arêas e Berta Waldman, Campinas: Universidade Estadual de Campinas, 1989.

VIEIRA, Nelson, *Jewish voices in Brazilian Literature: A Prophetic Discourse of Alterity,* Gainesville: University Press of Florida, 1995.

VINCENT, Isabel, *Bodies and Souls: The Tragic Plight of Three Jewish Women Forced into Prostitution in the Americas,* Nova Iorque: William Morrow, 2005.

VOVK, C. T., S. V. Taranets', e V. A. KOSAKIVSKY, *Narisi z istoryi Chechel'nika: Z naidavnishikh chasiv do nashikh dniv,* Vinnitsa, Ucrânia: «Komp'iuterna verstka ta khudozhne oformlennia redaktsii gazeti 'Chechel'nits'kii visnik'», 2000.

WAINER, Samuel, *Minha Razão de Viver: Memórias de Um Repórter,* Ed. de Augusto Nunes, São Paulo: Planeta, 2005.

WAINSTOK, David, *Caminhada: Reminiscências e Reflexões,* Rio de Janeiro: Editora Lidador, 2000.

WAINSTOK, Israel, *Zichrones fun a fater,* Rio de Janeiro: Impresso nos Estabelecimentos Gráficos «Monte Scopus», 1955.

WERNECK, Humberto, *O Desatino da Rapaziada: Jornalistas e Escritores em Minas Gerais,* São Paulo: Companhia das Letras, 1992.

WILLIAMS, Claire, *The Encounter between Opposites in the Works of Clarice Lispector,* Bristol, Inglaterra: Hispanic, Portuguese and Latin American Monographs, 2006.

ZWEIG, Stefan, *Begegnungen mit Menschen, Büchern, Städten,* Viena: H. Reichner, 1937.

ZWEIG, Stefan, *Die Welt von Gestern: Erinnerungen eines Europäers* [1942], Estocolmo: Bermann-Fischer, 2003.

# CRÉDITOS DAS FOTOGRAFIAS

p. 1: Cortesia de Cecília Wainstok Lipka.

p. 2: (duas imagens superiores): Cortesia de Nicole Algranti, Arquivo de Elisa Lispector.

p. 2: (imagem inferior): Arquivo Nacional, Rio de Janeiro.

p. 3: (imagem superior): Cortesia do Instituto de Moreira Salles, Rio de Janeiro, e Paulo Gurgel Valente.

p. 3: (imagem inferior): Cortesia do Instituto de Moreira Salles, Rio de Janeiro, e Paulo Gurgel Valente.

p. 4: (imagem superior): Cortesia do Acervo Fundação Joaquim Nabuco, Recife. Colecção Benício Dias.

p. 4: (imagem inferior): Museu-Arquivo de Literatura Brasileira, Fundação Casa de Rui Barbosa, Rio de Janeiro, Cortesia de Paulo Gurgel Valente.

p. 5: Cortesia do Instituto Moreira Salles, Rio de Janeiro, e Paulo Gurgel Valente.

p. 6: (superior, à esquerda): Cortesia de Rafael Cardoso, Arquivo da Família Cardoso.

p. 6: (superior, à direita): Museu-Arquivo de Literatura Brasileira, Fundação Casa de Rui Barbosa, Rio de Janeiro, Cortesia de Paulo Gurgel Valente.

p. 6: (inferior): Cortesia de Cecília Wainstok Lipka.

p. 7: (superior): Colecção do Autor.

p. 7: (inferior): Museu-Arquivo de Literatura Brasileira, Fundação Casa de Rui Barbosa, Rio de Janeiro, Cortesia de Paulo Gurgel Valente.

pp. 8 e 9: (todas as imagens): Museu-Arquivo de Literatura Brasileira, Fundação Casa de Rui Barbosa, Rio de Janeiro, Cortesia de Paulo Gurgel Valente.

p. 10: (superior): Museu-Arquivo de Literatura Brasileira, Fundação Casa de Rui Barbosa, Rio de Janeiro, Cortesia de Paulo Gurgel Valente.

p. 10: (inferior): Cortesia de Nicole Algranti, Arquivo de Elisa Lispector.

p. 11: (superior): Museu-Arquivo de Literatura Brasileira, Fundação Casa de Rui Barbosa, Rio de Janeiro, Cortesia de Paulo Gurgel Valente.

p. 11: (inferior): Museu-Arquivo de Literatura Brasileira, Fundação Casa de Rui Barbosa, Rio de Janeiro, Cortesia de Paulo Gurgel Valente.

p. 12: (superior): Museu-Arquivo de Literatura Brasileira, Fundação Casa de Rui Barbosa, Rio de Janeiro, Cortesia de Paulo Gurgel Valente.

p. 12: (inferior): Arquivo pessoal de Mafalda Volpe Veríssimo. Cortesia do Acervo Literário de Érico Veríssimo, Porto Alegre.

p. 13: Museu-Arquivo de Literatura Brasileira, Fundação Casa de Rui Barbosa, Rio de Janeiro, Cortesia de Paulo Gurgel Valente.

p. 14: (superior): Museu-Arquivo de Literatura Brasileira, Fundação Casa de Rui Barbosa, Rio de Janeiro, Cortesia de Paulo Gurgel Valente.

p. 14: (inferior): Cortesia de Nádia Battella Gotlib.

p. 15: (superior e inferior): Museu-Arquivo de Literatura Brasileira, Fundação Casa de Rui Barbosa, Rio de Janeiro, Cortesia de Paulo Gurgel Valente.

p. 15: (centro): Cortesia de José Mário Rodrigues, Recife.

p. 16: (duas imagens superiores): (Esquerda) Reprodução do vídeo original por Ibraim Leão, Ribeirão Preto. Cortesia de Nádia Battella Gotlib. Imagem original, Fundação Padre Anchieta-TV Cultura, (Direita) Museu-Arquivo de Literatura Brasileira, Fundação Casa de Rui Barbosa, Rio de Janeiro, Cortesia de Paulo Gurgel Valente.

p. 16: (inferior): Cortesia de Paulo Gurgel Valente.

# ÍNDICE REMISSIVO